한말 외국인 기록 10

조선과 그 이웃 나라들

이 책의 맞춤법과 띄어쓰기는 역주자의 의견을 기준으로 했습니다.

개정판
한말 외국인 기록 10
조선과 그 이웃 나라들

1999년 10월 20일 초판 1판 1쇄
2019년 11월 1일 개정판 1판 1쇄
2024년 11월 30일 개정판 1판 4쇄

저 자 | I. B. 비숍
역주자 | 신복룡
발행인 | 임동규
발행처 | **(주)집문당**
등 록 | 1971. 3. 23. 제2012-000069호
주 소 | 03134 서울시 종로구 돈화문로 82, 5층
전 화 | +82-1811-7567
이메일 | sale@jipmoon.com
홈페이지 | www.jipmoon.com

편 집 | 장이지
디자인 | 임용우

ISBN 978-89-303-1841-9 04900
978-89-303-1831-0(세트)

가격 25,000원

(주)집문당 이순신돋움체B (저작권자 아산시, 무료글꼴)

조선과 그 이웃 나라들

Korea and Her Neighbor

I. B. 비숍 지음/신복룡 역주

집문당

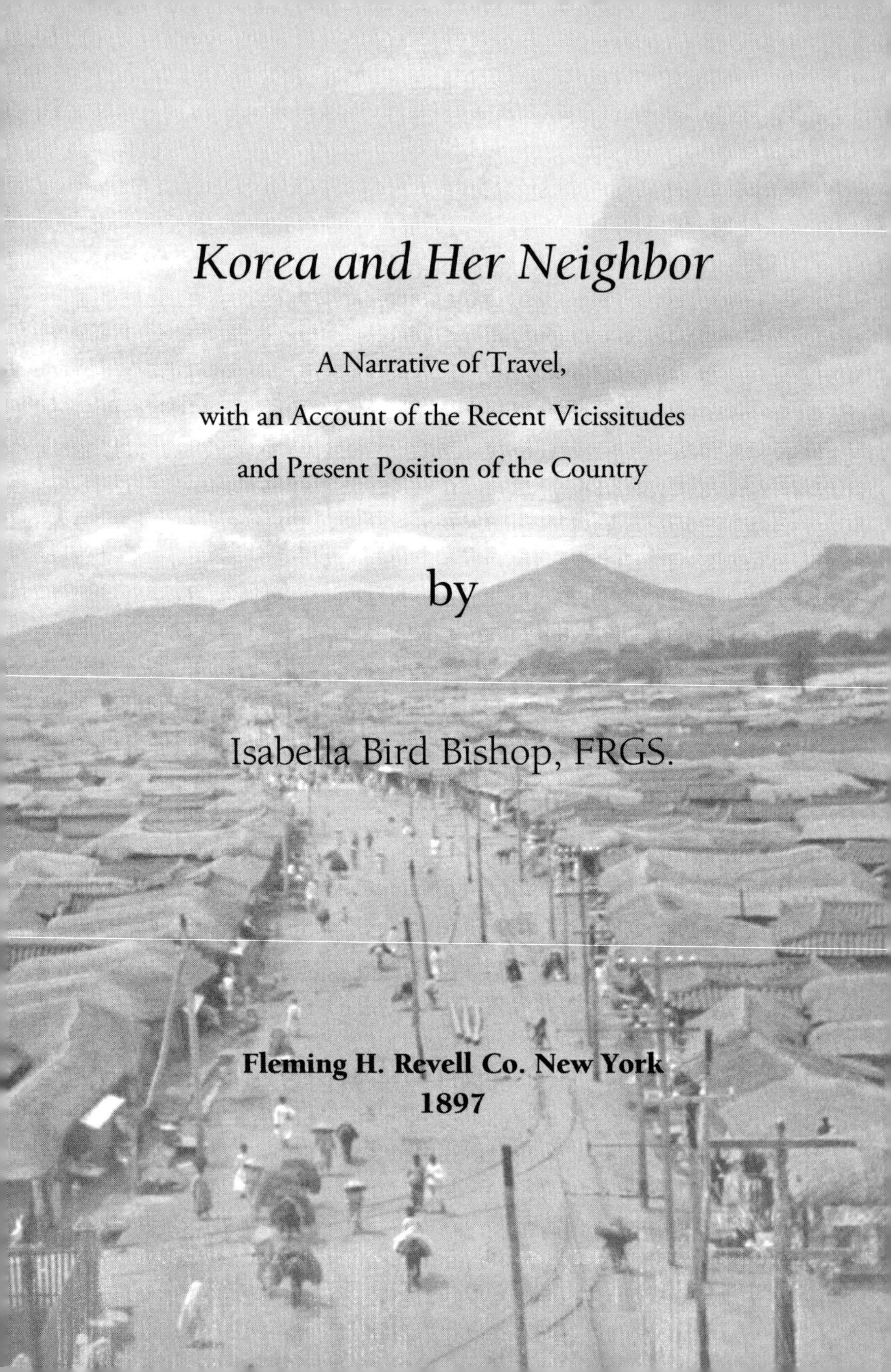

Korea and Her Neighbor

A Narrative of Travel,
with an Account of the Recent Vicissitudes
and Present Position of the Country

by

Isabella Bird Bishop, FRGS.

Fleming H. Revell Co. New York
1897

원저자 비숍 여사

역주자 서문

역사 학자들이 범하기 쉬운 가장 큰 오류 중의 하나는 아마도 자기 연민(憐憫)과 그로 인한 사실의 호도(糊塗)가 아닐까 생각된다. 이는 역사학에서 가장 경계해야 할 함정 중의 하나이며 이를 극복하지 못할 경우 한국사는 한국 사람만이 읽는 역사로 끝나고 말게 될 것이다. 이제 우리는 한국사만으로서의 한국사가 아니라 동양사에서의 한국사와 세계사 속에서의 한국사의 위치를 돌아보아야 할 때가 되었다고 생각된다.

역사 학자가 그와 같은 근시에 빠질 경우에 시각(視角)을 교정할 수 있는 가장 좋은 방법 중의 하나는 잠시 자신의 자료를 덮어두고 남의 사는 모습이나 남의 눈에 비친 자신의 모습을 들어보는 것이다. 이는 한국 사학사(史學史)의 가장 큰 병폐인 사료 부족으로부터 지평을 확대할 수도 있고 또 그것을 보충할 수도 있기 때문이다.

특히 당대를 살았던 외국인들의 현장 목격담은 우리의 편협한 국수주의로부터 역사학을 해방시키는 길이 될 뿐만 아니라 우리가 미처 보지 못한 허물이나 잘못된 가치관을 성찰하는 좋은 계기가 될 수도 있을 것이다. 여기에 번역하여 소개하는 『조선과 그 이웃 나라들』도 그러한 범주에 드는 좋은 사료 가운데 하나이다.

다만 이러한 사료를 읽을 때 우리가 유념해야 할 사실은 서구인들이 쓴 글의 행간에 깔린 백색우월주의와 비기독교 사회에 대한 기독교인의 비논리적이고도 자존적인 비하 의식을 어떻게 그리고 얼마만큼 버리고 받아드리느냐의 문제가 남아 있다. 그들이 당초부터 한국을 비하할 의지를 가지고 썼다면 읽을 가치도 없고 번역할 가치도 없겠지만, 그들의 호의와 남다른 통찰력이 담긴 글이라면 우리가 굳이 배척해야 할 이유가 없기 때문이다.

뿐만 아니라 그들의 글에 다소 오류가 있다고 하더라도 그들이 우리에게 고마운 사람임에는 틀림이 없으며 그들의 기록이 우리의 역사학에 끼친 공로를 무시할 수는 없는 일이다. 여기에 소개하는 『조선과 그 이웃 나라들』이 그러한 책 가운데 가장 대표적인 저술 가운데 하나일 것이다.

◆ ◆ ◆ ◆ ◆

이 책의 필자인 비숍(Isabella Bird Bishop: 1831~1904) 여사의 생애는 너무도 극적이서 애상(pathos)을 느끼게 한다. 비숍 여사의 생애에 관해서는, 바아(Pat Barr)의 『이자벨라 버드 여사의 기이한 생애』(*A Curious Life for a Lady: the Story of Isabella Bird, A Remarkable Victorian Traveller, Doubleday & C., Garden City, 1970)*와 스토다트(Anna M. Stoddart)가 쓴 『이자벨라 버드 평전』(The Life of Isabella Bird, Mrs. Bishop, John Murray Co., London, 1908), 그리고 국내에는 이광린(李光麟) 교수의 "비숍 여사의 여행기"(진단학보 71~72 합본, 1991, pp. 119~132)가 있다. 여기에 소개된 그의 약전은 위의 두 책을 간추린 것이다.

비숍 여사는 1831년 10월 15일에 아버지인 에드워드 버드(Edward Bird) 목사와 어머니 도라(Dora Lawson) 사이에서 태어났다. 그의 고향은 요크셔(Yorkshire)의 보로브릿지(Boroughbridge)이며, 어려서부터 독실한 빅토리아풍의 기독교적 가정 교육을 받았다. 사촌들은 페르시아와 인도 등의 외국에서 선교사로 활약했기 때문에 비숍은 어린 나이에 외국에 관한 견문을 늘 들으며 성장했다.

그는 어려서부터 병약했다. 척추 질환, 불면증, 무력감 등은 그의 일생을 괴롭혔다. 그러나 그는 이미 7세에 『프랑스혁명사』를 탐독할 만큼 총명했다고 한다. 그는 정규 학교를 다니지 않았으며, 어머니의 무릎에 앉아 문학, 역사, 회화(繪畵), 프랑스어, 성서를 공부했고, 아버지에게서 라틴어와 식물학을 배웠으며, 혼자서 화학, 시, 생물학을 공부했다.

몸이 늘 허약하고 특히 우울증과 같은 정신 질환으로 고생하게 되자 의사는 그에게 장기 선박 여행을 권유했다. 이를 계기로 하여 그 일생은 역맛살(驛馬煞)이 낀 사람처럼 세계를 돌아다니다가 일생을 마치게 된다. 그가 처음 찾아간 곳은 캐나다와 북미주였다.(1854) 본시 글재주가 많았던 그는 이때의 체험을 글로 썼는데 그것이 곧 『미국에 온 영국 여인』(*Englishwoman in America*, 1856)이다. 이 책은 45판을 찍게 되고 이를 통해 문명(文名)을 얻게 되자 그는 이때부터 글과 여행을 자기의 본업처럼 알고 살게 된다. 이때 쓴 또 다른 글로는 『하와이군도』(*The Hawaiian Archipelago*, 1875)와 『일본의 오지』(*Unbeaten Tracks in Japan*, 1880)가 있다.

1860에 아버지가 사망하고 1866년에 어머니마저 사망하게 되자 그와 그의 형제들은 다시 심한 우울증으로 시달리면서 온갖 육신의 병마도 도지게 된다. 이때 그들의 가정 의사로 비숍(John Bishop) 박사를 만나게 되는데 이것이 그들에게는 또다른 운명이었다. 그는 이자벨라보다 10년 연하의 외과 의사로서 당시 왕실 병원의 수련의였다. 이자벨라의 자매들은 오랫동안 비숍 박사와 우정을 나눈다.

이 무렵에 동생 헤니(Hennie)가 장티브스에 걸린다. 그를 사랑했던 비숍 박사는 6주간에 걸쳐 극진히 간호하지만 그의 치료도 소용없이 헤니는 죽는다. 그 뒤 이자벨라는 비숍 박사를 사랑하게 되고 1881년 3월 8일, 이자벨라의 나이 50세에 둘은 결혼했다. 그러나 이자벨라의 불행은 끝나지 않았다. 8개월의 행복한 결혼 생활이 지난 뒤 1881년 11월에 남편은 어느 선원을 수술하다가 단독증(丹毒症, erysipelas)에 감염되어 5년을 고생하다가 1886년 3월 6일, 결혼 5주년 기념일을 2일 앞두고 사망한다.

이자벨라는 다시 우울증과 고독으로 괴로워하다가 다시 여행을 떠난다. 그는 1894년 1월에 요코하마(横濱)를 경유하여 1894년 2월에 한국에 도착했는데 그때 이미 그의 나이는 63세의 노령이었다. 그가 입국한다는 소식을 들은 세관에서는 영국의 주교가 왔다고 부산을 떨었다. 그는 1897년까지 극동에 머물면서 네 차례에 걸쳐 한국을 방문하여 장기 체류를 했다. 그는 뗏목을 타고 남한강을 답사하고, 노새를 타고 금강산을 관광했으며, 마적단의 습격을 무릅쓰고 시베리아의 한인촌을 탐사했으며, 뼈가 으스러지는 부상을 입으면서 봉천(奉天)을 여행했다.

한국의 이 시기는 갑오동학농민혁명으로부터 청일전쟁과 갑오경장, 그리고 을미사변을 겪은 한말 풍운의 핵심이었기 때문에 그의 육성 증언은 그 시대 연구의 중요한 일차 자료가 될 수 있다. 그는 그 뒤 중국으로 건너가 여행을 마친 다음 『양자강 너머』(*The Yangtse Valley and Beyond*, 1899)를 썼으며, 1901년에 모로코를 여행한 뒤 그 여독으로 1904년 10월 7일에 사망했다. 그는 최초의 왕립지리학회 여성 회원이었다.

이 책이 번역되기까지의 경위는 다소의 설명과 인사가 필요하다. 내가 이 책의 번역에 착수한 것은 1988년 초였다. 이 책에서 보듯이 그 면수가 적지 않아 나는 처음부터 질려 있었다. 그때 나의 고생하는 모습을 본 대학원 학생들이 초역(草譯)을 도와주었다. 당시 무슨 연유였던지 나의 강의에는 성신(誠信)여자대학교 대학원의 정치학과 학생들이 여덟 명이나 수강 신청을 하여 건국대학교 학생들과 합반하여 수강하고 있었다. 나는 한 학기 강의를 하면서 그들에게 몇 장씩을 나눠주었고 그들은 무던히도 일을 잘 해주었다.

그 당시 성신여대 학생으로는 김은실 양(지금은 학위를 받고 대학에서 강의를 하고 있음, 서장, 1~2장), 이언희 양(3~7장), 지연옥(池蓮玉) 여사(지금은 박사학위를 받고 KBS에서 근무, 8~10장), 방덕미 양(11~12장), 송윤희 양(13~17장), 염지숙 양(18~21장), 정문화(鄭文華) 양(26~27장), 김연수 양(29장) 등이 수고해 주었고 건국대학교 학생으로는 윤황(尹煌) 군(지금은 박사학위를 받고 선문대학교 교수로 봉직함, 22장), 이호규 군(23장), 손태식(孫泰植) 군(지금은 독일 유학 중, 24장), 양성보 군(25장), 이재현(李宰賢) 박사(지금은 박사학위를 받고 진주교육대학 교수로 봉직, 32~34장), 김진호(金振昊) 군(지금은 박사학위를 받고 제주대학교 교수로 봉직, 36장),

그리고 나의 조교 변영욱(邊泳旭) 군(37장)이 초역에 참여했고, 그 나머지인 서문과 30, 31, 35장을 내가 번역했다. 지금 생각하니 한 학기 과제물로는 너무 분량이 많았음에도 불구하고 불평 없이 도와준 성신여대 학생들에게 미안하고 감사하다.

그 뒤 10여 년 동안 출판하리라는 기약도 없이 원문 대조와 윤문과 주석을 마쳤으나 출판 경기의 어려움으로 활자화하지 못하고 있던 터에 『한말 외국인 기록』 전집 23권을 출판하겠다는 집문당 임경환(林京煥) 사장님의 제의를 들었을 때 기쁘기도 했지만 너무도 엄청난 일이라 엄두를 낼 수가 없었다. 그러던 가운데 이러한 고충을 들은 건국대학교 정치외교학과의 나의 수강생들인 손진오(孫塡旿) 군, 신성철(申盛澈) 군, 유승민(劉承旻) 군, 안용우(安庸佑) 군, 김동환(金東煥) 군, 고찬익(高粲益) 군, 이규호(李圭坪) 군이 컴퓨터에 입력해 주겠다고 나섰을 때 나는 한없이 고마왔고 크게 용기를 얻었다.

모두가 고생했고 고맙지만, 특히 변영욱(邊泳旭) 군은 컴퓨터의 입력과 교정 작업을 하느라고 많은 고생을 했다. 사내답지 않게 수줍음이 많은 조교 박성진(朴城進, 지금은 박사학위를 받고 한국학중앙연구원 연구원으로 재직) 군은 마음이 넉넉지 못한 나의 방에서 마음 고생이 많았으리라고 생각되며, 주석을 찾기 위해 각국의 대사관과 문화원을 찾아다니면서 싫은 내색 한 번 하지 않았다.

끝으로 나는 시도 때도 없는 부탁에 늘 마음써준 오랜 친구 다키자와 마코도(滝沢誠) 선생으로부터 많은 도움을 받았으며, 독실한 기독교 신자였던 필자의 종교적 표현과 성서의 인용에 대해서는 성공회 부산교구의 이대용(李大鏞) 주교님께서 도와주었다. 식물상(植物相)의 전문 용어를 번역해주신 건국대학교 생물학과의 이호준(李浩俊) 교수님과 스코틀랜드의 속어와 끝까지 번역이 어려웠던 부분의 해석을 도와준 서울대학교 영문학과의 변창구(邊昌九) 교수에 대해서도 깊이 감사한다.

필자의 가계(家系)에 관한 자료는 미시간주립대학(MSU)에서 박사학위를 준비하고 있는 나의 딸 나리(지금은 충북대학교 교수)가 구해 주었다. 여러 분들이 도와주었음에도 불구하고 영어로 표기된 지명의 일부를 확인할 수 없었던 점에 대하여 독자들에게 죄송하다. 아울러 편집 교정과 출판 과정에서 고생하신 집문당의 우진주(禹軫柱) 상무님과 편집부 직원 여러분, 그리고 신세진 모든 분들에게 깊이 감사한다.

1999년 6월 17일
2019년 11월에 가필함
역주자 신복룡 씀

추천사

나에게 약간의 머리말과 함께, 조선에 관한 비숍(Isabella B. Bishop) 여사의 책의 서문을 쓰도록 부탁해 준 부인께 감사한다. 비숍 여사는 여행가와 작가로서 너무도 유명하기 때문에 독자들에게 더 이상의 설명이 필요하지 않은 사람이다. 그의 오랜 기간 동안의 연구 결과로 이르게 된 결론과, 몇 세기 동안의 고립으로 말미암아 생긴 조선 사람의 품성과 제도, 그 특수성에 관한 설명과 특히 그들 역사의 현 단계의 관심사에 대한 정통한 그의 연구를 보증하는 기회를 갖게 된 점을 나는 기쁘게 생각한다.

나 자신과 마찬가지로, 조선의 최초의 문호 개방으로 말미암아 조선을 알게 된 사람들은 비숍 여사의 치밀한 관찰, 그가 발견한 정확한 사실들과 정확한 추론에 대해 깊은 찬사를 보낸다. 그가 이용한 시설들은 이례적인 것들이었다. 그는 왕과 옛 여왕의 신임과 후원의 은혜를 입었는데, 그 가운데 어느 정도는 이전의 그 어느 외국 여행자에게도 결코 부여된 적이 없는 것이었다. 따라서 그는 임의대로, 서울의 외국 단체, 관공서, 재외 공관, 통상 관계처 등에 보관된 귀중한 정보원(源)에 접근이 가능했다.

첫 번째 실례로, 그가 조선에 있던 동안, 조선에서는 청일전쟁(淸日戰爭)이 전개되었는데, 이와 같은 국면에서 지금까지 허위 진술과 과장으로 종결되었던 극동 역사의 한 사건에 대해 상세하고도 많은 내용을 정확하고 공평하게 기록할 수 있는 기회가 그에게 제공되었다. 조선의 국내를 여행하는 동안에 그가 겪었던 고통과 곤경에 대해 그 자신은 가벼이 다루고 있다. 그러나 그것이 얼마나 엄청난 것인가를 아는 사람들은, 그 고통을 극복한 그의 용기와 인내와 끈기에 감복할 것이다.

이러 저러한 형태의 종속 관계에 있는 조선에 관해 어느 것이든 알고 있는 모든 사람에게, 이제 한 국가로서의 조선의 존재가 필연적이라는 것은 명백한 것임에 틀림없다. 일본군의 무력에 의해서 얻어진 조선의 명목상의 독립은 조선이 누리기에는 부적합한 특권이었고, 또 조선은 절망적이고 극도로 부패한 통치의 무거운 짐 아래서 끊임없는 고통을 겪었다.

모든 속국들에 대한 처우로서 특징지어지는 지역적 이해에 극히 무관심했던 청국이 자행한 보호(mentor) 혹은 안내자의 "역할"은 청나라 군대가 조선으로부터 축출된 이후 일본이 떠맡았다. 어느 정도 함부로 남용되긴 했지만, 아주 지독한 몇 가지 폐습에 대한 일본의 개혁 시도는 확실히 성실하고 참된 것이었다. 그러나 비숍 여사가 지적한 바와 같이, 경험이 부족한 어느 일본 외교관은 동양의 외교에서 거의 떼어 낼 수 없는 것처럼 여겨지는 간계의 풍조에 빠진 희생자가 됨으로써 일본의 명분에 헤아릴 수 없는 상처를 입혔다.

주변 세력으로 말미암아 러시아는 일본에 의해 시작된 과업을 떠맡아야만 했고, 왕(고종)은 아무리 강하고 용감한 사람일지라도 반드시 겁먹도록 만드는 테러리즘으로부터의 보호를 러시아 외교관에게 필사적으로 호소했다. 국왕이 러시아 공사관으로 피신함으로써 러시아 정부가 행사할 수 있었던 엄청난 영향력이 기껏 심약한 공사를 통해 행사되었다는 사실에 대해 부분적으로 비판할 수도 있다.

그럼에도 불구하고, 조선의 해관총세무사이자 정부의 재정 고문으로서 조직과 관리에서 뛰어난 능력을 가지고 있다는 것이 극동의 모든 재외 거주민들에 게 인식되고 있는 브라운(John McLeavy Brown) 박사[1]에 의해 조선의 재정은 전례 없이 균형을 유지하고 있다. 그러한 과정에서 성심을 다

1) 브라운(John McLeavy Brown : 1842~1926) : 영국의 외교관이며, 법률학자, 법학박사. 중국에 진출하여 북경 주차 영국 공사관의 문부사(文副使, 1864~1872), 참찬관(1871~1872), 해관(1872), 세무사(1877) 등을 지냄. 영국의 대한 진출의 일환으로 1893년 탁지부의 고문으로 부임했다가 러시아의 압력으로 1897년에 퇴진했다. 그 뒤 북경 주차 영국 공사관 참찬관(1906)으로 봉직함.

해 지지를 보낸 브라운 씨와 그 밖의 사람들, 그리고 외교관의 국적에 관계없이 협력한 러시아 공사에 의해 수많은 개혁이 수행되었다.

그럼에도 불구하고, 많은 부분들이 아직도 남아 있다. 일본에 의해 시작되었다가, 러시아의 후원을 받아 계속된 것으로 생생하게 기억되고 있는 개혁에 대한 희망은 얼마나 강력하게 이를 추진하느냐의 여부에 달려 있다. 이제까지 러시아의 외교관들은, 그들의 전임자인 일본이 벨벳 장갑 속에 숨긴 것보다 더욱 더 신중했다.

비숍 여사가 기술한 바와 같이, 러시아 영토에 이주한 조선 사람들의 상황은, 현명하고 보호적인 지배 아래서 조선 사람들이 자신의 여건을 얼마나 훌륭하게 개선할 능력을 가지고 있는가를 잘 보여주고 있다. 모든 정치적인 고려들을 차치하더라도, 그들의 번영과 일반적인 안위와 행복은 개화된 세력에 의한 후원의 확대를 통해 무한하게 향상될 수 있었다는 것은 의심할 나위가 없다. 어떤 형태의 후원이나 지배가 없었다면, 소위 압제와 수탈과 그것에 부수하는 불행과 같은 지난날의 습속을 겪는 것이 불가피했을 것이다.

청나라와 조선에서의 선교 사업에 관한 비숍 여사의 의견은, 선교사들이 그런 것처럼, 개인적이고 동정적인 관찰에 기초한 것이며, 이 외딴 지역에서의 기독교 사업을 정확히 평가해 보려고 고심하는 사람들은 이 기록을 통해 커다란 가치를 발견하게 될 것이다. 선교사들과 그들의 행위에 관한 묘사는 한편으로는, 성공을 과장하는 일이 너무나 흔했다. 그것은 아마도 종교적 열광에서 일어난 자연스러운 결과일 것이다.

다른 한편으로 모질고 빈번하게 나타나는 부당한 비평은 대개 매우 피상적인 관찰에 입각한 사람들의 결론에 빠지곤 했다. 내 자신의 경험을 말하자면, 면밀히 조사해 본 결과 너무도 흔히 나타나는 선교 사업의 무익함에 관한 많은 환상들은 일소되었다고 주저 없이 말할 수 있다. 통상적으로 선교사들은 그들의 선교 사업의 방법에 호의적인 조사를 환영하면서도 그들의 대부분은 그러한 조사 방법이 개선되어야 한다는 것을 솔직하게 인정했다.

그러나 우호적인 비평을 구하면서도 그들은 그들이 제도를 연구하거나 반대 의견을 가지면서도 아무런 어려움을 느껴보지 않은 사람들에 의해 제기될 판단에 대하여 그들은 타당하게 이견을 제시할 수 있다. 이 책에서는, 선교사의 노력이 기껏해야 무가치하고 불필요한 것이라고 간주하고 싶어 하는 모든 사람들의 고려를 칭찬할 수도 있는 증언들을 옹호하고 있다. 조선에서는 여하튼간에 그 정도는 아니지만, 그 나라에 관해 우리가 알고 있는 거의 모든 것에 대해 우리는 선교사들에게 빚을 지고 있다.

조선 사람들에게 실질적인 진보와 이제 순조롭게 정착된 개화에 대한 갈망을 일깨워 준 것은 바로 그들이었으며, 우리가 그 이상의 발전에 자신 있게 도움을 기대하는 것도 바로 그들이다. 대외적으로 인정되지는 않았지만, 그럼에도 불구하고 완전한 종교적 관용이 이제 이 나라 도처에 존재하고 있으며, 이러한 관용은 그들에게 미래의 성공에 대한 위대한 약속을 제시하면서, 이제까지 활기 있게 사용된 편의를 제공해 주고 있다. 나는 대단히 곤욕을 치른 이 선교사 집단과 관련해서 또 다른 점에 관심을 갖도록 촉구하는 바이다.

우리는 흔히 통상의 탐험가요 개척자로서의 그들의 효용을 간과하고 있다고 나는 생각한다. 적어도 나의 많은 경험에 비추어 볼 때 선교사들은 이 지역에 관한 지식의 창고를 누구라도 이용할 수 있도록 준비해 놓았으며, 상인이든 스포츠맨이든 혹은 여행가이든 간에 이러한 정보를 활용하고, 그들의 목적을 추구하는 데 명쾌한 도움을 제공할 수 있도록 준비해 놓았다.

만약 상무성이 이 오지에 있는 선교사들에게 특별한 조사를 요청한다면 그들로부터 무역의 발전을 위한 채널로서 대단히 귀중한 정보를 얻을 수 있었을 것이라고 나는 감히 생각한다. 제조업자들은 아마도 그들의 상품과 제품들의 소개나 이 오지에서 수요의 창조를 위해 인식했던 것 보다 더 많은 빚을 선교사들에게 지고 있는데 이런 것들은 그들 자신의 방법으로는 결코 불가능한 것이었다.

비숍 여사의 조선 방문이 그렇게 적절한 시기에 맞추어진 것은 다행한 일이었다. 현재와 같은 발전 속도라면 그가 관찰했던 많은 것들은 오래지 않아 "더 훌륭한 글로" 대체되어 사라질 것이다. 다만 그들의 호기심을 불러일으키는 것에 불과한 많은 제도와 관습의 소멸을 애석하게 생각하는 사람은 아무도 없지만 향후의 여행가들이 아마도 다시는 볼 수 없는 소중한 경험담들을 기록으로 남겨 놓는 값진 역할을 했다.

힐리어(Walter C. Hillier)[2)]

1897년 10월

---

2) 힐리어(Sir Walter C. Hillier : 1849~1927) : 영국의 외교관. 경(卿, KCGM). 방콕 주차 영국 영사(C. B. Hillier)의 아들로 홍콩에서 출생. 블룬델스 스쿨(Blundell's School)에서 수학. 1867년에 북경 주차 청국 공사관의 통역관으로 외교계에 투신한 이래 서기관보(1879~1885), 서기관(1885~1889)을 거쳐 조선 주차 총영사(1889~1896)를 지냄. 외교계에서 은퇴한 뒤에는 킹스 칼리지(King's College)에서 중국학 교수로 재직하면서(1904~1908) 『중국어』(*The Chinese Language and How to Learn It*, 1909)와 『영한사전』(英漢辭典, *English-Chinese Dictionary*, 1910)을 저술함.

원저자 서문

1894년 1월부터 1897년 3월 사이의 4차례에 걸친 조선의 방문은, 몽골 인종의 중요한 특성에 관한 나의 연구 계획의 한 부분을 차지한다. 첫 번째 여행에서 조선은 내가 여행해 본 나라 가운데 가장 흥미 없는 나라라는 인상이 들었지만, 전쟁 기간 동안과 전쟁 뒤의 조선의 정치적 불안, 급속한 변화 그리고 그들의 운명은 나로 하여금 조선에 대한 강렬한 관심을 갖도록 만들었다.

그와는 달리 러시아인의 통치하의 시베리아에서 내가 본 것처럼 조선 사람의 품성과 근면성은 장래에 그 민족에게 훌륭한 가능성이 기대된다는 점에서 나를 일깨워 주었다. 조선에서 오래 살아온 사람들은 처음에 틀림없이 느꼈던 불쾌감을 극복할 만큼 또 다른 깊은 인상을 받는다.

조선에 관한 두 권의 양서들이 있지만 그 나라의 정치 상황과 사회적 질서에 관한 한 그 지난 몇 해 안에 쓸모없이 되어 버렸고, 사람들이 바랐던 사실들을 조사하고자 참고할 만한 서적들이 없기 때문에 조선은 글을 쓰기에 어려운 나라이다. 여행자는 보통 번역자들의 매개물을 통해, 홀로 고생해 가며 개개의 사실들을 발굴해야만 한다. 5~6종의 번역물들은 모두가 믿을 만한 권위를 분명히 담고 있었다. 이들은 외국인 "선생님들"이 기록한 것이다. 이들 번역물 가운데 어느 것이 가장 정확한지를 알고자 최선의 기회에 이르는 유일한 길은 대담한 추측에 의한 모험이었다.

정확성은 나의 제일의 목표였으며, 조선에 있는 나의 많은 외국인 친구들은, 내가 그 목표를 달성하려고 얼마나 열심히 노력했는가를 잘 알고 있다. 따라서 그것이 어려웠다는 이유로 나 자신의 부주의가 있음에도 불구하고, 그 작업의 극도의 어려움을 아는 사람들이, 그 어디서든 나를 아주 관대하게 비평한다면, 나는 실수에 빠지게 될 것이다. 주위의 여건으로 말미암아 나는 지난번처럼 나의 여행 경험들을 편지로 남길 수가 없었다.

나는 주의 깊게 노트 해 두었고, 더욱 오랜 기간을 두고 현지인들의 관찰을 통해, 이 나라를 더욱 잘 알게 됨에 따라 이따금 수정을 더했다. 그러나 남한강 이북의 여행에 관한 한, 내가 그 지역에 대한 보고서를 제출한 최초의 여행자였기 때문에, 전적으로 내 자신의 관찰과 조사에만 의존할 수밖에 없었다.

마찬가지로 대동강(大同江) 이북 지방에 관하여 기록된 자료들은 거의 부족했다. 나의 노트는 서울, 만주, 프리모르스크(Primorsk)에 관한 기록에서처럼 여행기로 채워져 있다. 그리고 같은 시기의 조선 역사에 관한 스케치는 부분적으로는 공문서나 또는 일반적으로 접근하기 어려운 사료로부터 추론해 냈다.

나의 작업을 도와주었던 조선 친구들의 친절한 관심과, 그 주제에 대한 어려움이나 나 자신의 기술의 부족으로 말미암아 낙담해 있을 때, 내게 용기를 주었던 점에 대해 매우 깊은 감사를 드린다. 성 미카엘 성 조지 훈작자(KCMG)이며 영국 국왕 폐하의 조선 총영사인 힐리어 경(Walter C. Hillier)과 해관총세무사인 브라운(J. McLeavy Brown) 박사께서 이루 헤아릴 수 없는 많은 도움을 주신 것을 감사드린다. 또한, 러시아 공사 웨베르(K. I. Weaber)[1] 씨, 존스(G. Hebert Jones)[2] 목사와 게일(James Gale)[3] 목사,

---

1) 웨베르(Karl I. Waeber) : 제정러시아의 외교관. 북경과 천진에서 외교관으로 있다가 멕시코 공사로 전임될 때까지 14년 동안(1884~1897) 주한 공사, 총영사로 부임해 러시아 남진에 기여했다.

2) 존스(George H. Jones, 趙元時) : 1867~1919) : 미국인 선교사. 아메리칸대학을 졸업(1887)함과 동시에 내한하여 주로 인천 지방에서 선교했으며 배재학당 실장(1892~1893)을 역임했다.

3) 게일(James Gale : 1863~1937) : 한국명 기일(奇一). 캐나다 토론토 대학 출신. 1888년에 입국. 성서 번역에 기여했으며 연못골[蓮洞]교회의 목사(1891~1998)를 지냈고, 『한영사전』(1897)을 편찬함. 그 뒤 평양 신학교 교사, 피어선성경학교 교사를 지냈고, 황성기독교청년회를 창립했으며(1903), 성경전서를 한역(韓譯) 출간함. 그의 자세한 전기는 이 전

그리고 다른 여러 선교사들에게도 아주 관대한 은혜를 입었다.

나는 또한, 조선의 관습에 관한 나의 노트의 약간을 정정하는 데 도움을 준 사료에 관해서 『코리언 리포지터리』(*Korean Repository*)와 『서울 인디펜덴트』(*Seoul Independent*)뿐만 아니라, 제물포 주차 영국 대리 부영사(Acting Vice-consul)인 윌킨스(W. H. Wilkinson)[4] 씨의 정통하고 자세한 저작 『조선 정부』(*Korean Government*)에 빚을 졌다. 이 저술들은 조선의 관습에 관한 나의 기록들을 바로잡아 주었다.

이 글에는 또한 다양한 반복들이 나오는데 그 이유는 그것들이 없으면 특정 사실들에 대해 충분히 강조하기가 어렵다고 여겼기 때문이다. 그리고 몇몇 항목들에는 세부 내용을 많이 삽입했는데, 그것은 곧 사라질 운명에 놓여 있는 관습과 의식을 기록으로 남기고 싶은 생각 때문이었다. 세 개를 제외한 삽화는 내 자신의 사진들을 복제한 것이다.

나의 첫째 여행에 관한 약도는 웨베르 씨가 친절하게 그림으로 옮겨 준 것이다. 중국의 적절한 이름에 대한 자역(字譯)은 유명한 중국학자가 친절하게 맡아 주었으나, 불행하게도 실제 중국 문자들을 모두 기록하지 못했다. 나에게 관대하게 도움을 주었던 친절한 친구들을 위해서 밝혀 두건대, 옳든 그르든 간에 이 글에 표명된 견해에 대한 모든 평가는 전적으로 나 자신의 책임이다.

나는 이 글의 결점에 대해 가슴 아프게 자각하고 있다. 그러나 대체로 여기에서 다룬 지역에 대해서는 공정하고, 충실하게 곰곰이 생각해 보았다고 믿기 때문에 감히 독자들 앞에 내 놓는 것이다. 그리고 동양에서의 나의 여행 기록과, 그 외의 다른 곳에서 지금까지 보고 듣던 것에 대해서와 마찬가

집의 제6권인 신복룡(역주), 『전환기의 조선』(서울 : 집문당, 2019)의 역자 서문을 참고할 것.

4) 윌킨슨(W. H. Wilkinson, 維金孫) : 1893년 7월부터 1897년 6월까지 조선 주차 영국 공사관의 부영사로 활약함.

지로 친절하고 관대한 비평을 구하는 바이다.

나는 이 글이 조선과 조선의 국민에 관한 모든 지식에 도움을 주려 했던 정직한 노력으로 받아들여지길 바란다. 내가 그들에 관해 보고 기술한 것들은, 조선의 내륙뿐만 아니라 서울의 암울했던 정치적 상황에 대한 것들이다.

이사벨라 L. 비숍 (Isabella L. Bishop)

1897년 11월

차 례

비숍 여사와 그 일행

서 장

1894년 겨울, 내가 조선으로 배를 타고 떠나려 할 때 어떤 사람들은 The Korea라고 정관사 The를 잘못 붙여 호칭했다. 나의 많은 친구들은 흥미를 가지고 그 위치를 점치곤 했다. 적도에 있다느니 지중해나 흑해쯤에 있을 것이라고 생각하는 사람들이 많이 있는가 하면, 아주 신빙성은 없지만 그리스의 에게해에 있는 다도해에 있을 것이라고 생각하는 사람들도 종종 있었다. 교육받은 사람들, 그리고 어떤 경우에는 지성인이라고 불리는 사람들이 실제적인 경도·위도에서 2,000마일이나 틀리고 있다는 사실이 희한했다.

사실상 이 반도에서는 탐사를 거부하는 듯한 요소가 있었다. 심지어는 최근에 발행된 월간 정기간행물인 『코리언 리포지터리』가 아주 주의 깊이 있게 편집되기 전까지만 해도, 반도에 대해서 지식이 있든 없든 모든 필자들이 이용할 수 있었던 권위 있는 유일한 자료는 달레 신부[1]의 『조선교회사』의 서론 부분이었다. 이 글은 가치가 있기는 하지만 많은 내용이 진부하다.

---

1) 달레(Charles Dallet : 1829~1878) : 프랑스의 파리외방전교회 소속의 신부로서 포교보다는 문필로 유명했다. 그는 조선을 방문한 적은 없으며 파리에 있으면서 조선 교구의 다블뤼(M. N. A. Daveluy) 신부와 북경 교구의 레지(Jean-Baptiste Régis : 1665 ?~1737)가 수집해 보낸 자료에 입각하여 『조선교회사』를 집필했다. 1877년에 월남을 거쳐 도쿄에 도착했으나 곧 병사했다.

만약 이 책에서 내가 "학생이라도 그 정도는 안다"라는 비판을 듣게 된다면 나는 이 책의 대다수의 독자는 조선이 다만 지리상으로만 알려졌던 시절에 교육받았으며, 1883년에 체결된 조약들에 의해서 이 은자의 나라가 세계에 소개된 뒤, 최근 지리학 교과서가 썼으므로 현대의 학생이 배우는 지식을 가질 수 없었다는 사실을 그 비평가들에게 상기시켜 주고 싶다. 나는 조선을 잘 아는 소수에게 그들이 "두 번째로 듣는 이야기"라 해도 다수를 위해 특히 이 서론에서 참을성을 가져 달라고 말하고 싶다. 이는 다음 장에서 이어지는 재미있는 진행을 돕기 위한 것이기 때문이다.

조선에 대한 최초의 소개는 서기 9세기의 아랍 지리학자인 코르다드베[2]의 『세계 도로 · 지방지』에 나오는데 이 반도에 살고 있는 사람들에 대한 전설은 너무나 신화적이어서 여기에서 언급하지는 않았지만 뒤에 언급될 기자(箕子)가 서기전 12세기에 중국 문명의 요소를 도입했을 때 이미 이곳에는 토착민이 거주하고 있었음이 분명하다. 기자의 정복과 만주에서 계속된 이민의 흔적이 당연히 조선 사람들에게 약간 남게 되었지만 그들은 놀라울 정도로 그들의 가장 가까운 이웃인 중국인이나 일본인들과는 현저하게 달랐다. 조선 사람들 사이에는 얼굴 모습에서 현격한 차이가 있는데 그들의 복장이 같기 때문에 그러한 차이는 더욱 눈에 잘 띈다.

사람을 구별하는 어려움은 일본이나 중국을 여행하는 낯선 사람들을 괴롭히지만 조선에서는 그렇지 않다. 몽골계 민족의 치켜 올라간 눈꼬리가 여전하고 청동색 피부의 흔적이 남아 있지만 피부색은 까무잡잡한 황색으로부터 아주 밝은 갈색까지 다양하다. 반듯한 코와 매부리코가 있는가 하면 콧구멍이 크고 넓적한 들창코도 있다. 비록 머리칼이 검기는 하지만 머리색

---

2) 코르다드베(Khordadbeh) : 그는 아라비아의 여행가였다고 하는데 서기 800년에 쓴 글에서 신라를 황금의 나라로 기술했다고 한다. 그의 말에 따르면, 뭇셀만스(Musselmans)라고 하는 아라비아의 상인이 신라에 정착해서 인삼 · 녹용 · 노회 · 장뇌 · 못 · 말안장 · 자기 등을 수출했다고 한다.

을 내기 위해서는 검댕이와 기름을 자주 발라야 한다.

머리칼은 가는 철사줄처럼 뻣뻣한 것으로부터 비단결같이 부드러운 것까지 다양하다. 어떤 사람들은 콧수염과 염소 수염을 달고 있고 어떤 사람들은 중국인들이 그렇듯이 잘 손질된 몇 개의 머리털을 머리칼과 수염의 대용으로 이용하는가 하면 많은 이들은 무성하고 질긴 턱수염을 기르고 있다. 하층민에게는 넓고 통통한 입이 흔하고 문벌가들에게서 자주 보이는 입은 작지만 모자람이 없으며 얇고 잘생겼다.

눈은 비록 검지만 암갈색으로부터 담갈색에 이르기까지 다양하다. 광대뼈는 높이 솟아 있다. 눈두덩의 모양은 마치 유행을 따르기라고 한 것처럼 고상하고 이지적으로 생긴 경우가 많다. 귀는 작고 예쁘다. 일상적인 표정은 약간 당혹한 듯하면서도 활기에 차 있다. 좋은 의미에서 볼 때 그들의 외관은 힘이나 의지력보다는 재치 있는 지성의 모습을 보여준다. 조선 사람들은 분명히 잘 생긴 인종이다. 체격도 좋다.

남자의 평균키는 5피트 4.5인치이며[3] 여성의 키는 확인되지 않았으나 어울리지 않게 작다. 그들의 모습은 가장 추한 복식으로 과장되어 땅딸막하고 펑퍼짐하다. 남녀 모든 계층 사람들의 손은 매우 작고 희고 멋있게 생겼다. 손톱은 아몬드 모양으로 주의 깊게 다듬어져 있었다. 남자들은 아주 힘이 세어 짐꾼들은 100파운드 정도의 짐을 대수롭지 않게 여길 정도이다. 양반

3) 다음의 통계는 스트리플링(A. B. Stripling)* 씨가 1897년 1월에 1,060명의 성인 남자를 대상으로 조사한 체격이다.

	최대치	최저치	평균
키	5피트 11.25인치	4피트 9.5인치	5피트 4.5인치
가슴둘레	39.25인치	27인치	31인치
머리둘레	23.25인치	20인치	21.5인치

(역자 주) 스트리플링(A. B. Stripling : ?~?) : 1883년 봄에 묄렌도르프가 조선에 올 때 수행했던 해관 사무원. 1885년 9월에 묄렌도르프를 이어 인천 해관의 총세무사가 되었으며, 1897년부터는 경무청 고문으로 활약함.

들의 거만한 걸음걸이든, 평민들이 일보러 가면서 걷는 보폭이 좁고 확고한 걸음걸이든 간에 그들은 매우 잘 걷는다.

가정은 대가족 제도이며 건전하다. 정부의 호구 조사가 맞는다면 가족 수를 평균해 볼 때 인구는 1,200~1,300만 명 정도 될 것이며 여자들의 수가 더 적은 편이다. 정신적으로 조선 사람들은 많은 재능을 타고났는데 특히 스코틀랜드의 말로 "영리하고 눈치빠른" 재능을 가지고 있다.

외국인 교사들은 조선 사람들이 정신적인 치밀성과 빠른 인식 능력, 빠른 외국어 습득 능력을 가지고 있다고 증언한다. 그들은 일본인보다 훨씬 좋은 억양으로 더 유창하게 말한다. 그들은 의심, 교활함, 비진실성 등의 통속적인 악덕을 가지고 있다. 사람들 간에 신뢰가 없다. 여성들은 격리되어 있으며 매우 열등한 위치에 있었다.

"조용한 아침" 또는 "상쾌한 아침의 나라"라는 뜻을 가지고 있는 조선의 지리는 단순하다. 이 나라는 북동쪽으로 중국과 접경해 있는 반도이다. 해안선의 길이는 대략 1,740마일이다. 조선은 북위 34°17′~43°, 동경 124°38′~130°33′에 위치해 있고 면적은 8만 평방 마일이 넘는데 영국보다 조금 작은 크기이다. 북서쪽은 두만강, 압록강과 황해에 따라 러시아 및 중국과 나뉘어 있다. 동남쪽 경계는 "은빛 줄" 모양의 동해인데 이것은 일본의 약탈로부터 한반도를 지켜 주지 못하고 있다.

러시아와 인접한 경계선은 다만 11마일에 지나지 않았다. 두 개의 국경을 가르는 압록강과 두만강은 백두산에서 발원한다. 백두산으로부터 남쪽으로 거대한 대간이 뻗어 있고 다시 수많은 줄기들이 거기에서 뻗어나 있다. 이 산줄기는 나라를 이등분하고 있는데 동쪽 지역은 이 산줄기와 동해 사이에 있는 비교적 좁고 긴 땅으로서 접근하기는 매우 힘들지만 놀랄 정도로 비옥하다.

그와는 달리 서쪽 지역은 험악한 구릉과 무수하게 많은 비옥한 계곡들과 경사들로 구성되어 있는데 물이 많고 놀라울 정도로 농업에 적당하다. 활동을 멈춘 지 오래된 화산 분화구들과 화산암층들 그리고 여러 가지의 화산 활동의 징표들이 곳곳에 있다. 호수의 숫자는 적고 규모도 조그만 하다. 바다로부터 몇 마일쯤 내륙으로 항해할 만한 규모의 강도 많지 않다.

예외적인 것으로 장엄한 압록강, 대동강, 낙동강, 목포강 그리고 한강이 있다. 한강은 동해에서 30마일 정도 떨어진 곳에서 발원하여 전 국토를 거의 이등분하며 흘러 서해안의 제물포에서 바다에 이르며 비록 위험한 급류가 여러 곳이지만 170마일 정도에 걸쳐 교역을 위한 가치 있는 통로가 되고 있다.

한반도에는 지리적 위치 때문에 좋은 항구가 거의 없지만 모두 부동항이다. 그 가운데 가장 좋은 것은 부산과 영흥만에 있는 원산이다. 제물포는 서울에 관계된 항구로서 첫 손으로 꼽히지만 항구라고 부르기는 어렵다. 외항은 큰 배와 군함들의 정박지나 다름없으며, 마을에 가까운 내항은 한강 어구의 거센 물결 때문에 한 번에 가벼운 톤 수의 배 5~6척을 정박시킬 수 있을 뿐이다.

동해안은 가파르고, 바위가 많으며 물이 깊고 조수 간만의 차가 1~2피트 정도밖에 되지 않지만 남서쪽과 서쪽 해안의 간만의 차는 무려 26~38피트나 된다. 남쪽과 서쪽 해안에는 놀랄 정도로 많은 다도해가 흩어져 있다. 어떤 것은 불모의 바위로서 바닷새들이 사는 곳이다. 다른 섬들은 경작할 만하며 사람이 거주하고 있다.

그와는 달리 실제적인 해안선들은 무수한 작은 섬들로 구성되어 있으며 그들 가운데 어느 것은 밀물에 침수된다. 이 섬들 사이에 있는 해협은 거대하게 밀려오는 조수 때문에 항해가 어려운 경우가 더 많다. 특히 이 강의 어구에 있는 거대한 개펄은 해안선의 확인을 모호하게 만든다.

조선은 분명히 산이 많은 국가이며 평야라고 이름을 붙일 만한 장소는 거의 없다. 북쪽에는 명확한 중심지를 가진 산이 모여 있다. 그 가운데 대표적인 것이 백두산인데 고도가 8,000피트가 넘으며 신성한 곳으로 여긴다. 남쪽으로 갈수록 이러한 산맥은 해안선과 일정한 거리를 두고 떨어져 있으며 한정된 지역으로 좁아진다.

이 산맥들로부터 수많은 등성이와 낭떠러지들이 뻗어 나와 있는데 떡갈나무로 덮여 있거나 또는 벗겨져 있으며 주름지고 가파른 구릉이나, 돌이 많은 개울이 있는 폭이 좁고 경사가 급한 계곡이 모여 조선의 북쪽 지역과 남쪽 지역을 나누어 놓는다.

절경을 이룬 산과 무성한 숲을 가진 금강산이 포함되어 있는 대간은 남쪽으로 내려갈수록 줄어들어서 작고 불모지가 많은 평야들로 줄어든다. 지질층은 매우 단순하다. 중생대의 암석들이 황해도에 있으나 화강암과 변성암이 매우 많다. 서울의 북동부는 화산암이 넓게 널려 있으며 북부에는 화산암과 화성암이 흔하다.

기후는 분명히 세계에서 가장 좋으며 건강에 도움이 되는 곳 가운데 하나이다. 외국인들도 어떤 풍토병 때문에 고생하는 일이 없으며 유럽의 어린이들은 이 반도의 어디에서라도 안전하게 양육될 수 있다. 7~8월과 때로는 9월 초순까지는 덥고 비가 많이 온다. 그러나 바다에서 불어오는 미풍에 따라 열기가 순화되기 때문에 언제나 운동을 할 수 있다. 1년 가운데 9개월 동안은 하늘이 보통 맑으며 조선의 겨울은 아주 훌륭하다.

겨울의 대기는 정체된 채로 맑고 푸르고 구름이 없는 하늘과 매섭지 않은 날씨 속에서 매우 건조하다. 그리고 밤은 쌀쌀하다. 9월 중순부터 6월 말까지는 날씨가 혹한에서 혹서로 변하는 일이 없다. 서울의 여름 평균 기온은 약 75°F(24C°)이고 겨울에는 약 33°F(0.6C°)이다. 연 평균 강우량은 21.86인치이다.[4] 7월에 가장 습도가 높고 겨울에 가장 건조하다. 1년 가운데 물이 필요한 몇 개월 동안 내린 풍부한 강우량 때문에 물을 대는 것이 필요한 곳은

4) (원저자 주) 이 통계는 최근의 3년 반 동안의 관찰을 평균한 것이다.

논농사뿐이다.

조선의 동물상은 주목할 만하다. 많은 수의 호랑이와 표범, 곰, 영양, 최소한 일곱 종류의 사슴, 여우, 해성, 수달, 오소리, 살쾡이, 돼지, 몇 종류의 담비, 한 종류의 별 가치 없는 족제비, 줄무늬 다람쥐 등이 있다.

새 종류로는 서울 근교에서 발견되는 검은 독수리, 매사냥에 이용하는 송골매, 꿩, 백로, 거위, 반점 오리, 청둥오리, 원앙새, 수줍음이 많은 대머리 수리, 희고 붉은 따오기, 새매, 황조롱이, 두루미, 해오라기, 왜가리, 마도요, 쏙독새, 붉은 알도요새, 멧새, 보통 푸른색의 까치, 꾀꼬리, 종달새, 개똥지빠귀, 딱새, 까마귀, 비둘기, 땅비둘기, 띠까마귀, 휘파람새, 할미새, 뻐꾸기, 호반새 그리고 밝은 푸른색의 물총새, 어치, 도요새, 동고비, 회색 때까치, 꿩, 매 그리고 솔개들이 있다. 그러나 더 주의 깊게 연구가 진행되기 전까지는 어떤 종류의 더 작은 새들이 실제로 조선에 살고 있으며, 어떤 종류의 새들이 철새인지를 말하기란 어렵다.

서울 근교에 있는 산, 해안선, 무역항 그리고 주요 도로의 황폐함은 강한 인상을 주며 조선에 대한 매우 좋지 못한 생각을 갖게 한다. 그러나 남부와 동부의 산들, 특히 두만강·압록강·대동강·한강의 근원지를 포함한 산에는 상당한 수풀이 우거졌다. 비록 상당한 양의 재목들이 매년 이 강들을 따라 뗏목 모양으로 운반되었지만 아직까지도 벌목꾼들은 눈에 띌 만한 흔적을 남기지는 않은 곳들도 많이 있다.

고유한 나무의 종류로는 전나무, 구상나무, 소나무, 잣나무, 세 종류의 참나무, 참피나무, 양물푸레나무, 자작나무, 다섯 종류인 단풍나무, 오갈피나무, 옻나무, 보리수나무, 노간주나무, 산물푸레나무, 개암나무, 자작나무, 지빵나무, 버드나무, 고삼나무, 서나무, 서양 자두, 복숭아나무, 빗살나무 등이 있다.

수종은 종류가 많고 넓고 흥미 있지만 진달래와 진달래 속의 식물들을 제외하고는 색이 화려하지 않다. 몇 종류의 화려한 미나리아제비과 식물들이 있고 넝쿨 장미는 큰 나무조차도 완전히 덮는다. 그러나 조선의 덩굴 머루는 개머루이다. 인삼을 제외한다면 경제적 가치가 있는 식물은 드물다. 산삼은 온스당 15달러를 받지만 상업적 가치는 없다.

조선의 광물 자원은 논쟁거리이다. 거의 조선을 엘도라도[5]와 같은 국가로 보려는 관점과 지하에 과연 보물이 존재하는지 의심하는 관점의 사이를 왔다 갔다 한다. 금은 장신구나 예술품으로 거의 사용되지 않으며 조선은 자기 나라의 흙이 곧 금이라고 공언하고 있다. 확실한 근거가 있는 국가 관계 보고서에 따르면 1896년에 1,360,276달러에 이르는 사금을 수출했고 아마도 밀수출된 양도 거의 그 정도는 될 것이다. 은과 방연광도 발견되며 구리는 꽤 풍부하고 개발되지 않은 철광과 탄광, 그리고 양질의 석탄이 풍부하다. 금을 함유하고 있는 수정은 아직 채광되지 않고 있으나 이의 허가를 얻은 미국 회사가 기계를 도입했고 평안도에서 작업을 하고 있다.

제조업은 대수롭지 않다. 최고의 생산품은 꾸지나무로 만든 몇 가지의 종이인데 이 가운데서도 외관상 고급 피지 같은 기름종이는 매우 질기기 때문에 네 사람이 각 모퉁이를 잡고 들어 올릴 수 있다. 이 밖에도 돗자리와 대나무 발이 있다. 예술품은 "전무하다."

조선은 1392년 이래 현재의 왕조가 통치해 왔다. 왕은 세습제이며 최근 일본의 지도를 받아 몇 가지의 통치 지침이 수정되었다고는 하지만 주권은 여전히 중국의 『대명률』처럼 군주의 포고령이 사실상 절대적이다. 매우 오래 전부터 인식되어진 중국의 종주권은 1895년 1월에 종묘사직에서 이루어진 왕의 서고문에 따라 친히 부인되었고 같은 해, 5월 시모노세키에서 조인된 평화조약[6]을 통해 중국은 조선의 완전한 독립을 승인했다.

---

5) 엘도라도(El Dorado) : 스페인 사람들이 남미의 아마존강 부근에 있다고 상상했던 황금의 나라.

6) 청일전쟁의 종결과 함께 체결된 청일강화조약을 의미하는데 그 체약 일자는 5월이 아니라 4월이었다.

나라를 다스리는 국가평의회격인 군국기무처는 영의정 1명, 5명의 찬성, 6조 판서 그리고 1명의 참찬으로 구성되어 있다. 1896년 9월에 발표된 칙령은 이 기구를 창설하고 그 전문에서 평이한 표현으로 왕의 절대주의를 표시했다. 9명의 대신이 있는데 총리대신, 궁내부대신, 탁지부대신, 내부대신, 외부대신, 군부대신, 법부대신, 농상공부대신, 학부대신이 곧 그들이다. 그러나 왕의 의지나 변덕은 그들의 개인적이거나 집단적 의견보다 우월하다.

조선에는 러시아 교관에게 훈련을 받은 군인이 서울에 4,800명과 지방에 1,200명이 있고 2척의 상선으로 구성된 해군이 있다. 조선은 13개 도와 360개의 군현으로 나뉘어 있다. 모든 합법적인 지출을 충당하기에 충분한 세입은 청국의 세관으로부터 파견된 정직하고도 유능한 세관에 따라 징수된다. 국토는 결[7]마다 6달러의 지세를 납부하고 산 1결당 5달러를 납부한다. 가구세는 호구당 60센트이며 서울에 사는 가구는 면제를 받는다. 가공된 인삼은 캐티[8]당 16달러의 무거운 물품세를 납부한다.

1876년까지만 해도 한국은 성공적으로 쇄국을 유지했으며 이를 침해하기 위한 어떠한 시도도 무력으로 격퇴하였다. 바로 그 해에 일본은 조약을 강요했고 1882년에 중국은 "교역과 국경 조약"[9]을 체결했다. 1882년에 미국이 수호조약을 체결했고, 1884년에 영국과 독일, 1886년에 러시아와 이탈리아, 그리고 1892년에 오스트리아와 조약을 체결하였다.

비록 중국의 종주권 아래 있지만 한국은 독립 국가로 대우를 받았다. 이 조약들에 따라 서울과 제물포항(인천), 부산항, 원산항이 외국 상인에게 개항되었으며 1897년에 목포와 진남포의 개항도 추가되었다. 조약이 체결된 뒤에 다수의 외국 공사관이 설립되었다. 북경 주재 영국 공사는 조선 주재

---

7) (원저자 주) 토지 1결은 약 6.3 에이커(acre)에 해당함.
8) 1캐티(catty)=동양의 근(斤)을 의미하며 604.8g을 의미함.
9) 1882년 8월에 체결된 한청상민수륙무역장정을 의미함.

공사로 파견되었으며 영국은 총영사를, 일본·러시아·미국은 공사를, 프랑스는 대리공사를, 독일은 영사를 파견했다. 중국은 청일전쟁 이후에 조선과의 외교 관계를 맺을 수 없게 되자 자기 나라 국민을 영국 총영사의 보호 아래 두었다.

최근 가치가 떨어진 엽전을 쓰고 있는 조선의 화폐는 1달러에 500 : 1로 거래되며 사업상으로는 거액 수표를 쓰고 있다. 그러나 최근에는 20센트 단위의 새로운 소액 화폐가 통용되고 있으며, 5센트짜리 은화, 5센트짜리 동화, 1센트짜리 놋쇠 화폐가 함께 유통되고 있다. 일본의 엔화와 달러가 이제 어느 곳에서나 통용되고 있다. 일본의 다이이치은행과 고하치은행은 서울과 무역항에서 업무를 시작했다.

부산, 원산 그리고 제물포의 개항에 관한 조약이 체결된 이래 1897년 1월에 11,318명의 외국인과 266개의 외국 무역 회사가 들어왔다. 일본 거류민은 10,711명이며 그들의 회사는 230개에 이르렀다. 미국과 프랑스의 거류민은 대체로 선교사이며 서울에서 가장 눈에 잘 띄는 건물은 천주교과 미국의 감리교회이다.

1897년 1월 현재 조선에서 활약하는 영국인 수는 65명이며 나가사키에 있는 영국 회사의 지사가 최근 제물포에 개설되었다. 동시에 조선에서 활약하는 중국인의 수는 거의 2,500명에 이르고 있으며 주로 서울과 제물포에 흩어져 있다. 네 종류의 우표와 전신제도와 함께 국내에서 새롭게 우편 제도가 창설되어 서울은 이제 세계 모든 곳과 통신할 수 있다.

길은 악명이 높으며 심지어 도심지의 대로도 승마장의 트랙보다 좋을 것이 없다. 상품은 어디에서나 사람, 황소 그리고 말의 등으로 운반되며 제물포에서 서울까지의 철도는 미국 특허권자에 따라 건설되어 사실상 곧 운행하게 된다.

조선의 언어는 혼합되어 있다. 식자층은 대화에서 가능한 한 중국어를 많이 사용하며 보고서의 모든 문자는 한문으로 되어 있는데 그것은 천 년 전의 중국의 고어의 형태여서 중국에서 현재 사용되는 중국어와는 발음이 완전히 다르다. 조선의 글자인 언문은 한문 교육을 고집하는 지식층으로부터 무시되고 있다.

조선 사람들은 동아시아에 유일하게 자신의 문자를 가지고 있다는 점에서 다른 민족과 구별된다. 몇 백 년 전부터 중국어로 쓰던 왔던 『관보』는 1895년 1월 1일부터 주요한 단어는 한자로 쓰고 일본의 가나처럼 음절마다 언문을 쓰게 되었다. 이런 조치가 있기 이전에는 오로지 부녀자나 어린이들만이 언문을 사용했다.

그 뒤 독립과 개혁에 관한 국왕의 선언이 한자, 순수한 언문 그리고 혼합 문자로 반포되는 혁신이 일어났으며 최근에는 포고령과 공문서와 『관보』가 언문으로 발표되고 있다. 다만 왕명이나 외교 문서는 여전히 지난날의 형태를 고집하고 있다. 공식적 수단으로서의 국한문의 혼용을 승인하고, 몇 가지의 경우에는 한글만 쓰기로 했다.

공무원의 적성을 시험하기 위한 과거에서 한자 시험을 폐지하고 새로운 신문인 『독립신문』에 "저속한" 한글만 전용하고, 외국 선교사 단체에서 한글의 우월성을 인정하고 교재와 언문 문학을 서서히 한글로 편집함으로써 국민 정서를 강화시켰을 뿐만 아니라 서구 과학과 사상의 형태와 접촉을 통하여 자신의 문자로 독서할 수 있는 "대중"을 발생시켰다.

조선에는 종교가 없다. 유교는 공식적인 의식이며 공자의 교훈은 조선 사람의 도덕적 규범이다. 한때 성행했으나 3세기 전의 국교에서 "폐지된" 불교는 주로 산악 지대나 대로로부터 먼 곳에서 만나게 된다. 샤머니즘의 원형이라 할 수 있는 정령 숭배 의식은 왕실과 무지한 대중과 완전한 억압 속에 사는 모든 계급의 여인들에게 널리 유행한다.

미국인에 따라 전파된 기독교 선교는 직접·간접적인 결과를 창출하기 시작했다. 외국인에 따라 조선이 개국되기 10년 전에[10] 그의 종주국인 중국에게 조선의 왕은 말하기를 "식자는 공자와 주문왕의 가르침을 지키며 실천한다."고 했는데 이 사실은 조선을 정확하게 평가할 수 있는 열쇠이다. 정부, 법률, 교육, 예절, 사회적 관계 그리고 도덕에서 중국의 영향은 현저하다.

이러한 모든 점에서 조선은 그의 강력한 이웃에 대해 무기력하게 반응한다. 비록 조선은 전쟁으로 말미암아 중국으로부터 원조를 받으리라고 기대하지는 않지만 조선은 중국을 동경하고 있으며 고결한 이상과 소중한 전통, 도덕적 교훈을 위해 중국을 바라보고 있다. 조선의 문학, 미신적 관습, 교육제도, 조상 숭배, 문화, 그리고 사고 방식은 중국풍이다. 사회는 유교적 형태로 조직되어 있고 자녀에 대한 부모의 권리와 동생에 관한 형의 권리는 중국에서와 같이 완전히 승인되어 있다.

낡아빠진 사회적 조건, 말할 수 없는 구습, 고칠 수도 없고 개혁할 수도 없는 동양적 사고, 그리고 중국을 하나로 묶어 주는 인종적 강인함도 없이 중국을 우스꽝스럽게 따라 하기만 하는 이 땅에 서양의 토양에서 쓰던 홀씨가 떨어졌다. 거친 흔들림으로 말미암아 몇 세기에 걸친 잠에서 깨어나 반쯤은 겁에 질리고 정신이 완전히 빠진 이 연약하기 이를 데 없는 독립 국가는 강력하고 야심만만하고 침략적이며 항상 꼼꼼하지도 못한 열강의 대열 앞에 자신이 서 있음을 발견하고 있다.

이 열강들은 아마도 서로 이 나라에서 지나치리만큼 손을 뻗쳐 조선을 새로운 길로 몰아넣고 거친 손으로 유서 깊은 이 나라의 풍습에 조종을 울리며 이권을 요구하고 자기들의 사회에서는 의미도 없고 필요도 없는 개혁과 제안과 만병통치약으로 이 나라를 혼란시키고 있는지도 모른다. 그렇게 함으로써 "묵은 질서는 새로운 것에 자리를 양보하며 그 모습을 바꾸고 있다." 이 전환기의 땅에서 벌어지고 있는 수많은 증거들은 이 책의 다음 장에서 나타나게 될 것이다.

---

10) (원저자 주) 부록 1 참조.

제 1 장 조선의 첫인상

나가사키에서 조선의 남단에 위치한 부산까지는 15시간이 걸린다. 내가 히고마루에서 들은 이름인 대마도는 일본에 관한 한 내가 마지막 본 곳이었다. 단풍이 물들고, 자두 꽃이 만발하고, 산 위에는 절이 있고, 숲 속의 신사로 이어지는 장엄한 일련의 계단, 소나무의 푸르름, 대나무의 금빛 이파리들로 가득한 대마도의 기억은 여름에는 즐겁겠지만 태양조차 비치지 않는 2월의 부산이 보여주는 갈색의 민둥산에 의해 더욱 강렬하게 인상에 남아 있었다.

"그림자가 비치는 섬"이라는 뜻의 절영도는 높고 풀이 무성하지만 일본 사람들은 그 섬에 저탄장과 검역 병원을 설립했다. 그 섬이 파도로부터 부산항을 보호하고 있다. 부산에 닻을 내리며 만난 사람은 조선 사람이 아니라 일본 사람이었다. 점등하는 사람조차도 일본인이었다. 히고마루가 소속되어 있는 일본우선회사의 간부가 도선 작업을 했다. 세관원은 영국인이었다. 그는 조선의 관세 세입의 관리를 돕도록 중국의 세관이 조선의 세관에 파견한 인물이었다.

부산의 외국인 거류지는 정상의 가파른 절벽 위에서 불교 사원이 내려다보고 있는 곳으로서 1592년의 임진왜란 무렵 일본이 점령한 동안에 심은 멋있는 삼나무에 가려 있다. 부산은 일본인 상점이 자리 잡은 넓은 거리와 각

종의 영국식 · 일본식 건물과 더불어 어느 정도 산과 바다로 둘러싸여 꽤 좋아 보이는 일본풍의 도시이다.

건물 가운데에는 영사관과 은행이 가장 중요하다. 이곳에는 방파제가 있으며, 배수로, 조명, 그리고 도로는 시 당국의 비용으로 건설되었다. 청일전쟁이 끝나자 급수 시설은 매 가구당 엽전 100냥 비율의 부담으로 건설되었으며, 현재는 좋은 물을 충분히 공급함으로써 상습적인 콜레라의 종말을 기대하고 있다. 이 도시에서 일본인 국군 묘지가 조속히 조성되는 모습이 장관을 이루고 있다.

외국 상품의 수요가 시작된 지 13년이 되지 않았다는 사실을 고려할 때, 조선이 얼마나 외제품을 쓰고 있으며, 부산의 외국 무역이 매우 빠르게 성장되어, 1885년 수출입의 합한 가격이 겨우 77,850파운드에 달했던 것이 1892년에는 346,608파운드에 이르렀다는 것은 놀라운 일이다. 바래지 않는 셔츠 감, 한냉사, 옥양목, 흰 삼베, 그리고 어린이들을 위한 빨간 무명은 조선 사람의 기호를 현혹시키고 있다. 다만 보온이 잘되는 면직 겨울 외투는 외국 모직물에 뒤지지 않아, 사실상 수입품이 없다.

가장 놀라운 진보는 1/4분기에 71,000갤런에 이르는 미국의 등유를 수입했다는 사실이다. 음울한 골풀 양초가 등롱에서 어유 램프로 바뀌게 됨으로써 조선의 야간 생활에 큰 변혁을 일으켰다. 성냥은 놀랍게 "유행"하게 되었고 확실하게 "토착화"되었다. 짐승 가죽, 콩, 건어물, 해삼, 쌀, 고래 고기가 기본적인 수출 품목에 속한다. 1883년에 부산은 공식적으로 일반 외국 무역에 개방되었고, 그때부터 부산은 현저하게 성장했다. 바로 그 해에 외국인 인구는 1,500명이었으나 1897년에 5,564명이 되었다.

1885년 초반 일본우선회사는 5주마다 블라디보스토크와 부산을 왕래하는 기선 1대와 한 달에 한 번 씩 제물포와 부산을 왕래하는 작은 배를 운행한다. 지금은 크든 작든 간에 부산에 기선이 기착하지 않는 날이 없다. 일본우선회사의 좋은 배뿐만 아니라 자주 고베-블라디보스토크, 상해-블라디보스토크, 고베-천진, 고베-지부, 고베-뉴창 사이를 왕래하는 모든 노선이 부산에 기착하며 오사카의 직항 노선과 상해-블라디보스토크 사이를 왕래하는 러시아 우편선을 포함한 세 개의 노선이 부산에 기착하고 있다.

수입 상품의 약 1/3은 사람과 말의 등에 실려 내륙으로 운송되는 것으로 보인다. 세금이 부과되고 육로와 해로에 있는 관문에서의 지연은 무역상들에게 참을 수 없는 일이다. 왜냐하면 모든 하역이 몇몇 하급 관리에 따라 규제되는 악습이 만연하고 있기 때문이다. 그 관리들은 서울에 있는 조정에 확실한 액수를 지불하고자 모든 상품에 세금을 징수할 수 있는 허가를 얻고 있다.[1)]

낙동강의 어귀는 부산으로부터 7마일 떨어져 있는데, 흘수선이 5피트인 기선이 50마일 상류에 있는 밀양까지 항해할 수 있으며, 흘수선이 4피트의 범선은 100마일 떨어진 사문까지 올라가 거기에서 가벼운 하역용 배로 옮겨 싣고 연안으로부터 170마일인 상진까지 거슬러 올라갈 수 있다. 이 유용한 해로와 더불어 논쟁이 많은 서울-부산 사이의 철도가 기정사실로 될 것 같은 어렴풋한 전망과 함께 부산이 중요한 상업 중심지가 될 것으로 전망되고 있다. 왜냐하면 경상도는 8도(지금은 13도임)가운데서 인구가 가장 많으며 전라 지방을 제외하고는 가장 번창하고 비옥한 곳이기 때문이다.

인접한 불모의 산에는 풍부한 광물 자원이 매장되어 있는 것으로 보인다. 금은 부산 반경 50마일 이내에 몇 곳에서 발견되고, 구리도 아주 가까운 곳에서 채광되며 100마일 이내에 탄전이 있다. 어느 점으로 보나 부산의 거주지는 일본식이다. 5,508명의 일본인 이외에도 일본 어부 8,000명이 유동하고 있다. 일본 총영사는 좋은 유럽 가옥에서 살고 있다.

---

1) (원저자 주) 경상도의 부산 세무사인 헌트(J. H. Hunt) 씨의 주장에 따르면, 이러한 관문이 17개소가 있다고 한다. 부산은 반경 10마일 이내에 초소가 있으며, 대구에서 흘러내려오고 있는 낙동강에 25마일의 거리에 하나씩, 모두 4개의 초소가 다고 한다.

부산의 관문

도쿄의 다이이치은행이 은행 업무를 제공하고 있으며, 우편 · 전신 업무도 또한 일본인이 장악하고 있다. 일본인은 거류지를 청결하게 하고 있으며, 기계에 의한 탈곡과 도정, 고래잡이, 양조장, 상어지느러미, 해삼요리, 어비와 같이 조선에 알려져 있지 않은 사업을 도입하고 있다. 더욱이 어비는 냄새나는 비료로서 많은 양이 일본으로 수출된다.

그런데 독자들은 성급하게 물을 것이다. "조선은 어디에 있는가? 나는 일본인에 대한 글을 읽고 싶은 것이 아니다"라고. 나도 일본인에 대해 쓰고 싶지 않으나, 사실은 매우 어렵게 되어 있다. 위의 모습들이 실제로 눈에 보이는 부산이다. 기선의 갑판에서 바라보니 부산으로부터 3마일 정도 지나 언덕에 닿은 바다 위의 약간의 높이까지 계속되고 있는 좁고 가파른 길이 나 있고 내가 지난번 보았을 때는 아무도 살지 않았던 곳에 사무실과 건물이 있는 중국인 거류지를 지나면 부산 고유의 성곽이 끝나는 외곽에 3세기 전에 일본의 건축 기술에 따라 축성된 굉장히 고색창연한 성채가 현대식으로 가꾸어져 있다.

해안 곁의 바위에는 사다새나 펭귄을 닮은 흰 물체가 앉아 있었다. 그 흰 물체는 사람의 걸음걸이와 같이 끝없는 행렬을 지어 부산의 신·구 사이를 이리저리 움직이고 있었다. 나는 앉아 있던 물체와 걸어 다니는 물체가 같은 종류라고 생각했다.

조선 사람은 색다른 인상을 보여주고 있다. 그들은 중국인이나 일본인과 닮지 않았다. 오히려 양자보다 더 멋있어 보이며 일본인보다 체격이 더 좋다. 비록 그들의 평균 신장이 겨우 5피트 4.5인치이지만, 흰색 옷은 몸을 풍성하게 보이게 하고, 언제나 쓰고 있는 높은 왕관 장식의 모자는 키를 더 커 보이게 만든다.

사람들은 겨울옷을 입고 있는데, 소매가 달린 흰 면의 길고 품이 큰 겉옷, 거대한 바지, 그리고 버선은 모두 솜으로 채워졌다. 그들은 검은 모피의 가장자리에 장식을 달고 검은 비단에 솜을 넣은 모자를 쓰고 있었다. 차라리 왕관처럼 높아 보이는 이 모자는 말총을 엮어 마치 서양의 귀족 부인들이 치마를 부풀리려고 속에 입었던 것과 같은 페티코트[2]의 모양을 하고 있으며, 거기에 끈을 달아 턱 밑으로 묶었다. 그들의 일반적인 겉모양은 기괴하다. 회색 옷을 입은 어린애들은 길에 다소 있으나, 여자는 없다.

조선어를 거의 영어처럼 말하는 매력적인 영국인 우나가 구 부산으로 나를 안내했다. 모든 사람의 환영을 받으며 그는 장날의 붐비는 군중 속을 평화롭게 걸어갔다. 나는 부산이 처참한 곳이라고 생각했다. 나중에야 나는 그것이 조선 마을의 일반적인 모습이라는 점을 알았다. 좁고 더러운 거리에는 진흙을 발라 창문도 없이 울타리를 세운 오두막집, 밀짚 지붕, 그리고 깊

2) 페티코트(crinoline) : 19세기에 여자의 치마를 부풀게 보이려고 밑에 받쳐 입던 말총 천의 속옷.

은 처마, 마당으로부터 2피트 높이의 굴뚝이 솟아 있었고 가장 바깥에는 고체와 액체의 폐기물이 담겨 있는 불규칙한 개천이 있다.

더러운 개와, 반라이거나 전라인 채 눈이 잘 보이지 않고 때가 많이 낀 어린애들이 두껍게 쌓인 먼지와 진흙 속에 뒹굴거나, 햇볕을 바라보며 헐떡거리거나 눈을 끔벅거리기도 하며, 심한 악취에도 아무렇지도 않는 것 같았다. 그러나 장날이 되면 이 불쾌한 것들이 많이 은폐된다. 좁고 먼지투성이고 굽은 길의 모든 거리를 따라 상품들은 마당의 멍석 위에 널려져 있었고, 더러운 흰 면 옷을 입은 남자나 늙은 여자가 그것을 지키고 있다.

손님을 부르는 소리가 높이 울려 퍼지고, 원래 1/4페니의 1/10도 되지 않는 물건 값을 깎느라고 숨을 헐떡거린다. 그곳의 상품은 구매자와 소상인이 모두 가난하다는 인상을 준다. 짧고 거친 무명, 실타래, 짚신, 나무빗, 담뱃대, 그리고 쌈지, 건어물과 해초, 허리띠를 위한 끈, 거칠거나 부드러운 종이, 검은 색에 가까운 보리 엿이 멍석 위에 놓인 품목들이었다.

가장 가치 있는 물건이 3달러를 넘지 않았다고 나는 확신한다. 모든 행상인은 당시 달러 당 환율이 3,200 : 1에 이르는 중앙에 구멍이 뚫린 작은 엽전 꾸러미를 옆에 싸 놓고 있는데 이 엽전은 조선의 무역에 커다란 방해가 되고 활동을 불가능하게 하였다.

장(場)은 부산과 많은 다른 곳에서도 5일마다 열렸다. 시골 사람들은 생산품의 판매나 교환뿐만 아니라 그들이 생산하지 않는 모든 것을 이곳에서 얻는다. 마을과 작은 도시에는 상점이 사실상 없고, 필요한 용품들은 매우 세력 있는 상인 형태인 상인 조합에 따라 정기적으로 공급되고 있다.

넓은 거리의 혼잡을 피하여 좁고 더러운 골목을 지나 원주민들이 살고 있는 구역에서 나는 이 부패하고 비참한 마을을 찾아온 나의 방문 대상이었던 3명의 오스트레일리아 아가씨들을 발견했다. 주택이 깨끗하다는 것을 제외하고는 진흙 오두막집에 따라 둘러싸인 모습이 어떤 다른 곳과도 다른 점이 없었다. 아가씨들은 남향받이의 강한 햇살을 받으며 이곳에 살고 있었다.

진흙 벽은 종이로 감춰 있었고 사진과 다른 유럽의 자질구레한 장신구들이 세련된 외양을 보여주었다. 그러나 방이 너무 낮아 아가씨들 가운데 한 사람은 일어설 수가 없었을 뿐 아니라, 아침부터 저녁까지 계속적인 조선 부인과 아이들의 침입으로 개인적인 생활이 불가능했으며 옷 입는 것조차도 커다란 구경거리가 되었다.

그들의 친구들은 이 아가씨들에게 유럽인들로부터 3마일 정도 떨어진 이곳 조선 마을에서 생활 수단을 갖지 말라고 권고했다. 그곳은 안전하지 못하고 더위로 건강을 상할 뿐만 아니라 사람들의 냄새가 고약하다는 것이다. 사실 그런 곳에 산다는 것은 "일반적인 것"은 아니었다.

나는 첫 번째 방문에서 그들이 착하고 행복하게 살고 있는 것을 발견했다. 작은 아이들은 치마를 입었고, 꽤 많은 부인들은 옷을 청결하게 입도록 지도 받고 있었다. 모든 이웃들은 우호적이었으며, 거리에서 무례한 말을 하는 것도 사라졌다. 부인들의 대다수는 의료적인 도움을 호소하였으며 조금만 도와줘도 그들에게는 많은 기쁨을 안겨 주었다. 매우 혐오스러운 환경 아래 1년을 함께 생활한 결과 이 정도의 우호적이고 개화된 삶을 살게 된 것이다. 만일 그들이 2.5마일 떨어진 언덕 위의 거대한 저택에 살았었다면 아무런 결실도 없었을 것이라고 분명히 말할 수 있다.

비록 어떤 "문제"들이 있었는지 내가 직접 보지는 못했지만 그들은 소란을 피우지 않고 "선교 방법"에 관한 문제점들을 조용히 해결할 것이다. 적어도 동양에서 활약하는 모든 종교 지도자들은 매일 삶을 함께 나누지 않을지라도 그들과 함께 살고 있으며 언제나 주민들에게 접근할 수 있다. 부처님이나 또는 그보다 더 위대한 사람일지라도 돈을 쥐어 준다고 해서 문지기나 하인에게 접근할 수 있다고 생각할 수는 없다.

1년이 지나 내가 그들을 다시 방문했을 때에도 그들은 여전히 착하고 행복한 것을 볼 수 있었다. 동학란과 청일전쟁으로 말미암은 소용돌이도 그들의 선교를 방해할 수는 없었다. 일본군대가 그들 가까이에 주둔했지만 허가를 받고서야 그들의 주택가의 우물에서 물을 길어 갔으며 태도도 정중했다. 2년 동안에 모든 사람들로부터 신용과 호의를 얻은 그들은 낡은 한옥 자리에 작은 방갈로를 세웠는데 이것은 매우 원시적인 고아원으로 발전했다.

주민들은 처음부터 호의적이고 친절했다. 최초의 친구였던 아가씨들은 이제 그들의 충실한 친구가 되었으며, 그들이 새로운 집으로 옮겼을 때 그들의 목표를 잘 알았기 때문에 그들은 격의 없는 사이가 되었다. 어떤 사람들은 아가씨들을 보려고, 어떤 사람들은 가구를 보거나 오르간을 듣고 싶어, 그리고 일부는 그리스도의 복음에 대해 묻고자 그들을 찾아갔다.

"선교 사업"은 이제 매일의 예배를 위한 모임, 세례지원자반, 낮에 참석하지 못하는 부인들을 위한 야간반, 80명이 참석하는 일요 학교로 구성되었으며, 사람들을 방문하여 시골과 마을 주변에서 교리 공부를 시키고 있다. 약 40명의 성인은 신앙을 고백하고 규칙적으로 기독교 의식에 참석한다. 내가 이러한 사실을 언급하는 것은 성실하게 의무를 다한 그 아가씨들을 칭찬하고자 함이 아니며, 그들의 선교 방법이 나의 이론과 일치하기 때문이다.

육지와 섬으로 나뉜 두 개의 부산 사이에는 사람들이 쓰지 않는 아주 작은 로마 천주교 성당이 있다. 경상도 지방에 있는 이 성당에는 2,000명의 개종자가 소속되어 있으며 30개 시와 마을에 그리스도의 정신을 전파하고 있다. 지방에서 포교하는 것으로 한 해의 대부분을 보내는 2명의 외국 성직자가 조선의 오두막집에서, 조선풍으로, 조선 음식을 먹으며 살고 있다.

부산이 자리 잡고 있는 남해는 황해와 너무도 확연히 구별될 만큼 달랐다. 황해에 있는 섬들은 거칠고 험상궂고 바위투성이의 갈색이며 사람이 거의 살지 않았다. 단조롭고도 견딜 수 없는 이틀 동안에 더 많은 섬과 흙탕물을 지나고, 수많은 강어귀와 거룻배를 지난 다음 3일째가 되는 오후에 우리를 태운 히고마루는 서울의 입구인 제물포에 정박했다.

사실 대다수의 정박지처럼 제물포도 항구라고 말할 수가 없었다. 낮의 대부분 동안에는 끈적끈적한 개펄이 널려 있고 조수의 차이는 36피트나 되었

제물포항

다. 모래톱을 지나는 좁은 통로의 정박지에는 보통 크기의 배 5척을 수용할 수 있다. 비록 진흙이 드러나고, 마을 뒤로 낮은 언덕은 흐린 갈색이며, 이슬비가 내리고 있지만, 제물포의 광경은 내가 기대했던 것보다 훨씬 좋았다. 뒤에 몇 번의 계절과 환경에 익숙하게 되자, 나는 그곳에 우호적인 느낌을 갖게 되었다.

정박지에서 바라보니 초라한 집들이 옹기종기 모여 있었다. 집은 목조 건물이며 흰색을 띠고 있었다. 바다의 가장자리를 따라 세운 건물은 초목 하나 없는 산 위에 멋대로 서 있었다. 몇 그루의 나무와 영국 부영사 윌킨슨(W. H. Wilkinson) 씨의 불편하고도 값싼 저택이 있는 저지대로부터 거대한 일본의 찻집과 정원 그리고 신사가 있는 언덕까지의 거리는 1마일 남짓해 보였다.

독일 상인의 집과 영국인 교회, 언덕 위의 코르프[3] 주교의 작은 선교 빌

3) 코르프(Charles J. Corfe : 1843~1921) : 영국성공회 신부. 초대 한국 주교. 영국 솔즈버리대성당의 반주자의 아들로 태어나 옥스퍼드대학을 졸업하고 사제 서품을 받은 다음

딩, 큰 일본 영사관, 비탈 위의 약간 새로운 지방 도시의 건물을 제외한다면 건물다운 것이 없었다. 부산에서처럼 일본인 도선사가 배에 올라왔으며, 외국인인 항구 책임자가 정박지를 지정해 주는 동안 일본인 관리가 선장에게 이것저것을 지시했다.

영국 부영사인 윌킨슨 씨가 마중 나와 나를 성대히 환대해 주었으며 그 뒤에도 그는 두 번이나 더 나를 환대해 주었다. 그러나 부영사도 집이 없는 터였기 때문에 나는 스튜워드라고 하는 중국 여관에서 머물렀다. 이 여관의 주인은 이태라는 사람이었는데 그는 친절하고 도움을 많이 주는 사람이었으며 손님을 편안하게 해주려고 최선을 다함으로써 어느 정도 사업에 성공하고 있었다.

이 여인숙에서는 일본인 거류지의 큰 거리가 보였으며 매우 상쾌한 위치인 중국인 지역의 큰길 모퉁이에 있다. 중국인 거류지는 멋있는 관아와 상인 조합 집회소, 번창하고 신용 있는 상점이 열을 지어 있었으며 꽤 안정되어 있었다. 이곳은 끊이지 않는 폭죽과 북과 징을 치는 소리로 시끄러웠다. 중국인은 교역에서 분명히 일본을 앞지르고 있었다. 이들은 외국인 고객을 거의 독점하고 있었다.

제물포에 있는 큰 거래소는 서울에 분점을 두고 있으며, 그들이 감당할 수 없는 어떤 외국의 요구가 있을지라도 그들은 지체하지 않고 상해로부터 물자를 조달했다. 서울까지의 화물 운송도 그들이 장악하고 있었으며, 시장 조성과 그 외의 많은 것들이 그들의 수중에 있었다. 그들은 밤늦도록 일했고, 가죽을 말리거나 등유 통과 포장 상자를 쌓아 두는 곳으로 도로를 사용했다. 아침이 되어서야 겨우 밤의 소란이 그쳤다. 이런 고된 작업을 하면서

(1867) 종군 신부로 활약하던 가운데 중국의 지부에서 활동했으며 이때 조선에 대한 관심을 갖게 되었다. 귀국하여 1889년에 초대 조선 교구장으로 임명되어 1890년 9월에 조선에 입국하여 제물포에 정착했다. 1904년 주교직을 사임하고 북경, 만주, 대련 일대에서 선교하다가 귀국했다.

돈을 버는 사람들에게 휴식은 사치인 것 같았다.

일본인 부락은 더욱 조밀하고, 넓으며 과장되어 있다. 영사관은 그 모습이 당당했다. 그들은 작은 상점이 들어서 있는 거리를 가지고 있는데, 이는 자국의 국민의 주요 필수품을 공급하고 있다. 외국 고객들은 아웡과 이태의 여관을 이용한다. 3세기에 걸쳐 일본인을 증오하는 조선 사람들은 주로 중국인을 상대한다.

비록 일본이 무역에서 중국에 압도당했으나 조선에서의 일본의 지위는 전쟁 이전부터 강력한 것이었다. 일본은 무역항과 서울 사이의 "우편 시설"을 설치했고 외국 우편을 취급했으며, 수도와 무역항에 다이이치(第一)국민은행[4] 지사를 설립하여 체류 외국인의 업무를 취급한지 몇 년이 되었으며 신용도도 높다. 나는 제물포에 있는 은행과 거래를 개설할 수 있는 시간을 놓치지 않고 영어 수표장과 통장을 받았으며 온갖 정중함과 필요로 하는 도움을 받았다.

조선에 수입되는 영국의 솜은 조선의 난쟁이 조랑말에게 너무 무겁다는 것을 잘 알고 있는 일본은 하륙할 때는 더욱 관리하기 쉽게 부피를 감소시켰을 뿐만 아니라 어디에서나 쉽게 획득할 수 있도록 했기 때문에 일본은 조선에서 그들의 면을 밀어 넣는 데 성공하여, 1887년에는 3%이던 수입이 1894년에는 40%의 상승세를 보였다.[5] 조선에서는 베틀에서 천을 직조하는 실의 수요가 빠르게 증가하고 있다.

일본은 증기선과 범선 수송에서도 호조를 보이고 있다. 1893년에 198척의 기선이 입항했는데 그 가운데 132척이 일본의 것이었으며 325척의 범선 가운데 232척이 일본의 것이었다. 영국 상인이 제물포 거리에 때때로 보였다는 기록이 있으나 실제로 용선된 기선을 제외한다면 영국 상선이 유니온

4) (원저자 주) 지금은 다이이치은행이 됨.
5) (원저자 주) 최초의 통계는 부록 2를 참고할 것.

책을 게양하고 조선에 들어온 경우는 없다. 1894년까지만 해도 조선의 무역항에 영국 상인이 없었고 크든 작든 간에 영국 무역 거래소도 없었다.

그 다음으로 쌀의 거래가 증대되고 있다. 일본은 조선 정부에게 쌀수출금지령[방곡령]을 연기하는 데 동의하도록 압력을 가해 왔으며 언제인가 그 문이 열릴 것이다. 5월 6일 한밤중 많은 일본 기선과 범선이 수출 금지 해제를 기다리는 동안, 쌀자루 더미는 해안에 쌓였다. 포장하지 않은 쌀은 자루로 계량하여 도로의 멍석 위에 쌓아 놓았으며, 말과 품팔이꾼들은 거리 아래로 쌀을 싣고 일렬로 줄지어 지나갔다.

도시와 해안에서 쌀을 탑처럼 싸 놓는 일이 유행처럼 번졌으며, 그들의 상품의 주요 곡물의 물가가 상승함에 따라 조선에서 불만이 커졌다. 일본의 앞잡이는 전국에서 샅샅이 쌀을 뒤졌으며, 한 캐티도 아껴 비축된 쌀은 전쟁을 위한 군량미로 예비했는데 조선 사람들은 이것을 꿈에도 모르고 있었다. 쌀의 호황은 중국 거류지를 제외하고서는 침체되어 있던 제물포에 무역의 활기찬 모습을 보여주었다. 제물포에 거주하는 외국인의 숫자는 1897년 현재 4,357명이었다.

독자들은 조선 사람들이 제물포 어디에 살고 있는가를 의아하게 생각할 것이다. 사실상 나는 그들을 거의 망각하고 있었다. 왜냐하면 그들은 별로 중요하지 않기 때문이다. 조선 사람 마을은 서울로 올라가는 길가의 일본인 거류지 밖으로 늘어서 있었다. 그들의 집은 언덕 밑에 자리 잡고 있었고 언덕 위에는 성공회가 자리 잡고 있었다. 그 언덕을 오르면, 자투리땅마다 채소를 심은 토담집이 늘어서 있고 지저분한 길목에는 몸이 몹시 더러운 아이들이 떼 지어 앉아 그들의 무기력한 아버지를 본받을 방법을 찾고 있었다.

언덕 꼭대기에는 관아가 있다. 형벌의 방법은 관아의 벼슬아치들이 죄인을 잔인하게 채찍질하고, 죽도록 때리는 것이다. 죄인들의 괴로운 부르짖음이 영국 선교관과 인접한 방까지 들려온다. 부정부패가 만연하여 거의 모든 관아가 악의 소굴로 되고 있다. 이중으로 굽은 지붕의 문과 북이 걸린 거리의 관문은 제물포의 자본과 에너지가 비록 외국의 것일지라도 조선 사람이 다스리고 있다는 것을 외국인에게 일깨워 주고 있다.

관아에서 뻗어 나온 길의 반대편에 있는 자선 단체는 조선 사람이 운영하는 것이 아니라 이곳은 코르프 주교의 선교와 관련이 있는 병원이다. 그는 이 작은 한옥에서 랜디스[6] 박사가 병을 치료하고, 돌봐 주고 있다. 그는 너비 8피트, 길이 6피트의 방에서 조선 사람처럼 살며, 어느 때이든 모든 방문자들에게 면회하기 쉽도록 의자와 책상도 없이 연구하고, 글을 쓰고, 식사한다.

이 도시의 6,700명의 주민, 보다 정확히 말하면, 그들 가운데 절반인 남자들은 항상 활동하고 있다. 좁은 길은 무엇을 하는지도 모르는 그 남자들이 의관을 갖춘 채 길을 메우며 걸어가고 있다. 그것은 1달러 내지 20달러짜리의 재고품이 쌓여 있는 무역 거래소와 상설 상점이 있는 것을 제외한다면 제물포는 부산의 구시가지와 다를 것이 없다. 몇 푼 안 되는 상품을 거래하는 데도 한 시간이 쉽게 지나가지만 무역의 상태가 유지되고 있다. 조선 사람은 외국인 거류지에서 짐꾼으로 일하며, 지게로 엄청난 무게의 짐을 나른다.

6) 랜디스(Eli B. Landis : 1865~1898) : 미국 랑카스터 출신. 펜실베이니아의과대학을 졸업한 뒤에 내한하여 선교 활동을 하다가 인천에서 별세함.

제 2 장 서울의 첫인상

섬이 점처럼 늘어서 있는 한강 어구의 제물포로부터 서울의 나루인 마포까지 56마일은 배편을 이용하여 항해하여 올라갈 수 있다. 그들의 이웃보다 더 진취적인 몇 사람들이 서울과 제물포 사이에 증기선의 운항을 생각해 냈다. 이 단순한 사업을 수행하는 데에도 온갖 재난이 도사리고 있다. 강에 몸을 맡긴 모든 승객들은 배가 사구로 가라앉고, 출발한다고 헛고생을 하고, 삼판을 타고 마포에 이르기까지 시간이 지연되고, 지치고, 허기지고, 싫증나게 되는 것에 관해 이야기한다.

이는 기선의 동력이 그들의 하중에 견주어 절반밖에 되지 않으며, 조수가 빠르고, 강이 때때로 얕으며, 사구가 밀물과 썰물로 이동되기 때문이다. 따라서 이 천연의 고속도로는 이들을 좋아하는 사람들로부터 애용되지 않으며, 모든 종류의 행렬은 "도로"를 따라서 서울로 가도록 되어 있다. 그러나 도로라는 단어는 있을지언정 실제로 도로는 존재하지 않는다고 설명하는 것이 적절한 표현일 것이다.

서울 주재 영국 총영사 대리인 가드너[1] 씨는 친절하게도 25마일이나 나

1) 가드너(C. T. Gardner) : 1894년 2월에 부임하여 1894년 9월까지 조선 주차 영국 공사관의 영사 대리로 근무함.

를 수행할 수 있도록 사람을 주선해 주었다. 나는 7시간이나 걸리면서 6명이 메는 가마를 타고 갔다. 그들은 농담을 잘하고, 잘 웃으며 영사관의 말을 모는 명랑한 동료와 함께 거리를 달렸다. 길이라고 하지만 황폐하여 잘 보이지도 않으며, 3~4차선은 됨직한 너비의 길에 초목이 우거진 곳도 있고 불모지인 곳도 있었다.

때때로 깊은 진흙 구덩이를 피하려고 길을 돌아가야만 했으며 진흙은 거의 깊이를 알 수가 없다. 중국인이 소유하고 있는 우마차는 상품의 운송에 사용하고 있으며, 그 가운데 두세 대는 내년 봄이나 되어야 모습을 드러낼 만큼 진흙에 묻혀 있다. 마포 근처에 이르자 모든 길은 깊은 모래의 작은 평지를 가로질러 가야만 한다. 길마를 진 황소, 신기한 동물들이 보이고, 남자가 상품을 운반하고 있다. 갓을 쓰고 솜을 넣은 흰 의복을 착용한 통행인이 꽤 많았다.

잘 경작되고 기복이 진 평야를 따라 길이 뚫려 있다. 길가에는 겨우 두세 개의 마을이 있으며, 낮은 산 근처의 골짜기에 과수로 둘러싸인 마을이 많이 있다. 성장이 부진한 소나무가 많은데 이는 묘지를 뜻한다. 언덕에는 무덤이 많다. 기괴한 사람의 얼굴 모습을 한 나무 표지와 거리 표지가 바라보고 있는데, 장승이라고 하는 이 반역자는 천 년 전에 어떤 죄를 저질렀다고 한다.

시골의 일반적인 양태는 헐벗고 단조로웠다. 과수원과 가늘고 긴 소나무를 제외하면 나무가 없다. 장엄한 모습을 갖추고 있을 법한 성문이나 성채의 독특한 맛도 없다. 이런 것들이 나의 첫 인상이었다. 그러나 겨울에 찾아온 이번 여행의 인상은 비교할 수 없는 분위기로 우아한 모습을 보여 주어 매우 환상적이었으며, 지난번의 여행을 회상시켜 주었다.

지금 서울의 모습은 다른 어느 나라의 수도에 견주어도 손색이 없을 정도로 아름답지만 매우 특별하며 자신의 모습을 보여주고 있는 동양적 더러움은 이 땅의 모습을 매우 빠르게 퇴색시키고 있다. 낮은 갑에서 올려다보니 서울 근교의 언덕배기가 눈에 들어왔고, 한강에 이르기 전의 모습은 그 분위기에 따라 과장되어 다소는 장엄하게 보였다.

거룻배를 타고 한강을 건너면서 보니 나의 가마는 가드너 씨의 조랑말보다도 더 잘 어울렸다. 우리의 배는 도시의 거름을 가득 싣고 시골까지 나르는 나룻배와 우연히 마주쳤다. 우리는 거칠고, 가파르고, 불결하고, 진흙투성이인 강둑에 올랐다. 마포는 불쾌하고, 좁고, 끈적끈적하고 거친 거리였다. 구부러진 좁은 길에는 본토 상품의 판매를 위한 초라한 상점으로 가득 찼으며, 산더미 같은 나뭇가지를 나르는 황소가 거의 길을 메웠다.

그 혼잡한 군중 속에는 남성들만이 하는 일도 없이 빈둥거리며 배회하고 있었다. 다소 조용한 농촌, 아름다운 숲속에서 한 사람은 가래의 자루를 잡고 세 사람은 줄을 당기며 밭을 일구는 모습을 바라보니 박흐티아리 루르스족[2]의 풍경과 비슷했다. 이윽고 푸른 제복을 입은 가마꾼이 멘 두 대의 가마가 도착하더니 고르프 주교와 함께 가드너 여사의 모녀, 해관총세무사인 브라운 씨, 그리고 부영사 대리인 폭스[3] 씨가 찾아왔다.

빽빽하게 들어선 오두막과 오솔길을 지나니 특수한 벽장식을 한 서울의 모습이 나타났다. 두 갈래로 골이 깊은 지붕으로 된 출입문을 통해 성안으로 들어가 10분 정도 걸어가니, 초라한 오두막이 서 있는 언덕에서 산들바람이 불어왔다. 그 산 위에 붉은 벽돌로 지은 영국 공사관과 영사 사무실이 눈에 들어왔다.

러시아 공사관은 높은 곳에 자리 잡고 있었는데 고상한 고층 건물과 좋은 외관은 도시에서 가장 눈에 띄는 대상이다. 세 번째 건물은 약간 한국식 건축 양식이었는데 모양은 초라했다. 이들은 미국 감리교회와 미국 장로교회

---

2) 박흐티아리 루르스족(Bakhtyari Lurs) : 서부 이란에 살고 있는 유목 민족.

3) 폭스(Harry H. Fox : 1872~1936) : 영국의 외교관. 1890~1892년에 북경 주차 영국 공사관의 통역생으로 활동하다가 1892년 12월에 주한 공사관 보좌관으로 부임하여 1893년 7월에 부영사 대리로 승진, 1894년 2월까지 재임함. 그 뒤 의창 영사(1905), 성도 총영사(1913~1917), 한구 총영사(1914~1915)를 거쳐 북경 주차 상무 참찬을 지냄.

와 함께 회의소와 공장의 복합 주거지를 이루고 있었는데, 그 위치는 다소 낮은 곳에 초라하게 자리 잡고 있었다. 마을의 다른 쪽에 있는 산은 일본인들이 차지하고 있었다. 1883년까지 닫혀져 있던 이 도시의 모든 부분은 외국인이 나타남으로써 그들과의 완만한 접촉을 겪으면서 서울에 있는 한국적인 모습들을 훼손해 가고 있다.

이 은자의 도시에 도적처럼 들어온 변화로서 가장 주목할 만한 모습은 서울의 가장 중요한 위치에 이제 거의 준공되어 가고 있는 거대한 성당과 사제관, 그리고 고아원이다. 왕의 부친인 대원군은 여전히 정치에 적극적으로 참여하고 있는 인물로서 30년에 그는 천주교 신자들을 잔혹하고도 끈질기게 박해함으로써 조선을 "숭고한 순교자의 군대"로 만들었다.

서울의 낮과 밤, 왕궁과 빈민굴, 말할 수 없는 천박함과 사라져가는 화려함, 목적 없이 떠도는 군중, 그리고 중세풍의 행렬을 나는 잘 알고 있다. 그들의 전근대적인 문화의 찬란함은 지구상의 어느 나라와도 견줄 수 없다. 오물은 길을 어지럽게 하고 있다. 그들의 예의와 관습을 타파하려는 많은 세력에 직면하여, 이를 고수하려는 안쓰러운 저항도 보았다.

그러나 그러한 노력이 지금에서야 처음으로 벌어지고 있는 것은 아니다. 나는 25만 명의 인구를 가지고 있으며[4] 세계의 거대한 수도 가운데 어느 곳도 서울보다 더 아름다운 곳은 없다는 것을 인식하고 그 뜻을 음미하기까지에는 1년의 세월이 필요했다. 해발 120피트, 북위 37°34′, 동경 127°6′에 위치한 서울은, 산으로 둘러싸인 일정한 산맥과 가파른 고도의 장엄한 산악으로 이루어져 있다. 비록 산이라고는 2,627피트의 삼각산만이 있다고는 하지만 도성 안에서 호랑이와 표범을 사냥할 수 있다고 뽐낼 수 있는 도시란 그

---

4) (원저자 주) 1897년 2월에 실시된 정확한 인구 조사에 따르면, 서울 도성 안의 인구는 14만 4,636명, 도성 밖의 인구는 7만 5,189명, 합계 21만 9,815명이며 남성의 인구가 1만 1,079명이 더 많다.

제물포에 있는 일본인 국군 묘지

리 흔치 않다.

무미건조하고 입산이 금지된 이 산의 등성이에는 부서진 듯한 검은 바위와 봉우리 그리고 비틀어진 소나무가 흔히 보인다. 그러나 가까이 하기에 어려운 정상이 분홍 반투명의 자수정처럼 빛나며 그림자는 짙은 청색을 띄고, 하늘이 푸른 금빛일 때 저녁은 진홍색 장관을 보여준다. 아름답고 우아한 푸르름이 산을 덮는 봄이 되면 산은 연보랏빛 진달래로 붉어지고, 불꽃같은 자두와 홍조의 벚꽃과 복숭아꽃이 소스라치게 의외의 곳에서 나타난다.

이 거대한 도시를 내려다보면 11월 연꽃의 모습을 보여주기도 하고 무르익은 버섯처럼 생긴 넓은 공간을 보여 준다. 이럴 때면 눈길은 자연히 성벽의 코스를 따라 한편으로 남산을 오르고 다른 편으로는 북한산의 선명한 능선을 따라 가게 된다. 이쪽은 숲으로 둘러싸여 있고 저쪽은 광활한 평원으로 둘러싸여 있으며 협곡을 내려가면 거의 기대하지 않은 곳에서 계곡이 사라졌다가 다시 나타난다.

성벽은 그가 위치한 언덕만큼이나 견고하게 축조되어 있는데 공사관의 폭스 씨의 설명에 따르면 그 높이는 25~40피트이며 길이는 14마일이다. 전장에 걸쳐 총안이 뚫려 있는 성채에는 8개의 관문과 아치형의 튼튼한 석조 통로가 있고 이중 또는 삼중으로 기와를 입힌 성루가 있다. 이들은 중국 방식에 따라 무거운 쇠붙이로 강화된 거대한 나무문으로 일몰부터 일출까지 닫혀져 있으며 성문 위에는 돈의문, 숭례문, 홍인문과 같은 현판이 달려 있다.

성벽은 땅위에 돌로써 기초를 세우고 만든 곳도 있고 오로지 흙과 돌을 섞어 만든 것도 있고 오로지 돌만으로 쌓은 것도 있으며 전반적으로 훌륭하게 보수되어 있다. 성은 강과 가장 가까운 곳에 있으며 북경로를 향하고 있다. 이 북경로 밖에는 서울의 외곽 도시가 펼쳐 있다.

또 다른 한 문은 죽음의 문[시구문]인데 다만 왕실의 시체만이 실려 나가도록 허락되고 있다. 죄수들을 참수시키고자 나가는 문도 있다. 그들은 다른 곳에서 사형이 집행된 뒤 며칠 동안 야전용 냄비를 거는 삼각대와 같은 것에 그들의 머리를 걸어 지나가는 사람들로 하여금 보게 했다. 북한산의 높은 북쪽 문은 굳게 닫혀 있는데, 오로지 왕이 이 요새로 피난하지 않을 수 없을 때만 열린다.

성벽 밖으로는 매력적인 시골이 자리 잡고 있다. 이는 야산에 위치한 위엄 있는 왕실의 무덤으로서 마을 주변에 좋은 나무와 낭만적인 과수원과 화원 사이에 위치하고 있다. 동양의 도시에는 인접한 마을로 걷거나 말을 타고 빠져나갈 수 있는 좋은 길이 없기 때문에 긴급할 때 숲속으로 도피할 수가 없다. 덧붙여 말하건대, 도시가 안전하지도 않은데, 내가 경험한 바에 따르면, 숙녀들이 서구인의 호위병을 거느리지 않고서도 아무런 위험도 없이 성 밖 아무 곳으로나 돌아다닐 수 있다.

나는 서울 내부에 관해 서술하고 싶은 생각이 없다.[5] 내가 북경을 보기

---

5) 『우아한 대지 위의 기운이여!』 이 책의 말미에서 볼 수 있는 바와 같이, 한성 판윤으로부터 강력한 지원을 받고 있는 해관총세무사가 환경과 위생의 개선을 위해 괄목할 만한 과업을

전까지는 서울이 세상에서 가장 불결한 도시라고 생각했고 소흥을 가보기 전까지는 서울의 냄새가 가장 지독하다고 생각했다. 대도시 수도가 이토록 불결하다는 것을 도무지 믿을 수 없다. 2층집을 짓는 것이 관례로 금지되어 있기 때문에 25만 명으로 추정되는 주민은 주로 "바닥"에서 생활하고 있다.

비틀어진 소로의 대부분은 짐을 실은 두 마리 소가 지나갈 수 없을 만큼 좁으며 한 사람이 짐을 실은 황소를 겨우 끌고 갈 수 있을 정도의 넓이이다. 그 길은 그나마 물구덩이와 초록색의 오수가 흐르는 하수도로 말미암아 더욱 좁아진다. 하수도에는 각 가정에서 버린 고체와 액체의 오물로 가득 차 있으며 그들의 불결함과 악취 나는 하수도는 반나체 어린애들과 피부병이 오른 채 눈이 반쯤은 감긴 큰 개들의 놀이터가 되고 있다. 그들은 햇살에 눈을 껌벅거리며 이 하수도에서 뒹굴고 있다.

작은 상품의 좌판 장사는 사탕에 물감으로 현란한 색을 물들여서 약간의 판자를 개천에 가로질러 놓고 모두 합쳐야 1달러 정도 가치의 상품으로 장사를 하고 있다. 나는 한강 모래사장에서, 서울이 "봄 청소"를 하고, 마포로부터 서울까지의 도로에서 무수한 황소가 도시의 하수도 품목을 적재한 광주리를 운반하는 것을 배 위에서 본 적이 있다. 이러한 하수도에 인접한 집들은 일반적으로 깊은 처마의 오두막 초가집으로서, 다만 지붕 바로 아래에 작은 종이 창문이 달린 흙벽이 있어서 사람이 살고 있다는 것을 가르쳐 준다.

그리고 변함없이 하천 위의 2~3피트의 다양한 높이로, 연기와 뜨거운 공기의 배출구인 시커먼 굴뚝이 집의 방을 따뜻하게 하는 구실을 하고 있다. 하루 종일 거대한 높이의 작은 나뭇가지를 실은 황소가 도시로 들어간다. 6시가 되면 요리와 난방을 위해 타 들어가는 향기로운 연기로 모든 서울 거리가 가득 차는데 그 시작과 끝이 놀랄 만큼 정확하다. 굽은 기와지붕을 가

수행했다. 이 작업이 성공적으로 이뤄지면 서울은 외국인들이 털어놓는 불평을 해소하게 될 것이다.

진 좋은 집도 거리에서 보면 그 모습이 초가집과 다를 것이 없다.

상점은 도시의 일반적인 모습을 초라하게 만드는 역할을 한다. 물건 값을 모두 합쳐 봐야 6달러 가치 정도인 상점들이 많이 있다. 서울에서 방해를 받지 않고 산책하는 것이 쉽지만 군중들의 관심을 끌며 무엇인가를 바라보고 있는 사람들이 많기 때문에 그것을 쳐다보지 않고 지나치기란 쉽지 않다. 상점은 상점일 뿐 주목할 만한 것이 없다. 특징적인 하나는 그들이 아무것도 갖지 않았다는 것이다!

가장 좋은 상점은 거대한 종각 가까이에 있는데, 그 곁에 지난날 외국인을 불러들이는 자는 죽으리라는 내용이 새겨진 비석[척화비]이 서 있다. 진열품이 매우 적기 때문에 모든 상품은 손이 닿을 만한 곳에 있다. 서울에는 대로가 세 곳이 있는데 그 가운데 거리에는 양쪽 편에 이동할 수 있는 노점상이 있으며, 때때로 흑금에 은으로 상감한 세공품인 작은 상자를 구입할 수 있다. 여기저기에서 구입할 수 있는 중요한 상품으로서는 흰 솜, 짚신, 삿갓, 조악한 도기, 바람막이가 달린 촛대, 빗, 유리구슬, 담뱃대, 담배쌈지, 타구가 있다.

관리들이 애용하는 뿔테 안경, 온갖 종류의 종이, 목침, 베갯잇, 부채, 먹물 통, 푸른 가죽 덮개 장식에 은으로 장식한 커다란 안장, 빨랫방망이, 곶감, 자홍색 · 진홍색 · 푸른색 물감을 들인 역겨운 사탕, 말린 해초와 버섯, 좋지 못한 선택의 수집품인 6페니짜리 등유 램프, 손거울, 금은 장식의 항아리 등이 있다. 이들은 모두에게 유행하고 있는 저급한 물품들이다.

가게에서는 소박한 놋 제품 식기와 다른 황동 제품을 만들고 있으며, 오래된 무늬에 검은칠로 상감한 약간의 자개도 매매하고 있다. 비단실과 금실로 된 자수품이 있으나 디자인이 조악하고 색감이 칙칙하다. 영국 공사관 부근에는 시집갈 때 가지고 갈 가구나 옷장을 만드는 거리가 있는데 이곳을 "가구 거리"라고 부른다. 이 장롱들이 비록 보기에는 크지 않을지라도 대단히 멋있다.

그 가운데 몇 가지는 견고한 밤나무 재목, 다른 단풍나무와 복숭아나무의 단판으로 만들어 장식을 붙이고 가죽 끈으로 붙들어 매고 황동 돌쩌귀를 달고 웅장한 황동 문고리와 6인치 길이의 청동맹꽁이 자물쇠를 달았다. 이들은 철저하게 한국적이어서 그 양식이 독특하다. 그러나 이른 아침을 제외하고서는 구매자들이 드물다. 왜냐하면 쇼핑이 기분 전환으로 여겨지지 않고 가난한 계급의 여인들만이 낮에 밖으로 외출할 수 있기 때문이다.

노점에서 길고 짧은 담뱃대, 사발, 조잡하게 유약을 바른 오지그릇, 밥그릇, 일본제 딱성냥, 아닐린 물감, 담배쌈지, 돈주머니, 여러 색깔의 헝겊으로 만든 주머니, 두루마리 기름종이, 장식 술, 비단 끈, 잣, 쌀, 기장, 수수, 완두콩, 콩, 짚신, 낡고 뻣뻣한 천으로 만든 모자, 온갖 모양의 삿갓, 그리고 올이 성글고 폭이 매우 좁은 면포가 있다.

이 거대한 인간들이 모여 사는 곳에서 관광객들은 자신의 직업을 잊게 된다. 주민들은 서울의 "구경거리"를 만든다. 세계에서 세 번째로 크다고 말하는 거대한 청동 종은 외국인이 볼 수 있는 몇 가지 구경거리 가운데 하나이다. 도시 중앙의 종각에 달려 있는 그 종에는 다음과 같은 명문이 새겨 있다.

> 세종 대왕 14년(戊子), 대명(大明) 성화(成化) 4년(1468) ○월에 사가정(四佳亭) 서거정(徐居正)이 이 종과 종각을 세우다.

둔탁하고 무거운 소리가 서울 전역에 울려 퍼지는 이 종은 5세기 동안 성문을 열고 닫게 했다. 이중 지붕인 왕궁의 3중문, 뽕나무 정원의 오래된 알현장과 문설주의 장식된 지붕은 한 시간 내에 돌아볼 수 있다. 700년이 된 대리석 탑[6]이 도시의 불결하고 좁은 길가에 있는 건물의 뒤뜰에 완전히 숨겨 있기 때문에 많은 사람들이 그것을 볼 수가 없다.

---

6) 지금의 파고다공원에 있는 원각사지 13층 석탑을 의미하는 것으로 보임.

나는 그 탑의 양각 세공의 사진을 몇 장 찍고 싶었기 때문에 다섯 번이나 방문했는데 갈 때마다 느낌이 새로웠다. 그러나 탑이 있는 곳이 너무 비좁기 때문에 담 위에 올라가야만 겨우 사진을 찍을 수 있다. 모든 부분에 조각이 새겨 있고 평편한 부분의 조각은 더욱 아름답다. 어떤 면에는 불신을 상징하는 명판이 새겨 있고, 다른 면에는 열반을 향해 영혼이 다가가는 다양한 단계를 생생하게 묘사하고 있다. 무늬는 중국 예술이 가미된 인도풍이다.

이 아름다운 탑은 옛날의 절터에 서 있다. 탑은 13층인데, 3개 층은 3세기 전 일본 침략 때 없어졌고, 나머지 손상되지 않은 부분이 남아 있다. 그러나 그나마 남아 있던 부분은 나의 지난번 방문 때 아이들이 정교한 조각을 떼어 내어 팔고 있었다. 그리 멀지 않은 곳에 또 다른 고대 유물이 있다. 이것은 거대한 크기의 화강암 거북의 등에 조각된 비석이 서 있다.

서대문 밖의 북경로 근처의 네거리에 지붕이 있고 파루라 불리는 형태의 높은 장식의 아치가 있었다. 그 곁에는 일종의 왕궁이 있었다. 조선의 새로운 군주는 이곳에서 북경으로부터 오는 칙사를 기다렸다가 그를 대궐로 수행하여 그로부터 군주로서의 서임장을 받았다.

남산 비탈에는 단순하고 검소한 흰 목조 건물인 일본 공사관이 위치해 있으며 그 아래로 찻집·극장과 일본인 복지에 대한 기본적 시설을 갖춘 거류지에 약 5,000명가량의 일본인이 살고 있다. 조선의 모든 것과 대조적으로, 청결하고 고상하고 검소한 최고의 지배자와 장옷을 쓰지 않은 여인과, 깃이 달린 옷을 입고 게다(일본의 나막신)를 신은 남자가 일본에서처럼 비교적 자유롭게 돌아다니는 상점과 집의 거리가 보인다. 이곳에는 또한 엄정한 군인과 헌병 그리고 일정한 간격을 두고 교대하는 착검한 장교들도 있다.

조선에서는 오래전부터 일본인에 대한 증오심이 강했기 때문에 이런 경계도 불필요한 것은 아니었다. 이미 두 차례나 공사관 직원들은 바닷가에 있는 제물포로 싸우며 도망친 적이 있었다.[7] 내가 처음 방문할 당시 일본 공사관에는 허연 수염이 휘날리는 초로의 남자인 오토리 게이스케[8] 씨가 살고 있다. 그는 서울이 자랑하는 이 작은 거류지에 많은 것을 가져왔다. 그는 말수가 적은 사람이었으며 거친 기색이 없는 사람이었으나 그는 몇 개월 뒤에야 그 잔혹함을 보여주었다. 이곳에는 또한 일본은행과 우체국이 훌륭히 경영되고 있었다.

1894년 현재 중국의 거류지도 매우 크며 다른 거류지와 전혀 다르지 않다. 외국인들은 중국인 상점에서 많은 것을 구입하며, 중국인을 좋아하는 조선 사람들도 또한 약간의 거래를 한다. 중국과의 관계를 잇는 요소는 거류민 공사인 원세개[9]의 관아이다. 그는 조선에서 종주권을 행사하고 있으며 이로 말미암아 많은 사람들은 그가 "왕권 뒤의 실력자"라고 말한다.

들리는 바에 따르면 원세개는 왕을 알현하는 데에도 거칠 것이 없으면 왕의 처신을 꾸짖기도 한다는 것이다. 왕궁 뜰과 솟을대문 위에 수호신과 용의 모습이 그려 있는 곳에서 원세개는 그의 경호인과 많은 수행원을 데리고 은거하고 있다. 대부분 몸집이 크고 거만한 청나라 사람들은 화려한 무늬의 비단과 공단 옷을 입고 왕궁과 영사관 사이를 어슬렁거리고 있으며, 조선 사람들은 그 권력과 위엄에서 깊은 인상을 받았다.

미국인들은 원세개에게 냉엄했으나 내가 아는 바에 따르면, 그의 가장 큰 결함은 독단적인 행동이며 개혁과 일반적인 상식을 지키고자 그의 막강한 권력을 행사하지 않는다는 점이다. 그는 전형적인 중국의 관료이다. 그는 중국 사람의 생사를 결정하는 권한을 가지고 있으며 우리가 생각하기에 그

---

7) 1882년의 임오군란과 1884년의 갑신정변 당시의 일본군의 퇴각을 의미함.

8) 오토리 게이스케(大鳥圭介 : 1832~1911) : 효고 출신의 무사. 1872년에 공부에 들어가 서기관, 공부대학장, 학습원장을 지냄. 청국공사(1889)를 거쳐 조선 공사(1893)를 지내는 동안 청일전쟁을 치렀으며, 추밀원 고문을 거쳐 남작이 됨.

9) 원세개(袁世凱 : 1860~1916) : 오장경의 휘하에서 성장하여 임오군란 당시 진압 요원으로 부임한 뒤 주차관[공사]로 활약. 청일전쟁이 일어나자 귀국. 무술정변(1898) 이후 권력을 장악하여 황제에 올랐으나 퇴위하여 울분 속에 죽었다.

의 형벌은 야만스러웠다. 그러나 중국인들은 그를 매우 두려워하여 조선 사람들을 잘 대접하고 있는데, 그 점에서는 일본인들이 조선 사람을 상대하는 것보다 더 훌륭하다고 한다.

서울의 "광경" 가운데 하나는 개천이다. 넓고 양쪽으로 담장이 쳐 있으며 복개되지 않은 이 개천을 따라 검게 썩은 물이 악취를 풍기며 흐르고 있고, 한때는 자갈이 깔려 있던 하상에는 퇴비와 쓰레기가 떠올라 개천을 온통 덮고 있다. 사람들에 시달려 지친 남자들은 물을 길어 통에 담거나 악취 나는 물에서 옷을 빨고 있는 하층 계급의 여인들을 바라보며 기분을 전환할 수도 있을 것이다.

조선의 여인들은 이상한 장옷을 쓰고 다니는데 서울에서는 이 모습이 특이하다. 이 장옷은 "목"이 달린 덮개로, 남자들의 비단 코트인데 이를 머리에 쓰고 눈만 보이도록 소매를 귀 옆으로 흘러내리도록 한다. 조선 여인들은 숨기를 잘 하는데 이는 그들이 매혹적인 미인이 아니기 때문이다. 주인이 희게 옷을 입는 한, 세탁하는 것은 여인의 숙명이다. 여인들은 불결한 강이나 뽕나무 왕궁의 연못이나 얕은 개천이나 성 밖에서 있는 시냇물에서 세탁한다.

어떤 옷은 부분적으로 뜯어서 빨며 세 차례 풀잎과 함께 삶아 단단한 꾸러미에 말아 돌 위에 올려놓고 무거운 방망이로 두들겼다. 옷이 마르면 그들은 두꺼운 공단처럼 광택이 날 때까지 원통으로 된 나무 방망이로 두들긴다. 여성은 세탁소의 노예이며 서울의 밤의 정적을 깨는 유일한 소리는 규칙적인 다듬이 소리이다.

남산의 아름다운 언덕이나 정자나무가 있는 언덕에서 또는 고색창연한 오얏나무 왕궁의 언덕에서 서울의 모습은 가장 잘 보인다. 서울은 산으로 둘러싸여 있고, 여기저기에 소나무 그늘이 있으나 거의 벌거벗었으며 검고 무미건조한 계곡을 따라 도시 아래로 내려간다. 주변의 산들은 약 5마일의 길이에 3마일의 폭의 골짜기로 둘러싸여 있으며 그 안에 20만 명의 인구가 쑤셔 박혀 있듯이 살아가고 있다.

도시는 거의 짚으로 된 낮은 갈색 지붕의 바다처럼 단조로우며, 나무가 없고, 확 트인 공간이 없다. 갈색 바다를 지나면 언덕 위에 이중으로 굽어진 지붕이 있는 문과 회색 화강암 담장으로 둘러싸인 왕궁이 있고 그 안에는 넓은 지붕의 다양한 알현실이 있다.

동대문에서 서대문까지에는 도시를 가로지르는 넓은 거리가 있으며, 다른 하나는 이 길에서 옆으로 벗어나 남대문에 이른다. 세 번째로는 큰 중앙도로에서 왕궁까지 60야드 넓이의 도로가 있다. 이 도로는 장애물이 없는 유일한 길이며 다른 길에는 양편이 노점 거리로 사용되고 있고 그 한편에 통행을 위한 좁은 공간이 겨우 남아 있다.

이른 3월에 내가 처음으로 서울을 내려다보았을 때, 한 거리는 지난 해 내린 눈으로 여전히 막혀 있었다. 이것이 훌륭한 산책로라는 것을 내가 발견했던 것은 망원경의 도움이었다. 그리고 눈처럼 하얗게 떠다니는 것은 다듬이질로 하얘진 도포의 행렬이었다. 이 셋의 넓은 거리를 오가는 많은 사람들은 흰 도포를 입고 검은 갓을 쓰고 있었다. 그들은 누구나가 목적 없이 나다니는 사람처럼 보인다. 그들의 대부분은 양반인데 공식적이거나 개인적인 일 이외에는 일을 하지 않는 것이 예의로 되어 있다. 그들의 대부분은 그들보다 더 운이 좋은 인척들에게 매달려 살아가고 있다.

중류 계급의 젊은 사람은 태연함과 당당한 걸음을 흉내 낸다. 거리에는 또한 멋있는 옷을 입고 멋진 갈기와 꼬리의 매우 살찌고 멋있는 말을 탄 관리들을 볼 수 있다. 말을 탄 사람은 화려한 장식을 입힌 말안장 위에 발이 1피트 높이로 불안하게 앉아 있고 안장의 앞가지를 잡은 두 명의 종자가 말을 이끌고 있으며 다른 두 사람은 상전이 말에서 떨어지지 않도록 붙잡고 따라 간다. 관리들은 가마 위에 탄 채 종자를 데리고 달려간다.

서민들이 다니는 거리에는 소나무 잡목을 나르는 황소, 소금이나 토산물을 실은 말의 행렬, 길마를 진 소에 물통을 싣고 물을 튀기며 달리는 물장수들, 그리고 무거운 나뭇짐을 나르는 노동자들 이외에는 보이는 것이 없다. 더 좁은 길에는 낮고 깊은 처마와 집밖의 개천으로 더욱 좁은 길이 많이 있어, 다만 두 사람이 서로 통행할 수 있고 잡목을 실은 잘생긴 붉은 소가 어렵사리 지나가고 있다. 이 진흙 벽의 거리, 깊은 처마, 푸르고 불결한 개천, 시커먼 굴뚝 옆에는 남자와 무거운 짐을 진 인부 이외에는 보이는 사람이 없다.

이곳은 옴에 걸린 개의 낙원이다. 모든 집은 개를 기르며 구멍을 통해 개가 살금살금 드나든다. 개는 낯선 사람에게 격렬하게 소리치지만 우산 접는 소리만 들어도 도망친다. 개는 서울의 유일한 청소부일 뿐, 아무짝에도 쓸모없는 존재였다. 그는 사람의 친구도 아니며 식구도 아니다. 그들은 조선말은 물론 어느 말도 알아듣지 못한다. 그가 밤에 짖으면 도둑이 든 것을 의미한다. 그들은 매우 거칠다. 개들은 늙기 전에 봄철의 보신탕이 된다.

나는 하루 종일 옷을 세탁하고 물을 긷는 하층 계급의 여인에 대해 이야기한 바 있다. 이들의 대부분은 가정의 노예로서 가장 낮은 신분이다. 조선여인들은 매우 엄격하게 격리되어 있으며 다른 어느 나라의 여인들보다 그 정도가 더 심하다.

서울에서는 이와 관련하여 매우 신기한 제도가 널리 보급되었다. 8시경이 되면 거대한 종이 울리는데 이는 그들이 집으로 돌아가라는 신호이며 그제야 여인들은 밖에 나가 즐기며 그들의 친구를 방문한다. 거리에서 남자들을 깨끗이 없애 주는 이 제도가 가끔 사라지면 무슨 일이 꼭 벌어졌기 때문에 이 제도가 다시 강화되었다. 내가 서울에 도착했을 때가 바로 그 무렵이었다.

캄캄한 거리에는 등롱을 든 하인을 거느린 여인들의 무리가 북적거리고 있었다. 눈먼 사람, 공무원, 외국인의 하인과 약제사에게 처방을 받는 사람은 이 규정에서 면제되었다. 이러한 예외 조항은 종종 지긋지긋한 감금 생활에서 도피할 목적으로 악용되며 어떤 사람은 긴 지팡이를 짚고, 장님 시늉을 했다.

원각사의 거북비

12시에 다시 종이 울리면 여인들이 물러가고 남자들이 자유롭게 밖으로 나간다. 지체 높은 가정의 부인이 나에게 들려준 바에 따르면, 그는 낮에 서울 거리를 결코 나가 본 적이 없다고 한다. 밤의 고요함은 매우 인상적이다. 사람의 콧노래도 들리지 않고 맥박 소리나 꼴깍거리는 목구멍소리도 들리지 않는다. 불 켜진 창이 거의 없기 때문에 거리는 칠흑 같다. 정적이 깊게 느껴질 때면 거대한 꿰뚫는 종소리가 거의 불길한 음률과 함께 날이 밝아 온다.

제 3 장 왕의 거둥

영국을 떠나기 전에, 조선으로부터 몇 통의 편지를 받았는데, 그것들은 조선의 내륙을 여행할 때, 고용인, 특히, 믿음직스러운 통역사를 찾는 데 겪어야 할 어려움에 대한 경고들이었다. 몇 주일이 지나고, 코르프 주교(Bishop Corfe)와 다른 사람들이 애써 도와주었지만, 이러한 기본적인 요건들은 쉽게 해결되지 않았다. 왜냐하면 영어를 믿음직스럽게 구사할 수 있는 조선 사람을 찾기란 거의 불가능했기 때문이다.

영어를 배운 조선 사람들 가운데 몇몇은 국립학교[1]에 다녔고 나머지는 감리교 학교에 다녔는데 대부분 영어 실력이 부족할 뿐만 아니라 야무지지도 못하고 마음도 약한 가엾은 사람들이었다. 그들 가운데 일부분은 나와 함께 가기를 열망하는 듯이 보였으며 부분적으로 약속도 했으나, 다음날이 되자 근심스러운 표정을 지으면서 의자 끝에 기대 앉아 같이 갈 수 없는 이유를 늘어놓곤 했다. 어떤 사람은 호랑이 때문에 가지 말라고 어머니가 말했기 때문에 못 가게 되었고, 누구는 3개월이 너무 길고, 가족으로부터 그렇게 오래 떨어질 수 없기 때문이라는 것이었다.

마침내, 영어를 그런 대로 구사하는 청년이 왔으나, 방에 들어오자마자

1) 1883~1894년 사이에 존재했던 육영공원을 의미하는 것으로 보임.

고개를 끄덕이고는 안락의자에 털썩 주저앉아 다리를 팔걸이에 올려놓는 것이었다. 그는 여행에 대해 많은 것을 물어 보더니, 서울을 떠난 지가 매우 오래 되었으며, 자신과 자신의 짐 때문에 2마리의 말이 필요하다고 말했다. 나는 여행의 어려움을 극복하려면 가능한 한 짐을 줄이는 것이 필요하다고 말했으나, 그는 아홉 벌 이하의 옷으로는 갈 수 없다고 말하는 것이었다!

나는 외국인은 다만 두 벌의 옷을 가져가야 하며, 그래서 나도 2벌로 줄여야 한다고 말했다. 그러자 그는 이렇게 대답했다.

"좋아요, 그러나 외국인들은 습관상 매우 더러워요."

조선 사람이 이런 말을 하다니! 나는 다시 한 번 진정하면서 내 친구들의 친절한 호의를 받아들여야만 했다. 상황이 "바뀌리라고" 믿으면서…….

이렇게 지체되다가 드디어 내가 여태껏 본 광경 가운데 가장 주목할 만한 것 가운데 하나였던 왕의 거둥을 볼 수 있는 기회가 찾아왔다.[2] 여태껏 일어났던 상황과 경제적인 이유로 이제는 더 이상 왕의 거둥을 볼 수 없을 것 같았기 때문에, 아마 마지막으로 그 장관을 볼 것 같다는 점에서 그 흥미가 더했다. 그 행사는 국왕이 500년 동안 권좌를 지켰던 역대 왕들에게 제사를 올리기 위해 오래된 어느 사찰을 방문하는 것이었다.

왕은 은폐된 왕궁에서 1,000명의 시중을 받으면서 살았다. 백성들은 실제로 거의 알려지지 않은 그의 이름을 입에 담을 수도 없었으며, 왕이 제사를 지내러 지나가는 두 거리를 제외하고는 왕궁이나 수도의 다른 면을 전혀 몰랐다. 왕이 신성한 일을 하러 가는 날에는 백성들도 왕의 존엄한 모습을 볼 수 있는 유일한 기회를 가졌다. 요크 공작(Duke of York)의 결혼식 날에 여왕의 행렬이 지나가자, 어느 노동자가 이렇게 말하는 것을 나는 들은 적

---

2) (원저자 주) 이 독특한 의식을 이토록 소상하게 기록하는 것을 굳이 변명하자면 이번의 거둥은 아마도 이 왕의 마지막 행차가 될 것이며, 아직까지 이를 소상하게 기록한 예가 없기 때문이다.

이 있다.

"우리가 낸 돈으로 지나가는데 우리는 우리의 돈이 지나가도록 길을 비켜 주는군."

왕의 거둥에 대하여 조선 사람들은 우리와는 다른 중요한 의미를 부여하고 있다. 거둥의 통로를 따라 몇 만 명씩 경건하고 조용하게 모여드는 것을 보며, 아마도 그는 일 년 가운데 벌어지는 단 한 번의 화려한 광경이 가능한 최대로 빛나는 것에 기뻐하고 있는지도 모른다.

서울의 단조로움은 다소 주목할 만하다. 갈색의 산들이 검은 갈색의 진흙 벽과 갈색 지붕, 갈색 도로 사이로 돋보이며 사람들은 검은 옷이나 흰옷을 입었다. 항상 같은 옷을 껴입은 여인들은 녹색 코트를 눈 아래까지 움켜쥐고 걸어가고 있다. 항상 양반들과 그들의 친구들이 남쪽 거리를 따라 활개를 치며, "싸움을 하고 싶어 안달하는" 조랑말들이 울부짖고, 땔감을 등위에 높게 진 황소의 무리들이 지나가고 있다.

때 묻은 흰옷을 입은 인부들은 끊임없이 짐을 나르고 있고, 빈민굴 한 쪽에서는 삶의 즐거움을 잃은 더러운 아이들과 찌꺼기를 두고 힘없이 으르렁거리는 갈색의 개들이 있었다. 그러한 단조롭고 생기 없는 상황에서 거둥은 태양같이 불타올랐다. 문명화를 위한 최초의 조치에 따라 이러한 광경을 없앤다는 것은 초라하지만 매혹적인 이 서울을 위해 얼마나 슬픈 일인가!

기다렸던 날 아침 6시에 우리는 영국 공사관에서 종각 가까이로 갔다. 좁은 길에 있는 모든 남자들은 같은 방향으로 서 있었고, 아이들은 색동옷을 입었으며 몇몇 가난한 여인들은 로마식으로 접은 밝은 손수건을 머리 위에 얹고 있었다. 나는 외국인들이 South Street라 부르는 웅장한 거리를 처음으로 보았다. 두 줄의 노점들은 지난밤에 철거되었고, 제사를 지내고 돌아오는 왕을 밝혀 주고자 거리를 따라 20야드 간격으로 10피트 높이의 횃불이 세워졌다. 이 거리가 행사장으로 쓰이는 것은 다만 그 위풍당당한 너비 때문이었다.

집들은 낮고 허름했으며, 한 쪽에 약간 좋은 기와집들이 있을 뿐이었다. 노점들 대신에 백성들이 열두 줄로 모여 있었는데, 앞줄에는 많은 관아의 포졸들이 나무 곤봉을 갖고 줄을 이탈하는 사람을 무자비하게 구타하려고 준비하고 있었다. 소년 신랑들의 노란 모자와 장밋빛 두루마기, 여인들의 녹색 비단 장옷과 어린이들의 엷은 자줏빛의 터키식의 붉은 옷으로 말미암아 자루처럼 생긴 흰 도포와 검은 갓이 보여주던 단조로움은 많이 경감되었다.

군중은 조용히 기뻐했으나 매우 맥없는 표정을 지었다. 명랑함이나 흥분도 없었고, 깃발을 든 대중의 시위도 없었다. 이 광경을 보려고 3~4일 동안 걸어서 시골에서 온 사람들과 도시 인구의 반 정도인 약 15만 명의 사람들이 모였어도 왁자지껄하는 소리가 거의 없었다.

조선 사람의 일상 생활은 초라하고 허름하였으나 왕은 일 년 내내 하나의 신화였다. 왕의 화려함은 늘 주위로부터 차단되어 있었기 때문에 백성들이 세상이 보여줄 수 있는 가장 장려한 광경을 보려고 하는 것은 당연한 일이었다. 그것은 현재 권좌에 있는 이의 영예일 뿐 아니라 5세기 동안 조선의 왕좌를 차지했던 왕조의 영광이었다.

국왕이 궁전을 떠나는 시각은 오전 6시로 알려졌다. 시간은 중포 소리가 행렬의 시작을 알리기 전인 7시 30분이었으나 흥미는 시들지 않았다. 왕은 백성들이 밟은 땅을 지나지 않을지 모르기 때문에 몇 백 명의 인부들이 도로의 중앙부를 따라 1피트 넓이로 붉은 흙을 뿌렸다. 인부들이 그들의 누추한 조랑말을 끌고 지나가자, 기병대가 도로를 따라 자리를 잡았고 우리 앞에도 많은 사람이 자리를 차지했다. 기마병들은 땅바닥에 앉아 담배를 피우다가 매우 멍한 나팔 소리를 듣고 말에 올랐다.

망아지들은 물고, 차고, 울부짖었으며 망아지를 타려는 사람들의 괴상하고도 헛된 노력은 사람들의 웃음을 불러 일으켰다. 기마병들이 한 발을 등자 위에 얹고 다른 한 발은 땅을 짚은 상태에서 말은 제멋대로 뛰어 다녔다. 결국 인부들의 도움으로 말에 올랐지만, 군중 속의 사람들이 몰래 말을 때려 많은 사람을 말에서 떨어뜨릴 뻔했으나 두 손으로 안장의 앞 고리를 꽉 잡고 마침내 삐뚤삐뚤한 대열을 이루었다.

그때 매우 이상한 광경이 벌어졌다. 작은 우산대를 닮은 직사각형의 구조물을 지탱하는 장대가 깃털 달린 화살을 가득 채운 채로 일정한 간격으로 운반되어 왔다. 사령들은 마치 화살에 맞았거나 다른 화살을 피하려는 것처럼 뛰어 다녔다. 왜냐하면, 그들의 옷깃 뒤로부터 비스듬히 꽂혀 있던 화살들이 삐쳐 나왔기 때문이다. 관리들의 훌륭한 관복의 등과 가슴, 아니면 두 곳 모두에 독특한 자수가 놓여 있었다.

마름모꼴 위의 새나 동물의 숫자는 착용자의 정확한 지위를 가리켰다. 자수는 새와 짐승을 그린 것인데 황새는 문관을 의미하는 것이고 호랑이는 무관을 의미하는 것이었다. 군중의 소음으로 오랜 침묵이 깨졌다. 새로운 성격의 시끄러운 간주곡이 연주되었으며 15명이 한 줄로 서서 많은 강철 고리를 느슨하게 매달은 장대를 운반했다. 그들은 이들을 하늘에 던져 시끄럽고 귀에 거슬리는 금속성 소리를 내면서 서로 엇갈려 떨어지게 했다.

한편에서는 고관을 시중드는 하인들의 행렬에서도 특수한 소리가 났는데 그 화음은 G음이 들리는 듯하다가 다음에는 음색을 높여 C음을 3번 울리고 나중에는 음이 떨어져 다시 G음이 나게 하였다. 그러나 음악으로 간주되는 소음들 가운데 방법상 가장 신기했던 것은 고수의 기법이었다. 그들은 넓은 길을 가로질러 불규칙하게 행진하면서 수평으로 매달은 사발형의 팀파니를 들고 있었고 큰 북의 막대를 헐렁한 소매 속에 감추고 있었다.

행진에 맞추어 오른 손에 든 막대기를 연주자의 머리 위에 올리더니 왼손의 막대를 같은 방식으로 올린 다음, 소리를 내지 않고 두 손을 북 가까이 내려뜨린다! 그 다음 막대기 두 개를 함께 머리 위로 올렸다가 다시 조용히 내린다. 그러다가 드디어 막대를 교차시키고 두 발짝을 뗄 때마다 힘없이 올렸다가 북의 끝 부분에 약하게 떨어뜨리며 둔탁한 소리를 냈다. 행진 가운데 이러한 순서가 반복되었다.

퇴색한 흑색 띠를 찬 전포와 넓은 바지를 입고 덧댄 양말에 각반을 감고 짚신을 신은 군인들이 길옆에 무기를 쌓아 올렸다. 상자 모양의 검고 채색된 가마가 재빠르게 지나갔다. 갈색 윤이 나는 소매가 달린 외투, 무릎 아래 붉은 리본 다발을 묶은 푸른 속옷, 공작 깃털로 된 부채 모양의 장식을 한 빳빳한 검은 모자를 쓴 궁정 수행원 몇 백 명이 고삐도 없이 마부에 이끌리는 말의 높고 화려한 빛깔의 안장 위에 앉아 타고 갔다.

고급 관리들은 각기 20~30명의 화사한 복장의 수행원을 거느리고 가마나 말을 타고 지나갔다. 상관의 이름을 적은 비단 깃발을 든 일련의 기수들이 그 옆의 넓은 거리를 가로질러 지나갔다. 이러한 관리들은 화려한 옷을 입고 있어 그 모습이 장려했다. 그들은 긴 진홍색의 장식 술을 뒤쪽에 단 검고 높은 모자를 쓰고 있었으며, 앞의 가장자리에는 검은 타조 털을 늘어뜨리고 허리까지 갈라진 검은 남빛의 파란 비단 겉옷과 오렌지색 비단 속옷을 입고 발목에 하늘색 리본을 헐겁게 묶은 헐렁한 진홍색 바지를 입고 있었다.

리본의 장식은 목과 허리로 늘어졌고 모자는 큰 호박색 목걸이의 끈으로 고정되어 있었다. 그들은 각기 어깨 위에 진홍색의 한자를 쓴 노란 비단 깃발을 휴대하고 있으며 같은 손에 리본이 풍성하게 달린 지휘봉을 들었다. 소매의 윗부분은 오렌지색이었고 아래 부분은 진홍색이었는데 모양이 매우 풍성했다.

비대하고 제멋대로 생긴 조랑말은 주로 얼룩이 있는 회색인데, 매우 멋지고 화려하게 치장했다. 말의 머리는 청색 · 적색 · 황색의 공으로 덮였고 그 위에 커다란 진홍색 비단 장식 술을 덮었다. 고삐는 비단 목도리로 만들었고, 안장은 양쪽에 은으로 장식한 밝은 녹색의 가죽으로 된 넓고 깊은 뚜껑이 달려 있는데 말 등에서 12인치 높이에 걸려 있었다. 말의 엉덩이는 흰 비단으로 감쌌고 가슴받이는 금으로 장식했다.

기수는 하인의 도움을 받아 말을 탔는데, 그의 발이 말의 측면에 반도 내려오지 않고, 등자 위에서 왼손으로 안장의 앞에 설치된 아치를 꼭 잡고서

똑바로 앉아 있었다. 관리들은 채찍을 들지 않았다. 하인들은 양쪽에서 상전의 발을 잡아 떨어지지 않게 하면서 말을 끌었다. 말들이 몸을 비틀고 마부와 티격태격함으로써 걸음걸이나 상황에 대한 불만을 보이자 말에 탄 고관들의 얼굴에는 "두려운 기쁨"이 나타났다. 그것을 "기쁨"이라고 표현해도 괜찮을지 모르겠다.

관리의 행렬과 궁정 수행원, 미풍에 길게 꼬리를 날리는 비단 기를 든 기수들에 따라 다채롭고 화려한 물결이 굽이쳤다. 깃대는 꿩의 깃털로 만든 장식 술이 넘실거렸다. 왕의 찬장은 거대한 시종과 보다 많은 궁정의 하인들과 함께 장죽의 담배를 피우면서 지나갔다. 고수와 피리 부는 사람들과 안장과 채찍을 들고 옷깃에 화살을 매달은 병정들과 방석, 칠기, 식료품, 주방 기기, 흡연 기구를 실은 남루한 안장을 단 흐트러진 말들도 섞여 있었다. 그 뒤에는 화려하게 치장한 말과 궁수, 화승총으로 무장한 군인들이 몇 천 명 지나갔다. 이러한 행렬만으로도 볼만 했지만 아직도 거둥은 보이지 않았다.

이러한 "행진"이 계속되고 있던 7시 30분에 대포가 불을 품고, 우리 옆에 매우 가까이 있는 대종이 무거운 소리를 내고, 트럼펫이 팡파르를 울리고, 피리가 날카로운 소리를 냄으로써 이희[3]가 방금 궁전을 출발했음을 알게 되었다. 맞은 편 기병대는 "말꼬리를 돌림으로써" 전하를 맞이할 준비를 했으며 연습은 별 무리 없이 진행되었다. 옷깃에 화살을 매단 사람들이 몹시 달리는 바람에 구경꾼들 사이에 약간의 혼란이 일어났다. 마치 "경주용 같은 개" 한 마리가 뛰어들자 범인을 잡는 데 쓰는 곤장을 든 사람들이 그 개를 쫓아 군중들 사이에 뛰어들었기 때문이었다.

서울에는 5,000여 명의 궁정 신하와 관리들, 그리고 유명무실한 6,000명

---

3) 이희(李熙) : 고종의 속명임. 왕의이름은 피휘(백성들이 그 글자를 쓰지 못하도록 함)해야 하므로, 희(熙) 자의 밑에는 "灬" 대신에 "火"를 쓴다.

의 군인들이 있는데, 그들 가운데 대부분이 왕의 행렬에 참여했다. 외국인으로서 그런 모습을 상세하게 기술하는 것은 불가능하다. 그런 비슷한 것은 어디에도 없기 때문이다. 한 시간 이상 뙤약볕 아래에서, 세속에 초연하여 당당하게 걷거나 뛰면서 세련되지 않은 중세풍의 화려함 속에 지나가는 행렬을 상세히 기술하거나, 다채롭고 강렬한 변화무쌍함 속에서 광휘를 내는 고관들의 모습을 설명한다는 것은 불가능하다.

왕의 행렬은 훌륭한 복장을 하고 말을 끄는 종자를 거느린 "전위의 장군"의 인도를 받았다. 그 뒤로 많은 고관대작들이 각기 수행원과 군인과 화살 모양의 기구를 높이 든 사람들을 거느리고 가는데 그들로 길이 거의 꽉 찼다. 꿩의 깃털로 끝을 장식하고 비단 자수로 된 거대한 깃발을 운반하는 사람들, 흰 바탕의 청색·녹색·남색 비단의 섬세한 차일 속에 100열로 늘어선 나인들, 도끼병, 고관대작과 그들의 기수들, 문장으로 장식된 황색·청색의 비단기를 든 왕의 기수들, 금박 모자와 중세의 갑옷을 입은 기병 대원들, 긴 총을 들고 감청색의 전포를 입고 원추형의 거칠고 검은 모자를 쓴 호랑이 사냥꾼들이 지나갔다.

곧 바로 뒤를 이어 외무대신이 뒤따랐다. 그는 일륜차에 높이 앉아 있었다. 그의 일륜차는 두 기둥이 검은 승강단을 지탱하며 하나의 검은 바퀴로 이루어진 것으로 지상에서 8피트 높이로 8명의 남자가 운반하는데 표범 가죽으로 치장된 검은 승교였다. 군인과 기수와 고수가 지나간 다음, 거창하게 차려입은 내시의 우두머리가 많은 수행원과 함께 지나갔다. 대부분의 내시들은 궁전에서의 위치와 음모를 꾸미는 능력으로 말미암아 그때까지의 조선의 정치에 유해한 영향을 끼쳤다.

행렬은 보다 기묘하고 잡다해졌다. 대궐의 시종들은 중세의 화려한 복장을 입고 있었으며, 고대의 갑옷을 입은 기병은 유럽식 복식과 무장을 한 것으로 여겨지는 헐렁한 무명 연미복에 불룩한 바지를 입은 기병과 뒤섞였다. 분홍 리본을 단 검은 티롤[4]식 모자를 쓰고, 결코 닦아낸 적이 없는 놋쇠 고리를 단 가죽 띠로 허리를 느슨하게 죈 검은 무명 저고리와 흰 솜을 넣은 양말과 대마로 짠 신을 신은 기병들이 나타났다. 몇몇은 말에 탔고 나머지는 채찍을 쥐고 있었다.

더러운 흰옷을 입은 일꾼들이 조랑말을 끌고 있었으며, 장교들은 모두 말을 타고 있었다. 말이 그 착검한 모습을 걷어찰 수 없도록 하고자 팔 아래 구식 칼을 접어 넣었다. 어떤 이들의 발은 거의 땅에 닿았고, 다른 이들의 발은 말의 측면에 반 정도 매달려 있었다. 말들은 소리를 지르고, 울고, 고개를 쳐들고, 주춤거렸으나 어쨌든 이 독특한 기수들은 용케도 꾸불꾸불하게 대오를 이루고 있었다.

다음에는 녹슨 구식 보병 총을 든 군인과 무수한 군기와 장군들, 궁전의 고관들, 정치가들이 나타났다. 어떤 사람은 짙은 검정 깃털을 단 크림색 모자를 쓰고, 어떤 사람은 양쪽으로 날개가 높게 곧추세워진 페티코트 모자를 썼으며, 나머지는 반짝거리는 금은사로 덮인 고상한 관을 쓰고 있었다. 저마다 화려한 행렬을 이루었다. 중세 복식을 한 사람들이 금세 지나가자, 군인들이 슈나이더 라이플을 들고 따라 왔다. 관아의 포졸이 두 개의 개틀링 기관총을 메고 몹시 질주하였으며 다른 사람들은 잡다한 몽둥이를 들고 있었다.

고수는 북을 지독하게 두드렸다. 악사는 날카로운 횡적 소리를 냈다. 청색·녹색의 비단 옷을 입은 요정 같은 수행원들을 거느린 고관들도 있었다. 군중 속에서 왕의 개인적 수행원들은 노란 옷을 입고 있었으며 장미 매듭을 한 대나무 모자를 쓰고 뒤따랐다. 왕기를 든 기수들이 지나갔다. 노란 바탕에 뒷발로 선 호랑이 문양을 새긴 깃발과 군대, 기괴한 붉은 비단 우산과 바위를 그린 조선 왕조의 진기한 기장이 지나갔다.

---

4) 티롤(Tyrol) : 오스트리아의 서부 및 이탈리아 북부의 알프스산록 지방을 의미함.

고관대작, 군인, 악기들이 더 지난 다음에야 어가가 나타났다. 그것은 붉은 비단으로 닫집을 한 것으로 비어 있었는데, 그 이유는 암살자가 이 어가를 공격하기 십상이었기 때문으로 추측된다. 거대한 삼지창이 어가 앞에 설치되어 있었다. 그 다음으로 40명의 붉은 옷을 입은 사람들이 높이 운반하는 어가가 나타났다. 그것은 태양을 차단하는 처마를 달고, 많은 술로 장식하였으며, 닫집을 달고 붉은 칠을 한 훌륭한 가마였다.

드디어 왕이 행차한 것이다. 모든 위엄과 왕국의 화려함을 지닌 채 침묵하고 있는 군중을 지나치면서도 거의 창백하고 나른해 보이는 그의 얼굴 표정은 변하지 않았다. 많은 고관, 하인, 군인, 기수, 궁수, 관리, 기병, 말 등이 붉은 가마에 탄 왕세자의 행렬을 이루고 있었다. 그는 부왕보다도 더 창백하고 무감각해 보였다. 관리의 행렬은 끊이지 않을 것 같이 보였다. 왕의 뒤를 이어 호박색 구슬 목걸이와 붉은 벨벳과 공작의 깃털로 장식된 화려한 옷을 입은 고관들의 행렬이 1/4마일가량 계속되었기 때문이다.

그들의 화려한 수행원들과 징으로 장식한 갑옷을 입은 보병들, 고수, 활틀을 운반하는 사람들이 따라 오고, 곧 뒤따라 훌륭한 말 위에서 종자들의 호위를 받으며 "후위 대장"이 지나갔다. 그는 번쩍이는 투구와 화려한 청색 · 홍색 · 금색의 제복을 착용했다. 오래된 화승총으로 무장한 군인들이 지나가고 마지막으로 활과 깃발을 운반하는 사람들이 지나갔다. 이로써 세련되지 못하고 기묘한 거둥이 끝났다. 그리고 사람들은 다시 한 번 그 허름한 거리에 넘쳤다. 저녁 늦게 왕의 행렬은 창과 총검으로 굽이치는 청색과 진홍색 비단 각등과 함께 고정된 횃불의 빛을 밝히며 돌아왔다.

이러한 거둥의 비용은 2만 5,000달러 정도가 소용될 것으로 추정된다. 이 정도라면 자원이 부족한 조선에게는 큰 부담이 된다. 왕이 공식적으로 나타나는 것은 다만 이때뿐이다. 거둥의 화려함은 도시의 대부분을 구성하고 있는 불결한 뒷골목의 백성의 일상 생활의 누추함을 두드러지게 할 따름이다.

행렬에 참가한 사람들은 고용된 것도 아니고 입은 옷들이 의상업자가 만든 것이 아니라는 사실을 기억해야 한다. 그러나 그들은 실제로는 궁전의 관리들과 귀족들이고, 운반된 무기들도 습격을 물리치고 반란을 진압하기로 되어 있는 것들이라는 점도 함께 기억해 두어야 할 것이다.

제 4 장 조선의 성지 서울

여러 가지 어려움과 여행의 지체로 나는 떠나기에 앞서 조선 사람과 조선에 대해 더 많이 배울 수 있었다. 물론 그런 연유로 더운 날씨에 내륙을 여행하게 되었지만 어떤 의미에서 서울은 곧 조선이다. 허름한 뒷골목과 진흙벽으로 된 오두막집, 깊은 처마가 달린 갈색 지붕, 불결하고 지렁이가 기어다니며 악취가 나는 도랑 등은 모두 마을과 시골의 전형이라 할 수 있다. 시골에는 특별한 공산품이 없다.

서울의 "구색을 갖춘 일용 잡화" 상점은 이 나라의 모든 상점의 표본이다. 흰옷과 말총갓을 착용하는 것은 어디에서나 서울과 마찬가지이다. 나라 생활이 무엇이든 그것은 수도에만 존재한다. 영국의 농촌 지방에서 런던으로 향하는 흐름이 강하지만 조선에서 서울로 향하는 추세는 더욱 강하다. 서울은 정부의 주소지일 뿐 아니라 공식적 생활이나 모든 공직의 임용, 그리고 채용의 유일한 통로인 문예 시험의 중심지이다. 사람들은 무엇인가 서울에서 "잡아 보려고" 늘 원하기 때문에 끊임없이 서울로 끌리는 힘이 있다.

일요일 오후에 양반의 걸음걸이를 흉내 내면서 큰 거리를 걸어 다니는 대부분의 젊은이들은 관직을 열망하는 사람들이다. 이 나라에서는 여론 같은 것이 없지만 그와 같은 것으로 여기는 국민 감정은 오직 서울에서만 나타나고 있다. 조선 사람이 원치 않았고, 전혀 바람직하지 않은 서구 문명과의 접촉에 대한 긴장을 최초로 느끼고, 깊은 잠에서 깨어나 반쯤 부신 눈을 비비며 자신에 대해 꿈결같이 돌아 보지조차 않으면서 자신이 어디에 있는지 확신하지 못하는 것도 서울에서 일어나고 있다.

상업의 전형이라고 해야 행상 정도이지만 그나마도 서울이 중심을 이루고 있다. 모든 사업도 서울에서 이루어진다. 모든 상점의 상품은 서울로부터 공급된다. 개항장에서 선적되지 않는 상품은 서울로 집결된다. 서울은 거대한 상거래 조합의 중심으로서 나라의 교통을 관장하는 운반 조합이 상품을 실질적으로 독점하고 있다. 모든 조선 사람의 마음은 서울에 가 있다. 관리들은 서울에 별저를 가지고 있으며 일 년의 대부분의 기간 동안 그들의 업무를 속관에게 맡기고 서울에 와서 지낸다.

지주는 임대료를 받으면서 소유지에 있는 사람들을 "쥐어 짜내지만" 그들은 서울에 살고 있는 부재지주이다. 음식 값을 지불할 수 있거나 노숙할 수 있는 사람들은 일 년에 한 두 번씩 서울에 올라온다. 서울에 사는 사람들은 그 지위에 관계없이 단 2~3주라도 그곳을 떠나고 싶은 마음이 없다. 조선 사람에게 서울은 살 만한 가치가 있는 곳이다.

그러나 서울에는 예술품이 없으며 골동품이 드물고 공원도 없다. 왕의 거둥 이외에는 볼 만한 것이 없으며 극장도 없다. 다른 도시가 가지고 있는 매력이 서울에는 없다. 서울은 유서 깊은 도시이지만 유적이나 도서관도 없고, 문학도 없으며 최근에는 종교에 대한 무관심이 어느 때보다도 심각하여 사원을 남겨 놓지 않았는데 이는 유례가 없는 사항이다. 그런가 하면 아직도 조선 사람을 사로잡고 있는 미신 때문에 묘비 하나 남은 것이 없다.

중국에서처럼 공자를 모시는 공식적인 향교를 제외하면 서울에는 공식적인 사당이 없으며 죽음의 고통을 감수하면서 4대문을 들어오는 승려도 없다. 그 결과 중국이나 일본의 소도시에서조차 볼 수 있는 고상한 종교적 건물이 눈에 띄지 않는다. 남대문 밖에는 매우 기묘한 프레스코화로 그려진 군신을 모신 작은 사당이 있으나 참배객은 하나도 볼 수 없었다.

서울의 노점상

사원이 없는 것은 다른 도시에서도 마찬가지이다. 현재 왕조가 성립되기 1,000년 전부터 유행했던 불교는 "폐지되었으며" 16세기 이래도 사실상 배척당했다. 조선 사람들은 승려를 박해하는 법령이 3세기 전의 일본 침략에서 연유된 것이라고 설명한다. 당시 일본인들은 불교 승려로 변장하여 도시에 들어갈 수 있도록 허락을 받은 다음, 도시에 들어와 수비대를 칼로 베어 죽였다는 것이다.[1] 이것이 사실이든, 거짓이든 조선에서 불교를 보려면 마음먹고 찾아야 한다.

절이 없었을 뿐만 아니라 종교에 관한 아무런 징표가 없기 때문에 성급한 사람들은 조선 사람을 종교도 없는 사람들이라고 우겨댈 수도 있다. 조상 숭배와 푸닥거리나 자연에 대한 어리석고도 미신적인 공포감이 조선 사람

---

1) 아마도 필자는 임진왜란 당시의 상황을 의미하는 것으로 보이나 불교 금지 정책과 임진왜란 당시의 일본인들의 행적과는 깊은 관련이 없다.

에게는 종교를 대신하고 있다. 그 모두가 두려움의 결과라고 나는 믿는다.

이를테면 조상 숭배는 자식으로서 부모에 대한 경의라기보다는 조상의 영혼이 그들의 자손에게 해를 입힐는지도 모른다는 두려움에서 비롯되고 있다. 이와 같은 숭배 의식은 왕으로부터 날품팔이꾼에 이르기까지 펴져 있다. 이러한 의식 구조는 왕의 예식에서의 거둥을 더욱 고무했으며 아주 가난한 사람들도 정월 초하룻날에 조상을 위한 제사상을 차리도록 만들었다.

도시의 성벽으로부터 10마일에 이르는 지역 내의 무덤들은 바로 이 수도의 특징이라고 할 수 있다. 죽은 사람들은 남향과 명당을 독점하고 있다. 살아 있을 때 누추한 진흙에 거처하는 것으로 만족했던 사람들도 죽었을 때는 바람이 잘 부는 언덕에 위엄 있고 주의 깊게 관리된 환경 속에 안장해야 했다. 서울 근교에서 산출되는 양질의 조그마한 재목들은 죽은 왕족이나 부자들의 관을 짜는 데 쓰게 된다. 이와 같이 죽은 사람들이 차지하고 있는 땅은 실로 막대하다.

언덕 위에 있는 왕족의 무덤은 멀찌감치 한적한 곳에 마련되어 있다. 왕자는 물론 부자나 위대한 사람들의 무덤은 잔디를 씌워 높은 언덕처럼 만들었으며 돌로 테두리를 장식한다. 앞부분은 돌 제단이 있으며 뒤쪽은 말발굽 모양으로 날개를 만들었다. 상석과 석등이 앞에 놓여 있고 언덕의 끝 부분에는 죽은 자의 이름과 지위를 적은 표지를 적은 건물이 절간처럼 서 있다.

"왕족의 묘"로 가려면 왕릉을 만들 무렵에 만든, 살아 있는 제물 대신에 스님, 전사, 하인, 조랑말, 양 등의 석상이 서 있는 길을 거쳐야 한다. 가난한 사람들의 묘는 언덕 주위에 풀이 잘 나 있는 평평한 땅에 많이 몰려 있다. 묘를 위한 길지는 모두 지관이 결정한다. 부자의 묘 뒤에는 소나무가 반달 모양으로 심어져 있다. 서울의 언덕에 있는 묘의 숫자는 헤아릴 수 없다.

대개 제례는 화려한 등불과 함께 황혼 무렵에 치르지만 다행히도 나는 낮에 치르는 한 예술가의 장례를 볼 수 있었다. 먼저 네 개의 북과 피리를 신명나게 연주했다. 이런 표현이 적절할지 모르겠는데 윗부분을 돔 형식으로 만든 상여는 원색으로 조화롭게 꾸몄고 그 네 모퉁이에는 현란한 깃발과 깃대가 꽂혀 있었으며 하얀 옷감이 지붕과 같이 위에서 아래로 늘어뜨려져 있었다. 관을 운반하는 사람들은 여덟 명인데 청색과 핑크 빛으로 장식한 노란 색의 원추형 모자를 쓰고 있었다. 상여 앞쪽과 옆면에도 원색 모양의 꽃으로 장식되어 있고 야하게 물들인 무명의 방패 모양의 깃발을 덮었다.

직경 4피트 크기의 우산 모양의 모자를 쓰고 삼베옷을 입었으며 두 개의 대나무로 엮은 포선으로 얼굴을 가린 상주가 상여를 따른다. 꽃으로 장식한 모자를 쓴 사람들이 상주를 따르면서 상여 소리를 부른다. 상주는 분위기에 걸맞게 비통하지만 농담이나 우스갯소리로 상주를 웃기는 것이 관례이다. 33달러에 해당하는 현금 십만 냥을 기금으로 하는 상사계가 있다. 이 모임에 속한 사람들 가운데 처음으로 죽는 사람은 현금 3만 냥을 받고 두 번째는 3만 3천 냥, 마지막은 3만 7천 냥을 받게 된다. 내가 지금까지 설명한 예술가도 이러한 계에 가입해 있었기 때문에 격조 있는 장례를 치를 수 있었다.

상주들도 볏짚 색깔의 삼베옷을 입고, 위에서 묘사한 큰 모자를 쓰고 있었으며 풀빛 색깔의 옷감으로 얼굴을 가리고 있었다. 상주는 부모의 상을 맞아 3년 상을 치르게 되어 있으며 대궐에 들어갈 수 없기 때문에 3년 동안 관직으로부터 물러나야 한다. 중국에서 죽음과 관련된 재미있는 관습 가운데 죽음이 가까워진 사람에게 가장 좋은 옷을 입히는 관습이 있다. 아주 가난한 사람들은 관도 없이 볏짚에 싸서 사람이 운반한다.

3세기 전부터 불교가 금지된 상태에서 조선에 국가적인 종교가 없었을 때, 유일하게 존재한 종교 양식은 하층민과 중간 계층에서 지키고 있는 원시적이고도 단순한 형태의 조상 숭배와 미신이다. 1784년에 천주교 교회가 들어오고 뒤이어 1884년에 기독교가 여러 가지 조약의 형태로 조선에 들어왔는데, 미국의 감리교와 북장로교가 대종을 이룬다. 그 뒤 남장로교, 캐나다 장로교, 호주 장로교 그리고 침례교가 들어왔으며 1890년에는 코르프 주교의 지도로 영국 성공회가 자리 잡았다.

서울에서 가장 잘 보이는 곳에 천주교 교회와 탑 모양의 대성당이 들어섰다. 가장 위치가 좋은 지역 가운데 한 곳은 감리교회, 남녀 학교, 출판사, 연합 교회, 약국이 딸린 병원 등의 건물로 뒤덮였다. 전도 사업과 관련된 학교가 그 가운데 가장 주목받을 만하다. 정도의 차이는 있지만 장로교들도 위에서 언급한 부류의 활동을 하고 특히 왕이 허가한 공립 병원[2)]을 운영하고 있다. 코르프 주교는 서울에서 가장 좋은 위치에 두 채의 한옥을 얻었다.

서울의 한 모서리에 있는 낙동에는 주교, 목사, 의사, 출판업 종사자들이 공동 생활을 하며 목회 일을 보았으며, 성 베드로 교단의 수녀들이 간호하는 남자 전용의 병원 운영은 특이할 만한 것이다. 영국 공사관 근처에는 아름다운 한옥의 영국 재림 교회와 성 베드로회 수녀들의 공동 거주 지역이 있으며, 격리 환자들을 위한 방과 18개의 침대를 갖춘 도라 버드 기념 병원이 약국과 함께 운영되고 있다. 이 병원은 여 의사들과 성 베드로회 수녀들이 놀라운 사랑의 신념을 바탕으로 운영하고 있다. 이 무렵 조선에는 75명의 기독교 전도사와 34명의 천주교 선교사가 있었는데 대부분 서울에서 활동하고 있었다.

조선어는 매우 어렵기로 소문나 있었기 때문에 조선어를 유창하게 구사하는 사람들은 매우 적다. 민족이라는 이념은 종교를 인정하지 않기 때문에, 외래 종교에 몰입한다는 것은 곧 그 사회에서의 낙오를 의미할 수밖에 없다. 조선 사람들이 받아들이고자 하는 종교는 그 종교를 위해 일하지 않고서도 돈을 받을 수 있는 그런 종류의 것이다. 종교에 대한 무관심이 팽배해 있고 전문적 종교인도 없으며 공자의 가르침 역시 어떤 계급에게도 영향을 미치지 못하고 있다.

조선 사람들은 아무런 세속적인 댓가도 없이 의무와 희생을 요구하는 종

---

2) 1885년에 광혜원으로 시작하여 1894년까지 존속했던 제중원을 의미함.

교로 골치를 썩이고 싶지 않다는 생각을 가지고 있다. 거의 12년 동안의 선교 사업을 통해 세례를 받은 조선 교인은 777명이다.[3] 천주교는 자신들의 신자가 28,802명이라고 주장하고 있는데, 이는 신자가 매년 1천 명씩 증가했음을 의미하는 것이다.[4] 목회를 담당한 사람들은 불결한 생활 여건 속에 있는 조선 사람들과 맛없는 음식을 먹어 가며 누추한 집에서 생활하고 있다.

이와 같은 전도 활동은 다른 어떤 문명에서의 기독교 전파와 같은 상황에 있다는 것은 의심할 나위도 없다. 무관심, 미신, 무기력의 장벽이 가로막고 있으며 기독교적인 사랑, 교육 사업, 의료 활동과 토착 교회를 통해 어떠한 형태로든 이 나라는 진보할 것이다. 행동으로써 기독교를 증거하는 의료 선교사들과 토착 교인들, 그리고 앞서 말한 교육을 통하여 그들은 조선 사람의 관습, 의상, 생활 양식을 건드리지 않으면서도 그리스도의 가르침과 수련을 제일의 목표로 삼고 있으며, 교사들의 정중하고, 사랑이 넘치는 고귀한 영향력은 어느 곳에서나 느껴지고 있다.

---

3) (원저자 주) 1897년의 기독교의 활동은 1895년보다 더 왕성하며, 그것이 앞으로 보급될 전망도 훨씬 더 고무적이다.

4) (원저자 주) 1897년 2월의 종교 통계는 부록을 참조할 것.

제 5 장 나룻배 여행

통역사를 찾을 수 없어, 계획된 여행의 어려움을 극복할 수 없다는 생각이 들자 나는 "내가 갈 때"라는 말 대신에 "내가 가게 된다면"이라는 말을 쓰기 시작했다. 이 때 밀러[1]라는 한 젊은 선교사가 그의 불완전한 한국어를 보완해 줄 수 있는 하인을 한 명 데려간다는 조건으로 나를 돕겠다고 했다.

코르프 주교는 왕이라는 훌륭하고 건장하며 쾌활한 중국 사람을 소개해 주었다. 그는 더할 나위 없는 성품의 소유자였으며, 얼굴에서는 전혀 노여운 기색을 발견할 수 없었으며, 무엇이든지 최선을 다하려고 노력하고, 누구든지 도우려고 하였으며, 글을 좋아하고, 항상 배고픈 것 같았고, 영어도 제법 구사할 줄 알았다. 코르프 주교가 그를 선택했을 때 그는 지부의 사공이었다. 아무리해도 그를 정식으로 고용할 수 없었으나 그는 내 마음에 꼭 들었다. 그래서 나는 그를 놓치는 것이 정말로 안타까웠다.

모든 여행자들이 겪게 되는 경제적 어려움으로 말미암아 나도 불안한 계획을 세워야만 했다. 그 당시 서울과 개항장에서 유통될 수 있는 것은 일본

---

1) 밀러(Frederick S. Miller : 1866~1937) : 미국 북장로교의 선교사. 피츠버그대학(1889)과 유니온신학교(1892)를 졸업하고 1892년 12월에 내한하여 모펫 목사의 후임으로 예수교학당(현재의 경신학교)의 책임자로 활약하면서 연못골교회의 기초를 세웠다. 그 뒤 그는 청주 지역에서 목회 활동을 하다가 그곳에서 별세했다.

비숍 여사가 남한강을 탐사한 거룻배

의 엔화였고 은행이나 환전상이 없었으므로 현금이라고는 조선 사람들 사이에 통용되는 동전뿐이었다. 당시 1달러는 3,200냥에 해당되었는데 이 동전들은 새끼줄로 몇 개씩 묶여 그것을 계산하고 운반하는 것도 귀찮았을 뿐 아니라 그나마 없는 것은 더 고통스러웠다. 100엔이나 10파운드를 현금으로 운반하는 데 6명의 인부와 한 필의 조랑말이 필요했던 것이다!

여행자들은 그들의 영사를 통해 외부가 지방 관리에게 보내는 관자[2]라는 편지를 얻을 수 있다. 관자의 소지자에게는 관리들이 여러 가지, 특히 음식, 운송, 돈을 주선해 주게 되어 있다. 그러나 외국인들에게는 서울에서 정확히 지불하는 행정 관청의 어음을 정부가 상환해 주지 않는 것이 관례였으며 관리들은 그것을 싫어했기 때문에 돈을 위해서는 관자를 쓰지 않겠다고 영사들에게 약속했다. 결과적으로 내가 여행 초반에 사용했던 배는 현금(동전)으로 바닥을 깔게 되었고, 은으로 된 엔화 한 주머니를 가지고 운에 맡길

2) 관자(關子) : 상급 관청이 하급 관청이나 지방 관청에 보내는 인증서.

수밖에 없었다. 이 방법이 이번에는 실패하지 않았다.

이러한 이상하고 무거운 짐 이외에 나는 말안장 한 개, 침구와 모기장이 달린 야전 침대 한 개, 모슬린 커튼, 접는 의자, 여벌로 두 벌의 옷, 조선 짚신, "규정대로 만든" 방수 군용 외투 한 벌을 함께 실었다. 그 이외에 녹차와 카레 가루와 밀가루 20파운드를 가져갔다. 플라스크, 깨질 수 있는 컵, 손거울, 찻주전자, 샌드위치 깡통, 램프, 통조림 수프, 고기, 부용,[3] 과일 등 나머지들은 모두 버렸다.

취사 도구로는 일본제 숯 화로, 일본제 얇은 냄비와 프라이팬, 작은 주전자, 숯 집는 부젓가락 등 모두 합해야 2달러도 안 되는 것들이었다. 식탁 용품은 모두 에나멜 칠을 한 쇠로 만든 작은 토기 잔 하나, 식판 두 개와 국판 한 개, 칼, 포크, 수저 등으로 제한했다. 이것으로 "부엌"이 완성되었다. 몇 개의 식탁, 쟁반, 식탁보, 시트 등은 그때부터 무용의 사치품이었다. 지금까지 여행 준비물을 나열했는데, 나는 그것으로 충분하다는 것을 알고 있었다. 그 이상을 추가하는 것은 조선이나 다른 나라를 여행하는 데 운송상의 고통만을 가중시킬 뿐이다.

그 밖에도 나는 처음으로 삼각대가 달린 16파운드 무게의 사진기와 4파운드짜리 휴대용 카메라, 그리고 부속 기구들을 가지고 가야 했기 때문에 그에 상응하는 만큼의 물건을 줄여야 했다. 대체로 음식은 그 나라의 것에 의존하는 것이 가장 좋은 방법이다. 조선에서는 달걀과 닭이 산출된다. 밥도 좋고, 밀가루도 몇 군데에서 구할 수 있는데 모래가 섞여 있었고, 쌀은 색깔이 좋지 않았으나 두 가지 모두 먹을 만했다. 외국인은 항상 의혹의 대상이었지만, 외국인이 토산품을 사서 먹을 때나 조선 사람들에게 낯선 이국풍의 기구나 생활 용품을 많이 가지고 다니지 않을 때는 조선 사람들의 의심

3) 부용(bouillon) : 쇠고기나 닭고기를 끓여서 만든 프랑스식의 수프.

을 덜 받았다.

내가 방문하려고 했던 많은 지역에 관한 정보를 유럽인이나 조선 관리들로부터 얻을 수 없었으며, 새토우 경[4]이 만든 일제 축소판 지도도 아무 쓸모가 없었다. 코르프 주교의 전도사인 워너[5]는 한강의 북쪽 지류를 거슬러 올라가 본 적이 있었으나, 남쪽 지류나 내가 이번 여행에서 탐험했던 훨씬 큰 지류를 거슬러 올라가 본 유럽인이 있었는지 의심스럽다. 분명한 것은 조선에 산이 많고 급류가 많고 빠르다는 사실뿐이었다. 어떤 사람들은 여자가 내륙 지방을 여행하는 것은 불가능하다고 말했다. 내가 들은 많은 것들이 사실이라면 나는 여행을 그만두어야 했다. 그러나 다른 나라에 대한 유사한 기록들을 읽어보노라면 적어도 50%는 줄여 들어야 한다는 것을 나는 알고 있었다.

1894년 4월 14일, 서울 주위는 자두나무와 복숭아꽃이 만발하고 신록이 우거졌으며 엷은 자줏빛의 진달래가 산허리를 물들이기 시작했다. 대기는 따뜻하고 무더웠다. 이 날 나는 나의 서울 방문을 재미있고 유쾌하게 하는 데 많은 도움을 준 친절한 친구들을 떠나, 말을 타고 남대문을 벗어나, 군신의 사당을 지났다. 나는 소나무로 뒤덮인 산등성이를 넘어 서울에서 4마일 떨어진 한강의 작은 나루터 마을로 갔다. 그 곳에 배가 있었는데, 그것은 그 나루터와 마포 사이의 급류를 피하기 위해 필요했다. 마포는 제물포에서

---

4) 새토우(Sir Ernest M. Satow : 1843~1929) : 영국의 외교관. 1865년에 요코하마 영사관의 통역관으로 외교관 생활을 시작한 이래 에도 공사관 서기관을 지냈으며, 1864년의 4대국 연합함대의 시모노세키를 주도하는 등 영국으로 하여금 반막파를 지지하도록 만드는 데 중요한 역할을 했다. 1884년에 일본을 떠나 우루과이 대사(1888)와 모로코 대사(1893)를 거쳐 1895년에 다시 일본 공사로 부임했다가 중국 대사(1900~1906)를 지냄. 『일본편람』·『영일사전』·『외교 입문』을 씀.

5) 워너(Leonard O. Warner, 왕란도 : 1865~1914) : 영국의 스니터비 출신으로 켄터버리의 성어거스틴대학에서 신학 수업을 마친 뒤 링컨 교구의 코르프 주교에게서 부제 서품을 받고(1890) 내한하여 사제 서품을 받고(1892) 봉사하다가 이곳에서 사망함.

56마일 떨어져 있는데 상당한 간만의 차이가 있었으며, 급류가 일어나는 곳에서야 조수는 멈추었다.

기운 없고 조용한 남자들과 소년들이 배가 있는 곳을 가리켰다. 그 곳에서 밀러의 하인인 채언이가 만면의 미소를 지으며 나타나 배가 너무 작다고 말했다. 조선 사람들이 그런 미소를 지을 때면 나쁜 소식이 있다는 뜻이었다. 구입할 수 있는 것은 매우 적었다. 영사관의 경비원 와이어스(John H. Wyers) 씨가 내 대신 배를 계약했다고 하지만 배의 모습은 보이지 않았다.

나는 얼마나 될지는 모르지만, 이 작은 배가 몇 주 동안 나의 집이 될 것이기 때문에 호기심을 가지고 즉시 "탑승했다." 배는 정말로 작았다. 전장이 겨우 28피트이며, 가장 넓은 부분이 4피트 10인치였다. 사람과 짐을 전부 실으니 남은 뱃전의 높이는 겨우 3인치 정도였다. 나의 요구로 설치된 지붕은 가관이었다. 가느다란 마룻대와 몇 개의 막대를 위태롭게 묶고, 그 위에 긴 풀잎이 밖으로 늘어져 뱃전까지 닿은 꿩풀로 댄 거적을 지탱하고 있었다.

뱃전은 겨우 12인치 높이였다. 거적을 마룻대 위에 서로 얽어 높은 부분이 4피트 6인치밖에 되지 않았다. 구부리지 않고 간신히 앉을 수 있는 정도였다. 갈라진 막대들은 좋게 말해서 서까래라고 할 수 있는 것의 밑에 놓여 있었으며, 빛과 공기가 들어오도록 하려고 뱃전으로부터 1피트 정도 들어 올릴 수 있었다. 강한 바람이 두세 번 불자 이 지붕은 부서져 우리 머리 위로 떨어져 버렸다!

배의 앞부분의 길이는 7피트로서 한 사람이 장대로 강바닥을 밀거나 노를 저었으며, 뒷부분의 길이는 4피트였는데, 여기에서도 한 사람이 장대로 밀거나 노를 저었다. 배의 앞부분은 나의 부엌으로서 닭을 몇 마리 키웠으며, 사공의 부엌으로도 썼다. 나뭇단과 부목 그리고 잡동사니들을 실었는데 음식물이나 물에 맛이 있을 리가 없었다. 거기에서 왕 씨와 채은이가 낮 시간을 보냈으며, 식사를 지어 먹고, 빨래를 하고, 밤이 되면 4×4피트의 공간에서 웅크리고 잠을 잤다. 배의 나머지 공간은 가늠대로 자연스럽게 칸막이가 되어 있었다.

중앙에 있는 나의 공간은 8×4피트 10인치였으나, 자루·쌀통·옷·바구니 등이 점점 밀고 들어와 "쿠데타"를 일으킴으로써, 겨우 6피트로 줄어들었고 그 안에 침대·의자·안장·짐을 싣고 5주를 견뎌야 했다. 윗부분의 7×4피트 4인치의 공간에서 낮이면 밀러 씨가 생활하고 글을 썼으며, 밤이면 그와 왕 씨와 채은이가 잠을 잤다. 여섯 사람이 타고 있는 배에서 더 이상은 자리를 좁힐 수가 없었다. 밀러 씨는 경험 많은 여행자는 아니었지만 그 뒤 내내 기쁜 마음으로 모든 일에 최선을 다했으며 어떠한 상황에서도 냉정했다.

거룻배의 사공은 두 명이었다. 선주는 키가 크고 강단이 있으며, 잘 생기고 귀족같이 보이는 늙은 김 씨였으며 다른 한 사람은 그의 고용인이었다. 김 씨가 고용한 사람은 술이 몹시 취했을 때 딱 두 번을 제외하고는 거의 말을 하지 않았다. 대체로 그들의 행동은 조신했고 조용했다. 나는 매일 가까이에서 그들을 보았지만 그들이 하는 일로 방해받지는 않았다. 김 씨는 한 달에 30달러를 받고 배를 빌려주었는데, 매우 게으른 사람이었다.

빈둥거리면서 늦게 출발하고 일찍 정박했으며, 배를 끌 때는 천천히 움직이고, 힘을 조금 들여 배를 움직이는 것이 그의 전략이었다. 한 시간 동안 노를 저은 다음에는 배를 세우고 담배를 피웠으며, 때때로 쌀을 사러 나가 반나절을 보내기도 하고, 피로한 척하며 나의 동정을 사기도 하는 등, 게으른 사람의 모든 계략을 동원했다. 계약상 세 명을 고용하기로 되어 있었으나, 김 씨는 한 명만을 고용하고는 얼버무렸다. 그러나 가장 나빴던 것은 그들이 하루에 결코 10마일 이상 가지 않았으며, 종종 7마일도 못 가는 때도 있었고 급류에 이르면 항상 돌아가고자 했다는 점이다.[6]

---

6) 나는 한강에 대해 매우 자세하게 기록했으나, 그러한 상세한 기술이 일반 독자에게는 재미가 없고 명백히 여러 번 중복될 것이기 때문에 여태까지 일어났다 하더라도 분명히 기술되지 않았을 여행의 가장 두드러진 모습들만을 묘사했다.

와이어스 씨는 바닥에 거적을 깔고 물건을 가능한 한 깨끗하게 정리하느라고 바빴다. 커튼을 치니 비록 "좁고, 답답하고, 갇힌 듯했지만" 그럴듯하게 보였다. 몇 시간 뒤에 모든 물건이 섞여 버렸지만 그렇게 불편하지는 않았다. 아마 가장 불편했을 때는 사공들이 먹는 음식 냄새와 연기가 배 전체에 퍼졌을 때인 것 같다.

제 6 장 금모래 강변

내가 한강에서 보낸 5주 동안은, 비록 매일같이 기계적인 생활이었지만, 단조롭지는 않았다. 나라와 국민이 낯선 곳이었지만, 우리는 자유스럽게 그들과 어울렸다. 시간마다 풍광이 바뀌었다. 며칠이 지나자, 풍경은 더욱 아름다워졌을 뿐만 아니라 웅장하기까지 하여 온통 경이의 대상이었다. 봄의 아름다움이 펼쳐지면서 나무들은 푸르고, 붉고, 황금빛으로 생동감을 보였다.

꽃 핀 관목들은 빛을 발휘하고 있었으며, 곡식들이 매우 매력적이었다. 새들은 수풀 속에서 지저귀고 있었으며, 향기로운 냄새가 물위로 퍼져 나갔다. 드물게 붉은 소들이 무릎을 덮을 정도의 풀들을 뜯기도 했다. 상당히 하류인데도 물은 수정처럼 맑았으며, 티벳의 하늘처럼 창공에서 퍼져 나온 햇빛이 부서지는 물결에 반사되고 있었다. 이 나라에도 풍요한 모습은 볼 수가 있었다. 호두나무와 감나무의 깊은 그늘 아래는 높이 격리된 담 안의 한적한 농촌 모습이 안정되게 보였다.

제물포와 서울 사이의 벌거벗고 건조한 산허리와는 달리, 계곡에는 나무가 많았으며, 숲에는 침엽수와 낙엽송들이 우거져 있었는데, 그 사이사이에 우산처럼 가지를 드리운 소나무 숲이 있었다. 잣나무와 구상나무가 많았고, 두 종류의 참나무와 세 종류의 단풍나무, 플라타너스, 노가주나무, 물푸레나무, 산물푸레나무, 자작나무, 개암나무, 고삼나무, 화살나무, 지빵나무 등도 있었다.

엷은 자줏빛, 핑크빛, 주홍빛의 진달래들은 아름다움을 한껏 뽐내며 산허리를 붉게 물들였으며 희고 황녹의 참으아리, 다래나무, 덩굴이 뻗어 있는 화살나무가 상당히 많았다. 대개 흰 꽃이 피어 있는 맑은 관목 가운데서, 정향나무와 조팝나무를 제외하면 정원이나 화원에서도 본 적이 없는 것이 있다. 아름다운 개머루는 나무줄기를 덮으면서 가지를 타고 올라가며 아름다운 잎으로 절벽과 바위 위에 드리워져 있었는데, 녹색과 연한 붉은 빛을 띠고 있었다.

생활하는 데 약간의 부족함은 있었지만, 여행은 전체적으로 매우 매혹적이었다. 나비와 잠자리가 수없이 많았고, 맑은 녹갈색의 뱀도 많았다. 한강은 물오리, 원앙새, 거위 등으로 장관이었으며, 논에는 두루미, 해오라기, 봄의 신선한 빛을 깃털에 가득 담은 핑크빛 따오기 등이 자주 눈에 띄었다. 매, 황조롱이, 새매, 그리고 말똥가리 등도 종종 보였다. 그러나 노래하는 새는 거의 없었다. 소쩍새의 처량한 소리가 들리고, 촌스럽게 짝을 부르는 화려한 꼬리 무늬를 가진 꿩의 크고 맑은 소리가 들렸다.

그러나 봄철이면 영국의 숲 속에서 들을 수 있는 매력적인 새들의 속삭임과 지저귀며 떠는 소리는 전혀 들리지 않았다. 푸른 까치의 재잘거림과 작은 새들의 싸우는 소음이 그 매혹적인 연주회를 대신했다. 야생 짐승은 흔적도 없었고, 길들인 가축도 보이지 않았다. 양은 조선의 천연적인 초목에서는 잘 자라지 못하며 염소가 있다고는 들었지만 보지는 못했다. 작고 까만 돼지는 다른 나라 것보다 상당히 작았다.

다소 여유가 있는 농부는 황소와 조랑말을 기르고 있었다. 한강변을 따라 큰 누렁개가 종종 눈에 띄었으나, 야간에 호랑이를 불러들일지도 모르기 때문에 제한된 지역에서만 길렀다. 개들은 시끄럽고 사람을 잘 따랐으며 낯선 사람에게 덤벼들 듯이 날뛰었으나 그것은 허세였다. 개들은 비열한 겁쟁이들이어서 막대기를 후려치자 깽깽거리며 도망가 버렸다.

표범, 노루, 그리고 몇 종류의 사슴들이 한강 주변 산등성이에서 종종 눈에 띄었다. 그러나 조선 전체를 통해 가장 특출 난 맹수는 호랑이였다. 처음에 나는 호랑이의 존재와 약탈 행위를 믿지 않았다. 언덕에 둘러싸인 평화스럽고 조용하며 작은 참나무 관목들로 덮여 있는 농촌 마을이 호랑이의 습격을 받는다는 것은 믿기 어려웠다.

더구나 개, 돼지, 그리고 소들이 항상 그들의 습격을 받아 먹이로 끌려갔으며, 밤에 마실 가는 사람이나 혼자서 길을 가는 사람들도 종종 희생물이 된다는 것은 더욱 믿을 수 없었다. 그러나 호랑이가 마을을 습격했고, 인부들이 밖에 일하는 것을 거부한다거나 최근에는 몇몇 곳에서 인명이 희생되었고, 특히 원산의 정비된 주거 지역에서 소년과 어린이가 잡혀가 언덕에서 먹혔다는 등 계속해서 들려오는 호랑이 얘기를 들으면서 나는 그러한 호랑이의 습격을 믿게 되었다.

호랑이의 약탈 행위 가운데 일부는 표범의 소행일 수도 있다. 표범은 주변에 흔히 살고 있었고 서울 장안에서도 많이 포획됐다. 한강 상류에는 매우 아름다운 호수들이 뻗어 있었으며, 주변에는 최근 호랑이가 계속적으로 주민을 해쳐 출입이 봉쇄된 계곡도 있었다. 조선산 호랑이는 만주 호랑이와 비슷해서 양질의 가죽과 두꺼운 코트를 만들기에 적합한 긴 털을 가지고 있었다. 나는 13피트 4인치나 되는 가죽이 있었다는 이야기는 들었지만, 11피트 8인치 이상의 가죽은 보지 못했다.

호랑이 사냥꾼은 군부대처럼 조직되어 있기 때문에 군사 행동에 소집되기도 했다. 그들은 왕이 거둥할 때 긴 화승총을 메고 헐렁하고 푸른 유니폼을 입고 원추형의 테두리가 달린 모자를 쓰는 등 기묘한 모습을 보였다. 호랑이는 국왕의 깃발에 그려져 있으며 그 가죽은 높은 관직의 상징이었다. 표범 가죽은 보다 낮은 계급을 지칭했다. 중국인들은 호랑이의 뼈가 정력과 용기에 특효가 있다고 생각하여 높은 가격을 주고 사 갔다. 직업적인 호랑이 사냥은 주로 북부 지방에 국한되어 있는 것 같았다.

한강 주변에서는 3~4종의 사슴 사냥이 주류를 이루었고 큰 사슴의 뿔과 가죽은 40~60달러의 수준에서 거래되는데 이는 사냥꾼들이 가장 노리는 목표물이다. 꿩도 상당히 많았는데, 매우 유순했다. 나는 몇 야드 떨어지지 않은 곳에서 농부들이 일하는 데도 밭작물 속에서 모이를 쪼아 먹는 꿩들을 많이 보았다. 꿩들은 훈련된 매로 잡았는데, 훈련이 잘 된 매는 9달러 정도의 높은 가격으로 판매됐다.

매를 잡으려면 3마리의 작은 새를 원통형의 헐렁하게 엮어 만든 대나무 위에 올려놓고 매가 그 위에 앉을 때 숨어 있던 사람이 그물을 던지면 된다. 매는 3일 동안 단단히 묶어 놓고 그 다음에 매일 방에서 끈에 묶인 채, 던져주는 고기 덩어리를 받아먹으며 훈련을 받는다. 1주일째 되는 날, 매는 주인의 팔목을 떠나 목표가 보일 때까지 하늘 높이 올라간다.

매는 되돌아오는 훈련은 받지 않았기 때문에 주인은 매를 따라 가 매가 고기를 먹어 치우기에 앞서 매를 다시 잡는다. 매사냥꾼이 나에게 들려준 바에 따르면 그가 하루에 20~30마리의 꿩을 잡으며 그렇게 하려면 100리 정도를 걷거나 뛴다고 한다. 사냥의 계절이 거의 끝나 가고 있었지만 나는 한강 가에서 3~4펜스를 주고 좋은 꿩 몇 마리를 샀다. 꿩은 닭보다 쌌다.

한강은 강원도의 금강산에서 발원하여 수많은 지류를 형성한 강으로, 국경에 있는 압록강 다음으로 길다. 한강은 조선을 가로질러 흐르고 있는데, 동쪽 발원지는 동해에서 25마일 정도 내륙으로 들어와 있으며 서쪽은 제물포에 이른다. 나는 동해에서 40마일 이내의 내륙까지 올라갔으므로 작은 배로 항해할 수 있는 한강의 길이는 약 170마일 정도라고 생각된다.

바닥에 흰모래가 훤히 들여다보였고, 주로 화강암으로 된 황금빛 자갈과 바위가 깔려 있었다. 강폭은 약 250야드로 항해하기에 적당했다. 그러나 때때로 암벽으로 좁아지기도 하고 섬으로 나누어지기도 했다. 바닥은 자갈투성이고 잔물결이 상쾌하게 일고 있었다.

상류는 급류였고 많은 돌들이 여기저기 뻗어 나와 있다는 것이 가장 눈에 띄는 특징인데 그것은 금강산에서 내려오는 물들이 지류가 없는 까닭으로 얕은 여울이 곧바로 깊은 본류에 합해진 때문인 것 같다. 얕은 여울에서 항해하려고 할 때는 3인치만 잠기면 된다. 여울의 중심부는 넓고, 조용하고, 호수 같이 깊은 녹색의 공간으로 20피트 깊이로 1~2마일 정도 지속된다.

분류점을 지나면 46개의 급류가 나타난다. 그들 가운데 대부분은 매우 위험해서 항해하기가 불가능하다고까지 생각하게 되었다. 항해하는 길에 볼만한 것은 많았지만, 25톤의 거룻배로 항해하기에는 장애물이 너무 많았다. 강 중앙에 물살이 거칠고 긴 여울이 있었지만 때마침 불어오는 강풍을 타고 단양까지 갔다.

그 곳을 지나서부터는 삼판(거룻배)의 2배가 못되는 배를 사용했기 때문에 삿대로 밀거나 끌고 가야 했다. 특히 강가나 바위 사이 그리고 여울을 지나 강안 쪽으로 가야 했기 때문에 속도가 매우 느렸다. 하루에 7마일 정도의 속도로밖에 가지 못했다. 여러 장애와 난관에도 불구하고 한강은 경기도와 강원도 그리고 충청도 북부 지방을 연결하는 중요한 동맥의 구실을 하였다.

강을 따라 이 지방의 중요한 특산물들이 서울로 운송되었고 거의 모든 생활 필수품, 소금, 그리고 외래 물품 등이 보부상을 통해서 항구로부터 운송되어 중요한 지점에 있는 내륙 시장에 전달되었다. 내가 처음 여행한 10일 동안 보통 하루에 75대의 나룻배가 오르내렸고, 한강에서 생업에 종사하는 사람들도 매우 많았다. 강 전체를 여행하는 동안 단 1개의 다리도 없었지만 정부가 제공한 47개의 무료 나룻배를 통해 왕래하고 있었다.

항로나 한강에 대한 사전 지식이 없던 나로서는 강변이나 계곡 주위에 많은 사람이 살고 있다는 것이 무척 놀라웠다. 그들 가운데 많은 숫자가 주위에 상당히 넓고 기름진 농토를 가지고 있었다. 농업 문화와 산재된 농촌의 모습을 보려면 구름이나 산마루에 올라가야 했다. 한강과 영천 사이의 강둑을 따라서 176개의 마을이 있었다. 땅은 5 내지 11피트 깊이의 퇴적층으로 되어 있고 매우 기름졌으며 이모작을 하고 있었다.

한강 주변의 옥토는 내가 조선에서 본 다른 어떤 지역보다도 평화롭고 번창한 분위기였다.[1] 주민들은 건장했고 일반적으로 외양이 강하게 보였다. 그들 가운데 일부는 분명히 나이를 상당히 많이 먹은 것처럼 보였다. 눈에 염증이 있는 사람과 가벼운 피부병을 앓는 사람들이 가끔 보였는데 그것은 모두가 불결함에서 오는 것이었다, 그러나 병약해 보이는 사람은 거의 없었으며 어린 아기들이 많았다.

서울에서 멀지 않는 곳에 있는 불교 사원이나 그곳의 행정 관할을 받고 있는 유교 사당을 제외하고는 대부분 수호신 정도로밖에 여겨지지 않았다. 미륵이 있는 두 개의 사원이 있었는데, 미륵의 모습은 둘 다 인간과 약간 유사하면서 불빛이 나는 옥색으로 조각되어 있었다. 높은 곳에는 정령을 숭배하는 사당이 있고 커다란 나무 아래에는 수호신에게 소원을 비는 돌무더기가 있었다. 끝이 뭉툭하게 절단된 커다란 장승은 연약한 인간의 기원을 나타내는 것이다. 검정색과 푸른색으로 칠해진 장승의 주위에는 일본의 신도처럼 볏짚으로 엮어진 새끼줄이 걸려 있었고 가지에는 많은 천 조각과 떨어진 짚신이 걸려 있었다.

상류 계급의 지붕이 기와로 이어진 것을 빼면 주거가 달라진 것은 없었다. 마을에는 양반과 토호가 있는데, 그들의 집은 허세를 보였으며 대지도

---

1) (원저자 주) 유럽인들은 습관적으로 인구를 과소평가한다고 나는 생각했다. 내가 얻은 자료에 따르면 1가구당 8명, 한 마을에 70가구 정도가 사는 것으로 보였는데, 이것은 그레이트하우스* 장군이 측정한 것과 맞는다. 그는 7년 동안 조선 정부의 자문 역할을 했다. 최근에 7년 동안 조선을 여행한 오페르트** 씨는 이 문제를 주목했다. 조선의 집은 남편과 아내 그리고 아이들만으로 구성되어 있지만은 않다는 것을 이해해야만 한다. 거기에는 부모님들과 하인은 말할 것도 없고 식객과 같은 친척이 살고 있다.

* (역자 주) 그레이트하우스(Clarence Greathouse : 1846~1899) : 미국의 켄터키 출신. 법부의 고문으로 봉직하다가 한국에서 죽어 양화진 외국인 묘지에 묻혀 있다.

** (역자 주) 오페르트(Ernest J. Oppert : 1832~?) : 프러시아의 상인. 1866년에 로나호를 타고 충남 해미에 도착하여 개항을 요구했으나 당시 쇄국정책을 쓰던 우리 나라와 통상이 거절되자 1868년에 대원군의 아버지인 남연군의 묘를 발굴하려다가 실패한 사람임. 저서로는 본 시리즈의 제20권인 『금단의 나라 조선 기행』이 있음.

넓었다. 무덤은 장엄하고, 언제나 언덕의 비탈진 경사면에 모셔 있었으며, 말발굽 모양의 풀 제방이 뒤를 받치고 있어 그 규모가 컸다. 무덤의 주변에는 소나무가 많이 심어 있었다. 무덤 정면에는 석등과 제사를 지내는 데 사용하는 닫집을 지탱해 주는 돌기둥과 두 개의 돌 받침 위에 돌 제단이 항상 놓여 있었다. 웅장한 몇 개의 무덤에는 돌로 된 장군이나 말, 하인, 양 등의 석상이 서 있었다.

농부들의 집은 서울에 있는 빈한한 계층의 집과 거의 같은 수준이었다. 마루와 벽이 진흙으로 만들었고 작은 구들을 통해 난방하도록 되어 있는데, 10명의 아이들이 운반할 수 있는 양의 마른 잎, 잡초 등으로 12시간 동안 70°F(34.3°C) 이상의 온도를 유지할 수 있는 상당히 경제적인 구조이다. 모든 집들은 6피트 높이의 대나무나 갈대로 만든 울타리로 둘러져 있고 대개 과일 나무가 있다.

사람도 들어갈 만한 앙팍이라는 토기에는 쌀, 수수, 보리 그리고 물 등이 보관되어 있는데, 주로 이런 것들은 여자들 방에 놓여 있다. 남자들 방에는 바닥에 자리가 깔려 있었고 딱딱한 목침과 의관을 보관해 놓은 붉은색과 초록색의 보관함이 기둥에 매달려 있었다. 문과 창이 격자로 만들어진 경우 재산이 있거나 지위가 있음을 의미한다. 돼지우리는 대개 집 옆에 붙어 있다.

한강을 따라 서울로부터 50리 정도 떨어진 곳의 마을들은 대체로 농촌이다. 더 먼 곳의 사람들은 땔감이라고는 없는 서울에 장작이나 석탄을 내어다 판다. 농부들은 나무로 쟁기를 만들거나 철로 삽을 만들어 쓰고, 서울에서 40리 정도 떨어진 마을에서는 철로 만든 그릇 대신에 불에도 견디고 음식물을 담는 데 사용되는 거친 부엌용 기구들과 앙팍을 서울에 공급한다. 철로 만든 용기들은 소금과 함께 서울에서 가져오며 외국 물품, 옷가지들은 쌀을 포함한 곡식이나 담배와 교환되었다.

농민들은 대개가 양반이 마음 내키는 대로 할당한 땅을 경작하는 소작농이었다. 땅의 소유자인 양반들은 추수 뒤에 땅을 회수할 수도 있지만 그렇게 심하게 하지는 않았다. 양반들은 땅과 씨앗을 제공하고 소농들은 추수한 곡식의 반을 지대로 지불한다. 땅을 사서 권리를 얻는 사람도 있다. 1894년까지만 해도 노동이나 여러 가지 곡식 혹은 면화 등으로 지대를 지불하기도 했는데 그 땅의 질에 따라 세금이 다르게 부과되는 방식이 채택되어 세금으로 곡식을 받는 자들이 농부들을 "착취"하기가 전보다 더 힘들어졌다.

화폐는 별로 통용되지 않았고 대개 물물교환이거나 농부들이 노동을 제공하여 갚는 방식이었다. 농부들에게 가장 큰 지출은 예복을 위해 외국산 무명을 구하는 것이었다. 20인치에 현금으로 30냥 정도 했는데 서울보다는 항해의 종착지인 영월이 더 비쌌다.

만약 빈곤이라는 것이 생활필수품의 결핍을 의미하는 것이라면, 한강 유역의 사람들은 생활필수품이 부족하지 않았다. 그들은 자신과 관습상 대접할 모든 이들에게 제공할 만큼의 충분한 양을 가지고 있었다. 아마도 그들은 모두 빚을 지고 있을 것이다. 사실상 이 연자 맷돌을 목에 매달고 있지 않은 조선 사람을 찾기란 매우 드문 일이었다. 조선 사람들은 대개 생활필수품보다는 돈이나 재산을 가지고 있지 않았다. 그들은 게으르게 보였으며 그때까지만 해도 나는 그렇게 생각했었다.

그러나 그들은 노동의 결과로 얻은 것을 안전하게 확보할 수 없는 체제에 살고 있기 때문에 게을러 보일 뿐이다. 한 사람이 "돈을 벌었다"고 소문이 나거나 또는 심지어 호화스러운 저녁 식사를 대접했다고 소문이 나면 바로 근처의 관리나 그의 부하들의 탐욕스러운 주목을 받게 되거나 아니면 인접한 양반으로부터 대부금을 갚으라는 요구에 직면하게 된다. 그럼에도 불구하고 한강 유역의 농가는 상당히 안정된 인상을 주었다.

남자들의 식사는 노동자들의 보통 식사보다 훨씬 조촐했다. 여자들은 늘 "아무렇게나" 먹었고, 주인[남편]이 남긴 것을 게걸스럽게 먹었다. 남자들은 작고 둥글고 검은 2~3인치 높이의 상으로 식사를 받는데 저마다 독상을 받았다. 쌀은 일상의 주식이었고 큰 주발에 담아 내어놓는다. 그 외에 5~6개

농부들의 식사

의 도기에 담긴 맛좋은 반찬이 있었다. 식사에 사용되는 도구는 젓가락과 작고 판판한 뿔이나 비금속으로 된 숟가락이다.

조그마한 마을이 아닌 부락에는 대중에게 공개되지 않은 학교가 있다. 문중이 모여 선생을 고용하는데 학생들은 대개 선비의 집안이다. 인문학을 중심으로 가르치는 한학은 조선 사람들의 꿈인 관리가 되는 시금석 같은 의미를 가지고 있다. 언문은 지식인들 사이에는 쓰이지 않고 무시당했다. 그러나 나는 강 주변에 살고 있는 하층민들이 그들 자신의 글씨체를 읽고 쓰고 하는 것을 관찰할 수 있었다.

서울로부터 그리 멀지 않은 곳에 조그마한 두 개의 암자를 제외한다면 한강 주변에는 어떤 종교의 흔적도 없다. 천주교 선교사들이 머물렀던 시절이 있었으나 지금은 신교든 구교든 어떤 모습도 볼 수 없으며 미신의 숭배만이 거의 전 지역에서 행해지고 있었다.

겨울에는 3~4개월 동안 강물이 얼었고 여름에는 낮은 땅에 홍수가 났다. 그 가장자리로 나 있는 우마차 도로는 바닥이 갈라져 있어 악명이 높다. 물론 그 지역에는 신문이나 우편 제도가 없다. 동학도들의 세력은 한강 이남에 그 영향력을 미치고 있었는데, 그들은 현재의 상태에 불만을 보였고 다소 개혁의 욕구를 보였다.

내가 아는 한, 이 지역에는 광물이 풍부하지 않다. 비록 지형상으로 있을 법했으나 “불타는 흙”[석탄]에 대해 아무 것도 듣지 못했다. 구리와 철은 북쪽 지류에서 멀지 않은 곳에서만 생산된다. 그러나 한강은 “황금 모래의 강”이다. 금을 채취하는 절정기는 여름 장마 이후이지만 “우아한 땅의 기운”은 언제나 사람들을 강둑으로 유혹했다. 산에 있는 황금은 조선 사람들의 주요한 이야깃거리였다.

사람들은 우호적이었다. 남쪽 지류의 상류 사람들은 유럽인을 전에 본 적이 없었음에도 불구하고 나에게 결코 적대감을 보이지 않았다. 그들은 호기심이 매우 많아 배를 정박할 때마다 배 근처의 둑에 앉아 무심하게 바라본다. 그들은 자주 소심해져 우리가 나타나면 가축을 잡아채어 감추었지만, 우리의 순수한 목적을 약간만 설명하거나 현금을 보여주면, 항상 모든 것을 내어놓았다. 외국인들은 절대적으로 안전하다.

배를 여울에서 끄는 지루한 과정 동안 밀러 씨와 사람들이 밧줄로 배를 당길 때 나는 항상 강둑을 따라 혼자 두세 시간씩 거닐었다. 내가 가는 곳이 한적한 곳이든 마을이든, 특히 여자들이 희한하게 생긴 나의 옷에 호기심을 보이는 이외에는 불쾌한 일이 없었다. 사람들에게 돈을 지불하겠다고 이해시키기만 하면 물건을 사는 것은 어렵지 않았다. 조선 사람들은 말을 걸고 싶어 했으며, 오히려 외국인이 더 많이 있는 다른 곳에서보다도 우리를 의심하지 않았다. 나의 중국인 하인은 어디서든지 가장 친절한 호기심의 대상이었고 유쾌한 흥밋거리였다.

4~5월 동안 기온은 42°F(5.6°C)에서 72°F(22.2°C)까지 변화한다. 기압은 변함이 없었으며, 두 차례의 폭우가 있었으나, 대체적으로 날씨는 좋았으며, 대기는 맑고 건조했다.

제 7 장 떠돌며 본 풍경

매우 좁은 거처를 숙소로 정하는 데는 몇 시간으로 충분했다. 둘째 날이 다 갈 무렵, 우리는 다시 정연한 일상적 생활로 들어갔다. 김 씨는 노를 오래 저었기 때문에 7시 경에 출발하기로 되어 있었으나 그 시간에 나는 벌서 옥수수 죽을 먹고 있었다. 담배를 피우고, 요리하고, 식사를 하느라고 많이 쉬었는데도, 김 씨는 5시쯤에는 피로한 척했다. 그의 여윈 모습과 곧고 듬성듬성한 흰 머리에 마른 얼굴은 그렇게 보이기에 효과적이었다. 그런 다음에는 일상적으로 배를 정박할 장소에 대한 언쟁이 일어난다.

김 씨는 야간에 흡연이나 잡담을 많이 하려고 마을이나 나룻배 부근을 바랬으나 나는 한적하고 조용하며 자갈이 많은 강기슭을 원했다. 나는 항상 밀러 씨의 도움으로 내 뜻을 이루었다. 김 씨의 게으름과 잦은 급류들로 말미암아 여행은 하루 종일 10마일만 갈 수 있어도 과분했다. 급류로 말미암아 계획된 일이 불가능하기도 했으나 여행 초기에 급류 사이의 길고 조용한 물길에서 지붕을 들어올리고 12시의 점심 식사까지 조용하게 아침 일을 하는 것은 즐거운 일이었다.

솔직히 고백하자면 식사는 불편했다. 카레 요리용 닭고기를 항상 구할 수 있는 것도 아니었고 또 구했을 경우라 하더라도 양이 아주 적었다. 소련 어부를 통해 가끔 얻었던 고기들도 매우 작고 가시투성이였다. 때로는 밤으로 매우 부족한 식사를 대신하기도 했다. 왕 씨는 들에서 자라는 파와 당근을 구하려고 강둑으로 나서기도 했다.

근채류가 바닥나자 밀가루와 물로 반죽을 만들어 비스킷처럼 프라이팬에 구웠다. 쌀 튀김도 만들었다. 버로우사와 웰컴사에서 만든 정제차를 오후에 마시는 것도 빠뜨리지 않았다. 배가 정박한 저녁이면 식사가 나왔는데, 보잘 것 없는 식사의 되풀이였지만 모든 사람들의 식욕은 변함이 없었다.

마을과 소읍들을 방문해 보면 우선 오두막집들을 볼 수 있고 그 다음에는 황폐해진 관청과 버려진 향교와 진흙집들을 발견했을 뿐이다. 비옥하고 사람들이 많이 사는 유역을 보고자 한강에 인접한 등성이를 올라갈 때면 밀러 씨와 그 하인을 통해 사람들과 이야기했다.

지리적인 특징, 기온, 고도, 기압 등을 기록하고 강을 측정했으나 하류를 내려올 때 불행하게도 급류에서 그 기록들을 거의 다 분실했다. 식물을 채집하고 건조시켰으며, 사진도 찍고, 곤란을 겪으면서도 네거티브로 현상하고 암실을 만들려고 보트의 담요와 방수복 등을 사용했다. 이 모든 일들은 우리를 바쁘고 재미있게 만들었다.

처음의 이틀은 소위 남한산성이라는 지역의 능선 옆을 돌아가는 데 소요되었다. 남한산성은 승군들로써 서울을 방어하도록 되어 있는데 국난에 빠졌을 때 피난처를 제공하기로 되어 있는 네 개의 산성 가운데 한 곳이다. 오른쪽 둑에는 농부, 나무꾼, 숯쟁이들의 마을이 있었고 왼쪽에는 산맥과 강 사이에서 흰 모래와 금빛 자갈 너머로 모래땅을 경작하고 있었다.

양근을 지나니 긴 길 끝에 큰 마을이 나타났다. 그곳에서는 거룻배들이 서울로 가는 농산물을 싣고 있었고, 거룻배들이 소금을 하역하고 있었다. 한강은 남쪽으로 급하게 꺾이면서 긴 급류가 끝나자 매우 넓은 여울로 들어서게 되었다. 계곡은 넓고 평평해졌으며, 관목조차 없는 언덕은 낮아지면서 강에서부터 멀어지고 있었다. 산등성이의 바위는 톱니 모양으로 검었으며, 옆면도 깊이 패어 주름졌기 때문에 접근할 수 없었다. 계곡은 밀밭으로 푸르렀으나, 이곳은 여행 가운데 가장 단조롭고 재미없는 부분이었다.

남한산성의 훌륭한 성채를 우회하면 강은 산으로 흘러 들어간다. 그 시간 이후부터 항해가 가능했던 곳까지의 경치는 다양하고 아름답고, 기이하여 찬탄을 금할 수 없었다. 한강에서 조금 떨어진 곳에 용을 섬기는 용문사[1]라는 불교 사원이 있다. 용문사는 한강에 있는 두 곳의 불교 성역 가운데 하나이다.

왼쪽 둑에는 낮은 석벽이 한 지점을 둘러싸고 있는데, 그 곳은 지난 왕조 시대에 하늘로부터 암용이 내려 왔다는 곳이다. 그곳에서는 아직도 홍수나 가뭄 때 제물을 바치고 하늘에 헌주를 따른다. 또 다른 한 절[신륵사]은 한강의 오른쪽 둑에 있는 벽 위의 절로서 여주의 윗쪽에 있는데, 서울에서 4일 걸린다. 가파르고 나무가 우거진 갑은 조용하고, 깊고, 푸른 물에 돌출되어 있었는데 두 개의 벽돌 탑과 석탑으로 장식되어 있었다.

뒤쪽의 우거진 작은 골짜기에는 그림처럼 정교하게 다듬어지고 채색된 절과 수도원이 있고 5백년 된 훌륭한 종이 한 개 있는데, 용들로 뒤얽힌 표면과 원형의 양각은 매우 대담한 형식과 훌륭한 세공 기술을 보여주고 있다. 이 범종은 일본인들이 예술품과 예술가를 약탈하고 납치하기 전에 충청도에서 주조된 것이라고 한다. 절의 누각들은 오후 내내 여주에서 소풍 온 아녀자들로 가득 찼다.

한 수도원 정원에는 잘 양각된 대리석 탑이 있는데 서울의 대리석탑과 비슷하다. 그곳에는 주지 한 분과 열아홉 분의 승려 그리고 네 명의 동자가 수행하고 있었다. 주지는 내가 조선에서 본 누구보다도 세련되고, 이지적이며, 귀하게 보이는 분이었다. 그는 흔히 볼 수 없는 예의범절로 우리를 맞아주었다. 70성상을 고상하고 위엄 있게 지내 온 그는 우리를 진심으로 환영

---

1) 본문에는 Ryeng-an Sa라고 되어 있으나 중국인 안내인이 문(文)을 "안"으로 발음한 것으로 보인다.

했다. 이곳은 6주 뒤 금강산에 도착할 때까지 본 불교의 마지막 모습이었다.

우리는 토막나다리라는 마을에 정박했는데 그곳에서는 일상 생활에서 사용하는 질은 자줏빛 항아리와 주전자를 원시적인 방법으로 만들고 있었다. 그들은 다른 사람이 보아도 개의치 않았으며 만드는 데 필요한 수단은 조악한 회전대가 돌아가는 웅덩이뿐이었으며 그의 좌대를 사람의 발에 돌리고 있었다. 나무 주걱, 흙손, 휘어져 있는 막대와 한 조각의 거친 헝겊 등도 효율적인 도구들이다. 50리 위로 올라가 강으로부터 몇 리 걸어가면 조정에서 사용하는 도기와 보다 훌륭한 자기들을 만드는 데 사용되는 고령토의 매장지가 나온다.

이틀 동안 우리가 지나온 한강의 폭은 약 400야드였는데, 급류와 여울 그리고 섬이 많고 꾸불꾸불한 물길이었다. 왼쪽 둑에는 흰 모래사장이 펼쳐 있었고 양편으로 나무꾼과 숯을 굽는 마을이 있었다.

16일째 되는 날 우리는 마재(지금의 경기도 남양주시 조안면)라는 마을 앞의 분기점[양수리]에 도착했다. 거기에는 앞으로 우리가 가야 할 북쪽 지류가 내려왔고 남쪽 지류는 남으로부터 흘러오고 있었다. 여러 가지 면에서 남쪽 지류가 보다 중요했다. 두 지류 사이에는 진달래꽃으로 핑크 빛이 된 숲이 우거진 예쁜 섬이 하나 있었다.

그 너머에는 6피트 정도 쌓인 큰 충적층이 있어 보리와 밀이 풍성했으나 매년 범람하는 강으로부터 전혀 보호되지 않아 매년 이 비옥한 토양이 몇 에이커 씩 침식된다. 10년 전에 한강이 범람하여 물줄기가 바뀌자 상당히 떨어져 있는 가파른 언덕에 있었던 길이가 9피트에 두께가 16인치인 크고 단단한 2인용 관이 떠내려 온 적도 있었다고 한다. 큰 충적 평야는 임금님이 불교도들에게 하사한 것으로 왕은 매년 일정량의 소출을 받는다.

김 씨의 게으름과 요령, 그리고 심하지는 않았지만 가끔 나타나는 급류와 식량을 마련하는 일로 여행의 속도가 느려 4월 19일에야 첫 번째로 중요한 곳이고 전 왕비[민비]가 태어난 곳이기도 한 여주에 도착했다. 여주는 비록 적대적이지는 않았지만 떠들썩하고 불쾌했던 사람들로 기억되는 최초의 읍이었다. 자신이 하나의 구경거리가 된다는 것은 굴욕적인 일이었으며 그 때문에 아무것도 할 수 없었다.

나는 분광 나침반을 사용하려고 강에 있는 바위에 올라갔다가 거의 물에 빠질 뻔했다. 내가 누문에 올라가자 호기심에 가득 찬 군중들이 우르르 몰려 와 관찰 대상이 될 만한 지점에 올라가 그 오래 된 누문을 심하게 흔들었기 때문에 나침반의 민감한 바늘이 안정될 리는 결코 없었다. 군중은 더러웠고 거리는 지저분하고 쇠락해 있었다. 무엇보다도 나빴던 것은 관아였다. 우리는 관아에 갈 기회가 있었는데, 거기에서 나는 관자가 그 흔한 정중함마저도 얻을 수 없다는 것을 알게 되었다.

관아는 훌륭했고 정원 안에는 국왕을 위해 장식을 많이 꾸민 누각이 있었으나 어린 아이들의 놀이터가 되어 쇠락한 상태였다. 목재는 부서지고 대들보와 서까래는 내려앉았으며 칠은 벗겨져 떨어졌고 종이는 찢어져 격자 창문에서 너덜거렸으며 때가 낀 벽에 회반죽이 매달려 있었다. 한때는 근사했을 누각도 곧 붕괴될 것 같았다. 마당에는 판석이 나뒹굴었으며 그 벌어진 틈바구니에서 개쑥갓과 냉이가 자라고 있었다.

주민들의 얼굴에는 가난과 무관심 그리고 우울함이 가득했다. 관아의 문에는 조선의 활력을 빨아먹는 사람들로 그득했다. 군인들도 티롤 사람들이 쓰는 모자와 진한 푸른색의 조악한 면직 군복을 입고 있었으며 많은 관아의 심부름꾼들과 서생, 부정한 관리들 그리고 전령들이 급한 용무가 있는 척했으며, 많은 작은 방에는 더 많은 사람들이 기다란 담배를 피우며 바닥에 앉아 있었고 필기구가 그 옆에 있었다.

결코 정중하지 않았던 한 관속이 내 관자를 관리에게 갖다 주고는 매우 거칠게 작은 방으로 안내했다. 안쪽에 있는 방에는 관리들이 몇 명의 노인들에 둘러싸여 바닥에 앉아 있었다. 우리는 두 방 사이의 통로에 서 있도록 되어 있었는데, 우리 뒤에서는 많은 사람들이 들어가려고 서로 밀쳐댔다.

나는 머리 숙여 인사를 했으나 아무도 주목하지 않았다. 한 관속이 지방관에게 담뱃대를 주었는데, 그것은 그가 혼자 불을 붙일 수 없을 정도로 길었다.

밀러 씨는 그의 건강을 빌어 주었으나 지방관은 대답이 없었으며 쳐다보지도 않았다. 밀러 씨는 방문의 목적이 근처의 사정을 좀 알고 싶은 것이라고 설명했으나 대답은 퉁명스럽기만 했다. 그토록 위대한 사람이 부하 한 사람을 향해 말하기 시작하더니 거친 말들이 튀어나왔다. 우리는 조선말로 정중하게 작별을 고했으나 대꾸도 없었다.

여주에는 "지체 높은" 양반들이 많다고 우리는 들었다. 단 700가구밖에 안 되는 작은 마을의 현감이 높은 지위는 아닌 것 같다. 그가 부임해 왔을 때 마을의 양반들은 그에게 "반말"을 했고 자신의 부하처럼 명령했다는 이야기도 들렸다. 그래서 그는 주로 서울에 살았으며 넓고 정교하게 장식된 관청의 폐허 가운데 지저분하게 앉아 있던 사람이 그의 일을 대신하고 이권을 나누어 먹었다.

양반들은 그 의향이 무엇이든 원하는 대로 하게 된다. 그러나 일은 여기에서 멈추지 않는다. 거의 모든 한강 주변의 관리들은 주재지에 살지 않고 서울에서 살았다. 나는 다른 3명의 관리들과 비슷한 면담을 가졌다. 나는 3엔 상당의 현금을 교환해 달라는 말밖에 하지 않았으나 그때마다 창고가 비었다는 말을 들었다. 나는 외부에서 받은 화려한 관자를 여기에서 단 한번 사용할 수 있었다. 그것도 주민들이 팔고 싶어 하지 않는 닭 한 마리를 높은 가격으로 사는 데 썼을 뿐이다.

여주에서 나는 조선이나 중국을 통해 유일하게 고대 사찰의 내부를 보았다. 그것은 휘어진 기와지붕과 검은 목재로 된 천장이 있는 높은 건물이었으며 지붕이 있는 회랑으로 들어갈 수 있었다. 입구 맞은편에는 검은 의자가 있었으며 그 위에는 놋쇠 그릇과 향로가 있었고 그 위에는 큰 제단이 있었다.

불전에는 두 개의 촛대와 죽은 사람의 이름을 새긴 윤나는 검은 대리석 명패를 검은 받침대 위에 놓아두었다. 그 뒤에는 중국식으로 그린 실물 크기의 초상화가 정교한 장식문이 달린 벽의 공간에 걸려 있었다. 바닥에는 평평한 돗자리가 깔려 있었다. 위패 속에는 고인의 제3의 영혼이 살고 있다고 그들은 생각한다. 부모의 경우는 3년 동안 매일 3번씩 위패 앞에 음식을 바쳐야 한다. 그 기간이 끝나면 매년 정기적으로 제사를 올리고 경배를 하게 된다.

크고 번창한 듯이 보이는 천양이라는 마을에 이르렀을 때 사람들이 서커스가 곧 시작되니 가보라고 했다. 그러나 서커스가 열리는 곳이 그럴듯하게 생긴 커다란 기와집의 정원이라는 것을 알고 돌아서려는데 몇몇 하녀가 다가와 정중하게 들어오라고 했다. 우리는 하녀들에게 잡혀 문자 그대로 끌려가다시피 했다. 그들은 안뜰을 가로질러 안채로 우리를 데려갔다. 거기에서 우리는 40명에 가까운 여자들에 둘러싸였다.

그들은 대개 어린 아이에서 할머니에 이르기까지의 부인, 소실, 하녀들이었는데 모두 나들이옷에다 치장을 하고 있었다. 아주 어려 보이는 주인마님은 인디안 보석을 걸치고 있었는데 매우 예쁘고 피부가 고왔으나 그를 제외한 나머지는 모두 예의가 없었다. 그들은 나의 옷차림을 훑어보며 나를 잡아당기기도 하고 내 모자를 벗겨 써 보기도 하고 머리카락을 쭉 펴 보거나 머리핀을 뚫어지게 쳐다보기도 했으며 나의 장갑을 벗겨 자기들 손에 끼어 보며 깔깔거렸다.

그들은 나에게서 즐길 수 있는 호기심을 충족한 것이 아니었다. 그들은 나를 자기들의 숙소로 데려 다니면서 그들이 나를 즐겁게 해주고 있다고 생각했다. 사람들이 너무 많아 나는 발걸음을 떼어놓을 수 없었다. 그들은 나를 14개의 연결되어 있는 방으로 데려갔는데, 바닥에는 조각이 새겨 있었고, 전체 또는 부분적으로 비위가 거슬리는 아닐린 염료로 된 요란하고 천박한 유행의 브뤼셀 카펫을 덮어놓아 미관을 해쳤다. 테두리가 번질번질하게 도금된 큰 거울이 부드러운 색조의 벽에 걸려 있었고, 프랑스제 시계들은 천박하게 돈 많은 티를 내며 모든 방에 걸려 있었다.

바깥 정원에는 줄 타는 사람을 위해 밧줄이 쳐 있었고 팀파니와 갈대 피리들은 조선 사람이 좋아하는 음악을 연주하려는 것 같았다. 나는 다른 두 개의 정원으로 안내받았는데 그곳은 돌로 된 베란다와 쇠로 된 난간이 있었다. 높은 응접실에는 외제 탁자와 몇 개의 번지르르한 벨벳 의자와 무미건조한 벽과 바닥에 깔린 그리스 문양의 테를 두른 돗자리가 부자연스럽게 깔려 있는 것이 눈에 확 들어왔다.

주인은 18세의 청년으로 조선의 가장 중요한 통치자의 장남이었다. 그는 우리를 환영하면서 예의바르게 대접하려고 노력했다. 술국, 계란, 그리고 시큼한 무의 일종인 김치가 나왔다. 주인은 외제 담배를 피웠는데 그럼으로써 화려한 다이아몬드 반지를 뽐낼 수 있었다. 그는 바다 빛이 나는 녹색의 비단옷을 입고 있었고 매우 양질의 모자를 쓰고 있었다. 그는 내 카메라의 내부를 들여다보면서 사진을 찍고 싶어 했다.

우리는 사진을 찍으려고 점점 무례해지고 무질서해지는 사람들을 피해 집 뒤로 갔다. 나는 조선 사람의 입에 맞지 않는 외국산 시거를 장죽과 바꿨다. 이때 식객들인 친구 몇 명이 들어왔다. 그들은 최근 과거에서 우수한 성적을 거둔 주인을 축하하고자 잔치에 참석했던 것이다.

그들은 우리에게 즉각 떠날 것을 요구했다. 그들의 호기심이 충족된 지금 우리의 존재가 그들의 흥을 깨고 있었음이 분명했다. 손님은 주인에게 거칠게 말하고는 등을 돌려 집으로 돌아갔다. 주인이 고위직 관리의 아들로서 전 황후의 가까운 친척이었음에도 불구하고 우리는 무안하게 퇴장할 수밖에 없었다. 우리는 그야말로 놀잇감이었다.

프랑스제 시계나 독일제 거울들, 외제 담배, 벨벳 의자 그리고 일반적으로 싼 외제품이 젊은 병사들 사이에 급속하게 인기를 얻어 가고 있었다. 젊은 병사들은 돈을 씀으로써 조선의 단순성을 저속화시키면서 그들보다 하층 사람들에게 화려하고 순전히 이기적인 지출의 본보기가 되고 있다. 집은 근사했고 돈을 들인 흔적이 있었다. 나는 소박한 삶과 고상한 사상이 결합

되기를 바라면서 작은 나의 배로 돌아오니 마음이 편해졌다.

여주 동편의 저편으로 한강은 비옥한 충적 지대를 이루며 흐르고 있었는데 거기에는 농작물들이 풍요로웠고 톱니 모양의 꾸불꾸불한 산등성이에 잇닿아 연한 녹색을 띠고 있었다. 평야는 다소 기복이 있었고 곳곳에 소읍과 마을들이 있었는데 그들 가운데 큰 곳은 원주, 충주, 청풍, 단양이다. 이들은 강 가까이에 있었으며 사람들은 강을 이용하여 잉여 농산물 등을 송출했다.

송출된 농산물은 대부분 콩, 담배, 쌀이었고 대신에 소금과 외국산 제품을 공급받았다. 물이 별로 많지 않은 시기인데 수송량은 대단히 많았다. 더 위로 올라가면서 경치는 바뀐다. 높은 석회석 절벽들이 있었는데 때때로는 동굴이 패인 채로 강 위에 불쑥 솟았고 사람들이 사는 비옥한 계곡 밑으로 향한 벽이 커다란 현무암층을 받치고 있었으며 능선마다 수직의 현무암 테라스가 가끔 나타났다.

화창한 계절이었는데도 낮에는 따뜻하고 밤에는 쌀쌀했다. 낮에는 밝은 햇빛이 비추었는데 푸른 하늘에 떠 있는 햇빛을 받은 구름들의 커다란 덩어리와 연기가 아닌 푸른 베일에 이상화된 원경, 싱싱한 꽃들, 선율처럼 낭랑하게 우는 새들, 나비, 풀밭과 물위를 날아다니는 고추잠자리들, 뛰노는 물고기들 등 모든 자연이 생동감 있고 활기차 있었다. 바위의 갈라진 틈과 절벽마다 막 피어나는 진홍 진달래들과 들정향나무 속의 식물 그리고 휘거나 곧게 뻗은 소나무와 이제야 잎이 생겨나는 개머루의 장밋빛이 아름다움을 보여주었다. 공기 속에서 기쁨의 흔적이 보였다.

서울에서 8일쯤 내려가면 강의 좌안에 다듬어진 돌로 된 탑이 한강의 굴곡에 따라 형성된 평평한 평원 한가운데 쓰러지듯 홀로 서 있다. 그것에 관하여 질문을 하자 언제인지 모를 오랜 옛날에 이곳이 조선의 중심이었는데 그때가 언제였는지는 아무도 모른다고 말했다. 사람들은 그곳을 중원이라고 부른다. 그 뒤에 역사를 나타내는 유일한 것들은 돌로 된 기초들이었고 몇몇의 돌무덤이 나무 사이에 있는데 그 모습은 절의 자리였음을 나타내는 것 같았다.

돌탑 근처에는 술 취한 사람들이 많이 있었다. 과음하는 습관이 드러나지 않는 날은 거의 없었다. 사공들은 과음으로 저녁 휴식을 즐겼다. 우리가 정박하여 밤이 되자 강가에 운집한 군중들은 보통 한 명 혹은 더 많은 술 취한 사람들의 익살맞은 행동을 바라보며 활기를 띄었다. 한강 여행과 그 뒤의 여행을 통해 내가 관찰한 바에 따르면 과음은 조선의 독특한 모습이라고 말할 수 있다.

그러나 조선에서는 그것이 불명예가 아니다. 어떤 남자가 이성을 잃을 때까지 막걸리를 마신다고 해도 아무도 그를 야만스럽다고 여기지 않는다. 지체가 높은 사람들조차도 잔치 끝에는 술에 취해 마루에 구르기도 하는데 다시 제 정신이 되어서는 음식을 아주 배불리 먹고 사회적 지위를 잃지 않고 그와 같이 후하게 대접할 수 있을 만큼 부자인 데 대하여 하급자들로부터 축하를 받는다.

프랑스제 시계와 독일제 도금품에 대한 기호와 더불어 외제 술에 대한 애호가 젊은 양반들 사이에서 다소간 유행이 되어 가고 있었고 이를 기꺼이 제공하는 사람들은 퓨젤유가 풍부한 감자 주정을 "오래된 코냑"이라고 내놓기도 하는데 거품이 일어나는 샴페인 한 병은 1실링에 살 수 있다. 조선의 발효된 술들은 아마도 건강에 해롭지는 않겠지만 그것들을 좋아하게 된 것은 유럽의 술을 마시면서 얻은 기호이다.

조선의 술은 외형상 버터밀크를 닮은 매우 감칠맛이 도는 하얀 음료에서부터 매우 순하고 물로 희석된 강한 냄새와 타는 듯 독한 맛의 화주까지 다양하다. 이 중간에 보통의 곡주가 있는데 약간 노란 듯한 일본의 정종과 중국의 삼수와 유사한 것으로서 다소 역겨운 냄새와 맛을 지닌다. 그들은 다소 강하게 연기 비슷한 물보라와 기름, 알코올 냄새를 풍기는데 그 가운데 가장 좋다는 것에도 퓨젤유가 남아 있다. 술은 쌀이나 기장과 보리로 빚는다.

술을 파는 사람은 긴 장대 위에 달린 실린더 모양의 등불을 추녀 밑에 다는데 그것은 옛날 영국에서 술집의 표시로 담장이 넝쿨을 키우는 것과 닮았다. 아마도 조선 사람들이 술고래인 한 가지 이유는 그들이 대도시일지라도 차를 거의 마시지 않는 탓이며 사치스러운 청량음료가 그들에게 알려지지 않았기 때문이다. 농부들은 식사에 뜨거운 숭늉을 마시며 꿀물은 비싸다. 잔칫날에는 귤껍질이나 생강을 우려낸 즙을 마셨다. 귤껍질을 말리는 것은 조선의 주부들에게는 꽤 큰 일거리이다. 대부분의 초가집의 처마에는 많은 귤껍질들이 걸려 있었다.

이 탑에서 위로 조금 올라가면 한강에서도 유명한 급류들이 있다. 비록 급류가 우리의 진행을 방해했지만 심각한 곤란을 제기하지도 않았고 위험하지도 않았다. 그런데 나머지 2주 동안은 그와는 달리 급류들이 꾸불꾸불하고 높은 파도가 되었다. 강은 폭이 좁아 굉장한 힘과 커다란 소음을 내며 흘렀고 계속해서 바위의 주위를 부수는 등, 질풍과 거품의 소용돌이로 깊은 웅덩이를 만들어 심할 경우에는 억제할 수 없어 항해를 하는 데 장애가 되었다. 그 급류들은 유명한 양자강의 급류들보다 분명히 더 위험했고 뗏목의 나머지 부분들과 낡은 밧줄 토막들이 그들의 파괴력을 증명했다. 더 높은 물결의 강물이 내려옴에 따라 그런 일은 더욱 자주 일어났다. 그래서 결국에 한강은 계속되는 급류와 격류를 이루었다.

김 씨는 꽤 보수를 많이 받았지만 너무 구두쇠여서 여행 가운데 도움을 받고서도 한 푼도 쓰지 않았다. 그의 밧줄들은 분명히 싸구려 시장에서 샀을 것이다. 나의 힘 좋은 거룻배 사공인 왕 씨가 힘과 기술을 들여 물길을 헤쳐 가고 밀러 씨와 그의 하인이 예인 밧줄에 힘을 들였으며 이렇게 위험한 때면 나도 밧줄을 잡아 주었으나 어떤 때는 하루에 7마일밖에 가지 못했으며 어떤 때에는 몇 야드를 올라가는 데에도 2시간씩이나 걸렸다. 그럴 때면 두 사람은 온 힘을 다하여 배 안에서 장대로 밀고 세 사람은 온 힘을 다하여 강가로 배를 끌었다. 밧줄이 끊어지고 배가 돌면서 빠르게 급류의 밑까지 떠내려갔으며 때로는 배와 승객 및 장비에 파손을 입혔고 때로는 제멋대로 떠내려가기도 했다.

그와 같은 몇 번의 위기를 거쳐 나는 습관적으로 사공의 등에 업히거나 장화를 신고 건넜는데 그것은 구경하는 사람들에게 많은 신기함을 불러일으켰다. 가장 최악의 급류들은 항상 가장 아름다운 곳에 있었다. 서너 시간 동안 강둑을 어슬렁대거나 올라가는 것은 풍부한 농작물이 자라고 있는 밭들을 통해서거나 향기로운 스페인 밤나무 작은 숲을 통하거나 장미, 참으아리 속의 식물이나 인동덩굴의 황홀한 황야를 통해서이거나 대나무 발로 가려진 농가 앞을 지나서거나 꽃피는 과실수의 진한 그늘을 지나서거나 매우 즐거웠다.

서울을 떠난 열흘째 우리는 청풍에 도착했다. 그곳은 그럴듯해 보이는 작은 도시로 거기에는 높고 하얀 의자가 초를 놓은 탁자를 향해 있고, 마루, 탁자, 먼지가 쌓인 의자가 있는 절 건물이 있는데, 그곳은 관아와 관련이 있는 곳이었다. 이곳에서는 왕에 대한 기도와 공물(제사)을 정기적으로 올리고 있었다.

조선에서 먼지는 흔한 것이지만 이 절의 탱화들은 주목할 만하다. 끝 벽에 걸려 있는 그림에는 훌륭한 말 털로 된 궁중 모자를 쓰고 있는 여섯 명의 원기 왕성한 양반 무리가 있었는데, 각자는 손에 한 장의 접은 종이를 들고서 의자 쪽을 몸을 숙이며 경청하고 있었다. 이러한 그림에 대한 생각과 기술은 감탄할 만한 것이고 뒷벽의 일몰 광경들은 솜씨가 떨어지기는 했지만 훌륭한 예술가의 작품이었다.

한강 위의 높은 절벽 근처에는 서 있는 왕의 누각이 있었다. 그 누각은 훌륭한 느릅나무에 둘러싸여 있었는데, 몇 그루는 밑동 둘레가 20~23피트에 이르렀다. 그 너머의 비옥한 계곡과 산들의 모습은 매우 아름다웠으며 조선식으로 칠해진 목공에는 아직 매우 멋있다. 내가 "아직"이라고 말하는 것은 관리들의 비열함과 무관심이 아직은 여기까지는 미치지 못했음을 의미하는 것이다.

청풍과 몇 곳에서 보통 사람들은 비록 우리를 굉장히 이상스럽게 여기기는 했었지만 거칠게 대하지는 않았으며 멀찌가니 떨어져 우리가 식사하는 것을 지켜봤다. 그러나 관청 주위에 붙어사는 선비들은 우리에게 꽤 불친절했다. 그들 가운데 몇몇은 내 방의 커튼을 걷어 올리고 머리와 어깨를 쑥 들이밀어 넣었으며 그러지 말도록 사공이 공손하게 요구하면 호통을 쳤다. 오히려 학식이 낮은 사람들은 우리에게 갖가지 세심한 주의를 기울여 주었으며 때로는 급류에서 밧줄로 신속하게 짐을 운반해 주는 친절도 베풀었으며 그에 대한 댓가로 다만 그들의 아내들이 나를 한번 볼 수 있도록 해 달라고 요구했을 뿐이다. 나는 그런 요구에 기꺼이 응해 주었다.

청풍에서도 여성들의 호기심이 매우 커 많은 여자들이 나를 자세히 보려고 허리까지 물에 빠지면서 배의 지붕 밑으로 따라 들어왔으며 그들 가운데 한 여자는 마지막으로 한 번 더 보려고 바위에 기어 올라갔다가 균형을 잡지 못하고 강물 속으로 떨어졌다. 한 곳에서는 매우 이른 아침에 몇 사람의 여자들이 나의 배로 올라 왔는데 그들은 배에 외국 여자가 타고 있다는 소문을 듣고 나와 나의 짐들을 한 번 볼 수 있는 댓가로 달걀을 선물로 가지고 몇 리를 걸어 왔다. 흰 바탕에 빨강 색으로 무늬를 놓은 페르시아의 낡은 아마포 커튼이 항상 그들을 매료시켰으며 일본산의 작은 요리 기구에도 많은 관심을 보였다.

서울을 떠난 지 30일이 지나 우리는 단양에 도착했다. 단양은 한강의 왼편 둑에 위치한 행정 구역으로서 언덕 위에는 그림 같은 향교가 자리 잡고 있었다. 하루 뒤에는 매우 아름다운 산골 마을에 도착했다. 강의 지류가 많이 줄어들었다. 그 지점에 이르기까지 북쪽 지류를 제외하고는 두 갈래의 지류가 있는데 하나는 오른쪽으로 후난창이라는 마을에서 한강과 합류하는 것으로서 원주까지는 60리의 거리였다.

또 다른 하나는 왼쪽 둑 위에 있는 그림처럼 아름다운 소일이라는 마을로

20리를 들어간다. 단양 근방에서 강물은 길고 격한 급류를 형성하고 있으며 10~20피트 깊이의 파랗고 잔잔한 물결이 넓게 펼쳐지며 장엄하게 흐르다가 높은 화강암 낭떠러지 사이로 날카롭고 비상하게 굽이친다.

천연의 단구 위에 위치한 마을들이 일정하게 나타나며 보다 낮은 단구에는 뽕나무와 수양버들이 심어 있다. 대마도 많이 경작되는데 이는 상복을 만들거나 가방이나 밧줄을 만드는 데 쓰인다. 강을 따라 여행하는 동안 나는 이상한 방법으로 섬유를 분리하는 것을 몇 차례 보았는데 그것은 거칠고 원시적이었으나 효과적인 방법이었다. 구멍 난 돌바닥에 큰 돌을 놓고 옆에 있는 거친 솥으로 가열한다.

여기에 대마를 다발 채로 눌러 줄기를 뽑아낸다. 조악한 풀 더미를 그 위에 놓고 가루로 잘 만들어진 주위의 흙을 그 위에 뿌린다. 그리고 난 뒤 줄기를 위로 끌어 올린 다음 구멍 사이로 물을 붓는다. 물이 가열된 돌 위로 떨어짐으로써 수증기를 만들어 내어 24시간 동안 대마 섬유는 쉽게 분리할 수 있도록 완전히 틈이 생기게 되는 것이다.

3마일이나 되는 길고도 깊은 계곡이 바위 낭떠러지로 둘러싸여 있었고 개머루와 참으아리로 덮인 바위가 나타났다. 진달래, 조팝나무, 고광나무, 배나무, 산사나무, 넝쿨 장미, 등나무, 앵초, 노란살갈퀴, 석송속 등이 어우러져 있는 이 계곡에는 단 하나의 마을이 있었다. 그 마을은 첩첩이 깊은 숲의 산들로 둘러싸여 있으며 산등성이에는 기장이 심어 있었고 너무 경사져서 소로 쟁기질을 할 수 없는 데까지 경작되고 있었다.

이 계곡은 아직도 경작되지 않은 비옥하고 경사진 토양이 남아 있다. 마을은 작았으며 대마를 많이 경작했는데 각 가구는 그 자신의 대마 구덩이를 가지고 있었다. 그들은 또한 쐐기풀을 경작하고 있는데 그것으로 만든 실을 표백하여 여름옷을 만드는 데 이용한다. 이 모든 것들이 뽕나무 숲에 싸여 있었다.

밧줄이 세 번이나 끊어질 정도로 아주 심한 두 급류의 입구에 위치한 참수기라는 마을은 정령에 대한 민중적 신앙의 좋은 예를 제공하고 있다. 거기에는 수술로 장식된 새끼줄을 쳐 놓았는데 밧줄의 한 끝은 밑에 돌 제단이 있는 아름다운 나무에 둥글게 매어 있고 음식이 담긴 몇 개의 작은 가방이 또 다른 밧줄에 매달려 있었다. 사람이 염병으로 죽거나 객사하거나 여자가 어린 나이에 죽으면 그 영혼은 항상 한 나무에 붙어 다닌다는 것이다.

따라서 그러한 혼령을 위해 돌 제단 위에는 떡, 술 및 돼지와 같은 음식물들을 차려 놓는데 호랑이에게 물려 죽은 남자의 혼령이 살고 있는 나무에는 돼지 대신에 개고기를 제공한다. 참수기의 나무들은 잘 자란 상수리나무이다. 고갯마루나 그 주위에서 우리가 본 몇 그루의 옹이진 나무는 환갑이 못되어 죽은 남자의 혼령이 붙어산다. 참수기 위의 급한 낭떠러지도 또한 악령의 거처로서 새끼줄이나 돌로 된 제단으로 표시되어 있다.

우리는 4월 말경에 수은주가 34°F(1.1°C)까지 내려간 매우 춥고 바람이 거센 날들을 며칠 보냈으며 그 가운데 하룻밤에는 폭풍을 동반한 비까지 내렸다. 그러한 고통을 설명하기 쉽지 않은 것이지만 배 안에서 그러한 기온에 지붕마저 들썩거리고 펄럭거려서 마치 지붕이 바람에 날아가 버릴 것 같은 지경에 잠을 자기란 불가능했다. 얼마 뒤에 날씨는 다시 화창해졌다.

비록 평탄한 계곡에는 잘 가다듬어진 마을들이 많았지만 강변에는 점점 인가가 드물어지면서 급한 소용돌이, 뾰족한 바위로 가득 찬 긴 급류, 고기들이 많이 있는 깊고 잔잔한 수면, 현무암으로 된 단구로 둘러쳐진 협곡, 아름다운 흰 줄무늬의 봉우리를 이룬 측면의 협곡들이 서로 연달아 이어졌다. 길고 위험한 급류 바로 밑에서 우리는 식사를 하려고 배를 멈췄다.

그 장소는 아주 고요한 듯이 보였으나 잠시 뒤 군중들이 모여들었으며, 가까운 돌 위에 앉아 시끄럽게 떠들며 배 위에 타려고 하기도 하고 거적을 들어올리기도 했다. 그들은 식사 중인 사람을 구경하는 것이 공손한 것인지의 여부를 토론했으나 찬반 양편으로 나뉘었다. 어떤 사람은 이런 진귀한 풍경이 강을 따라서 거슬러 올라오고 있다는 소식을 몇 마일 아래로부터 전하고 왔는데 커튼을 내림으로써 그것을 보지 못하도록 한다는 것은 부끄러운 일이라고 주장했다.

한 사람이 술에 취한 김에 시끄럽게 날뛰다가 균형을 잃고 강에 빠져 웃음을 자아냈다. 그들은 악의 없이 우리를 급류까지 따라 왔는데 그 가운데 한사람은 배를 끄는 것을 도우면서 그 댓가로 그의 마누라가 나를 한 번 볼 수 있게 해 달라고 요청하기에 나는 선미로 내려가 나의 모습을 보여 주었다.

조선의 관행과는 달리 800피트 높이에 건설된 방화산 마을에는 돌 연단이 있었다. 그 곳에서는 서울의 남산까지 이르는 일련의 봉화 가운데 하나가 밤에 밝혀진다. 이것은 왕에게 그의 왕조가 평화롭다는 것을 확인시켜 주는 것이었다.[2] 하진이라는 또 다른 마을에서는 끔찍할 정도로 못생긴 여자들 때문에 깊은 인상을 받았다.

단양을 떠난 뒤에 그 호기심은 더욱 증가되었다. 사람들은 아주 멀찌가니 따라 오면서 우리를 바라보았다. 그들은 이제까지 외국인을 본 적이 없다고 말하면서 우리를 보는 댓가로 달걀을 가져왔다. 나는 그들에게 보여준 것이 없다고 말하고 그 계란의 값을 지불했다. 그러나 배 안에서 본 것에 관한 과장된 소문이 우리를 앞질러 퍼져 갔다.

사람들은 낮 동안에 몰려들어 참을성 있게 기다렸기 때문에 나는 항상 그들의 소원을 들어주었으며 뱃전에 달린 짚 가리개와 대부분의 붉고 흰 커튼을 들어주었다. 어느 곳에서 나는 그들에게 몇 가지 차를 마시라고 주었다. 그들은 이제껏 그것을 본 적이 없었기 때문에 그것이 약이라고 생각하고 그것을 맛본 뒤에는 소화에 좋은 약임에 틀림없다고 말했다.

---

2) (원저자 주) 지금은 전신이 이 그림 같은 장치를 대신하고 있다.

제 8 장 자연의 아름다움 : 북한강 여행

날씨가 화창한 봄날, 우리는 한강의 단양 상류 쪽을 계속 탐험하면서 많은 급류들을 발견했는데, 그들 가운데 몇 명은 보기에도 섬뜩할 정도로 세차게 흘러내렸다. 강줄기는 끊임없이 계곡으로 좁아졌다. 마을이라고는 좀처럼 없었고, 계곡 양쪽으로 몇 채의 인가가 늘어서 있을 뿐이었다. 4월 30일, 사이사이로 깊고 고요한 물이 흐르는 일곱 개의 계곡을 따라 우리는 배를 끌기도 하고 삿대로 젓기도 하며 올라갔다.

나무의 종류가 다양해졌고, 산의 기세가 험준해졌다. 무엇보다도 가지가 길게 뻗은 오갈피나무가 있었고, 두 종류의 빗살나무, 호도나무, 뽕나무 위의 겨우살이, 두 종류의 옻나무, 소나무, 전나무, 구상나무, 다래나무, 보리수나무, 밤나무, 오리나무, 자작나무, 단풍나무, 느릅나무, 탱자나무 등이 있었고, 내 생각에는 느티나무로 생각되는 희한한 나무도 있었다.

꽃 가운데는 금잔화, 미나리아재비, 향기가 없이 희고 보라색이 도는 제비꽃, 노란 제비꽃속, 흰색 바곳, 개불알꽃, 조팝나무, 흰양국, 붉은 빛과 흰색의 민들레, 불두화나무, 병꽃나무, 작약, 백합과, 참나리, 용담속의 식물, 조팝나무과 식물, 원추리, 하얀 인동덩굴, 각시붓꽃 등이 있었다.

단양을 떠난 다음날, 우리는 이 강의 가장 아름다운 곳으로 접어들었다. 환상적인 계곡 사이로 거대한 석회 절벽이 갈라져, 멀리 선경의 푸른 베일

속에 가린 채 부분적으로는 삼림에 가린 산봉우리와 산맥이 찬란히 시야 속으로 들어왔다. 이 강은 종종 거대한 절벽에 눌려 세찬 거품 속에 격정을 토하기도 하고, 20~30피트의 펑퍼짐한 수역으로 넓어지기도 한다.

그런 곳에서는 에메랄드빛 물결이 찔레나 인동덩굴로 뒤덮인 바위나 혹은 자갈변이나 흰 모래 벌을 조용히 부딪치고 있었다. 공기도 마냥 상쾌했다. 힘찬 꿩의 울음소리가 사방에서 들리고, 벌이 윙윙거리고 나비와 잠자리가 향기로운 대기 속에서 빛나고 있었다. 문제는 밧줄이 세 번이나 끊어져 우리는 우레와 같은 물소리를 들으며 여울목 바위를 한 시간 동안이나 붙잡고 있었으며, 12시간에 겨우 5마일을 가는 신기록을 세웠다는 사실이다.

석회석 절벽에는 많은 동굴이 있었는데, 강에서 멀리 떨어진 도담 마을에서 우리는, 입구의 높이가 43피트이고, 내부 천장이 꽤 높고 석순으로 이루어진 동굴 하나를 탐사하게 되었다. 우리는 315피트만큼 들어갔다가 등유가 부족하여 다시 돌아 나와야 했다. 입구 부근에 있는 자연 수갱과 바위 사다리 덕분에 12피트 높이의 멋진 회랑으로의 접근이 용이했으나, 다만 60피트만큼 밖에 탐사할 수 없었다.

도담 바로 윗쪽에는 강둑에 또 하나의 석회석 변종이 있었는데, 그것은 높이 127피트, 넓이 30피트의 자연 교량이었고, 그 밑에는 깨끗한 잔디가 언덕에까지 펼쳐 있었다. 이 교량의 버팀대는 완벽했으며, 장미, 인동덩굴, 미나리아재비가 뒤덮여 있었으며, 여러 종류의 침엽수들이 갈라진 틈 사이로 삐쳐 나왔다.

한강의 아름다움은 도담에서 절정을 이룬다. 낮게 깔린 강변과 우뚝 솟은 석회 절벽, 그 사이의 푸른 언덕배기에 처마가 낮고 지붕이 갈색인 집들이 그림처럼 도열해 있는데 이곳은 내가 어디서도 볼 수 없었던 아름다운 절경이었다. 잿빛 절벽은 한 무더기의 우산소나무들로 덮여 있었는데, 그 소나무는 모양이 흡사 어전에 있는 양산과 같다 하여 조선에서는 "우산소나무"라고 부른다. 강변의 입구에는 톱니 모양의 피라미드형 바위 세 개[도담삼

봉]가 보초를 서듯 버티고 있었는데, 그 위에는 많은 개머루가 덮여 있었다.

이곳이 신성시되는 곳이라는 것은 더 말할 나위도 없다. 이 보초석들의 높이는 40~83피트에 이르렀다. 남서쪽으로 한강의 검푸른 모습은 소나무로 뒤덮인 절벽을 돌아 설악산의 장려한 광경 쪽으로 자취를 감춘다. 이 산은 듬성듬성 소나무 숲을 이루기도 하고 바위가 우뚝우뚝 솟아 있기도 한 모습을 보여주고 있다.

북동쪽으로 흐르는 한강은 웅장한 석회절벽 밑으로 갑자기 굽어졌다가 3개의 고봉으로 이루어진 설미산 어귀에서 자취를 감춘다. 흡사 공원 같은 경사 위에 있는 도담 마을은 이러한 풍경을 포용하고 있어, 그 급류로 말미암은 위험이나 시간의 지체만 없었더라면 서울 근교의 훌륭한 여름 휴양지가 될 수도 있을 것이다.

이곳은 장려할 뿐 아니라 비옥함이 넘쳐흘렀다. 강변에 우뚝 솟은 마을 뒤편의 구릉이 평퍼지고 관개가 훌륭한 반대편의 수평 골짜기로 서서히 이어졌으며, 그 골짜기는 온갖 정성을 기울여 쌀 경작을 위해 개간되었으며, 여러 마일에 걸쳐 비옥함이 이어지다가 산맥 속으로 굽이쳐 사라졌다. 한강 계곡이 대부분 정연하게 개간된 데 대해 나는 적지 않게 놀랐다. 그것은 다른 여행자들이 전하는 얘기와는 달랐다.

한강은 조선에서 가장 비옥하고 번영된 부분을 관통하고 있다는 인상을 주었다. 밀과 보리의 수확은 풍작이었고 놀라울 정도로 잡초가 없었다. 사실 그 깨끗함은 스코틀랜드의 "고지 영농법"에 비교할 만한 것이었다. 한줄기에 12개에서 18개의 낱알이 달려 있는 경우는 허다했다. 4월 말경은 보리 이삭이 패는 때인지라 색깔이 바뀌고 있었으며, 밀은 6인치만큼 자라고 있었다. 일반적으로 밭에서 돌을 조심스레 골라내어 벼 낟가리를 세울 초석으로 사용했다.

가파른 언덕은 목화 재배를 위해 관목과 돌을 치웠고, 목화는 1,000피트의 고도에서도 흔히 경작되고 있었다. 그러나 농부들은 굴속 같은 집 속에서 살고 있었다. 모든 계곡들이 정연하고 정성스레 개간되었다. 충분하면서도 지나치지 않은 강우량으로 쌀농사의 경우를 제외하고는 관개가 불필요하였다.

모든 계곡에는 실개천이 딸려 있었고, 상류에서 한강 본류에 이르기까지 진흙 제방이 가로막혀 있었다. 주요 산물로는 쌀을 비롯하여 콩, 대마, 목화 등을 들 수 있었다. 나는 한강 계곡의 농업에 대해 깊은 감명을 받았으며, 수입만 보장된다면 그것이 크게 개발될 수 있음을 믿어 의심하지 않는다. 토양이 비옥하여 많은 농작물이 비료가 없이도 경작될 수 있었다.

아름다운 도담을 떠나자 급류가 더욱 잦고, 더욱 거세졌다. 김 씨가 쓰러졌을 때 나는 탈진을 가장한 것일지도 모른다는 생각이 들면서도 그것이 곧 현실화되면 어쩌나 싶은 생각에 두려움이 앞섰다. 밧줄이 자주 끊어지고, 배가 바위와 자주 부딪쳐 물이 너무 많이 새어들어 나는 맑은 물이 찰싹거리는 강변에 텐트를 치고 배의 물건을 꺼내 놓고 배를 수리했다. 그 날 깊은 급류 속에서 밧줄이 끊어져 배가 풍랑 속에 휘말려 바위에 부딪쳤으며, 마치 사진 필름을 못 쓰게 만들기라도 하려는 듯이 내가 앉아 있는 곳으로 물이 스며들었다.

바가미라는 아름다운 마을에는 "양반의 노비가 바가미를 지나갈 때, 그가 만일 공손하고 태도가 좋다면 무사할 것이지만, 그렇지 못하면 곤장을 맞게 된 것이다"라는 문구가 큰 글씨로 새겨져 있는 푯말이 하나 서 있었다. 희귀한 것만큼이나 신선하고, 자주적인 주장을 하는 문구였다. 조선의 악담 가운데는 양반이라는 특권 계층에 대한 것이 많다.

양반이라는 존재는, 친척의 도움을 받아 살아가는 한이 있어도, 심지어는 자기 아내의 삯바느질이나 빨래 삯으로 먹고사는 한이 있어도 자신의 생계를 위해 직접 일해서는 안 된다. 양반은 담뱃대조차 들고 다녀서는 안 된다. 양반 집의 학동들은 학교에 갈 때 책을 가지고 가지 않는다.

양반이 여행을 할 때면 관습에 따라 많은 종자를 동행시키게 된다. 그는 말을 타고서도 부축을 받으며, 전혀 아무것도 하지 않는 것이 관습으로 되어 있다. 그의 노비들은 마을 사람을 위협하고 못 살게 굴며, 그들의 가금(家禽)이나 계란들을 댓가 없이 강취했다. 바가미의 푯말은 바로 그 점을 잘 반영하고 있다.[1)]

많은 수의 하층 사람들이 무거운 조세를 부담하고 양반들에게 억압당하고 있으며, 양반은 그들의 노동을 댓가 없이 이용함은 물론 도조라는 명목으로 무자비하게 수탈해 가는 것은 의심할 나위도 없다. 상인이나 농부에게 돈이 생겼다는 소문이라도 나면 양반은 빚을 갚으라고 독촉한다. 그것은 사실상 조세나 다름이 없었다. 왜냐하면 그것을 거절하면, 그 사람은 부당한 죄목으로 투옥되어, 그와 친척이 대납할 때까지 곤장을 맞거나 열악한 음식을 먹어 가며 그 돈이 나올 때까지 양반 집에 감금되어야 하기 때문이다.

양반들이 가장 좋아하는 방법은 돈을 꾸어 주었다고 억지를 쓰는 방법이다. 그러나 실재로는 원금이나 이자 같은 것은 당초부터 존재하지도 않았다. 양반이 집이나 전답을 살 때 그 댓가를 지불하지 않는 것은 매우 흔한 일이며, 어떤 관리들도 그 지불을 강요하지 않았다. 백귀미에서 내가 사공에게 삯을 지불하고 있는 동안, 양반의 머슴들이 돈 한 푼 내지 않고 기와를 서울로 운반하려고 배를 징발하고 있었다. 김 씨는 나로 하여금 그 강탈자를 무마시키고자 몇 푼의 돈을 집어 주고, 이 배는 외국인이 사용하고 있기 때문에 그러한 징발에 응할 수 없다는 말을 전해 주라고 얘기했다.

혹독한 시련이 이틀 더 계속되어 우리는 더 이상 전진할 수 없었다. 급류가 무섭게 변했고, 우리가 영춘 근처에서 매우 심한 급류에 휩쓸리자, 김 씨는 몇 번 노력하였으나 그 노력이 진실한 믿음에서 우러나온 것 같지는 않았다. 그는 잘 주저앉아 더 이상은 갈 수 없노라 했다. 다른 때 같으면, 중량

---

1) (원저자 주) 양반 계급의 특권은 지금 적어도 문서상으로는 폐지되었지만, 그 전통은 아직도 상당한 영향력을 가지고 있었다.

이 작은 배로 20리 위에 있는 영월까지 도달할 수 있었다. 우리는 이른 5월 초에 용케도 영춘까지 항진했다. 상류 쪽에는 배가 거의 없었고, 상당히 많은 거리를 나의 거룻배는 거의 떠내려가는 정도도 불가능하다는 말을 들었다. 영춘에 이르렀을 때 동해까지는 약 40마일 정도의 거리였다.

폭우로 강물이 불어나 더 이상 기동이 불가능해진 우리는 다음 날 저녁에야 한강을 건너 조그마한 길을 따라 마을과 숲을 지나 영춘의 선착장에 이르렀다. 그 마을은 대단히 매력적이었고 갖가지 신기한 꽃이 즐비했다. 선착장 앞에는 깊이 10피트의 고요한 한강이 펼쳐 있었으나, 또 다른 급류의 괴성이 바로 위에서 들려 왔다. 밑에 잔디가 깔려 있는 느릅나무 가로수가 읍내까지 이어졌다. 그 읍은 1,500명의 주민이 사는 고을로 상점은 없고, 장터만 있었으며, 충적토의 비옥한 농지에 위치하고 있다. 5월에는 밀과 보리가 풍성했고, 그 사이로 참외 재배를 위해 일구어 놓은 밭들이 눈에 띄었다.

관아는 크고, 무계획적으로 배치되어 있었다. 예전에는 거기에 훌륭한 문이 있었고, 일출과 일몰 때에 소음을 내는 청각 고문용 북과 그 밖에 도구들이 있었다. 이름 있는 관리를 위해 많은 송덕비가 있었지만 그 어느 하나도 백성들이 자발적으로 세운 것은 아니었다. 아마도 지신을 의미하는 하늘에 제사를 드리는 구역이 있었고 사당과 왕의 누각 등이 있었는데 모두가 몹시 낡고 지저분했다.

모두가 정중하다고는 말할 수는 없는 한패의 사람들이 우리와 함께 관아까지 동행했는데, 나는 그곳에서 금강산까지 가는 길에 관한 정보를 얻고자 했다. 관아로 들어서자 포졸들이 오만방자하게 우리를 맞았다. 그들의 무례한 행동을 얼마간 참은 뒤에 우리는 지저분한 내실로 안내되었는데, 거기서는 어느 아전이 담배 도구를 옆에 놓고 앉아 있었다.

흉측한 외모를 하고 있는 그는 우리는 거들떠보지도 않았고, 그가 어쩌다가 하는 말이라곤 포졸을 통한 전언뿐이었다. 동양에서는 양반이 나그네와 직접 대화를 하는 법이 없고, 반드시 중간에 아랫사람을 거쳐 말을 전달한다. 그 동안 우리는 입구 밖에 서서 우리들 앞을 에워싼 많은 사람들의 떠밀림을 참아야 했다. 이것은 내가 조선의 관아를 마지막으로 방문한 것이다.

우리가 읍내로 되돌아올 때, 그 군중들은 몇몇 선비들의 "무리"를 앞세우고 우리를 따라 왔다. 한 젊은이가 내 뒤에 바짝 붙어 무릎을 발로 차더니 물러서서 또 차곤 하였다. 그가 세 번째 공격을 시도하려 했을 때, 밀러(Frederick S. Miller) 씨가 돌아서서 전혀 화내지 않고, 교묘하게 그의 가슴을 쥐어박으니 그는 길에서 물러나 보리밭으로 나뒹굴어졌다. 군중들이 폭소를 터뜨렸고 그 젊은이와 한 패들이 밀러 씨에게 더 때리지 말라고 애원했다.

군중들이 흩어지고, 이 나라 종족만큼이나 비열한 악당들이 저 멀리 뒤쳐짐으로써 우리는 선착장까지 즐겁게 갈 수 있었다. 비록 우리는 오랜 시간을 기다려야 했었지만 뱃전에는 군중들이 없었고 사공과 승객들도 매우 친절했다. 밀러 씨는 자신의 폭행을 후회하고 있었다. 그것은 분명히 사형이었지만, 약식 재판과 같은 것이었다. 그 때 좀 더 침착하게 사건을 마무리 지었다면 많은 사람에게 감명을 주었을 것이다.

사공은 우리에게, 전날 영춘에서 호랑이가 돼지를 채갔으며, 손전등이 없이 숲속을 지나 나루터까지 오는 것은 매우 위험한 처사였다고 말을 했다. 우리의 사공은 두려움에 사로잡혀 횃불을 가지고 우리를 찾았고, 빛을 본 나는 안도의 한숨을 쉴 수 있었다. 나루터는 무료였다. 정부에서는 사람과 함께 가축을 실어 나르는 대형의 견고한 배를 제공했고, 이 마을에서는 사공에게 음식을 제공하였다. 돈이 좀 있는 승객들은 항상 약간의 행하를 건네주곤 하였다.

밤새 폭풍우가 몰아쳤고, 비는 다음날 오후까지 계속되어 우리는 지체하는 동안에 아름답게 빛나는 석회 절벽의 장관을 다시 한 번 자세히 볼 수 있는 기회를 얻게 되었다. 그러한 절벽은 여러 번 나타냈다. 그 절벽은 한강 계곡이 보여 주는 가장 걸출한 지질학적 모습이었는데 흡사 거대한 책갈피를 보는 듯한 느낌이었다.

영춘의 급류 위쪽에는 접근할 수 없을 정도의 급경사면에 매우 오래 된 요새의 잔해가 절벽에 떠받친 채로 걸려 있었다. 그 요새의 외벽은 언덕 정상을 감싸 그 둘레가 2,500피트에 이르렀으며 바깥쪽의 높이는 25피트, 안쪽의 높이는 1~12피트, 두께는 12피트에 이르렀다. 20피트의 수직 기둥으로 만들어진 두 개의 문에는 매우 좁은 통로가 나 있었고, 한 번에 한 사람만이 통과할 수 있었다. 그것은 풍화 작용 이외의 어떤 힘으로도 쇠락시킬 수 없었다.

벽에는 회반죽을 전혀 쓰지 않았고, 6인치 이하의 두께를 가진 벽돌로 훌륭하게 축조되어 있었다. 이 민족에게는 그러한 건축의 전통이 전혀 없었다. 남산이나 북한산 요새를 잘 알고 있는 밀러 씨의 얘기에 따르면 이 요새는 그 두 요새보다 훨씬 전에 만들어진 것이라고 한다. 이 지점에서는 강 건너편으로 봉화대 하나를 볼 수 있었다.

5월 3일에 우리는 한강을 내려가기 시작했다. 낡아빠진 밧줄은 밥 짓는 연료로 사용되었고, 장대를 배 안에 싣고, 노도 배 안에 가지런히 들여놓았다. 폭우로 말미암아 강물이 1피트만큼 불어났고, 물빛도 밝은 색에서 흙탕물로 변해 갔다. 강 언저리 대신에 중심부를 이용해서 우리는 올라올 때 두 시간 가까이 걸리던 거리를 단 2분에 내려왔다. 사소한 어려움이 여러 번 발생했다. 거센 물결 속에 배가 거의 휘말릴 때도 여러 번 있었고, 강 밑의 바위에 부딪쳐 배가 진동할 때도 있었다. 어떤 때는, 배가 진로를 잃고 세찬 풍랑 속에 선미가 앞으로 향한 채로 빙글빙글 선회할 때도 있었다. 그럴 때면 김 씨가 배를 강변 쪽으로 유도하여, 급류 기슭에서 선수를 앞쪽으로 향하게 했다.

한번은 풍랑이 매우 거센 급류 한가운데에서 배를 잘못 조종하여 거룻배가 너무 많은 양의 물보라를 뒤집어 써 거의 침수할 지경에 이르렀던 적이 있다. 이 점에 관해서 사공들은 뒤에 한 시간 동안이나 말싸움을 했다. 뱃전의 높이에 있었던 나의 야전 침대가 흠뻑 젖었다. 많은 지리학 서류가 물에 떠내려갔고, 왕립지리학회 소유의 장비가 상자 채로 가라앉았으며, 40개 이상의 네거티브 필름이 못쓰게 되었고, 의류, 침구, 밀가루 등에 물이 스며들었다. 급류는 매우 매력적이었지만, 그 위험도는 중국의 성도에서 의창에 이르는 장강[양자강]의 급류를 무색케 하는 것이었다.

단양에서 은을 돈과 바꾸려다가 한나절을 보내고도 결국은 바꾸지 못했으며 바위에 심하게 파손된 배를 수리하는 데 또 한나절을 보냈음에도 불구하고 우리는 나흘 반 만에 지류를 이용해 낭천에서 마재까지 항해할 수 있었다. 그것은 우리가 힘겹게 강을 거슬러 올라가는 데 소비했던 시간의 1/3에 해당하는 시간이었다.

마재에 이르기 전날, 현금이 하나도 없어 나는 현금을 구하러 서울로 돌아가야겠다고 결심했었다. 돈궤가 비었고, 사람들은 은에 대해 아무것도 몰라 현금 조달이 어려웠다. 다행히 우리가 장날, 1,850명의 주민이 살고 있는 마을인 마교에 도착했을 때 행상인들은 은화 36엔대 3,000냥의 비율로 70엔을 흔쾌히 교환해 주었다.

현금을 배 쪽으로 옮기는 데는 6명의 인부가 필요했으며 배는 다시 한 번 무거운 짐을 싣게 되었다. 마교는 제천으로 향하는 나루였는데 훌륭한 기와집과 부유함을 자랑하는 풍요로운 마을이었다. 주요한 수출품은 강 연안의 비옥한 농토에서 산출되는 쌀과 콩 등의 곡식이었고, 주요 수입품으로는 외국산 무명, 조선산 삼베, 소금 등이었다. 무명은 마교에서 20인치당 서울보다는 20냥이 비싸고, 낭성에서는 70전이 비쌌다.

우리가 마재마을에 당도했을 때, 사공들은 여행에 지쳐 되돌아가려 했지만, 결국은 우리의 설득에 못 이겨 계약대로 임무를 완수했다. 우리는 비바람이 몰아친 다음날 오후 화창한 날씨 속에 한강의 북쪽 지류인 북한강으로 들어설 수 있었다. 이 북쪽 지류 역시 강원도의 금강산에서 발원하여 98마일 정도 험난한 하류를 지나게 되며 서울에서 이틀 걸리는 거리쯤에서 규모가 한층 큰 남쪽 지류와 합류한다. 이 강이 지나는 지방의 대부분의 마을에는 인구가 조밀하고 농지가 비옥했다. 강 연안의 언덕에는 장작이나 숯은 물론 많은 목재가 양산되어 서울로 공급된다. 목재는 매우 특이한 뗏목의 형태로 엮어 강물이 최고 수위에 이르렀을 때 하류 쪽으로 흘러가지만, 급류에 휘말려 파손을 입는 일이 비일비재하다.

마재에 이르면 강폭이 넓어져 상당히 오랫동안 440야드의 폭을 유지한다. 그러나 수심은 전반적으로 얕고 바닥에는 바위가 많으며, 험준한 바위가 깔려 있는 급류가 많고 그들 가운데 어떤 곳은 상당히 위험하다. 또한 강이 너무 흉측스러워서 강 상류로 향하면서 나는 이제는 강 하류 쪽으로 내려갈 필요가 없다는 사실에 안도의 한숨을 내쉬었다.

밧줄 여러 개가 끊어지도록 애써 배를 끌어당긴 결과, 우리는 배를 7마일가량 끌어내 최저 항해 수심으로부터 벗어나게 할 수 있었다. 나의 계산으로는 마재에서 웃기리까지의 거리가 76마일 정도였으며, 그곳에서는 지독한 급류로 더 이상의 항해가 불가능했다. 그 거리는 김 씨와 사공들이 빨리 집에 가고 싶어 첫 번째 여행보다 훨씬 열심히 노를 저었는데도 9일이 걸렸다.

처음 며칠 동안에는 1마일에 네 개씩의 마을이 계곡과 나란하게 나타났으며, 그곳에는 밀과 보리의 수확이 풍성하였다. 강변의 마을은 밤나무, 뽕나무, 버찌나무, 감나무, 능수버들로 둘러싸여 있었다. 깊이 패인 분화구와 같은 웅덩이에는 많은 나무와 채소류가 즐비했다. 언덕은 떡갈나무 관목으로 뒤덮였으며, 그 나무숲은 빈번하게 출몰하는 호랑이의 은신처인 것 같았다. 마을이나 농사일의 특징은 남쪽 지류의 그것과 별로 다를 것이 없었으나, 감자가 매우 많이 재배되는 점이 특이했다. 지방적인 특징이 없다는 것이 조선의 특징이다. 서울의 골목은 어느 마을에서나 볼 수 있을 정도이다.

강변에는 소량의 금이 발견되었는데 소문에 따르면, 위험스러운 급류가 흐르는 첨열 가까운 곳에 있는 원추형의 언덕인 어럽소에 금이 풍부하지만 그 지방 관리들이 채굴을 금지시킨다는 것이다. 상류에서 많은 사람들이 사금을 채취하고 있었다. 그들의 도구는 나무 체였으며, 그 위에 사금토라 할 만한 것을 담고 무거운 것이 다 빠져나갈 때까지 그것을 흔들다가 반짝이는 물체가 남을 때까지 다시 한 번 체를 흔들었다.

최후로 남은 물건을 항아리 조각에 담아 강둑 위에 놓고, 한 사람이 감시하고 있었다. 이 사금토는 강둑의 무거운 자갈을 걷어 내고, 바위가 나올 때까지 약 2피트 정도 파내려감으로써 얻게 된다. 60 내지 100개의 체로 골러 내는 분량은 약 1.5부셸에 해당했으며, 이 만큼의 사금토를 정제하면 평균 골무의 절반에 찰 정도의 미세한 사금을 얻게 된다. 이 채금자들은 한 달에 16실링 정도, 최량의 사금광이라야 50실링 정도의 사금을 채취한다.

조선에서 금 장식물은 좀처럼 볼 수 없고, 예술품에서도, 만일 그런 것이라는 것이 존재한다면, 금은 좀처럼 쓰이지 않는다. 금화라는 것도 존재하지 않는다. 그럼에도 불구하고 『세관 보고서』에도 나타나 있는 것처럼 주로 일본을 대상으로 하는 금의 수출량은 결코 경시할 수 없다. 물론, 채금 광경에서 입증되듯이 금을 함유할 것으로 추정되는 모암이 아직 탐사되지는 않았다. 광부가 정부에 지불하는 세금은 지방에 따라 다르다. 정부의 허가 없이 금을 채굴하는 행위는 법으로 엄격히 규제되어 이를 어기면 모진 형벌을 받았다.

조선에서 최량의 금광은 한강에서 멀지 않은 평강과 대동강에서 그리 멀지 않은 금산을 들 수 있다. 대규모의 사금 채취가 이 고장의 뜨내기들을 불러 모으고 광부들 사이에 폭동이 자주 일어난다. 나는 조선 사람들이 금과 호랑이 가운데 어떤 것을 더 자주 입에 떠올리는지 알 수 없다. 조선 사람들은 자신의 나라를 금 산출국이라 자랑하고 먼지가 모두 금모래인 것처럼 이야기한다.

북한강변에 도열해 있는 밤나무의 향취가 코를 찔렀다. 그 열매는 빠질 수 없는 식품이다. 마을 밑쪽의 농경지는 계단식이나 다름이 없었으나 위쪽의 언덕에는 곡식들이 황금빛으로 미풍에 출렁이고 있었다. 언덕은 끊임없이 흔들거렸고, 그럴 때마다 계단식 계곡과 갈색 과수원에 둘러싸인 부락이 언뜻 보였다. 조금 후미진 곳에서는 하얀 모래벌판과 고혹적인 돌무더기가 드러나곤 했다.

이틀 동안의 모진 고생 끝에 우리는 가평이라는 아름다운 고장에 이르렀다. 이 고장은 한강의 한 지류의 골짜기를 따라 경사면을 그리며 도열해 있었고, 그 경사면 뒤에는 산들이 버티고 있었으나 조선의 습속이 으레 그렇듯이 산의 이름이 없었다. 연푸른 밀밭은 소나무와 밤나무 덩굴의 검푸른 빛깔과 함께 마치 정원사가 손질이라도 한 것처럼 조화를 이루고 있었고, 강둑의 나무도 매력적이었다. 그러나 가평을 자세히 살펴보지 못했다. 서울에서 원산에 이르는 전신줄이 신강감에서 한강을 건너고, 그 지역의 최고 요충지인 춘천에는 실제로 전신국이 하나 있어 그곳에서 우편물이 한 달에 한 번씩 수발된다.

춘천은 북한강의 좌측 4마일쯤에 위치한다. 그곳에는 성곽이 있어 300명을 수용할 수 있는 요새로 쓰인다. 인구는 3,000명 정도이며, 위치는 농경지의 중심부여서 조선식으로 표현하면 교역의 중심지이다. 북한강은 높은 자수정 등성이를 얼마간 흘러오다가 춘천 바로 밑에서 갑자기 방향을 꺾어 그 고장을 관통하는데, 강둑은 철길의 침목처럼 질서정연하며 하상은 맑고, 하얀 석영으로 되어 있다.

이 독특한 강의 입구 저편에 강의 계곡이 펼쳐지고, 조선에서는 보기 드문 황소 떼가 시야에 들어온다. 정말이지, 황소가 풀을 뜯는 광경을 본 것은 처음이다. 풀은 거칠고, 시큼하며, 보통 가내업으로 소를 사육한다. 이슬 내린 아침이면 황소 떼를 싱싱한 풀밭에 매어 놓으러 가곤 하는데 이 때 들려오는 황소의 울음소리, 아이들의 외침, 개 짖는 소리 등을 들으며 앉아 있는 기분은 매우 상쾌하였다.

조선의 가정에서 사육하는 송아지들은 어린애들이 친구 삼아 돌보는데, 이 송아지들이 부드러우면서도 위풍당당하고 전형적인 대형 종으로 성장한다. 성년이 된 황소는 350에서 500파운드의 짐을 나를 수 있다. 그들의 먹이는 삶은 콩, 저민 수숫대와 콩 줄기, 콩 삶은 물 등이다. 그들을 잡아끌 때는 뿔과 대나무 코뚜레를 연결시킨 밧줄을 이용한다. 주된 색은 엷은 적색이고, 이 거대한 동물은 그 골격이 마치 더햄[2]의 뿔이 짧은 소와 같다. 조선의 북쪽 지방에서 짐을 나르는 모습을 볼 수 있는 조선산 암소는 번식력이 강한 귀중한 동물이다.

항상 멋지던 경치가 며칠이 지나니 단조로워졌다. 끊임없이 배를 끌고 당기고 했던 무수한 급류들도 마찬가지로 단조로워졌다. 원산에 이르는 노상에 있는 파발인 원천에 이르러, 우리는 잠시 쉬며 육로 여행을 위해 비싼 값으로 말을 몇 마리 빌렸다. 알고 보니 말과 마부가 모두 훌륭하였다. 왕 씨가 정곡을 찔러 말한 대로 "돈만 많이 내면 그에 대한 대우도 좋았다." 나는 계약 내용을 기록했다. 계약 내용에 서로 만족한 우리는 다른 여행에서도 이들을 이용하게 되었다. 계약에 서명을 마친 뒤 우리는 강 여행을 계속하였다.

우리는 낭촌에서 한나절을 보냈다. 이곳의 관리들은 대단히 친절했다. 우리는 괴석이 즐비한 급류를 뚫고 웃기리 마을까지 한강을 거슬러 올라갔다. 웃기리까지는 수심이 얕아 갈 수 없으나, 여름의 우기 두 달 동안 작은 배들은 20리 더 상류 쪽까지 거슬러 올라가 끝 마을인 구무니오까지 갈 수 있었다. 오랜 배 여행의 허망한 종점이었다. 강이 갑자기 꺾어진 곳에서 그 단조로운 아름다움은 사라지고, 안장 모습의 산등성이와 첨탑과 같은 잿빛 고봉들이 검푸른 강물을 에워싸고 있었다.

강물이 끝난 곳에는 회색 옥석과 뾰족한 회색 바위들이 담쟁이덩굴, 노란 참으아리, 흰색 인동덩굴로 뒤덮여 있었다. 험준한 지형을 헤치고 북쪽으로

---

2) 더햄(Durham) : 잉글랜드의 동북부에 있는 주(州).

좀 더 나아가지 못해 아쉬웠지만 급류가 워낙 세차고 때로는 수심이 너무 얕아 그때 이 배의 흘수가 2인치에 불과하긴 했지만 더 이상 끌고 가기가 어려웠다.

마재에서 갈림길에 이르기까지 40개의 급류에 배를 끌고 삿대질하며 지나왔으니, 도합 86개의 급류를 지나온 셈이 되었다. 인적이 드문 상류로부터, 우리는 몇 번의 충돌이 있기는 했지만 빠른 속도로 사람이 많이 사는 강둑 쪽으로 내려왔다. 강변에는 마을이 과수원이나 밤나무와 뽕나무에 반은 가려 있고, 수확물이 풍부했으며 조선에서는 풍요의 상징으로 통하는 생필품들이 즐비했다.

240명이 과수원과 비옥한 강안의 언덕배기에 거주하는 정연하고 풍요로운 다래마을은 강변 부락의 좋은 예였다. 집들이 협곡의 측면을 따라 층층이 도열해 있었고, 그 밑에는 개천이 연중 끊임없이 연자방아에 수력을 제공하고 있었다. 한창 불어났을 때 한강은 상품의 왕래에 값싸고도 편리한 교통 수단이었다. 토양이 비옥한 마을 윗쪽 경사면은 앞으로 농경지로 개간된 공간을 제공하고 있다.

자세히 알 수는 없지만 강 근처의 삼지창 같은 모양을 한 경사면에는 매우 유명한 사당이 하나 있었다. 그 사당 속에는 미륵이라는 돌이 모셔져 있었는데 그것은 오랜 물의 침식작용으로 사람의 형상으로 변해 버린 돌이었다. 가운데에 있는 사람의 실물보다 큰 석상을 보면 제아무리 상상력이 무딘 사람이라 할지라도 어린애를 업고 있는 사람을 떠오르게 된다. 눈과 코와 입 등은 먹으로 그려 있었다.

그 주변에는 어린애들을 상징하는 듯한 남근상과 미륵이 널려 있었고 아낙네들은 더 많은 자손을 얻고자 하는 바람에서 이 사당 앞에서 절도 하고 시주도 바쳤다. 왜냐하면 조선에서는 아직까지도 사내아이가 소중하게 여겨졌고, "자식이 많은 사람"이야말로 진정으로 행복한 사람이었기 때문이다.

가평은 강에서 1.5마일 떨어져 있으며, 400호가 살고 있는 현(縣)인데, 한

강변의 마을 가운데 가장 좋은 본보기이다. 관아의 문은 낡고 주변에는 할 일 없는 사람들이 몰려 있었다. 그 마을은 충적평야의 끝에 위치하여 계곡이 흐르는 그림 같은 언덕배기가 뒤에 버텨 있고, 많은 부락이 밤나무 숲과 잘 가꾼 경작지로 둘러싸여 있었다. 가평 뒤편에 있는 비탈면은 침엽수와 경목류가 풍부히 자라고 있는 야산으로 이루어져 있으며, 그 주변의 수풀들은 윈저 가[3]의 그것에 비해 손색이 없었다.

큰 마을에 사는 사람들은 농산물을 읍내로 가져가 상품과 바꾼다. 원산에 이르는 전신줄이 가평 근처의 지류를 통과하고 강둑을 따라 몇 마일 좁은 승마길 위로 이어진다. 온갖 잡동사니가 배 위 10피트까지 쌓여 있었고, 장작이 배 밖으로 4피트까지 삐쳐 나왔으며, 거대한 뗏목들이 물이 불기만을 기다리고 있었다. 배들이 건조되고 있었고, 조선 중부에서 다량 산출되는 칡넝쿨로 만든 견인용 밧줄의 많은 양이 운송을 기다리고 있었다.

그러나 가평에는 조선의 작은 마을들이 그러하듯이 생명력이 없었다. 그곳의 상인이란 다름 아닌 행상인이었으며, 상업 개념도 등짐장사의 수준을 벗어나지 못했고, 흔히 가난이라 말하는 것도 없었으나 진정한 부유함도 없었다. 강변 마을에는 특별한 산업이 없었으며, 그것이 재난으로 모두 사라진다 해도 상업에 대한 이 나라의 무관심에는 전혀 영향을 끼치지 못할 것만 같다.

낭촌이라는 마을에도 사정은 마찬가지였다. 우리는 김 씨가 홍정해서 산 쌀을 씻느라고 그곳에서 몇 시간을 보냈다. 그곳은 강폭이 230야드에 이르렀고, 물고기가 많았다. 낭촌에서 우리는 한강을 거슬러 내려가 백귀미마을이 있는 아름다운 만에 이르러 거룻배에서의 마지막 날인 일요일을 보냈다. 거룻배는 우리가 5주 반을 보내기에 그런 대로 안락한 곳이었다.

---

3) 윈저 가(Windsor) : 조지 5세(George V : 1865~1936)로부터 현재의 엘리자베스 2세에 이르기까지의 영국의 왕실을 의미함.

제 9 장 조선의 결혼 풍습

일요일에 백귀미는 다소 활기차 있었다. 양반의 종자 한 사람이 배를 징발하여 기와를 서울로 무료로 나르려 하고 있었고, 그것 때문에 뱃사람들 사이에 약간의 실랑이가 벌어졌다. 환자가 한 명 있어 무당이 환자에게 씌워진 악귀를 내쫓으려고 하루 종일 굿을 하고 있었는데 그것이 진행되는 동안 내내 북과 꽹과리의 시끄러운 소리가 끊이지 않았다. 그리고 마지막으로 결혼식이 있었는데 이것은 그냥 보고 지나치는 것 이상의 가치가 있었다. 왜냐하면 결혼이나 장례, 굿 등은 그 의식과 함께 조선의 독특한 특징이기 때문이다.

조선 사람은 결혼할 때까지는 "아무것"도 아니며 그저 하찮은 "애송이"와 같은 존재일 뿐이다. 결혼식이란 "존경"과 "어른"으로의 입문이요, 사회적인 위계 속으로 뛰어 들어감을 의미한다. 젊은이는 긴 머리 가운데 가르마를 타고 끝 부분에 댕기를 땋는가 하면, 짧은 외투에 중띠를 두르고 다니기 때문에 다른 사람이 보면 흡사 계집애로 오해받다가, 결혼 의식 가운데 하나인 맞절을 함으로써 다른 사람이 된다.

그의 머리털은 잘려 나가고 머리를 감쌌던 긴 머리카락은 자랑스러운 "상투"로 변하는 것이다. 그는 망건을 쓰게 되고, 그때부터는 그것을 쓰지 않은 그를 더 이상 볼 수 없게 된다. 그는 검은 갓을 쓰고 긴 도포를 입는다. 그의 어색한 자태는 위엄 있는 거드름으로 변하게 된다. 그의 사내 친구들은 그의 손아래 존재가 되고 그의 이름 뒤에는 "씨"자가 붙어 다닌다. 그에게 말할 때는 경어를 써야 한다. 한마디로 무명의 존재(nobody)에서 유명의 존재(somebody)로 변하는 것이다.

여자는 결혼으로써 운명이 명백히 결정된다. 조선에서 여성의 독신이란 불교에서나 찾아볼 수 있고, 거기에서도 조차 독신이 거룩함의 명망을 가져다주지는 않는다. 7세부터 아버지의 견고한 굴레에 갇혀 살아오던 소녀는 17세가 되면 시대의 엄중한 담장 속에 갇혀 살게 된다. 그것이 "관습"이다. 그러한 습속이 고난을 가져오리라는 것은 우리 서구인의 생각에 지나지 않는다. 젊은 남녀가 서로의 배필을 스스로 결정하지 못한다는 것은 더 말할 나위도 없다. 결혼은 아버지에 따라 결정되며 당사자들은 그것을 당연한 것으로 받아들인다.

아들이 20세가 되어도 결혼하지 못하면 그 아버지는 게으르다는 말을 듣는다. 남자의 혼인 연령은 보통 17~18세이다. 마땅한 배필을 남에게 빼앗길지 모른다는 생각을 신부의 부모가 하게 되면 신부는 어린애로서 혼례를 치를 수도 있다. 그러나 그는 16세가 될 때까지 부인으로서의 임무를 수행하지 않아도 된다. 한편 10세나 12세 소년들은 그들의 부모가 모종의 이유로 혼인을 바라거나 혼처가 나타나면 결혼하게 되고 노란 모자나 울긋불긋한 도포, 꼬마 신랑의 어설픈 위엄 따위의 광경을 마을에서 볼 수 있게 된다.

혼인의 예비 접촉을 위해 보통 중매자가 끼어들게 마련이다. 신랑이 신부 아버지에게 주는 돈은 없고 신부 또한 지참금을 받지 못한다. 대신 신부는 놋쇠로 모서리를 장식한 예쁜 함을 받게 된다. 약혼식이라는 것은 없으며, 결혼을 약속한 뒤 결혼이 몇 주일 혹은 몇 개월 연기될 수 있다. 꼭 필요가 있을 경우에는, 결혼 전날 저녁 이전에 신랑의 아버지가 신부의 아버지에게 결혼 서약서를 보낼 수 있으며 신부의 아버지는 그것을 받기만 하고 답장을 보내지 않는다. 이때 두 필의 비단을 신부 아버지에게 보내는데, 혼례 때 신부는 그 옷감으로 예복을 차려입어야 한다.

청사초롱을 든 남정네들이 이 선물을 신부 집으로 운반하는데, 도중에 횃불을 든 한 떼의 신부 측 남자들과 맞닥뜨린다. 이래서 실랑이가 시작되는데 이는 종종 시늉하는 정도를 넘어 심각한 주먹다짐으로 발전하여 몇 명이 다치기도 한다. 이때 받은 상처로 죽은 사람도 종종 있다. 이 실랑이에서 신랑 측 들러리가 지면 신랑이 운이 나쁜 조짐이다. 반대로 신부 측이 지면 신부는 불운을 겪게 될 수 있다.

결혼 전날 밤, 신랑 신부의 부모들은 조상의 제단 앞에서 치성을 드리며 내일 있을 행사를 조상에게 알린다. 점쟁이가 길일을 택하면 그날 11시쯤 신랑이 관복 차림으로 말을 타고 아버지의 집을 떠난다. 이날만은 평민도 말에서 내리지 않고 양반을 앞지를 수 있다. 두 명이 그를 앞서 가는데, 한 명은 흰 일산을 들고 있고 붉은 옷을 입은 다른 사람은 원앙[1)]을 들고 간다. 원앙은 정숙의 상징이다.

신랑 주변에는 점화하지 않은 홍사 초롱을 든 노비와 결혼한 형이, 형이 없는 경우에는 아버지가 대신하여 따라 가게 된다. 목적지에 도달하면 신랑은 붉은 옷을 입은 사람에게서 원앙을 받아 집안으로 들어가 탁자 위에 올려놓는다. 이 원앙 얘기가 나왔으니 말인데, 정숙이란 언제나 여자 쪽에게 요구되는 미덕이라는 것이다.

혼례를 관장하기 위해 고용된 두 명의 여인이 신부를 대례상 쪽으로 안내하여 신랑의 맞은편에 세워 놓으면, 신랑은 약간 떨어져서 신부를 마주보게 된다. 하객들이 정원을 가득 메운다. 이렇게 해서 신랑은 처음으로 미래의 신부와 상면하게 된다.

신부는 격자창의 갈라진 틈이나 벽에 난 구멍을 통해 신랑을 보았을 수도

---

1) 원문에는 거위(goose)로 되어 있다.

있다. 우리가 생각하기에 신부는 매우 희한한 존재이다. 그의 얼굴은 백분으로 뒤덮이고 붉은 점을 찍는다. 그의 눈까풀은 접착제로 발라 붙어 있다. 종자의 부추김을 받아 신부는 남편에게 두 번 절하고 남편은 아내에게 네 번 절한다. 이렇게 여러 사람 앞에서 "맞절"을 하기만 해도 합법적인 결혼이 성사된다.

혼례가 끝나면, 설령 남편이 아내를 싫어한다 해도 제2의 아내를 맞을 수 없다. 남자가 부정한 관계를 맺는 경우가 많이 있기는 하지만 조선에서의 결혼은 영원한 의미를 갖는다. 술 한 잔이 신랑에게 전달되면 신랑은 그것을 조금 마신 다음 신부에게 전해 주고 신부는 맛만 본다. 그런 다음에 집안에 진수성찬을 차린 밥상이 신랑 앞에 나오면 그는 음식을 조금만 먹는다.

신부는 여자의 방으로 물러가고 신랑은 남자의 방에서 친구들과 함께 논다. 연회는 동시에 진행되지 않고 하객이 도착하는 대로 음식상을 차린다. 비천한 사람들이 먹는 음식상을 차리려면 5~6엔(10~12실링) 정도가 들며 매우 싸게 혼례를 치르는 경우라도 75엔 정도가 소비되어 딸이 여럿인 가정은 재정적으로 불행을 초래한다.

오후에 신랑은 자기 집으로 되돌아오고 잠시 뒤에 신부가 결혼 예복에 싸여 여전히 눈을 봉한 채로, 앞서 말한 두 명의 여인과 계집종, 초롱을 든 남자들과 함께 붉은 색 장신구가 돋보이는 가마를 타고 신랑 집으로 온다. 거기에서 그는 시부모의 영접을 받고 그들에게 네 번 절하고 조용히 앉아 있는다. 그러고 나서 신부는 친정으로 되돌아가 봉한 눈을 뜨고 얼굴의 백분을 씻어 낸다. 5시에 신랑이 도착하지만 그는 그 다음날 아침 다시 본가로 되돌아간다.

이렇게 왔다 갔다 하는 과정을 3일 동안 되풀이하고 나서 신부는 보통 가마를 타고 시부모와 함께 살게 될 집으로 들어온다. 시집에서 그는 여자들만이 사는 으슥한 곳에 한 개 혹은 그 이상의 방을 할당받는다. 이제 태어날 때 부모가 지어 준 이름이 떨어지고 이제는 아무개의 아내 혹은 아무개의 엄마로 통한다. 남편이 그를 부를 때에는 "여보"라는 말을 쓰는데, 이 말은 "여기를 보라"는 뜻인데 이는 남편에 대한 아내의 관계를 잘 나타내 준다.

침묵은 아내의 첫 번째 임무이다. 혼례식이 있는 날 내내 신부는 돌부처처럼 입을 다물고 있어야 한다. 만일 그가 말을 하거나 표정을 짓는다면 그는 조롱의 대상이 된다. 그래서 그는 남편이 조롱, 장난, 설득을 통해 그의 침묵을 깨뜨리려 해도 말을 하지 말아야 한다. 왜냐하면 계집종들이 문이나 벽 틈에 달라붙어 열성적으로 신부가 "하는 말"을 엿듣고 그것을 구설수에 올리려 하기 때문이다.

신부가 잘못해서 말을 하게 되면 그는 자신의 세계에서 자신의 위치를 잃어버릴 수도 있다. 상류층에서는 이러한 침묵의 관습이 매우 엄격하게 지켜진다. 남편이 아내의 목소리를 알아듣기까지는 수주일 혹은 수개월 걸릴 수도 있으며, 그 뒤에라도 그는 꼭 필요한 말만 하게 된다. 시아버지에게는 침묵의 법칙이 더욱 엄격하다. 며느리는 시아버지의 눈을 정면으로 보지도 못하며, 그에게 한마디 말도 해보지 못한 채 여러 해를 보낼 수도 있다.

아내는 남편에 대한 자신의 임무를 늘 인정해 왔지만 남편은 아내에 대해 그런 것을 거의 인정하지 않는다. 남편이 아내를 겉보기에 정중하게 대하는 것은 옳은 일이지만 아내에 대한 애정을 나타낸다든지 그에게 자신과 동등한 대우를 해준다면 그는 조롱이나 경멸의 대상으로 전락한다. 양반의 남편 가운데는 아내와 사나흘 같이 지낸 다음 자신의 초연함을 보여주려고 상당한 기간 아내와 각 방을 쓰는 사람도 있다. 그렇게 하지 않으면 오히려 "모양이 나쁘게" 된다.

동양의 다른 나라와 같이 조선에서도, 생활이 궁핍해서 생업에 보대끼고 친척끼리 절제하며 살아가는 사람들이 부유한 사람들보다 더 행복한 결혼을 한다는 것이 내게는 깊은 인상을 주었다. 조선의 여성은 속박 속에서 살아왔다. 그들은 열등함을 운명으로 받아들인다. 그들은 결혼할 때 애정을 기대하지 않으며, 관습을 깨뜨린다는 생각이 도무지 들지 않는 것 같다. 그

양갓댁 마님

들은 말없이 "현모양처"의 법칙을 따른다. 고분고분하지 못하다든지 화를 내거나 추문을 불러일으키는 여자는 모진 매를 맞게 되고 상민의 여자로 전락한다.

그러나 상류층에서는 관습상 남편이 아내를 때릴 수 없고, 그의 유일한 치료책은 이혼인데, 재혼이 쉽지 않기 때문에 남자는 자신의 운명으로 체념할 수밖에 없다. 그러나 여자가 남편을 괴롭히고 가정을 파괴하는 것도 모자라 부정한 짓을 저지르면, 남편은 그 여자를 관청에 데려가 심하게 매질을 하고 노비의 아내로 삼게 할 수 있다.

가정에서의 여자의 은둔은 결혼 뒤에도 그대로 이어지며, 중상류층의 가정일 경우 그 정도는 극심하다. 그들은 밀폐된 가마를 타지 않고는 대낮에 외출할 수 없다. 밤에는 여자 한 명과 초롱을 든 계집종 한 명을 대동하고 장옷을 머리에 두르고서야 여자는 여자 친구를 방문할 수가 있는데, 남편의 허락이 있어야 함은 물론이고 남편은 아내의 외출이 실제로 이루어졌는지 조사해 보기도 한다.

시장 보는 일은 하인들의 몫이며 행상인은 물건을 문간에 놓고 조용히 물러간다. 여유 있는 계층에서 풍족히 누릴 수 있는 하루의 시간은 잦은 음식장만, 바느질, 자수, 언문으로 된 가벼운 문학류의 독서, 끊임없는 한담, 애키우는 얘기 등으로 보낸다. 아내가 정말 지루해서 못 견딜 지경이라면 남편의 동의를 얻어 소리꾼을 집안으로 불러들여 발을 쳐 놓고 그 틈새로 구경한다. 이러한 방식으로 조선의 많은 여인들은 왕의 행차를 구경했다.

조선의 여인이 어머니가 되면 그의 지위가 좀 나아진다. 여자는 노년에 부모를 봉양할 수 없고 제사를 모실 수 없기 때문에 사내아이만큼 환영받지는 못하지만, 동양의 다른 나라에서처럼 여자가 남아돈다든지 달갑지 않은 존재는 아니다. 여아의 출생은 그렇지 못하지만, 첫아들을 낳는 것은 경사스러운 일이다. 아들에게 이름이 지어 주면 여자는 아무개 엄마로 불린다. 첫 사내아이가 첫걸음을 떼어놓는 것도 가족의 경사이다. 조선의 어린 아기는 요람이 없고 배 부분을 가볍게 두드리면서 재운다.

제 10 장 조선의 조랑말 : 도로와 여관

찌뿌듯한 날씨에 가랑비를 뿌리는 아침이 지나고 낮에 한차례 소나기가 퍼붓자 오랜 육상 여행의 조짐이 불길했다. 그러나 북한 쪽으로 거슬러 올라가는 것이 너무 단조로워 변화와 어떤 행동이 있었으면 하는 바램이었다. 조랑말을 타고 여행해 본 경험이 있는 나는 조랑말이 지날 길을 균등하게 배분해서 마부 사이의 말싸움을 처음부터 없애 버렸다. 그 사람들은 원래 마부가 아니고 다만 금강산을 구경하러 갈 뿐이었다. 그 가운데 한사람은 교육도 받고 점잖은 사람이어서 일행으로부터 "샌님 같다"고 조롱을 당했다. 그들은 한 가족이어서 언쟁은 없었다.

무서운 조랑말에 대한 나의 첫 번째 경험 때문에 나는 앞일을 안심할 수 없었다. 마부들은 외국산 안장을 난생 처음 보았고 그것을 "고정시키는" 데 한 시간이나 걸렸다. 그것은 조랑말용 안장이었는데도 이 동물의 작은 몸집에 비해 너무 컸다. 허리띠는 반 야드나 길었고 엉덩이 띠는 일 피트나 길었다. 이 동물은 물고, 울고, 앞뒤 발로 껑충껑충 뛰었으며 등을 땅 쪽으로 굽혀 배가 거의 땅에 닿으려 했다. 마부들은 그를 두려워했으며 간간이 싸움이 그쳤을 때만 걸쇠를 묶으러 접근했다. 말은 꽉 죄는 것을 싫어했다.

조랑말은 조선에서 가장 뛰어난 특산물이다. 이 종족은 조선에서 특이한 존재이다. 짐을 나르는 동물은 모두 씨 말로서 키가 10~12핸드[1)]이며 체격이 좋고 매우 강인하여, 여물도 제대로 먹지 못하면서 160~200파운드의 짐을 싣고 매주 하루에 30여 마일을 나른다. 그들은 가장 난폭한 투사였다. 온갖 소리를 지르고 길에서 만나는 다른 조랑말을 공격하면서 그렇게 오랜 여행을 했는데도 저희들끼리 친해지지 않았다. 화가 날 때면 짐을 내팽개쳐 종종 짐이 산산조각 흩어질 때도 있었다.

그 난폭함 때문에 페르시아에서 그리하듯이 한 마부가 다섯 마리의 말을 끌지 못하며 말 한 필마다 한 명의 마부가 딸려 있었다. 여관의 마구간에서 그들은 고개조차 쳐들지 못할 정도의 짧은 끈으로 여물통에 묶여 있으며 밤에는 지붕의 서까래에 묶어 놓는다. 이렇게 제한된 상황에서도 그들은 하이에나처럼 울어대고, 몸을 헛되이 뒤척이고 뒷다리를 흔들면서 지독스러운 증오심을 발산한다.

그들은 눕지 못하고 소금물을 마시는 경우가 아니면 물도 제대로 마시지 못했다. 그들은 본성을 순화하고 바람을 쐬려고 항상 코를 벌름이고 있었다. 그들은 뜨거운 여물을 하루 세 번 먹는데, 그 여물은 콩과 잘게 저민 수숫대, 쌀겨, 밀기울 등을 물에 넣어 끓인 것이다. 마부는 말들을 거칠게 대하는 것이 보통이지만 나는 그들을 학대하거나 귀여워하는 것을 본 적이 없다.

내가 말을 그렇게 좋아하는데도 나는 두 번의 여행을 통해 단 한 마리의 말과도 친해지지 못했다. 이번 여행에서 나는 약 10핸드 크기의 밤색 말을 이용했다. 그는 시간 마다 4마일 정도를 걸었으며 이름 모를 산길을 한 달 동안이나 걸었는데도 결코 비틀거리지 않았다. 그러나 그는 친해지려는 나의 시도를 맹렬히 거부했다. 이 말의 가격은 50실링 이상이며 사육하는 데는 별로 돈이 들지 않는다.

그들의 시중꾼인 마부는 언제나 그들의 주인도 아니고 부분적인 소유주

---

1) 핸드(hand)=말의 키를 재는 단위로서 1핸드는 4인치(10.16cm)임.

도 아닌데, 그들에 대해 매우 노심초사하며 극진히 돌본다. 마부는 자신의 편안함보다 말들의 편안함을 우선적으로 생각한다. 말이 쉴 때면 그는 곧 짐 안장을 제거하고 부드럽게 어루만지고 조금 뒤에는 말의 몸통 둘레를 부드러운 밀짚으로 감싼다. 그들이 먹는 음식에도 대단히 세심한 배려를 기울인다.

조랑말을 대들보에 묶어 놓는 것이 그들의 다리를 편안하게 하기 위한 것인지 혹은 그들의 몸부림을 막으려는 것인지를 나는 모른다. 여러 날 밤에 걸쳐 성미가 까다로운 말이 동료를 깨물고 차면서 한바탕 소란이 벌어지는 바람에 한숨도 자지 못한 적이 있다. 그 소란은 마부가 욕지거리를 하면서 때린 뒤 질서가 잡혀질 때까지 계속되었다. 말에 올라타면 그는 매우 착실히 걸어갔다.

그러다가도 이따금 옆에 동료가 다가오면 그는 재갈과 마부를 새까맣게 잊어버리고 살기 어린 눈으로 하이에나 같은 소리를 내며 동료에게 돌진했다. 장대비가 쏟아져 낮 동안은 질퍽한 길을 뒤척이며 걷다가 불어난 개천을 직접 건너게 되었다. 그 위에 놓인 다리가 허물어졌기 때문이었다. 살 속까지 젖은 옷을 정오쯤에 여관 온돌 위에서 말렸는데 거기는 깨끗한, 혹은 지저분한 흰옷을 입은 온갖 종류의 사람들이 빽빽이 들어차 있었다.

우리가 여행한 길은 서울에서 동쪽 개항장인 원산에 이르는 간선 도로였다. 그 도로는 관개가 훌륭한 논과 민둥산을 지나고 있었다. 이런 날씨에는 상품이나 여행자를 찾아볼 수 없으나, 담배와 건어물 해초 등을 지고 가는 일꾼들의 행렬을 서울에서 원산에 이르기까지 내내 볼 수 있었다. 건어물이나 해초는 조선의 건강식이다.

성긴 이엉으로 만든 초막집 밑에는 쌀을 찧기 위한 물레방아가 많이 있었다. 이 방아는 저 혼자서 일하는데 "쿵" 하는 소리에는 신비스러운 맛이 있었다. 이 기계는, 무거운 통나무가 중심대 위에 놓여 있고 그 한쪽에는 물받이 통이 달려 있고 한쪽에는 곡식을 빻을 수 있는 공이가 붙어 있다. 몇 피트의 높이에서 떨어지는 물이 물통 속에 고여 가득 차면 물통이 뒤집어지고 물이 통나무의 한끝을 누르게 된다. 그러면 다른 쪽이 갑자기 솟구쳐 올라 공이에 영향을 미치고 무겁게 쿵하며 쌀을 내리치게 된다. 이러한 단순한 기계가 없는 곳에서는 여자들이 그 일을 한다.

민둥산을 지나자 일본의 일부 지방에서 볼 수 있는 급류가 흐르는 계곡이 나타났다. 비가 억수같이 쏟아지다가 살팡고리에 도착하자마자 조용해지고 마부는 더 이상 걷기를 거부했다. 거기에서 나는 조선의 여관을 처음 경험했다. 거기에서 여러 주 동안 생활하면서, 이 형편없는 휴식처가 그래도 중간 정도는 되며, 겉보기에는 형편없기는 하지만 충분히 먹고 충분한 수면 정도는 즐길 수 있다는 것을 알게 되었다.

조선에는 비정규 여인숙과 정규 여인숙이 있다. 비정규 여인숙은 앞마당에 여물간이 있어 사람은 물론 동물에게도 편의를 제공한다는 점을 빼고는 길가에서 흔히 보는 오두막이나 다를 바 없었다. 읍이나 큰 마을의 정규 여인숙은 웅덩이와 흙더미가 지저분하게 쌓인 뜰이 대부분을 차지하며 낡은 출입문을 사이로 한길과 통한다. 수척한 검은 돼지, 쓰레기장에서 어슬렁거리는 커다란 누렁이, 닭, 어린애들, 황소, 조랑말, 식객, 나그네의 짐 등이 분주한 상황을 연출해 내고 있었다.

여관의 한쪽 또는 양쪽에 쓰러져 가는 마구간이 있었고 그 전면에는 썩은 여물통이 있었다. 그 너머로 조랑말들이 정력과 호전성을 유지하고자 뜨거운 갈색 여물을 먹고 있었다. 다른 쪽에는 밀을 담은 가마솥 창고에서 여물을 쑤고 있었고, 똑같은 불로 고래[炕]를 데우고 있었다. 한편, 같은 창고의 좀 더 규모가 작은 불이 손님용 음식을 취사하고 있었다. 여기저기 찢기고 더러운 창호지를 붙인 낮은 격자창을 지나면 방이 하나 나타나는데 그 진흙 바닥은 닳고 닳은 갈대 멍석으로 뒤덮여 있고, 그 위에 베개로 쓰이는 나무 토막들이 나뒹굴고 있었다.

농구나 모자 등을 담은 상자가 낮은 대들보에 흔히 걸려 있었다. 이 방에는 마부, 나그네, 하인 비천한 식객 등등이 와글거리고 있었다. 왜냐하면, 조선의 관리나 양반은 부근 고을에서 베푸는 환대를 끊임없이 받아 왔고 농부들은 조금만 안면이 있는 사람들에게도 집 문을 개방해 왔기 때문이다. 여관이라 칭할 만한 곳에는 8×6피트 넓이의 "깨끗한 방"이 있었는데, 내 경우는 그런 것이 있으면 얻어 썼고 없는 경우에는 여자의 방을 이용했다.

그런데 그 방에서 두드러진 것이라고는 뜨거운 열기와 해충, 앙팍, 더러운 옷가지들의 더미, 간장을 만들기 위해 썩히는 메주, 그 밖의 가구 등 안주할 수 있는 공간을 최소로 줄이는 것들뿐이었다. 밤이면 뜰의 초라한 등과 방의 호롱불 덕분에 거의 더듬어서 물건을 찾을 수 있었다.

조랑말의 여물을 쑤는 열로 방은 언제나 더웠다. 80°~85°F(26.7~29.5C)가 보통 온도였으나 92°F(33.3°C)를 넘는 경우도 많았고, 하루는 105°F(40.6°C)가 넘어 끔찍한 밤을 문가에서 보낸 적이 있었다. 마루와 등뼈를 노곤하게 해주는 이 가마솥 같은 방에서 조선의 나그네들은 마음껏 즐기고 있었다.

여행자가 여관에 도착하면 주인이나 하인은 빗자루로 먼지를 털어 내면서 구석으로 쓸어 내기 마련이다. 그러면 이에 질린 여행자는 그 쓰레기 더미에 움직이는 것과 움직이지 않는 것이 함께 있다는 점, 그리고 여럿이 함께 자는 방에서 흘러나오는 불평, 한숨, 뒤척임의 소리가 그 안의 곤충으로 말미암아 전염병이 퍼져 있음을 알려준다.

그러나 나는 조선의 여관에서 해충 때문에 고생해 본 적도 없고, 또 그럴 필요도 없었다. 여관 주인이 한바탕 먼지를 일으킨 뒤 왕 씨는 마룻바닥에 두 장의 두꺼운 기름종이나 아마씨 기름을 칠한 한 장의 대형 종이를 깐다. 그리고 그 위에 나의 침대, 의자, 짐 따위를 설치한다. 조선과 중국에서 보낸 20개월의 경험에 비추어 볼 때 이러한 방법이 최선의 예방책이었다.

대부분의 여관에서는 밥, 계란, 야채 등이 국, 국수, 마른 해초, 밀가루, 설탕, 기름을 섞어 만든 반죽류 등의 조선산 진미와 함께 제공되었다. 차는 나오지 않았다. 우물은 뜰의 분비물을 흡수하는 곳에 위치하고 있어 세심한 여행자는 끓인 물 이외에는 먹을 수 없게 만들었다. 제 철에는 닭이 4페니에, 꿩은 그것보다 조금 싼 가격으로 살 수 있었다. 봄철이면 개고기 판매도 흔했으며, 돼지고기도 흔히 살 수 있다.

조선의 여관비는 매우 값싸다. 등불과 온돌 시설이 되어 있는 방에 대해서는 요금을 받지 않았고, 내 경우는 그 집의 좋은 시설을 전혀 이용하지 않았기 때문에 하루 밤을 지낼 때나 하루 낮을 쉬어 갈 때 100냥을 지불했는데 여관 주인도 이를 만족스럽게 받았다. 하루 세끼를 먹는 여행자는 보통 팁을 포함해서 하루 200~300냥을 지불했다. 북쪽 지방에서는 밥 대신 수수를 제공한다.

술이 끊임없이 제공되는 경우를 제외하면 조선의 여관은 조용하며 술이 넘칠 때에라도 소란은 오래가지 않는다. 조랑말의 싸움 소리와 그 싸움을 진정시키려는 마부의 외침과 저주 등은 아침이 되어 나그네들이 떠날 때까지의 중요한 소란 거리였다. 어두운 길을 여행하는 것은 조선의 풍습에 맞지 않는다.

이 가벼운 묘사에서, 조선에서의 여행이란 매우 어두운 측면이 있어 세계 유랑자에게는 어울리지 않고 여행 전문가조차도 그 여행을 감행하기에 앞서 비용부터 계산해야 한다는 것을 알 수 있을 것이다. 내가 조선의 여관에서 겪은 악몽은 조선 사람, 특히 여인네의 지나친 호기심과 우악스러움에 있었다. 여행 가운데 유럽 여인을 만난 적이 없어 고통은 그만큼 더했다. 살팡고리는 그러한 경험의 대표적인 현장이었다.

나의 숙소는 지저분하고 사람이 붐비는 마당의 맞은편에 말들과 마주 보고 있었다. 다락을 사이에 두고 건물 양쪽 끝에 다른 어느 방보다도 큰 방이 둘 있었는데 그 위에 있는 짐에서 무언가가 새어나오고 있었다. 남은 음식이라곤 어렵사리 얻은 계란 두개와 배에서 남은 약간의 쌀밖에 없었는데, 왕 씨는 거기에 주방 기구를 설치했다. 나의 방에는 창호지 문이 세 개가 있었는데 벽이 없는 부분에는 일시에 남녀, 어린애들이 몰려들었다.

문의 창호지가 모두 찢겨 나가더니, 한 무리의 지저분한 몽골족들이 얼굴을 들이밀었다. 나는 삼베 커튼을 내걸었으나 어디서 긴 장대가 나오더니 내 커튼을 방 한가운데까지 젖혀 버렸다. 그 사람들이 문으로 쏟아져 들어오더니 나와 나의 짐이 차지하고 남은 자리를 차지해 버렸다. 아낙네와 어린애들은 나의 침대에 무더기로 걸터앉아 나의 옷을 만져 보고, 내 머리핀을 빼내고, 머리를 잡아당기고, 슬리퍼를 벗기고, 옷소매를 팔꿈치까지 걷어 올려 팔을 꼬집으며 내 살과 피가 저희들 것과 같은지를 조사했다.

그들은 나의 몇 개 안 되는 소지품을 조사하고 모자와 장갑을 끼고 써 보더니 왕 씨가 세 번이나 내쫓았는데도 이번에는 처녀들을 대동하고 더욱 의기양양하게 되돌아 왔다. 그 처녀들은 내가 조선에서 본 가운데 가장 아름다운 모습이었으며 풍성한 머리 타래에 가르마를 타서 등 뒤로 길게 생기를 따 늘어뜨리고 있었다. 밀고, 누르면서도 저희들끼리 밉살스러울 정도로 친밀했다.

시끄러운 소리와 80°F(26.6°C)의 날씨에서 풍겨 오는 사람 냄새는 정말 참을 수 없는 것이었다. 왕 씨가 네 번째로 방을 정리하고 나서 나에게 한 가지 제안을 했다. 또 한 번 더 사람들이 몰려들면 그들에게 내가 침대에서 권총을 소제하는 모습을 보여주자는 것이었다. 나는 그 제안을 수락했다. 그가 가 버리자마자 사람들이 다시 몰려들었다. 그러나 그들은 너무도 빠른 속도로 우르르 도망쳤기 때문에 나는 아무 고통 없이 밤을 지낼 수 있었다. 이런 식으로 공격적이고 참을 수 없는 호기심의 표현이 하루 세 번 정도씩 계속되었는데 그런 상황에서 그들을 상냥하게만 대해 주기란 매우 힘든 노릇이었다.

조선 사람이 좀처럼 성지 순례를 하지 않는다는 것을 감안하면, 그들은 꽤나 여행을 많이 하는 셈이다. 시장에 대한 유일한 공급원인 행상들은 끊임없이 돌아다니고 수많은 사람들이 그 밖의 이유로 여행한다. 가령 제례에의 참석, 휴양, 권태, "은니"(ennui, ?), 구경, 성묘, 묏자리의 물색과, 과거,

나의 땅을 지키고, 남의 땅을 뺏기, 소송, 사업 등의 이유로 끝없이 떠돈다.

호랑이나 귀신이 무서워 밤에는 대개 여행을 삼가지만, 공식적인 증명을 가지고 있는 사람은 마을에서 횃불잡이를 차출할 권리가 있기 때문에 밤 여행을 할 수도 있다. 만일 야간 여행을 꼭 해야 할 필요가 생길 경우, 여행자들은 자기들끼리 무리를 지어 호롱불을 들거나 횃불을 흔들고 징을 치며 여행한다. 호랑이에 대한 조선 사람들의 공포가 얼마나 일반적이냐 하면 "조선 사람들은 반년 동안은 호랑이 사냥을 하고, 나머지 반년 동안은 호랑이가 조선인을 사냥한다."는 중국 속담에 잘 나타나 있다.

앞서 말한 것처럼 관리나 양반들은 그들의 수행원과 더불어 관청에 숙소를 정하고 기름진 음식을 즐겨 먹는다. 어쩌다 그들이 여관의 불편함이나 마을에서 나오는 음식을 감수해야 할 경우가 생기면 그들은 그 음식 가운데 최고급을 골라 공짜로 그것을 먹는다. 관자로 무장한 외국인의 방문이 공포의 대상일 수밖에 없기 때문에 나는 그것을 소지하고 있다는 사실을 공표한 적이 없고 두 번째 여행에서는 아예 그것을 버렸다. 왜냐하면 나를 받아 주는 여관 주인의 반감을 무마하려고 내가 수행원들과 지키기로 약속했던 정직한 마음만 있다면 서로 신뢰할 수 있다고 믿었기 때문이었다.

여행자들이 도보 여행이나 승마 여행에 이용하는 길은, 보통 시간마다 3마일의 속도를 유지할 수 있을 정도로 열악하다. 인위적으로 만든 길은 거의 없었으며 기존의 도로는 여름이면 먼지가 많이 일고 겨울에는 진흙탕이었다. 길은 반듯하지 않으며 바위가 불규칙하게 튀어나왔다. 대개의 경우, 그 길이란 사람이나 동물이 여러 번 다녀 그저 사용이 가능해진 오솔길일 뿐이었다.

많은 개천에는 다리가 없고 있다 해도 대부분은 나뭇가지나 뗏장을 덮은 것에 불과하여 7월의 비에 쓸려 내려가 보통 10월 중순까지는 복구되지 않았다. 어떤 곳에서는 개천을 만나면 시간이 지체되고 위험스러워 선착장이나 얕은 물가 쪽을 걸어서 건너야만 하는 경우도 있다. 서울로 향하는 "여섯

대로"조차도 다리가 허술하다.

따라서 마부는 말보다 앞서 시험 삼아 건넘으로써 다리가 말의 무게를 견딜 수 있을지를 시험한다. 산 속에서의 길이란 자갈로 뒤덮인 하상에 불과하며 그 가운데도 낫다는 서울-제물포 간의 도로는 겨울이면 1~3피트 깊이로 빠지기 일쑤이다. 내가 그토록 여러 번 경험한 이 악명 높은 "굴레 길"은 조선의 발전을 가로막는 가장 큰 장애 요소이다.

서울에서 원산에 이르는 간선 도로 가운데 우리가 살팡고리에서 상낭당까지 두 시간 동안 걸었던 길은 형편없는 길의 대표적인 경우였다. 상낭당에서 우리는 금강산 쪽으로 가는 길로 접어들었다. 이 길의 초입은 울창한 계곡 사이로 나 있었는데 바닥에는 백합이 해발 1,300피트의 추파령까지 이어져 있었다. 추파령 정상에는 커다란 사당이 하나 있었는데 거기에는 중국의 장군 모습을 닮고 색상이 조악한 초상화가 있었으며, 낡은 신발, 옷 쪼가리, 쌀알 등 일반적으로 볼 수 있는 제물과 함께 "나, 성안지의 영혼이 여기에 잠들다"라는 문구가 새겨진 비석이 있었다. 옷가지가 걸려 있는 나무들이나 고갯마루의 돌무덤을 만나면 늘 그러하듯이, 마부는 귀신의 은신처[서낭당]에 대한 관습에 따라 절을 한 번하고 침을 뱉었다.

우리가 길을 걷는 노변 주택의 마당에서, 무당이 진수성찬을 차려 놓고 북을 두드리고 징을 치며 집안의 환자에게 병을 가져다준 귀신을 몰아내고 있는 굿의 장면을 우리는 여러 번 목격했다. 준비된 음식의 일부가 악령에게 제공되고 굿이 끝난 다음에는 음식의 일부를 환자가 받아먹는다.

그것은 그 음식이 치료제라는 믿음 때문이지만, 가령 장티푸스나 이질을 앓고 있는 환자가 돼지고기나 김치를 잔뜩 먹게 되는 경우처럼, 그 음식은 환자의 병을 심각하게 악화시킬 수 있다. 최근 서울에서 서재필(Philip Jaisohn) 박사가 목격한 사례에 따르면 만성적인 병을 앓고 있던 어느 환자가 무당이 굿을 하며 귀신에게 제물을 바친 다음에 그에게 건네준 무를 먹고 죽었다고 한다.

길가에는 논벼도 많이 있었지만 밭벼도 많았다. 두 줄 건너씩 콩이 두 줄로 심어 있었고, 그 사이로 초록색 살갗에 검은 점이 박히고 넓적다리와 몸 안쪽에는 붉은 색깔을 한 크고 아름다운 개구리들이 물에 흠뻑 젖어 울고 있었다. 이 개구리들은 봄을 맞아 한창 붉게 물들어 가는 아름다운 자태를 한 따오기의 먹이가 되는 것 같았다.

두 번째 고개에서 내려오는 길은 비옥한 농토를 지나 금강산으로 이어진다. 그 길은 방평 마을과도 맞닿아 있는데, 그 마을에서는 사람들이 아주 억척스럽게 33리 북쪽에서 가져온 쇳덩어리로 말 여물통을 만들고 있었다. 이틀 연이어 심한 폭풍우가 몰아치더니, 우리가 협곡 입구에 들어섰을 무렵에는 회오리바람으로 돌변해 조랑말을 거의 넘어뜨리고 어느 정도 크기의 나무를 성냥개비처럼 가볍게 뽑아 버렸다.

그러고 나서 깊은 평온이 찾아왔다. 구름은 회색빛 산봉우리에 따라 갈라진 채로 핑크빛 덩어리로 무리 지어 연둣빛 바탕의 하늘에 의지하듯 걸려 있었다. 산의 급류는 콸콸 소리를 내며 빛을 받아 반짝거리고 거품이 일어났으며, 숲은 말없이 그 초록빛 신선함과 희고 노란 꽃 무덤, 그리고 저녁 기운을 감싸고도는 달콤하면서도 은은한 향기로써 우리의 눈을 즐겁게 해주었다.

이번의 여행과 몇 번의 다른 경우를 통해 나는 조선이 기억에 남을 만한 독특한 아름다움을 가지고 있는 것을 알게 되었다. 그러나 그 아름다움은 봄이나 가을에, 사람의 발길이 닿지 않는 곳에서만 발견될 수 있다. 마을은 불결하고 지저분하기 짝이 없지만, 처마가 깊이 팬 갈색 지붕이 과수원 속이나 완만한 경사 변에, 혹은 반짝이는 냇물 둑에 몰려 있는 모습을 조금 떨어져서 보면, 그 풍경에 색감과 생명력이 한층 더해지고, 이상야릇한 흰옷에 갓을 쓰고 무거운 발걸음을 옮기는 남자의 모습이나 여성의 무리들이 반원을 그리듯 흔들어 가며 조심스레 걷는 모습은 어느 누구도 떨어지고 싶지 않은 모습들이다.

백양강은 수량이 풍부하고 강폭이 넓은 북한강의 한 지류로서 흐름이 갑자기 꺾어지는 곳이 많고, 허드슨강의 벼랑과 흡사한 단애를 가지고 있는 강인데, 이 강에 도착하기에 앞서 우리는 칼스[2] 영사가 설명한 적이 있는 거대한 화산암대를 건넜다. 우리는 북동쪽 방향을 이용해서 이 지역을 횡단했는데 그것은 40×30마일의 타원체의 고원 지대로서 깊은 균열 지대로 둘러싸여 있고, 그 균열 지대에서 그 주변을 흐르는 급류와 산맥이 서로 만나고 있었다.

그 고원 지대는 모두 한강 지류인 개천으로부터 60~100피트에 위치해 있으며 프리즘의 각주 형상을 기막히게 연출해 내는 현무암 단애를 따라 흐르고 있었다. 어떤 곳에서는 화산암이 집괴형이거나 단단한 점토로 뒤덮여 지표 가까운 곳에 있었으며, 커다란 화산암 덩어리가 개천을 따라 산재해 있었다. 그곳은 매우 기름진 곳이어서 수많은 인구를 부양할 수 있었으나, 쌀 경작에는 적합하지 않아 주로 강풍의 영향을 받지 않는 콩, 수수, 밀 등이 재배되고 있다.

백양강에서 멀지 않은 곳에 두 개의 고인돌이 있었다. 위에 얹혀 있는 돌 하나는 7~10피트의 길이에 7피트 너비였고, 17인치만큼 땅속에 박혀 있는 4피트 2인치 크기의 3개의 입석으로 받쳐져 있었다. 다른 하나는 조금 작은 규모인데 두 고인돌의 입구는 정북 쪽으로 나 있었다.

나룻배를 타고 162야드 넓이에 16피트 깊이의 백양강을 건너 우리는 거대한 산의 기슭에 당도했다. 강의 넓은 부위를 연결하는 다리가 낡아서 새로 축조하려 했으나 관리가 그 축조비를 사비로 유용함으로써 어쩔 수 없이

2) 칼스(William R. Carles : 1848~1929) : 영국 워릭 출신. 말보로대학에서 수학. 외교계에 투신하여 1867년에 중국을 방문. 공사관 번역생, 대리참찬을 지냄.(1881~1883) 그 뒤 조선 주차 부영사(1884~1885), 상해 부영사(1897), 천진 총영사(1897~1901)를 지냄. 한국에서의 견문을 토대로 『조선풍물지』(1888)를 씀. 그에 관한 자세한 기록은 본 『한말외국인기록』(14) 가운데 『조선풍물지』를 참조할 것.

이 배를 만들었는데 매우 정교했다. 이 산은 남북으로 길게 뻗어 조선을 통구의 마을에서 경도를 따라 동서로 구분하고 있었다.

경치는 매우 다채롭고 아름다워졌다. 수풀에 뒤덮인 언덕에는 나무꾼의 가혹한 손길이 미치지 않은 관목들이 아름다운 꽃과 함께 자라고 있었다. 여울이 짙은 녹음을 뚫고 거품 속에 미끄러져 내려가다가 물소리와 함께 시야에서 멀어져 갔다. 자그마한 밭들도 모두 자갈로 덮여 있었다. 사람은 별로 살지 않았으며 길이라는 것도 돌이 깔린 하상에 불과했다.

길이 점점 불분명해지자 계곡은 점점 적막해졌으며 우리의 불평은 더욱 잦아지고 길어졌다. 마부는 되도록 말을 빨리 몰았다. 여울은 더욱 많아지고 깊어졌다. 일행 가운데 두 명이 여울에서 낙마했다. 우리는 더욱 빨리 걸음을 재촉했다. 한 마디 말도 없었으나 사람들의 머릿속은 호랑이 생각으로 가득 차 있으리라는 것을 나는 알고 있었다. 황혼을 더듬어 가며 우리는 어두울 무렵에 마릿개라는 저지대 마을에 도착했다.

단발령을 2마일 남겨 놓고 우리는 거기서 밤을 지내고 그 이튿날 고개를 넘을 예정이었다. 마을 사람들은 우리를 맞아 줄 뜻도 없었고 능력도 없었다. 그들은 쌀이나 콩도 없다고 말했다. 때가 늦봄이라 그럴 수도 있을 것이다. 그러나 지금이나 그 당시의 조선의 법에 따르면 그 마을이 여행객을 맞아 줄 수 없으면 다음 휴식처까지 데려다 주어야 한다.

마부들이 발끈했다. 그들은 소리를 지르고 발광하며 오두막집을 두드렸다. 결국 네 명의 농부가 잠에서 막 깨어 불려나왔고 얼마 안 지나 여덟 명으로 늘었다. 그러나 횃불의 기름이 부족하여 타오르다가는 하나씩 꺼져 갔다. 새로 바꾼 횃불도 변변치 않았다. 마부들은 이성을 잃었다. 그들은 몽둥이로 횃불잡이를 때렸다. 나는 그런 짓을 하지 말라고 나의 마부를 채찍으로 후렸다. 그들은 괴성을 지르며 발광했다. 그리고 나서야 사태가 호전되었다.

관솔의 불빛이 훌륭하게 타올라 우리가 건너는 수정 같은 여울을 비추었고, 사람들이 입은 옷과 돌길, 그리고 소나무의 희미한 줄기를 붉게 물들었다. 환호와 함께 횃불을 흔들어 대며 우리는 차가운 겨울 공기 속에서 창공에 무수히 깔려 있는 별들을 바라보며 숲이 무성한 계속을 통과하여 윘마릿개에 도착할 수 있었다. 이 마을에는 다섯 가구가 있었는데 그 가운데 세 집에만이 사람이 살고 있었다. 이 마을은 매우 쓸쓸하고 가난한 마을이었다. 여덟 명의 사람과 네 마리의 조랑말로 구성된 우리 일행이 이 비참한 곳에 자리를 보내다 보니 이러한 공간조차도 반갑기만 했다.

제 11 장 금강산 기행

금강산 지역 서쪽 국경인 단발령은 마릿개로부터 1,320피트를 더 올라가야 했는데 통과하는 동안의 날씨가 화창했다. 단발령을 넘어 본 소수의 유럽인 가운데 하나인 영국 영사관 직원인 캠벨[1] 씨는 그의 매혹적인 설화체의 기행문에서 짐을 실은 동물은 통과할 수 없으므로 짐꾼을 고용해야 한다고 언급하고 있다.

그러나 그 길이 거대한 목석과 모가 나고 경사가 완만한 바윗돌과 뒤얽힌 나무뿌리의 미끄러운 엉김보다 나을 것이 없을지라도 나는 말을 타고 그 험한 길을 올라갔으며 바위 계단을 올라갈 때도 말들은 짐을 지고 가면서도 아무렇지도 않은 듯했다. 산비탈에는 무성하고 향기로운 식물들로 가득 차 있었으며 특히 참나무, 밤나무, 산사나무, 여러 종류의 단풍, 연분홍 진달래와 노란 개나리와 계곡의 백합들이 이끼 낀 대지를 덮고 있었다.

정상 위에 있는 사당에서 바라보니 아름다운 광경이 그대로 펼쳐진다. 언덕진 숲의 물결과 물의 반짝임, 언덕의 물결치는 듯한 모습, 금강산의 가장 높은 정상에 있는 6천 피트를 넘는 높이를 포함한 울퉁불퉁한 산의 병풍

---

1) 캠벨(C. W. Campbell) : 1887년 9월에 한국 주차 영국 공사관의 보좌관으로 부임하여 1888년 6월에 부영사 대리로 승진. 그 해 11월까지 봉직함.

…… 참으로 아름다운 약속의 땅이다! 그러나 이 금강산 산행은 많은 수도원 가운데 하나에서 그의 삶을 묻어 버리려는 사람에게는 루비콘 강[2]을 건너는 것만큼이나 용단이 필요하다.

"단발령"이라는 이름은 조선 불교 역사의 초기에서 남아 있는 유서에서 연유된 것이다. 수도 생활을 선택한 사람들은 그들의 결혼의 품위인 상투나 총각의 긴 머리를 자름으로써 그들이 세속을 포기했음을 강조했다. 단발령의 동쪽 비탈은 여러 가지의 양치식물의 무성함과 꾸불꾸불한 숲길의 연속이다.

산길을 오르내리는 한낮이면 시냇물의 깊은 여울, 계곡의 언덕 마을에서 재배하는 메밀, 그리고 소나무와 감나무 숲을 통하여 회색 바위의 틈을 흘낏 볼 수 있었다. 늦은 오후에 말의 등에까지 물이 차오르는 투쟁이 끝나자 우리는 골짜기와 평지에 닿았다. 소나무와 전나무 숲을 따라 흐르는 격류를 통과한 그 길은 스님들의 손으로 넓게 잘 닦아 있었다.

저녁이 되면서 우리는 "햇볕을 받는" 언덕이라는 마을[3]에 도착했다. 갈라진 나뭇가지를 통하여 흘깃 보이는 화강암의 벽과 장관을 이루고 있는 봉우리가 나타났다. 빨간 줄기, 비스듬히 비치는 햇살, 침엽수의 검푸른 모습이 아름다웠으며 그 아래에는 우렁찬 소리의 폭포에서 물거품이 반짝이고 있었다. 소나무의 향을 듬뿍 받은 이슬이 무겁게 내렸다. 계곡이 다시 좁아지고 푸른 그늘이 내려앉은 광경은 사람이면 누구든지 보고 싶어 할 만큼 훌륭했다.

스님들은 길을 닦기는 하지만 다리를 만들지는 않아 냇물을 건너기가 어려웠다. 조랑말은 자기들 힘으로 건너려고 안간힘을 쓰고 있었지만 마부들

2) 루비콘 강(Rubicon) : 고대 이탈리아와 갈리아족과의 경계를 이루는 강으로서, 서기전 49년에 시저가 이 강을 건너며 "주사위는 던져졌다"라는 말을 남긴 뒤에 유명해짐.

3) 양구(楊口)를 양구(陽邱)로 오해한 것으로 보임.

은 외나무다리를 건너가고 있었다. 발을 담가 보니 깊은 물은 거의 얼음에 가까울 만큼 차가웠다. 가장 오래된 금강산 사찰인 장안사의 모습이 나타났다.

절은 골짜기의 가장 좁은 곳에 자리 잡고 있는데 작은 풀이 많은 고원에 집결되어 있는 장엄한 사찰이었다. 깊은 곡선의 지붕으로 덮인 절의 모습은 장엄했다. 이곳은 연중 4개월 동안 눈이 쌓여 바깥세상으로부터 격리되어 있으며 산이 깊기 때문에 불자들에게 평화스러운 은신처를 제공해 주고 있다. 우리는 급류를 지나 왕실에 대한 충성을 상징하는 홍살문을 지나니 어느덧 사찰 경내에 들어와 있었다.

장안사는 비각, 여행자의 말을 위한 마구간과 작은 방, 숙소, 남자 스님과 비구니를 위한 요사채, 하인과 상좌승들을 위한 숙소, 커다란 부엌, 손님을 위한 커다란 방과 비구니의 방으로 이루어져 있었다. 이들 외에 절름발이, 불구자, 장님, 허약자, 외로운 사람들의 숙소도 있었고 과부와 고아, 가난한 사람들을 위한 거처도 있었다.

100명은 됨직한 손님들이 대접을 잘 받고 있었다. 수도승과 하인, 법당을 수행하는 소년들이 아마 100명은 넘어 보였으며 소녀에서부터 87세의 이르는 다양한 나이의 비구니들도 20명이나 되었다. 이 많은 사람들은 산 밑에 있는 땅에서 나는 농산물과 집세, 순례자와 손님들의 시주, 서울의 4대문에까지 접근할 수 있는 탁발승들의 모금으로 살아간다. 이 당시에는 스님이 성안으로 들어가면 죽음을 당했으나 얼마 전에 세상을 떠난 왕비[민비]의 자비심 덕분에 요즘에는 도성의 출입이 많이 자유로워졌다.

사찰 지대의 첫 인상은 거대한 숲의 평원과 같았다. 거대한 통나무와 두꺼운 판자의 기둥은 커다란 소나무와 둘레가 17피트인 은행나무 아래에 쌓여 있었다. 40명의 목수가 톱질을 하고, 칫수를 재고, 망치질을 하고 있었으며 40~50명의 노동자가 거친 노동요를 읊조리며 통나무를 운반하고 있었다. 정열적으로 탁발한 돈으로 거대한 사찰은 수리를 하는데 거의 다시 짓는 것이나 다름이 없었다.

금강산에 있는 45개의 절과 암자는 종교적이고 인간적인 소망과 함께 그림 같은 풍경을 더해 주는데 장안사는 아마도 조선의 3대 사찰 가운데 하나로서 의심할 바 없이 가장 오래된 것이다. 캠벨 씨가 인용한 정확한 기록에 따르면 장안사는 훗날 고려로 통합된 가장 중요한 왕국인 신라의 법흥왕 시대인 서기 515년에 진표율사[4]가 창건한 것이라고 한다.

고찰은 중국 불교도의 건축을 본받아 지은 훌륭한 건물로서 장방형의 높이 48피트의 커다란 기둥 위에 기와지붕을 얹었으며 골이 깊은 처마 날개는 화려한 단청과 목각을 보호하고 있었다. 우뚝 솟은 그물 모양의 지붕은 정교하게 조각하고 채색한 대들보로 지탱되고 있으며 창문으로 쓰이면서 희미한 종교적 빛을 발휘하는 문틀은 대담한 형태의 격자무늬로서 금박을 입혔다.

실제로 사원의 지붕은 지름이 3피트인 나무 기둥으로 지탱되고 있으며 널빤지로 된 벽은 색채와 금으로 복잡하게 장식되었다. 석가모니의 불상은 뚜렷하게 힌두교의 표정을 지으면서 말로 표현할 수 없는 신성한 모습으로 높다란 그물 모양의 목각 차양 아래에 앉아 있었다. 그 앞에는 제대가 있고 그 위에는 향로와 기도자의 책과 정식으로 돈을 내고 제사를 지내려고 차례를 기다리는 죽은 사람의 명단이 있다. 때 묻고, 먼지 묻은 고급 능라의 깃발이 여러 개 사찰 주위에 걸려 있었다.

"사성전"에는 각기 다른 자세로 묵상하는 세 분의 불상을 모셔 놓았다. 부처와 제자 16 나한과 그의 시종을 금과 비단으로 수놓은 자수가 걸려 있는데 수도승들의 주장에 따르면 그것은 14세기의 작품이라고 한다. 옆 벽면에는 요귀와 동물들이 그려 있다. 또 다른 건물은 지장보살과 그의 10명의 왕자들을 모시는 곳인데 수도승들은 이것을 명부전이라고 부른다. 장안사는

---

4) 진표율사(眞表律師) : 신라 시대의 중. 금산 출신. 금산사에세 숭제법사에게서 사미계를 받고 766년에 금산사를 중창하여 미륵상을 안치함.

거대한 휴식처의 성지여서 향불과 초의 연기로 많이 검어 있으나 판관 뒤의 벽에 그려진 지옥의 고통은 참으로 볼만하다. 그들은 상상을 초월할 만큼 무서우며 지옥의 예술의 천재성을 보여준다. 이것은 몇몇 독자들에게 친숙한 중국의 절강성 주산 정해에 있는 관음사의 지옥화를 연상시켜 준다. 법당과 일반 손님이 묵는 방 옆에는 장안사를 즐기려고 찾는 벼슬아치들을 위한 국가적 표상인 태극을 그려 넣은 건물이 있다.

나로서는 숙소를 찾기가 힘들었으니 결국 높은 지위의 매우 친절한 젊은 수도승이 방을 나에게 양보했다. 불행하게도 그 방은 손님 부엌의 바로 옆이었다. 화염이 굴뚝 밑으로 지나갔고 나는 91°F(32.8°C)의 온도에서 찜질을 했다. 어느 모로 보나 꾸며낸 얘기가 아닌 호랑이에 대한 경고에도 불구하고 나는 밤새 문과 창문을 모두 열어 두었다. 그 방은 과타마[5]의 전당과 선반 위에 관음보살상과 내가 불교의 고전에 대해 배운 몇 권의 책이 있었다. 그 뒤에 내가 묵었던 방에는 결코 신성함을 믿게 해 주지 않는 그림으로 가득 차 있었다.

다음 번 방도 똑같이 더웠지만 환기를 위해 문틈을 열어 놓지 않은 채 30명의 손님들이 밤새 신음하며 뒹굴고 있었다. 한 개의 촛대가 부처의 그림을 희미하게 밝히고 있었으며 먼지와 소름끼치는 제구가 제대 위에 있었다. 오후 9시면 한밤중이었다. 새벽 4시면 수도승이 일어나 요령을 흔들고 심벌즈와 징을 치면서 알 수 없는 소리로 부처를 찬양하는 노래를 읊조렸다. 장안사의 기분이 좋기도 하고 우울하기도 한 모습으로 여남은 살의 밝고 활기찬 고아 소년들 몇 십 명의 존재가 보였다. 그들은 지금은 상좌 중이지만 곧 승려가 될 것이다.

이틀간 본 바와 같이 장안사는 완벽한 천국이므로 이 글이 장안사의 아름

---

5) 과타마(瞿曇) : 석가모니 가문의 성(姓)을 의미하지만 불문에 처음 들어간 스님을 의미하는 경우도 있다.

다움에 대한 글을 절제하는 것은 겸양을 시험해 보려는 것이다. 장안사는 작은 녹색 반원의 고원에 쑥 들어간 언덕에 자리 잡고 있는데, 뒤는 벽으로 둘러싸였고 옆은 반쯤 초원을 이룬 바위 덩어리의 낭떠러지로 되어 있는 은둔처였다. 붉은 화강암 앞에는 다리가 없는 폭포가 커다란 표석 가운데 격노하며 소리치고 있어 모험가를 제외하고는 누구도 찾는 이가 없었다.

일출 때와 같이 일몰도 붉고 금빛 속에 싸여 있었다. 대낮에는 단조로운 섬광과 금속성의 푸른빛이 번쩍거렸고 산맥 가운데 가장 높은 왼쪽의 거대한 바위 정상은 끊임없는 감탄을 자아내게 했다. 거대한 갈비뼈가 수직으로 뻗어 있는 모습은 파이프오르간과 흡사했다. 이런 모습은 어느 곳에서나 볼 수 있다. 지층과 반쯤 내려앉은 암봉은 소수의 환상적인 침엽수와 진달래의 뿌리를 지탱하게 했고 더 낮은 곳은 조밀하고 많은 장엄한 숲 가운데에 아스라이 사라져 갔다.

나의 선배인 커즌 경[6]과 캠벨 씨가 여행했던 코스와는 달리 동쪽 산골짜기의 첫 번째 절인 유점사로 가자고 내가 제안했기 때문에 나는 말과 짐을 장안사에 두고 떠났다. 구경에 열심인 마부가 얼마만큼 나를 따라 왔다. 5일간의 금강산 여행 가운데 날씨는 견줄 수 없을 만큼 화창했으며 공기는 모든 병을 고쳐 줄듯이 맑았다. 고도 4,215피트의 안문재를 넘어 유점사로 갔다가 고도 3,570피트인 기초로 되돌아오기로 했다. 온 구간 동안 필수품을 실으려고 두 일꾼과 두 짐꾼이 매는 남여를 가지고 갔는데 이 모든 것을 스님들이 마련해 주었다.

우리는 먼저 표훈사와 고도 2,760피트에 있는 정양사[7] 두 곳으로 갔다.

---

6) 커즌 경(Lord Curzon : 1859~1925) : 영국의 정치가. 1885년에 의회에 진출하여, 부외상(1895~1898), 인도 총독(1899~1905), 옥스퍼드대학 총장(1907), 상원의원(1916~1924)을 지냄.

7) 정양사(正楊寺) : 강원도 회양도호부 장양현에 있던 절. 『신증동국여지승람』(47) 회양도호부 화천현 산천편에 기록이 남아 있음.

조선에서 가장 장엄한 이곳의 광경은 바로 1만 2,000봉이었다. 나는 일본이나 심지어 중국에서도 그와 같은 아름다움과 장관은 본 적이 없다. 장안사의 폭포가 우르릉거리는 커다란 골짜기를 건너 호랑이가 나오는 초록의 무한대의 숲 위로 금강산의 중앙 봉우리가 솟아오르고 울퉁불퉁한 노란 화강암 꼭대기를 정상으로 계산하면 1만 2,000봉이라고 한다.

천국의 향기가 나는 매혹적인 5월 저녁에 꽃이 피는 몇 백만 그루의 관목과 수풀의 향기로운 숨결, 새싹의 움과 양치식물의 개화, 차가운 이슬이 맺힌 공기에 침묵이 흘렀다. 땅위에 솟은 봉우리는 1만 2,000개라기보다는 1,200개에 가깝지만 조선 사람의 과장에 대한 항의를 하고 싶지는 않다. 그들의 노란 화강암 봉우리는 은회색으로 퇴색된 채, 차갑고 단호하게 서 있었다. 숲은 겨울이면 더 높게 보이고, 여름이면 더 낮게 보이는 봉우리들을 장식하고 있으며 해가 질 무렵이면 자주색 빛깔은 붉게 변하여 황혼 속에 빛나더니 끝내 모든 봉우리는 등불처럼 하나씩 꺼져 가고 모든 광경이 죽음의 잿빛 속에 묻혀 버린다.

표훈사는 낭만적인 곳에 자리 잡고 있다. 폭포의 오른쪽으로만 건널 수 있었다. 여러 개의 지붕이 있는 대문 밑을 통과한 다음에야 접근할 수 있었다. 절은 새로 지었고 세공, 조각, 도금과 색깔의 여러 가지 모든 장식이 수도승의 손으로 이루어졌다. "신실사"라는 현판은 훌륭한 모습의 대담한 목각이었는데 그 주제는 모란이었다. 돌이나 기와가 아닌 모든 부분은 청, 홍, 백, 초록, 금색으로 장식되었다. 그것은 아마 야만적인 것일지 모르지만 그 나름대로의 아름다움을 간직하고 있었다. 여기에도 역시 명부전이 있는데 소름끼치는 불교의 지옥을 나타내고 있었다. 한 장면은 인간의 죽어야 할 운명이 적혀 있는 책을 펼치는 모습이었다.

표훈사의 50명의 스님들은 매우 친절했으며 살림도 그다지 가난하지 않았다. 한 스님이 그의 가마솥처럼 뜨거운 방을 나에게 양보했으나 곧 여행객들이 끊임없이 들여다보는 것으로 그 희생의 댓가를 지불했다. 풍경과 커다란 범종은 이제까지 내가 들어보지 못한 음조를 냈다. 새벽 4시가 되자 모든 온갖 종소리가 "기도가 잠보다 낫다"고 알려주었다.

아침의 신선함을 깨뜨리는 소음은 전혀 없었다. 스님들은 모두 잘 입었으며 즐거운 표정을 지으며 금욕주의적 허위의식을 깨뜨려 버리려는 듯한 분위기였다. 수도원은 채식주의를 엄격하게 지키는데 우유, 계란, 새나 가축의 고기를 먹는 것도 허용되지 않았다. 나를 초대해 준 스님의 선입관을 훼손시키지 않으려고 나는 차, 쌀, 꿀물, 잣으로 연명했는데 가장 만족스러운 것을 꿀물에 잣을 띄운 것이었다.

이와 같이 우아하고 간단한 아침 식사 뒤에 종무 스님은 조용한 기쁨 속에서 죽음을 맞기 위해 13년 전에 서울에서 내려와 경내에 집을 짓고 사는 80세 된 그의 어머니를 만나게 해 주었다. 나는 그곳에서 두 번째의 가벼운 음식을 먹어야만 했다. 공손한 여주인은 꿀단지와 잣 한 보따리를 떠맡기듯 선물했다. 잣은 이 산에서 풍부하게 자라며 스님들의 식사로 중요한 양분을 제공하고 있으며 비싼 값으로 수출된다.

잣은 영양가가 높으며 기름지고 껍질을 벗기면 곧 변하여 냄새가 났다. 꿀 역시 이곳의 토산품이다. 보통 바위 속의 움푹한 곳에 두 개가 같이 들어있는 벌통은 속이 빈 통나무와 진흙으로 돌이나 나무 벽에 설치되어 있다. 친절한 여주인과 일곱 명의 비구니와 작별할 때, 주지 스님은 나에게 길도 없어 기어 올라가야 하는 방향을 가르쳐 주면서 부채를 선물했다.

금강산을 방문한 여행자는 명성을 얻게 되기 때문에 서울에 사는 많은 젊은이들이 금강산 여행을 부러워한다. 대부분의 조선 사람들이 불교와 탁발승을 경멸하지만 성지 순례마저 경멸하는 것은 아니다. 금강산은 조선에서 너무나 유명하여 그 그림 같은 아름다움은 조선의 시인에게 많이 알려져 있다. 북청에서 남쪽으로 동쪽 해안을 따라 내려가는 반도의 분수령은 완만하게 금강산에 이르러 울퉁불퉁하고 올라가기 어려운 봉우리와 원시림을 이룬다.

금강산은 길이가 32마일이며 폭이 22마일의 지역을 포함한 톱니 모양의 길쭉한 산지로서, 북위 37°의 강원도에서 시작된다. 일본에서와 마찬가지로 불교 사원은 가장 훌륭한 지점에 위치하고 있으며 일찍이 6세기에 이미 이 낭만적인 은거지에 자리 잡았다. 불교는 1천년 동안 이 나라의 인기 있는 종파였을 뿐 아니라 국교였으며, 그 시대의 덕망 높은 유품들을 이 산의 후미진 지역에서 찾아볼 수 있다. 지금은 불교를 믿지 않고 국교에서 폐지되어 경멸의 대상이 되었으나 아직까지도 휴양객들을 유혹하고 있다. 조선 사람들은 이를 "구경"이라고 하는데 이는 즐거움을 찾아 관광하면서 호기심에 빠진다는 뜻이다.

내가 알고 있는 한, 금강산을 통과할 수 있는 길은 오직 두 개뿐이다. 하나는 매우 거친 급류를 따라 안문재에서 분수령을 넘어 주요 사찰과 암자들이 위치한 곳으로 가는 길이고 다른 하나는 기초라는 더 낮고 덜 재미있는 길이 있다. 이 두 코스가 모두 장안사로부터 출발한다. 42개의 암자는 면화와 마 옷감을 짜면서 수행하는 약 400명의 중과 50명의 비구니의 총사령부이다.

평신도들도 1천 명 정도가 있다. 금강산의 4대 사찰[유점사 · 장안사 · 표훈사 · 신계사] 가운데 둘은 동쪽에 있고 둘은 서쪽에 있으며 300평이 넘는 스님이 이곳에서 수행하고 있다. 사찰의 주지 스님을 제외하고는 모두 시주 그릇을 들고 온 나라를 돌아다니며 탁발한다. 그들의 특색은 기묘한 모자와 염주이다. 그들이 집집마다 찾아다니며 염불을 읊조리면 그들에게 음식과 숙박 그리고 약간의 현금이나 쌀을 거절하는 사람은 거의 없다.

사찰은 그를 중흥을 위한 공로에 따라 1등급과 2등급으로 나누어지는 주지가 운영하는데 총섭과 선통은 명목상으로 매년 선출된다. 그러나 그들의 처신이 신도의 불만을 일으키지 않는다면 몇 년간 계속된다. 서울에 있는 예부로부터 홍살문을 소유한 사찰들이 총섭을 선거하여 비준 받는 일 이외에는 이 무력한 사찰들은 국가의 간섭으로부터 아주 자유롭다. 사찰을 중창

금강산

할 경우에는 불교에 대해 믿음은 가지고 있지 않지만 서울과 남쪽 지방에 살고 있는 사람들이 시주한다.

그런데도 스님의 숫자가 유지되는 방법을 밀러 씨에게 질문했더니 대부분은 고아나 빈곤 때문에 아주 어린 나이에 그들의 부모가 수도원에 맡김으로써 충원된다는 것을 알게 되었다. 이들은 스님들로부터 다소의 교육과 수련을 받는다. 그 가운데는 세속의 권태와 불화로부터 은거와 헌신이 가능한 이곳으로 도망치듯 들어온 사람은 적다고 생각할 수 있다. 장안사에서 나에게 방을 양보한 창백하고 재미있는 상좌승은 아마도 그런 유형일 것이다.

유점사까지 우리와 동행한 두 스님 가운데 하나는 우리와 여행하는 동안 열 개짜리 염주를 계속 돌리면서 "나무아미타불"을 읊조렸다. 밀러 씨가 그 의미를 묻자 그는 이렇게 대답했다.

"글쎄지요 뭐. 아무런 의미도 없어요. 그러나 여러 번 되풀이하면 극락에 들어갈 수 있을 것이에요."

그러면서 그는 밀러 씨에게 염주를 주고 염불을 가르쳐 주었다.

"자, 염주를 돌리면서 염불을 외우세요. 그러면 극락에 갈 수 있습니다."

젊은 스님 가운데 몇몇은 무척 열심인 듯했다. 중국에 있는 푸두라는 섬에 있는 관음사에 수도하는 대부분의 스님들이 그렇듯이 어떤 사람들은 법망이나 빚쟁이를 피해서 절을 찾으며, 평화로운 나태를 즐기는 사람도 있고, 금강산을 찾아왔다가 이곳의 경관에 너무 매혹되어 떠나지 못해 머리를 깍은 사람도 적지 않다. 소멸해 가는 불교는 그 가장 은거된 피난처 되었으며 그 모습을 이 산에서 볼 수 있다. 이들은 중국의 불교가 반우상화된 영웅들에 따라 짓눌리고 있는 것과 같은 모습이다. 일본에서 볼 수 있는 문도들처럼 불교의 개혁파를 특징짓고 있는 정의에 대한 목표나 열망 같은 것은 찾아 볼 수 없다.

스님들은 매우 무지하고 미신적이다. 그들은 불교의 역사나 교리에 대해 거의 아는 것이 없으며 의식의 취지도 대부분은 그저 끝없이 반복되는 "염불"일 뿐이여 그렇게 하면 "공덕"이 쌓인다고 한다. 그들 가운데 몇몇은 한문을 알며 그것이 곧 "교육"을 의미하지만 그들의 예불은 의미 없는 산스크리스트어나 티베트의 구절을 중얼거리거나 큰 소리로 읊조리는 것일 뿐이다. 대부분의 수도승들은 그들의 종교적 성취가 그들에게 의미를 주는 것이 아니며 극소수의 예외를 빼면 그 나마의 믿음도 존재하지 않는다는 것이 내가 받은 인상이었다.

조선 사람들은 불교가 이렇게 몰락한 것은 그들의 타락 때문이라고 탓하고 있는데 거대한 사찰에서 그러한 타락이 존재한다는 것을 모를 리가 없다. 그러나 그들의 낭만적이고 신성한 환경, 삶의 고요함, 평화로운 피난처를 찾는 빈곤한 노인에 대한 자비심 그리고 특히 그들의 예절과 인정에서 그들이 어떤 매혹적인 일을 하고 있다는 점을 나는 시인하지 않을 수 없었으며 그들의 잘못 보다는 미덕을 기억하게 되었다. 아름다움에 대한 찬사와 그림 같은 위치와 성지의 장식을 통하여 자연을 더욱 아름답게 해주는 종교적 예술에 대해 나는 무한한 동정을 느낀다.

장안사에서 유점사로 가는 약 11마일의 길은 커다란 두 개의 산골 급류가 흐르는 험난한 지층이다. 이 길을 따라 가면 낭만적인 위치에 커다란 세 개의 수도원인 표훈사, 마하연과 유점사가 있고 그 밖에 더 작은 수도원이 몇 개 더 있다. 암자에는 각기 2~5명이 살고 있다.

특히 관세음보살을 모시고 있는 보덕암은 형언할 수 없을 만큼 아름다운 암자인데 언덕위에 환상적으로 지어졌다. 이 암자는 높이가 100피트인 하나의 기둥으로 받혀진 절벽 위에 붙어 있다. 주위에는 하얀 으아리가 피어 있고 담쟁이 넝쿨과 봄 잎의 홍조를 띤 장미가 엉켜 있었다. 어떠한 네 발 짐승도 장안사를 지나 더 이상 가지 못한다. 짐을 아주 조금 실은 일꾼과 남여를 메는 가마꾼은 두 개의 긴 장대 사이에 발[簾]을 놓기 위해 자리를 만들고 끈으로 묶었으며 약한 의자의 곧추선 부분은 등을 기대기 위해 등나무 줄로 묶는다. 그러나 막상 그 남여를 타야 하는 주인인 나는 많은 길을 걸어야 했다.

장안사 위로 급류의 지층이 줄어들어 여기저기로 퍼지더니 표훈사에 이르러서는 갈라진 틈으로 들어갔다가 안문재 아래로부터 다시 퍼진다. 11마일의 이 장관이란 정말 지구 위 어느 곳에서도 볼 수가 없다. 거대한 언덕,

하늘로 치솟은 산, 숲과 나무가 갈라져 이따금 푸른 하늘 위로 하늘이 한 조각으로 될 만큼 좁게 줄어든다.

40~50피트 높이의 분홍 화강암의 틈에 소나무가 자라고 있고 꼭대기에는 고사리와 백합이 자라고 있으며 주위에는 맑은 물이 소용돌이치며 매끄러운 분홍 화강암에 넘어져 떨어지기 전에 깊은 분홍빛 웅덩이에서 쉬어 간다. 그곳에서 고인 물은 에메랄드의 초록빛과 다이아몬드 빛깔처럼 찬란하다.

수정 같은 냇물 너머의 바위와 암봉은 흐르는 물거품과 부딪힌다. 순례자의 노고로 풍광을 치하하는 한시가 새겨진 완만한 바위의 표면에 겨우 발을 붙일 수 있는 틈을 이용하여 등반자가 통과할 수 있다. 수도승이 구멍을 뚫고 못을 박아 난간을 만들었고 작은 불상이 덩굴 풀로 덮여 있다.

폭 30피트의 받침대 위에 45피트의 높이의 불상이 언덕에 서 있거나 바위에 새겨진 석등과 제대는 이끼로 그 굳은 외면이 부드럽다. 그 위로는 산림과 환상적인 산봉우리가 "여름 하늘의 상쾌한 푸르름 속으로 솟아 있다." 이러한 묘사는 겨우 소개에 불과할 뿐이다. 이 광대한 협곡과 아름다움의 모든 요소는 그저 나그네의 찬탄을 불러일으킬 따름이다.

유럽의 구두를 신고서는 이 길을 여행할 수가 없다. 그러나 나는 끈으로 만든 짚신을 신어서 한 번도 넘어지지 않았다. 바위에서 바위로 수없이 건너뛰고 수많은 나선형의 둥근 바위의 돌출 부분에 겨우 발만 디딜 수 있어 때로는 손으로 달라붙어 건어야 했고 저 아래의 급류는 가마꾼의 등에 업혀 건너야만 하는 곳도 있었다. 깊은 틈을 뛰어넘거나 "줄타기"의 방식으로 난간을 건넜다. 여행자들이 급류의 하상을 건널 때면 영락없이 미끄러운 바위와 마주치거나 나무줄기에 매달려 통과해야 한다.

우리의 두 수도승 친구는 매우 예의바른 분들이었다. 위험한 장소에서 그들은 손을 내밀어 나를 잡아 주었으며 이곳에 얽힌 전설이나 불교적인 이야기를 들려주었는데 환상적이고 비정상적인 바위, 연못, 앞서 언급한 거대한 불상인 묘길상, 하천의 화강암 대에 있는 깊은 구멍은 신화적인 보살의 세

숫대야라는 전설, 화룡소, 용들이 목욕했다는 환상적인 만폭동, 임진왜란에 왜군을 몰아낸 사자암 등이 그것이다.

세 번째 절을 지나자 골짜기는 더 넓어지더니 환상적인 모습과 산림은 줄어들고 하늘빛이 언뜻언뜻 보인다. 드디어 꾸불꾸불한 길을 지나자 나그네는 어느덧 안문재의 풀 많은 정상에 이른다. 아래에서는 볼 수 없었던 서양자두, 배, 벚나무, 붉은 진달래, 분홍 만병초들이 처음으로 아름다움을 뽐내고 있다. 서쪽으로 가면 호랑이가 나오는 숲이 푸르름의 베일로 뚜렷해진다. 동쪽에서는 숲으로 쌓인 바위가 점점 좁아지더니 4,000피트 이상의 아래로 동해의 푸른 바다가 반짝이고 있었다.

동쪽으로 내려오니 거대한 소나무와 전나무가 보인다. 그들 가운데 몇몇은 무참하게 껍질이 벗겨 있으며 검은 초록의 석송은 줄꽃을 늘어뜨린 채 숲 속을 엄숙한 분위기로 만든다. 비구니와 수도승들은 이 줄꽃으로 독특한 가두리 장식의 모자를 만들어 쓴다. 꾸불꾸불한 길을 한참 내려가니 아름다운 바위 골짜기에 들어선다.

그 지반에는 거대한 웅덩이가 있는데 현세의 땅에 사는 동물보다 더 깨끗한 용이 목욕하던 장소처럼 보였다. 수없이 골이 진 지붕과 새롭고도 풍요로운 모습을 보여주는 유점사로 들어가려면 굉장히 좋은 다리를 건너야 한다. 몇 세기 간 영면해 온 학식 있는 주지 스님들의 유해를 모신 부도를 지나니 절을 중창하려고 새로이 벌목한 소나무들이 길을 막는데 돈이 많이 들었을 듯이 보인다.

스님들은 우리들이 묵는 것에 어려움을 표시했으나 그 문제는 해결되었다. 정부에서 발급한 관자를 보여 주었더니 2~3일 동안 관사에 머물도록 허락해 주었다. 어려움을 겪은 뒤에야 그들은 유달리 친절했으며 우호적이었다. 우리와 함께 안문재를 같이 넘어온 젊은 스님은 밀러 씨에게 일요일에 그의 방을 사용하라고 허락하면서 "공부하기 위해서는 큰방보다는 이곳이 더 조용해서 좋을 것"이라고 말했다.

다음날 나는 다소 힘든 주일이었기 때문에 조용히 쉬고 싶었으나 그럴 수가 없었다. 이곳에는 70명의 수도승과 20명의 비구니 외에도 200명에 가까운 보살과 목수가 있었으며 그들 모두는 금강산을 방문한 첫 유럽 여성인 나를 구경하느라고 여념이 없었으므로 아침부터 저녁 늦게까지 휴식을 취할 수 없었다.

바닥은 고래를 통해 부엌으로부터 데우고 있었는데 너무 더워 앞쪽의 장지문을 닫고서는 도저히 견딜 수가 없었다. 수도승, 비구니, 하인들과 일을 끝낸 목수들은 문이 열려 있을 때면 언제나 복작거렸으며 시간이 흐를수록 나를 거의 질식시켰다. 더구나 그날은 매우 더웠다. 주지 스님과 여러 스님들은 밀러 씨와 더불어 서로가 다른 교리를 토론했다.

우리가 동물의 목숨을 경시하는 것과는 달리 반해 불교는 매우 작은 곤충 한 마리도 죽이지 말라고 가르친다는 점에서 우리와 달랐다. 뿐만 아니라 기독교는 수도 생활과 구제 수단으로의 금욕주의 같은 형식들을 고려하지 않는다는 것이다. 그들은 정의를 앞세우고 노력하는 사람보다 이미 죄를 지으며 살고 있는 수도승들이 더 많이 있다는 것을 시인했다.

유점사에는 총명하고 부지런한 동자승들이 많이 있고 그들 가운데 대부분은 이미 삭발했다. 그들 가운데 한 사람만이 아직 삭발을 하고 있지 않았기에 우리 안내자인 채은이가 닭고기 한 조각을 그에게 주었더니 그는 자신이 불제자이기 때문에 먹을 수 없다고 대답했다. 심술 맞고 천박하게 보이는 한 늙은 스님이 아무도 그를 보는 사람이 없을 때는 먹어도 괜찮다고 그에게 말했으나 그는 끝까지 거절했다.

한밤가운데 요란스럽고 그칠 새 없이 울리는 범종 소리에 잠이 깼다. 나는 우리와 동행했던 한 젊은 스님의 요청에 따라 법당으로 가서 그들의 아침 예불을 보았다. 그들은 번갈아 가면서 불공을 드리고 있었다. 유점사에는 14세기의 주조물의 하나인 정교하고 거대한 청동 종이 있다. 먼지가 잔뜩 낀 석가래 위의 종이 하얀 등의 법복을 입은 스님의 형상을 희미하게 비

유점사의 부도

추었다.

그는 일정하게 종을 돌면서 산스크리스트 형식의 매우 음악적인 목소리로 염불을 외우고 있었다. 그는 그 의미는 무시한 채 나무 매듭으로 종의 모퉁이를 쳤다. 이와 같은 의식으로 30분이 지났다. 그 다음 그는 육중한 나무 망치를 들고 다른 범패를 불렀다. 그는 전보다 더욱 고조되고 헌신적인 정열과 근엄함을 보이면서 종의 주위를 돌며 더욱 웅장하게 주기적으로 점점 빨리 그리고 점점 더 크게 종을 쳤다.

격앙된 목소리의 터질 듯한 범패가 끝나면서 잠시 그를 지치게 만들었다. 그 다음에 그는 막대기를 잡고서 높은 곡조로 세 번 외치더니 예불이 끝났다. 이와 같은 의식은 모두 두께가 8인치나 되는 종을 치는 것으로 이루어졌다. 종소리는 탑과 땅을 약간 울렸으며 언제까지나 잊을 수 없는 음악으로 골짜기 아래까지 울려 퍼졌다. 나는 그 젊음 수도승의 진실성에 의문을 품지 않았다.

그는 우리를 거대한 불상이 있는 웅장한 법당으로 안내했다. 거기에는 석고로 만든 작고 흰 종이 안에 있는 희미한 등에서 불빛이 나오고 제단 앞에는 사슴뿔을 가지고 종을 울리며 승려 혼자 염불하고 있었다. 그 희미한 불빛은 보이지 않는 신과 악마의 형상의 팔, 다리, 눈과 이를 조심성 없게 보여주면서 깊은 그림자를 남겼다. 나무뿌리를 변형해서 표현한 거칠고 괴이한 나무 조각품들의 뒤에는 53명의 신상이 앉아 있거나 서 있었는데 투박하고 웅대한 표현이 매우 인상적이었다.

그 조각물 아래에는 세 마리의 무시무시한 용이 있는데 그들의 얼굴은 예술가들의 고뇌와 좌절을 표현하고 있었다. 그 제단에 있는 조각들의 전설에 따르면, 53명의 승려들이 불교를 소개하려고 인도로부터 조선으로 올 때 그들은 바로 이곳에 도착하여 지친 상태로 늘어진 한 나무 아래의 샘물 옆에 앉아 있었다. 그때 세 마리의 용이 샘물로부터 나와 스님들과 싸우기 시작했으며 거대한 바람이 일어났다. 거동할 수 없는 스님들이 나무뿌리 위에 조각된 불상을 올려놓았더니 그것이 제단이 되었다. 결국 스님들은 용을 이겨 그들을 샘물 속으로 들어가게 한 다음 바위들을 쌓아올리고 용의 무덤 건너편에 이 절을 지었다.

이 특유한 제단 조각 옆에는 10피트 높이와 4피트 넓이의 모란 꽃다발이 있다. 이곳과 다른 절에 있는 승려들의 "개인 방"은 응접실과 그곳을 쓰는 사용자 저마다의 제단을 가진 매우 작은 방으로 구성되어 있다. 그러나 그 승려들의 평화롭고 행운 속의 생활은 1년 가운데 며칠뿐이며 대부분의 스님들은 거칠고 더러운 길거리에서 손에는 시주 망태를 들고 한 손에는 동냥그릇을 들고 매년 방랑해야 한다는 점을 잊어서는 안 된다. 이 땅에서 가장 비천한 말을 듣고 삭발한 채 믿음을 경멸받으면서 그들은 삶을 구걸한다.

우리가 떠나기 바로 앞서 나이 드신 주지 스님이 매우 산뜻한 그의 방으로 우리를 초대했다. 그는 우리에게 손수 훌륭한 식사를 대접해 주었다. 벌꿀과 함께 만든 유지방의 사각형 잣으로 버무린 떡, 쌀과 벌꿀을 버무려 튀긴 얇은 강정, 표면에 잣을 띄운 꿀물 등, 중국식의 달콤한 음식을 준비해 놓았다. 이 열매의 기름은 내가 그곳에서 금욕을 하고 있는 동안에 육류 단백질을 대신해 주었다. 그러나 좋은 야채 기름과 꿀은 금방 입안에서 싫증이 났다.

주지 스님은 우리의 여행이 즐거웠는지를 물었다. 금강산의 사찰에서 스님들이 보여주는 일반적인 문화와 친절, 배려, 정중한 태도는 내가 소위 공자의 제자들이라고 하는 사람들 사이에서 겪었던 오만함과 거만함, 방자함, 자만함과 좋은 대조를 보여 주었다. 우리가 떠날 때, 스님과 일꾼들은 우리에게 공손히 작별인사를 했다. 그리고 몇몇 늙은 스님들은 짧은 거리를 우리와 함께 걸으며 배웅했다.

금강산 북동쪽 기슭에 있는 신계사로 가는 잘 닦여진 길을 떠나 언덕을 내려온 우리는 동해의 밝은 물빛을 바라본 뒤에 거칠고 어려운 서쪽 길로 들어섰다. 그곳에는 양치류의 고란초과와 고비의 숲이 울창했다. 장안사가 있는 아름다운 고원으로 가는 소나무 숲을 통해 나 있는 잘 만들어진 길로 들어서기 전까지는 벌거벗고 아름답지 않은 산길을 따라 몇 시간 동안의 지루한 행진이 계속되었다. 그 뒤에도 3,700피트의 높은 곳에 위치한 기초령을 통과해 바위가 부서져 만들어진 계단 등 울퉁불퉁한 곳을 오르내렸다. 그 젊은 승려는 우리의 짐을 조심스럽게 다루었지만 방바닥의 열이 상자 속에 있던 초들을 녹였고 사탕을 당밀로 만들어 필름을 망쳐 놓았다.

제 12 장 동해안을 따라서

장안사를 떠나 우리는 갈롱기까지 길을 되돌아서 금강산의 장엄한 풍경이 보이는 마패령을 넘었다. 2,500피트의 높은 곳에 있는 무성한 감자밭과 높고 벌거벗은 언덕으로 경계를 이루고 있는 높은 고원을 지나는 데 지루한 하루를 보냈다. 토양은 비옥했지만 쌀 생산에는 적합하지 않았고 주민도 매우 적었다.

해발 2,200피트의 새칼재를 넘어 잘 알려지지 않은 아름다운 퇴적암의 골짜기로 내려가니 한 부유한 마을이 나왔다. 그곳은 아름다운 참나무 언덕으로 둘러싸인 작은 마을이 있었다. 이 나무 가지들은 봄이면 매우 넓고 비옥한 벼농사 지대로 쓰이며 그러고도 남은 것은 잎이 썩을 때까지 침수된 표면 위에 뉘여 놓았다가 때가 지나면 옮겨 땔감으로 쓴다.

이 착한 마을에 호랑이의 위협이 심각했다. 마을 사람들은 호랑이가 지난주에 한 여인을 잡아갔으며 바로 전날 밤에는 개와 돼지를 잡아갔다고 말했다. 그 말을 믿을 수는 없었지만 동네 사람들의 말은 한결같았다. 때때로 개나 돼지를 미끼로 함정을 만들어 놓은 그 지역에서 호랑이들이 덫에 걸린다. 호랑이가 함정에 빠지면 가죽이 다치지 않도록 독약이나 혹은 굶겨 죽인다. 몸집이 좋은 호랑이라면 그 값이 매우 비싸다. 그들은 자신에게 호랑이를 사냥할 용기가 없다고 말하는 것을 조금도 부끄러워하지 않는다. 조선에서 그것은 위험한 사냥이다.

사냥꾼들은 보통 수풀 뒤나 바위 뒤에 숨어서 목을 지키는데 호랑이나 표범이 사람만한 몸집으로 덤벼든다. 무기로는 오른손에 밧줄로 감고 콩알 만한 크기의 세 개의 불완전한 둥근 총알을 넣어 발사하는 화승총을 사용하며 사냥꾼이 숨어 있는 차폐막이 앞을 가리고 있어 호랑이가 가까이 와야 총을 발사할 수밖에 없다는 것을 알고 나서야 사람을 잡아먹는 호랑이가 심지어는 뼈까지도 한약재로 비싸게 팔리고 있음에도 불구하고 조선의 농부들이 호랑이 사냥을 왜 두려워하는 지를 깨닫게 된다.

우리는 그 지역의 유일한 여관에서 묵었다. "깨끗한 방"은 없었으나 그 여관 주인의 부인은 자기의 방을 나에게 내어 주면서 호랑이가 두려우니 문을 열어 놓지 말 것을 나에게 일러주었다. 온도는 93°F(33.9°C)였으나 문을 열 수 없는 나는 통풍을 하면서 약속을 지키려고 장지문의 창호지를 찢었다. 밀러 씨는 그때의 사정을 이렇게 표현했다.

"나는 마당에서 자고 싶었으나 주인은 호랑이가 두렵다는 이유로 내가 그렇게 하도록 하지 않으므로 8×10피트의 방에서 일곱 명과 고양이 한 마리, 그리고 새 한 마리와 함께 잤다. 나는 머리 근처에 있는 창문의 찢어진 문구멍을 통해서 겨우 질식을 면했다. 네 마리의 말이 마구간으로 모여들지만 않았더라도 나는 좋은 밤을 보낼 수 있었을 것이다. 그들은 서로 자기 구역을 차지하려고 차고 물면서 밤새도록 싸웠다. 그들을 조종하는 마부들의 고함소리로 무시무시한 밤을 보냈다."

아무도 잠을 이루지 못했다. 나는 불편하고 불안했다. 날씨는 무척 덥고 앞으로 남은 여행 일정은 6일 밖에 남아 있지 않았기 때문에 내일은 11시간 동안 가마를 탈 일이 아득했다. 이 높은 호랑이 사냥 계곡으로부터 바닷가의 중대리까지 가는 길에는 사람들이 드물었다. 많은 삼림 지대가 목화밭으로 개간되어 있었고 소작 농부들은 2,000피트 고지대에서 경작하기에 충분한 정력을 가지고 있었다.

여행을 하는 동안 나는 이 땅이 현재 인구의 두 배는 부양할 만큼 유용하다고 평가했다. 매우 훌륭한 장터가 있는 화천[1]에 이르니 한 학생이 서울에서 과거에 합격하여 밝은 색의 축제 옷을 입은 많은 사람들로 둘러싸여 아버지의 무덤에 금의환향을 알리는 의식을 거행하고 있었다. 길가에는 서울에서 어려운 경쟁을 이기고 돌아온 시생을 마중하는 행렬이 늘어서 있었다. 사람들은 화려하게 치장된 말과 나귀를 타고 있었고 주위에는 화려하게 옷을 입은 친구들이 걸어갔으며 그 앞에는 깃발과 음악이 어우러졌다. 그는 고향 마을에 도착하여 마을 사람들과 유지를 만났다. 그를 환영하려고 나온 활기찬 여자들도 있었다. 과거에 합격한 그의 집안에는 용을 그린 커다란 막대기를 세울 수 있는 자격을 갖게 된다. 그러나 성공은 매우 값비싼 댓가를 치른다. 과거에서 급제한 사람은 그의 남은 인생 동안 연자 맷돌과 같은 빚더미를 목에 걸고 다니게 된다. 과거에 급제한 학생은 벼슬에 오를 자격을 얻게 되는데 이것이야말로 "공부한" 조선의 젊은이들의 유일한 야망이 되고 있다.

화천에서 우리는 동쪽으로 방향을 바꿨다. 우리는 정확하지는 않지만 해발 3,117피트의 해안 도로에 들어섰다. 우리는 거칠고 아름답지 않은 풀과 왜소한 개암나무숲이 있을 뿐이지만 전적으로 헐벗지만은 않은 둥그런 언덕을 계속 올라갔다. 그 다음에는 매우 헐벗은 언덕을 지나니 예사롭지 않은 한 사당[서낭당]이 나타났다. 거기에는 누더기와 낡은 짚신 등의 제물이 걸려 있었다. 이곳에서부터의 길은 전혀 앞을 예상할 수가 없었다. 헐벗은 언덕의 헐벗은 길이 나오는가 하면 갑자기 천국 같은 경치가 나타나기도 했다.

"아흔 아홉 구비"의 추지장령[2]은 1만 2천봉의 경우만큼 과장 없이 꾸불꾸

---

1) 화천(和川) : 강원도 회양도호부의 속현. 『신증동국여지승람』(47) 회양도호부 화천현 편.
2) 추지장령(楸池長嶺) : 회양도호부 화천현에 있는 고개. 『신증동국여지승람』(47) 회양도호부 화천현 산천편.

불하여 그 이름값을 하고 있었다. 이곳은 완전히 암석이라 여름보다 겨울에 더 통행하기가 쉽다. 길이 갑자기 꺾이면서 숲으로 덮인 산마루가 우람한 협곡으로 바뀌고 거기에는 스페인 밤나무, 축 늘어진 라임나무, 목련 등이 흰 찔레와 함께 우거져 있다.

북쪽으로는 황청산[3]이 솟아 있다. 이 산은 귀족과 같은 자태로써 경계를 이루며 첨탑 같은 봉우리와 절벽으로 갈라지는데 그 정상에 한 그루의 소나무가 제왕처럼 서 있다. 이 고개를 1시간 30분 동안 내려오니 50피트 넓이의 급류에 이르게 된다. 급류에는 포말이 일고 있고 주위의 여기저기에는 목련, 고광나무, 찔레 등이 피어 자라고 있었다. 중대리는 더럽고 가난한 마을로 네 채의 집이 있는데 이것이 모두 여관이었다. 그곳은 낮의 피곤함을 풀어 주는 것과는 거리가 멀었다. 이 집들은 다른 마을처럼 두꺼운 널빤지로 지붕을 덮고 그것이 바람에 날아가지 않도록 커다란 돌멩이로 눌러 놓았다. 이 산의 숲은 태조 이성계에 의해서 왕실 소유로 귀속된 곳인데 큰 나무 주위에는 돌을 쌓아 놓았다.

나는 중대와 다른 많은 곳에 조선 사람들이 지극히 대식가라는 사실을 목격했다. 그들은 배고픔을 만족시키려고 먹는 것이 아니라 포만감을 즐기려고 먹는다. 내가 여러 차례 관찰한 바에 따르면 먹는 훈련은 어릴 적부터 시작된 것이었다. 한 엄마가 그의 어린 아이에게 밥을 먹인다. 그리고 많이 먹은 뒤에도 더 먹을 수 없으면 띠를 둘러 등에 업은 채 다시 더 먹인 다음 평평한 숟갈로 어린이의 배를 두르려 보고 다시 먹일 때도 있다.

"어린이는 어른의 아버지이다."[4] 조선의 어른들은 트림을 하거나, 입 밖

---

3) 황청산(Hoang-Chyong San) : 전후의 문맥으로 볼 때 화천, 금성, 정선에 걸쳐 있는 황장봉산을 의미하는 것으로 보임. 신증동국여지승람 권47 회양도호부 화천현 산천편.

4) 영국의 계관 시인인 워드워즈(William Wordsworth : 1770~1850)의 시 "하늘의 무지개 바라보면 내 가슴 뛰노라"(My heart leaps up when I behold a rainbow in the sky)의 한 행임.

으로 음식을 튀기거나, 손으로 배를 두드리면서 포만감에 도달해 왔음을 보여준다. 쌀 한 쿼트[5]로 밥을 지으면 그 부피가 무척 많은데 그것이 한 노동자의 식사량이다. 이외에도 무미한 맛의 음식들을 더 먹는다. 반찬 가운데는 고추, 마늘, 다양한 냄새의 장, 김치, 시금털털한 배추, 해초, 절인 생선, 절여 기름에 튀긴 해초 등이 있다. 아주 가난한 사람들은 하루에 두 끼의 식사만 한다. 그러나 부유한 사람들은 하루에 세끼나 네 끼의 식사를 한다.

이처럼 포식을 선호하는 것은 모든 계층에서 똑같다. 식사의 특징은 질이 아니라 양이며 어려서부터 가능한 한 많은 양의 식사를 하는 것이 인생의 목적이다. 따라서 하루에 4파운드의 식사를 해도 불편을 느끼지 않는다. 좋은 환경의 사람들은 술을 마시고 많은 양의 과일과 열매 그리고 식사 사이사이에 짬짬이 과자를 먹는다. 그들은 마치 일주일 동안 굶은 것처럼 다음번 식사에 먹을 음식에 이미 달라붙는다.

잘 사는 집에서는 소나 개의 고기를 커다란 접시 위에 준비한다. 손님들에게 각기 독상을 제공함으로써 주인은 일반 손님이나 특별한 손님에게 필요 이상으로 제공하지 않으면서고 넉넉함을 과시할 수 있다. 나는 조선 사람들이 한 끼 식사에서 충분한 음식과 3파운드 이상의 고기를 먹는 것을 보았다. 3인분의 식사는 굉장히 많은데도 과다한 양을 먹지 않고 사양할 경우에는 그들이 너무 가난하여 그토록 많은 양을 먹는데 익숙하지 않았다고 생각할 수도 있다.

어린이에게까지 공급되는 붉은 고추의 어마어마한 소비를 보면 이것이 게걸스런 음식 습성을 돕는 다는 데 의문의 여지가 없다. 소화불량이나 그와 유사한 질병은 조선에서 보편적이어서 놀랄 일이 아니다. 조선 사람들은 닥치는 대로 먹는 사람들이다. 어떤 계절에 개고기가 많이 소비되기 때문에

---

5) 1쿼트(quart) : 곡물의 단위로서 영국에서는 약 1.14리터, 미국에서는 1.10리터임.

식용 개를 집중적으로 키운다. 돼지고기, 소고기, "살진 송아지"처럼 절인 건어물, 동물들의 내장, 새나 금지된 사냥물 등도 마다하지 않고 먹는다. 그런 것들을 먹으려고 반드시 요리를 할 필요는 없다.

나는 한강에서 한 남자가 낚시로 고기를 잡아 고추장을 찍어 뼈와 함께 통째로 먹는 것을 보았다. 밀, 보리, 옥수수, 달콤한 감자, 쌀, 귀리, 완두, 대두 등과 무수한 뿌리, 들에 나는 나뭇잎, 해초, 새우, 밀가루로 만든 부침개, 설탕, 기름, 11월이 되면 조선의 모든 중산층과 저소득층의 여성 인구 전체가 달라붙어 담가야 하는 김치, 국이나 찌개, 곶감, 기지떡, 송화 가루와 꿀로 만든 다식, 밀가루, 설탕, 해초, 마늘, 밤 등 이밖에 많은 것을 먹는다. 참기름은 요리에 넓게 사용되며 식초, 간장 등 많은 종류의 소스와 향료, 그리고 발효된 된장, 고추장 등이 대부분의 식사 요리의 기본이 된다.

우리가 다음날 오전에 멈춘 곳은 통천이었다. 그곳 사람들의 호기심은 숨이 막힐 정도였다. 그곳은 바다로부터 2마일 정도 들어온 고산 지대로서 웅장한 소나무들이 예술적으로 자연스럽게 자리 잡고 있었다. 그 무렵은 그해의 가장 더운 계절이었다. 여행의 나머지 일정 동안에는 그늘에서도 89°F(31.7°C)에서 100°F(37.8°C)로 기온이 올라가고 밤에 80°F(26.7°C)까지 내려가기도 하지만 이런 일은 드물었다.

6월 초순에도 놀라울 만큼 뜨거웠다. 이 더위를 이용하여 모든 남성들은 모를 심으려고 들판에 나가 있었다. 너비가 3~7마일에 이르고 길이가 6~14마일에 이르는 논은 바다를 향하여 우아하게 경사져 있고 그 논을 둘러싼 언덕에는 많은 마을이 형성되어 있었다. 그들 가운데서 나는 관개수를 저장하는 탱크를 단 한번 보았다. 곳곳에는 분홍 따오기와 얼룩 청개구리가 많이 있었다. 그 마을은 제법 부유해 보였으나 마을 사람들은 관청의 지나친 세금 징수로 생활수준은 낮았다.

강원도의 이 해안에는 조선에서 많은 호평을 받고 있는 관동팔경이 있다. 우리는 그들 가운데 두 군데를 지났다. 물 가운데 위치해 있는 수중대[6]의 동쪽에는 태평양이 굽이침으로 쌓여진 하얀 모래가 쌓여 있고 서쪽에는 맑은 물을 담은 호수를 끼고 있었다. 내가 조선에서 보았던 유일한 맑은 물인 마차동이라는 이 호수는 길이가 약 6마일이고 너비가 2마일 정도이며 그 위쪽에는 언덕이 겹쳐진 곳에 나무로 반쯤 가려진 마을이 있고 나무가 울창한 원추형의 작은 섬들이 거울 같은 표면을 깨뜨리고 있었다.

하얀 모래사장 위에 적송과 진홍색 난쟁이 찔레 그리고 분홍색 백합꽃이 깔려 있었다. 산에는 표범과 호랑이, 사슴, 그리고 농부들의 짐승 부리는 소리와 비둘기의 울음소리가 호수가로부터 사랑스럽게 흐르고 있었다. 그것은 평화롭고 아름다운 전원의 풍경이었다. 관동팔경 가운데 다른 곳은 아름답다기보다 오히려 호기심을 일으키게 했다. 크림색의 모래가 빽빽이 심어놓은 몇 천 그루의 전나무의 깃털 같은 꼭대기까지 파도치듯 날아왔다.

11시간 동안의 길고 무더운 가마 여행 끝에 바닷가의 평화스러운 마을에 머물게 되리라는 생각이 마음을 가득 채웠고 그러한 희망이 있었기 때문에 마부가 조랑말 꼬리를 잡고 갈 정도로 가파른 내리받이가 있었음에도 불구하고 나는 검은 현무암의 몇몇 돌길을 고생스럽게 올라갔다. 뜨거운 태양이 진 뒤 황혼 속에 불그스레한 저녁 분위기가 찾아오자 모든 바위가 낮에 흡수한 열을 식히고 있었다.

호수가 끝나고 시내를 건너니 강원도와 함경도 사이의 경계가 되는 하얀 모래사장의 물 위쪽으로 거대한 회색 지붕의 마을이 나타났다. 몇 척의 어선들이 시냇물 입구 쪽으로 파도를 피해 정박해 있었다. 아낙네들은 빨래를 두들기고 물을 푸고 어린애들과 개는 하얀 모래 위에서 서로 뒹굴고 있었다. 이 모든 것들이 뜨겁게 작렬하며 태양과 자줏빛 실루엣을 이룸으로써 다소 이상적으로 보였다.

---

6) 시중대(待中臺)를 오기하고 있는 것으로 보임.

거리에 대한 마법이 풀리고 마차동의 모습 자체가 하나의 평범한 산문처럼 느껴지고 자줏빛 경치들이 잿빛으로 바뀜에 따라 푸른 해변에서 낭만적인 밤을 지내리라 던 꿈도 사그라지기 시작했다. 돼지와 불결하고 몽롱한 눈을 가진 개, 어린이들이 피부병에 감염된 채 무분별하게 뒹굴고, 고기 찌꺼기와 쓰레기 더미가 쌓여 있었다.

갈라지고 길고 구불구불한 황폐한 좁은 길, 갈색의 두꺼운 찌꺼기로 덮인 물웅덩이, 녹색의 끈끈한 액체가 천천히 흐르며 개천으로 모이는 물줄기, 모래 위에 말리려고 널어 둔 물고기로 까맣게 변한 해안, 여기저기 있는 고기 말림 틀, 더러워질 대로 더러워진 옷을 입은 지저분한 남녀노소의 달려듦, 참을 수 없는 냄새, 그리고 빈약한 편의 시설들이 이 밤을 내 기억에 새겼다.

말이 여인숙이지 방은 가로 8피트, 세로 6피트, 높이 5.2피트 정도였다. 가족이 먹을 곡식을 담아 두는 양팍, 쟁기와 삽의 마구리쇠, 더러운 누더기 옷 무더기, 해초, 천장에서 다발로 매달린 수수, 말안장, 더욱 견디기 어려운 메주 뜨는 냄새, 그리고 악취 나는 자반 생선들로 말미암아 남은 자리라고는 야전 침대를 겨우 하나 놓은 정도였다.

그 소굴은 지저분한 마당 쪽으로 문이 열려 있었으며 마당 일부는 돼지우리와 두엄이 있고 집안 아낙네가 태연스럽게 식수를 길어 올리는 우물이 있다. 밖에는 밤새도록 악취를 내는 늪지가 있다. 나는 몇 분마다 원가가 필요했고 두 명이 있을 공간이 없었기 때문에 그때마다 나는 마당으로 나가야 했다. 왕 씨가 잠자리 인사를 했다.

"죽지 마세요."

내가 방에 들어갔을 때는 수은주가 87°F(30.6°C)였다. 그 뒤 사람과 가축을 위해 불을 때자 방고래는 107°F(41.7°C)까지 올라갔으며 그 온도는 아침까지 지속되었다. 그런데 이런 더위 속에서도 침대 위를 뛰어다니며 양초를 먹고 가죽 혁대와 부츠까지 갉아먹으려는 생쥐는 말할 것도 없고 바퀴벌레와 열을 좋아하는 해충이 날뛰고 있었다. 그러한 물건들을 사진기의 삼각대 위에 걸어 놓지 않았더라면 어찌되었을까? 나는 9년 동안 여행을 하면서 고생도 할 만큼 해보았지만 그날 밤만은 정말로 잊을 수가 없다.

살기에 편안한 해안이 있고 배를 보호할 수 있는 마차동이나 그 밖의 해안 마을이 존재하는 이유는 고기가 잡히고 있다는 사실 때문이다. 사실 8천 명이 넘는 일본 어부들이 부산 근처의 바닷가에서 고기잡이로 생존해 갈 수 있었다는 것은 이곳의 어획고가 풍부함을 의미한다. 조선의 어부들은 어업을 기업화할 필요가 있다고 나는 확신한다. 오이센[7] 씨는 1891년에 제출한 보고서에서 "해안을 따라 조잡하게 쳐 놓은 어망에서 그러한 고기들이 모두 빠져나가기 때문에 매일 시간마다 주의를 기울여야 한다."고 비난하고 있다.

내가 지나온 각 마을은 바닷가에 7~12척의 배를 소유하고 있었다. 그들은 먼 바다에서는 쓸모없는 것들이어서 연안에서만 조업한다는 것은 놀라운 일이 아니다. 다른 직업이 다 그렇듯이 어업은 벌이가 불안하고 관리들의 수탈로 마비되어 있으며 아무런 이유도 없이 수탈당할 것이 뻔하기 때문에 돈을 벌려고 아등바등하지도 않으며 여타의 노동 계급과 마찬가지로 가난으로부터 벗어날 길을 찾고 있다고 나는 믿는다.

이 해안에서 잡힌 고기를 소금에 절여 말린 다음 배편으로 원산으로 운송하여 그곳에서 다시 내륙으로 운송한다. 겨울에는 상인들이 어촌에서 직접 내륙으로 운송한다. 중국에서 종종 볼 수 있는 그런 구획된 염전이 마을 근처에 많다. 바닷물로 소금을 만드는 작업은 매우 원시적이다. 그토록 거칠고 지저분한 소금이 끝내 백색으로 바뀐다는 것은 놀라운 일이다. 커다란 손실과 착취에도 불구하고 5월부터 10월까지 운영되는 이 소금 산업은 이

---

7) 오이센(James F. Oisen : 1857~1928) : 덴마크인으로 1877년에 중국 해관에 부임했다가 1889년 12월부터 1900년까지 원산세관의 감독관 대리를 지냄. 1904년에 다시 중국으로 돌아가 북경 총세무사와 북경 주차 공사(1921~1923)을 지냄.

익이 남는 일이다.

그토록 지저분한 숙소를 벗어나니 그림처럼 아름다운 길이 몇 마일 펼쳐진다. 길 양쪽은 깎아지른 듯이 우아한 절벽을 이루고 있고 바위 사다리처럼 생긴 현무암의 돌출부를 가로지른다. 길은 항상 바다에 닿을 듯 붙어 있어 현기증이 날 정도이다. 조선의 유명한 덩굴 식물인 칡으로 완전히 덮인 거대한 바위 사이로 물보라가 올라온다.

바윗길은 가까스로 황금 모래에까지 뻗어 있다. 바다는 녹색이며 해안 가까이는 보라색이며 먼 곳은 짙은 푸른색이었다. 서해안에서처럼 조수가 25~28피트나 올라갔다 내려가지만 동해안에는 간만의 차이가 18인치 이내이기 때문에 잔잔한 해면에는 회색 선체와 갈색 돛을 단 어선이 움직이지도 않고 떠 있다.

그 해의 가장 무더운 날, 우리는 운이 좋게도 소임의 장터에 위치한 새롭고 깨끗한 여인숙을 만나 정오의 휴식을 연장할 수 있었는데 훌륭한 식사와 신선한 생선, 야채, 산나물, 양념, 쌀 등은 모두 합하여 2센트로 충분했다. 장날에 밀려 씨는 행상인으로부터 은화 4엔을 바꾸는 데 성공했다. 우리는 전나무 숲으로 둘러싸인 모래 사냥을 따분하게 지났다.

전나무 밑에는 어망과 나뭇가지를 엮어 만든 모랫더미에 수많은 세월의 잔해들이 누워 있었다. 그곳을 지나 우리는 해질 무렵에 이상적이고 깔끔하며 위치도 아름다운 마을에 도착했다. 마을에는 집이 아홉 채가 있었는데 그 가운데 하나가 여관이었다. 이곳에서 우리는 여느 곳과는 달리 정중한 대접을 받았다.[8] 진불의 아홉 가구는 일곱 척의 큼직한 어선을 가지고 있었다.

---

8) (원저자 주) 관청에서 발행한 공식적인 통행증인 관자는 여행자들로 하여금 의혹만 더 받게 만들었다. 왜냐하면 이곳의 관리들이 그렇듯이 관자를 가진 외국인들은 값을 지불하지도 않고 그가 원하는 물건을 가져갈 것이라고 주민들은 생각했기 때문이었다. 여기에다 외국인에 대한 의혹까지 겹쳐 대부분의 지역에서는 우리를 받아들이려 하지 않았기 때문에 마부는 우리가 취하는 모든 물건에 대해 값을 치를 것이며 문창호지 한 장을 찢어도

여인숙의 구조는 이상스러웠다. 진흙으로 승강장처럼 만든 것은 아궁이였다. 사람들이 조리하는 기구와 가축들이 여관의 절반을 차지하고 있었으며 그 나머지 공간에는 잠을 자거나 먹을 수 있도록 돗자리를 깔아 놓았다. 나의 방은 창문이 없었으나 깨끗한 석회를 발랐으며 그 위에 구멍이 있었다. 오전 3시까지 방바닥은 온도계로 111°F(43.9°C)를 가리켰다. 나는 밤새도록 문 가까이에 앉아 있다가 동이 트자 길을 떠났다. 물결이 거의 일지 않는 바다의 푸른 물그림자의 시원함은 온갖 모양의 만과 갑과 절벽을 씻어 주면서 우리를 반겨 주었다.

해안을 따라 통과하는 데 5시간이 걸리는 골짜기에는 씨앗과 새로 심은 벼로 덮여 그야말로 마을의 가장자리를 감싸고 있는 듯했으며 그토록 수탈을 당하면서도 풍요로워 보였다. 작은 골짜기에는 3,000에이커의 논이 있었으며 풍요한 땅을 둘러싸고 있는 언덕에는 밀 · 기장 · 보리 · 목화 · 담배 · 피마자 · 참께 · 귀리 · 순무 · 완두 · 감자 등이 자라고 있었다.

이 지방의 조랑말들은 더 크고 훌륭했으며 황소들도 매우 컸다. 그러나 검은 돼지들은 내가 지금껏 본 것 가운데 가장 작고 보잘 것이 없었다. 농작물들은 깨끗하고 논에 있는 도랑들은 물을 잘 유지하기 위한 관개용 통로였다. 현명한 정부라면 일본보다 조선의 백성들을 더욱 행복하게 만들어 줄 수도 있었을 것이다. 일본의 토양은 조선과 같지만 조선의 기후 조건은 일본보다 더 훌륭하기 때문이다.

장안사로부터 원산까지의 여행 기간에 나는 한강 계곡에서보다도 더 조선의 농업 기술은 잘 관찰할 수 있는 기회를 가졌다. 더할 나위 없이 깔끔한 일본이나 근면하고 알뜰한 중국과 비교할 때 조선의 농업은 다소 낭비적이고 정리되지 못했다. 잡초는 많이 자라 있고 밭에는 자갈이 많았으며 밭의

값을 변상하겠다고 맹세함으로써 주민들을 안심시켜야 했다.

도랑은 정리되지 않았으며 도랑과 황폐화된 돌담은 보기에도 좋지 않았다.

밭두렁에는 잡초가 무성하고 고랑은 바르게 정리되어 있지 않았다. 그러나 대체로 작황은 내가 예상했던 것보다 더 좋았고 곡식의 대부분은 깨끗했다. 집에서 기르는 가축들은 매우 적었으며 서울과 다른 도시의 인접지를 제외하고는 비료를 사용하지 않으면서도 이토록 비옥하다는 것은 주목할 만한 일이다.

강수량은 풍부했으나 지나치지 않았으며 조선의 건너편 이웃인 일본을 괴롭히는 홍수나 지진도 일어나지 않는다. 관개는 주산물인 쌀농사를 위해서만 필요하다. 일부의 논을 제외하고 중부와 남부 지방에서는 이모작을 한다. 벼는 6월에 심거나 5월에 못자리를 이식시켜 10월 초순에 추수했다. 그 다음에는 쟁기로 땅을 갈아엎고 밀과 호밀의 씨를 뿌리면 다음해 5월이나 6월 초순에 추수한다.

그 뒤에 다시 물을 대고 쟁기로 다시 한 번 갈아준 다음 두서너 포기 또는 여섯 포기를 한 "단"으로 하여 모를 심는다. 한 가지 곡식을 재배하는 경우 논은 10월말에서 다음해 5월까지 묵히고 있다. 밀, 보리, 호밀 밭은 10월에 씨를 뿌려 5월이나 6월에 수확하고 그 다음에는 콩이나 완두 또는 그 밖의 채소를 파종한다. 곡식들이 익어 감에 따라 "대로상에는" 약탈에 대비한 안전 장치로서 원두막을 세운다.

수확물은 대체로 매우 훌륭하여 비료가 부족하지 않았더라면 더 많은 수확이 가능했을 것이다. 농업용수는 조악하고 매우 부족하다. 나무로 만든 보습은 뺏다 끼울 수 있도록 쇠로 만든 커버를 씌었는데 서양과는 달리 고랑을 만드는 데 쓴다. 나무 삽에 쇠로 커버를 씌운 가래는 대부분 힘든 일을 할 때 사용하곤 했다. 이것은 사람의 힘을 낭비하는 것으로 보여 외국인들은 웃음을 자아냈다. 이것은 삽날에 붙어 있는 여러 개의 로프를 다른 사람들이 잡아당김으로써 땅을 깊게 파낼 수 있도록 해준다.

또 다른 기구는 예리하게 튀어나온 괭이인데 이것은 중국에서도 사용되고 있다. 동양의 농부들에게는 가래, 괭이, 삽, 추수하는 갈고리, 곡식을 자르는 짧은 칼, 손수레, 대나무 갈퀴가 있는데 이는 언덕을 벌거숭이로 만들고 있다. 낱알, 완두, 강낭콩 등을 마을의 길가에서 도리깨로 탈곡하는 것을 흔히 볼 수 있으며 가루를 빻거나 도정하는 일은 맷돌로 한다. 돌이나 나무로 만든 절구는 쇠로 만든 공이나 손이나 발 또는 앞서 묘사한 바 있던 물레방아로 작동한다. 쌀은 판 위에 이삭을 두드려 탈곡한 다음 바람으로 쭉정이를 날려 보낸다.

조랑말은 농사에 사용하지 않는다. 강력하고 당당하고 다루기 쉬운 황소가 쟁기를 끄는데 콧구멍에 고삐를 뚫어 박아 채찍질을 하기 때문에 아주 어린 아이라도 쉽게 다룰 수 있다. 황소가 숙성하는 데는 4년가량이 걸리며 3~40파운드의 값어치가 나가는데 지난번의 전쟁[청일전쟁]과 최근에 돌고 있는 전염병 때문에 값이 올랐다. 우유는 식품이 아니다. 어떤 지역에는 매우 간단한 구조의 소달구지가 있는데 산에서 땔감을 실어 내리거나 밭에서 농산물을 운반하는 데 사용한다. 서울이나 몇몇 다른 도시에서 조악한 우마차를 볼 수 있다. 조랑말이나 사람이나 황소들이 생산물을 수송하는 수단이다.

짐들은 나무로 만든 안장에 잡아매도록 되어 있으며 경우에 따라 작은 품목들은 짚이나 새끼줄로 짠 망태기에 담아 나른다. 짐을 내릴 때는 기민하게 밑구멍을 열고 그 속의 내용물인 거름을 밭에 뿌린다. 황소나 말은 모두가 쇠로 굽을 씌우며 조랑말은 160~200파운드를 나른다. 불쌍하게도 그들의 등은 쓰리도록 아프다. 돼지를 키우는 일은 매우 드물다. 돼지는 항상 검거나 불쾌한 동물이다. 그들의 빳빳한 털은 등을 따라서 있으며 수척하고 날쌔며 활동적이고 특히 사람에게 달려드는 습관을 가지고 있다.

개들은 크며 항상 담황색이다. 긴 털과 점잖은 그들의 모습은 스코틀랜드의 양을 지키는 개들의 모습과 흡사하다. 닭은 평범한데 야생의 성질이 남아 있고 날쌔며 나르는 힘은 내가 일찍이 본 적이 없을 정도이다. 집오리는 흔하지 않았다. 거위들은 주로 집을 지키려고 키우는데 성실의 상징으로서 결혼식 선물로 제공되었다. 조선에서는 매우 적은 양들이 양육되는데 왕실의 제물을 위해 사육된다. 나는 때때로 식탁 위에서 양고기를 볼 수 있었는데 그것은 지부에서 수입해 온 것이었다.

농업으로 그들의 삶을 영위해 가는 마을은 큰길에서 떨어져 있지만 성급한 여행자들이 이곳에 들리기 때문에 그들이 뿌리고 가는 돈은 농사 수입만큼이나 된다. 거의 모든 집에는 툇마루가 있고 그곳에 앉아 음식을 먹을 수 있지만 숙박할 수는 없으며 짐승에게 먹이를 주거나 잠자리를 제공하는 일은 드물었다. 큰 농장 마을이 큰길에서 떨어져 있다는 사실 때문에 조선의 인구 통계는 부정확하다.

경사진 산허리 위에는 안변이라는 마을이 있는데 퇴락한 성벽과 요새, 그리고 폐허가 된 천개의 성문으로 볼 때에 한때는 큰 도시였음을 알 수 있었다. 아문과 다른 관청 건물들은 잘 보존되어 있고, 손질이 잘되어 있어서 이제까지의 여행 가운데 보았던 것과는 매우 대조적이다. 중요 거리는 지저분한 뒷골목에 지나지 않았다. 마을은 인구가 감소되고 있으며 꾸지나무로 종이를 만들고, 학교가 있다.

원산에서는 외국산 면과 쌀이나 강낭콩을 교환하고 있지만 함경도의 가장 중요한 도시라고 보기에는 너무 쇠락해 있었다. 길을 벗어나니 720피트의 다리가 가로지르고 있었는데 낡아 썩은 뗏장 구멍으로 조랑말들의 발이 여러 번 빠졌다. 서울-원산 사이의 주요 도로 상에 있는 남산에 위치한 다리막과 안변 사이의 길은 멀고 지루했으며 인적도 드문 채 소나무 숲으로 가득 찬 무덤만이 있었다.

우리는 소란스럽고 불쾌한 여인숙에서 이틀 밤을 보냈는데 사생활을 유지하기가 어렵고 벌레들이 소름끼칠 정도였다. 더구나 주인은 유숙하는 외국인을 탐탁하게 생각하지 않았으므로 즉석에서 돈을 지불하지 않으면 안 되었다. 이러한 의심은 호의적인 마부를 짜증나게 하여 높은 목소리로 가장 작은 물건이라고 값을 치르겠다고 소리를 질렀다.

그네 타는 시절이 가까이 오면 놀이의 시작과 끝나는 날짜를 명확히 하고 모든 마을들은 긴 장대를 세워 그네를 만든다. 왕 씨는 그네를 한번 타보고 싶은 유혹을 물리칠 수 없었다. 그가 그네 타는 모습은 사람들을 즐겁게 해 주었다.

이 여인숙에서는 밤낮으로 나를 지겹게 만드는 악사가 있었는데 그것이 다른 사람에게는 큰 즐거움을 주었다. 내가 지난날 한강에서 겪은 고통을 언급하지 않았지만 소리하는 악사(광대)에 따라 창조되는 소리와 무당과 마술사와 그의 조수들이 내는 소리가 있다.

헐버트[9] 씨가 발행한 『코리언 리포지터리』의 조선 음악 편을 보면 소리는 독특하고 불쾌했기 때문에 그들이 표현하고자 의도하는 바를 알 수도 없었고 감흥을 느낄 수도 없었다고 한다. 우리가 조선의 음악에서 느끼는 것은 조선 사람의 기질이나 연습 방법이 아니라 서구적인 음악성이다. 서구의 음악은 본질적으로 "시간"을 요구한다. 그들의 이웃인 일본과 마찬가지로 조선 사람들은 우리가 그들의 음악을 거의 사랑하지 않는 만큼 그들도 우리의 음악을 사랑하지 않는다. 같은 이유로 음악에 따라 표현하고자 하는 사상도 그들과 다르다.

조선의 음악이 귀에 거슬리고 조화롭지 않은 이유는 조선의 음계가 유럽의 그것과 다르고 화음의 끝에서 전율을 나타내기 때문이라는 점을 지적하지 않을 수 없다. 악기는 매우 많은데 정제되지 않았다. 북, 꽹과리, 징, 캐스터네츠 종류의 타악기가 있다. 관악기로는 키가 없는 나팔, 길고 짧은 새

---

9) 헐버트(H. B. Hulbert : 1863~1949) : 미국의 유니온 신학교를 졸업하고 1886년에 입국하여, 을사조약 당시 고종의 밀사로 도미, 헤이그 만국평화회의에 다시 밀사로 파견되었다가(1906) 추방. 1949년에 방한하여 서울에서 사망함. 헐버트의 활동과 생애에 관해서는 본 한말외국인기록 제1권인 신복룡(역주), 『대한제국멸망사』(서울 : 집문당, 2019) 가운데 "역자 서문"; H. B. Hulbert, *The Passing of Korea*(London : William Heninemann Co., London, 1906) 참조.

납[簫]이 있으며, 현악기로는 큰 거문고, 25현금, 만돌린, 5현금이 있다. 이러한 악기에서 나오는 불협화음은 도시의 성문을 여닫을 때의 그것과 완벽하게 같다.

조선의 대중 음악은 세 가지 종류가 있는데 첫째는, 고전적 스타일인 시조로서 안단테 트레뮬로소이다. 이는 북으로 장단을 맞춘다. 창을 부르는 사람이 한 음표마다 목청을 길게 떨 수 있도록 이따금씩 장단을 맞춰 준다. 시조는 매우 느리다. 시조를 배우려면 특별한 인내심이 필요하기 때문에 오직 기생만이 그것을 탁월하게 할 수 있다고 조선 사람들은 말한다. 기생들만이 시조를 연마하는 여가를 가질 수 있다. 시조는 잔치 자리에서 부르는 노래인데 서울에 살고 있는 헐버트 목사가 이를 번역한 것이 있다.

오래 전 그대와 나
손잡고 맹서했노라.
입술이 마르고 마음이 슬플 때면
아무리 향기로운 술일지라도
슬픔과 목마름을 풀지 못했나니
모두가 흘러간 옛 일이로다.
이제 인생의 황혼 길에 접어들어
삶의 쇠퇴는 시작되나니
어두운 여생인들 얼마나 남았으랴.
오로지 죽지 않는 술잔을 벗 삼아
영원히 더렵혀진 사원을 슬퍼할지니
젊은 날의 맹서가 사라진 그 곳이여.

아니다 아니노라
사념이여 물러가라.

즐거운 주연은 다시 내 영혼을 일깨우리니
선인이여 잡으시라, 이 한잔 술을
독주를 파는 곳이 어드메더뇨?
저 건너 도원이 게 아니드냐.
행운이 그대에게 있을지니
나 그대를 위해 거문고를 타노라.

조선 사람은 그의 작고 어둡고 더럽고 악취 나는 방에서 겨울을 보내는 동안 난로나 아주 희미한 빛의 등불마저 없는 어두운 곳에서 생명력 있는 봄을 맞는다. 그들은 그 긴 겨울 동안에 그 자연스러운 동반자로서 악기와 노래가 필요하다. 그들에게 음악은 해방이며 대지를 숨 쉬는 것이며 육신의 기쁨을 표현하는 것인데 영국에는 그에 상응하는 것이 없다. 그 한 예로서 다음과 같은 것이 있다.

이달이 삼월인지 버들빗 프르럿다
꾀고리 깃다듬고 호접(胡蝶) 펄펄 섯겨 난다
ᄋᆞ히야 거문고 쥴 골너라 츈흥 겨워

대중 음악의 두 번째 유형은 하치[10]라고 하는 민요이다. 이 계열의 가장 눈에 띄는 노래는 782소절의 아리랑이다. 조선 사람들의 말에 따르면 조선의 음악에서 아리랑의 위치는 밥상에서의 쌀의 위치와 같다고 한다, 그 밖의 것은 모두가 부속물에 지나지 않는다. 이 음조는 한 두 음절마다 목소리를 떤다. 그 악보를 옮기면 다음과 같다.

---

10) 하치(Ha Ch'i) : 이 의미를 알 수 없다. 우리말에서 흔히 "하치"라 할 때는 "수준이 떨어지는 것"이라는 듯인데 그런 뜻이 아닌가 여겨진다.

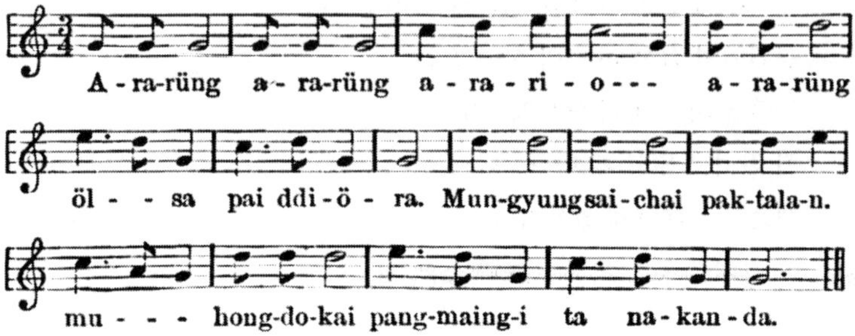

아리랑의 악보

헐버트 씨는 "보잘 것 없는 악보"라고 겸손해 했지만 이 악보로 나는 그에게 큰 빚을 졌다. 아리랑의 합창도 다양하지 않지만 그 숫자는 광범하여 서정시, 서사시, 교훈가 등과 연결되어 있는 노래이다.

세 번째 스타일은 고전과 민요의 중간에 있는 것으로 거의 언급할 만한 가치가 없다. 내가 생각하기에 대부분의 동양 음악의 모티브로 보이는 애상은 이 나라의 음악에서 극치를 이루는데 이는 아마도 소절마다 나타나는 끝없는 떨림 때문이 아닌가 여겨진다. 반면에 합주곡이라 할 수 있는 것은 서양인들이 듣기에 고문을 당하는 것과 같으며 피리 독주는 종종 그 애처로움과 함께 상당한 감미로움을 느끼게 해줌으로써 "아득한 음조"를 연상시켜 준다, 사랑가는 인기가 있으며 게일(J. S. Gale) 씨에 따라 번역된 제3연 마지막 줄이 보여주듯이 이따금씩 해학뿐만 아니라 미묘한 우아함이 있다.

사 랑 가

작별의 불길은 가슴을 태우고
눈물이 비가 되어 그 불길을 꺼 주지만
한숨은 바람을 일으켜
불길이 다시 인다.

내 영혼은 술에 젖어 있고
지금 내 사랑 또한 술을 마신다.
내 영혼은 구천으로 가라앉았으니
내가 그대를 잡을 수 있는 것은
오직 이 술뿐이다.

은빛의 달과 혹한의 바람 속에
밤과 새벽이 만나면
외로운 기러기 편에
그대는 나의 소식을 들으리라.

길 떠나 그대를 만날 수 있다면
가슴이 부서지도록 그대를 사랑하리라.
내 말을 전해 주오
이별은 죽음이었다고.
날아가는 기러기 편에 묻노니
그대는 아직도 나를 기억하는가.
벼루의 먹을 찍어 그대에게 쓰노니
이 지연에 담긴 것이
나의 모든 것이리라.
붓과 나만이 함께 남아
서로를 위로하네.[11)]

11) 이것은 역자가 번역한 것이며 원문은 확인할 수가 없다.

자연에 대한 암시는 대체로 즉각적인 동정심으로 그 아름다움을 보여준다. 그리고 헐버트 씨가 번역한 몇 가지를 인용해 보면 엘리자베스 시대의 시만큼 섬세하다.

> 얼룩 나비에게 부탁하노니
> 그대의 날개에 태워
> 미풍이 부는 저 산에
> 나를 데려가 주오.
> 돌아올 때는
> 암호랑 나비를 타리니.[12]

『코리언 리포지터리』는 조선의 시가 영어 독자에게 접근할 수 있도록 하는 데 훌륭한 역할을 하고 있다. 그러나 다리막에서는 어떤 피리곡도 연주되지 않았다. 섬뜩한 북소리와 함께 연주되는 고전적인 창과 한낮부터 무더운 밤까지 아리랑만을 지루하게 반복했다.

몇몇 행상들이 지나가며 파는 담배, 생필품, 그리고 거칠게 만든 어린이용 장난감들은 예술적 감상이 죽어 있는 이 나라에서 유일하게 눈길을 끄는 것이다. 서울, 평양 그리고 그 밖의 도시의 상점들은 원색으로 칠한 장난감들을 팔고 있으며 이것은 주로 어른들의 생활상을 보여준다. 여기에는 또한 아이들을 위해 바퀴 달린 원숭이, 강아지, 호랑이 인형들이 있고 유럽식 복장을 한 군인들이 최근의 군대에 대한 인기를 나타내 주고 있으며 어린이들은 관리의 가마, 빨간 술이 달린 우산, 술 장식이 된 모자로 묘사되는 관리로 진출하도록 일찍부터 교육을 받는다.

소녀들이 가지고 놀기에 알맞은 장난감들은 비교적 많지 않다. 약간의 충

12) 이것은 역자가 번역한 것이며 원문은 확인할 수가 없다.

격으로도 불이 잘 붙기 때문에 점화하지도 않았는데 한 통이다 타 버린 적이 몇 번 있는 일본식 딱성냥은 이 도시의 가게에서 급속도로 번져 갔지만, 이 나라의 다른 지역에서는 촛대를 세우거나 낡은 등잔을 사용하든지 값싸고 연기 많은 등유 램프를 사용하는 것과는 달리 원산 근처의 다리막에서는 그때까지도 부싯돌이나 황에 담갔던 나무로 불을 켰다.

남산을 벗어나면 서울에서 원산으로 가는 큰길로 조선 불교가 융성할 때 세워진 석왕사라는 유명한 절이 있는데 이곳은 지금의 왕조의 첫 왕인 태조 이성계가 교육을 받고 자란 곳이다. 이 절은 이태조가 504년 전에 자신의 후손이 왕이 되리라는 계시를 받은 곳이다. 특별히 아름다운 곳에 이 태조 초기의 종교적 행사, 연구, 준비 그리고 그 자신이 손수 계획했다고 전해지는 석왕사가 위치한 거대한 산에는 화려한 나무들이 심어 있었다. 그의 표상과 예복들이 이 건물에 보존되어 있고 정식으로 시중드는 사람 이외에는 출입이 금지되었다.

선명한 산줄기는 매우 아름답고, 번영된 모습을 보여 주며, 몇 마일에 걸친 울창한 둥근 산들이 이 아름다운 산맥의 근원을 이루고 있다. 우리는 풍요롭고 수목이 울창한 사원의 유물들을 본 뒤 좁고 아름다운 계곡과 홍살문을 지나 넓고 평탄한 길에 들어섰다. 고고한 소나무가 들어차 있는 길을 따라 소나무 잎 사이에 여기저기 비추는 햇살이 반짝였으며 그지없이 푸른 하늘에 깊은 감명을 받았다. 소나무, 전나무 그리고 거대한 이국적인 사스레피나무와 느티나무 등이 울창했으며 이끼 낀 거대한 돌로부터 역류하며 생기는 물거품의 반짝임과 아직은 푸른 단풍잎과 다른 아름다운 나무들로 화사했다.

덮개가 있는 다리를 지나 조각과 단청으로 장식한 천개 아래 서 있는 고승의 묘비는 우아함의 극치였으며 골짜기가 안 보일 정도로 울창한 산과 소나무 길은 떨어진 잎으로 뒤덮여 있었다. 흰 찔레의 가지들이 아치를 이룬 길을 한참 지나니 불규칙한 절의 건물들이 나타났다. 골짜기 암벽에 그려진 특이한 암각들은 산의 급경사 부분에서 끝나 있었다.

사원 입구에서 주지와 중세의 그림에서 봄직한 비대하고 재미있게 생긴 스님이 우리를 반겨 주었다. 주지와 스님들은 큰 법당에서 우리에게 꿀물을 대접함과 동시에 안내 책자를 보이며 얼마를 시주할 예정이냐 묻고 그 액수를 기록했다. 이 승려들의 욕심은 금강산의 스님들의 환대와 견주어 볼 때 "마부로 전락"할 정도로 나쁘다고 말하게 한다. 이것은 개항이 빚은 타락이라고 밖에는 볼 수가 없다.

석왕사가 개항장 원산으로부터 길어야 하룻길인데 문명은 이토록 오염되어 있었다. "경치를 보고 지불하라"고 그들은 말했다. 우아한 경관과 기묘한 벽화들, 폭포 아래의 바위 군상들은 그지없이 아름다웠다. 그 욕심 많은 승려들로부터 고개를 돌려 가장 아름답고 신선한 자연을 바라보니 새로운 신선함을 안겨 주었으며 그날은 이른 6월의 가장 아름다운 날이었다.

사원의 내부는 지저분하기 그지없었으며 지붕의 색은 바랬고 마루와 제단은 음식을 만들고자 말리는 산나물로 덮여 있었다. 더구나 현왕조의 첫 왕에 대한 비문 이외에 특기할 만해 보이는 풍경은 "500나한"이다. 그러나 석왕사는 이미 성지가 아니었다. 금욕적인 석가모니의 경건하고 금욕적인 제자를 풍자한 예술가는 제자들에게 신성치 못한 의미로서의 유산을 남겨 주었다. 500나한의 불상은 1피트가 넘지 않고 몇 개의 층으로 그 낡은 절을 에워싸고 있으며 각각 비단 모자를 쓰고 있었다. 그 다양한 모습과 표정은 참으로 훌륭했다. 모든 동양 국가들의 국민성이 그 얼굴에 나타나고 있었다. 얼굴이나 모습이 같은 것은 하나도 없다. 이 모든 것들의 품격은 높지 않았지만 천재성을 보여 주고 있다.

이 다양한 나한들 가운데 하나는 시선을 고정하고 있으며 매부리코와 얇은 입술을 가지고 있다. 다른 것들은 주먹코와 사팔뜨기이며 입을 벌린 채 웃고 있다. 나한 가운데 어느 것은 아시아 인종이고 다른 것은 코카서스 인종이며 또 다른 것은 흑인 형태에 가깝다. 어느 것은 런던의 옛날 마차꾼이

나 짐꾼을 연상시키는 듯 살찌고 유쾌해 보이며 곁눈질하며 웃는 것이 있고 다른 곳에는 고개를 숙이고 이마와 턱을 움츠린 채 허공을 응시하는 백치 같은 모습이 있고 또 다른 곳에는 붉은 볼과 이마까지 모자를 눌러쓴 악당이 있다.

그 당시 펙스니프[13]는 어떤 신성함을 감추기 어려운 분위기에 마주쳤으나 폴스타프[14]의 인상은 전설적인 인상을 능가하고 있다. 모든 나라의 성직자나 승려들은 그 멋진 모자 아래로 관람객을 흘겨본다. 이들은 신성치 않은 천재들의 전람회이다. 거의 모든 조각상들은 주정뱅이 같은 나쁜 인상을 보여주고 있으며 투박한 웃음, 술 취한 눈짓, 익살맞은 웃음을 띠고 있는 한결같은 모습은 다양하고 불합리한 모자의 배열로 말미암아 더욱 증폭되고 있다. 그 기괴함은 형언할 수 없으며 어느 모로 보아도 "교훈을 주지 않는다."

원산으로 가는 큰 길에 들어서면 많은 변화를 보인다. 전신주가 나타나기 때문이다. 벼와 그 밖의 곡식들이 뒤덮인 넓은 평양에는 많은 물품과 통행객들이 지나가며 주변에는 절벽이 솟아 있는데 지난날에는 분명히 섬이었던 것처럼 점찍은 듯하다. 그 인근에 원산이 자리 잡고 있다. 큰길에 이르면 중심부를 따라 높고 딱딱한 진흙이 쌓여 있으며 양쪽 옆에도 딱딱한 진흙의 층이 있다. 길은 좁아 마치 논두렁 같다.

이곳의 다리는 특히 유명하다. 그러나 사실상 그 다리들은 마부가 조랑말로 건널 수 없을 정도로 몹시 허술하여 우리는 그 다리를 건너지 않고 냇물을 건넜다. 그러나 내가 느낀 다리에 대한 세 가지의 나쁜 점에 해당하는 것으로서 다만 동에서 서로, 서에서 동으로 상품을 운반하는 통로에 지나지 않았다. 담배, 구리, 절인 생선, 해초류, 방연광, 그리고 동쪽에서 들어오는

---

13) 펙스니프(Pecksniff) : 디킨스의 소설 『마틴 추즐위트』에 등장하는 위선적인 인물의 이름인데 일반적으로 선행을 자랑하는 위선자를 의미함.

14) 폴스타프(Falstaff) : 셰익스피어의 사극 『헨리 4세』에 등장하는 인물로서 쾌활하고 재치있고 말로는 대담하나 싸움터에서는 겁쟁이 뚱보 기사임.

피혁과 서양 옷감, 시계 그리고 이것저것 잡다한 것들이 이 길로 운송되고 있었다.

웅달의 온도가 84°F(28.9°C)인 것은 햇볕이 얼마나 뜨거운지를 말해 준다. 한낮이면 그 기세는 더욱 심했다. 조선의 발전하는 도시 원산은 퀴퀴한 냄새와 좁은 뒷골목 그리고 큰길을 따라 불규칙하게 늘어선 초가집으로 된 상가들로 붐비고 있었다. 그곳에서 소나무로 뒤덮인 절벽과 산맥 아래의 해안가를 따라 약 1만 5,000명의 인구가 갈고 있었다. 산의 정상은 온통 녹색이었다. 이 산은 11월부터 5월까지 눈으로 덮여 있는데 올해 12월의 눈은 참으로 장관이었다.

냄새는 불쾌했으며 그 지저분함은 지긋지긋하고 개들은 악착같이 짖어대며 태양 아래서 검게 그을려 피 흘리는 고기 조각들의 냄새도 지독했다. 조선 사람의 도살 방법이 불결하기 때문에 외국인들은 서울이나 어디서든 일본인 푸줏간을 이용한다. 조선 사람들은 짐승의 목을 따고 그곳에 나무 대못을 박은 다음 도끼로 죽을 때까지 두들긴다. 그러자면 약 1시간쯤 걸린다. 그 짐승은 의식을 잃기에 앞서 온갖 고통을 겪는다. 개는 버둥대면서 피를 거의 흘리지 않기 때문에 고기는 피로 가득 차게 된다. 그럼으로써 무게가 무거워지면 상인은 더 유리하게 된다.

약 1마일쯤 더 가게 되면 감자밭이 나오며, 장소도 적당하고 눈에 잘 띄는 미국 개신교회가 보인다. 선교 사업이 아닌 다른 용도로도 쓸 만한데 다만 교회로만 쓰인다. 울퉁불퉁한 길을 따라 가다 보면 넓은 자갈길 양편으로 정원 안에 잘 다듬어진 집들이 나타난다. 이곳은 가장 정교하고 깨끗한 주택가로서 조선에서 가장 매력적인 일본인 정착촌이 있다. 원산은 1880년에 일본에 개항되었고 1883년에 기타의 외국인에게 개방되었다.

넓고 잘 다듬어진 길과 깨끗한 부두, 매우 실용적인 집, 일본 특유의 까다롭고 오밀조밀한 내부 장식, 일본식과 서양식을 혼합한 크고 두드러진 일본 영사관, 일본 유선 회사의 지사, 극동 사람들에게 P&O라고 잘 알려진 일본

우선 회사, 평판이 좋은 일본 은행, 깨끗한 열람실을 갖춘 세관, 유럽 물품을 좋은 가격에 제공하는 상점, 유럽식 복장의 선생이 지도하는 학교, 장옷을 쓰지도 않고 머플러로 가리지도 않은 채 살아 있는 것 같은 마네킹과 절뚝이지만 우아한 여성들은 일본 거류지의 활기찬 모습을 보여 주고 있다.

일본인들은 지난번의 전쟁(청일전쟁)에서 피해를 보지도 않았으며, 급속하지는 않지만 차분하고 평화롭게 발전하고 있으며 조선 사람이나 외국인과의 마찰도 없다. 비록 최근의 전쟁에서 중국 영사관과 중국 거류민을 추방했지만 인구 비례로 볼 때 대수롭지 않은 것이다. 다만 현금 대신에 일본의 엔화로 노름을 하게 한 고용인들을 이주시키려고 막대한 급료를 지불한 것을 제외하고는 특별한 흔적을 남기지 않았다.

나는 미국 선교사인 게일(J. S. Gale) 부부의 환대를 받았다. 1897년에 출판된 『조선어사전』과 『중국어사전』은 게일 씨가 이룩한 대단히 중요한 사업이다. 내가 원산에서 보낸 12일 동안 나는 영흥만으로 뱃놀이를 갔다. 이곳은 이 항구의 남서쪽에 위치하고 있다. 이곳의 면적은 거의 40평방 마일 정도로서 깊이가 6~12패덤[15]이다. 이 항구는 겨울에도 얼지 않으며 모든 방향으로부터 불어오는 바람을 산맥들이 막아 주고 있으며 그 입구를 섬들이 지켜 주고 있다.

영국의 독자들은 이 좋은 항구가 시베리아 횡단 철도의 종착역을 갖기 원하는 러시아에 도움이 되는 항구라는 데 관심을 둘 만하다. 이것이 사실이든 사실이 아니든 간에 60마일 위쪽의 해안에 있는 셰스타고프항[16]은 기항

15) 1패덤(fathom)=1미터 83센티.

16) 셰스타고프항(Port Shestakov) : 러시아의 해군제독 셰스타코프(Ivan Shestacov : 1820~1888)를 기념하여 지금의 함경도 신포항을 부르던 이름임. 셰스타코프는 러시아해군간부사관학교에서 수학한 뒤 곧 발틱함대와 흑해함대에 배속되어 그곳의 개발에 커다란 공을 세우고 말년에 해군성 장관(1882~1888)을 역임했다. 조선에서 거문도사건(1885~1887)이 일어나자 직접 거문도를 탐사하고 영국과 담판한 다음 귀국하여 짜르에게 극동정책을 진언했다. 이 당시의 항해보고서를 남겼으며, 영어에 유창하여 영미 해상 전략

지로서 뿐만 아니라 해군 기지로도 유용하다. 러시아가 태평양으로 진출하는 것을 꺼리던 시대는 지났다. 나는 황해 연안의 항구보다 동해안의 항구가 더 마음에 든다. 라자레프항[17] 끝에서부터 원산까지는 약 16마일이며 그곳은 낮은 섬과 동강의 많은 지류 가운데 늪이 많은 출구로 이루어져 있다.

라자레프항은 거칠고 광대한 염전이 얕은 해안에 있는데 동강 옆으로 여러 개의 지류를 받아들이며 여기에서 이 항구는 끝난다. 더구나 라제레프항은 지하수가 매우 풍부하다. 항구를 둘러싼 높은 언덕은 꼭대기까지 늪이 우거져 있으나 나무는 적고 촌락은 작으며 드문드문 떨어져 있다. 사냥감도 유난히 많다. 꿩들은 참새만큼이나 많으며 야생 칠면조며 늦여름에는 긴 도요새, 비둘기, 물떼새, 물 닭이 흔하다. 봄여름에는 셀 수 없이 많은 들새들이 냇가와 강으로 몰려온다. 사냥꾼이 나타나면 백조, 물오리, 거위, 오리들이 하늘을 뒤덮는다.

조선의 배는 항해하기에 적합해 보이지 않으며 따라서 뱃사람들이 해안에 붙어 다니며 항해하기에 좋은 바람을 찾는 것은 놀라운 일이 아니다. 배는 못이나 쇠나 부패 방지용 페인트 등을 쓰지 않으며 기름과 판자를 얼기설기 엮어 만든 것으로서 정성을 들인 것 같지는 않아 보였다. 두 개의 큰 돛대가 잦은 주의를 필요로 하는 배의 밑바닥에 박혀 있으며 그들은 항상 흔들리며 위협적으로 왔다 갔다 한다. 돛은 수십 개의 대나무를 밧줄로 엮어 시침질로 한 조각으로 만들었다.

실제로 항해는 가벼운 바람에서만 이루어지며 바람이 강해지면 천조각과 대나무로 엮은 돛이 쓰러진다. 방향을 바꿀 때는 단 한 번에 노를 쉽게 잡아당김으로써 가능하다. 한 사람은 선미에서 키를 잡고 다른 두 사람은 배 한

서적을 러시아어로 번역 출판했다.

17) 라자레프항(Port Lazzareff) : 본디 사할린 대안의 러시아 영토(북위 52°30', 동경 141°10'에 라자레프항이 있는 데에도 불구하고 러시아 사람들은 1854년에 원산항(정확하게는 문천 앞바다)을 이렇게 부름으로써 많은 착오가 발생하고 있다.

가운데의 들보에 고리를 만들어 그곳에 노를 끼워서 젓는데 그 위치는 약 3피트 넓이이다. 거룻배는 큰 노를 젓기에 적합하다. 노를 젓는 곳은 용골판의 역할을 한다. 배 한 척은 60~80달러이다. 이렇게 희귀한 항해 기술은 바람이 불기 전에 잘 운행되나 다른 상황에서는 다루기 힘들다.

원산과 서울 사이에는 통신이 가능하며 주로 일본유선회사를 통해 이루어진다. 가장 안락한 기선으로 조선의 항구와 블라디보스토크, 고베, 나가사키, 홍콩, 상해, 지부, 뉴창 그리고 천진과 연결된다. 러시아의 증기 노선은 여름 동안 일정한 간격으로 입항한다. 이곳에는 선교사와 세관원을 제외하고는 서방 상인이나 거주자가 없으며 외국 무역은 주로 일본인에 따라 이루어진다.

원산으로부터 약 60리 떨어진 곳에 잔디로 덮여 있는 큰 무덤이 몇 개 있는데 조선인은 이것이 고대 조선의 관습과 관련된 것이라고 서슴지 않고 말한다. 5세기 전보다 더 이전의 역대 왕조 동안의 관습에 따르면 나이가 많거나 질병에 걸린 사람들이 귀찮아지게 되면 약간의 물과 음식과 함께 그들을 무덤 안에 감금시켰고 그들은 거기에서 죽어 갔다.[고려장] 조선의 어느 곳에서나 이와 비슷한 매장 관습이 있는데 회색 유약을 바른 도자기는 물론 도자기의 주발과 단지가 무덤 안에서 발견된다.

원산에서는 이렇다 할 만 한 일이 없다.[18] 국내외 무역은 활발하지 않았으나 "그 나름대로의 목소리를 유지하고 있다." 나에게는 개항장으로서의 원산이 매혹적이다. 일본인 거류지에서 바라보면 갑자기 언덕이 솟아오르

---

18) (원저자 주) 1897년 1월 현재 원산의 인구는 다음과 같다.

일본인	1,299명	중국인	39명	미국인	8명
독일인	3명	영국인	2명	프랑스인	2명
러시아인	2명	덴마크인	1명	노르웨이인	1명
				합계	1,357명
한국인	약 15,000명				

며 그 뒤에는 아름다운 산이 배경을 이루고 있다. 그곳에는 1년 가운데 7개월 동안 눈이 쌓여 있다. 무엇보다도 절묘한 것은 북서쪽에 있는 동굴이다. 그 동굴 안에는 바닷물이 시원하게 속삭이고 있으며 꽃과 양치식물 그리고 풀섶으로 가려진 벼랑의 발치에는 바닷물이 흰 모래를 두드려 잔물결을 일고 있다. "항상 오후와 같은 땅" 원산은 장차 건강에 좋은 휴양지가 될 것이다.

제 13 장 청일전쟁의 전운과 제물포

나는 조선에서의 긴 여행 동안 정치적인 사건들을 전혀 들어본 적이 없으며 동학 교도와 정부군 사이의 전국적인 충돌에 대한 소문만을 들었다. 원산에서의 허위 보도의 분위기는 좀 자극적인 것이었다. 나는 이미 오랫동안 조선에 머물렀기 때문에 분위기를 들뜨게 하는 이야기에 신경을 쓰지는 않았다.

그러던 어느 날 동학군이 커다란 승리를 거두었고 정부군으로부터 개틀링 기관총을 노획했다는 소문도 들렸으며, 또 다른 소문에 따르면 동학군이 정부군과 충돌하여 동학의 신비하고도 신출귀몰하는 지도자가 참수 당했다고 한다. 그런가 하면 내가 출발하기에 앞서 들은 최근의 소문에 따르면 그들이 부산을 향해 행군을 하고 있다고 했다.

동학교도들은 타락한 관료들과 간신배들에 대항해서 봉기했고 국왕에게 변함없는 충성을 맹세했다고는 하지만 전국에 나돌고 있는 그들의 포고문으로 미루어 판단하건대 조선의 어디엔가 충성이 고동치고 있다면 그것은 농민의 가슴속뿐이라는 것이 확실해 보였다. 그들의 봉기는 무절제하거나 헛된 유혈을 불러일으키는 것처럼 보이지는 않으며, 그들의 행위는 개혁에 국한되어 있었다.

몇몇 외국인들은 그들에게 동정을 보냈다. 왜냐하면 혼란스러운 군대가 더 이상 오래 갈 수 없으며 견딜 수 없는 수탈에 대한 일반적인 농민 봉기보다 더 규모가 큰 무장 봉기가 일어날 시각이 무르익었다고 생각했기 때문이었다. 이러한 사건들이 원산에서 더 이상 관심을 끌지 못한 채 토의되고 있던 바로 그때 기성의 질서에 대한 무서운 위협이 구체화되고 있었다. 이제 동학도들은 어둠 속으로 떨어질 운명이었으며 이 보잘 것 없는 반도에 세계의 관심이 집중되었다.

6월 17일에 기선을 타고 원산을 떠난 나는 19일에 부산에 도착했다. 나는 항구에서 일본 포함을 보고서도 놀라지 않았다. 그날 아침 220명 일본의 군인들은 히고마루 편으로 부산에 도착하여 언덕의 불교 사원에 숙영하고 있으며 동학군들이 부산과 서울간의 통신을 끊었다는 소식도 들려 왔다. 부산에서 몇 명 안 되는 유럽인들 사이에 불안해하는 기색은 없었다. 커다란 시장 거류지를 그곳에 가지고 있는 일본인들은 자신의 중요한 이익을 보호하고자 그들이 택했던 노선은 당연한 것이었다. 누구도 일본군대가 제물포에 상륙했다는 소문에 관심을 기울이지 않았다.

그러나 21일 아침 일찍 제물포에 도착해 보니 그곳은 매우 흥분된 상태를 보였다. 일본의 거대한 함대 6척, 미국 기선, 프랑스 배 2척, 러시아 배 1척 그리고 2척의 중국 배가 외항에 늘어서 있었다. 항구 내의 제한된 설비는 최대한 가동되고 있었다. 일본의 수송선은 군인, 말, 그리고 전쟁 물자를 작은 증기선으로 하역했고, 거룻배들이 식량 보급을 위해 쌀과 다른 물품들을 하역하자 품팔이 인부들이 그것들을 해변에 쌓고 있었다. 바다와 육지를 통한 이동이 그칠 줄 몰랐다. 해변을 다녀온 뒤 흥분하고 동요한 방문객들은 놀라운 소문들을 가져왔으나 그것은 대부분 모호하다는 점을 고백했다.

배에서 내린 나는 그토록 활기 없던 항구가 바뀌었다는 것을 알았다. 거리에는 일본군대의 무거운 행진 대오의 발걸음 소리가 울려 퍼졌으며 모포를 실은 기차와 마초를 실은 마차가 길을 막았다. 중요 거리에 자리 잡고 있는 일본인들의 모든 집들은 막사로 변하여 군대로 가득 차 있었고, 발코니에는 소총과 군장들이 번쩍였다. 무기력하고 멍한 상태에 빠진 조선 사람들의 무리는 외국의 진영으로 변해 버린 부산항을 공허하게 응시하면서 야산에 앉아 있거나 거리에 축 늘어져 있었다.

첫 번째 군대가 상륙한 지 다만 2시간이 지났을 때 나는 그곳의 젊은 러시아 관료와 함께 병영을 방문했는데 거기에는 공기 유통이 잘되는 종 모양의 텐트 아래 1,200명의 군인들이 야영하고 있었으며 한 텐트 아래 20명씩 배속되어 있었다. 야영지에는 이미 배수 도랑이 가설되었고 마른 방석이 깔려 있었으며 저녁 식사는 라커 상자로 배식되고 있었다. 서둘러 마구간을 가설하고 기병과 산악용 총포는 중앙에 배치되었다.

산악 전투의 훈련을 받은 말들은 가장 쓸 만한 것으로서 키는 약 54인치로 최고의 컨디션 상태였으며 인디안 풍의 안장과 최신형 장비를 갖추고 있었다. 일본군은 200명의 인부와 100마리의 말을 이용하여 일본의 영사관으로부터 서울을 향해 총알과 포탄을 수송했으며 이러한 작업은 대부분 조용하게 진행되었다. 말쑥하게 정돈된 거리와 함께 병영은 질서정연했고 잘 정돈되었으며 조용했다. 마을의 보초들은 지나가는 사람을 검문했다.

모든 사람들은 마치 자신들의 의무를 잘 알고 있고 그것이 무엇을 의미하는지를 잘 알고 있는 것처럼 보였다. 거기를 활보하는 사람도 없었다. 훌륭하게 무장되어 있고 간편한 옷을 입은 이 마네킹 같은 일본군들은 그들이 수행하고자 하는 목표를 위해 조선에 온 것이 분명했다. 동학도의 봉기로 말미암아 위험에 빠진 재한 일본 거류민을 보호한다는 미명 아래 그들의 목표는 훌륭하게 은폐되어 있었다.

조선의 남쪽에서 일어난 반란은 서울에 경종을 울렸다. 비록 작은 규모의 그러한 운동들이 이 반도에서 발생했다. 관리의 수탈에 격분한 농민들이 한두 지방에서 일어나 때로는 폭력을 쓰기도 하고 때로는 사람을 죽이면서 공격적인 관리들을 몰아냈다. 그렇다고 해서 농민들이 처벌을 받는 것도 아니었다. 왕이 새로운 관리를 보내면 그는 백성이 견딜 수 있는 범위를 넘어 번

갈아 수탈하다가 쫓겨나고 농촌은 다시 안정되었다.

비록 더 중요한 문제의 등장으로 그 존재가 눈에 띄지는 않았지만 동학 운동은 여느 민란보다 중요한 운동이었으며 서울과 다른 도시들에서도 그 숫자가 많았을 뿐만 아니라 그 명분도 뚜렷하고 합리적이었기 때문에 나는 당초에서부터 그 지도자를 "모반자"라기보다는 차라리 "무장한 개혁자" 라고 부르고 싶었다. 그 당시 왕의 권위에 대한 의문은 없었다.

동학은 왕에게 충심으로 경의를 표시하는 말로 선언을 시작했고 매우 부드러운 용어로 자신의 비통함을 피력했다. 동학은 조선에서 관료들이 자신의 목적들을 위해 왕의 귀와 눈을 멀게 하고, 백성들에게 미치는 잘못된 모든 소식과 보고를 왕에게 전달하지 않았다고 주장했는데 이것은 의심할 나위도 없는 사실이다. 조정 대신과 방백 수령들은 나라의 복지에 대해서는 전혀 무관심한 채 오직 자신의 재산을 모으는 데만 주력했으나 그들의 탐욕을 제어할 길이 없었다. 관리가 될 수 있는 유일한 길인 과거제도는 뇌물, 홍정, 매관매직 이상의 아무것도 아니었으며 공직 임명을 위한 기능을 더 이상 찾아볼 수가 없었다.

관료들은 나라를 급속도로 몰락시키는 외채를 걱정하지 않았다. "그들은 자존심만 강하고 허영에 들떠 있고 불륜을 저지르며 탐욕스러웠다." 지방의 임지로 발령 받은 많은 관리들은 그냥 서울에 살고 있다. "그들은 평화로울 때면 아첨하고 아양을 부렸으며 혼란한 시기에는 나라를 배반하고 도망갔다." 개혁의 필요성은 절박했다. 외국인들에게 대한 적개심의 표현은 없었으며 선언문은 그들의 어떠한 이익도 나타내지 않았다.

동학의 지도자의 성격을 명확하게 조사하지 못했으나 그는 일본어와 중국어를 모두 말할 수 있는 능력이 있을 뿐 아니라 초자연적인 강력한 힘을 가진 사람이라고 사람들은 생각했다. 이러한 현상은 그의 수단, 선견지명, 용병술에서 명백하게 나타났다. 그는 현대적 전쟁 기술을 가진 사람이며 서방의 전략 기술을 습득한 사람이었다. 다만 낡은 칼과 도끼와 창을 가진 그의 추종자들은 처음으로 소총을 가지게 되었고 관리들은 병기고를 탈취하여 정부군은 패퇴시켰다.

수없이 많은 소문들 가운데 왕이 동학을 진압하고자 한 장군으로 하여금 300명의 군인을 영솔하여 보냈는데 군인들은 가는 도중에 동학군의 진영을 공격했으나 300명이 무기를 버리고 동학군에 투항하여 정부군에게 항전하다가 300명은 죽음을 당했고 그 장군은 행방불명이 되었다는 소문은 사실로 드러났다.[1] 잇따른 승전과 관리들의 이탈 그리고 그들이 서울로 행진하고 있다는 소문은 커다란 경종을 불러 일으켰으며 왕은 당황하여 파천을 준비하게 되었다.

그러나 내가 제물포에 도착하기에 앞서 벌어진 2~3일의 사건은 지방의 소요를 잠재웠다. 지금은 과거사가 되어 버린 이 사건을 내가 이렇게 회상하는 것은 동학란이 일본군의 개입을 위한 좋은 빌미가 되었다는 것을 보여주고자 함이다. 조선과 그 외교의 중요성에 비추어 가장 중요하게 제기해야 할 질문은 "일본의 목적이 무엇인가?", "이것은 침략인가?", "일본은 적인가 우방인가?" 하는 물음이다.

일본은 3개월 동안에 6,000명의 군대를 상륙시켰다. 이들을 수송하고자 일본유선회사(NYK)는 기선 15대를 정기 노선에서 빼냈다. 일본은 서울로 들어오는 갑과 서울의 강 포구인 마포를 점령했고 무기와 막강한 힘을 가지고 숲이 우거진 서울의 남산에서 대궐과 수도를 내려다볼 수 있는 위치를 장악했다. 이러한 모든 움직임들은 신속하고 민첩하고 자유롭게 이루어졌는데 일본의 이러한 행위는 군사적인 면에서 가장 상찬받을 만한 것이었다.

일본은 서울과 제물포에 있는 자신의 거류민을 보호하거나 조선에 적대적인 행위를 하려고 이와 같은 능숙하고도 비상한 조치를 취한 것은 아니라

---

1) 여러 가지의 정황으로 볼 때 초토사 홍계훈이 황룡촌에서 패전한 사실을 의미하는 것 같다.

는 점을 극동의 정치를 공부하는 사람들이라면 누구나가 알 수 있었다. 여러 측면에서 볼 때 당시 일본의 내각은 흔들리고 있었기 때문에 사퇴를 하든가 아니면 외국과의 전쟁을 일으키든가 둘 중에 하나를 택해야만 했다고 많은 사람들은 믿고 있었다.

그러나 이것은 완전히 궤변이다. 왜냐하면 일본이 몇 년 동안 이러한 군사 작전을 용의주도하게 계획하고 있었던 것에 대해서는 의문을 제기할 수 없기 때문이다. 일본은 조선의 지도를 정확하게 만들었고, 마초와 군수품에 대한 보고서를 준비했고 조선의 강의 폭과 깊이를 측정했으며 3개월 동안 사전에 미리 조선에서 쌀을 사들이는 한편 티베트 전선에 변장한 일본 관리들을 파견하여 중국의 약함과 강함을 탐색했고 중국군이 사용하고 있는 총, 구식총, 벌집처럼 구멍 난 함포에 관한 정보를 참모본부에 보고했다.

또 일본은 얼마나 많은 중국군대가 각 지방으로부터 전선에 투입될 수 있는지 그들이 얼마나 훈련을 받았으며 화력은 어느 정도인지를 중국인들 자신들보다 더 많이 알고 있었다. 뿐만 아니라 일본은 중국에서는 무한한 부패와 부정이 자행되고 있으며 이로 말미암아 전체적으로 애국심이 결여되어 있다는 것과 병참이 서류와는 많이 다르다는 것도 잘 알고 있었다.

따라서 전쟁이 일어나더라도 이를 지탱할 수 없기 때문에 중국이 효과적으로 군대를 파견하는 것은 절대로 불가능하다는 것이 일본의 판단이었다. 일본의 모든 양상은 조선에서 완전히 중국의 허점을 찔렀다. 중국인들은 당황했다. 서울에 일본군이 나타나자 중국 영사관의 30명의 부인들은 중국으로 돌아가는 배를 탔고 800명의 중국 남자들은 내가 도착한 날 제물포를 떠났다. 중국 거류지에서의 공포는 대단한 것이어서 심지어는 독점 판매로 번창하던 정원사까지도 도망갔다.

지난날 중국인은 냉정하고 침착하여 상황 판단이 빠른 사람들이라고 나는 생각했었다. 그러나 6월 어느 날 중국인들은 금전상의 손실과 증오로 격분하여 이성을 잃어버리고 무엇을 해야 하는지를 알지 못하는 야만인으로 변해 있었다. 내가 하루를 보낸 중국의 여관은 흥분의 도가니였다.

시간마다 유럽의 방문자들이 들어오거나 내가 산책으로부터 돌아올 때면 평소에는 대부분 조용하고 과묵했던 고용인들은 흥분의 도가니가 된 이 여관에서 화나고 찌그러진 얼굴로 나의 방에 들어와 내가 무슨 소식을 들었는지, 무슨 일이 일어나고 있는지, 중국군인들이 그날 밤에 거기에 있었는지 없었는지, 영국 함대가 중국인들을 도와주고 있는지 등을 물어 보았으며, 심지어 나를 가장 잘 따랐던 중국인 하인은 이를 악물고 영어로 중얼거렸다.

"나는 죽게 됐어, 죽게 됐어, 죽게 됐어."

한편 완벽한 훈련과 훌륭한 행동의 기적을 보인 난쟁이[2] 포병 대대는 계속해서 서울로 진군했다. 그 당시와 그 뒤 얼마 동안 서울의 상황을 살펴보면 왕은 대궐에 격리되어 있었고 그때까지 정부의 구실을 하던 것마저도 무너졌다. 영국 영사 힐리어(Walter C. Hillier) 씨는 영국으로 돌아가는 중이었고 영사 대리 가드너(C. T. Gardner, C.M.G) 씨는 조선에 부임한 지 3개월밖에 되지 않았다. 미국 공사는 그보다도 더 신참이었다. 프랑스와 독일 영사관은 보호해야 할 이권이 미비했기 때문에 여기에서 언급할 만한 가치가 없다.

2년 동안 러시아를 대표한 능력 있고 신중한 외교관 웨베르(K. I. Waeber) 씨는 외교 사절 사회에서 신임이 두터웠으나 북경 공사로 임명되어 며칠 전에 서울을 떠났다. 그러므로 서울에는 두 사람만이 얼굴을 마주하고 있었다. 하나는 북경 주차 일본 공사 오토리 게이스케 씨로서 조선에 잠시 머물고 있었으며 다른 한 사람은 조선 주차 청국 공사인 원세개이다. 그는 본디 군인으로서 지금 몇 년째 조선에 머물고 있는데 중국 천자의 신임이 두텁고

---

2) 일본을 뜻하는 왜(倭)라는 한자는 본디 안짱다리(矮)라는 뜻으로서 동서양이 모두 암묵적으로 일본을 난쟁이족으로 인식하고 있었다. 그것을 싫어하는 일본은 이를 숨기려고 왜를 야마토(やまと)로 읽는다.

권력과 기교와 능력을 가진 사람이라고 외교계에 알려져 있었다. 그는 "황제의 막후 실력자"로 알려져 있다.

나는 1894초에 오토리 씨를 몇 번 만난 적이 있다. 그는 평균키의 일본인이고 영어를 잘했으며 마치 유럽에서 태어난 것처럼 유럽의 옷을 입고 있었고 "양의 어깨 털"처럼 하얀 구레나룻을 뽐내고 있었다. 그는 응접실에서 어슬렁거리면서 숙녀들에게 너절한 얘기를 나누고 있어 대단치 않은 인물처럼 보였다. 그는 북경에서 본 것과 같은 인상을 주었고 또 그 사람 자신도 그러고 싶었다고 나는 믿는다.

그러나 도쿄로부터의 엄중한 명령이나 상황은 오토리를 변화시켰다. 그가 사전에 가면을 썼었는지 아닌지 나는 알 수 없으나 그는 자신을 거칠고 강력하고 단호하고 유능하며 무례한 사람이며 어렵고 위험한 게임에서 원세개뿐만 아니라 그 밖의 다른 사람의 허를 찌를 만한 충분히 현명한 사람임을 보여주었다.

제물포에서의 잊을 수 없는 그날 오후에 부영사는 나를 찾아와 그 날 밤 내가 조선을 떠나야만 한다고 경고했다. 그의 절박하고도 진지한 표정으로 볼 때 그는 나에게 털어 놓을 수 없는 어떤 정보에 따라 행동하고 있다고 믿었기에 나는 아무 의심 없이 조선을 떠났다. 나는 가을 여행을 위해 원산에 준비물을 남겨 두고 있던 상태였으며 일본에서 여름을 보내려고 장비와 1주일 동안 쓸 돈을 가지러 그날 밤 서울로 가려던 참이었다.

그러나 나의 입장이 참으로 어려웠다. 다른 유럽인들은 나에게 "추방"당하지 말라고 충고했지만 결코 영국 관리들을 어렵게 만들지 않는다는 것이 나의 여행 원칙이었다. 따라서 사태가 심각하다고 생각했기 때문에 나는 마지못해 양보했다. 나는 그날 밤 고민하는 영국인 동료 2명과 함께 일본 기선 히고마루를 타고 제물포를 떠나 발해만을 향했다.

부영사의 말대로 두 나라 사이에 전쟁이 일어난다면 이곳이야말로 "사자의 입"과 같은 곳이었다. 나는 그때 입고 있던 무거운 트위드[3] 이외에는 아무것도 없었다. 온도는 80°F(26.7°C)까지 올라갔다. 지부까지의 여비를 지불한 뒤에 첫 항구에 내렸더니 남은 돈은 다만 4센트뿐이었다. 내가 옷이나 돈을 손에 넣기까지에는 앞으로 넉 달이 남아 있었다.

---

3) 트위드(tweed) : 스코틀랜드 남부에 있는 트위드(Tweed)에서 생산된 모직 옷.

제 14 장 만주로의 추방

비록 내가 무거운 트위드 옷을 입고 지부에 도착했지만 나는 인력거꾼에게 지불할 돈이 없었기 때문에 할 수 없이 영국 영사관까지 가파른 언덕을 걸어가야 했다. 그늘에서도 수은주는 84°F(28.9°C)였다. 그래도 어쨌거나 나는 기뻤다. 공적인 나의 여권과 사사로운 소개 편지는 모두 서울에 두고 왔고 행색마저 초라한 나는 소개장도 없는 무일푼인데다가 자신을 증명할 길이 없어 냉랭한 대접을 받으리라는 것이 두려웠다.

나는 매일 매일 불안과 두려움이 무엇인가를 수없이 경험하면서 무일푼의 신세가 어떻다는 것을, 특히 무일푼의 지식인의 신세가 어떠리라는 것에 대해 무한한 동정을 금할 수 없었다. 나는 영국 공사관의 문으로 들어갈 용기가 나지 않아 몇 분 동안 영국 공사관 문에 매달리고 극도로 불안정해 하다가 나의 유일한 방문 카드인 찢어진 소개장을 안으로 들여보냈다. 나의 자격지심이었겠지만 그것을 받아 든 중국인은 나를 의심스럽게 경멸적으로 쳐다보았다.

나는 그 뒤에 일어날 급작스러운 심경 변화를 쉽게 잊을 수가 없었다. 우리에게 잘 알려진 알렌(Clement Allen) 영사는 나를 따뜻하게 맞아 주었다. 나는 자신의 신분이나 그 밖의 것을 증명할 필요가 없었다. 그는 다만 나를 위해 무엇을 해야 하는지 알고 싶어 했다. 불안이 가라앉자 나는 돈이 필요하다고 면목 없는 고백을 해야 했다.

그러자 알렌 영사는 곧 은행 업무를 취급하는 퍼거슨상사로 나를 데리고 가더니 내가 원하는 만큼 대출해 주도록 부탁했다. 그 다음 나는 점심 식사에 초대받았다. 북경에 살고 있는 오코너[1] 여사와 영사관에 살고 있는 스페인 영사의 부인이 나를 위해 여름옷을 한 보따리 만들어 주었다. 그래서 나의 "추방"은 값진 우정으로 나를 부유하게 만들었다.

처음과는 매우 다른 기분으로 히고마루로 돌아온 나는 배를 타고 찌는 듯한 더위 속에 태고의 성채가 보이는 발해강의 입구까지 올라갔다. 배는 이틀 동안 진흙 뻘 위를 흔들리며 운항하여 만주의 뉴창으로 나아갔다. 요하의 어구에 이른 것은 제물포를 떠난 지 5일 만이었다. 비가 내렸다. 뉴창까지의 2시간의 여행은 이제까지 본 적이 없는 끔직한 시골 모습을 보여주었다. 요하에는 엄청난 조수와 거센 물결이 흐르고 있었고 황색 진흙이 두껍게 덮여 있었으며 수위는 연안과 비슷할 정도로 높았다.

연안에는 보이는 것이라고는 거의 없었으며 강의 왼쪽 제방에는 흙으로 만든 성채가 있는데 거기에는 크루프[2]제 대포가 설치되어 있다고 한다. 강변에는 진흙과 갈대가 끝없이 펼쳐 있었다. 영구는 진흙을 주로 써서 축성한 도시로서 뉴창이라고 알려져 있지만 진짜 우장은 요하로부터 30마일 북쪽에 위치하고 있다.[3] 진흙 제방 위로는 관아와 사원의 굽은 기와지붕 이외

---

1) 오코너(Nicholas R. O'Conor : 1843~1908) : 영국의 외교관. 1880~1886년 사이에 북경 주차 영국 공사관의 참찬관으로 봉직하다가 1895년 이후 공사로 승진했고, 그 뒤 러시아 대사로 전보됨.

2) 크루프(Krupp) : 독일의 병기제강 업자인 크루프(F. A. Krupp : 1812~1887)가 창설한 중포화 공장.

3) 뉴창(紐昌)과 우장(牛庄)은 모두 영어로 Newchang으로 표기되기 때문에 많은 오해가 발생하고 있지만 두 지명은 각기 다른 곳이다. 뉴창은 지금의 영구(營口)로서 요동만 동북쪽에 위치한 항구 도시이며, 우장은 그곳에서 북북동쪽 50km 지점에 위치한 내륙 도시이다. 필자는 이러한 오해에 대한 주의를 환기시키고 있는 것이다.

에는 아무것도 보이는 것이 없었다. 이곳에는 6만 명의 인구가 살고 있는데 1860년에 개항한 뒤 상업의 중요성으로 급속한 성장함과 동시에 인구도 증가하고 있다.

거대한 한자로 이름을 써넣은 영국의 몇몇 기선들이 조류에서 닻을 내리고 있었고 강변에는 도강용 배와 함께 거룻배들이 조밀하게 정박해 있는데 그 모습과 색깔이 그림 같았다. 중국 남부로부터 올라온 기선과 거룻배는 만주를 유명하게 만든 콩과 빵을 적하하고 있었다. 이 콩은 남중국의 설탕 농장과 기아 지대에 엄청난 양으로 수출되고 있다. 제방의 옆과 뒤에는 외국인 거류지가 있는데 그곳에는 약 40명의 유럽인이 살고 있었다.

중국 해관의 하얀 건물, 그 직원들의 주택, 두 세 개의 외국 상사 그리고 영국 영사관 건물들이 이 지역을 이루고 있다고 한다. 이곳은 극동에서 가장 친절하고 다정한 곳이라는 평판이 나 있다. 사실상 해마다 11월 20일부터 약 4개월 동안 요하의 결빙으로 고립되어 이곳 주민들은 철저하게 자급자족해야 하고 서로 협력해야 한다는 사실이 이와 같은 고립된 지역을 그토록 강하게 결속시켰다고 볼 수 있다.

내가 영국 영사관으로 다시 돌아갔을 때, 나는 정중한 환영을 받았다. 그래서 나는 뉴창에 대한 즐거운 추억들을 가지고 있다. 그곳의 진심 어린 친절, 아름다운 해안, 산들 바람이 부는 파란 하늘에도 불구하고 내가 처음으로 그곳에 도착했을 때는 황량한 진흙투성이의 고독한 땅으로 보였다. 진흙탕 물은 대륙의 큰 덩어리를 삼켜 버릴 것 같았으며 그것을 모두 침몰시킬 것만 같았다.

콩 종류인 완두콩[4]은 만주가 존재하는 이유였으며 가격이 오르고 내림은 안정되어 있었다. 길고 좁은 콩 수송선은 큰 돛과 가마니 지붕을 쓰고 있었

4) (원저자 주) Dr. Morrison, *Glycene hispides.*

고 내륙으로부터 콩을 운반했다. 제분기는 주야로 그들의 기름을 짜내는데 콩기름은 요리할 때뿐만 아니라 연료로도 사용되었다.

그 뒤에 내가 2개월을 보낸 만주의 정치적 지위는 러시아와 이해 관계를 떠나서 보더라도 몇 가지 점에서 본토와는 달랐다. 만리장성의 밖에 위치하고 있는 만주에는 혈통이 다른 몇 개 인종이 혼혈되어 있는데 만주족(타타르), 길랴크족,[5] 퉁구스족,[6] 솔론족, 다우어족[7] 그리고 중국인들이다. 이들과 함께 약 3만 명의 조선족들이 다수 민족을 형성하고 있다는 점을 언급하지 않을 수 없다. 조선 사람들은 정치적 혼란과 관리의 수탈을 피하여 1868년 이후 조선을 떠난 사람들이다.[8]

사실 1644년의 병자호란 이후 정복이라는 권리에 중국을 통치한 왕조가 곧 만주 왕조이다. 그들은 모든 중국 남자들이 이마의 머리를 잘라 내어 변발을 하도록 강요하는 데 성공했고 여성들의 발을 불구자로 만들어 버리는 풍습을 막는 데는 절대적으로 실패했다. 오늘날에도 "황금백합"이란 전족을 한 여성은 황제의 대궐에 들어갈 수 없다. 이러한 제도들은 자연히 만주족을 주목하게 만들었다.

만주 대륙의 넓이는 오스트리아와 대영제국 그리고 아일랜드를 합한 것보다 더 넓은 38만 평방 마일이지만 인구는 다만 1,800만~2,000만 정도로 추산되고 있다. 따라서 이 광활한 대지는 북중국의 변경 지역의 정복지로부터 이민이 꾸준히 들어 왔다. 만주는 산동성, 직예 그리고 산서성으로부터 꾸준히 이주해 오기 때문에 이 당시 남만주의 인구 밀도는 중국의 내륙에 버금가고 있다.

---

5) 길랴크족(Giliaks) : 시베리아의 아무르강 일대에 살고 있는 몽골계의 토인족.
6) 퉁구스족(Tungusi) : 시베리아의 예니세이강의 동쪽과 아무르 분지에 살고 있는 몽골계의 토인족.
7) 다우어족(Daghur) : 내몽고의 동북 지방에 살고 있는 몽골족.
8) (원저자 주) 북경 주재 러시아 외교관의 자료에 따름.

그러나 북만주 지방은 사정이 달라 춥고 거대한 숲이 펼쳐 있어 농사를 짓기에는 어려움이 많다. 그곳에서 전쟁이 일어나지 않았고 복잡한 문제들이 따르지 않았었다면 나는 조선의 북쪽으로부터 그곳을 통과해 여행하려고 계획했었다. 그러나 이곳은 계속해서 불안했다. 이주자의 대다수는 죄인, 도망자, 탈영한 군인 그리고 금광 광부와 인삼을 캐는 사람들로 구성되었다.

이렇게 희망이 없는 사회에는 대부분 재미있는 그 무엇인가가 있다. 거기에는 거대한 조직들이 있는데 그들이 곧 무장된 마적이다. 그들은 황제의 군대와 충돌하는 것도 주저하지 않았고 때때로 승리를 거두는 경우도 있다. 내가 봉천에 있을 때 정부군은 그들의 손으로부터 성채를 탈환했다. 태평천국(1850~1865)의 난 당시에 중국의 군대가 만주로부터 철수했다. 마적들은 곳곳에서 파괴와 테러를 자행했으며 도시와 마을을 점령하고 정복자의 권리로 이곳을 통치했다.[9] 최근 몇 년 동안 정부는 북쪽 변경 지역으로 자발적으로 이주하는 사람들이 정착하도록 하고 심지어 그들에게 물질적인 보조까지 공급했다.

그러나 아직도 상황은 나쁘다. 마적들은 필요악으로 "정착해 가고" 있다. 그들은 인간적인 삶에 관해서는 양심적이지 않다. 그들은 남쪽으로부터 온 부상을 납치하여 몸값을 요구하는 사절을 그의 조합으로 보냈다. 만약 여러 날이 지나도 오지 않으면 그 인질의 머리가 달아 날 것이라고 협박을 강화한다. 진흙이 꽁꽁 얼어붙은 겨울에는 내륙의 상품을 수송할 수 있는 시기가 된다.

이때가 되면 노새가 끄는 마차의 긴 행렬을 볼 수 있으며 100명이나 그 이상이 함께 모여 뉴창이나 봉천 또는 남쪽 다른 도시들로부터 작은 기를 달

---

9) (원저자 주) 북경 주재 러시아 외교관의 증언.

고 올라온다. 그 깃발은 산적의 우두머리의 대행자에게 매로전을 지불했다는 표시이기 때문에 여행하는 가운데 강도를 만나지 않을 것이다. 그 뒤에 내가 만주의 시베리아 국경 지대에 있을 때 마적들은 중국군대로부터 탈영한 굶주린 병사들과 제휴하여 거대한 조직을 이루고 있었다. 그들은 지방을 약탈했고 겁에 질린 농민들은 그들의 농장으로부터 도망하고 있었다.

만주의 마적 행위의 신기한 특징 가운데 하나는 홍수나 가을 추수의 결과에 따라 그들의 기세가 오르거나 떨어진다는 점이다. 홍수와 농작물이 부족한 시기에는 일반적으로 훌륭한 농부들의 대다수가 강도와 연합했다가 다음 계절에는 그들의 정직한 본직으로 돌아가기 때문이다. 그러나 북동만주의 이러한 공포 상태에도 불구하고 만주는 중국의 통치 영역 가운데 가장 번창하는 지역의 하나였으며 외국 무역은 해마다 그 중요성이 높아질 것으로 보인다.[10)]

나는 만주족(혹은 타타르인)과 그들이 정복했던 인종의 외모에서 다른 점이 거의 없다는 점을 발견하고 실망했다. 그러나 여성들은 키가 더 크고 건장했는데, 이는 그들의 발을 전족으로 조였다는 사실에서 이미 예상했던 바와 같다. 그들의 머리 단장뿐만 아니라 그들의 관습도 한족과는 달랐다. 만주 여자들이 목부터 발까지 오는 소매 없는 옷을 입고 그 위에 넓게 수놓은 소매가 달린 옷을 입었다. 다소 예외가 있기는 하지만 그들은 한족들 보다 덜 격리된 생활을 하며 더 자유로운 분위기를 누리고 있다.

만주의 관습의 대부분은 만주어와 함께 사라졌다. 만주어는 다만 몇몇 외

---

10) (원저자 주) 뉴창항의 경우를 보면, 다소 예외가 있기는 하지만, 1871년의 경우, 수출되는 토산품과 수입되는 외국 상품 그리고 중국 내지의 상품을 실은 기선 16척과 돛단배 203척이 입항했는데 총 무게는 6만 5,933톤이었고, 1881년에는 기선 114척에 돛단배 218척에 총 무게는 15만 9,098톤, 1891년에는 기선 372척과 61척의 범선에 총 무게는 33만 4,709톤이었다. 같은 기간 동안에 영국의 무역고는 총 38.6%에서 58%로 증가했다. 1871년의 독일의 무역고는 영국과 비슷한 37.6%였지만 1891년에는 28%로 감소했다.

딴 산골에서만 사용되며 인위적으로 보존되고 있음이 분명하다. 왜냐하면 통치 왕조가 만주족이기 때문이다. 따라서 문학을 지망하는 학생들과 총독 지위의 높은 관리들은 억지로라도 만주어를 배우고 있다. 순수한 만주족의 혈통은 주로 북방에서 볼 수 있다. 현재 황제 왕조의 혈족인 만주족은 다양한 특권들을 누리고 있다.

모든 성인 남자들은 잘 구부러지지 않는 활에 짧은 끈을 맬 수 있는 나이가 되면 곧 "기수"가 되는데 이는 쉬운 일이 아니다. 그는 서로 다른 깃발을 나타내는 8가지의 비정규적인 기단에 배속되며 그때부터 한 달에 1냥씩 받는다. 활동적으로 봉사할 때는 한 달에 5~7냥까지 받는다. 일반적으로 "8기단"들은 특별히 좋은 평판을 듣지는 않는다. 그들은 도박을 하고 일을 조금이라도 더 얻으려고 관아를 좇아다니고, 관직을 얻으려 하며, 일반적으로 정부로부터 받은 땅을 다시 중국인에게 빌려준다.

소총과 크루프 총을 사들이는 제국에서 활과 화살에 국토 방위를 의존하고 있다는 것은 의외의 사실이다. 뒤에 북경 정부가 일본군대에 따라 협박당할 무렵에 중국 정부는 활과 화살을 가진 기수를 배치하려고 시도한 적이 있었다. 북경과 등주로 가는 길에 나는 20대의 마차가 수도의 방어를 위해 이러한 원시적인 무거운 무기를 싣고 가는 것을 본 적이 있다. 활과 화살의 훈련은 중국의 중세기적인 많은 군사 행동에서 가장 흥미로운 것 가운데 하나이다. 중국의 기수들은 17세기의 그러한 중국인의 후예로서 중국의 정복을 가능케 했다. 전체적으로 중국의 지배를 받는 3개 변경 지역에 있는 군사력은 28만 명이다.

만주 수비대와 "만주 도시들"은 대부분의 지방과 도시에 존재하고 있으며 그러한 군대들은 현재 만주 왕조와 밀접한 이해 관계를 맺고 있기 때문에 그들의 충성은 제국의 안전을 위한 중추의 역할을 하고 있다. 만주족의 역사, 거대한 이웃에 대한 대담무쌍하고도 끊임없는 정복, 혼혈 인종, 수없이 많은 토착 부족, 광물과 농업 자원, 특이한 형태로 구성된 자유와 씩씩한 점에서 볼 때 만주는 매우 흥미로운 통치 지역이다. 내가 그곳에 머물렀던 2개월은 나를 강하게 사로잡았다.

진흙은 뉴창의 커다란 특징이며 아마도 1년의 몇 달 동안은 진흙투성이어서 그 동안에는 길을 걸어 다니는 것이 불가능하며 해안 길만이 사실상 걸어 다닐 수 있다. 내가 도착한 날 밤에 비가 내리기 시작했는데 단 한 시간만 멈추었을 뿐 5일 동안 밤낮으로 계속해서 내렸으며 5일 내내 끝없이 천둥번개가 치는 것 같았다.

만주 분위기는 안개가 짙고 흐리며 주야로 수은주는 78°F(25.6°C)에서 멈췄다. 그때의 강우량은 약 8.26인치이며 기압은 29°내지 29.3°였다.[11] 그 뒤에 하루 동안 비가 그쳤을 때 더위는 거의 참을 수 없었다. 물론 그런 상황에서는 어떤 승무원도 출발하려 하지 않았다. 거대한 홍수의 소문이 강을 따라 내려왔다. 그러나 순전히 지방적인 이런저런 소문들은 전쟁이 일어날 것인지의 여부에 대한 불안과 전쟁이 일어나면 장차 뉴창의 무역에 대한 어떤 영향을 끼칠 것인가 하는 걱정 속에 묻혀 버렸다.

11) 이 당시의 기압 산출은 오늘의 방식과 달랐다. 당시의 기압은 아네로이드 기압계를 사용했다. 이는 요즘과는 달리 금속의 팽창을 이용하여 기압을 측정하는 방법이었다. 필자가 기압의 기록에 이토록 치밀했던 것은 기압이 곧 고도로 환산될 수 있으며 이는 다시 그의 궁극적 관심이었던 금광 채굴의 1차 자료가 되기 때문이었다. aneroid란 말은 그리스어로서 액체를 쓰지 않았다는 뜻이다.

제 15 장 만주의 대홍수

이제까지 외국인으로서 봉천을 방문했던 사람은 나 하나뿐이었다는 사실이 나를 놀라게 했다. 봉천은 뉴창으로부터 지름길을 통해 120마일 거리에 있었고 여름과 가을이면 8일에서 10일까지 쉽게 접근할 수 있는 곳이었다. 비록 다양한 환경은 순조롭지 못했지만 나는 7월 3일에 뉴창을 떠나 8일에 봉천에 도착했는데 홍수로 넘친 물을 이용함으로써 요하의 굴곡을 피할 수 있었다.

친절하게도 외국 거류민들은 나에게 여행을 위해 필요한 비품들을 빌려주었다. 그러나 "콩 만한 배"는 이런 장비를 실었음에도 불구하고 호사스러워 보이지 않았다. 나의 접는 침대가 가장 많이 자리를 차지했고 지붕은 머리를 들 수도 없을 정도였다. 선창으로 오르내리기도 어려워 바람과 비가 올 때면 어쩔 수 없이 나는 선창을 붙잡고 있었다.

날이 어두워지자 바퀴벌레들이 떼 지어 나왔으며 배 밑의 고인 물의 냄새는 소름끼치는 것이었다. 나는 출발했을 때부터 몸이 좋지 않아 이틀 동안은 매우 아팠다. 그러나 나는 여행의 특별한 흥미나 혼자 있는 것의 즐거움을 잃지 않았다. 안내자인 왕 씨의 한정된 영어는 아무런 쓸모가 없었으며 대화조차도 불가능했다.

우리에게 흔히 뉴창으로 알려진 우장이 아닌 진짜 뉴창인 영구에서 조금 더 올라가니 길은 진흙투성이였다. 우리는 거대한 갈대밭, 들새들의 번식지, 여기저기 흩어져 있는 진흙 퇴적 그리고 한두 채의 흙집이 제방 위에 서 있는 곳을 통과했다. 그 무렵 갈대밭과 부분적으로 범람한 습지대는 거의 수평선까지 뻗쳐 있었다. 수평선은 어떤 낮은 언덕의 꾸불꾸불한 경계선까지 뻗어 있었다.

우리는 항해하기에 좋은 바람이 불기 시작한 두 번째 날 저녁까지 강을 따라 항해했다. 그러나 그때부터 바람이 멎어 모기가 떼를 지어 덤벼드는 갈대밭에 배를 멈추었다. 그날 밤 기온은 89°F(31.7°C)였다. 나는 고열로 머리와 등과 팔다리가 모두 아팠다. 아침이 되니 사공이 좁고 가느다란 갑판을 따라 도장 찍듯이 쿵쾅거리고 뛰어다녀 더욱 견딜 수 없었다. 왕 씨는 그렇게 많던 물의 공급을 다 소모하여, 갈증을 풀어 줄 것이라고는 아무것도 없었다. 할 수 없이 요하의 다갈색 물로 차를 끓였더니 마치 콩죽을 쑤어 놓은 것 같았다.

3일째 되는 날 아침에 비가 오고 바람이 불더니 그 끔찍한 날씨는 4일 동안 계속되었다. 배의 지붕 위에 기름먹인 종이를 덧붙였으나 바람에 따라 갈기갈기 찢겨 나가자 날마다 갈라진 틈을 통해 비가 새어 들어왔다. 밤에는 온도가 80°F(26.7°C)였음에도 나는 누웠다가 한기를 느껴 일어났다. 비록 매우 놀라기는 했지만 나는 다시 잠들었다. 다시 추위를 느껴 다시 깨어보니 발은 마치 붕대에 감겨 있는 것 같은 느낌이었다. 온갖 어려움 끝에 불을 켜고 보니 배 밑의 더러운 물과 빗물이 섞여져 6인치나 고여 악취가 심했으며 모든 비품들은 비에 젖어 떠다니고 있었다.

다시 몹시 한기를 느껴 온도계를 보니 놀랍게도 온도는 84°F(28.9°C)였다. 물에 젖은 침구의 시트와 침낭, 그리고 모기장 아래서 나는 잠을 자고 있었다. 선창 안에는 마른 물건이 하나도 없었다. 다음의 3일 동안에도 주야로 같은 상황이 계속되었다. 비록 내가 정말로 아팠지만 나는 젖은 옷을 입고도 견뎌야 했고 "액체 콜레라"라고 부르는 홍수의 물을 마셨다. 모든 것이 물속에 잘 잠겼다. 그 뒤에 들어보니 영국의 신문들은 "만주의 대홍수"라는 기사를 전송했다. 요하의 거대한 기름진 평원의 거대한 작물을 파괴했고 셀 수 없는 농장 마을을 휩쓸어 간 실상은 그 당시 항해를 경험한 사람만이 전해 줄 수 있을 것이다.

끔찍스러운 그날 밤, 개는 짖고 사람들은 소리치고 고양이는 울고 온갖 불안한 소리들이 들렸다. 아침이 되어 우리가 머물렀던 마을의 맞은편에 있는 풍도라는 마을에는 모든 것이 휩쓸려 가고 다만 집 한 채와 헛간이 남았는데 그나마도 곧 떠내려갔다. 많은 사람들이 배를 타고 탈출했으며 들새, 개, 고양이와 거목의 가지만이 남아 있었다. 비록 내 배의 돛대가 쓸 만한 것이었지만 배를 빨리 모는 것은 어려운 일이었다. 나는 모든 동물을 구하는 데 성공했지만 그들을 마을의 반대편으로 옮기는데 두 번 왕래했는데 그곳은 땅이 5피트나 솟아 있었다.

우리는 만주의 가장 번창하는 지방에 도착했는데 평원은 가로와 세로가 모두 60마일로서 기름진 충적토였다. 여기에서 훌륭한 작물이 산출되는데 가장 수지가 맞는 작물은 콩이었다. 콩은 이 나라의 주요 수출 산물이었으며 콩으로부터 기름을 얻었다. 그 밖에 기장, 밀, 보리 참외 그리고 오이가 대지를 덮고 있었으며 누에를 키우기 위한 뽕나무가 농장 집들을 둘러싸고 있었다. 대평원은 윤택하고 비옥한 전원이었다. 그런데 이제 남아 있는 것이라고는 키가 8피트가 되는 기장 등 몇 가지를 제외하고 모두 떠내려갔다. 이곳 기장은 사람이 먹는 식량뿐만 아니라 연료로도 쓰이며 사료가 되기도 한다.

강둑은 밤 동안에 무너졌고 물은 평원 안으로 사납게 들어와 지난밤까지 볼 수 있었던 버드나무와 포플러 사이에 있던 갈색 지붕은 흔적조차 보이지 않았다. 11시가 되어서야 신선한 바람이 불자 범선은 움직이기 시작했다. 배를 돌리라던 사공은 닻을 올리고 움직이기 시작했다. 격류가 된 강물이 우리의 배를 반대편 해안에 부딪치는 등 흥분된 사건들을 겪으면서 우리는 폐허가 된 마을을 지났다. 그곳에는 벽 조각만이 겨우 남아 있었다.

사람과 닭은 아직도 나무 위에 걸려 있었다. 여자들은 그들의 아이들만큼이나 그들의 가축에 집착했다. 통나무배와 거룻배와 어울려 우리의 배도 사람의 생명을 구하느라고 바빴다. 우리는 세 가족과 그들 가축을 소화구로 데리고 갔다. 그 거대한 항구에는 아직도 많은 집들이 서 있었다. 이곳의 가족들은 노새, 돼지, 개들뿐만 아니라 모든 가구 집기와 신상마저 잃어버렸다.

우리는 항해하는 동안에 농장 마당에 들어가 약간의 계란을 얻으려고 노력했으나 배의 조타 장치가 말을 듣지 않아 배가 무너진 집의 벽을 들이받았다. 그 곳은 큰 농장의 집이었는데 피난민들로 꽉 차 있는 방안에는 물이 3피트나 고여 있었고 벌거벗은 아이들은 튜브를 타고 떠다니고 있었으며 아낙네들은 체념한 듯이 탁자에 앉아 있었다. 그 집은 네 집 가운데 마지막 집이었는데 작물과 가축들을 모두 잃어버렸기 때문에 굶어 죽을지도 모른다고 사람들은 말했다.

소화구의 홍수는 끔찍스러운 광경이었다. 강줄기도 사라져 이전에도 그것이 있었는지 조차 불명확했다. 마을 전체가 몹시 거친 진흙의 바다였으며 동쪽에는 언덕에 한계선이 보였고 북쪽과 남쪽은 끝이 보이지 않았다. 그 진흙 밑에 지칠 줄 모르는 근면의 열매와 번창하던 주민들의 농지가 파묻혀 버렸으며 강풍을 받은 무자비한 물은 진흙의 큰 파도를 몰고 와 그나마 빠르게 무너져가는 집 위에 황갈색의 거품을 쏟아 부었다. 이러한 거대한 홍수를 타고 우리는 거리를 단축시킬 수 있었다.

제방마저 떠내려간 격류로 더 이상 나갈 수 없을 때까지 우리는 축범부를 세 번이나 갈아 끼우면서 13마일을 항진했다. 오후가 되자 우리는 두 개의 닻을 내릴 수밖에 없었다. 역풍이 불고 비는 거의 수평으로 쏟아졌다. 사람의 흔적이라고는 아무것도 보이지 않았다. 하늘이 뚫린 듯한 "대홍수"였다. 폭우와 함께 남은 것은 진흙탕, 굽이치는 파도, 그리고 어둡고 검은 하늘뿐이었으며 생명체라고는 물속에 잠긴 나뭇가지밖에 없었다. 마을은 물에 휩쓸려 파괴되었다.

13마일을 지나도록 다만 집 한 채가 남아 있었다. 그 집은 아치형 입구와, 안뜰, 조각을 새긴 지붕, 큰 농장 건물을 가진 크고 깨끗한 벽돌집으로서 많은 하인들이 있었으며 그 집의 어떤 부분은 쓰러지고 지붕 위까지 물속에 잠겨 있었다. 본채의 지붕에서 망을 보던 사람이 우리를 향하여 소리쳤다. 그러나 그곳에는 생명을 구하기에 충분한 거룻배가 몇 대 있었으므로 나는 그들을 그냥 지나쳤다. 우리는 폭풍우가 몰아치는 외딴곳에 닻을 내렸다.

밤이 되자 날이 천천히 어두워지기 시작했으며 배는 빙글빙글 돌았다. 전보다 더 무섭게 비가 내리면서 바람이 강하게 불었다. 날카로운 소리와 함께 장비를 휩쓸어 갔으며 지붕에서 덜컥거리는 소리가 엄습했다. 나는 몸이 아팠다. 우리는 물을 끓여 먹을 수도 없었다. 지붕을 통해 들어온 빗물에 모든 것이 흠뻑 젖었다. 갑자기 요란한 소리를 내더니 등불이 꺼져 다시 켤 수 없었다. 침구와 옷들은 물에 젖었으며 침대는 물속에 잠겨 있었다. 빗소리로 귀청이 터질 것 같았다.

나는 온갖 여행을 해보았지만 이보다 더 고독함을 느껴 본 적이 없다. 나는 다른 어떤 외국인들이 만주를 여행하지 않는 데는 그럴 만한 이유가 있다는 것을 깨달았다. 몸이 아파도 도움을 받을 수 없고 사태가 호전될 때까지 젖은 옷을 입고 기다리는 것밖에는 달리 길이 없다는 것도 알았다. 다른 사람들도 마찬가지였다.

다음날 아침 8시가 되자 광경은 바뀌었다. 하늘은 구름이 없이 파랗고 시원한 북풍이 불어왔다. 진흙탕에 잔물결이 일며 반짝거리고 있었다. 대양을 흉내 내는 듯이 반짝거리는 파도는 파괴적인 폭풍이 고요해진 뒤의 바다를 연상시켜 주었다. 하루 종일 광대한 파란 물을 넘어 아직도 운이 좋게 살아남은 "섬들"을 지나 우리는 저녁에 큰 농장 마을로 들어가 어느 집의 빗장에 배를 매었다.

그 집은 벽돌로 지은 탓으로 심하게 파괴되지는 않았다. 농장의 집 11가구가 사라졌고 다른 것들은 지금 무너지고 있는 중이었다. 정원, 농장 마당, 그리고 개방된 공간은 5피트 아래의 물밑에 묻혀 있었고 물의 표면은 거품 투성이의 찌꺼기로 덮여 있었다. 말과 가축들은 많은 사람들이 피난해 있는 벽돌집의 방에 있었다. 농장 기구를 사용하여 뗏목을 만들어 몇 채 남아 있는 집의 몇 안 되는 사람들을 배로 날랐다.

농장에서 선장이 그의 가족들이 먹을 쌀을 가져왔다. 우리는 달빛을 받으며 물에 빠진 마을을 지나 항해했다. 물살은 아직도 거칠었다. 우리는 마을에 도착했을 때 무너진 집채에 부딪혔다. 우리는 부유물들을 밀어젖히며 가로수가 훌륭한 길 위로 배를 몰았다. 가로수는 돛대와 돛을 가로막았다. 우리의 배는 길가의 담장에 쑤셔 박혔다.

우리는 조류를 타고 반쯤 무너진 집에 도달했다. 이런 과정을 거치면서 끝내 우리는 선장의 집 마당으로 들어갔다. 지붕 꼭대기에 얹혀 있는 탁자와 의자에 그의 가족들이 올라앉아 있었다. 무사히 이틀이 지났다. 사공은 끊임없이 해적의 불안에 떨었다. 나는 너무 아파 이런 일을 다시 겪느니 차라리 죽는 것이 낫다고 생각했다.

3마일을 지나 봉천에 도착했을 때 왕 씨는 인력거 한 대를 구했는데 그 형상이 말이 아니었다. 그 객차는 뒷면, 옆면 그리고 의자 밑에 모포를 깔고서야 겨우 견딜 만했다. 온갖 것이 다 부족했다. 형편없는 길로 고치지도 않은 중국의 인력거를 타고 가는 공포는 무슨 말로써도 과장할 수가 없다. 세 마리의 건장한 노새는 바퀴 자국이 2피트나 패인 길을 지나 작은 언덕과 큰 마디 투성이의 나무뿌리를 넘어 진흙 구렁이와 수채로부터 우리를 간신히 구출해 냈다. 노새는 좌우의 바퀴가 엇갈려 튀어 오르게 함으로써 끔찍스럽게 흔들렸다. 나는 혼잣말로 중얼거렸다.

"내 인생이 여기에 끝나는구나."

머리에 뭔가 부딪히며 눈에 불이 뻔쩍하는 것 같았다. 온갖 우여곡절 끝에 우리는 봉천의 성문을 통과했다. 11.5마일의 토성으로 둘러싸인 이 도시

봉천의 마차

가 바로 중국에서 두 번째로 큰 도시이다. 우리는 비록 7마리의 노새에 끌려 진구렁으로부터 나왔지만 나는 타박상과 호흡 곤란 등으로 큰 고통을 겪었다. 제방으로 올라온 마차는 갑자기 방향을 바꾸더니 미끄러져 비탈길로 내달렸다. 나는 머리 위에 카메라를 이고 어느 지붕 위에 올라와 있었으며 오른팔은 밑에 꼬여 있었다.

중국 사람들이 모여들어 호기심어린 눈으로 "양귀"를 바라보았다. 나의 멍한 머릿속에 무언가 불길한 생각이 들었다. 왕 씨는 화가 머리끝까지 치밀어 올랐다. 그 뒤 우리는 꽃이 어우러져 그늘진 곳에 이르렀다. 우리는 스코틀랜드 연합장로교회 최고의 선교사인 로스[12] 박사의 따뜻한 환영을 받

12) 로스(John Ross : 1842~1915) : 스코틀랜드 장로교 목사. 스코틀랜드의 닉에서 출생. 글래스고대학교와 에든버러 연합장로교신학교에서 수학. 그 뒤 중국 선교사로 파송되었

았다. 우리는 개조한 중국 가옥의 아늑한 방으로 들어갔다. 커다란 침실은 무척이나 아늑했다.

곧이어 의료 선교사인 크리스티[13] 박사가 도착했다. 그는 나를 진찰하더니 팔뼈는 "바스러졌고" 인대가 심하게 찢어졌다고 말했다. 로스 부인은 친절한 기술로 부러진 팔에 부목을 대어 주었다. 콩 만한 배의 선창에서의 공포, 어둠, 그리고 홍수의 폭풍은 다만 나의 주위에 있는 꿈같은 휴식의 안정과 평화로움을 강조해 줄 뿐이었다.

고 1872년 이래 만주에서 활동. 이때부터 한국에 대한 관심을 가졌고 고려문(한만 국경의 출입국 관문)을 방문하여 한국 사람들과 접촉. 『신약성서』의 일부를 한국어로 번역하여 개신교를 전래하는 선구자의 역할을 함.

13) 크리스티(Dugald Christie : 1855~1936) : 스코틀랜드 출신의 의사이자 목사. 에든버러대학교 의과대학과 에든버러연합장로교회신학교를 졸업하고 만주 선교사로 임명받아 영구에 부임했다.(1882) 그는 로스 목사와 함께 만주 전역을 순회하며 선교 활동을 펼쳤으며, 봉천(奉天)에 정착하여 봉천의과대학을 설립했다.

제 16 장 봉천과 그곳의 선교사들

봉천은 해발 160피트, 북위 41°51′, 동경 123°37′에 위치해 있는데, 광대한 충적토 평원의 중심부에 훌륭한 농작물이 자라고 있었으며, 수목으로 둘러싸인 농장 마을에는 관개가 자유로웠다. 낮고 파란 언덕의 물결치는 선이 멀리 지평선을 이루고 있었다. 봉천은 요하의 지류인 혼하로부터 3마일 거리에 있으며, 성안에는 소하가 흐른다.

긴 제방은 즐거운 산보 길을 제공해 주며 높다랗게 솟아 있는 선교사와 관리들의 주택지는 당당한 외문과 내문을 갖추고 있는데 그 문틈으로 정원과 꽃과 화분을 훔쳐볼 수 있다. 인구가 26만 명인 이 도시는 왕조의 지배와 연관되어 있기 때문에 중국에서 공식적으로 두 번째로 큰 도시로서 천자가 머물지 않는다는 사실을 제외한다면 북경을 복제해 놓은 것이나 다름이 없다.

그러므로 이 도시에는 중국인 군대와 모든 등급의 만주족 관리들이 있을 뿐 아니라, 관직에서 퇴직하고, 다른 직업을 기대하는 관리들이 많이 거주하고 있기 때문에 집들이 훌륭하고 거리도 멋있게 치장되어 있다. 노새와 운전사 모두가 파란 지붕으로 덮인 봉천의 역마차와 노새 오륜 마차가 끊임없이 움직이고 있고, 하얀 모자와 빨간 깃털 장식을 단 네댓 명의 기마경찰을 태운 공적인 노새 오륜 마차가 빠른 속도로 달리고 있다.

개인 소유의 마차를 모는 젊은 관리들은 해안 길가에 있는 식당에서 매일

정찬을 즐기고 관리들이 말을 타고 달릴 때면 하인들이 길을 열고 있다. 마차는 "연꽃 파는 여자"를 기다리고 있으며, 키가 크고 전족을 하지 않아 "큰 발을 가진 여자"들은 아이들과 함께 산보를 하는데 그들의 머리는 은으로 된 고리로 정리되어 있고, 꽃으로 장식되어 있다.

병원 환자들은 의자에 앉아 있거나 누워 있으며, 남자들은 참외와 사탕을 팔고 있었다. 나뭇잎으로 거의 모든 새의 울음소리를 흉내 내며 피리를 부는 사람은 거지들이다. 여름날 저녁에 수은주가 80°F(26.7°C)로 떨어지면 부잣집의 하인들은 훌륭한 조랑말과 노새를 데리고 나와 해안 길에서 산보한다. 외국인을 바라보며 대문 앞에서 시간을 보내는 사람들도 있다. 동양에서는 옷을 잘 차려 입은 사람을 보기란 드문 일이다. 청일전쟁 때까지만 해도 사람들은 공손하고 친절했으나 진보는 어려웠으며, 마늘 냄새는 강했다. 밤이면 개가 짖고 총을 쏘며, 북과 징이 울리고, 야경꾼의 딱딱이 소리는 경쟁이라도 하듯이 밤을 으스스하게 만든다.

둘레가 3마일의 높은 벽돌 성으로 둘러싸여 있고 8개의 문이 뚫려 있는 이 성안에서 이 모든 일들이 벌어지고 있다. 그 위로 3대의 객차가 나란히 갈 수 있는 이 성벽은 도시의 상업과 공공 지역을 보호한다. 거대한 곡물 시장일 뿐만 아니라 중국 모피 무역의 중심지인 봉천은 전 세계로부터 온 장사꾼을 매혹시키고 있다. 비록 울퉁불퉁하고 수렁이 있기는 하지만 훌륭한 거리는 9개의 구 혹은 지역으로 도시를 나누고 있다. 중앙 지역은 천자의 재산으로서 노란 기와지붕으로 장식된 훌륭한 대궐을 갖추고 있고, 과거시험장, 수많은 대궐 그리고 아문은 견고하게 건축되어 있다.

나의 생각으로 중국에서 봉천만큼 그렇게 마음에 드는 도시는 없다. 이 만주의 수도는 북경을 덮고 있는 부패의 분위기를 느낄 수 없다. 넓은 거리는 비교적 깨끗하며 반듯하고 질서 있게 건설되었으며 거주지는 잘 보존되고 있다. 봉천은 특별히 곡물, 콩, 모피 등 크고 수지에 맞는 무역으로 분주하다. 이곳에는 다양한 산업체가 있는데, 모피의 무두질과 마무리 그리고

봉천의 문묘

실크 원료를 짜는 것들이 포함된다. 은행가와 상인들은 부자이며, 다소의 정치적 중요성뿐만 아니라 큰 상업적 중요성까지 가지고 있다.

만주의 오랜 고도로서 1644년에 개국한 청조의 선조들이 거주하던 곳이기 때문에 봉천은 특별한 혜택을 받고 있다. 그들 가운데 "명예 장관"들은 명목상으로 북경 조정의 대신들과 동일한 서열을 차지하고 있다. 봉천의 부근에는 청조 왕실의 선조들의 거대한 무덤들이 있는데, 그곳으로 들어가는 가로수가 우거진 진입로가 있고, 북경 근처에 있는 명십삼릉을 본뜬 석수들이 길가에 늘어서 있다.

옛날에는 중국 황제가 이 무덤들과 그들의 조상의 신성한 도시를 순례하도록 되어 있었으나, 1820년대부터는 다만 청나라 황제의 초상화만이 이 엄숙한 행렬에 간헐적으로 전시되며, 그 기간에 북경로는 폐쇄된다. 만주의 군사령관뿐만 아니라 총독은 봉천에 주재하면서 민간 관료와 5개 부의 책임자의 보좌를 받는다. 국가의 중요 요직은 한족과 만주족에 따라 중복 임명되며 두 민족의 범죄자는 각기 분리된 법정에서 재판을 받는다.

기독교에 대한 우호적인 환영은 봉천의 특징 가운데 하나이다. 교회의 훌륭한 탑은 어디에서나 볼 수 있다. 이곳에 정착한 지 25년이 지난 스코틀랜드 연합장로교회의 선교사들은 주민들뿐만 아니라 많은 고위 관리 및 공직자들과 친분을 맺고 있으며, 이들은 공사간의 모든 경우에 선교사들에게 존경심을 보여준다.

의료 선교사인 크리스티(Dugald Christie) 박사는 많은 고위 관리들과 그들의 아내의 의료 상담자일 뿐만 아니라 믿음직한 친구이다. 그들은 의례상의 행사가 있을 때면 병원에 감사의 뜻을 표시함으로써 중국인과 선교사들의 관계는 돈독하다. 이러한 상류 계급과의 특별한 관계를 가지게 된 것은 부분적으로 선교 책임자인 로스(John Ross) 박사와 크리스트 박사의 덕분이라고 나는 생각한다. 그들은 중국인과 계속적으로 손잡아 왔고, 중국의 관습과 예법을 매우 열심히 공부했으며, 가능한 한 중국의 관습과 예법을 따르려고 열심히 주위를 기울였다. 그들은 중국인의 장점을 날카롭게 주목했을 뿐만 아니라 그것을 자기의 것으로 만들었다.

따라서 기독교는 흔히 혐오감을 불러 일으켰던 경멸과 무관심에서 벗어나 북경뿐만 아니라 지방에서도 괄목할 만한 발전을 이룩했으며, 전도 여행이 불안한데도 긴 여행 동안에, 기독교적 봉사를 요청하러 멀리 떨어진 마을로부터 대표가 찾아오지 않는 날이 하루도 없었다. 지방 신자의 대다수를 대표하는 그들은 개종자나 전도사로부터 기독교의 지식을 약간 배우고, 우상 숭배를 포기했으며, 더 많은 가르침을 요구했다. 로스 박사는 『복음 전파』라는 글에서 유럽인들로부터 복음 송가를 들어왔던 사람은 다만 소수라고 말했다.

4,000명이 이미 세례를 받았으며 그 만큼 많은 사람들이 예비 신자들이다. 먼 지방으로부터 매일 찾아와서 "예수의 가르침"을 자신들에게 가르쳐 줄 사람을 모시러 왔다고 부탁하는 모습을 본다는 것은 신기한 일이었다.

"그들은 선생이 없이도 그들이 할 수 있는 것만큼 배웠다." 만주의 많은 곳에서 이제 그들 스스로 예배와 수련을 이끌어 가고 있다. 비밀 결사의 많은 회원들이 교회를 찾아온다는 것은 주목할 만한 일이다. 왜냐하면 그들의 가장 강한 유대는 정의를 추구하는 것이기 때문이다.

선교회 병원은 극동에서 가장 크고, 가장 시설을 잘 갖춘 곳 가운데 하나로서 훌륭한 내과와 외과를 담당하는 한편, 학생들에게 4년의 과정을 가르치는 의학교이다. 또한 크리스티 박사는 겨울이면 대중적인 과학 강의를 했는데, 관리의 아들들이 여기에 출석했다. 관리들과 상인들이 돈이나 식량을 이 병원에 기부함으로써 기여했다.

가장 관대하고 대중의 사랑을 받은 사람은 좌보귀[1] 장군이었다. 그는 조선으로 출발하기 전날 밤에도 얼음을 교환할 수 있는 전표를 한 가방 내주었기 때문에 그가 없는 동안에도 병원은 얼음의 부족으로 고생하지 않았다. 몇 달 전에도 그는 훌륭한 현판과 기부금을 가지고 병원을 방문했다.[2]

비록 봉천에는 학교의 문학 작품으로 시험을 거쳐 관직을 지망하는 사람들이 몇 천 명이 있고, 거리는 번잡하며, 훌륭한 관료주의로 가득 차 있고, 거대한 은행과 아문, 그리고 많은 회교 사원에 돼지를 싫어하는 2만 명의 회

---

1) 좌보귀(左寶貴 : 1837~1894) : 청조 말엽의 군인. 비현 출신으로 자(字)는 관정(冠亭)으로 동치(1862~1874) 연간에 부장에 올랐으며 광서(1874~1908) 연간에 고주진의 총병으로 봉천군을 이끌고 청일전쟁에 참전하여 평양을 지키던 가운데 총군 섭지초가 도주하자 그를 따르지 않고 남아 항전하다가 전사했다.

2) (원저자 주) 좌보귀 장군의 기병 여단은 아마도 중국에서 가장 훈련이 잘 된 군대였을 것이다. 그는 엄격한 지휘관이지만, 또한 진지한 박애주의자였다. 비록 독실한 회교도였지만, 늘 기독교에 호의적이었으며, 특히 자선 사업에서는 더욱 그러했다. 그가 제공한 국끓이는 주방 기구는 기아로부터 많은 사람을 구출했다. 그는 고아원을 설립하여 가장 중요한 후원자가 되었으며, 1888년의 대홍수 때에는 손수 이재민에게 급식을 제공했다. 선교사들은 그의 우호적인 도움에 의존했으며, 그가 조선의 평양 전투에서 너무 일찍 전사했을 때 선교사들은 만주 사람들과 함께 그를 애도했다. 중국인 부호들의 자선을 간과해서는 안 된다. 중국인들의 자선은 손이 크며, 관직에서 자기를 끝없이 희생하는 사람들에 따라 훌륭하게 운영되고 있다.

교도가 있는 문명화된 도시지만 서양 사상이 서서히 침투되고 있으며, 모든 독자들이 잘 아는 바와 같이 일상의 관습인 중국적인 미신은 여전히 풍미하고 있다.

수출되고 있는 60개 품목 가운데 약간의 가치가 있는 민간 의약과 지식이 비록 사용되고 있지만 의학의 체계는 여러 가지 면에서 매우 원시적이다. 의사들은 외과 수술을 할 수 없으며, 동맥을 묶는 일조차 할 수 없다. 그들은 흡각시술법[사혈], 뜸, 그리고 냉온 침술을 사용하는데, 침술은 길고 조잡하고 불결한 바늘을 사용한다. 그 침술이란 간장, 관절, 위의 고통, 삠, 그리고 류머티즘 자리를 바늘로 찌르는 방법이다.

그들은 모든 종기와 상처, 그리고 궤양에 물이 스며들지 않는 검은 고약을 사용한다. 주술사들이 히스테리나 정신착란 상태를 치료한다. 예방 접종은 송아지의 콧구멍을 찔러서 나온 혈청을 옮기는 방법을 쓴다. 아픈 사람이 살 수 있는지 없는지를 확인하고자 그들은 긴 바늘을 몸 안으로 집어넣고, 만약 피가 흐르지 않으면 살 가망이 없다고 포기한다.

죽음이 임박하면 친구들은 환자에게 좋은 옷을 입혀 그들이 누워 있는 갱에서 마루로 옮기거나 재 위에 그를 눕힌다. 영혼이 떠나면 그들은 그의 귀에 대고 소리 내어 크게 운다. 죽음과 연관하여 봉천에서 관을 파는 장의사 다음으로 가장 주목할 만한 곳은 실물대의 말, 사람, 당나귀, 코끼리, 오륜마차, 그리고 삶의 사치스런 모든 품목을 팔고 있는 상점이다. 이런 것들이 행렬을 이루고, 묘지에 운반되어 불태운다. 때때로 그 비용은 1,000달러에 이른다.

오직 부유한 계급에서만 아홉 살 아래의 몇 아이들을 매장한다. 어머니가 돌아가시면, 처절하게 소리 내어 울며, 시신을 멍석에 둘둘 말아 개가 물어갈 수 있는 장소에다 멀리 버린다. 시신은 문이나 창문을 통해 옮겨서는 안 되며, 새로 만든 문이나 사용하지 않는 문을 통해 옮기는데 그것은 악신이 질병을 불러들이지 못하도록 하기 위해서이다.

일식이 일어나면 그것은 하늘의 개가 태양을 먹는 것이라고 믿는다. 그 개는 어린이들의 몸을 요구하는데 만약 이 요구를 거부하면 분명히 가족에게 재난이 닥칠 것이라고 그들은 믿었다. 나는 갱을 언급했는데, 이는 만주의 집과 여관에서 볼 수 있는 두드러진 특징이다. 갱의 위치를 설치하는 곳의 위도는 겨울이면 세계에서 가장 추운 곳으로서 수은주는 가끔 영하 17°F (-8.3°C)까지 내려간다. 갱은 벽돌을 쌓고 그 위에서 멍석으로 덮은 것인데, 아궁이를 통하여 경제적으로 열을 전달하며, 그 위에서 잠을 자거나 앉아서 생활을 할 수도 있다.

옥수수의 줄기는 연료로 사용된다. 겨울에 외부 온도는 한 달 동안 0°F (-17.8°C)보다 더 떨어지거나 올라갈 때면 중국인들은 그의 방을 전체적으로 따뜻하게 할 수 없기 때문에 신발을 벗고, 갱 위에 올라가 안감을 댄 옷이나 양말을 신고 따뜻한 방석 위에 책상다리를 하고 앉아 음식을 먹고 친구들을 편안하게 맞이한다. 내가 갱에 올라앉았을 때 나는 내 자신이 호감 가는 외교관[3]이 되었다는 느낌이 들었다.

높은 외벽, 높고 고상한 입구, 2~3개의 잘 가꾸어진 정원, 훌륭한 건물, 그리고 키가 큰 바깥문의 돌기둥과 함께 영업 중이라는 표지물, 그들의 빈틈없는 청결함, 그리고 예의바른 간수, 지성적인 점원을 가진 봉천의 전당포가 우리로서는 은행만큼 존경스러웠다. 그들은 모두 대출액의 2배에 해당하는 동산의 담보를 요구한다. 2년 이내에 빚을 갚지 않으면 담보물을 되찾을 수 없다고 약정되어 있다. 전당포의 소유자는 서양에서 은행을 소유한 자본가와 같은 위치를 가졌다. 삼수라고 부르는 증류기는 지방에서 좋은 평판을 얻고 있다.

자살이 유행하고 있는 것은 대부분의 도시와 마찬가지로 봉천의 특징이

---

3) "호감이 가는 외교관"(persona grata) : 본디 외교 용어로서 한 국가에 부임하는 외교관인 "기피 인물"(*persona non grata*)의 대칭 용어임.

다. 중국인이 고용주나 이웃들에게 원한을 품었을 때, 그것을 갚는 가장 좋은 방법은 스스로 목숨을 끊어 원귀가 되어 그 주변을 떠도는 것이다. 따라서 중국인들은 흔히 아편이나 성냥에 붙은 유황을 먹고 자살하여 하인은 주인에게, 점원은 사장에게, 아내는 남편에게, 며느리는 시어머니에게 원혼이 되어 나타난다.

원한이 맺힌 사람은 가해자의 집 뜰에 가서 자살함으로써 우선 관헌들이 와서 그를 괴롭히게 만들고 그 다음으로는 원혼이 되어 그의 집에 떠돌음으로써 복수하는 일은 흔히 있는 일이다. 젊은 소년들은 날마다 그들 자신이 시어머니의 학대로부터 도망가려고 성냥을 먹고 있으며, 그렇게 함으로써 불행을 뒤로하고 저 세상으로 떠난다. 그러나 이것이 봉천에서는 역겨운 현상이 아니다.

제 17 장 청국 군대의 출동

내가 봉천에서 보낸 몇 주일은 소문과 흥분으로 가득 찼다. 일본과 전쟁을 일으킬는지도 모른다는 얘기들은 당시의 상황을 잘 설명해 주었다. 제8장에서 언급했던 동학이 몇 차례 정부군을 패배시키자 조선의 왕은 많이 주저한 끝에 청국의 도움을 요청하였다. 청국은 1894년 6월 7일에 조선에 군대를 파견하겠다는 사실을 통보하는 것으로 이에 신속히 응답했다. 청국과 일본은 그러한 상황이 전개되면 군대를 파견할 권리를 동등하게 가지고 있기 때문에 청국은 파병 사실을 일본에 통보했다.[1)]

같은 날 일본도 중국에게 조선에의 파병을 통보했다. 중국 육군인 위여귀[2)] 장군이 3,000명의 군사를 인솔하고 아산에 도착했고 일본인들도 무력으로 서울과 제물포를 점령했다. 조선에 군대를 파병한 중국은 그 문건에서 조선이 "우리의 속국"임을 두 번씩이나 언급했다. 이에 대하여 일본 정부는 조선을 중국의 속국으로 결코 인정할 수 없다고 답변했다. 그때 일본은 조

---

1) 갑신정변의 전후 처리 과정에서 체결된 천진조약(1885) 제4조에 따라 일본과 청국이 조선에 파병할 때는 서로 통보하도록 되어 있다.
2) 위여귀(衛女貴) : 청조 말엽의 군인. 합비 출신으로 자(字)는 달삼(達三). 이홍장의 토비 당시에 종군하여 영하진 총병에 이르고 직예에 배속되어 있던 가운데 청일전쟁이 일어나자 섭지초와 함께 평양을 수비하다가 도주한 죄로 체포되어 처형됨.

선의 내정 개혁에 대한 세 가지를 제안하면서 청국과 일본이 함께 이를 수행하자고 요구했다. 내정 개혁의 내용은,

(1) 재정 조사
(2) 중앙과 지방 관료의 선발
(3) 국가의 방위를 위한 훈련된 군대의 성립과 조선에서의 평화의 보장

이었다. 이러한 제안에 대하여 중국은 조선의 개혁은 스스로 수행해야 하며 일본군대의 철수가 어떤 협상보다도 선행되어야 한다고 응답했다. 일본은 이 제안은 거절하면서 7월 14일에 더 이상의 청국 군대의 파병은 일본에 대한 교전 행위로 여긴다고 통고했다. 7월 20일 일본은 조선의 국왕이 중국 군대의 철수를 명령하라고 요구했으며 만약 요구가 받아들여지지 않는다면 "단호한 수단"을 사용하겠다고 협박했다.

한편 국왕의 요청에 따라 평화 유지를 위해 노력하고 있던 각국 대표들은 양국 군대의 동시 철수를 제안했다. 이러한 의견에 중국은 동의했으나 일본은 연기를 요구했다. 7월 23일 일본은 "단호한 수단"을 취했다. 일본은 국왕을 협박하고 대궐을 강제로 점령하여 사실상 국왕을 포로로 억류했다. 이번 일은 국왕의 아버지인 대원군의 요청에 따른 것처럼 되어 있으나, 이는 일본이 선동한 일이며 대원군을 빙자한 것은 명분에 지나지 않는다는 것은 의심할 나위도 없다.

이러한 사건이 있은 뒤 사태도 급속하게 진행되었다. 7월 25일 영국 국기를 달고 1,200명의 중국군대를 실은 수송선 고승호는 일본 순양함 나니와호의 공격을 받아 격침됨으로써 엄청난 인명 피해를 입었다. 4일 뒤에 일본은 아산 전투에서 승리했고 중국군대는 패주했다.

7월 30일에 조선은 청국과 조선 사이에 체결된 조약의 포기를 선언했는데, 이는 사실상 조선에 대한 중국의 종주권을 무효화키시는 것이었다. 8월

봉천의 성문

1일에서야 전쟁이 선포되었다. 7월 중순까지도 봉천의 분위기는 "여전했기 때문에" 우리는 사건의 전개 과정에 대해서 거의 아는 바가 없었다.

만주는 중국의 어느 다른 지역보다는 외국인에게 적개심이 적었다. 그리고 "양귀"라는 이름은 "○○○ 귀하"라는 접미사와 함께 정중하게 주소로 사용되었을 정도이다. 지난날에 유럽의 여자들은 절대로 성문을 통과할 수 없었고 걸어서 도시를 통과할 수 없었지만 이제 나는 비록 하인을 수행하기는 했지만 아무런 간섭도 받지 않고 성문을 통과할 수 있었을 뿐만 아니라 조용한 거리에서도 사진을 찍을 수 있었고 호기심을 가지고 모여든 사람들도 우호적이었다.

22년 동안 봉천에서 선교 활동을 해 온 스코틀랜드 선교사들은 주민들과 매우 다정하게 지내면서 사교 활동을 하고 있었고 중국인과의 특별한 관계를 맺고 있었다. 그러나 7월말이 되자 거친 소문들이 퍼졌으며 조선으로 군대가 계속 출동함으로써 전반적으로 동요가 일어났다. 선전 포고가 있기에 앞서 전쟁은 이미 결정되어 있었다. 나는 이 도시에서의 여행과 사진 촬영을 또한 단념하지 않을 수 없었다. 군중들은 내가 개선문을 촬영할 때 나를 습격했다. 왜냐하면 나의 사진기 안에는 검은 악마가 들어 있어서 마치 키클롭스의 눈[3]처럼 생명체를 1년 이내에 죽일 수 있고, 건물이나 성벽을 무너뜨릴 수 있다고 그들은 믿고 있었기 때문이다.

1894년 8월 1일에 선전 포고가 있은 뒤에 사태는 급속하게 더 악화되어 갔다. 일본은 바다를 완전히 지배했기 때문에 중국군대는 만주를 통해 행군하여 조선에 파병되지 않을 수 없었다. 길림과 치치하르 그리고 그 밖의 지역에서 모집된 만주의 군인들은 훈련이 안된 유목민으로서 하루에 1,000명씩 봉천을 통해 남쪽 도시로 행군했다.

그들은 무엇이든지 약탈했고 돈을 지불하지 않고 폭도처럼 여관을 차지하여 주인을 구타했으며 교회 예배당을 파괴했는데 이는 반기독교적인 정서 때문이 아니라 반외국인 감정 때문이었다. 외국인에 대한 증오는 봉천으로부터 40마일 떨어진 요양에서 최고조에 이르렀는데 만주의 병사들은 교회 예배당을 파괴한 뒤에 스코틀랜드 선교사인 와일리[4] 씨를 타살하고 "양귀"와 친하다는 이유로 시장을 습격했다.

반외국인 감정은 봉천에서 급속하게 일어났다. 외국인의 하인과 심지어 병원 보조원들까지도 마을에서 모욕을 당했으며 외국인과 관련된 험악한 소문들은 퍼져 나갔으며 사람들은 그것이 사실이라 믿었다. 친절한 행정 당

3) 키클롭스의 눈(Cyclopean Eye) : 키클롭스는 본디 그리스 신화에 나오는 외눈박이 거인으로서 시실리에 살았다. 그들은 제우스신의 화전(火箭)을 만들었다.

4) 와일리(Alexander Wylie : 1815～1887) : 런던 전도회 소속으로 중국 선교사가 되어 1847년 상해로 건너가 인쇄업계에서 일하면서 선교 활동을 벌였다. 중국인 이선란과 협력하여 영·미의 과학 관련 서적들을 번역하였는데, 그 가운데에서도 마테오 리치의 유클리드 『기하학 원본』의 후반 9권과 허셸의 『담천』이 유명하다. 그의 이름을 불후의 것으로 만든 것은 『한적해제』의 편집·간행이었다. 이 책은 유명한 코르디(Henri Cordier : 1849～1925)의 『중국서지』보다 앞선 노작이다.

국은 기독교인 세 가족의 안전을 심각하게 고려한 끝에 그들에게 내륙으로의 일상적 여행을 포기하고 도시의 안이나 성 밖으로 나다니지 말도록 요구했다. 그 다음에 "거리 전도"도 중지되었으며 거대 조직인 기독교인 원주민들은 "외국인과 같은 사람"으로 인정됨으로써 자신의 안전을 매우 불안하게 생각했다. 불행하게도 그들은 일반적으로 "일본인과 같은 사람"이라고 여겨지고 있었다.

길에서의 위험은 증대했다. 2륜 마차나 동물은 거리에서 보이지 않았다. 큰 여관은 문을 닫았으며 마을과 농장은 황폐했다. 봉천으로 향하는 모든 도로는 무질서한 낙오병으로 가득했다. 10명마다 비단 깃발을 들고 있었지만 현대식 무기로 무장된 사람은 드물었다. 나는 그들 가운데 소총을 가지고 있지 않은 채 체격만 훌륭한 몇몇의 연대를 보았다. 어떤 경우에는 2명의 남자가 후장포를 휴대하고 있었으며 어떤 사람들은 시대에 뒤떨어진 매우 녹슨 구식 소총이나 긴 화승총을 가지고 있었으며 어떤 사람은 다만 창을 들었거나 빨간 막대기에 총검을 꽂아 들고 있었다.

내가 뒤에 평양의 피투성이의 들판의 개천 속에서 본 것처럼 그들은 우산과 부채를 들고 있었다. 이렇게 허술하게 무장한 사람으로서 무라다 소총으로 무장한 사람들을 대적하게 한다는 것은 살인 행위나 다름이 없었다. 그들도 그것을 알고 있었다. 외국인을 만나면 그들은 이렇게 말했다.

"이들은 우리가 죽여야 하는 악마들 가운데 하나이다."

거대한 무리가 총독의 관저를 습격해 가면서 수비대를 만나 죽음의 위협을 받으면서 이렇게 말했다.

"조선에 가서 죽으나 여기에서 죽으나 마찬가지지요."

군인들의 명목적인 월급은 노동자들의 월급보다 많았다. 이는 아산 전투에 대패하고 수많은 사람들이 살육된 뒤 군대에 가고자 하는 사람이 없었기 때문이다. 제복은 간편했으나 입기에는 적당하지 않았다. 그들은 길이가 짧고, 헐렁하고, 소매가 있는 빨간 외투에 검은 벨벳으로 선을 둘렀고 헐렁하

청국 군대

고 푸른색과 검은 색 또는 살구색의 바지들 그리고 두꺼운 누더기로 누빈 구두창을 댄 검은 면 신발을 신고 있었다.

봉천을 통과하는 어떤 연대 병력은 체격은 훌륭했지만 한 손에는 녹슨 총을 들고 다른 한 손에는 앵무새를 달아맨 장대를 들고 전쟁터로 가는 것으로 보아 그들의 기강이 어느 정도인가를 알 수 있었다. 그들은 원하면 대오에서 탈락할 수 있었고, 과일이나 담배를 사면서 옆의 친구와 시시덕거리고 있었다. 그러나 그들은 눈부신 태양 아래 심홍색의 비단 깃발을 셀 수 없을 만큼 많이 들고 있었고, 검은담비 꼬리의 모자를 쓴 장교들은 황금색 조끼를 입고 그 옆으로 말을 타고 지나감으로써 훌륭한 색상을 보여주었다.

소총이나 현대식 무기들은 가지고 있는 병사들은 그것으로 온갖 짓을 다 하고 있었다. 크기와 종류에서 20가지 넘는 탄창은 아무런 분류 체계도 없이 운동장에 마구잡이로 쌓여 있었고, 병사들은 총에 자기를 맞추어야 했기 때문에 8~10번을 골라 보다가 총 더미에 던져 버리곤 했다. 의약품이나 구급차도 없었다. 그들의 관습에 따르면 "부상병은 필요 없기 때문에" 내버려 두었다. 병참은 완전히 무능할 뿐만 아니라 대체로 부정직했기 때문에 창고에는 납품 업자들이 자신의 이익을 위해 팔아먹은 품목만이 쌓여 있을 뿐이었다.

따라서 사전에 준비한 식량과 마초는 준비되지 않았으며 군인들은 순식간에 말과 수송 노새를 훔쳐다 잡아먹었다. 청국 군대의 연습과 훈련은 형편없었지만 유럽의 장교들은 그들을 "훌륭한 자원"으로 평가하고 있었다. 그러나 이 북만주 사람은 비틀거리고 무질서하고 말을 듣지 않는 유목민 무리로서 평화적인 시민의 공포 대상이 되었으며, 왕실과의 관계 때문에 혼란기에는 "허가 받은 강도"와 다를 것이 없었다.

최초로 이 도시를 떠난 군대 가운데는 좌보귀 장군 휘하의 5,000명의 강력한 기병의 여단이 있었다. 좌 장군은 용감하고 경험이 풍부한 군인이었기 때문에 많은 사람들이 그를 두려워하면서도 신뢰했다. 따라서 그가 평양에서 전사하자 그의 부대의 사기는 저하되었으며 일본인들은 그를 추념하는 기념비를 세웠다. 그의 여단은 엄격한 훈련을 받았고 감탄할 만큼 기강이 바로 잡혀 있었으며 전반적으로 잘 무장되어 있었다.

그들은 키가 13핸드가 넘는 육중한 말을 타고 있었다. 봉천을 떠난 뒤 그들은 100마일에 펼쳐 있는 늪을 만나 헝클어졌다. 참사를 알리는 불길한 전보가 들어왔다. 첫째 날 좌 장군은 돈을 주지 않고 참외를 훔쳐 온 60명을 참수했고 둘째 날에는 14명의 탈주병을 처형했다.

잘 훈련된 병력을 거느린 좌 장군이 떠난 뒤에 혼란은 증가했으며 몇몇 믿을 만한 군인들과 함께 남은 고위 장교들은 자신의 위치를 걱정하지 않을 수 없었다. 한족과 만주족의 군대 사이에는 증오와 시기가 일어나고 있었는데 이것은 전쟁의 커다란 어려움 가운데 하나였을 뿐만 아니라 군대로서의 안전을 위협하는 것이었다.

참사의 소문은 곧 퍼져 나가기 시작했으며 소문은 소란을 증가시켰다. 북경에 있는 외국인을 보호하고자 황제는 칙령을 발표하고, 이제 왜인과 전쟁을 개시했음을 선언했다. 황제는 다른 열강과는 평화를 유지하고 있었지만 소요를 가라앉힐 수가 없었다. 도시의 몸이 성한 거지와 실업자와 품팔이 인부를 모병하여 전선에 투입했다. 봉천과 그 이웃들의 2륜 마차는 운송을 위해 강제로 징용됨으로써 도시의 무역의 많은 부분이 마비되었다. 뒤에 이러한 많은 수의 마차들은 굶주린 군대들을 먹이기 위해 노새를 요리하는 연료로 쓰였다.

만주의 군인들은 행패를 계속했다. 상점들은 문을 닫았고 거리는 황폐해졌으며, 많은 상인들이 산으로 피신했다. 많은 피해자들은 안전과 명령을 책임지는 일본의 점령을 간절히 희망했다. 농민들이 중도에서 약탈당하거나 감히 그것들을 도시로 가져오지 못했기 때문에 일시적인 가격 상승의 현상이 일어났으며 심지어 병원과 진료소에도 근무자가 부족했다. 와일리 씨가 살해된 뒤에 사태는 더욱 심각해졌다.

8월 말이 되자 외국인이 봉천에 더 이상 남아 있는 것이 위험하다는 사실을 당국도 알게 되었다. 외국인들이 떠난 뒤에도 로스 박사와 크리스티 박사는 총독의 특별한 요구에 따라 잠시 남아 있었다. 나는 8월 20일에 봉천을 떠났다. 비록 나의 친구들은 나의 안전을 몹시 걱정했지만 나는 5일 뒤에 뉴창에 도착했다. 나는 해적에게 공격당하는 것 이상의 무서운 위협을 겪지는 않았다. 내가 밤을 이용하여 그곳을 교묘하게 탈출한 뒤에 해적들은 몇 사람을 죽이고 거룻배를 나포했다.

제 18 장 나가사키에서 블라디보스토크로

일본군이 발해만에 상륙했다는 소문은 2주 동안 극동에서 상당히 신빙성이 있었다. 유럽 내각은 동요했고, 그토록 냉정하던 하트 경(Sir Robert Hart)조차도 허둥대기 시작했다. 유럽인들은 서둘러 북경을 탈출하여 북만주의 외국인 거류지로 가까스로 피신할 수 있었다. 그 무렵에 나는 북경으로부터 지부로 돌아와 사건의 전개 과정을 지켜보았다.

대규모 해상 교전에 관한 일상적인 소문이 몇 주일 계속된 뒤, 전쟁의 징발과 그에 따른 불안 속에 나는 승객 한 명을 태우고 블라디보스토크로 가는 것을 달가워하지 않는 작은 독일 배에 겨우 탑승하는 데 성공했다. 그 배 안에서 폭풍우를 만나 5일간 매우 불편한 나날을 보내고서야 나는 나가사키에서 상쾌한 휴식을 맞이했다. 그곳은 마침 국화 시즌이 한창이었으며 진홍색 단풍나무가 불타고 있었다. 물구덩이나 쓰레기 더미가 없이 완전히 정돈되고 깨끗하며 밝고, 인형처럼 자그맣고 아름다운 이 도시는, 외국인 거주 지역만 벗어나면 일반적으로 추악하고 더럽고 오물이 가득한 모든 중국의 도시와는 대조적이었다.

중국인들은 지배 민족의 몸짓으로 거리를 활보했으며, 성가심으로부터 완전히 자유로운 매판 중국인의 중요한 소명을 추구하며 무역에 종사하고 있었다. 이들은 다만 물품을 등록하는 것만이 공식적인 업무였다. 그런 반면에 중국에서는 사람이나 재산이 안전한 상태가 아니었기에 영사의 요구대로 일본인들은 철수했다. 중국의 도시에서 발견되는 길 잃은 "난쟁이"는 목숨을 잃는 것이 거의 확실했다.

전쟁에 대한 열정은 고조된 상태였다. 나가사키 당국에는 돈과 현품이 쏟아 들어왔으며, 군사적 승리 이외의 것에 대해서는 아무것도 들을 수 없었다. 3,000명 이상을 수용하는 공연장에서 2일간 얻은 공연 수입이 전쟁 기금으로 사용되었다. 배는 오직 낮에만 항구에 들어오도록 허락했고 수로 안내를 맡은 정부 보트가 입항을 안내한다는 사실만이 지금 이 나라가 어떤 상황에 놓여 있음을 알려주는 유일한 징표였다.

나가사키는 따뜻한 가을 날씨였다. 그러나 내가 블라디보스토크에 도착했을 때 웅장한 항구를 둘러싼 언덕은 겨울의 첫눈으로 덮여 있었고, 이틀 이상 내린 폭설로 마을은 18인치의 눈으로 덮여 있었다. 나무가 울창한 섬과 만과 언덕, 깊숙이 자리 잡은 해협과 입구, 그리고 가장자리까지 수목이 덮여 있는 것이 여행객을 놀래게 만들었다. 배는 항구를 한 바퀴 돈 뒤에 세계에서 제일가는 항구 가운데 하나인 고도빈항에 이르렀는데, 너비는 2.5마일이고 깊이는 25피트였으며 배에서 던진 돌이 부두에 닿을 정도였다. 우리는 정부가 운영하는 부두에 정박했다.

"동방의 보물"이라고 뜻을 가진 블라디보스토크는 매우 인상적이었다. 비록 천연의 숲을 배경으로 한 예술품이 파괴자의 손에 손상되기는 했지만. 자줏빛 토양과 푸르고 수정 같은 물빛은 나에게 노바 스코티안항을 연상시켜 주었다. 이 태평양 연안 도시의 모습은 아시아적인 것이 아니었으며 유럽보다도 더 대서양적이었다.

3마일이 넘게 펼쳐진 해안과 육지에 둘러싸여 깊게 포위되어 위치해 있고, 불규칙하고 나무조차 없는 헐벗은 언덕의 여러 면을 따라 올라가니 대담한 정면을 내려다보면서 우뚝 솟은 건물, 정부 청사와 빛나는 돔 양식의 그리스 정교회의 대성당, 정부 행정 사무실, 해군 본부, 병기고, 육·해군사

블라디보스토크

관학교, 해군 클럽, 이민청, 그리고 시베리아철도의 사무실과 크고 단단하게 지은 종착역 등이 자리 잡고 있었다.

세관으로 가 곧 입국 신고를 하겠노라고 요청하자, 입국 관리는 오히려 나의 요구에 당황한 채, 블라디보스토크는 그때까지도 자유항이므로 수속을 밟지 않고도 내가 자유로운 상태라고 알려주었다. 바벨탑처럼 북적거리는 몇 척의 거룻배 속에서 한참 동안 이리저리 부딪친 뒤, 나는 웃고 떠들며 지저분한 조선 사람들을 따라 해안으로 끌려 올라갔다. 조선 청년들은 나의 탐낼 만한 소지품을 보자 서로 열심히 몸싸움을 하더니 나의 소지품을 짊어지고 서로 다른 방향으로 달아났다.

나는 삼각대에 달린 카메라를 들고 긴장한 채 서 있었다. 그것은 내가 아무리 절망적인 때에도 놓치지 않는 물건이었다. 네댓 명의 조선 사람이 나를 잡더니 그 가운데 한 명이 그곳으로부터 멀지 않은 곳에 있는 뚜껑 없는 4륜 마차 쪽으로 나를 끌고 갔으며, 코자크 경찰이 와서 그들을 후려갈겨 조용히 시킬 때까지 나머지 사람들은 조선말로 떠들어댔다. 부두에는 몇 백 명의 조선 사람들이 있었는데, 더 공격적이고 시끄러운 것을 제외하면 제물포에 상륙한 때와 흡사했다.

4륜 마차에 올라타면서 나는 "Golden Horn Hotel"이라고 정확한 영어로 말하고 재차 프랑스어로 "Hotel Corne d'or"라고 말했다. 제정러시아의 농부는 머리를 끄덕이며 그의 두건을 벗고 싱긋이 웃더니, 호텔의 반대 방향으로 전속력을 내어 달렸다. 나는 그를 붙잡고 그쪽이 아니라고 강력하게 의사를 표시했지만 소용이 없었다. 그는 오른쪽으로 방향을 돌려 전속력을 내달렸다. 그러더니 블라디보스토크에 흔히 퍼져 있는 술집 가운데 가장 형편없는 집의 문간에 멈춰 섰다.

이곳에서 나의 조선 사람들이 흥분되고 왁자지껄한 모습으로 다시 나타났다. 나는 마부에게 전속력으로 달리도록 했다. 마차는 나의 숨이 멈출 만큼 온힘을 다해 달렸다. 조선 사람들도 경주하듯이 달려왔다. 마차는 웅덩이에 빠졌다가 튀어나오고 바퀴 자국이 있는 곳에서 튀어 오르면서 달렸다. 술집 앞에 멈추었다가 다시 속력을 더 내어 달리고, 이런 식으로 마침내 나는 골든 호텔에 도착했다. 그곳은 길쭉하니 음침한 분위기의 미묘한 건물이었다. 나를 수행한 조선 사람들은 아직도 타고난 성격대로 시끄러웠다.

여주인이 나타나자, 나는 프랑스어와 영어로 말을 했으나 그는 그 어느 말도 알아듣지 못했다. 마부는 우리에게 무엇인가 러시아어로 외쳤다. 사람들이 모여 짐을 정리했으나 매순간 짐들은 더욱 뒤엉켰다. 마부는 고삐를 모으고 무엇인가를 계속 물었다. 그때 러시아 장교가 나타나 매우 훌륭한 영어로 도울 일은 없느냐고 물었다. 그는 나의 요구를 여주인에게 통역을 해주면서, 조선 사람과 마부를 진정시킬 수 있는 팁으로 몇 코펙[1)]을 나에게 빌려주었다. 5일간이나 듣지 못한 모국어를 들을 수 있는 기쁨을 그에게서 받았다.

---

1) 1코펙(kopeck)=1/100루블(ruble).

길게 뻗은 계단을 따라 , 대낮에도 보드카가 많이 있는 식당과 바와 이른 시간임에도 복잡한 당구장을 지나, 크고 어둡고 더러운 극장을 거쳐 객실에 도착했다. 객실에는 응접실과 침구가 갖추어진 침실이 있었고 돼지우리가 있는 뜰이 내다보이는 창이 있었다. 문은 다섯 개가 있었는데 모두가 잠기지 않았다. 방은 금박과 융단으로 장식된 루이 14세 풍으로 호화롭게 꾸며 있었으며, 모두 낡고 먼지투성이였다.

가구들은 마치 과거의 비극을 알고 있는 듯이 보였으며, 앞으로 다시 겪을 비극을 알 것 같았다. 언어의 장벽은 뛰어 넘을 수 없었다. 내가 원하는 음식을 그 누구에게도 이해시킬 수 없었던 것으로 보아 나의 몸짓 시늉이 매우 서툴렀음에 틀림없다. 나는 밖으로 나와 동부 시베리아의 "흰 목초지"라고 할 수 있는 쿤츠 앤드 알버스사의 커다란 지점에서 어음을 교환했다.

그곳에서 나는 필요한 정보를 자세하게 얻었으며 영어나 프랑스어를 사용하여 나 자신을 이해시킬 수 있는 장소를 발견하는 것이 불가능하다는 사실도 알았다. 나는 음식을 사거나 우표를 살 수가 없었으며, 다소 불친절하게 소개장 하나만을 배달 받았을 뿐이다. 나는 여행의 가능성을 숙고하기 위해 멜로드라마 같은 숙소로 돌아왔으나 도무지 신이 나지 않았다.

얼마 되지 않아, 블라디보스토크에 가장 오래 거주한 외국인 찰스 스미스 씨가 나의 편지를 받고 찾아왔다. 그의 태도는 친절하고 사교적이었다. 그 뒤에 그에게서 나는 선행과 자비를 발견하였다. 그는 곧 나를 데리고 운테르베르게르 장군을 방문했다. 그는 이 지역의 해방 사령관이었다.

나는 그렇게 큰 사람은 결코 본 적이 없다고 생각한다. 발끝에서부터 외투 칼라까지 그는 전형적인 군인이었다. 그가 나를 맞이하려고 일어났을 때, 그의 머리가 천장에 닿을 것만 같았다. 스미스 씨는 블라디보스토크에서 "호감 가는 인물"(*persona grata*)로서 사령관과는 절친한 사이였다. 그 덕분에 사령관은 나의 계획을 그에게 알려 달라고 요청했다. 나는 내가 원하는 것을 설명했더니 기꺼이 최고의 신임장을 마련해 주었다.

운터버거 장군은 나의 계획에 전적으로 동의하면서 나를 도울 수 있는 것이 있다면 돕고 싶다고 말했다. 그는 곧 국경 감독관에게 편지를 썼다. 그러나 그는 국경 근처의 비조직적이고 기강이 해이한 중국군이 나의 계획을 반드시 수정시킬 것이라고 덧붙여 말했는데 뒤에 그것이 사실로 나타났다. 사령관과 그의 부인은 영어를 유창하게 구사했으며, 내가 그들과 가진 사회적인 교제는 가장 마음에 드는 것이었다.

오후에 스미스 씨가 돌아와 그와 그의 부인은 내가 호텔에서 지내는 것을 견딜 수 없다고 말했다. 그는 나를 가파른 언덕 위에 있는 자신의 집으로 데려갔다. 그곳은 도시와 항구를 바라볼 수 있는 곳이었다. 집안과 집밖의 어디가 햇빛이 더 밝은지를 말하기가 어려울 정도였다. 이와 같은 안락한 환경에서 나의 방문은 아름다운 추억으로 가득 찼다. 만약 내가 장밋빛처럼 아름답게 블라디보스토크를 보았다면, 나는 독자의 이해를 얻어야 할 것이다.

스미스 씨 부부는 그림자처럼 나를 따라 다니면서 보살펴 줌으로써 나는 여행객으로서 과분한 대접을 받고, 좋은 친구를 얻었다. 눈보라가 지나간 뒤에, 아름다운 날씨가 시작되었다. 눈은 동부 시베리아의 겨울에 흔히 나타나는 먼지를 일으키는 돌풍을 막아 주었다. 하늘은 구름 한 점 없이 맑았으며 빛의 축제와 같았고 공기도 상쾌했으며 기온은 평균 20°F(-6.7°C)였다. 햇볕은 뜨겁지 않게 밝았으며 도로에는 전속력으로 달리는 썰매로 가득 찼다. 썰매의 종소리는 낮은 음악과 같은데 흉한 모습이라고는 보이지 않았다. 이런 날씨는 5주 동안 계속되었다.

육군과 해군이 없다면, 이 "동방의 보물"인 블라디보스토크는 아무것도 아니다. 요새나 토루를 너무 오랫동안 살펴보지 않는 것이 좋다. 거대한 군 병원, 크고 붉은 벽돌의 막사, 군행정사무소, 갈색 얼스터 외투[2]를 입은 군

2) 얼스터(Ulster) 외투 : 보통 허리띠가 있고 두건이 달린 긴 외투로서 얼스터(아일랜드)산의 거친 모직으로 만듦.

인들, 어깨에 멘 삽과 곡괭이, 연장을 지참한 일단의 공병, 대부분 겨드랑이에 가방이나 발송함을 끼고 가는 장교들, 질주하는 썰매, 사진 촬영의 금지 등, 이 모든 것이 요새의 성격을 보여주었다. 세 사람 가운데 두 명은 분명히 거리에서 제복을 입고 있었으며, 순찰하는 코자크 경찰도 사실은 군인이었다.[3)]

해군도 마찬가지였다. 임무를 수행 중이거나 그렇지 않은 전함이 있었으며, 블라디보스토크에서 가장 훌륭한 건물 가운데 하나인 해군 클럽과 건선거와 부선거가 있었다. 말할 것도 없이 자연 환경으로 말미암아 크리스마스로부터 3월말까지 항구는 폐쇄되었다. 그러나 과학의 승리로, 강력한 쇄빙선과 얼음 덩어리를 바다로 끌어내는 군대의 수고로, 지난 2년의 겨울 동안에 항구가 개방되어졌다.

보륜티어 함대의 거대한 기선은 한 달 또는 2주마다 오데사와 블라디보스토크를 떠났다. 시베리아 횡단 철도의 동쪽 종착역인 블라디보스토크는 장래의 업무로 크게 고무되어 있다. 극동의 지브랄타르이자 오데사라고 말할 수 있는 이곳은 아무르강 이남의 광대한 상업 지역을 위한 "보급 기지"로서의 중요한 역할을 하게 될 것이다. 만약에 함경도 내의 셰스타코프까지 항구가 뻗칠 수 있다면, 얼음 깨는 기계의 수고 없이도 정부는 업무를 처리할 수 있게 될 것이다.

블라디보스토크의 발전은 주목할 만하다. 옛날에는 삼림이었던 이 도시의 개발은 1860년까지 거슬러 올라간다. 1863년에 많은 나무들이 벌채되었

3) (원저자 주) 러시아 병사의 하루 사역량은 매우 많다. 소년들이나 "하녀들"이 부러운 눈길로 바라보는 제복의 멋진 모습과는 달리 그들은 땅을 파고, 건물을 짓고, 목수 일을 하고, 신발과 마구를 만들며, 그의 군복무에서 더 나아가 대민 봉사 업무를 한다. 그들은 이러한 여가 작업으로 일정한 사례를 받아 저축한다. 이런 식으로 일하여 저축하면 제대할 무렵에 그는 작은 가게나 농장을 구입할 만큼의 자금을 마련할 수 있다. 보드카와 샤납스(네덜란드 사람들이 마시는 독주)는 러시아 군인의 최대의 적이다.

고, 몇 개의 판잣집이 건설되었다. 그런 뒤에도 호랑이가 지금의 새 정부 청사 자리에서 사살되었고, 대장간 밖에서 말에게 편자를 박으려고 떠난 사람이 호랑이에게 두 마리의 말을 잃을 정도였다.

점차 떡갈나무와 소나무는 깨끗이 제거되고 목재 건물들이 서서히 들어서더니 1872년이 되어 흑룡강 연안의 니콜라에스크로부터 60명의 해군이 새로이 이동한 것이 발전의 시작이었다. 1878년에 이곳의 인구는 1,400명이었으나 1897년에는 2만 5,000명이었는데 이 가운데 조선 사람은 3,000명이었다. 이들은 도시로부터 1마일 떨어진 곳에 자신들의 정착지를 마련하여 포터와 짐마차꾼으로 생활했다.[4)]

그밖에 2,000명의 중국인도 있었다. 중국인은 대부분 상점을 운영했는데, 고기와 생선, 과일, 야채, 그 밖의 생활필수품을 독점하였는데, 그들의 상조회는 이런 품목의 무역에서 러시아인을 몰아낼 만큼 강력했다. 이런 품목들은 바자라고 알려진 항구 옆에 있는 4개의 큰 목조 건물에서 판매되었다.

이곳에는 몇 개의 일본인 상점이 있었는데, 이들은 높은 급료를 받는 가사 노동자들이었다. 몇 년이 지난 뒤 고국으로 돌아간 그들은 이곳에서 번 돈으로 유복하게 살게 된다. 순수 독일인은 모두 영국 국적을 가지고 있었고, 내가 머물고 있는 집의 주인과 가족만이 유일한 미국인이었다.

블라디보스토크에는 정부 보조금을 받는 2개 노선과 독립된 2개 항로가 있으며, 700가구의 러시아인들은 매년 프리모르스크로 이민이 들어올 수 있도록 도와주는데 각 가구의 가장은 600루블(60파운드)을 소지해야 한다. 매년 봄이면 산동성에서 8,000~1만 명의 중국인이 노동 계약을 맺고 들어왔다가, 12월이면 25~50달러를 들고 계약 만료와 함께 귀국한다. 사할린 형

---

4) 1870년대 러시아의 동방 개척 시대에 독일계 스위스 가문의 광산기술자인 브리너(Jules Briner)는 모험심이 많은 사람으로서 블라디보스토크로 이주하여 사업에 성공했고 부리아트(Buryat) 여인과 결혼했다. 그 아들 보리스(Boris)는 무역업에 투신하여 함경도 삼림 개척권을 얻어 거부가 되었는데 그의 아들이 곧 율 브리너(Yul Briner)이다.

무소의 기결수 노동자들은 고용할 만한 인력이 아니다.

블라디보스토크의 특색 가운데 하나인 중국인 상점은 독일인과 러시아인보다 싼값으로 물건을 팔고, 점차 거래량도 늘어나고 있다. 함부르크의 수입 회사인 쿤즈 앤드 앨버스상사, 은행가, 선박 회사, 그리고 거의 독일인이며, 극소수의 러시아인과 조선 사람을 고용하고 있는 화이트리즘상사가 벽돌과 돌로 이루어진 궁전 같은 건물에서 대량 도매와 소매업을 경영하고 있었고, 동부 시베리아에는 16개의 지점을 가지고 있으며 랑갈루체의 독일 상사는 그들과 밀접한 유대를 맺고 있다.

철도역은 사무실과 함께 견고하고 깔끔하다. 우아하게 건설된 철도는 우수리교를 지나 180마일을 뻗쳐 있고, 급속한 속도로 아무르지방으로 뻗어나가면서 새로운 상업의 미래를 열고 있다. 거리의 상점과 주택은 빠르게 목재에서 돌과 벽돌 건물로 대치되었고, 동쪽 · 서쪽 · 북쪽 방향을 향해 대피터 대제만을 따라 거의 3마일 정도로 확산되었다.

새롭게 잘 지은 개인 소유의 건물과 사무실이 급속히 완성되고 있는 중이다. 한쪽에 주택을 갖거나 양쪽에 주택을 세운 넓은 거리, 상당히 높은 위치의 언덕을 따라 2마일 정도 뻗은 거리가 중심가이거나 블라디보스토크의 "번화가"가 되었다. 중심가를 따라 대부분의 건물이 건설되었으며, 큰 상점과 관공서가 건설되었다. 중심가는 언덕으로 올라가는 가파른 길과 똑같이 가파른 바다로 가는 길에서 교차되고 있다. 그리고 그보다 작은 2~3개의 길이 나란히 건설되었다.

건축가들은 사방에서 일을 하고 있어, 다만 밤의 몇 시간만 목수의 망치 소리와 석수의 흙손이 침묵할 뿐이다. 여러 채의 정부 건물이 겨우 완성되어 페인트와 초벽도 바르지 않은 상태에서 입주했다. 건설과 파괴가 동시에 진행 중이다. 도로의 경사를 완만히 만드는 작업이 진행 중이며, 배수로와 보호벽이 건설 중이며, 목조 건물들이 주요 도로에서 사라지는 징조가 나타났다.

부동산 경기도 활성화되고 있다. 부동산과 땅값이 굉장히 치솟았으며, 1864년에 600~3,000루블이었던 택지가 지금은 1만 2,000~2만 루블로 올랐으며 도시 중심가의 땅은 어떠한 가격으로도 구입할 수 없다. 새로움, 진보, 희망이 블라디보스토크 시민의 특징이다. 이것은 미국의 서부 개척 시대와 같은 측면을 가지고 있었다. 이루어진 것은 적지만, 모든 일들이 진행되고 있다. 도로는 거의 좁고, 울퉁불퉁한 판자로 이루어졌지만 여기저기에 너비 3피트의 화강암 장식들이 널려 있다.

호텔에는 칭찬 받거나 안정되었다기보다는, 살롱과 술집 등의 그늘진 부분들을 더 많이 가지고 있다. 잘 지은 벽돌집과 돌집들이 나무 판잣집을 밀어내는 추세이다. 다채로운 짐차와 썰매가 정지된 거리를 달리고 있다. 조선 사람 마부가 끄는 낡은 우마차는 울퉁불퉁한 길에서 삐걱거리면서 거리를 달리고 있지만 그 옆에는 파리 풍의 최신·최고의 의상을 입고 번쩍거리는 마구로 장식한 3두 마차가 지나가고 있다.

그러나 널리 퍼진 군국주의의 열풍은 미국 서부의 연상을 압도하고 있다. 메마른 해안 위에 제일 먼저 세운 건물은 군 병원과 막사이며, 도시에 가까워 올수록 막사는 복잡해진다. 여성은 압도적으로 적다. 대포와 군수 차량의 둔탁한 바퀴 소리, 아침부터 밤까지 갈색 대대의 행군 모습, 계속되는 북과 나팔과 트럼펫 소리 등은 이곳이 곧 이제 막 성장하고 있는 야심찬 거대한 러시아의 태평양 연안의 수도라는 사실을 깨우쳐 주고 있다.

극장, 공연장, 무도회장은 겨울철에도 만원이었다. 눈이 내리는 며칠을 제외하고는, 하늘에 구름 한 점 없으며, 기온도 영하로 내려갈 정도로 춥지도 않으며, 건조한 공기는 매우 상쾌하다. 다행히 눈이 내리지 않는 겨울이면 강한 바람은 흙먼지 바람을 일으키고 기온은 불쾌해진다. 봄은 문득 기쁨을 가져오며, 가을 날씨는 참으로 좋다. 그러나 여름은 뜨겁고 습기 차며 안개가 많이 끼는 계절이다.

많은 돔과 우뚝한 금박 십자가를 갖춘 그리스정교회는 해질녘이면 흐릿

한 석양이 모든 것을 감싸는 가운데 신비스러움을 드러내고, 아름다운 루터교회, 중국 묘당 등은 이 지역 주민들의 종교적 욕망을 채워 주고 있다. 해방 사령부의 총독과 몇몇 고위층, 그리고 보다 하급 장교들은 발틱 지방에서 온 독일 출신의 루터교신자로서 다소 진보적인 사상을 가진 사람들이다.

그러나 블라디보스토크에서 내가 사귄 사람들의 친절하고 지성적이며 협조적인 국민들의 묵종은 그들의 경직된 사고와 표현의 부족, 정책과 그들에 관련된 모든 문제, 행정부, 종교, 정교회, 불만, 국내외 정책 등으로 미루어 볼 때 나에게는 강요된 것처럼 보였다. 그들이 가장 관심을 가지고 있는 어떤 주제가 대화에서 조심스럽게 제외되고, 그러한 주제 가운데 어느 하나를 소개하는 것은 범법자로서 낙인찍혀 사회로부터 추방당할 수 있음이 분명하다.

제 19 장 시베리아에 사는 조선의 이주민들

내가 러시아령 만주를 방문한 주요 목적은 러시아로 이민을 간 조선 사람의 난처한 문제를 개인적으로 조사하여 혼자 해결해 보려는 것이었다. 서울에서 추정한 바에 따르면 그들은 약 2만 명에 이르렀다. 러시아는 그들의 대다수를 추방하고 있으며 그들 가운데 몇 천 명은 이미 두만강을 건넜다는 소문이 계속해서 들려 왔다. 그들은 너무도 굶주리고 있기 때문에 조선의 국왕은 북쪽에 대표단을 파견하여 이주민을 함경도 내에 정착시키려고 했다.

블라디보스토크에서 통역과 하인을 겸할 수 있는 사람을 구하기가 어려웠다. 나로서는 존재하지 않는 통역관을 구하려고 노력해 보았으나 허사였기 때문에 즐겁고 유익한 여행을 할 것을 거의 포기하기 직전이었다. 이때 시베리아 전신국장이 몇 년 동안 휴가를 받지 못했던 전신국의 최고참 직원을 나와 동행하게 하도록 휴가를 내주었다.

하이드만(Heidemann) 씨는 발틱지방에서 온 독일 사람으로 독일어와 러시아어와 영어를 똑같이 능통하게 말할 줄 알았으며, 매우 거친 업무들을 러시아 관리로서 원만하게 처리할 줄 알았다. 그가 아니었더라면 나는 프리모르스크에서 여러 가지로 어려움을 겪었을는지도 모른다. 그는 키가 크고 잘생겼으며 나이는 중년에 매우 신사적이어서 예의를 잃는 법이 없었고 러시아 농민들을 어떻게 다루는가를 알고 있었다. 그는 능력 있는 사람으로서 기꺼이 통역을 하려고 했다. 그러나 그는 과묵하고 무표정했기 때문에 제복 속에 굳어 버린 듯한 인상을 주었다.

전신국의 호의와 정부의 친절한 협조로 나의 계획이 구체화되자 나는 보기 드문 화창한 날씨 속에 해 뜰 무렵에 작은 기선을 타고 블라디보스토크를 떠났다. 7시간이 지나 포시에트만을 향하여 60마일을 항진한 배는 맑은 물과 흰모래가 있는 입구에 우리를 상륙시켜 주었다.

낮고 거의 불모인, 곧 얼어붙을 것 같은 언덕의 기슭에는 우마차를 몰고 온 조선 사람들이 우리의 상륙을 기다리고 있었다. 러시아 우체국장 사택의 크고 넓은 차 탁자가 멋있게 보였다. 그들의 강인한 가족은 내가 별로 보지 못했던 모습이었는데 그 뒤에 나는 이러한 체구와 힘이 러시아에 이주한 사람들의 특징이라는 것을 알았다.

포시에트만은 훌륭한 막사와 창고를 가진 대규모 군항이다. 민간인은 드물었으나 조선 정착민은 가까운 곳에 거주하고 있었으며, 블라디보스토크의 육류가 대부분 이곳으로부터 공급되었다. 우리는 튼튼하고 건장한 조선 사람 청년 몇 명이 기선 안으로 60마리의 잘생긴 황소를 몰고 가는 것을 보았다. 우편 마차 안에서 우편 행낭 사이에 쪼그리고 앉은 채 우리는 2시간 동안 전속력으로 달려갔다.

얼어붙은 해안의 출구와 얼어붙은 강과 우거진 수풀과 가파른 마을을 지나 조선 사람 농장으로 말미암아 활기를 띤 계곡을 지난 뒤 황혼녘에야 노보 키에브스크에 도착하였는데 쿤츠 앤드 앨러스 상사의 지사장이 우리를 친절히 맞이해 주었다. 이들의 큰 벽돌 건물은 이 마을에서 매우 돋보이는 것이었다.

노보키에브스크는 거대한 군사 도시로서 1,000명의 민간인과 좋은 벌이에 유혹된 조선 사람과 중국인이 살고 있었다. 주민의 태반은 조선 사람이었는데 이들은 소로써 연료와 물자를 수송했다. 이 도시의 중심가는 먼지와 따가운 햇살이 내리쬐고, 길이 교차되는 지저분한 비탈길이었다. 이른 아침부터 해질녘까지 갈색 얼스터의 외투를 입은 보병대의 터벅터벅 걷는 소리가 규칙적으로 울려 퍼지고 있었다.

포시에트만과 노보 키에브스크 사이에는 1만 명의 포병대와 보병대가 있었는데 포병대에는 8문의 야포와 24대의 수송 마차가 있었다. 1만 명 이상을 수용할 수 있는 막사도 급속히 건설 중이었고 높은 나무 오두막이 소형 포병대의 조랑말을 보호하고 있었으며 2개의 방과 작은 유리창 하나를 가진 낮은 흙집이 군인 가족들의 숙소였다. 운동장에서는 대규모 훈련과 열병식이 거행되었으며 정통 양식의 그리스 정교회 건물이 인상적이었다.

툭 터진 공간과 넓은 길을 가진 노보 키에브스크는 2마일에 걸쳐 나무와 초목이 없는 비탈을 따라 펼쳐 있었다. 쿤츠 앤드 앨버스 상사 외에도 상점에는 여러 나라의 말을 사용하는 점원들이 함께 있었는데 그들 가운데 양장을 입은 젊은 조선 사람의 민첩함과 예의가 뛰어나 보였다. 그곳에는 또 다른 독일인의 집과 50개의 작은 상점이 있었다. 상점은 주로 중국인이 경영했으며 보드카와 슈냅스를 팔고 있다.

이곳에서 나는 남쪽으로의 여행을 준비하는 3일 동안 발이 묶여 있었다. 그러는 동안에 프랑스어를 사용하는 경찰서장이 나를 조선 사람 마을에 안내해 주었다. 내가 듣고 본 바에 따르면 이곳 주변의 모든 농민은 조선 사람으로서 생활은 부유한 편이었다. 이곳에서 조선 국경 지역에 이르기까지의 지역에 살고 있는 주민의 대다수의 생활 상태는 양호했으며 이주민 가운데 일부는 러시아 군대에게 밀과 곡식을 납품함으로써 재산을 축척하고 있었다.

이러한 점에서 조선 사람 이주민들은 중국인을 능가했다. 그들은 실제로 중국 만주에서 야윈 소를 사들여 살찌게 키워 팔았다. 조선에서 살고 있는 조선 사람에게는 이러한 이야기들이 믿기지 않을 것이다. 그뿐이 아니라 확실한 관계 당국자의 주장에 따르면 하바로브스크에 있는 조선 사람들은 중국인들과의 야채 시장의 경쟁에서 완전히 승리하여 이 도시의 상권을 장악했다고 한다.

러시아의 대형 4륜 마차는 이 지역의 형편없는 길에 잘 들어맞는 것으로서 여기에서 개발된 기구 가운데 가장 기묘한 것이다. 단단한 운전대와 차축의 두 짝이 길고 단단한 나무에 연결되어 있으며 길고 얇은 박스가 1~3개의 널빤지로 고정되어 있다. 그 위에 쿠션이 있기도 하고 없기도 했으며 널빤지는 좌석을 만들도록 "밧줄"로 가로질러 서로 연결되어 있었다.

이것은 두세 마리의 말이 나란히 끌고 가는데 한 마리는 중심축에, 다른 한 마리 또는 두 마리는 바깥쪽에 매어 있는데 마차에 바짝 붙어 있으며 머리는 튼튼한 가죽 끈으로 안쪽 밑으로 매어 있다. 바깥쪽 말은 빨리 달리도록 훈련이 되어 있어 비록 안쪽의 말이 얌전히 걷는다 해도 결코 속도가 늦춰지지 않는다. 비록 이 마차는 스프링이 없었으나 모든 장애물과 언덕과 계곡에서 부딪치고 튕겨 나오면서 전속력으로 달릴 수 있다.

경찰서장의 4륜 마차는 얀치헤로 가는 길에 어떤 장애물도 겪지 않았다. 우리는 그곳에서 조선 사람 통역을 만나기로 되어 있었다. 편편한 마을은 아름다운 산으로 둘러싸인 계곡으로 좁게 감싸 안겨 있고 토양은 깊고 검은데 그곳에 곡물과 근채 식물을 재배하고 있었다. 거의 모든 곡식의 수확이 끝났고 땅을 말쑥하게 갈아엎었다.

최상류층 가족이 거주하는 조선식 가옥이 이 마을 전체에 산재되어 있었다. 가장 큰 마을 가운데 하나는 140가구가 750에이커 땅을 소유하고 있다. 우리는 여기에서 여러 농가를 방문해 뜨거운 환영을 받았다. 심지어 여자까지도 유쾌한 모습으로 우리를 공식 환영하려고 나왔다. 조선에서 흔히 볼 수 있는 연약하고 의심 많으며 위축된 농민들의 특징이 이곳에서는 솔직함과 독립심을 가진 모습으로 변화되어 있었다.

경찰서장은 반가운 방문객이었다. 경찰서장의 육감이 비위생적인 냄새를 식별하고 그의 눈이 부주의한 쓰레기 더미 위를 쏘아 볼 때를 제외한다면 조선 사람들의 얼굴에는 두려움이 전혀 없었고 농장 구내는 말끔했으며 가축도 깨끗한 우리 안에 있었다. 분명히 조선식 건축물이라고 할 수 있는 집은 매우 커 대여섯 개의 방을 지니고 있었고 지붕은 조심스럽게 이엉으로 없었으며 내부는 말끔히 치워져 있었다.

조선에서는 관리들이나 꿈꿀 수 있는 아늑함과 평안함이 넘쳐흘렀다. 그러나 벽 안에 수많은 검은 구멍을 통해 연기를 앞으로 내뿜으며 방바닥을 덥혀 주는 굴뚝 대신에 집으로부터 약간 먼 곳에 위치한 속이 빈 나무줄기를 통해 공중으로 연기를 내보내는 연통은 공중위생과 주위 환경을 고려하여 조선의 관습을 바꿔야 한다고 주장했는데 이것만이 유일게 바꿀 부분이었다. 의복과 주거는 조선에서와 똑 같았고 상투도 그대로 유행했다.

이곳에서 약간 떨어진 곳에 얀치헤라는 큰 마을이 있는데 이곳에는 러시아 어린이와 조선 어린이가 함께 앉아 수업을 받는 학교가 있었고 내부 장식이 단순하나 화려한 그리스 정교회와 사제관이 있었다. 이곳은 매우 번영된 마을이었다. 깨끗한 경찰서 안에 조선 사람 경사가 나의 요구 사항을 받아 적더니 통역을 할 수 있는 똑똑한 조선 경찰을 찾아보도록 부하를 밖으로 내보냈다.

이곳 주변의 4백 명의 조선 사람들은 그리스 정교회를 믿고 있었으며 침례를 받았다. 신부는 지식인이라기보다는 그림처럼 멋있어 보였다. 교회에 견주어 압도적으로 많은 신도를 인도하는 신부에게 내가 물었다.

"신부님이 바라는 인간이 어떤 인간이며 어떤 종류의 크리스천입니까?"

그 신부가 이렇게 대답했다.

"조선 사람은 더 많이 배워야 하며, 더 많이 배우면 이곳은 다음 세대를 위해 더 희망적인 곳이 될 것입니다."

나는 얀치헤와 그 외 지역에서 "선교사들의 노력"이 성공한 원인을 명확히 알 수 없었다. 내가 들은 대답에는 많은 차이가 있었으며 대부분의 경우에는 대답을 머뭇거렸다. 그 응답자들은 마치 그들의 믿음의 근거를 확신하지 못하고 있는 것처럼 보였다. 내가 받은 인상에 따르면, 러시아인들은 도덕의 외형을 파괴하지 않는 한 조선 사람들이 우상을 숭배하든 종교를 믿든 관대했지만 일단 러시아인으로 귀화한 것을 행복하게 생각하는 조선 사람들에게 어떤 "획일성"을 요구하고 있었다.

조선 국경으로의 여행 준비가 완료되자 나는 1888년 교역을 위해 키아흐타를 본떠 러시아인에게 개방된 도시인 경흥으로 들어가면서 국경 책임자인 마튜닌(Matunin)을 면담했다. 그는 중국군인들의 불법행위 때문에 국경에서 신변이 불안하다고 걱정스럽게 설명하면서 경흥부사에게 나를 소개시켜 주었다.

세 마리의 조랑말과 마부를 갖춘 대형 4륜 마차가 마련되었고 또 다른 조랑말과 러시아어를 잘 구사하는 조선인 마부가 동행했다. 그의 안장은 검소한 영국 제품이었다. 두만강으로 가는 이틀간의 여행길을 묘사하자면 너무나 단조로워 읽는 이들에게 고통을 줄 것이다. 길은 형편없었고 때때로 구릉지와 습지를 지나쳤으며 40베르스타[1]에 이르는 습지가 자주 나타났다.

4륜 마차는 튀어 오르고 충돌하고 부딪치면서 전속력으로 달려 숨이 찰 정도였다. 가끔 우리는 얼음이 부서진 수렁의 급류를 빨리 지나갔는데 굉장히 훈련되고 단결된 조랑말들이 뛰어 오름으로써 위기를 모면했다. 그럴 때마다 우리는 사지로 마차를 부둥켜안았는데, 그러지 않았더라면 아마도 마차 밖으로 나가 떨어졌을 것이다. 하이드만 씨는 아무런 말도 없이 계속 담배만 피우고 있었다.

우리는 포시에트만의 갑과 살얼음이 언 다른 해협을 지나고 앞서 말한 방식으로 여러 개의 시냇물을 건넌 다음 조선 해안 마을을 통과했다. 이 마을은 거친 과정을 거쳐 소금을 만들어 훌륭하게 짠 대나무 바구니에 담아 중국의 혼춘으로 운송했다. 이들을 나르는 중국의 마차를 일곱 마리의 노새가 전속력으로 끌고 가고 있었다.

30베르스타를 지나니 언덕이 나타났다. 멀리로는 바위투성이인 산과 나

---

1) 1베르스타(versts)는 1.067km임.

무와 초목은 하나도 없이, 말라붙은 국화와 미나리가 거칠고도 아름답게 풀들과 섞여 있었다. 여기저기에는 혹독한 영하의 매서운 바람에 떨고 있는 자줏빛 쑥부쟁이가 피어 있었다. 골짜기는 평평하고 넓었으며 부식된 초목이 세월과 함께 만들어 낸 기름지고 검은 흙에는 돌이 전혀 없었다.

그 위에서 온갖 곡식이 자라고 있었다. 골짜기 옆에 풍요로운 농촌이 있었는데 이 지역은 가축을 기르기에 매우 적합한 곳이었다. 골짜기 언덕 위에 가축 무리가 있었으며 겨울을 나기에 충분할 것으로 보이는 건초가 넓게 펴져 있었다. 질병에 걸리지 않는 우거진 감자가 대규모로 재배되고 있었다. 감자는 조선 사람의 주된 음식이다.

이 아름다운 마을 전체에 조선 사람이 정착하고 있었으며 몇 개의 누추하고 쓰러져 가는 집들은 중국인의 집인데 이에 대해서는 설명할 여지도 없다. 무단 점유든 그렇지 않든 간에 조선 사람들은 최상의 땅을 경작하고 있다. 많은 가축의 분뇨는 땅을 비옥하게 해준다. 그들은 땅을 깊게 갈아 작물을 윤작하며 많은 결실을 얻고 있다. 우리는 약 120명이 거주하는 사레체에 머물렀는데 주택이 아름답고 물품도 넉넉했다.

주민 600명 가운데서 450명이 "신자였다." 종교를 갖지 않은 사람이라고 해서 종교를 통하여 무엇을 얻고 싶지 않은 것은 아니라는 것이 분명했다. 나와 대화를 나누었던 그리스정교의 어느 신부도 그들이 "모순되지 않음"을 강변하지는 않았지만 적어도 그들이 조상신을 숭배하느니 보다는 "보라, 이 사람이로다."[2)]라는 글귀가 벽에 붙어 있는 것을 바라보며 더욱 만족했다.

3~4마일 떨어진 곳에도 조선 사람 마을이 있었는데 다소 빈부의 차이가 있다는 점이 그 마을의 특징이었다. 집은 크고 잘 지었으며 농장에는 가축이 사육되고 있었다. 어른과 어린이들은 잘 입고 있었고 마을의 땅은 잘 경

---

2) "보라, 이 사람이로다."(Ecce Homo) : 로마의 총독 빌라도가 가시면류관을 쓴 그리스도를 보고서 한 말임. 『요한복음』 19 : 5.

작되어 있었다. 한창 산에 오르면 길이 때때로 끊겨지고 사라지더니 조선과 중국과 러시아의 산악 국경선이 모아지는 정상이 나타난다. 방향을 잃어버린 채, 시간을 허비하며 길이 없는 구릉들이 여러 차례 교차되는 곳을 통과하니 겨울 해가 강물에 황금빛을 퍼뜨릴 때쯤에야 중국 국경선의 산이 나타났다. 그 절벽을 돌자 지리적으로나 정치적으로 인상적인 모습이 나타났다.

러시아와 조선이 마주한 국경선은 11마일인데 사막과 같은 모래산으로부터 푸른 바다를 통과하는 모래톱의 넓은 강은 석양에 진홍색을 띠었다. 강 위의 절벽 위에 화강암 비석이 중국과 러시아 국경이 만나는 경계를 표시하고 있었다. 두만강을 따라 조선의 황량한 산이 황금빛 안개를 통해 자줏빛을 띠고 있었다.

이곳에서는 세 나라가 한눈에 내려다 보였다. 계곡 아래에는 작고 가난한 조선 사람 마을이 자리 잡고 있었다. 국경 비석에 가까이 가보니 두만강을 넘어 날카로운 언덕 위에 회칠이 거의 벗겨졌고 지붕은 이엉 줄로 엮어 있으며 지붕의 무게를 누르는 거대한 오두막이 나타났다. 그것은 매우 외로운 풍경이었다. 그 마을에서 우리가 자는 것이 거의 불가능하다고 한 조선 사람이 말했다.

한 코자크인이 오두막으로부터 나와 우리를 한참 응시하더니 안으로 들어갔다. 다시 쓸쓸해 보이는 하사가 다시 나타나 차나 말이 없이는 마을로 돌아가는 것이 불가능하다고 일러주면서 누추하지만 이곳에서 재워 줄 수 있다고 말했다. 그 안은 상당히 큰 규모의 방과 또 다른 작은 방, 본채에 기대어 지은 집으로 이루어져 있었다.

최근 영국 신문에 따르면 "러시아는 최근 조선 국경선에 5,000명을 집결시켰고 4,000명을 혼춘에 집결시켰다"고 한다. 러시아 군대의 위치나 병력에 관한 질문을 한다는 것이 바람직하지 못했기 때문에 나는 질문을 자제하면서도 러시아 군부대의 장엄한 모습을 보고 싶었다. 이 오두막은 크라스노예 첼로의 군사 기지로서 15명의 군인과 1명의 장교가 6개월 동안 고립된 장소에서 참고 견뎌야 했으며, 사병들은 1개월간 교대로 근무한다. 영국 신문의 기사에 관한 너털웃음을 웃으면서도 내심으로는 신문의 정확성을 탐탁하게 생각하지 않았다.

장교의 작은 방은 특별하지 않았으며 작은 탁자와 의자 그리고 동양의 큰 물 단지 하나가 있을 뿐이었다. 그러나 방은 따뜻했으며 그곳에는 따로 철사로 만든 야전 침대와 철망으로 이은 매트리스가 있었는데 곳곳이 찢어지고 체중으로 말미암아 가운데가 움푹 들어가 있었다. 그들의 지친 생활을 경감시키려고 깔아 놓은 융단의 도처에는 튀어나온 철사의 부분이 보였다. 나는 침대의 울퉁불퉁한 부분을 고르게 하려고 애썼다.

이 은신처에는 나를 위해 침대를 포함하여 커튼으로 막을 쳐 놓았다. 장교인 하이드만 씨와 3명의 조선 사람 감독은 마루 쪽에 포개어 누었다. 장교는 말동무를 만나 반가웠던지 한밤중까지 이야기를 했고 아침이 밝아 오기도 전에 대화를 다시 시작했다. 우리는 막사의 음식을 맛보았다.

검은 빵과 보리 죽, 차, 러시아 호밀 맥주, 검은 빵과 건포도와 설탕을 넣은 간단한 발효 음료, 약간의 보드카, 러시아산 보드카와 네덜란드산 술인 슈냅스가 나왔는데 보드카는 약 40°였다. 아침 9시에는 그리스 정교회의 연도의 고상한 운율이 들려 와 우리를 놀라게 했다. 코자크의 저녁 예배 때에는 막사에서 들려오는 화음의 찬송가가 우리를 기쁘게 해주었다.

두만강에서 마지막으로 내가 본 석양은 얼음 위에 걸려 있었다. 사요르니와 크라스노에의 조선 사람 마을의 촌장들은 한밤중까지 의논한 결과, 강을 건넌다는 것이 불가능하다고 생각되며 나룻배는 겨울 동안 얼어붙은 해안에 정박되어 있다고 말했다. 3일 동안 기다린 러시아의 두 감독관과 장군도 어제 떠나려 했지만 실패했다는 것이었다.

나의 절박한 상황에 마음을 돌이킨 사요르니의 움직일 수 있는 모든 사람들은 새벽 2시에 얼어붙은 배를 파내기 시작하여 7시에 이르러서야 배가 강 쪽을 향해 어느 정도 움직였다. 그러나 강은 아직 얼어붙어 있었다. 시간이 좀 지나자 하사는 14명의 부하들을 보내어 조선 사람들은 도와주었다. 그는 웃으면서 모든 러시아 국경 부대의 군인이 나를 위해 동원되었다고 말했다.

9시에 가까스로 배가 떴다는 전갈이 왔기에 우리는 두 마리 짐말과 함께 말을 타고 떠났다. 그리고 언덕을 1마일쯤 지나 사요르니의 조선 사람 마을을 통과하여 바다로 향해 흘러가는 두만강의 눈부신 모래사장에서 내렸다. 이곳에서 10마일을 더 나아가면 바다가 나온다. 얼음은 아침의 태양 아래 커다란 덩어리로 바뀌어 있었다.

러시아와 조선 사이에는 약 600피트 넓이의 광활한 강물이 흐르고 있었다. 전문가들의 말에 따르면 정오에서 오후 2시 사이 상황이 좋아질 것이며 그때가 지나면 다시 얼음이 얼 것이라고 한다. 조선 사람들과 코자크 사람들은 얼음을 깨고 지렛대로 배를 움직여 그 밑을 파면서 열심히 일을 했다. 정오가 되어서야 다루기 어려운 배가 나타났다. 그것은 소를 나르는 배였는데 그것이 강물 위로 뜨자 모든 사람들이 환호했다. 그러나 배에 물이 몹시 샜고 물을 퍼내는 데만 두 사람이 필요했다. 선미로 올라간 가축들은 물에 떠내려갔다. 사람들이 무릎 위까지 차는 곳을 건너가며 가축들의 짐을 옮겼다.

그 다음으로 조랑말의 차례가 되었을 때, 러시아 군대들이 강제로 또는 달래면서 배에 태우려 했지만 실패했다. 아무리 발로 걷어차고 밀어 넣고 상처를 입으면서 다리를 하나나 둘을 배에 들여놓아도 다시 튀어 나왔다. 그렇게 실랑이를 한 시간쯤 하고서야 두 마리를 겨우 배에 실었더니 이번에는 갑자기 그 가운데 한 놈이 그들을 잡았던 사람을 걷어차고 물속으로 뛰어들었다. 분별없는 이 짐승 가운데 하나는 어렵게 구조되었고 나머지 하나는 다리에 심한 자상을 입었다. 그때 얼음이 빠르게 얼어 시베리아 조랑말을 실으려던 시도는 실패하고 말았다. 미국인들이 고집쟁이라고 부르는 그 녀석들을 어찌할 수 없었다.

내가 이제까지의 여행 가운데 처음으로 나 자신이 실패했음을 고백하지 않을 수 없다. 무거운 빙원과 차가운 물의 온도 때문에 이 반항적인 동물을

크라스노예 막사의 러시아 군대

헤엄치게 하는 것이 불가능했다. 나는 거의 4시간 동안 이러한 과정을 지켜보면서 조랑말에 앉아 있었다. 얼음이 언 강물 위에 비치는 웅대한 조선의 산들은 코발트처럼 파란 하늘 그림자를 강물에 드리우고 있었고 하늘을 가로질러 천천히 떠가는 하얀 구름에 따라 쪽빛 그림자가 바뀌고 있었다.

이쯤에서 나는 마지못해 돌아섰다. 두만강의 물이 많이 불어났다고는 하지만 위아래의 모래 둑이 항해를 더욱 어렵게 만들고 있었다. 장마철이면 평저선으로 80베르스타 또는 50마일 이상을 지나 크라소네 셀로 위에 있는 관의 조선 사람 마을에 도착할 수 있지만 그것도 항상 성공하는 것은 아니다. 일본이 두만강 둑 남쪽에 군대를 상륙시킬는지도 모른다는 어리석은 생각에 사로잡힌 중국은 러시아의 주둔지에 모든 배들을 정박시켜 놓았다.

나는 러시아 군대와 경계석뿐만 아니라 막사까지도 사진을 찍었다. 황폐한 언덕 위에 있는 더럽고 쓸쓸해 보이는 진영을 향하여 실의에 찬 태도로 몸을 늘어뜨리고 있는 하사관 한 명의 사진도 찍었다. 일상의 지루함 속에 그를 내버려두고 우리는 와 버렸다. 조선으로 돌아오는 나날들은 나로 하여금 자신의 정부가 아닌 남의 정부 밑에서 살아야 하는 조선 사람들의 상황이 어떤 것인가를 알 수 있는 좋은 기회를 주었다. 이미 1863년에 국경을 넘어 함경도에서 온 13명의 가족이 포시에트만에서 북쪽으로 조금 떨어진 티젠호에 정착했다.

1866년까지 그곳에 100세대가 정착했으나 너무도 가난해 러시아 정부는 그들에게 경작에 필요한 가축과 씨를 나누어주었다. 1869년 한 해 동안에 조선의 북방에는 심한 기근이 벌어져 배고픔을 이기지 못한 4,500명의 조선 사람들이 프리모르스크로 이주했으나 그들 가운데 3,800여 명은 절대 빈곤의 상태에 빠져 있었다. 그들은 정부의 지원을 받아야 했지만 그것도 쉬운 일이 아니었다. 왜냐하면 몇 해 전에 러시아에 할양된 이곳은 사람이 거의 살지 않고 수확도 거의 없는 지역이기 때문이었다.

1887년에는 프리모르스크에는 32개의 마을이 있었는데 이들은 5개의 행정 구역으로 나누어진 외딴 마을들이었다. 이들 밖에도 한 마을은 흑룡강가에 있는 하바로브스크에 속해 있었고 블라디보스토크와 니콜스코예 근처에는 조선 사람의 커다란 정착지가 있었다. 조선 사람 이주자들의 숫자는 어림잡아 16만~18만으로 추정되었다. 이들 가운데 몇 천 명은 정말로 극빈자였으며 그들은 거의 1년 동안을 러시아 당국의 구호로 살아왔다는 것을 잊어서는 안 된다.

그 뒤 그들은 러시아로부터 옥수수 씨를 배급받았다. 그들 대부분은 무단 거주자로서 시베리아 계곡의 비옥한 땅에 정착했으나, 몇 해 동안 아무런 방해도 받지 않고 지냈다. 점차 많은 사람들이 거주할 땅을 매입했고 어떤 경우에는 한 마을이 그들의 인접한 땅에 대한 공동의 권리를 획득했다. 러시아 정부의 의도대로 무단 거주는 점차 매입의 방식으로 바뀌었고 매입자들은 합법적인 권리를 취득했다.

이 외국 정착민들은 실제로 자치권을 누리고 있었다. 각 지역 촌장은 그 크기에 따라 1~3명에 이르는 보조자를 둔 연장자였다. 경찰과 관리들은 조선 사람이었다. 각 지역에는 서기를 둔 2~3명의 재판관이 있었다. 이들이 사소한 범죄를 처리했다. 촌장들은 세금을 거두고 질서를 유지할 책임이 있었다. 그들은 봉급을 받거나 여러 가지 혜택을 받았다.

이런 모든 관리들은 조선 사람이었으며 그 자신이 소속해 있는 자치 사회 내에서 주민들에 따라 선출된다. 정부에 납부하는 1년의 세금은 각 농장마다 10루블(약 1파운드)이며, 도로, 수로, 다리, 학교 등 자신들을 위한 목적으로 지방 의회에서 책정한 지방세는 1년에 각 농장마다 3루블로 한정되었다. 지주가 아닌 사람은 1년에 1~2루블씩 낸다.

1884년 이전에 시베리아에 정착한 조선 사람들은 러시아 국민으로서의 권리를 주장할 수 있었고 이때 10년 동안 자신이 매입한 땅에서 정착한 것을 증명할 수 있는 사람들도 그렇게 할 수 있었으며 또한 정착 생활에서 행실이 바르다고 인정된 사람도 그렇게 할 수 있었다. 남부 러시아로부터 정착민이 계속 유입하여 철로변의 비옥한 땅을 거류지로 요구하자 조선에서의 이주는 금지되었다.

무단 거주자나 불안정한 삶을 사는 조선 사람들은 흑룡강 지방으로 추방하는 문제가 논의되고 있다. 크라스노예와 노보 키에브스키 사이의 마을들은 러시아에 정착한 조선 사람들의 본보기이다. 길은 매우 잘 닦여졌고 도로에 접경한 수로들도 잘 관리되어 있었다. 위생 규칙이 엄격하게 시행되었고 촌장은 마을 청결에 책임을 다했다.

반도의 가난하고 불결한 마을과는 다르게 이들은 회벽과 말쑥한 짚으로 이은 한옥을 지었다. 뜰이나 농장 마당은 회칠한 벽이나 잘 짜인 갈대의 높은 울타리로 둘러싸여 있었고 매일 아침 청소한 것처럼 보였다. 농장 건물들은 실속 있게 잘 보존되어 있었다. 심지어는 돼지우리조차도 이 지역의 경찰 서장의 아르고스[3]를 증언해 주고 있었다.

대부분의 집에는 네댓 개의 방이 있었다. 방은 종이 벽과 천장, 격자문과 광택이 없는 마루 그리고 조선에서 고관 집조차 보기 드문 많은 창고를 가지고 있었다. 캐비닛, 옷장, 멋진 청동 장식이 달린 목재 쌀 궤, 낮은 탁자와 걸상, 방석, 청동 주전자, 청동 그릇, 도자기, 찻잔, 청동 촛대, 청동 등잔 그리고 그 밖의 많은 것들이 그들의 안락함을 설명해 주었다.

러시아 황제와 황후, 예수의 초상화, 그리스 정교회 성인들의 그림, 12명의 사도의 기도하는 모습을 액자에 담은 것들이 많은 가구에 붙어 있던 조악한 수호신을 대신했다. 문밖에는 가득 찬 곡물 창고, 조랑말, 새끼 밴 암말, 개량종의 검은 돼지들, 짐수레를 끄는 소, 블라디보스토크 시장에 내놓을 우마차에 딸린 살찐 소와 우마차 그리고 농기구 등이 물질적 번영을 확실하게 입증하고 있었다. 어느 여행자도 내가 조선 사람의 가정에서 받은 것보다 더 안락한 설비와 더욱 깨끗해지고 더욱 성심성의의 환대를 받는 다는 것은 불가능할 것이다.

그러나 이보다 더 훌륭한 것이 많았다. 남자들의 태도는 미묘하지만 사실상 변화를 보이고 있으며 여자들은 비록 명목상으로는 은둔의 습관을 지켜나가고 있었지만 조선의 가정에서 그들의 특징이었던 비굴한 태도를 갖고 있지 않았다. 국내에서만 자란 조선 사람들은 아내에 대한 의심과 독단, 노예근성 등의 특징을 가지고 있으나 이곳에서는 그런 모습들이 아시아적이라기보다는 영국적인 남자다움과 독립심으로 바뀌었다. 양반의 거만한 몸짓과 농부가 기운 없이 어슬렁대는 태도가 민첩한 행동으로 바뀐 것도 특징이다.

돈을 벌 수 있는 기회가 많으며 그들이 번 돈을 짜낼 양반도, 관리도 그곳에는 없었으며, 안정과 재산은 더 이상 관리의 관심을 끌지 못했고, 재산에

3) 아르고스(Argus) : 그리스 신화에 나오는 100개의 눈을 가진 거인.

대한 불안감보다도 신뢰에 더 큰 비중을 두고 있었다. 일하는 사람들은 모두 안락한 생활을 할 수 있으며 많은 농부들이 부유하다. 그들은 무역에 종사하면서 광범한 계약을 맺고 있었다. 땅에 정착하지 못하고 주로 중국 국경 방향에 정착한 조선 사람들은 벌목과 운반으로 살아가고 있어 부유하지도 못했다. 그들의 부락은 다소 불결했다.

조선에서 나는 그들이 열등 민족이었고 삶의 희망이 없는 존재라고 생각했으나 프리모르스크에서 나는 나의 의견을 수정해야 할 이유들을 발견했다. 그들 자신을 부유한 농민층으로 끌어올리고 러시아 경찰이나 러시아 정착민들, 군인들과 똑같이 근면하고 좋은 품행을 가진 우수한 성격을 얻은 이 조선 사람들만이 예외적으로 근면하고 검소한 사람들로 구성된 것이 아니라는 점을 명심해야 한다. 그들은 대개 기근으로부터 피난 온 굶주린 사람들이었다. 그들의 재산과 일반적인 태도는 조선에 있는 그들의 동포들이 정직한 행정과 수입에 대한 정당한 방어가 있다면 천천히 인간으로 발전해 갈 수 있으리라는 희망을 나에게 안겨 주었다.

서아시아 부근에서 러시아가 정복을 했든 합병을 했든 간에 러시아는 그곳에서 행정에 성공했음을 알 수 있는 기회가 나에게 있었다. 인종과 관련해서는 투르크스탄의 약탈 민족과 유목민을 유순하고 평화롭고 정착한 농경민족으로 바꾸어 놓은 것이 바로 그것이다. 물질적으로 열악한 조선의 이주민들을 성공적으로 정착시킨 것도 그와 마찬가지로 주목할 만하다.

그들은 단호할 때는 단호하지만 밖으로는 극도의 자유를 허용하고 사소하고 성가신 규칙을 가지고 외국인들을 괴롭히는 일을 피했으며 각기 다른 민족들 사이의 관습과 특성에 맞추는 지방 자치제 형태를 고무하고, 비난받을 습관이나 종교나 복장은 다른 형태의 문화의 접촉, 교육, 그리고 세월 속에서 수정되리라고 생각했다.

며칠 뒤에 나는 중국 만주 국경에 위치한 혼춘으로 갔다. 그곳은 위치 때문에 중요한 군사 기지였다. 그곳에서 나는 사령관과 그의 결혼한 부관의 환영을 받았다. 거기서도 프리모르스크와 그 밖의 지역에서처럼 군 당국뿐만 아니라 민간인으로부터 최대한의 친절하고 장중한 환대를 받았을 뿐만 아니라 내가 흥미를 가진 여러 가지 주제에 대한 솔직한 정보를 얻음으로써 나의 목적을 달성하는 데 도움이 되었다. 혼춘은 최근 몇 년 동안 나무가 별로 없는 산악 부락의 중앙에 있었으나 이제 그곳은 풍요롭고 조선 사람들만이 정착하여 물이 좋은 계곡이 되었다. 거칠고, 삭막하고, 바람이 휩쓸고 간 모습을 발견하기 어려웠다.

4,000명의 기병 대신에 좋은 벽돌로 지은 막사에 수용된 2,000명의 코작크 병사가 있었으며 막사 가운데 절반은 장식된 교회와 코작크족의 튼튼하고 활동적인 말을 위한 넓은 우리, 잘 설비된 병원, 여단장을 위한 목조 가옥, 장교와 결혼한 병사들을 위한 적갈색의 진흙집으로 구성되어 있었다. 혼춘에서 흑룡강에 이르는 러시아 근대의 전 병력은 30개의 변경 지역에 분포된 1,500명의 코작크인들로 구성되어 있었다. 사령관은 이런 말을 했다.

"유리들의 임무는 조선 사람 마을을 약탈하러 '매일같이' 국경을 넘어오는 중국의 마적들을 체포하는 것입니다."

그들을 체포하여 관리들에게 인계하면 즉시 석방되어 약탈은 되풀이되었다. 중국은 혼춘에 만주 병사들 몇 천 명을 모아 공포 정치를 함으로써 농부들로 하여금 넓은 지역에 펼쳐 있는 집들을 버리고 떠나게 만들었다. 병사들은 보수를 절반밖에 받지 못했고 그나마도 장교에게 빼앗겨 그 부족함을 채우려고 무제한의 약탈을 자행했다. 여자나 재산도 그들의 무자비와 폭력으로부터 안전하지 못했다.

병사들은 규율이 무너져, 며칠 전만 해도 공무로 혼춘을 방문하고 있던 노보키에브스크의 러시아 국경 사령관의 비서와 통역관이 그들의 폭력의 손아귀에서 가까스로 탈출한 일이 있었다. 중국인 대장은 자신이 병사들을 전혀 통제하지 못한다고 그들에게 말했다. 심각한 돌발 사태를 일으킬 수도 있는 충돌을 미연에 방지하는 것은 코자크 병사들의 엄격한 규율이었다.

제 20 장 시베리아 횡단 철도

블라디보스토크로 돌아온 뒤, 나는 우수리행 기차를 타고 1주일을 보냈다. 쿤즈 앤드 앨버스 상사에서는 고맙게도 영어와 러시아어를 할 줄 아는 젊은 덴마크인 신사를 동행시켜 주었다. 우수리행 철도는 시베리아 철도의 동쪽 구역에 위치하고 있다. 이 철도는 거대한 우수리강의 다리를 건너 작은 마을까지 닿아 있으나 그곳까지만 개통되어 있으며 거기서부터 50베르스타를 더 가면 끝나는 것으로 되어 있다. 사실 니콜스코예로부터 기차가 매일 두 번씩 오기는 하지만 흑자가 나서라기보다는 그저 길을 다지기 위해서라고 하는 것이 옳다. 그래서인지 시속이 20마일밖에 안 된다.

날씨는 굉장히 좋았지만 무서운 눈보라 때문에 자주 변했다. 현재의 러시아 황제 차르는 이 시베리아 횡단 철도에 대해 열정적인 관심을 가진 것으로 알려져 있다. 그는 황태자이던 1891년에 블라디보스토크에 와서 곧 이 사업에 착수했다. 그가 첫 번째 흙 수레를 옮기고 적당한 위치에 초석을 놓은 뒤, 작업은 곧 양쪽 끝에서 동시에 시작되었다.

이 거대한 철도 사업의 동쪽 끝은 바다와 정부가 관장하는 부두에 닿아 있으며 거기에서 러시아 볼런티어 함대가 오데사로부터 들어와서 화물을 하역한다. 역은 크고 매우 좋다. 역사는 회색빛 돌로 지었으며 문과 창문 그리고 밝은 벽돌로 지은 사무실을 갖추고 있었다. 간이식당과 그 밖의 모든 것이

질서 있게 일을 수행할 수 있도록 되어 있었다.

1895~1896년의 겨울에는 오직 3~4등 객차만이 달렸는데 4등 객차는 주로 조선 사람과 중국 사람들이 이용했다. 3등 객차는 하나의 복도 옆으로 3칸씩 나뉘어져 있었고 화장실과 난방 장치가 갖춰 있었다. 잠을 잘 때는 좌석의 등받이 부분을 옆으로 좀 눕히면 침상이 되게 만들어져 있었고 높이는 8피트나 되었기 때문에 위쪽으로 넓고 큰 선반들이 설치되어 있었다.

엔진은 낡은 미국제였으나 객차와 기타의 제품들은 발틱 지방에서 제조된 것이었으며 철로, 강철 다리, 물탱크도 마찬가지였다. 블라디보스토크에서 102베르스타 떨어진 니콜스코예에 큰 철도 수리 공장이 섰다. 거기에는 숙련공들의 집이 여러 줄로 튼튼하게 지어져 있었다. 그 공장은 우수리 지역의 객차를 수리하려고 세운 것으로서 이제 완전히 활발하게 가동되고 있었다.

이 우수리 철도에서는 미국의 서부나 캐나다의 태평양 철도의 어떤 부분에서 느낄 수 있는 새로움이나 즉흥적인 특징은 거의 찾아볼 수 없었다. 327베르스타나 되는 먼 우수리 지역까지 이미 자갈을 깔았으며 지류에는 철교가 건설되어 있었다. 돌이나 목재로 장식된 채 일정한 거리에 간이식당들이 있는 역들을 보면 그 안전성과 외관이 완전히 우리 영국의 모습들을 보는 것 같았다. 물탱크 건물은 돌을 잘라서 만들었다. 노동자들의 집에는 정원이 있었고 말끔하게 울타리가 쳐져 있었으며 다섯 번이나 페인트를 입히고 시멘트와 통나무로 지었기 때문에 견고하며 각기 4개의 방이 있었다.

건널목도 잘 놓여 있었고 튼튼했으며 지하 수로와 옹벽은 석조물로 견고하게 지었으며 길을 따라 전선이 가설되고 선로는 엄격하게 폐색식[1]으로 운영되고 있었다. 견고하고 영구적인 점은 참으로 주목할 만하다. 우수리강에

---

1) 폐색식(block system) : 열차 간의 충돌을 피하기 위해 철도의 안전하고 효율적인 작동을 가능하게 하도록 한 번에 하나의 열차가 한 블록을 차지할 수 있는 시스템임.

세워진 1,050피트의 임시 구각교는 얼음의 충격을 견뎌 낼 수 있도록 무거운 목재로 만들었는데 마치 철교처럼 보인다. 그 거대하고 멋있는 교각은 이미 건설 중인데 노동자들이 기대 이상의 일을 해서 이루어진 것처럼 보인다.

이 지점까지는 운행이 어려운 제방이나 도랑도 없으며 경사도 완만하다. 우수리 지역에서의 건설 비용은 베르스타당 5만 루블인데 지금의 시세로 1루블은 약 2실링 2펜스이다. 이것은 객차와 역사 그리고 300만 루블이 소요된 우수리 철교의 건설비를 제외한 모든 비용을 포함한 것이다. 지금은 만주로 가는 길이 우회하기 때문에 이러한 비용이 들 수도 있다. 1894년에 죄수 노동이 금지되자 중국의 미숙련공들이 프리모르스크의 철도를 건설하고 있다.

중국 노동자들은 하루에 약 80센트를 받는다. 그들은 반쯤 땅 밑으로 들어간 따뜻한 움집에서 시베리아의 혹독한 추위를 견뎠다. 이들 덕분에 철도는 추운 겨울에도 가능한 한 더 멀리 뻗게 된다. 처음 102베르스타 사이에는 나무가 우거진 하구의 가장자리 쪽으로 기차가 지나간다. 철로를 따라 6개의 역에 붐비는 썰매와 사람들의 숫자로 볼 때 마을에는 사람들이 많이 모여 살고 있는 것 같다. 니콜스코예까지의 철도는 1893년 11월 초에 개통되어 한 해에 28만 루블의 수익을 올렸다. 내가 그곳에 갔을 때 가장 끝 구역은 개통된 지 8주밖에 되지 않았다.

니콜스코예에서 나는 쿤츠 앤드 앨버스 상사가 지은 집에서 환대를 받으며 즐겁게 이틀을 보냈다. 이곳은 블라디보스토크와 우수리 사이에 있는 곳 가운데 가장 중요한 지역이다. 그곳은 8,000명의 주민이 사는 촌락인데 사이푼강에서 관개되어 온 물이 풍부히 흐르는 대초원에 자리 잡고 있다.

니콜스코예에는 길이가 각각 1.5베르스타나 되는 기괴할 정도로 넓은 거리가 6개나 있다. 이곳에는 가난이 없으며 급속하게 성장하고 번영하는 곳이다. 주요 상품은 곡물이어서 큰 제분소가 있었는데 정부 청부업자인 린드홀름(Lindholm) 씨가 소유하고 있었다. 커다란 시장과 잡화점 그리고 두개의 교회가 있었다. 이런 점에서 이곳은 솔트레이크시의 여러 모습을 연상시켜 주었다.

집은 나무로 지었고 하얗게 회를 칠했으며 골이 있는 함석지붕을 덮었다. 초가지붕도 있었다. 모든 것이 도시의 계획 아래 세워졌다. 공리주의가 제일의 가치였다. 초원 위에는 번창하는 농장과 경작촌들이 보였다. 그들은 러시아인과 조선 사람으로서 훌륭하게 정착하여 물질적으로 부족함 없이 살고 있었으며 친절하고 인정스러웠다.

니콜스코예는 거대한 군사 도시였다. 9,000명에 이르는 보병과 포병이 주둔해 있었고 어디에서나 새로이 막사가 준공을 위해 박차를 가하고 있었다. 50에이커의 새로운 땅에 벽돌집이 들어서 있었다. 새롭고 견고한 운동장과 장교 막사, 병사 클럽 등은 정말 좋은 건물이었다. 새로움과 진보 그리고 미래에 대한 확신이 미국 서부의 개발 도시와 같은 니콜스코예의 특징이다.

홍개호 근처 습지를 제외하고는 긴 여행 동안 거의 이틀 밤낮에 걸쳐 일급의 농경지를 통과했다. 처음 30베르스타까지 줄을 이어 풍차를 보유한 거대한 마을이 나타났으며 스파스코예 간이식당 역까지 이어졌다. 돌 하나 없는 깊이 6피트의 좋은 토지에는 많은 귀리, 밀, 감자, 담배 등을 생산했다. 스파스코예를 지나 홍개호의 동쪽에서 아무르까지 광활한 지역이 사람을 기다리고 있었다.

88만 평방 마일의 면적에 금, 아연, 납, 석탄, 원유 등 무한한 자원이 매장된 아무르와 해방 지역을 포함한 동부 시베리아 지역은 러시아어로 태평양 제국이라고 부른다.[2] 1860년에 중국이 러시아어로 만추리아라고 불리는 이 지역을 러시아에게 양도했을 때, 중국은 아마도 이 지역의 농업적 가능성과 천연 자원의 매장에 대하여 무지했을 것이다.

---

2) (원저자 주) 프랑스의 면적은 20만 4,000평방 마일이며, 영국은 12만 평방 마일이니 이곳의 광활함을 비교해 볼만하다.

삼림으로 덮인 아름다운 아무르강에는 배가 항해할 수 있다. 이미 50척의 상선이 이 강에 왕복 운행 중이며, 우수리의 거대한 지류는 120마일의 블라디보스토크까지 항해가 가능하다. 우수리의 거대한 만은 500만의 인구를 부양할 수 있을 것으로 추정되며 하바로브스크에서 두만강까지 전문가들이 추정하는 바에 따르면 통상 1평방 마일에 20~40명이 살 수 있는데 지금 아무르와 우수리에는 평방 마일에 4/5명이다.

미국의 일리노이주 지방처럼 원유, 광물, 물, 석탄, 나무, 풀, 기후 등이 농사를 짓기에 적합할 뿐만 아니라 사람의 건강에도 좋으며 정착민을 기다리는 넓고 점령되지 않고 비옥한 러시아령 만주의 관료들이 주민들을 유치하고 있다. 이러한 유리한 점에 견주어 수로와 항만이 얼어붙는다는 것이 단점이다. 급증하는 인구가 그들의 생산물을 방출할 수 있는 출구도 없이 지낸다는 것은 거의 불가능한 일이다.

상업적 필요와 더불어 정치적 필요성에 따라 개방된 태평양 연안 부두가 빨리 만들어진 것이다. 아직 완전히 개통되지는 않았지만 4년 이내에 시베리아 횡단 철도가 완공되면 모든 문제가 해결될 것이며, “굳센 늑골처럼” 두껍게 얼어붙은 얼음에 러시아를 가두어 두고 있는 정책도 완전히 바뀔 운명에 놓여 있다. 해방령에서 러시아는 가능한 한 단일한 민족으로 구성된 새로운 제국을 만들고자 기초를 견고하게 다져 가고 있었다. “외국인의 입국은 사절한다.”

1년에 700~1,000가구가 이곳으로 들어오는데 그들 모두가 상류 계층이었다. 이민은 두 가지 방법으로 조장된다. 첫째로 정부는 600루블(약 60파운드)을 소지한 세대주에게 이주를 허가해 주었다. 그들은 이 돈을 오데사에 있는 정부 기관에 공탁하고 그 대신에 블라디보스토크에 있는 땅을 지급받는다. 이 계산에 따르면 이주민의 상류층은 근면하고 성실하다는 것을 알 수 있다.

두 번째로는 적은 돈을 가졌거나 무일푼의 농민으로서 통행권을 받지 못한 사람들이다. 이 두 계급은 도착하자마자 훌륭한 이민촌 막사에 거주한다. 이들은 정부로부터 실비 가격을 주고 농기구를 구입할 수 있으며 하고자 하는 사업에 대한 상담을 할 수도 있다. 각 세대는 경작 가능한 200~300에이커의 토지를 무상으로 할당받으며 600루블의 차관을 32년 안에 무이자로 갚아야 한다. 청년들은 이 기간에 군역의 의무에서 제외된다.

이미 우수리까지 토지가 할당되었고 주택은 빠르게 건설되고 있으며 이 지역에서 아무르, 숭가차강(Sungacha), 우수리강에 이르는 옥토에 사람들이 이주해 들어오는 것을 막는 것은 아무것도 없었다. 이 지역은 흥개호로부터 하바로브스크까지 천연의 국경을 이루고 있어 중국의 마적으로부터 주민을 보호해 주었다. 더 나아가 주로 코작크인들로 이루어진 대규모의 제대 군인들이 이곳에 정착하도록 장려했다.

조약에 따라 만주를 관통하는 시베리아 횡단 철도의 개통으로 그 중요성이 증대되었고 거대한 상업적 가치를 가지고 있으며 무역의 가치가 증대되고 있는 시베리아 동부의 유동 인구의 중요성을 간과한 것은 근시안적인 안목이다. 16일 이내에 런던으로부터 6,000마일 떨어진 극동에 닿을 수 있는 새로운 길의 건설과 매우 저렴한 가격으로의 수송을 간과해서는 안 된다. 미래를 위해 철도가 건설 중이며 이는 그 사업을 추진하고 있는 위대한 국가가 추구하는 가치 있는 사업이기도 하다.[3]

---

3) (원저자 주) 나는 최근 시베리아로 건너온 성 페테르부르크 주재 영국 대사관 부무관인 워터스 대령의 견해에 따라 나의 확고하고 조심스러운 의견이 강화될 수 있는 것을 기쁘게 생각한다. 그는 시베리아를 가로지르는 철도의 중요한 특성을 열광적으로 증언했다. 또한 또 다른 여행가인 심슨은 1897년 1월 『블랙우즈 매거진』에 "위대한 시베리아 철도"라는 장문의 기사에서 철도 건설의 현장을 매우 수고스럽고도 주의 깊게 기록하고 있다. 그는 "드디어 나는 인간의 노동력이 얼마나 위대한 과업을 이룩할 수 있는가에 대해 깊은 감명을 받았다"고 기록하고 있다.

제 21 장 자주독립서고문과 홍범14조의 발표, 그리고 국왕 부부의 알현

그 계절에 나는 마지막 일본 기선을 타고 블라디보스토크를 떠나 산이 눈으로 덮여 있다는 것 이외에는 거의 변하지 않은 원산에서 이틀을 보냈다. 전쟁 기간 동안 일본인들로부터 노동의 댓가로 막대한 돈을 받게 된 조선 사람들은 부자가 되어 있었고 나무 보초 막사 안에서 일본 보초병이 평화스러운 거리를 지키고 있었다.

1만 2,000명의 일본 군인이 평양으로 가는 도중 원산을 통과했다. 나의 다음 행선지인 부산에는 200명의 일본 군인이 주둔해 있었고 상수도가 가설됐으며 일본인 사망자의 많은 묘가 군인의 피해를 증언해 주고 있었다. 나가사키를 거쳐 1895년 1월 5일 제물포에 도착하니 복잡하고 흥분되었던 지난 6월과는 대조적으로 평온함이 감돌고 있었다. 항구 밖에는 2척의 외국 전함이 정박해 있었고 항만 안에는 3척의 일본 상선이 정박해 있었다. 지난날 우세하던 군사력은 약간의 병사와, 열 개의 큰 병원 병동, 일본인 군병이 60줄로 누워 있고 각 묘에는 나무 오벨리스크에 비명을 새겨 넣은 혼잡한 묘지로 대변되고 있었다.

밤낮으로 소음이 들리던 중국인 막사의 붐비던 모습은 조용하고 적막했다. 내가 이타이 여관으로 들어가려 할 때, 거리에는 단 한 사람의 중국인도 없었으며 하나의 상점이 다시 문을 열려고 모험을 하고 있었다. 밤에는 소음과 빛 그리고 환희 대신에 밀폐된 셔터 뒤에 군대의 불빛만이 보였다. 제물포 지역의 일본군이 점령한 중국인 거리는 중세의 페스트 지역만큼이나 절망적이었다.

일본군인의 막사와 해안에는 활력이 넘쳐흐르고 있었다. 해변은 들어오고 나가는 화물이 쌓여 있었다. 거리는 겨우 지나갈 수 있을 정도였는데 이는 노동자의 등짐과 소의 짐으로 말미암은 교통 혼잡 때문이 아니라, 길가에서 포장하고 무게를 다는 쌀과 콩 더미 때문이었다. 물가는 비쌌고, 임금은 거의 두 배로 높아진데다가 "착취"가 감소되자 조선 사람들은 의지를 가지고 열심히 일했다.

내가 말을 타고 서울로 올라가는 동안 내내 눈이 내렸다. 보호자가 필요없을 만큼 마을은 안전했으므로 마부도 없이 오릿골까지 말을 타고 갔다. 내가 방문할 첫 번째 기착지는 일본인 초소였는데 전혀 낯설지 않았다. 나는 일본군인들로부터 매우 친절한 대접을 받았다. 그들은 나에게 차를 권하고 화로를 내주었다. 일본의 철도 측량사들이 막대로 표시한 서울 길은 온통 물건을 적재하는 사람들과 소로 가득 차 있었다.

서울에서 나는 영국 총영사인 힐리어(Walter C. Hillier) 씨의 손님으로 5주일 동안 묵었다. 날씨는 화창했으며 영하 7°F(-27.7°C)가 가장 낮은 기온을 기록했다. 나는 친절한 외국 거류민들로부터 따뜻한 환영을 받으면서 서울 생활에 빠져 있었다. 매일 정치적이거나 다른 흥밋거리가 나에게 등장했다. 나는 마음 내키는 대로 조랑말과 군인 한 명을 데리고 변화하는 도시를 돌아보았으며, 성 밖의 매혹적인 마을과 나무가 울창한 여러 개의 왕릉과 장엄하게 석조들이 늘어선 큰 거리를 구경했다. 지난 겨울의 침체도 사라졌다.

일본의 기세는 치솟고 있었다. 도성 안에 일본은 많은 수비대를 주둔시켰으며, 일부 각료는 일본의 추천을 받았으며, 일본군 장교는 조선군을 훈련시키고 있었다. 반드시 진보적인 것만은 아니었지만 변화는 어느 곳에서나 일어나 소문에 휩싸인 공기는 더욱 무거웠다. 왕의 권위는 명목상으로 회복되었으며, 왕은 그러한 사실을 현실로 받아들였다. 일본은 왕비에 대해 음모를 꾸미는 것으로 알려졌다. 이노우에 가오루[1] 백작은 일본 공사로 활약했다. 그의 강인함과 능란함은 표면적으로 모든 것을 부드럽게 보이게 만들었다.

1895년 1월 8일 나는 하나의 의식을 목격했는데, 이는 조선 역사에서 끝내 닥칠 수밖에 없는 결과일 수도 있었다. 조선의 독립을 선물한 일본은 왕에게 중국의 종주권을 공식적이고도 공개적으로 부인하고 관리의 부패를 청산하며 조선의 과업을 개시하도록 강요했다. 일본은 국왕이 종묘에 나아가 조선의 독립을 주장하고 선조들의 영령 앞에 개혁을 맹세하라고 요구했다. 왕은 사소한 질병을 빙자하여 그에게 강요되는 요구를 다소 늦출 수 있었다.

그 의식이 거행되기 전날 밤에는 꿈에 왕의 꿈에 조상의 영혼이 나타나 조선의 방식을 저버리지 말라고 엄명함으로써 약속된 서약을 받아들이는 것을 두려워하고 있었다. 그러나 이노우에 백작의 영혼이 조선의 영혼보다 더욱 강력해 보였다. 북한산 그림자 밑의 어두운 소나무 숲 안에 들어가 왕실의 대신과 고관들이 있는 가운데 왕은 맹세했다.

나이가 들고 진지한 사람들은 이틀 전부터 단식하며 애통해 했다. 상투를 쓰고 흰 옷을 입은 군중들은 궁전 마당에서 벌어지는 충격적인 광경을 언덕에서 내려다보면서 어떠한 웃음이나 이야기 소리도 내지 않았다. 하늘은 어둡고 침침했으며 매서운 돌풍이 불고 있었는데 조선 사람들에게 이는 매우

---

1) 이노우에 가오루(井上馨 : 1835~1915) : 일본 메이지시대 정치가. 백작. 이토 히로부미와 함께 영국에 유학한 뒤 외무성에 들어가 활약하던 가운데 한일수호조약을 체결하고 그 뒤 외무대신, 대장대신에 올랐다.

불길한 징조였다.

거둥의 여러 면을 가지고 있는 왕실의 행렬은 동양 세계의 가장 특징적인 것 가운데 하나인 의복에서 천연적 색채를 벗겨내야 했다. 사실상 천연적인 색채는 이미 오래 전에 없어졌다. 거기에는 새로운 시대와 서구 문화의 물결을 암시하는 것이 있었다. 왕궁의 대문과 왕실의 행렬 그리고 1884년의 갑신정변의 주역이었던 박영효 내부대신의 특별 경호원으로서 짤막하고 멀쑥한 푸른색의 얼스터 외투를 입은 일본 경찰관에서도 그런 모습이 나타나고 있었다.

비록 왕은 박영효를 사면하고 멸문시킨 그의 선조들을 권리를 회복해 주고 추방으로부터 그를 소환시켜 고위 관직에 등용할 것을 강요받았지만 박영효는 한때 대역 죄인이었다. 궁전 밖 길가에는 조선 기병대가 얼굴을 벽쪽으로 돌리고 서 있고 그들의 등과 말꼬리는 왕에게 향해 있었다. 조선 병사들은 다양한 형태의 머스킷 총[2]을 들고 빛바랜 검은색, 갈색, 푸른색 제복을 입고 있었다.

그들의 바지는 때로는 1피트가량 짧고 때로는 1피트가량 길었다. 그들은 고정된 하얀 양말과 끈으로 된 신발, 빨간 리본이 달린 티롤 스타일의 검은 모자를 쓰고 있었는데 이런 것들은 유럽식 푸른 제복이 서울에서 새롭게 탄생된 것과 혼합을 이루고 있었다. 조정 대신들의 잘 생기고 피둥피둥한 조랑말의 등에는 1피트 높이의 안장이 얹혀 있고 머리에는 붉은 장식이 달려 있으며 갈기는 붉게 치장되어 있었다. 평민들은 말없이 서 있었다.

외국의 압력에 저항해야 할 것인가를 오랫동안 숙고하며 지체한 뒤에 왕의 행렬은 궁전 문으로부터 출현하였다. 삼지창 장대 위에 커다란 깃발, 높이 달린 붉은 다발, 의식과 함께 운반되는 석경, 똑같은 색깔의 모자를 쓴 분

2) 머스킷(musket) 총 : 16세기부터 쓰기 시작한 강선이 없는 보병용 소총.

홍과 푸른 예복의 집단, 노란 예복과 노란 대나무 모자를 쓴 왕의 내시와 나인들이 출현했다. 그 뒤에 40명의 가마꾼이 메는 연이 아니라 다만 4명이 메는 유리창 달린 가마에 탄 국왕이 빨간 일산을 쓰고 등장했다. 세자도 같은 가마를 타고 나타났다.

문무 관료 대신들은 화려하게 장식된 하인들의 부축을 받으며 말 위에 올라 두 명의 부축을 받으며 내부대신의 뒤를 따랐다. 두 명의 하인이 그들의 말을 끌고 있었다. 내부대신은 외제 안장에 올라탄 채, 외국인 경호를 받아 돋보이고 있었다. 행렬이 신성한 구내에 도착하자 다수의 행렬과 수비대는 벽밖에 남고 오직 왕과 고관만이 제단에 갈 수 있는 참석자였다. 예술적인 면에서 보면 짙은 소나무 밑에서 주홍색 예복을 입은 사람들의 모습이 매우 효과적이었지만 정치적인 면에서 보면 국왕이 독립을 맹세한다는 것은 청일전쟁의 지루한 드라마 속에서 매우 의미심장한 것이었다.

홍범 14조[3)]

감히 황조와 열성의 신령 앞에 고합니다. 생각건대 짐은 어린 나이로 우리 조종의 큰 왕업을 이어 지켜온 지 오늘까지 31년이 되는 동안 오직 하늘을 공경하고 두려워하면서 우리 조종들의 제도를 그대로 지켜 간고한 형편을 여러 번 겪으면서도 그 남긴 위업을 그르치지 않았습니다. 이것이 어찌 짐이 하늘의 마음을 잘 받든 때문이라고 감히 말하겠습니까? 실로 우리 조종께서 돌보아주고 도와주었기 때문입니다. 우리 황조가 우리 왕조를 세우고 우리 후손들에게 물려준 지도 503년이 되는데 짐의 대에 와서 시운이 크게 변하고 문화가 개화하였으며 우방이 진심으로 도와주고 조정의 의견이 일치되어 오직 자주 독립을 해야 우리나라를 튼튼히 할 수 있는 것입니다.

짐이 어찌 감히 하늘의 시운을 받들어 우리 조종께서 남긴 왕업을 보전하

3) 홍범 14조와 자주 독립 서고문은 영문을 번역하지 않고 원문을 현대문으로 옮긴 것임.

어좌

지 않으며 어찌 감히 분발하고 가다듬어 선대의 업적을 더욱 빛내지 않겠습니까? 이제부터는 다른 나라에 의거하지 말고 국운을 융성하게 하여 백성의 복리를 증진함으로써 자주 독립의 터전을 튼튼히 할 것입니다.

생각건대 그 방도는 혹시라도 낡은 습관에 얽매지 말고 안일한 버릇에 파묻히지 말며 우리 조종의 큰 계책을 공손히 따르고 세상 형편을 살펴 내정을 개혁하여 오래 쌓인 폐단을 바로잡을 것입니다. 짐은 이에 14개 조목의 큰 규범을 하늘에 있는 우리 조종의 신령 앞에 고하면서 조종이 남긴 업적을 우러러 능히 공적을 이룩하고 감히 어기지 않을 것이니 밝은 신령은 굽어 살피시기 바랍니다.

1. 청나라에 의존하는 생각을 끊어버리고 자주 독립의 터전을 튼튼히 세운다.
2. 왕실의 규범을 제정하여 왕위 계승 및 종친과 외척의 본분과 의리를 밝힌다.
3. 임금은 정전(에 나와서 시사를 보되 정무는 직접 대신들과 의논하여 재결하며 왕비나 후궁, 종친이나 외척은 정사에 관여하지 못한다.
4. 왕실에 관한 사무와 나라 정사에 관한 사무는 반드시 분리시키고 서로 뒤섞지 않는다.
5. 의정부와 각 아문의 직무와 권한을 명백히 제정한다.
6. 백성들이 내는 세금은 모두 법령으로 정한 비율에 의하고 함부로 명목을 더 만들어 불법적으로 징수할 수 없다.
7. 조세나 세금을 부과하는 것과 경비를 지출하는 것은 모두 탁지아문에서 관할한다.
8. 왕실의 비용을 솔선하여 줄이고 절약함으로써 각 아문과 지방 관청의 모범이 되도록 한다.
9. 왕실 비용과 각 관청 비용은 1년 예산을 미리 정하여 재정 기초를 튼튼히 세운다.

10. 지방 관제를 빨리 개정하여 지방 관리의 직권을 제한한다.
11. 나라 안의 총명하고 재주 있는 젊은이들을 널리 파견하여 외국의 학문과 기술을 전습 받는다.
12. 장관을 교육하고 징병법을 적용하여 군사 제도의 기초를 확정한다.
13. 민법과 형법을 엄격하고 명백히 제정하여 함부로 감금하거나 징벌하지 못하게 하여 백성들의 생명과 재산을 보호한다.
14. 인재 등용에서 문벌에 구애되지 말고 관리들을 조정과 민간에서 널리 구함으로써 인재 등용의 길을 넓힌다.

자주 독립 서고 윤음(自主獨立誓告綸音)

칙령

짐이 이미 종묘와 사직에 맹서하여 고하였으니 가히 써 이 윤음을 가져 안과 밖의 신하와 백성에게 반포하라.

개국 503년 12월 13일

대군주 어압(御押) 어새(御璽)

봉칙 총리대신 김홍집(金弘集)

내무대신 박영효(朴泳孝)	농상대신 엄세영(嚴世永)
학무대신 박정양(朴定陽)	군부대신 조희연(趙羲淵)
외무대신 김윤식(金允植)	법무대신 서광범(徐光範)
탁지대신 어윤중(魚允中)	공무대신 서리 김가진(金嘉鎭)

아, 모든 관리들과 모든 백성들은 짐의 명령을 들을 것이다. 하늘이 우리 조종에게 큰 왕업을 맡겨준 덕으로 조종들이 하늘의 밝은 명령을 받아 자손을 보호하고 백성들을 화목하게 해온 지가 오래되며, 역시 그 덕으로 짐도 무궁한 왕업을 이어 받아 옛 법을 따르고 또한 큰 계책을 이어 밤낮으로 감히 혹시라도 잘못하지 않을까 조심하면서 중년이 되도록 하늘의 마음을 받

들어 왔다. 그러나 짐이 어찌 감히 덕이 있어서 그렇다고 하겠는가? 덕이 때와 맞아야 빛나게 되니 짐은 모든 것을 때에 맞게 해야 할 것이다.

지금 각국과 외교 관계를 맺고 조약을 지켜나가면서 오직 실질적인 독립을 위하여 힘쓰고 있는데 실질적인 독립은 내정을 바로잡은 데서 시작된다. 우리나라의 독립을 공고히 하려면 그것은 사실 오랜 폐단을 바로잡고 실속 있는 정사를 잘하여 나라를 부강하게 하는 데 있다. 이에 나는 마음속으로 크게 경계하고 조정에 문의하니 오직 개혁뿐이라고 한다. 그래서 허심하게 생각을 터놓고 선대 임금들이 정한 법을 상고하고 각국의 형편을 교훈으로 삼아 관제를 고치고 기년을 반포하며 군사 제도를 개혁하고 재정을 정리하며 교육에 힘쓰고 조세와 부역을 공정하게 하며 상업과 공업을 세우고 농업을 장려한다.

또한 일체 백성에게 고통을 주는 일은 크고 작은 것을 물론하고 전부 없애버려서 백성들을 세우고 위아래가 협력하여 그 말을 실천에 옮기고 그 실천이 실지 효과를 이룩하게 한다. 나라의 복은 곧 좋은 날을 받아 종묘와 사직에 나가서 짐의 마음을 고하는 데 있다. 모든 관리들과 백성들이 힘쓰면 짐의 나라는 비록 오래되지만 국운은 새로워질 것이다.

아! 너희들 일반 백성은 실로 나라의 근본이다. 자주도 백성에게 달렸고 독립도 백성에게 달렸다. 임금이 아무리 자주를 하려고 해도 백성이 없으면 무엇에 의거하며, 나라가 아무리 독립을 하려 하여도 백성이 없으면 누구나 더불어 하겠는가? 너희들 일반 백성은 한결같은 마음으로 나라를 사랑하고 한결같은 정신으로 임금에게 충성하라. 진실로 이렇게 한다면 짐은 적개심이 있다고 할 것이고 나는 외적을 막을 수 있다고 할 것이로다.

재간과 덕망이 있으면 보잘것없는 사람이라도 드러내고 미천한 사람이라도 귀한 사람에게 가려지지 않을 것이다. 넓고 넓은 어머니 나라에 의지할 곳이 없겠는가? 등용하여 쓸 것이니 너희들 서민들은 자신을 수양하라. 너희 백성들의 생명과 재산을 짐은 보호하고 안전하게 할 것이니 법이 아니고서는 너희들을 형벌에 처하거나 죽이지 않을 것이고, 법이 아니고서는 너희들에게 세금을 부과하며 너희들에게서 거두지 않을 것이다. 너희들의 생명과 너희들의 재산은 오직 법으로 보호할 것이니 너희들은 힘써라. 나라가 부유하지 않고 군사가 강하지 않고서는 아무리 자주요, 독립이요 하여도 실속이 없을 것이다.

이제 우리의 자주, 독립의 큰 위업을 확고히 세우고 온 나라 백성들에게 널리 알린다. 짐의 나라가 비록 오래되었지만 국운은 새로워졌으니 너희 관리와 백성들은 서로 권하고 서로 알려서 임금에게 충성을 다하고 나라를 사랑하는 마음을 장려하여 태산처럼 끄떡하지 않게 하고 여러 나라들에서 학문을 널리 탐구하며 좋은 기술을 섭취함으로써 우리 자주 독립의 기초를 튼튼히 하라. 이에 짐이 종묘에 다짐한 글도 함께 너희들에게 널리 알리는 바이다. 아! 짐의 말은 이에 그치니 너희들은 힘써라.

개국 503년[1894] 12월 13일

비록 이 시기의 조선이 일본의 후원을 받기보다는 다른 나라의 후원으로 개혁하고 있지만 사전에 모든 조정을 일본이 주도해 나가고 있다는 사실은 주목할 만한 가치가 있다. 『니치니치신문』 보도에 따르면 이노우에 백작은 조선이 "왕족과 백성만이 사는 나라"라고 말했다고 한다. 1895년 초반까지만 해도 그러한 결론은 타당한 것이었다. 그리고 내가 조선에 머무는 동안 더할 나위 없는 권위로 보호받으면서 기뻐할 때는 나도 그렇게 생각했었다.

왕비로부터 사사로운 초대를 받았던 일은 참으로 기쁜 일이 아닐 수 없다. 선교사이자 미국인 의사이며 왕비의 주치의이고 진정한 친구이기도 했던 언더우드[4] 여사와 동행한 자리였다. 힐리어 씨는 영국 공사관의 보호 아

---

4) 언더우드(Horace G. Underwood : 1859~1916) 부인 언더우드(Lillias Horton Underwood : 1851~1921)를 의미함. 뉴욕주의 올버니 출신으로 시카고의과대학을 졸업하고 1888년에 의료선교사로 내한하여 민비의 어의로 봉직하면서 활동함. 한국에서 사망하여 양화진

래 8명이 메는 공용 가마에 나를 태워 경복궁으로 보냈다. 나는 경복궁에 여섯 번을 갔었는데 궁전의 복잡성에 대한 경이로움과 그것의 진기함과 아름다움에 대한 경탄은 날로 증가했다.

돌로 다듬어진 난간에 달린 층계와 세 개의 아치 모양을 한 문, 그리고 주춧돌 아래의 돌사자를 지나면, 수많은 깃발을 세워 둔 조정의 뜰을 비롯하여 국왕의 공식 회견을 위한 대전으로 연결되는데 이것은 사람을 놀래게 할 만큼 훌륭했다. 그뿐만 아니라 거기에는 정자와 다소 아름답게 장식된 건축물과 돌다리, 좁은 오솔길 그리고 이중으로 쌓아올린 지붕을 지나 안으로 들어갔다. 육중한 문 앞에는 일본 경찰이 지키고 있었다. 내부의 문에도 일본 헌병이 즐비했으며, 거기에는 여섯 명의 조선 감시병들이 어슬렁거리고 있었다.

우리가 가까이 다가가자 그들은 자세를 가다듬고 받들어총을 했다. 800명의 군대 병력과 1,500명의 시종들과 많은 관료들, 조정 대신과 그들의 시종들, 승지, 사자 그리고 나인들이 왔다 갔다 하는 궁전의 넓은 뜰은 그 자체가 하나의 도시인 것처럼 사람들로 가득 차 바쁘게 돌아가고 있었다. 우리는 약 반 마일을 걸어 들어간 뒤에야 중앙에 섬처럼 꾸며 놓은 정자가 멋들어지게 서 있는 아름다운 인공 호수에 다다르게 되었다.

그 근처에는 세운 지 얼마 되지 않은 외국 풍의 대궐이 있었으며 왕과 왕비가 기거하는 조선식 건축물도 있었다. 왕비전으로 이르는 뜰에 우리가 도착했을 때, 우리는 왕실의 통역원과 많은 환관들, 두 명의 왕비의 시녀들 그리고 왕비를 보좌하는 제조상궁의 안내를 받았다. 그는 궁녀들의 우두머리로 특권을 가지고 있는 인물로서 나이는 중년에 이르렀으며 뛰어난 외모를 갖추고 있었다.

외국인묘지에 묻힘. 그의 생애에 관한 자세한 논의는 본 한말외국인기록 제13권인 『상투의 나라』(서울 : 집문당, 2019)의 역주자 서문을 참조할 것.

우리는 노란색 비단으로 장식된 정결하고 단정한 방에서 풍습대로 정중한 환대를 받았다. 식탁에 궁중 통역관의 도움을 받으며 만찬을 즐겼다. 저녁 식사는 "서구 스타일"로 훌륭하게 마련되어 있었다. 서양식 수프, 생선, 메추라기, 들오리, 꿩 요리, 소고기, 야채, 크림, 설탕에 버무린 호두, 과일, 붉은 포도주 그리고 커피 등이 나왔다. 궁녀들 몇 명이 우리와 함께 식탁에 앉았다. 이렇게 오래고 긴 절차를 거친 뒤에야 비로소 우리는 통역관과 함께 조그마한 알현실로 들어갔다. 알현실의 상단에는 왕과 세자 그리고 왕비가 심홍색 벨벳으로 장식된 의자 앞에 서 있었다. 언더우드 여사가 나를 소개하자 그들은 우리에게 마련된 의자에 앉으라고 권했다.

왕비 마마는 그 당시 40세가 넘었으며 매우 멋있어 보이는 마른 체형이었으며 머리는 윤기가 흐르고 칠흑같이 검었으며, 얼굴빛은 상당히 창백했는데 그 창백함은 진주 빛 분을 발라 더욱 희게 보였다. 눈은 냉철하고 예리했으며 반짝이는 지성미를 풍기고 있었다. 그는 옷을 매우 잘 차려 입었으며, 진한 남빛의 아름다운 무늬를 넣어 짠 비단 치마를 입고 있었는데 치마는 발끝까지 길고 주름이 크게 잡혀 있었다.

저고리는 소매가 넓었으며 비단에 심홍색과 푸른색으로 무늬를 넣어 만든 것이었다. 그는 산호로 장미 장식을 만든 목걸이를 걸고 있었으며, 여섯 개의 심홍색과 푸른색 천으로 띠를 두르고 있었다. 그 각각의 띠에는 심홍색 비단 술과 장미 장식이 달려 있었다. 머리 장식으로는 왕관을 쓰지 않았고 모피로 가장 자리를 단 검은 비단 모자를 쓰고 있었다.

모자의 앞쪽에는 산호로 장식한 장미와 붉은 술이 달려 있고 양편에는 보석으로 가지 모양의 장식이 달려 이마 앞까지 내려오도록 되어 있었다. 신발은 옷감과 똑같은 비단으로 만든 것이었다. 그가 말을 하기 시작하고, 특히 대화에 관심을 갖게 되자 그의 얼굴은 환하게 밝아졌다.

왕은 키가 작고 누르스름한 얼굴을 지녔으며 약간의 콧수염과 턱수염을 기른 지극히 평범한 사람이었다. 그는 신경이 예민하여 손을 꼼지락거리며 움직였지만 그의 자태와 예의범절에는 위엄이 있었다. 그의 얼굴은 유쾌한 인상을 풍겼다. 그의 친절한 본성은 익히 잘 알려져 있었다. 대화 가운데 왕비는 왕을 상당히 북돋우어 주었다.

왕과 세자는 모두 비슷한 의상을 입고 있었으며 하얀 고무신에 솜을 넣어 만든 버선을 신고 솜을 넉넉하게 넣어 만든 흰 바지를 입고 있었다. 그 위에 먼저 하얀 색 반두루마기를 입은 뒤에 연둣빛 옷을 입고 그 위에 소매 없는 남청색 비단 옷을 더 입었다. 이러한 전체적인 복장은 상당히 새롭고도 인상적이었다. 그들의 머리에는 관대와 망건을 쓰고 있었다. 망건은 말총으로 그물처럼 만들었는데 영하 5°F(-15°C)의 추운 날씨 때문에 모자의 가장자리는 모피로 싸여 있었다.

세자는 비만하고 의지가 박약해 보였다. 세자는 불행하게도 심한 근시였으나 왕실의 법도에 따라 안경을 쓸 수 없었다. 그 무렵 세자는 완전히 병약한 환자 같은 인상을 풍기고 있었으며 나 역시 그렇게 느꼈다. 그는 외아들이었으며 어머니의 우상이었다.

왕비는 아들의 건강에 대해 노심초사했으며 후궁의 아들에게 왕위를 빼앗길는지도 모른다는 두려움에 묻혀 살았다. 그는 이런 원인을 해소하려고 무절제한 행동을 하기도 했다. 그는 끊임없이 미신의 힘을 빌려 자신의 소원을 기원하고 안정을 찾으려 했으며 스님에게 바치는 시주도 적지 않았다. 내가 그들을 알현하는 동안 왕비와 세자는 서로 손을 꼭 잡고 있었다.

왕비가 정중하고도 풍부한 재치를 보이며 나에게 여러 가지의 사사로운 이야기를 한 뒤, 왕에게 무엇인가를 말했다. 왕은 곧 왕비의 충고를 받아들여 약 30분가량 자신의 이야기를 계속했다. 알현이 끝날 무렵 호수에 건축된 정자를 사진에 담기 위해 잠시 머무르고 싶다고 요청하자 왕은 다음과 같이 말했다.

"왜 그것만 찍으려고 합니까? 여러 번 와서 다른 것들도 찍어 가시지요! 나는 당신에게 사진을 찍을 수 있는 적절한 배려를 해주고 싶습니다."

매우 홍겹고 이야기가 잘 통하는 즐거운 시간을 함께 보낸 뒤, 우리는 무릎을 굽혀 절을 하고 헤어졌다. 그때가 바로 해질 무렵으로 하늘은 어둑어둑 해지고 있었다. 왕은 우리에게 군사 몇 명을 딸려 보내 길을 비춰 주도록 지시했다. 그들이 들고 있는 등은 빨갛고 파란 얇은 비단으로 장식되어 둥둥 떠다니는 듯이 보였다.

그로부터 이틀 뒤에 왕의 "적절한 배려"가 어떤 것인지 알 수 있었다. 왕은 다섯 명의 장교와 연대의 반수 정도의 군인들, 그리고 궁전의 수많은 수행원들로 구성된 놀랄 만한 군중을 동원하여 사진 찍는 일을 도와주었다. 나는 건축물이 풍기고 있는 거대하고 웅대한 위엄과 위풍에 상당히 감명을 받았다. 거대한 알현실은 화강암의 3층 층계로 기반을 삼아 지상에서 매우 높게 자리 잡고 있었다.

건물들의 고상한 조화, 다양한 망조직으로 다듬어진 붉은 색과 푸른색과 녹색으로 채색된 천장 그리고 거대한 원형 기둥은 나를 감동시켰다. 출입구 쪽을 향한 넓은 지역에 드리워진 어스름은 조선 왕조의 그늘진 찬란함을 말해 주는 것 같았다. 단순함과 견고성이라는 면에서 역시 훌륭한 건축물은 여름 궁전인 경회루였다.

경회루는 아름답게 장식된 정방형의 연꽃 호수 위에 떠 있었으며 세 개의 화강암 다리로 연결되어 있었다. 둘레에는 돌로 제방을 만들어 넓은 산책로로 연결되었다. 이 궁전은 고상한 건축물이었다. 널찍하게 쓸어내린 듯한 지붕을 가진 연회장은 3×3피트 둘레에 높이가 16피트인 정사각형 대리석 기둥 48개 위에 서 있었다. 그 광경은 참으로 아름다웠다.

3주 동안에 나는 세 번 더 그곳에 갈 수 있었다. 두 번째는 지난번과 마찬가지로 언더우드 여사가 함께 갔으며, 세 번째는 형식적인 리셉션 때문에 갔으며, 네 번째는 엄밀하게 말해서 사사로운 면담을 위해 갔다. 그때마다 나는 왕비의 우아하고 매력적인 예의범절과 사려 깊은 호의, 명랑함과 예리함 그리고 놀랄 만한 그의 화술에 상당히 깊은 인상을 받았다.

경회루

통역자를 통해 나에게 전달되기는 했지만 왕비의 화술은 상당한 것이었다. 나는 그의 정치적 영향력이나 왕과 다른 사람들을 다스리는 그의 영향력에 놀라지 않았다. 그는 정적들로 둘러 싸여 있었다. 그들 가운데서도 가장 대표적인 인물은 시아버지인 대원군이었다. 왕비는 중요한 직책의 거의 대부분을 그의 친족들에게 나누어주었으며 성공한 재능과 위력을 가졌기 때문에 그에 대해 반감을 갖고 있는 적들이 상당히 많았다.

왕비의 삶은 곧 전쟁이었다. 그는 권력을 위해 자신의 남편과 아들의 안전과 위엄을 위해 그리고 대원군을 실각을 위해 그의 모든 매력과 명민함을 온통 발휘했다. 그것이 결국 그의 생명을 단축시켰지만 그런 행동을 통해 조선의 전통과 제도를 모독하지는 않았다. 그에 대한 변명을 하자면 그의 남편에게 왕위가 승계되자 대원군은 곧 왕비의 형제들의 집에 비밀 폭파 장치가 되어 있는 상자를 보냈다. 상자를 열자마자 그것이 폭파되어 그의 어머니를 비롯하여 형제 그리고 조카뿐만 아니라 다른 사람들까지 죽은 사건이 일어났다.

그 뒤로도 대원군은 그를 죽일 음모를 꾸미고 있었으며 그들 사이의 불화는 항상 불꽃 튀는 것이었다. 조선 왕조는 쇠퇴해 갔다. 왕은 온화하고 친절한 성품을 가진 사람으로서 성격적으로는 나약한 존재였으며 야심만만한 사람들의 손에 좌우되었다. 왕비의 강한 통제력이 쇠약해진 이후에 그러한 현상은 더욱 심하게 나타났다. 나는 그가 마음속에 자신의 신조를 가진 애국적인 군주였다고 생각한다. 그는 개혁의 선두에 서지는 않았지만 그에게 제시되는 제안의 거의 대부분을 받아들였다. 그러나 불행하게도 그의 칙령이 그 나라의 법률이 되는 이 나라에서 그는 측근들에게 설득 당하고 말았다. 그는 목적에 대한 철저함과 집요함이 결여되어 있었으며 훌륭한 개혁의 계획들이 그의 박약한 의지 때문에 실패로 끝났다. 전제 정치를 입헌 정치로 대치시키는 것은 사태를 훌륭히 개선시킬 수 있는 것이지만, "더 말할 나위도 없이"(Cela va sans dire) 개혁은 다만 외국의 주도 아래에서만 성공할 수 있다.

왕은 43세였으며 왕비는 그보다 약간 많았다. 왕이 어렸을 적에 유교 교육을 받고 있는 동안 그의 아버지 대원군은 10년 동안 지나친 열정을 지닌 통치자로서 군림하고 있었다. 대원군은 1866에 2,000명의 조선 천주교 신자들을 학살했다.[병인사옥] 조선의 어떤 작가는 대원군을 가리켜 "무쇠로 만든 내장과 돌로 된 심장을 가진 사람"이라고 묘사했다.

유능하고 탐욕스러우며 무법자 같은 대원군의 발자취에는 항상 핏자국이 남아 있었다. 그는 그의 아들 가운데 하나를 사형에 처할 수 있을 정도로 냉정한 사람이었다.[5] 그의 섭정이 끝난 시기로부터 왕비 시해 사건[을미사변]이 일어날 때까지 조선의 정치와 역사는 주로 왕비와 그의 족벌 대 대원군 사이의 지독한 불화로 얼룩져 있었다. 궁전에서 대원군을 알현하면서 나는

5) 대원군이 아들을 처형한 일은 없다.

경복궁 규장각

강한 인상을 받았다. 비록 그는 나이 많은 노인이었지만 그의 표정은 생동감과 열정으로 가득 차 있었으며 눈빛은 날카롭고 행동은 활기에 넘쳐 있었다.

왕의 표정은 온화했다. 왕은 놀라운 기억력을 가지고 있었고 조선의 역사에 대해 상당한 지식을 가지고 있었다. 그는 어떤 종류의 질문을 해도 명확하고 상세하게 답변할 수 있었다. 역사적인 사건이 일어난 지역과 연고까지 정확하게 설명할 수 있는 기억력을 가지고 있었다.

왕실의 도서국은 명목만 있는 것은 아니었다. 왕립 도서관은 경복궁의 아름다운 건축물 가운데 하나에 마련되어 있었으며 중국 문학에 관계된 상당히 많은 자료를 가지고 있었다. 왕은 외국에 대해 반감을 가지고 있었으며 위험한 처지에 있을 때에는 솔직하게 외국의 원조에 의존했다. 내가 두 번째로 궁전을 방문했을 당시, 일본이 왕실을 상당한 기세로 압도하고 있었다. 그런데도 왕과 왕비는 유럽인들에게 특별한 관심과 친절을 베풀었다. 뿐만 아니라 조선에 있는 전체 외국인을 호수에서 개최한 스케이팅 파티에 초대하기도 했다.

기독교 선교에 대한 왕의 태도는 매우 우호적이었으며 실제로 신앙의 자유를 인정하고 있었다. 왕과 왕비는 다른 외국인과 같이 미국 주치의와 계속해서 접촉했으며 그들을 온정으로 대해 주었다. 조선 사람들 사이에 흐르는 일반적인 경향은 왕에 대한 애정 어린 충성심을 가지고 있으며, 실수로 저질러진 행동과 압제적인 행동에 대한 비난은 실제 임무를 맡은 대신들에게 돌아갔다.

왕의 인간성에 대해 너무 장황하게 늘어놓았는데 그 이유는 그가 다만 명색뿐인 국왕이 아니라 조선의 실질적인 책임자이기 때문이다. 행정부에는 불문 헌법도 없고 성문 헌법도 없으며 대표적인 입법부도 없었다. 이는 어쩌면 왕의 공식적인 칙령을 제외하고는 아무런 헌법도 없다는 것으로 들릴 수도 있다. 그는 통치자로서 지극히 근면한 사람이며 각 부처의 모든 일을 잘 파악하고 있었고 갖가지의 무수한 신하들의 보고에도 지치지 않고 정성을 가지고 이들을 수렴했다.

뿐만 아니라 왕은 정부의 이름으로 행해지는 모든 일에 열의와 관심을 보였다. 어떤 사람들은 그가 한 사람이 수행할 수 있는 한도 이상의 임무를 수행하고 있다고 말한다. 동시에 그는 일반적인 통치력이 미숙했다. 그는 한없이 선량한 사람이며 사상면에서 상당히 진보적인 생각을 가지고 있었다. 그렇기 때문에 그가 만일 성격이나 지식면에서 보다 더 확고하고 강인하고 간사스러운 신하들에게 쉽게 속아 넘어가지만 않았더라면 그는 훌륭한 통치력을 발휘할 수 있었을 것이다. 결국 그의 나약한 성격은 그의 운명을 비운으로 이끌 수밖에 없었다.

내가 세 번째로 왕을 알현했을 때, 거론된 주제는 실용적인 정보에 대한 지적 욕망을 보여주었으며 일본이 왕에게 압력을 가하는 개혁의 물결에 관한 소재도 거론되었다. 나는 상당히 구체적인 질문을 받았다. 예를 들면 일본과 러시아에 대한 시각뿐만 아니라, 일본과 러시아의 철도 건설에서 매리(里)당 지출되는 건설 비용과 전쟁에 관심을 보이는 일본에 대한 일반적인 생각이 주요 질문 내용이었다.

왕은 다시 영국에서의 인재 등용 방법에 대해 캐묻기 시작했다. 귀족 계급이 아닌 평민이 정계에서 높은 자리를 차지할 수 있는지의 가능성과 특권과 관련된 영국 귀족들의 위치, 그리고 아랫사람에 대한 그들의 태도 등에 대해 자세히 물었다. 어느 날은 왕과 왕비의 관심이 모두 영국의 왕과 내각에 집중되었다.

왕의 질문이 너무나 많고 그칠 줄 모르고 계속되어 내가 괴로울 지경이었다. 그는 특히 재무장관이 황후의 개인적인 지출을 어떻게 조정했는지를 알고 싶어 했으며 여왕의 개인적인 경비는 독립적으로 지불되는지 아니면 국고에서 지불되는지에 관심을 보였다. 각 대신들이 조정하는 행정 업무에 대해서도 일련의 질문을 계속했다.

그의 많은 질문들은 내무부장관의 의무와 수상의 지위, 그리고 다른 장관들과 국왕과 수상과의 관계에 대한 것이었다. 그는 또 국왕의 명령을 수행하지 않았다고 해서 장관들을 국왕이 임의로 사임시킬 수 있는지에 대해 알고 싶어 했다. 그러나 이 질문은 통역관을 통해 설명하는 것이 불가능했다. 왜냐하면 조선과는 실정이 매우 다른 개념을 이해시키기가 어려웠기 때문이다. 헌법은 영국 국왕을 조사하며, 통치자는 다만 그의 장관을 선택할 권리만을 갖고 있다는 영국의 현실이 조선 사람에게는 생소한 사상이었다.

조선을 떠나기 직전에 나는 마지막 알현을 위해 궁전에 들어가게 되었는데 공사관 통역관과 함께 오라는 요구를 받았다. 나는 8명의 하인들이 태워주는 의자에 앉아 평소처럼 예우를 받았다. 그런데 이번에는 법석거리는 하인들의 무리도 보이지 않았고 처음과 같이 왕은 만나기 전까지 밟아야 하는 절차도 지연되지 않았다. 몇 명의 감시병과 군인들의 호위를 받으며 누각에 도착했을 때, 왕이 미닫이 창문을 열고 등장했다.

왕은 나에게 들어오라고 손짓하고 내가 들어가자 문을 닫았다. 나는 그곳

조복을 입은 대신

이 왕실의 가족들이 참석하도록 높이 올려 건축한 누각과 같은 곳임을 알았다. 그 방은 미닫이창으로 알현실과 분리되어 있었다. 사방 7피트 정도의 조그만 방이었기 때문에 무릎을 굽혀 정중하게 예의를 갖추는 것이 불가능했다. 거기에는 평상시와 같은 많은 하인들과 군졸들 그리고 옷을 길게 늘어뜨려 입은 하녀들도 보이지 않았다.

또한 왕과 왕비의 머리 장식도 평소와는 달리 간단했으며 왕과 왕비의 뒤에 서 있는 시종들도 없었다. 다만 거기에는 왕비의 궁녀 하나와 나의 통역관이 문 사이 틈새에 서 있었다. 통역관은 왕비를 쳐다볼 수 없도록 되어 있으므로 그는 공손한 태도로 허리를 굽혀 바닥만 내려다보고 목소리도 속삭이듯 작게 낮추어 말해야 했다.

그러나 왕과 왕비가 갈망했던 비밀의 보장이 실패하게 되었다. 나는 문틈을 통해서 알현실에 어떤 그림자를 보았다. 통역관은 말했다.

"오늘은 황후 폐하에게 통역하는 것이 저로서 매우 어렵게 되었습니다."

그림자가 왕의 불신을 받고 있는 어떤 대신이었음을 알았을 때, 그 통역관의 처사가 현명했다는 것을 나는 깨달았다. 뒷날 그림자의 주인공은 조선을 떠나야만 했다. 말할 것도 없이 그 사람이 왕과 왕비가 말한 내용을 외국공사관에 전달했다. 나는 왕이 말한 문제를 여기에서 언급할 수 없지만 한 시간 동안 지속된 알현은 흥미진진했으며 왕이 매우 강력하게 자신이 생각하는 바를 말했다.

왕은 조선이 형식적으로는 청나라에게서 독립되어 있다고 하나 실제로는 조선에 유일하게 파견된 중국 공사 원세개에 의존하고 있다고 생각했다. 그는 힐리어 씨에 대해 존경과 경의를 표시했으며 그가 조선에 온 최초의 공사라는 점보다 더 의미 있는 일은 없을 것이라고 말했다. 왕비는 빅토리아 여왕에 대해 이야기했다.

"여왕은 그가 원하는 모든 것을 소유하고 있습니다. 위대함과 재산과 권력을 모두 가지고 있지 않습니까? 그의 아들과 손자들은 왕이고 황제이며 그의 딸들도 공주입니다. 여왕은 과연 가난한 조선에 대해 생각해 보았을까요? 여왕은 많은 선행을 베풀고 있습니다. 우리는 그분의 건강과 행복, 번영을 기원합니다."

왕이 덧붙여 말했다.

"영국은 우리의 가장 우호적인 친구입니다."

이러한 찬사를 듣는 것은 매우 감동적이었다. 다만 그들의 어조에서 풍기는 국운의 쇠퇴가 가슴을 아프게 했다. 그때 여왕은 호박색 윗저고리와 남청색 비단 치마를 입고 다섯 개의 고리와 산호 장식이 딸린 심홍색 허리띠를 둘렀으며 산호 목걸이를 걸고 있었다. 머리에는 지난번과 같은 거창한 장식을 생략하고 숱이 많은 머리를 뒤로 묶어 쪽을 지고 있었다.

왕비는 머리 위에 진주와 산호로 만든 장식을 단 것을 제외하고는 아무런 장식도 하지 않았다. 내가 떠날 때, 왕과 왕비는 일어나 배웅을 해주었으며 나는 왕비와 악수를 나누었다. 그들은 모두 내가 조선에 다시 돌아와 만날 수 있기를 바란다고 친절하고 다정스럽게 이야기했다.

내가 9개월 뒤에 조선에 돌아왔을 때, 왕비는 이미 무참하게 살해당했고 왕은 궁전에 갇혀 죄수나 다름없는 생활을 하고 있었다. 조선의 왕을 방문한 방문객들은 종종 왕을 알현했던 사실이나 그 주변 환경 그리고 궁전을 조롱했다. 그러나 나는 분명히 밝혀 두거니와 다른 나라의 관습과 예의범절이 자기 나라의 것과 다르다고 해서 다른 나라의 것을 조롱한다는 것은 무지하고 현명치 못하다고 생각한다. 오히려 조선에는 나에게 매우 깊은 인상을 남겨준 예의범절과 순수함, 위엄 그리고 친절함이 있었다. 조선을 두 번째로 방문했을 때, 궁전에 네 번의 알현을 위해 갔던 것은 특이할 만한 사실이었다.

제 22 장 갑오경장

1895년 1월, 서울은 암운이 다시 뒤덮일 듯한 미묘한 상황에 빠져 있었다. 조선의 봉건 체제인 "구체제"가 해체기의 변화에 직면하고 있었으나 근대적인 신체제가 완전하게 들어설 여지는 좁았다. 청일전쟁에서 육군과 해군의 힘으로 승리한 일본은 전쟁이 일어나기 전부터 청국에게 협조해 달라고 요청했던 조선의 내정 개혁을 단독으로 강요할 수 있는 유리한 위치에 올라섰다.

1894년 7월에 일본이 궁궐(경복궁)을 강점한 이후 조선의 국왕은 다만 하나의 "봉급 받는 로봇"에 불과했으며, 한 때 강력한 정치적 영향력을 행사했던 민 씨 일파는 정권에서 축출당했다. 일본은 조선의 정치 · 경제 · 군사 등 모든 분야에 대한 감독의 책임을 질 뿐만 아니라 부패한 행정부에 대한 쇄신을 단행할 준비가 되어 있었다. 1894년 9월 17일, 청국과의 평양 전투에서 승리한 일본은 조선에 자신들의 세력을 침투시켜 침략의 토대를 다지려는 목적으로 조선 정부의 내정 개혁을 자유롭게 단행하겠다고 움직이기 시작했다.

새로운 일본을 창출한 주요 정치가들 가운데 한 사람인 이노우에 가오루 공사는 1894년 10월 20일에 "변리 공사"로 조선에 들어 왔고, 실질적으로 그는 국왕의 이름을 빌어 조선 정부를 감독했다. 조선 정부의 모든 분야에 걸쳐 일본인 감시자들이 배치되었다. 군대는 일본인 교관에 따라 훈련을 받았고, 경찰은 잘 맞지도 않는 일본식 제복으로 치장되었거나 일본식 조직으로 편성되었다.

최고 입법 기관의 성격을 지니면서 실권을 가진 군국기무처가 내정 개혁안들을 심의·결정하여 실시케 하도록 설치되었다. 그리고 조선 정부의 고문 자격을 가진 이노우에 공사는 언제나 국왕을 알현할 수 있는 권리를 가졌으며 통역사와 속기사를 대동하여 내각 회의에도 참석했다. 날이 갈수록 일본의 지배권은 새로운 관리의 임명, 규칙의 제정, 법령의 폐지, 제도의 개편 등에서 두드러지게 나타났다. 과거에 영국이 이집트 정부를 개혁했던 바와 같이 일본도 조선 정부를 개혁하는 것이 목적이라고 주장했다.

물론 만일 조선 정부의 근대적인 개혁에 대한 일본의 자유 재량권이 확보되었다면 영국의 이집트 개혁처럼 일본도 조선 정부를 개혁할 수 있었을 것이라고 나는 생각한다. 그러나 내정 개혁의 작업이 기대했던 것보다 훨씬 더 어렵다는 점을 이노우에 공사는 알았고, 그의 개혁 방식은 국민들의 큰 반발을 받았던 것도 명백했다.

일본 정부는 조선 상류 계층의 많은 젊은이들에게 2년 동안 일본에 파견시켜 제조업에 종사시킬 기대를 갖고 제조업을 연구시키고자 했고, 그들은 일본에 파견되어 1년 동안은 교육을 받는 데에 보냈으며 나머지 1년 동안은 일정한 정부 기관에서 "명예에 관한 제1원리"와 행정 기능을 학습하는 데에 보냈다. 그러나 이와 같은 개혁 사업마저도 전혀 쓸모가 없었다고 이노우에 공사는 생각했다.

일본은 여러 가지 개혁안들을 국왕으로 하여금 서약하여 실시케 했다. 1894년 12월에 이르자 이노우에 공사는 국왕의 이름으로 이른바 공식 약정의 체결을 발표하여 그 가운데 다음과 같은 5개항이 즉시 시행될 수 있도록 획책했다.

(1) 1884년 갑신정변의 모든 모반자들을 전면 사면할 것,
(2) 대원군과 민비가 더 이상 공무에 간여하지 말 것,
(3) 종친과 척신은 어떤 관직에도 등용시키지 말 것,
(4) 내시와 궁녀의 수를 즉시 최소한으로 감축할 것,
(5) 이제는 봉건적 특권 계급인 반상 계급의 차별을 폐지할 것.

위의 약정들 가운데 몇 개의 칙령이 『관보』에 실리자, 많은 수의 내시와 궁녀들은 자신들의 소지품을 챙겨 밤중에 궁궐을 조용히 떠났다. 인적이 드문 거대한 궁궐에서 그들마저 궁중을 떠나게 되자 국왕은 너무나 외로웠다. 국왕은 다음날 아침 그들에게 즉시 환궁하도록 지시하는 어명을 내렸다. 이를 어길 경우에는 중벌에 받기 때문에 그들은 곧바로 어명에 따라 행동했다.

메이지유신 이후의 일본의 발전상에 개인적으로 흥미를 가졌던 조선의 소수 관리들, 이른바 개화파를 제외하고 그 당시 대다수의 조선 관리들은 근대적인 신체제에 대하여 아주 비호의적인 태도를 보였다. 일본에 의한 모든 개혁적인 변화가 표면상 내정 개혁이지만 이면상 내정 지배라는 표리일체로 이루어지고 있는 데에 대하여 그들은 심한 분노를 느끼기도 했다. 또한 일반 백성들은 비록 진정한 애국심을 갖지 않았다고 할지라도 국왕을 절대자로 신성하게 여겼기 때문에 국왕이 일본에게 휘둘림을 당한 모멸감에 격분했다.

조선의 관리들은 일본의 개혁 사업이 자신들의 기득권에 따른 "뇌물"과 부당 이득의 이권 착취를 끝장내려는 의도라고 보았다. 모든 군속 및 관속과 가장 끈끈한 상호 이해 관계를 가진 관료 지배 계급은 모두 일본의 개혁에 적극적인 반항이나 소극적인 저항을 통해 반대하기로 맹세했다. 서울 중앙 관청이 부정부패의 중심지이긴 했지만, 모든 지방 관청은 보다 작은 규모로 중앙 관청의 부정부패 행위를 그대로 답습했으며 부정직한 관군과 게으른 관리들의 횡포와 가렴주구는 핵심적인 세도가의 수입을 살찌게 만들

었다.

고대 그리스 신화에 나오는 엘리스 왕인 아우게이아스가 30년 동안 청소를 하지 않은 외양간을 헤라클레스가 강물을 끌어들여 하루에 다 치운 것처럼, 일본이 주도했던 조선 관리 체계의 정풍인 조선의 내정 개혁은 참으로 힘든 작업이었다. 조선의 전통 사상에서 명예와 정직의 전통들이 설령 존재했다고 하더라도 실제로 조선에서 그것들은 몇 세기 동안 잊힌 것임에 틀림없었다. 조선의 관리에게는 청렴결백한 전통을 전혀 찾아 볼 수 없을 정도로 부정부패가 극도로 혼탁한 수준이었다.

일본이 조선의 개혁 작업에 착수했을 때 조선에는 크게 두 신분 계급인 착취 계급과 피착취 계급이 있었는데, 착취 계급에는 관직에 임명된 막강한 병권을 가진 무반도 포함되었다. 착취 계급으로서 양반 · 관료층은 지위 고하를 가리지 않고 백성들의 재물을 착취하고 국고의 공금을 횡령하는 등 온갖 부정부패를 저질렀고, 모든 관직은 매관매직되었다. 심지어 양반 계급의 지위를 사고파는 현상도 나타났다.

내가 조선을 떠날 때인 1895년 2월 12일까지 갑오경장의 일련의 개혁은 놀랄 만한 것이었다. 그 당시 『관보』는 그 짧은 기간의 유례없는 변화를 기묘하게 반영했다. 어느 날 한 포고령은 서울 양반층에게 그들의 상징이자 애연의 커다란 즐거움으로 삼는 3피트의 장죽을 폐지했고, 또 다른 날에는 서울 주변의 벌거숭이 민둥산을 치산하기 위해 소나무를 심도록 명령하는 계몽법을 발표했다.

같은 날 『관보』에서는 정식으로 임명된 지관들에게만 국왕이 조상의 위패를 모시고 제사를 올려야 하는 길일을 택할 수 있도록 지령하고 있는 기사를 게재했다. 어느 날 야만적이고 잔인한 형벌을 폐지시킨 것은 현명한 일이었다. 또 어떤 날에는 모순된 법규를 제정한 어리석은 일을 저지르기도 했다. 뿐만 아니라 이 나라의 밖에 살고 있는 중국인들을 당황하게 만드는 성가시고 사소한 일련의 법규가 제정되었는데, 이 법규의 위반자에 대한 형벌은 100달러의 벌금이나 100대의 곤장에 처하도록 규정되었다.

일본의 커다란 실수 가운데 하나는 개혁 실행의 전술상 실패에서 찾을 수 있다. 1894년 7월에 일본이 궁궐을 강점하고 국왕을 비롯한 왕비 · 대원군을 농락한 것은 비록 갑오개혁이 의심스러운 정치적 필요, 곧 조선 지배의 목적 아래 반봉건적인 근대화 개혁의 객관적 요구를 반영시키지 않을 수 없었다고 해도 실제로 주권국 조선으로서는 세상의 웃음거리가 되었던 치욕감을 느끼도록 만든 과실에서 벗어날 수는 없었다.

정부가 지난날의 갑신정변의 모반자들을 무리하게 요직에 앉힌 것은 하나의 중대한 실수였다. 그리고 장죽 담뱃대의 폐지, 왕실과 민간의 의복 개조, 광범위한 사회 관습의 폐지, 서소하고 성가신 제재 규정과 법규 등과 같은 사려 깊지 못한 조치들은 백성들로 하여금 격분하게 만들었다.

동학혁명은 외세를 조선에 끌어들였다는 이유로 국왕에 대한 사군이충의 관계를 조심스레 벗어나 반봉건 · 반민중 · 반외세라는 별도의 주체적인 독립 자주국을 강렬하게 표방하여 일어났으나 1895년 1월초에 진압되었다. 그리고 한 충직한 장수는 동학군 대장인 전봉준의 머리를 베어 잘라 서울로 압송했다.

나는 서울의 서소문 밖의 가장 사람의 왕래가 잦은 북경로에 전봉준의 목 잘린 머리가 걸려 있고 그 아래에 다른 사람의 목 잘린 머리가 걸려 있는 것을 보았다. 그들의 머리는 마치 야영 솥 걸이처럼 세 발 장대에 조잡한 장치로 허공에 높이 매달려 있었고, 두 사람의 얼굴은 조금도 비굴함이 없이 당당하고도 평온한 표정을 띠고 있었다. 그 곳에서 그리 멀지 않는 곳에 2구 이상의 또 다른 목 잘린 머리는 세 발 장대에 걸려 있었을 뿐만 아니라 노상에 방치되어 있었고, 개들은 몰래 숨어서 아무도 돌보는 사람 없이 먼지투성이의 길 위에 버려진 목 잘린 머리들을 뜯어먹고 있었다.

그들의 얼굴 위에는 마지막 죽음의 고통이 진하게 배어 있었다. 그들의 곁에는 무를 깎은 부스러기가 버려져 있었는데, 몇몇 어린애들은 그것을 집어

들고 손으로 조각조각 찢어 그들에게 던지며 거무튀튀한 입으로 조롱하듯이 지껄이고 있었다. 이러한 야만적인 광경은 일주일 내내 계속 이어졌다.

평화롭고 고요한 설날 명절 3일째가 되는 날에, 나는 한 친구와 함께 서울의 남대문과 동대문 밖에 있는 한 야산의 오솔길을 따라 등반을 했다. 우리는 그 산의 울창한 소나무 숲 사이로 맑고 아름다운 물이 졸졸 흐르는 전원 같은 계곡을 끼고 지나가는 오솔길을 따라 걸어올라 갔다. 이때 하늘에서 눈이 펄펄 내리고, 심술궂은 하늘이 모진 폭풍우를 뿌렸다. 날씨가 매우 추웠다.

그런데 나와 친구는 여름 삼베옷을 입은 3명의 노동자가 길가에 잠들어 누워 있는 것을 보고 깜짝 놀라 자세히 살펴보기로 했다. 그들의 자세가 편안한 숙면 상태에 있었지만, 그들에게 가까이 다가서고 나서야 우리는 그들이 죽음의 깊은 잠에 빠져 있었다는 것을 알게 되었다. 시체들은 머리가 잘려 없었을 뿐만 아니라 망나니의 도끼로 인정사정없이 예리하게 잘려 있었다. 그 길의 한 가운데에는 진한 다홍빛의 핏자국들이 심하게 달라붙어 있었다. 이곳에는 "출구 없는 문"에서 사형 당한 구 예루살렘과 마찬가지로 동학의지도자들이 조선에서의 중벌인 반역죄에 걸려 처형되어 있었다.

그로부터 며칠이 지난 뒤 하나의 훈령이 『관보』에 공표되었다. 그것은 칼로 목을 치거나 잘라 내는 능지처참의 극형을 폐지하고 그 대신에 죽을죄를 저지른 민간인에게는 교수형을, 군인에게는 총살형을 집행하도록 바꾸었다. 이 훈령은 지금까지 조선의 군주에 따라 지배된 백성의 삶과 죽음에 대한 생사여탈의 특권이 사실상 종말을 알리게 만들었다.

이처럼 조선의 "구제도"가 일본인 고문들의 압력을 받아 매일 바뀌고 있었으며 대체로 더 좋은 방향으로 과감하게 변화되고 있었다고는 하지만, 일본의 개혁 조치가 의도적으로 너무 빈발했기 때문에 모든 개혁은 갑자기 나타나 백성들을 혼란한 상태에 빠지게 만들었다. 이 당시 조선은 청국과 일본의 틈바구니에서 우왕좌왕하고 있었다. 왜냐하면 일본에 따라 개혁이 주도됨으로써 청국의 지위가 갑자기 곤두박질하는 것이 진실로 두려웠고, 다른 한 편으로 일본이 이 땅에서 영원한 승리자로 설 수 없도록 적극적으로 반대하는 것도 두려웠기 때문이다.

바로 내가 설날 명절에 머리 없는 3구의 시체들을 보았던 것 이외에도 설날을 보내면서 목격한 일이 더 있었다. 황혼이 질 무렵 서울의 거리 곳곳에는 머리카락 타는 냄새가 저녁밥 지을 때 향기롭게 솔가지 타는 향기로운 냄새를 압도했고, 어둠이 짙게 깔릴 때 그 거리의 집집마다 모든 창문에는 희미한 빨간 불빛이 은은하게 새어 나오고 있었다.

설날에는 모든 가정에서 정성스레 간직해 온 참빗으로 가족들의 머리를 빗질하여 빠진 머리카락을 질그릇에 정성스레 담아 간직해 온 것을 담 쪽으로 가져가태우는 것이 하나의 풍속이었다. 그러한 풍속을 지키는 것은 그렇게 함으로써 일 년 가운데 집안에 어떤 잡귀들의 침입도 막을 수 있을 것이라는 믿음 때문이었다.

또 하나의 설날 풍속은 볏짚으로 사람의 형상을 한 제웅을 만들어 그 속에 엽전을 넣어 음력 정월 열나흘 초저녁에 길가에 버리는 것인데 그렇게 하면 그 해의 나쁜 액운이 모두 없어진다고 믿었다. 그렇게 하면 그 제웅이 모든 재앙을 물리쳐 그 해의 나쁜 액운도 모두 없어지며, 만일 버려진 제웅을 우연히 집어든 사람에게는 액운이 넘어 간다고 믿었다. 그런 무서운 재앙을 피하고자 그 날 밤에 제웅을 길에서 우연히 집어든 귀엽고 철없는 아이에게 와락 달려들어 그것을 빼앗아 아주 멀리 내던져 버리는 것은 다만 그 어머니 한 사람 뿐만이 아니었다.

그 날 밤, 즉 음력 정월 열나흘 밤에는 붉고 하얀 종잇조각을 쪼개진 나무막대기에 꽂아 집의 지붕 위에 올려놓고, 무당이나 점쟁이로부터 그 해에 재앙이 올 것이기 때문에 조심하라는 점괘를 받은 사람들은 모든 재앙들을 쫓아내 달라고 달을 향해 빌고 또 빌었다.

바로 그 날, 마을에서는 주민들을 위해 공동 제사[당제]를 지냈다. 이 때

주민들은 마을의 평안과 풍년에 관한 기원이나 자신들의 육신과 영혼에 관한 근심 걱정을 풀어 줄 소망을 종이에 써넣은 뒤에, 종이가 한 청년에게 주어지면 그 청년은 마을의 신령 앞에서 비는 뜻으로 종이를 불살라 올렸다.

이 당시 서울에서 행해지던 아주 독특한 설날 풍속으로는 다리 밟기가 있었다. 정월 대보름날에는 밤늦도록 남녀노소의 많은 사람들이 냇가에 놓인 다리나 여러 다리를 수없이 건너면서 밟고 다녔는데, 그들은 나이를 먹는 만큼 다리를 밟으면 그 해에는 발과 다리의 병이 없어진다고 믿었다.

음력 정월 대보름달에는 초하루부터 보름까지 내내 서울에 활기를 불어넣은 연날리기와 돌싸움을 끝으로 설날 명절의 막이 내린다. 그 무렵 모든 조선 사람은 정월 대보름 동안의 설날 명절을 존속시켜야 한다고 주장했다. 설날에는 멀리 떨어져 살고 있는 모든 가족들이 어른들의 큰집으로 모여들고, 차례가 끝나면 조상의 위패 앞에 푸짐한 음식을 마련하여 제사를 올리고, 격식을 갖춰 성묘를 간다. 정월 대보름날에는 특이한 풍속들이 거행되고 있었다. 며칠 전 음력 정월의 상해일[1]에 궁중에서는 내시들이 횃불을 흔들며 이리저리 돌아다니며 기복을 담은 단조로운 주문을 되풀이하는 풍속이 있다. 이러한 풍속은 다가오는 봄부터 그 해의 농사가 풍년이 되기를 염원을 담고 있다.

음력 정월 대보름날 아침에 사람들은 호두 · 밤 · 잣 · 은행 · 개암 등과 같이 굳은 껍질에 쌓여 있는 견과류를 구입해서 입으로 깨물고 난 뒤 이것을 멀리 내던졌다. 이렇게 함으로써 여름철의 종기나 부스럼이 없어지기를 바란다.

또한 정월 대보름에는 사람들이 짧은 대나무 한 개를 두 쪽으로 쪼개어 한 쪽에는 12개의 콩을 가지런히 넣고, 그 조각에 다른 한쪽의 빈 대나무 조

1) 상해일(上亥日) : 음력 정월의 첫 해일(亥日)을 이르는 말.

각을 서로 붙인 다음 새끼줄로 단단하게 묶어 밤새 동안 물통 속에 담가 두었다가, 그 대나무 안에 들어 있는 각기 한 달을 의미한 12개 콩의 물에 불린 상태를 통해 매월 예상되는 강우량을 측정하여 그 해의 농사를 점치는 풍속도 있었다.

이때 아침에 사람들은 물에 잠긴 대나무 속의 12개 콩을 하나하나 꺼내어 검사를 하는데, 그들은 각개의 콩이 많이 물에 불렸으면 특정한 그 달에 많은 강우량을 암시해 주고 있다고 믿었다. 그와는 달리 만일 콩 한 개 혹은 그 이상의 콩이 졸아들어 있으면 그에 상응한 달에 심하거나 일시적인 가뭄이 발생할 수 있기 때문에, 이것은 그들에게 커다란 경각심을 불러일으킨다.

정월 대보름날 아침에는 사람들이 개들에게 일상적인 먹이를 주지 않는 이른바 "개보름쇠기"라는 풍속도 있다. 이처럼 개들에게 일부러 먹이를 주지 않는 것은 이 날 개들이 잘 먹으면 개에게 파리 떼가 모여들기 때문에, 이런 풍속을 치르면 긴긴 여름철에 파리 떼가 달라붙는 고통으로부터 개들을 보호해 줄 수 있을 것이라고 조선 사람들은 믿었다.

조선에서는 정월 대보름 기간에 사내애가 태어나면, 그 집은 낮에 기둥에다 종이로 만든 고기를 걸어 놓았고, 밤에는 호롱불을 아주 훤하게 밝혀 두었다. 정월 대보름날 밤에는 초가 타는 것을 바라보는 풍속이 있었다. 이 때 만일 그 초가 꺼지지 않고 완전히 타면 자식의 수명은 장수할 것이고, 만약 초가 타다 꺼진다면 그에 정도에 따라 그 자식의 수명은 짧아질 것이라고 사람들은 믿었다.

1895년 2월 5일에 나는 커다란 아쉬움을 간직한 채 서울을 떠났다. 일본인들이 인력거꾼을 소개해 주었으나 그들은 인력거를 다루는 기술이 서툴렀다. 그로 말미암아 그 인력거를 타고 제물포로 가다가 나는 큰 사고를 당해 1년 동안이나 그 후유증으로 고생했다. 그 당시 조선에서 일본으로 가는 여행객의 항로가 청일전쟁으로 말미암아 완전히 두절되었다.

내가 히고마루를 기다리던 1주일 동안에는 사람들이 온통 그 전쟁의 생각에 사로잡혀 있었다. 대체로 그 당시의 대다수 사람들은 물론 일본인 스스로도 이 전쟁에서 일본이 대승할 것이라는 확신을 갖지 않았다. 일본군이 위해위를 함락하고 청국 함대를 격침시킨 것은 수많은 사람들을 놀래게 만들었다. 나는 일본유선회사(NYK)의 사무실에서 청국군에 대한 일본군의 승전 소식을 들었다. 그 소식을 듣자마자 회사 직원들은 미칠 듯이 흥분하여 그 회사 손님으로 온 나를 응대하지 않았다.

잠시 뒤 그들은 "그것은 또 하나의 대일본 승리이다"라고 말하면서 나에게 다가와 소홀히 대한 것을 사과했다. 제물포는 곳곳마다 일본의 승전을 축하하며 화려하게 치장했고, 밝게 조명등을 밝히고, 계속 축하 행진을 진행시키고 있었다. 그 곳에서는 이홍장의 허수아비를 만들어 불태우고, 거리 모퉁이의 목욕탕은 그 승전을 자축하는 뜻으로 입장객 모두에게 돈을 받지 않았다.

그러나 승전에 따른 댓가가 일본에서 많은 후유증으로 뚜렷하게 나타났다. 큰 군 병원이 환자로 가득 찼다. 공동묘지가 군대의 화려한 장례식 행렬로 빽빽이 들어찼으며 일본 종교인 신도의 사제들이 펄럭이는 일장기의 거리를 따라 지나갔다. 만주에서 떠돌던 600명의 운수 노동자들이 다해진 누더기 옷을 입고 도착했다. 만주에서 들어온 그들 가운데 일부는 생가죽과 양가죽을 걸치고 있었고 손이나 발과 입이 동상에 걸려 있었으며, 거무튀튀하게 절단된 손가락과 발가락이 때 묻은 붕대 사이로 삐죽 나온 채로 들어왔다.

일본 학교에서는 국가가 한 인간이 누릴 수 있는 모든 것을 청구할 권리를 가지고 있으며, 인간의 삶 그 자체마저 국가의 제물로 바치는 것도 인간에게 큰 희생이 되지 않는다고 가르치고 있다. 일본 학교의 교육은 일본인들을 대일본제국 건설의 충실한 전사로서 키워 내는 데 커다란 효과를 거두고 있음은 의심할 나위도 없다.

나는 얼마 되지 않아 오사카 항구 부두에 군수 지원 보급품이 산더미처럼 쌓인 것을 보았으며, 지금까지 내가 전혀 보지 못했던 헤아릴 수 없이 수많은 군중들로부터 열광의 도가니 속에 휩싸인 채 일본군 제3군단이 오사카항을 떠나는 것도 보았다. 일본 노동자들이 새 옷을 지급받았을 때, 그들 가운데 대다수는 더욱 더 자발적으로 국가를 위해 멸사봉공하고자 했다. 전장과 병원에서 병사들은 고통스럽게 죽어 가면서도 "대일본 만세!"를 외쳤다.

내가 조선을 떠났을 때쯤 갑오경장의 추이는 다음과 같이 요약될 수 있다. 일본은 조선 사람을 통해 조선 정부를 본격적으로 철저하게 개혁시키려고 했으며, 아주 많은 개혁안이 공포되었거나 계획되어 대부분의 악법과 악습이 이미 일소되었다. 자기 나라의 절대 주권을 침탈당한 조선의 국왕은 실제상 일본으로부터 봉급을 받고 그들에 의한 개혁 법령에 이름을 대신 써 주는 존재에 지나지 않았다. 이노우에 공사는 변리공사의 지위를 확보했으며, 그가 대부분 자신의 배경 아래 움직이던 인물들을 10개 부서의 각료로 임명시켜 구성한 내각은 국왕의 이름이라는 허울을 쓰고 조선 정부를 통치했다.[2)]

---

2) (원저자 주) 나는 독자들의 편의를 위해 이런 형식으로 기록을 되풀이하면서 여러분에게 이 장의 기록과 이 책의 제36장에 기술된 1897년 초 조선의 사건에 관한 요약과 서로 비교해 보도록 부탁한다.

제 23 장 을미사변

1895년 5월[sic] 시모노세키에서 중국과 일본 사이에 강화 조약이 체결되었다. 일본은 상당한 배상금을 지급 받는 한편 대만을 할양받음으로써 큰 이권을 획득했다. 그때부터 극동에 이해 관계를 갖고 있는 열강들은 일본을 무시하지 못했다. 나는 중국 남부와 중부 지방을 몇 달 동안 여행하고 일본에서 여름을 보냈다.

그러다가 나는 1895년 10월 나가사키에 도착했을 때, 조선의 왕비가 시해되었다는 소문을 들었다. 그 뒤 이 혼란스러운 사태 때문에 서울의 자신의 위치로 돌아가려고 서두르는 미국인 공사 실[1] 씨로부터 쓰루가마루의 배 위에서 이를 확인했다. 나는 곧바로 제물포에서 서울로 올라왔다. 서울의 영국 공사관에서 나는 힐리어(H. Hillier) 씨의 손님으로서 격동의 두 달을 보냈다.

조선 사람들과 외국인 사회가 왕궁의 비극과 왕에 대한 처우로 매우 흥분되어 있었다. 이노우에 가오루 공사가 서울에 출현하면 언제나 믿음직했으나 한 달 전 서울을 떠났고, 외교적 경험은 없으나 유능한 군인인 미우라 고

1) 실(John M. B. Sill) : 미국의 외교관으로 1894년 4월에 조선 주차 미국 변리 공사 겸 총영사로 부임하여 1897년 9월까지 재임함.

로[2] 자작이 뒤를 이었다.

지난해(1894) 7월 오토리 게이스케 씨의 손에 왕실이 장악된 뒤, 이노우에는 조선을 떠나기 직전 왕비와 가진 인터뷰에서 대원군의 세력에 대해 이야기했다. 그 자리에서 왕비는 이렇게 말했다.

"내가 일본에게 제안한 것들이 거절된 것에 대해 유감스럽게 생각합니다. 일본에 비우호적인 태도를 보였던 대원군은 오히려 일본 정부로부터 권력에 오르도록 도움을 받았습니다."

이와 관련하여 이노우에 공사는 정부에 낸 보고서에서 다음과 같이 말했다.

> "나는 그 일에 관하여 내가 할 수 있는 한 왕비에게 설명했다. 나는 그의 의구심을 풀어 주었으며 더 나아가서 조선이 튼튼한 발판 위에 독립된 국가로 서고 조선의 왕실을 강화하는 것이 천황과 일본 정부의 진정한 바람이라고 설명했다. 만일 왕실의 누군가에 의해서 왕실에 대해 모반을 꾀한다면 나는 군대를 동원해서라도 왕실을 보호할 것을 확실히 약속했다. 이러한 나의 말에 왕과 왕비는 감동하여 미래에 나타날 근심에 대해 한시름 놓게 되었다."

조선의 지도자들은 가장 유능한 일본의 정치인에 의한 이와 같은 약속이 너무도 명백했기 때문에 그들 스스로 그렇게 되리라고 믿었으며 그들은 이노우에에 대해 존경심과 신뢰감마저 지니고 있었다. 따라서 한 달 뒤 벌어질 운명의 밤에 대한 가능성을 잊었으며 왕비 역시 위험의 첫 징조가 있었

---

2) 미우라 고로(三浦梧樓 : 1846~1926) : 일본의 군인. 야마구치현 출신. 18세에 기병대에 투신하여 사츠마반란(1877)의 진압에 큰 공을 세우고 1878년에 중장, 1882년에 육사 교장을 지냄. 구미를 시찰한 다음(1884), 귀족원의원(1890)이 되었고, 온건파 이노우에가 한국에서 물러간 뒤에 강경파의 지지를 얻어 조선 주차 일본 공사(1895)로 부임하여 을미사변을 일으킴. 추밀원 고문(1911)을 지냄.

지만 달아나지 않았다고 나는 생각한다.

미우라 공사와 대원군 사이의 긴요한 약속이 실행 단계로 성숙되었을 때 왕실 외곽에서 숙영하고 있던 보병사령관에게 훈련대(일본에 따라 훈련된 조선 군대)를 정비하여 대원군의 입궐을 자유롭게 하도록 명령했다. 미우라는 또한 두 명의 일본인에게 그들의 동료들을 모으도록 한 뒤에 한강변에 있는 용산으로 갔다.[3] 그곳에는 모반을 꾀하는 왕자가 살고 있었다.

왕자는 대원군의 왕실을 드나들며 마치 호위병처럼 행세했다. 일본 공사는 이번 일의 성패는 20년 동안 영향을 끼쳐 온 악의 제거에 달려 있다고 그들에게 말하고 그들을 왕비 시해에 파견하도록 부추겼다. 미우라의 요원은 일본 무사들에게 평복을 입도록 하고 칼을 차고 대원군 진영의 공모자와 동행하도록 했다.

10월 8일 오전 3시경 그들은 대원군의 가마를 호위하며 용산을 떠났다. 오카모도 류노스케[4]는 출발할 때, 모두를 소집하여 명령하기를 대궐에 침입하여 신속하게 "여우"를 처리해야 한다고 명령했다. 이때 일본인 10여 명은 조선 병사로부터 빼앗은 복장으로 변장하고 서울로 출발했다. 서울까지는 3마일 이상의 거리였다. 건충문(서대문?) 밖에서 훈련대를 만난 그들은 일본군의 도착을 기다렸다가 빠른 속도로 왕궁으로 달려갔다. 정문을 통하여 침입한 그들은 몇 명의 파수병을 죽이고 왕과 왕비의 처소까지 진격했다. 정면에는 좁은 마당이 있었다.

나는 그날 아침의 사건에 대한 진술을 담은 히로시마 재판의 기록을 추적

---

3) 당시 대원군은 용산이 아니라 공덕동에 살고 있었다.
4) 오카모도 류노스케(岡本柳之助 : 1853~1912) : 에도 출신. 막부 포술연습소에서 수련함. 1877년의 사츠마반란 당시에는 진압군으로 참전하여 공을 세우고 소좌로 승진함. 한일수호조약 담판 당시에 대표단을 수행하여 내한한 뒤 조선 문제에 깊이 관여함. 일본에 유학 중인 개화파 청년들과 제휴했고, 을미사변(1895)의 주모자였으나 무죄 판결을 받았으며, 그 뒤 대륙 진출에 일생을 마침.

해 보았지만 연합 세력들은 안쪽 방에까지 들어갔다고만 되어 있을 뿐, 갑자기 모든 협의자에 대해 증거가 없다는 결론을 내렸다. 나머지 이야기에 관심이 있는 독자들을 위해서 나는 왕의 경호인이었던 다이[5]와 사바틴[6] 씨의 진술과 공식적인 기록들을 살펴보고자 한다.[7]

여기에서 우리는 왕비 시해에 앞서 일어난 몇 가지 사건들을 돌이켜 볼 필요가 있다. 10월에 훈련대와 경무국 사이에 일어난 충돌은 경무국의 완전한 패배로 끝났다. 1천명의 훈련대는 대장인 홍재희[8]의 명령을 받고 있었다. 그는 1882년의 급박한 위기[임오군란]에서 왕비를 구출함으로써 왕실의 신임을 받고 있었다. 왕실은 대장 현흥택[9]이 지휘하는 구식 군대의 보호 아래 있었다. 그는 1884년에도 왕비의 목숨을 살린 적이 있었다.

10월 첫째 주에 그 수비대의 병력은 급속히 줄었으며 유용한 무기와 탄약은 제거되었다. 7일 밤 훈련대는 일본인들과 동행하여 성의 외곽에서 대궐에 다다를 때까지 함께 행군하였는데, 그러는 과정에서 약간의 충돌이 일어났다. 8일 아침 일찍 다이 장군과 사바틴 씨는 위험을 감지했다. 이들은 대문의 틈을 통해 일본군인들이 무장을 하고 서 있는 것을 보았다.

---

5) 다이 장군(William M. Dye) : 그의 인적 사항에 대해서는 잘 알려져 있지 않다. 다만 그가 남북전쟁의 영웅이었다는 것과 알렌(H. N. Allen)의 추천으로 왕실에 고빙되어 훈련대의 신식 훈련을 맡았고 부분적으로 왕실의 근위대의 책임을 맡고 있었다고 한다.

6) 사바틴(A. S. Sabatine) : 당시 조선에서 활약하던 러시아의 건축 기술자였음. 그는 을미사변 당시에 현장에 있던 중요 목격자로서 수기 『나는 명성황후 시해 사건의 목격자였다』라는 수기를 남겼다. 월간 *Classe*, 1996년 2월호, pp. 404~411 참조.

7) (원저자 주) 다이 장군은 미국의 군인으로서 구한국 군대의 교관이었으며 사바틴 씨는 보초병들을 감시하기 위하여 임시로 고용된 러시아인이었다.

8) 무예별감 홍재희(洪在羲 : ?~1895), 뒤의 홍계훈을 의미한다. 그는 갑오혁명 당시 양호초토사로 전주성을 수복한 공으로 훈련대장으로 승진했으나 을미사변 당시 일본의 낭인들에게 참살되었다.

9) 현흥택(玄興澤) : 구한국 군대의 장군. 수안 군수(1891), 시위연대장(1895), 장원사장(1895), 상원 군수(1902), 육군 부령(1903), 시위연대장 · 친위연대장(1904)을 거쳐 육군 정령 훈3등에 오름(1906)

그들에게 무엇을 하느냐고 물었더니 그들은 달빛에 비췬 달그림자를 벗어나 좌우로 열을 지어 횡대를 이루고 있었다. 담의 다른 쪽에서는 2백 명 이상의 훈련대 병사들이 살금살금 접근하고 있었다. 다이 장군과 사바틴 씨가 어떤 조치를 위할 것인가를 상의하고 있을 때, 대문 쪽에서 뭔가를 때리는 둔탁한 소리가 들리더니 곧 사격이 시작되었다.

다이 장군은 수비대를 다시 소집하려 했으나 침입자들은 5~6발의 총성과 함께 재빨리 왕의 처소를 지나 왕비의 처소로 달려갔다. 그 뒤의 사건 전개에 대해서는 명확한 증거가 없다. 훈련대 지휘관인 홍재희는 정문에서 일본인의 칼을 맞고 쓰러진 뒤에 다시 8발의 총알을 맞고 살해되었다. 훈련대는 무장한 일본 병사들과 함께 사방에서 대궐로 침입했다.

일본 병사들은 궁녀들의 머리를 잡아채어 끌며 왕비가 있는 것을 대라고 협박했으며 창을 통해 잠입하여 7피트 높이의 베란다에서 한 궁녀를 내던지기도 하고 발로 차고 목을 잘랐다. 그들은 자신들의 제물로 왕비를 찾으려고 4명의 궁녀를 무참히 살해했다. 일본 병사들은 대궐에 침입하여 지휘자의 명령 아래 왕의 처소와 문에서 전투 대형을 취하여 방해자들의 침입에 대비했다. 일본군이 도착하기에 앞서 신하들과 왕실 수비대들은 대문을 빠져나가기 위해 넓은 대궐 안의 이곳저곳을 미친 듯이 뛰어 다녔다.

일본군이 쳐들어 왔을 때, 왕은 왕비가 피할 수 있는 시간을 벌고자 방문 앞에 나와 그들의 주목을 끌었다. 몇 명의 일본인이 칼을 휘두르며 달려왔다. 그들은 왕의 면전에서 몇 명의 시녀들의 머리채를 끌며 난동을 부렸다. 어린 세자 또한 사로잡혀 그의 모자가 땅에 떨어져 부서지고 머리를 잡힌 채 강제로 끌려나와 왕비가 있는 곳이 어디냐고 위협 당했다. 왕자는 가까스로 왕에게 달려와 서로 꼭 붙잡고 함께 있었다.

모든 일이 끝나기까지에는 한 시간도 걸리지 않았다. 세자는 어머니가 무장한 일본인들에게 쫓기는 것을 보았다. 무장한 병사가 민비의 침소로 달려갔다. 처소 2층에 몇 명의 시녀들과 함께 있던 왕비는 머리채를 잡힌 채, 칼

민비의 시신을 소각한 자리

을 맞고 쓰러졌다. 궁내부대신인 이경직[10]은 왕비가 옷을 입고 피하도록 그를 보호하려 함으로써 오히려 그가 왕비인 것을 그들에게 알려준 셈이 되었다. 그는 두 팔을 잃는 등 부상을 입고도 베란다까지 기어가 왕비를 바라보는 가운데 장렬하게 죽었다.

왕비는 침입자들을 피해 달아나다 넘어져 칼에 찔려 상처를 입었다. 그는 죽은 듯이 쓰러져 있다가 잠시 정신을 차려 그의 우상인 세자의 생사를 물었다. 그때 한 일본인이 그에게 덤벼들어 가슴을 마구 찔렀다. 나는 지난날에 얼굴을 가린 왕비의 간호원을 만난 적이 있었다. 그의 증언에 따르면 그때까지도 왕비가 확실히 죽었는지는 확실하지 않다고 한다. 일본인들은 왕비를 널빤지에 올려놓고 비단으로 싸서 근처 녹원의 소나무 숲으로 옮겨가 나뭇단에 등유를 부은 뒤 시신을 불태웠다. 남은 것이라고는 뼈 몇 마디뿐

10) 이경직(李耕稙 : 1841~1895) : 청주 출신. 동학교도의 신원운동 당시 전라관찰사로 있다가 탄핵을 받아 파면됨. 을미사변 당시에는 궁내부대신으로 재직 가운데 현장에서 피살됨.

이었다.

44세 나이의 왕비는 한 우방국 공사의 피비린내 나는 음모에 자극을 받은 자객들의 손에 그렇게 죽어 갔다. 그는 영리하고 야망이 있으며 음모적이고 매력 있고 아름다웠던 조선의 왕비였다. 그의 생전에 여러 가지 면에서 신임을 받았던 이노우에 공사의 말에 따르면, "영리하고 빈틈없는 면에서 그를 따를 사람이 없다. 그는 적을 달래고 부하들의 신임을 받는 면에서도 당할 자가 없다." 동이 트자마자 대원군은 다음과 같은 두 가지 항목을 발표했다.

> 첫째, 궁궐에서 간악한 무리들이 출현하여 백성들의 마음은 흐트러져 있다. 따라서 국태공이 다시 권좌에 복귀하여 변화를 추구하고 간악한 무리들을 축출하고 이전의 법을 회복하여 왕실의 권위를 수호할 것이다.
>
> 둘째, 나는 지금 간악한 무리를 내쫓고 나라의 이익과 안전을 구하며 평화를 찾고 왕실의 권위를 돕고자 궁궐에 들어 왔다.

궁궐에서는 반항 세력인 무장된 훈련대가 대궐을 지키면서 백성들의 통행을 허용했다. 구한국 군대의 남은 무리들은 군복을 벗어버리고 무기마저 버렸지만 다시 붙들려 대궐을 빠져나가기 전에 몸을 수색 당했다. 정문 근처에는 홍재희가 쓰러져 피 흘린 자국이 홍건히 드러나 있었다. 대신 세 명이 곧 해임되었고 몇 명은 달아났다. 많은 고위 관리들도 달아나 목숨을 건졌다. 중요 직책의 대부분은 훈련대 장교들로 임명되었다. 시간이 지나자 그들은 자신들이 세운 내각이 말을 잘 듣지 않자 총칼로써 위협했다.

미우라 공사가 스기무라 후카시 서기관과 함께 낮에 대궐에 도착했다. 그는 이 음모의 세부 사항을 꾸민 인물이었다. 왕이 보기에 그 가운데 어떤 일본인은 암살단의 우두머리로서 직접 이 학살에 참가한 사람이었다. 왕은 마음이 몹시 동요된 상태에서 그들을 접견했다. 3개의 문서에 서명하자 무장한 군인들은 비로소 대궐에서 철수했다. 무장 군인뿐만 아니라 왕의 호위병들까지도 이 사건에 관계된 자들의 명령을 받아야만 했다. 대원군이 이 무리들 앞에 나타났다.

낮에 모든 외국 공사들이 왕을 알현했을 때, 그는 매우 분노하였으며, 때때로 흐느끼기도 하면서 왕비가 무사히 피신했다고 믿고 있었다. 그는 암살자들에게 둘러싸여서인지 자신의 안전을 걱정하며 자신의 아버지를 아주 몰염치한 인물로 생각했다. 왕은 왕실의 법도를 어기면서까지 외국 공사들의 손을 잡으며 그의 측근 공사들에게 더 이상의 혼란을 막기 위해 공사관으로 피신할 수 있도록 해 달라고 했다. 그는 훈련대가 일본인들로 교체되지나 않을까 근심했다.

같은 날 오후에 외국 공사들은 일본 공관으로 가서 일본인들이 얼마나 깊이 연루되었는지에 대해 미우라 공사의 설명을 들었다. 왕실에서 사건이 일어난 지 사흘 뒤에 왕과 국민들은 왕비가 아직 살아 있다고 믿고 있는 동안 왕비의 잔혹한 암살이 아니라 그를 모독하는 내용이 소위 왕명이라는 형태로 『관보』에 실렸다. 왕은 그 왕명에 서명을 요청 받았으나 거절했으며 만일 그렇게 한다면 자신의 손을 자르겠다고 말했다. 그러나 궁내부대신과 총리대신 그리고 대신 여섯 명이 서명한 포고령이 그의 명의로 발표됐다.

민비 폐위 조칙(閔妃廢位詔勅)[11]

짐이 왕위에 오른지 32년에 다스림의 덕화가 널리 펴지지[普洽] 못하던 가운데 왕비 민 씨가 그 친당을 끌어 들여 짐의 좌우에 배치[布置]하고 짐의 총명을 가리어[擁蔽] 백성을 수탈[剝割]하고 짐의 정령을 어지럽게[濁亂]하여 관작을 팔아먹고[鬻賣] 탐학이 지방에 펴지매 도적이 사방에서 일어나 종사가 날로[岌岌] 위태하니 짐이 이를 억압하고자 지난해 12월에 종묘에 서고하여 가라대, 후비종척이 국정에 간섭함을 허락하지 아니한다 하여

11) 이 글은 원문을 현대문으로 옮긴 것임.

민 씨의 뉘우침[改悟]을 바라되, 민 씨가 구악을 개전치 아니하고 그 당여 및 군소배를 은밀히 끌어들여[潛相引進] 짐의 동정을 살피고 국무대신의 인접을 방해[防遏]하며, 또 짐의 국병을 해산한다고 짐의 뜻[旨]을 거짓으로 꾸며 난을 격기하고, 사변이 일어나매 짐을 버리고 그 몸을 피하여 지난날의 임오군란에 있었던 일[壬午往事]을 되풀이하고 찾아도 나타나지 아니하니 이는 왕비의 작덕이라 말할 수 없을 뿐더러 그 죄악이 차고 넘쳐[貫盈] 선왕의 종묘를 잇지 못할 새 짐이 부득이 왕실의 옛 법[朕家故事]을 따라 왕비 민 씨를 폐하여 서인으로 삼노라.

개국 504년 8월 22일
칙명을 받들어
궁내부대신 이재면(李載冕)
내각 총리대신 김홍집(金弘集)
외부대신 김윤식(金允植)
내부대신 박정양(朴定陽)
탁지부대신 심상훈(沈相薰)
군부대신 조희연(趙羲淵)
법부대신 겸 학부대신
서광범(徐光範)
농상공부대신서리 정병하(鄭秉夏)

이 거만하고도 불명예스러운 포고령이 발표된 다음날 왕세자에 대한 동정심과 부왕에 대한 그의 깊은 헌신을 고려하여 왕비를 일등 훈위의 비로 "추증한다"는 것이었다. 외교관들은 당황하고 걱정스러워 상황을 논하고자 계속하여 모임을 가졌다. 물론 이 극도의 긴장된 상황은 조선의 "사태"와 그 중요성 때문에 빚어진 것만은 아니었다. 왜냐하면 이번 사건의 이면에는 아무런 방어력도 없는 여자를 무자비하게 살해하려는 음모가 있었으며 끔찍스러운 의구심을 자아내기 때문이었다.

이것은 사건이 일어난 뒤 며칠 동안 하나의 기정사실로 굳어졌다. 사람들은 마치 암호 해독가처럼 말하기를, 이 음모는 조선 사람이 아닌 다른 사람의 계교로 꾸며진 것이며 왕실에 피의 필요성을 느낀 몇몇의 조선 사람이 일본인과 손을 잡고 그들을 조선 사람의 옷으로 변장하여 일을 저질렀으며, 대궐의 담장에는 조선의 무기가 아닌 것들이 번쩍거렸다고 한다.

비록 다이 장군(General Dye)과 사바틴 씨(Mr. Sabatin)의 직접적이고도 거침없는 증언에도 불구하고 사람들은 신중하게 자신들의 의구심을 나타냈다. 사건이 나자마자 의문점들이 나타났는데 "미우라 공사가 이 사건에 관련된 것이 아닌가?"하는 점이었다. 이 문제에 대해서 우리는 특별히 파고 들어갈 필요는 없다. 왕실의 비극이 일어난 지 열흘 뒤에 일본 정부는 이 사건과 관계가 없음을 입증하면서 미우라 공사, 스기무라 서기관 그리고 조선 군부의 고문인 오카모도를 소환하여 수감했다.

몇 달 뒤, 그들은 다른 44명과 더불어 히로시마 법정에 서게 되었지만 "그들에 의해서 실질적으로 사건이 자행되었다고 믿을 만한 충분한 근거가 없다"는 전문적인 사실 설명으로 사면했다. 그러나 판결에 따르면 두 피고인이 "미우라의 사주를 받아 왕비의 시해를 결정했으며 그가 소집한 공범자들의 손에 실행되었다. …… 열 명이 넘는 행동 대원들이 위의 두 명으로부터 왕비를 시해하라는 명령을 받았다"고 판결문은 기록했다.

미우라 공사는 유능한 외교관인 고무라 주타로[12]로 교체되었으며 곧이어 조선의 불행한 왕에 대한 일본 천황의 조문 사절로 이노우에 백작이 도착했

---

12) 고무라 주타로(小村壽太郎 : 1855~1911) : 일본의 외교관. 하버드대학 출신. 후작. 을미사변 직후 잠시 조선주차 변리공사를 지냈으며, 가츠라 타로 제1차 내각 당시 외상으로 영일동맹을 맺어 러일전쟁을 승리로 이끌고 조선과 을사보호조약을 체결했다. 가츠라 제2차 내각 때에는 외상이 되어 한일합병조약을 체결하고 구미 선진국과의 차별 조약을 철폐하는 데 성공했다.

다. 동방 문명의 선두 주자로서의 일본의 위신은 실추되지 않았으며 일본 정부는 이 문제에 대해 외국 공사들의 동정을 구하려는 노력을 계속했다. 그러나 일본이 연루를 부인한 것이 잊히게 되면 살해 음모는 일본 정부에 의한 것이었으며 총칼로 무장하고 민간 복장을 한 일본인들이 왕궁에서 이 무도한 일에 참가했으며 몇몇은 한국의 동조자였으며 몇몇은 일본 정부와 연결된 일본 경찰이었다는 사실, 그리고 일본인 소시[13]를 포함해서 모두 60명이 시해에 가담했고 일본의 정규군이 개입하지 않았다는 사실을 기억하게 될 것이다.

일본 공사를 제외하고 외국 대사들은 시해자들이 재판을 받고 훈련대가 황실에서 축출되고, 최근에 임명되어 소요에 관계된 대신들이 재정비되거나 공직에서 제거될 때까지는 정부의 어떠한 조치도 인정하지 않을 것이며 왕의 이름으로 제출된 어떠한 왕명도 믿을 만한 것으로 받아들여지지 않을 것이라고 조선 정부에 통고했다. 이러한 과정이 얼마나 신중했던가는 그 뒤에 밝혀졌다.

10월 15일, 관보의 호외는 왕실의 명령에 따라서 왕비 자리를 비워 두어서는 안 되므로 곧 새로운 왕비 간택의 절차를 밟을 것이라고 발표했다. 이는 왕실의 감옥에 갇혀 있는 왕에 대한 여러 가지 모욕 가운데 하나였을 뿐이었다. 10월의 나머지 날들과 11월에는 사건에 대한 진전이 없었으며 암울함만이 깊어 갔다. 왕실의 접견과 만찬이 없어지고 왕은 독살과 암살의 두려움에 떨었다. 그는 마치 좁은 구석방에 갇힌 죄수와 같았다. 그는 실제로 열쇠를 쥔 간수들 같은 반란군으로 구성된 대신들의 손아귀에 잡혀 있었다.

그들은 왕이 바라지도 않는 포고령에 날인을 강요했다. 그들은 왕비를 살해한 손의 피가 채 마르지도 않은 무리들의 도구였다. 이처럼 왕과 세자가

13) 소시(壯士) : 한국어의 장사(壯士)와는 다른 뜻으로, 청부 살인 등의 악행을 일삼던 일본의 낭인들을 의미함.

비참해 본 적은 일찍이 없었다. 그들은 자신들의 면전에서 다른 누가 살해되지나 않을까 두려워하면서 음식을 입에 대지도 못했으며 잠시라도 서로 떨어지는 것을 두려워하며 믿을 수 있는 충복도 하나 없이 음식을 앞에 두고도 한없는 두려움에 사로잡히곤 했다.

늙고 나약한 미국 군사 고문 다이 장군은 두 명씩 미국인 선교사들과 규장각에서 자면서 번갈아 국왕을 지켰다. 이 길만이 불행한 주권 국가가 소유한 유일한 방어책이었다. 그는 매일 외국 사절의 방문을 받았다. 그것은 자신이 살아 있음을 알리고 동정과 관심을 끈다는 두 가지 목적에서였다. 음식은 열쇠로 잠근 상자에 담아 러시아인이나 미국인으로부터 공급받았으며 감시가 너무 심하여 국왕이 열쇠를 넘겨받기도 힘들었다.

왕은 때때로 다급하게 귓속말로 외국인들과 대화를 나눌 뿐이었다. 그들만이 그가 믿을 수 있는 사람들이었다. 그는 당초부터 영국이나 러시아 공사관으로 몸을 피하고 싶었던 것은 사실이었다. 그는 때때로 흐느끼며 외국인의 손을 잡았으며 외국인들은 정중하고도 자상한 국왕에 대하여 그들이 느끼는 동정심을 숨기려 하지 않았다.

외국인들도 여흥을 중단했다. 혼란이 너무 심각하고 슬픔이 너무 컸기에 서울의 겨울은 따사로움을 찾아볼 수 없었다. 모든 외국 부인 가운데 특히 왕비의 어의였던 언더우드 여사와 왕비의 절친한 친구였던 웨베르 여사는 그의 죽음을 자신들의 슬픔처럼 애석히 생각했다. 그의 동양적 무단 정치는 죽음의 공포 속에 잊혀졌다.

그때까지만 해도 왕비가 위험을 피해 숨어 살아 있기를 고대하는 사람들도 있었다. 조선 사람들 사이에 여론이 오도되었고 수많은 사람들이 투옥되었으며, 왕이 언제쯤 왕권에 복귀할는지를 아는 사람은 없었지만 왕이 자유로이 되는 것을 간절히 바라고 있는 것만은 틀림없었다. 수많은 외국 군함이 제물포에 정박했으며 영국, 러시아 및 미국 공사관은 해군으로 자신을 보호했다.

왕비 시해 사건이 발발한 지 한 달 남짓 지난 뒤, 그가 몸을 피해 살아 있을 거라는 희망은 사라지고 새로운 각료 밑에서의 정세는 심각한 지경에 이르렀다. 외국 대표들은 훈련대의 무장 해제를 이노우에에게 촉구했고 왕이 자신의 안전을 의존할 수 있는 친위군을 양성할 때까지 왕궁을 점령하고 있는 일본군을 주둔시킬 것을 촉구했다.

이 제안을 통해서 우리는 일본 정부가 힘 있는 전권 공사를 통해 자신들의 죄를 벗어나려 발버둥 쳤다는 것을 짐작할 수 있다. 이노우에는 정중하고도 민첩하게 이 제안을 즉각 거절했다. 왜냐하면 일본군에 의한 왕궁의 일시 점령이 비록 왕의 안전을 위한 것이라 하지만 오해의 여지가 있을 뿐만 아니라 복잡한 문제를 일으킬 소지가 있기 때문이었다. 그러한 제안은 열강으로부터 명백한 위임을 받았을 경우에만 기꺼이 수락되었을 것이다.

전신 작업이 개시되었고 이 문제를 정리하는 데에는 절차에 따른 동의가 있었다. 나는 11월 7일 내가 평양에 도착하면 이 심각한 쿠데타가 외국 대표들의 면전에서 성공적으로 달성되었다는 전신을 받아 볼 수 있으리라는 확신을 가지고 서울을 떠났다. 그러나 일본은 그 일을 시도하지 않았다. 비록 이노우에와 새로 부임한 공사 고무라에 따라 그 일이 추진된다 하더라도 훈련대는 실질적으로 힘을 지니고 있었고 왕은 다만 죄수일 뿐이었다.

만일 외국 대표들의 권고가 받아들여졌더라면 지금쯤은 러시아의 세력이 조선을 지배하는 일은 없었을 것이다. 이들 가운데 러시아 대표가 조선에 대한 일본의 간섭에 대해 가장 반발하였다. 러시아 정부가 일본 정부에게 훈련대의 무장 해제와 왕의 보호를 명령한 것은 정당한 일이었으나 일본 정부는 이 제안을 거부함으로써 러시아의 점차적인 간섭을 유발한 데 대한 책임을 지게 되었다.

11월에 조선에서 불만이 증가되었으며 10월 8일의 사건을 조사해야 한다는 외국 대표들과 조선의 각계각층의 요구 때문에 각료들은 이미 뒷전에 밀려 있던 민비 시해 사건의 재조사를 마지못해 받아들였다. 11월 26일 왕은 외국 대표들을 대궐로 초빙했다. 국왕의 면전에서 총리대신은 왕의 서명으로 된 왕령을 발표하고 모반자들에 따라 지명된 군부대신과 경무사를 해임하였다.

왕은 왕비의 명예를 실추시킨 지난번의 조치를 무효화시킴으로써 왕비의 명예를 복권했다. 그 포고령에는 10월 8일의 시해 사건을 법부아문이 조사하며 범인들을 처벌할 것으로 되어 있었다. 동시에 왕비의 죽음이 공식적으로 발표되었다. 이 접견의 결과에 대해 미국 정부의 사절인 실(J. M. B. Sill) 씨는 "이 발표에 대해 매우 만족한다."고 말했다. 힐리어(Walter C. Hillier) 씨도 "이 만족스러운 결과에 대해 축하드리며 평화와 안전이 시작되기 바라며 아울러 왕이 근심으로부터 벗어나길 바란다."고 덧붙였다. 이러한 바람은 그의 동료들로부터 정중한 동의를 얻었다.

왕권을 회복하고 모반자들을 처벌하고자 하는 왕의 계획은 철저히 약속되었지만 대단치 않은 인물들로 여겨졌던 구 수비대의 몇몇 조선 사람들에 의한 "충성스러운 음모"로 말미암아 실패로 돌아갔다. 이 계획은 국왕을 해방시키고 훈련대를 왕궁수비대로 대체한다는 방안을 포함하고 있었다.

비록 이 계획은 희망적인 회합이 있은 뒤 이틀 만에 대실패로 끝나고 조기에 발각되어 좌절되었고 그 결과는 비참했다. 왜냐하면 이 계획에는 유명인사들이 포함되어 있어서 커다란 의혹을 불러일으키고 외국인들의 반감을 샀으며 특히 몇몇 미국 선교사들이 음모의 동조자로 지목되어 적대감을 유발함으로써 커다란 혼란을 유발했기 때문이었다.[14)]

내가 5주 뒤에 조선을 떠날 때까지도 사태가 타결될 전망을 없었다. 왕은

---

14) 이상의 사건은 1895년 11월 28일에 있었던 이른바 춘생문사건을 의미한다. 개국 504년 11월 13일자 고등재판소재판선고서에 따르면 이 당시 체포된 3인은 박선 · 이주회 · 윤석우 등 3명으로 되어 있다. 그 뒤 임최수와 이도철은 처형되었고, 이민굉 · 이충구 · 전우기 · 노흥규 등은 유배당했으며, 이재순 · 안경수 · 김재풍 · 남만리에게는 태(笞) 100대도 병과되었지만 남만리만은 모든 것이 면제되었다.

지난날보다도 더 갇혀 지냈으며 왕은 이러한 환경에 점차 익숙하고도 오만하게 만들었다. 그는 암살의 두려움 속에서 나날을 보냈다. 그리고 그는 공식적으로 궁궐의 출입을 허가 받은 외국인들을 제외하고는 다른 외국인을 접촉할 수 없었으며 외국인들도 날이 갈수록 면담을 싫어하게 되었다.

나는 여행 일정 때문에 이 중요한 시점에서 서울을 떠난다는 것이 유감스러웠다. 매일 새로운 사건과 소문을 들을 때마다 상당히 중요한 쿠데타가 임박했다고 사람들은 믿었다. 그러나 오랫동안 계획해 온 서부 중국으로 여행을 앞두고 시간을 마음대로 쓸 수가 없었다.

제 24 장 장례 풍습

얼마 동안 통역을 구하느라고 어려움을 겪고 난 뒤, 나는 자신의 임무를 썩 잘 수행하는 한 명의 통역을 소개받았다. 나는 그와의 여행을 통해 외국인과 동행했던 것보다도 훨씬 더 조선 사람에게 접근할 수 있었다. 그는 영어를 훌륭하게 구사했으며, 총명하고, 정중하고, 지적이며 선량한 성품을 지니고 있었다. 그는 섬세한 유머 감각을 지닌 사람으로서 나에게 많은 즐거움과 흥미를 선사했다. 여행 기간 동안에 우리는 깊은 교우 관계를 유지했다.

힐리어 씨는 나에게 임 씨라는 공사관 호위병을 수행인으로 붙여 주었다. 이 사람은 지난번의 여행에서도 사진 장비를 맡았었는데 여행 가운데 나는 그가 능력 있고 충성스러우며 신속하고 힘이 넘친다는 것을 그때 알았다. 그는 그 이후의 수행원들을 무색하게 할 정도로 소중하고 유능했다. 이와 더불어 통행증과 나에게 공식적 도움을 지시하는 조선 외무아문의 편지인 관자가 준비되었으므로 여행은 최대한 가능한 지원 아래서 이루어졌다. 그러나 나는 그 관자를 사용할 기회가 없었다.

여행 전날은 이학인 씨와 친교를 나누는 데 시간을 보냈다. 나는 많은 우정 어린 친구들로부터 작별 인사를 받았으며 여행에 필요한 나귀와 용구들을 살펴보고 사진 준비물을 정리했다. 임 씨에게 카레 요리를 가르쳐 주었더니 곧잘 했기 때문에 나는 여행을 하면서 일체의 요리를 하지 않아도 괜찮았다. 미래의 여행자들에게 유익함을 주고자 한 마디 한다면, 나의 준비물은 야전 침대와 침낭, 양초, 크고 질기고 기름 먹인 천, 접는 의자, 솥, 포트 두 개, 컵 한 개와 광택제를 칠한 철제 접시 두 개, 케케묵은 냄새가 나는 얼마간의 차, 약간의 밀가루, 카레 파우더, 그리고 알려지지도 않았던 에드워드사의 말린 캔 비누 등이었다.

조선 사람들이 반복적으로 물었다.

"당신은 조선 음식을 드실 수 있습니까?"

그럴 때면 나는 자신 있게 대답했다.

"나는 꿩, 닭고기, 감자, 계란 요리를 잘 먹습니다."

따뜻한 동복과 최고의 여행용 모자인 일본의 인력거꾼 모자, 그리고 조선의 짚신으로 나의 여행 준비는 모두 갖추어진 셈이어서 다른 어떤 것도 필요하지 않았다.

우리는 11월 7일 정시에 출발하는 데 어떠한 지체도 없었으며 내가 여행자의 골칫거리로 여겼던 마부도 일체 말썽을 일으키지 않았다. 비록 그들이 일일 고용직으로 채용되었지만, 그들은 장기 여행을 할 수 있도록 준비했으며 또한 기꺼이 호의를 제공할 뜻이 있었으므로 여행이 끝난 한 달 뒤 우리는 친숙한 관계가 되어 헤어졌다.

이러한 나의 두 번째 경험에서 나는 조선의 마부가 매우 열악한 환경에 놓여 있는 계급이라고 생각하게 되었다. 왜냐하면 각각의 나귀와 인부에게 음식을 포함해서 나는 하루 임금으로 1달러 2실링을 지불했고 휴식 기간 동안에 그의 반을 지불했기 때문이었다. 이 씨는 두 마리의 당나귀를 가지고 있었는데 하나는 임 씨가 탔으며 나머지 한 마리는 임시로 나의 안장을 실었다.

영국 공사관과 세관을 출발할 때, 우리는 돈의문을 통해 그 도시를 떠났으며 대대로 왕의 즉위식 때면 중국(청)의 사신을 영접하기 위해 문양과 칠을 한 지붕을 받들고 있는 기둥[영은문]을 지나갔다. 그곳은 조선을 침략해서 최근까지 주권을 제한한 청국으로 가는 북경로라고 알려진 곳이었다. 우리가 좁고 꾸불꾸불한 계곡을 빠져 나오니 우뚝 솟은 성벽이 시야에서 멀어졌다.

조선의 가을 날씨는 굉장히 아름다웠으며 놀랍도록 검은 산봉우리와 톱니처럼 생긴 산등성이, 그리고 오른쪽에 있는 북한산의 수려한 능선과 계곡은 최고의 아름다움을 갖추고 있었다. 몇 마일 가량의 길은 장작, 쌀, 삭정이 등, 수도의 일상 생활품을 공급하고자 짐을 실은 우마차로 가득 찼다. 마을을 통과할 때면 대검을 몸에 지닌 일본 여행자들이나 일본군들을 실은 나귀들을 제외하고는 한산했다.

파주에 이르는 길은 조그만 마을과 계단식 논이 있는 조그만 계곡으로 펼쳐 있었다. 길 위에는 말리기 위한 볏단이 깔려 있었으며 밭에는 밀, 조, 면화 등이 자라고 있었다. 참나무와 소나무를 빼놓고는 적막했다. 소나무가 어두운 숲에서 자라나고 있었으며 주홍색의 단풍나무와 새빨간 개머루로 더욱 돋보였다. 낮은 경사 지면이나 나무가 인접해 있는 곳에 많은 마을이 있었는데, 깊은 처마와 갈색 초가지붕으로 덮여 있었다. 초가지붕 위에는 고추를 말리기 위해 널어놓았다.

이 지방은 전체적으로 결핍된 생활을 충분히 보상할 만큼 그 모습이 아름다움을 지니고 있었다. 우리가 지나간 마을 사람들은 열심히 생활하고 있었다. 마을의 탈곡장으로 가는 길이 탈곡된 쌀과 조로 가득 찼으며 낯선 여행자들이 통과해도 그들에게는 별로 관심의 대상이 되지 못했다. 모든 것들은 건조했으며 흰옷을 입은 백성들은 매우 청결해 보였다.

정오에 우리는 고양에 도착했다. 그곳에는 가난한 300여 가구가 살고 있었으며 한때는 아름다웠으나 지금은 거의 폐허가 되어 버린 관청이 있었다. 여기에서 평양에 이르기까지 모든 관할 구역의 관청에는 20~30명의 일본군이 주둔하고 있었다. 지난 3세기 동안의 유산이 되어 버린 증오심으로 그곳

주민들은 일본군들을 몹시 싫어했다. 그러나 그들 가운데 어느 누구도 일본군들에 반항하는 언사를 보이는 사람은 없었으며 오히려 그들이 갖는 아픔을 받아들이고 관청 문밖 어느 곳에서도 그들을 방해하는 사람도 없었다.

마부가 그곳에서 노새에게 먹이를 주려고 두 시간가량 휴식했다. 이 한낮의 휴식은 여행자들과 마부들 사이에 싸우는 시간이었다. 사냥을 하는 것도 아니고, 길이 험한 곳도 아닌데 10분 이상 휴식할 수는 없었다. 나는 다툼이 싫어 도로 사정이 괜찮은 상황에서 한 시간에 12리(3.75마일)를 가야만 된다고 주장했다. 고양에서 나는 내가 쉴 수 있는 방을 얻으려고 여관 주인에게 100냥을 지불했는데 매우 만족스러웠다. 내가 뜨거운 방바닥에 매트리스를 깔고 누웠더니 임 씨가 본능적으로 종이 벽과 문 위로 거적과 커튼을 묶어 나의 사생활을 지켜 주었다.

이 한낮의 휴식은 매우 즐거웠다. 길과 마을과 작은 촌락의 거의 모든 집에는 처마 아래에 조선 사람들이 좋아하는 먹을거리로 만든 음식을 차릴 낮은 상이 놓여 있었다. 고양을 넘어서자 날카로운 벼랑 한쪽 소나무 위로 영원한 장엄함을 상징하는 것으로서 조선이 자부할 수 있는 낯선 유적이 두 군데나 있었다. 이는 두 개의 커다란 미륵 반신상으로서 약 35피트의 높이였는데 단단한 바위에 조각되어 있었다.

이들은 아마도 조선 불교의 초기 유적으로 생각되었다. 그때는 사람들이 모두 그러한 거대한 일을 위해 노역할 만큼 종교적이었으며 자연의 음양을 상징하려 했다. 그들은 나란히 서 있었다. 하나는 둥근 모자를 쓰고 있었고 다른 하나는 정방형의 모자를 쓰고 있었다. 불교적 고요함, 아니 오히려 초월감이 그들의 거대한 얼굴에 남아 있었고 조선의 수많은 변화를 아무런 표정도 없이 지켜보고 있었지만 이제까지 내가 보아 왔던 어떤 것보다 위대하게 보였다.

우리는 그날 장례식을 세 번 보았다. 일본 군인들은 전체 도로를 차지하고 있다가 장례 행렬이 나타나자 좌우로 갈라서더니 고인에 대하여 그들의 방식대로 모자를 벗어 들었다. 이 장례식은 슬픔보다는 오히려 호사스러움을 느끼게 했다. 앞서 걸어가는 두 사람은 누구누구의 아내라고 비단에 적은 작은 기를 들고 있었다. 그 여자는 결혼했지만 이름이 없기 때문이다.

그 다음 한 사람이 뒤를 보면서 걷는데 그의 모자에는 색칠한 리본이 물결치는 듯했다. 그는 종을 치면서 음조가 맞지 않는 곡을 웅얼거리는데 조곡인 듯했다. 화사한 천으로 둘러싼 관 아래의 시신은 12명의 장정들이 멘 상여 위에 안치되어 있었으며 악기를 소지한 사람을 포함해서 남성 조문객들, 탁자, 음식 상자 등의 거대한 집단이 뒤따랐다. 그러나 그들의 표정이 슬퍼 보이지는 않았다.

상여의 윗부분에는 불사조를 닮은 신비한 두 마리의 새가 있었다. 상여와 천은 수려한 색조를 지녔고 리본으로 장식되어 있었다. 길바닥에 2구의 시신이 놓여 있었는데 그 위로 풀칠한 종이를 씌워 도로 양옆에 뉘었다. 이들은 객사한 사람들로서 그들의 친구들이 매장하려 운구하고 있었다.

잠시 뒤에 우리는 다른 장례식을 또 만났다. 이번에는 12명의 장정이 앞에서 본 것과 같은 방식으로 운구하는데 그들을 매우 경쾌한 음조로 장송곡을 불렀으며 그 뒤를 따라 가는 무리들은 마치 결혼식처럼 즐거워했다. 상여의 위에는 쭉 뻗은 팔을 가진 용이 있었고 꿩과 비슷한 4마리의 커다란 새가 서로 교차되어 있었다.

죽음과 매장에 관한 조선의 관습은 간단히 설명할 가치가 있다. 남자나 여자가 병을 앓을 때, 우선 무당이 와서 굿으로 병의 원인이 된 악귀를 쫓아버린다. 그러나 이 굿이 아무런 효험을 내지 못하고 곧 죽음이 임박할 경우, 여자를 제외한 남자만 남게 되며 예외적으로 임종이 가까운 이의 가장 가까운 친척만 제외하고는 모든 여성 조문객들은 그 방에서 물러나야만 한다.

여자의 임종이 가까워 질 경우 남편과 아버지와 오빠를 제외한 모든 남자들은 물러나야 한다. 시신이 아직 경직되지 않았을 때, 특히 관절 부분을 깨끗이 세척하여 깨끗한 천으로 덮어 관에 3일 동안 놓아두고 그 판 위에 일곱 개의 별을 그린다. 이 관은 결국 무덤 앞에서 소각된다. 소위 칠성판(七星板)은 곧 죽음의 완곡한 표현이어서 "무덤"이라는 용어와 같은 의미로 쓴다. 상을 당한 기간에 붉고 푸르고 노란 색조를 띤 좋은 재질의 수의를 준비한다. 조선의 관습은 가난한 사람의 경우 3일장을 하도록 되어 있으며, 중간계층은 9일장, 귀족 또는 고위 관료들은 3월장을 치르며 왕족의 경우 9월장을 치르는데[1] 이 경우 왕의 기호에 따라 줄일 수도 있고 늘릴 수도 있다.

조선에서는 사람이 죽으면 그 영혼은 세 곳에 머문다고 생각한다. 곧 죽은 다음에 하나는 위패에 머물며, 다른 하나는 무덤에, 그리고 나머지 하나는 미지의 세계에 머문다. 영혼이 나가는 동안에는 정적만이 감돈다. 하인이 시신의 웃옷을 벗겨 허공에 흔들면서 상전의 이름을 부른다. 친척들과 친구들은 한동안 크게 통곡한다. 잠시 뒤 고인의 옷들을 지붕 위로 던진다. 시신에게 옷을 입힐 때, 가슴둘레를 단단하게 묶어 때로는 어깨뼈가 부러지기도 하는데 이는 행운의 표시로 해석된다.

이러한 의식이 끝난 다음 탁자를 문밖에 놓고 그 위에 밥 세 그릇과 호박을 차려 놓고 그 옆에 짚신 세 켤레를 놓는다. 쌀과 짚신은 3명의 사자를 위한 것인데 그들이 바로 죽은 이의 영혼을 십대왕에게 안내하는 심부름꾼이다. 30분이 지나면 호박을 깨고 짚신을 태우고 사잣밥을 멀리 던진다. 시왕의 초상은 조선의 절에서도 볼 수 있다.

사람이 죽으면 그 영혼은 사자에 따라 시왕이 있는 미지의 곳으로 인도되며 그 자리에서 시왕의 부하가 그 영혼의 생전의 됨됨이를 염라대왕이 알려주면 그는 천당이나 또는 갖가지 형벌이 있는 지옥으로 가는 판결을 받게 된다. 비록 불교의 영향이 퇴색했다 할지라도 장례의 관습을 통해서 불교는

1) 이 부분에 대해서는 필자가 다소 오해하고 있다. 양반의 경우에는 유월장(죽은 달에 장례를 치르지 않고 그 다음 달에 치르는 풍습)을 치르기 때문에 2개월이 걸리는 경우는 흔히 있지만 3월장을 치르는 경우란 없으며 왕도 9월장을 치르지는 않았다.

여전히 유지되고 있음을 알 수 있다.

관은 장방형이다. 매장이 늦어지면 관에 여러 번 옻칠을 하여 밀폐한다. 장례식 전까지 초상집에서는 매일 세 끼마다 곡을 한다. 지관은 장지를 선택해 주고 그 집안의 재산의 정도에 따라 많은 대금을 받는다. 그는 오랜 연구를 통하여 길지와 흉지를 알고 있다고 사람들은 믿고 있다. 행운의 자리는 후손에게 벼슬과 재산을 가져다주며 번창한 자손들을 낳게 하는데 가능하다면 남쪽으로 경사진 언덕이 좋다.

지관은 또한 매장하기 좋은 길일을 선택한다. 부자의 경우에는 사망하기 전에 미리 무덤 앞에 놓을 석제단을 준비하며 가난한 사람의 경우에는 그렇게 하지 못한다. 화려하게 치장한 상여에 관을 옮긴 다음 곡소리, 음악소리, 노래 소리가 들리는 가운데 술과 음식을 차리며 만약 밤중이라면 많은 불을 밝혀 무덤까지 나아간다. 드문 경우이지만 미망인은 그 남편의 시신에서 가까운 의자에 앉고 그 외의 모든 사람들은 넓은 모자를 써 얼굴을 가리고 삼베옷을 입는다.

매장을 하고 봉분을 만든 뒤에 제주를 붇고 제사를 지낸 뒤 함께 음식을 먹는다. 만약 제단이 무덤 앞에 설치되어 있다면 그 단위에, 제단이 없다면 작은 상 위에 술과 마른 고기를 올려놓는다. 친척들은 이 장면을 보고 다섯 번 절을 하며 반복해서 영혼이 평화롭게 안주하기를 기원한다.

산신에게도 제물과 절을 똑같이 올린다. 산신이란 바로 그 산을 지배하며 죽은 이의 안녕을 보장하는 영혼의 주인이다. 술을 멀리 뿌리고 마른 고기는 하인들이 먹는다. 임종이나 장례식에는 어떤 성직자도 참석하지 않으며 다만 미지의 심판자와 산신에게 고인의 영혼을 맡긴다.

위패를 모신 의자가 변함없이 장례 절차에 포함되는데 그것은 벗겨진 백목으로 되어 있고 그 위에는 고인의 성이 새겨 있다. 이 비문의 일부는 집에서 기록하고 나머지는 무덤에서 완성된다. 이 위패는 똑같은 절차를 밟아 집으로 돌아온다. 이렇게 함으로써 세 번째 영혼은 조문객들과 더불어 집으로 돌아와 위패 안에서 주거한다고 사람들은 믿는다.

이 위패를 빈 방에 검은 옻칠한 의자와 탁자 위에 모시고 그 앞에 떡, 술, 조리된 고기, 그리고 국수 등 새로운 제물을 제공하는데 이렇게 해야 고인의 영혼이 흡족하게 생각한다고 믿는다. 조문객들은 다시 다섯 번 절을 하고 나서 방에서 그 제물을 먹는다. 친구들이 부조금을 내는 것도 관습이다.

운명할 때부터 매장할 때까지 상을 당한 집은 침묵을 지키면서, 다만 가족을 문상하고 죽은 이의 덕을 칭송하는 방문객들의 조문을 받는다. 일상적인 화제에 대한 담소는 시신을 흔들어 깨우고 편안하지 못하게 만든다고 그들은 믿는다. 똑같은 이유로 하인들은 특히 고양이가 문턱을 넘어오는지의 여부를 감시한다. 왜냐하면 고양이는 불길한 동물로 여겨지기 때문이다. 고양이가 시신을 뛰어 넘으면 불길하며 시신이 벌떡 일어서게 되는 원인이 된다고 믿는다.

시신을 집밖으로 옮기면, 2~3명의 무당이 악기와 직업상의 장비를 들고 그 안으로 들어간다. 잠시 뒤에 한 사람이 죽은 이의 영혼의 영감을 받아 정확하게 죽은 이의 사소한 버릇과 행동과 말씨를 체현한다. 무당은 그의 일생을 이야기하며, 만약 그가 생전에 나쁜 사람이었다면 그 잘못을 고백하는데 이웃 사람들이 이를 의심하지 않을 수도 있으며, 만약 그가 착한 사람이었다면 그의 덕행을 이야기한다. 마지막으로 그는 참석자들에게 작별한 뒤 물러간다.

위패를 사당으로 모시고 거상 기간이 끝나면 한 달에 한 번씩 사당에 음식을 차린다. 고인의 기일에 그 후손들이 모이는데 이 의식은 5대 선조까지 거슬러 올라간다. 친척이나 조상이 많은 경우에는 경비가 많이 드는데, 그 비용은 맏아들과 그 상속자가 맡는다. 조선의 어느 양반이 나에게 들려준 바에 따르면 그의 장조카는 그의 가계비보다 훨씬 더 많은 제사 경비를 지출한다고 한다.

3년의 애도 기간이 지나면 주로 부자들은 그의 집근처에 있는 사당으로 위패를 옮긴다. 애도 기간 동안 위패는 빈 방이나 아니면 대개는 여자의 방에 모셔 놓는다. 가난한 사람들은 방의 한쪽 구석에 있는 상자에 위패를 모셔 두며 또 다른 조상의 위패를 모셔야 할 경우에는 이름을 쓴 종이를 벽에 붙인다. 나는 들보의 한쪽 위 먼지 속에 위패가 묻혀 있는 방에서 잠을 잔 적이 있었다.

선친의 기일은 3년 동안 성대하게 지켜진다. 돌아가신 날의 하루 전날에 위패 앞에서 제사를 지내면 그 다음날 친구들이 가족들에게 문상을 하러 방문하여 다양한 음식을 먹는다. 그날 자손들은 고인의 무덤을 찾아가 고인의 영혼과 산신에게 제사를 드린다.

미망인은 평생 동안 소복을 입는다. 만약 그에게 아들이 없다면 아들의 역할을 대신해서 남편을 위해 제례를 수행한다. 과부의 재혼은 부정한 것이다. 만약 그가 상속 재산을 많이 가지고 있을 경우, 그는 개가를 함으로써 재산을 탐내는 사람들의 조들림으로부터 벗어날 수 있다. 이럴 경우에도 결국 그는 재산을 모두 빼앗기고 황폐하게 된다. 과부의 재혼을 "관용"으로 인식하려는 관습은 최근에 재혼할 수 있는 "권리"로 변화하고 있다.

제 25 장 고도 송도의 모습

우리가 파주에 도착하기에 앞서 날이 저물자 마부는 도둑과 호랑이가 나타날까 무서워했다. 땅거미가 진 뒤 조선의 여인숙에 들어가는 것을 불쾌한 일이다. 왜냐하면 짐을 내리는 데 불빛도 없고, 시끄럽고, 소란스럽기 때문이다. 여행자가 도착하면 어떤 사람이 잔 나무 가지를 가지고 들어와 먼지를 털고 해충을 잡으며 때때로 지저분한 이불을 내려놓는다.

나는 해충으로부터 자신을 보호하는 데에는 나귀 한 마리 분의 살충제보다 기름 묻은 홑이불이 더 낪다는 것을 경험으로 알고 있다. 나는 카메라 삼각대를 여러 가지로 사용하였다. 그것은 촛대, 기압계의 걸이 또는 밤에 나의 옷을 안전하게 걸어 놓기 위한 시설로 사용했다.

도착한 지 두 시간이 지난 뒤에 식사가 준비되었다. 식사를 한 뒤에 이 씨가 그날에 있었던 이야기와 내일 계획을 설명하고 조선 사람의 관습을 나에게 설명해 주고, 나의 지시 사항을 충실한 임 씨에게 설명해 주려고 들어왔다. 그리고 8시 30분에 잠들었다.

파주를 떠난 뒤의 시골은 아주 아름다웠다. 조선에서 그림 같은 광경 가운데 하나는 골짜기의 양쪽으로 밀집하여 운치 있게 자리 잡고 있는 임진강 주변의 촌락을 높은 곳에서 내려다보는 것이다. 그 마을은 한강의 지류인 널따란 임진강까지 이어지며 양쪽에는 소나무가 자라고 있는 바위 암벽이 둘러서 있다. 두 개의 암벽은 훌륭하게 이중 지붕으로 된 중국풍의 진서루로 이어진다.

마을 거리로 통하는 길은 그 문을 통하여 강가에 이르는데 북경로에는 이와 비슷한 관문이 서너 곳이나 있다. 임진강은 너비가 343야드이며 물이 얕고 북쪽으로는 평평한 모래사장이 있지만 절벽은 높고 그 위에는 방어 시설이 남쪽으로 뻗어 있기 때문에 몇 마일에 걸쳐 출구라고는 이 관문밖에 없다. 강에는 깊고 푸른 물이 흐르고 있기 때문에 하구로부터 40마일까지 14톤의 선박이 항해할 수 있다. 고요하고 희미한 푸른 기운이 감돌고 있는 은빛 강을 지나 꿈결같이 산을 끼고 지나가는 배의 항해는 매우 운치 있는 인상을 주었다.

길 위에는 두개의 중국식 다리가 있는데 견고한 4각형의 교각으로 지탱되고 있으며, 곡선을 이루는 석판에는 난간이 없다 할지라도 안전하다는 느낌을 준다. 조선의 다리는 강에 기둥을 세우고 거적이나 잔 나무 가지를 깔고 그 위에 흙으로 덮는데 대개는 구멍이 많다. 이러한 불안전한 구조물은 비가 온 뒤에 바로 다시 복구해야 한다. 마부는 일반적으로 다리의 견고함을 시험하려고 앞서 간다.

이 지역은 매우 기름져 완두, 가지, 고추, 담배, 옥수수, 콩, 아주까리, 참깨, 면화, 메밀, 기장, 보리, 밀, 쌀 등의 많은 농작물을 생산한다. 그러나 아주까리기름은 러시아와 미국의 등유로 빠르게 바뀌었으며 스코틀랜드의 서부 지역에서 보여 주었듯이 마을의 저녁 생활에 커다란 변화를 일으켰다. 아무리 도로에서 멀리 떨어져 있는 마을이라 할지라도 평양의 이남에 등유가 보급되지 않은 곳을 볼 수가 없었다.

나는 송도로부터 10리 밖의 마을에서 하룻밤을 묵게 된 것이 무척이나 유감스러웠다. 왜냐하면 사람들은 외국인을 받는 것을 좋아하지 않았기 때문이었다. 내가 묵은 8피트 6인치×6피트의 방은 온도가 85°F(29.5°C)까지 올라갔고 메주 썩는 냄새가 지독했으며 온갖 종류의 바글대는 해충의 엄습을 막기 위해 침대 위에 커튼을 쳐야만 했다.

다음날 아침, 모든 것이 쾌적한 분위기에서 우리는 송도에 도착했다. 지금은 왕국의 두 번째 수도지만 한때는 고려로 통합된 삼국 가운데 하나인 온조의 수도였으며[1)] 5세기 전에는 고려의 수도였다. 주위에 10마일에 걸쳐 높이가 불규칙한 성벽이 있고, 6만 명의 인구가 살고 있는 이 도시는 상단산 북쪽에 위치하고 있으며 상단산으로부터 북동쪽에 이르는 끝이 뾰족하고 파손된 이중 지붕의 관문을 통해서 들어 갈 수 있다.

상단산의 높이는 2,000~3,000피트이며 서울과 흡사하다. 그 거대한 관문은 가로수 가까이에 있고, 길은 효자, 열녀, 충신, 그리고 관찰사를 기념하는 비석을 따라 길게 나 있다. 양쪽의 초가집으로 말미암아 좁아 보이는 넓은 길이 그 도시를 가로지르고 있다. 왁자지껄하고 활기찬 소매상들의 모습은 마치 전시장 같았다. 여자들은 하얀 천을 머리에 쓰고 있었는데 거의 발까지 닿았다.

매우 하얀 옷을 입고 큰 모자를 쓴 남자들, 결혼 뒤 몇 달 동안 관습적으로 써야 하는 진기한 노란 모자를 쓰고 핑크빛 외투를 입은 꼬마 신랑, 머리부터 발끝까지 거친 삼베옷을 입고 끝이 뾰족하고 부채꼴 모양의 삿갓으로 머리와 어깨를 감추고 두 개의 손잡이가 달린 거친 삼베가리개로 얼굴을 가려 누구인지도 알아볼 수 없는 상주들로 거리는 북적거렸다.

짚으로 된 상점의 낮은 선반과 바닥의 거적 위에는 온갖 생활필수품과 사치품이 널려 있는데 그 가운데는 영국 제품도 많이 있었다. 그들은 피가 묻어 있는 고기 조각을 자르고 있었는데 그들이 도살하는 장면을 본 사람들은 채식주의자가 되기에 충분하다. 염소를 좁은 개울에서 이리저리 잡아끌고 다니다가 도살하는데 그 이유는 노린내를 없애기 위해서라고 한다.

---

1) 온조(溫祚)가 개성에 도읍을 정한 적은 없다. 왕건을 오해한 것으로 보인다.

개는 무의식 상태가 될 때까지 올가미로 목을 졸라서 죽인 다음 피를 빼낸다. 나는 이미 독자들에게 조선 사람의 손에 도살된 소의 운명에 대하여 이야기한 적이 있다. 그것은 뜨거운 태양 아래에서 벌어지는 소란하고, 더럽고, 비열하고, 천박한 광경이었다.

송도의 여인숙은 좋지 않았다. 이 씨의 친구가 친절하게도 나와 임 씨가 거처할 방이 두개 있는 집을 나에게 빌려주었는데 부분적으로 파손되어 있었다. 이곳에서 나는 좋은 날씨에 즐거운 이틀을 보냈다. 친구들을 방문하는 이 씨는 어느 날 아침에 나를 데리고 송도를 구경시켜 주었으며 상류 사회의 가정도 함께 방문했다. 나의 숙소는 비교적 안락했지만 상류 사회의 외양간과 같은 곳이었다. 그러나 조선은 다행스럽게 그해 내내 날씨가 좋았다.

개성은 부유한 도시였지만 내가 머물고 있는 지역과 곳곳에 그토록 더럽고, 쓰레기와 잡동사니가 쌓여 있다는 것을 이해할 수 없었다. 물 공급은 형편없었으며 우물 입구에 온갖 쓰레기와 찌꺼기가 있었다. 외국의 여인이 수행원도 없이 대도시의 거리를 활보할 수 있고, 포졸들은 영어라고는 한마디도 모르고, 나의 돈이 어디에 들어 있는지를 알기 때문에 마음만 먹으면 내 목을 자르고 돈을 빼앗아 갈 수 있는 곳에서 문을 잠그지도 않고 살 수 있다는 것은 조선의 안전이 어느 정도인가를 잘 말해 주고 있다.

조선의 도시에는 흥미로운 곳이란 거의 없다. 고색창연한 옛 도읍지도 예외는 아니다. 문루에는 신비하게 사람의 마음을 끄는 용이 5세기 전에 주조되어 있는 청동 종, 전망이 좋은 언덕 위의 활터, 한때는 웅장했으나 지금은 파괴된 채 일본의 보초가 서 있는 관아, 음침한 공자의 사당 그리고 화려한 군신의 사당이 있다.

그밖에 감나무로 둘러싸인 마을과 번창한 인삼 농지 사이의 좁은 길을 따라 가니 사람이 밀집해 있고 혼란스러운 도시가 나타나는데 그곳에는 지금의 왕조 이전의 고려 왕조를 다스렸던 왕의 궁전만이 유일하게 남아 있다. 그들은 말로가 비참하다는 점에서는 똑같다 할지라도 고려의 왕들이 지금의 황제보다 더 품위가 있었으리라는 인상을 준다.

유적은 왕궁이 있는 주요 출입구와 두 개의 보조 출입구를 통해 들어가도록 되어 있다. 주요 출입구는 거의 무너진 포석을 지나 이르게 된다. 30개의 디딤돌 가운데 15피트 넓이의 4개의 디딤돌은 당당한 출입구를 우뚝 떠받들고 있으며 커다란 돌덩어리에서 잘라 낸 높이 14피트 정도, 길이 864피트인 디딤돌을 마주보고 있다.

동쪽에는 육중한 홍예석이 있고 서쪽의 출입구는 불규칙하게 넓어진다. 디딤돌 위쪽의 80피트 넓이의 입구에는 매우 웅대한 입구였음직한 초석이 있다. 왕궁의 출입구는 큰방과 집회장의 육중한 주춧돌로 교차되고 있다. 이들은 소나무로 뒤덮인 언덕을 배경으로 둥근 언덕에 아름답게 위치하고 있다.

지난날의 도성이자 수도를 보호하기 위한 요새의 하나였던 송도는 아직도 옛날의 많은 명성을 그대로 유지하고 있다. 이곳은 법석대는 상업 도시로서 여러 가지의 상인 조합이 있고 작은 점포들이 서로 뒤섞여 성문 입구에 늘어서 있다. 그곳에서 나막신, 질그릇, 그리고 섬세한 돗자리를 만든다.

종이를 수입하여 참기름을 먹인 다음, 조선에서 유명한 외투, 우산, 쌈지 담배, 방바닥과 벽에 알맞은 종이를 만든다. 여러 가지로 물어 본 결과, 나는 청일전쟁 이래 무역이 주목할 정도로 증진했다는 것을 알았다. 그러나 토착 무역업자들은 지금 세 개의 일본인 점포와 경쟁해야만 하고 40명의 일본인들로부터 고통을 받고 있다.

끝으로 나는 송도를 유명하게 만들고 이곳을 부유하게 해주는 품목인 인삼의 얘기를 남겨 두고 있다. 인삼(*Panax Ginsen* 또는 *quinquefolia*)은 글자 그대로 만병통치약이다. 어떤 사람도 극동에서 여러 날을 머물면서 인삼의 효력과 이 뿌리에 대한 이야기를 듣지 않은 사람은 아무도 없다. 영국의 약전에 수록된 어떤 약도 중국인들이 평가하는 인삼에 견줄 수가 없다. 인삼은 강장제이자 해열제이며 소화제인 만병통치약으로서 중국인들은 그것을 정규적으로 구하든 아니면 간헐적으로 구하든 간에 술에 섞어 마신다.

인삼은 조선의 수출품 가운데 가장 값나가는 품목이며 막대한 세입원의 하나이다. 내가 제물포를 떠날 때 그 증기선에는 14만 달러어치의 위탁 판매품이 실려 있었다. 그러나 재배된 인삼의 값은 북한에서 자생하는 산삼의 값에 견주면 비교도 되지 않는다. 산삼 뿌리 단 하나가 40파운드에 팔렸다. 산삼은 주로 강계의 깊은 산에서 발견된다. 산삼을 발견하기란 드물어 대부분은 실패로 끝난다. 일반인들은 산삼은 영험하여 청결한 삶을 사는 남자만이 그것을 찾을 수 있다고 믿고 있다.

마침 그때는 인삼 수확이 절정에 이르고 있었다. 6~7년이 지나면 위험한 고비는 지났다고 하지만 아직 공장에 있다는 것만으로도 사람들은 인삼에 대해 얘기를 나누면서 골똘히 부자가 될 꿈을 꾸고 있었다. 나는 여러 번 인삼밭에 가서 제조 과정을 보면서 만약 그 제조업이 수지맞고 돈벌이가 확실하다면 그들은 더욱 부지런할 것이고 더욱 절약할 것이라는 생각이 들었는데 이는 내가 시베리아의 한인촌에서 받은 느낌과 꼭 같은 것이었다.

송도 주위에는 산뜻하게 슬레트로 테를 두르고 높이 2피트, 넓이 18인치 화단 위에 조심스럽고 섬세하게 인삼이 자라고 있는 인삼밭에 울타리가 쳐져 있었다. 인삼은 봄에 씨를 뿌려 이듬해 봄에 이식하여 다시 3년을 키우는데 이 땅은 지난 7년 동안에 아무것도 재배한 것이 없는 곳이어야 한다. 두 번째 해가 되면 인삼은 겨우 2개의 잎이 돋는다. 4년이 지나면 줄기의 오른쪽에서 나온 6인치 높이의 잎이 네 개가 달린다. 인삼은 6~7년 뒤에야 성숙한다.

인삼이 자라는 동안에 갈대로 잘 만든 지붕으로 덮어 태양과 바람으로부터 보호한다. 그 지붕은 필요할 때 들어 올리거나 내릴 수 있도록 되어 있다. 밭에서 금방 뽑은 것은 백삼이라고 하는데 상품화시키려는 장인들이 이를 사 간다. 그들은 3.25캐티짜리의 백삼을 1캐티짜리의 홍삼으로 가공한다. 재배인은 개당 20센트의 세금을 지불하고, 상인이 제조업자로부터 받은 뿌리는 개당 16달러 세금을 지불한다.

해마다 인삼 제조의 시기는 정부의 지시에 따라 결정된다. 재배인과 상인은 날짜가 빠를수록 큰 이익을 본다. 다만 2명의 제조업자와 150명의 재배자만이 허가를 받는다. 제조할 수 있는 양도 또한 제한되어 있다. 1895년에는 홍삼 1만 5,000캐티와 수염뿌리 3,000캐티가 허가되었다. "수염"이니 "꼬리"니 하는 용어는 인삼 뿌리에 머리가 없는 사람의 기괴한 모습과 비슷한 서로 다른 부분을 지칭하려고 붙여진 이름이다.

인삼의 불가사의한 효력의 약간의 근원은 그것이 사람의 모습과 비슷하다는 점에 있음직도 하다. 거의 모든 제조소는 매우 깨끗하여 유럽의 거래자들에게도 신뢰감을 준다. 우리가 징수관이라고 부르는 사람이 사용하는 집은 잘 지었고 안락하다. 수확기가 되면 농부는 서울에서 4명의 경관과 두 명의 참관인과 2명의 공무원을 파견한다. 나를 그곳에 안내한 이 씨는 세입과 관련하여 특별한 조사를 하려고 세관에서 파견된 사람이었다.

화덕으로 된 도가니 위에 흙으로 만든 커다란 항아리 안에 인삼을 24시간 동안 찌거나, 숯불로 뜨거운 온도를 유지하는 방에서 부분적으로 말린다. 마지막 단계에는 평평한 바구니에 펼쳐 놓고 맑은 겨울 태양 광선으로 말린다. 사람 모습과 비슷함은 이 과정에서도 유지하지만 앞으로 조선에서 사용될 수염과 꼬리를 잘라 내면 3~4인치의 긴 줄기는 구름 모양의 호박처럼 생겼다.

세심하게 그 줄기를 정선하여 크기에 따라 분류하여 5캐티 정도의 작은 장방형의 바구니에 산뜻하게 포장한다. 그 다음에 12~14개씩 작은 장방형의 바구니에 방수 처리하여 짚으로 싼 다음 포장된다. 이것은 수출을 위해 농부에서 도장을 찍는다. 분량에 따라 바구니 당 1만 4,000~2만 1,000달러에 팔린다. 날씨가 좋으면 재배인은 약 열 다섯 차례 출하할 수 있다. 인삼은 왕실의 독점물이지만 시대는 바뀌었다. 극동에서 그와 같이 인기가 높고 부분적으로는 명성을 얻고 있는 이 약은 유럽인에게는 적합하지 않아 유럽

칠성문

의사로부터는 낮은 평가를 받고 있다.

조선 사람이 경영하는 우체국이 송도에 설치되었다. 나는 편지를 받은 적은 없으나 보낸 적은 있었는데 그것은 안전하게 목적지에 도달했다. 불교는 아직도 이 도시에서 어느 정도는 유행하고 있으며 많은 액수가 무당의 푸닥거리 값으로 지불된다.

송도에서 나는 서울이나 다른 어느 곳에서도 볼 수 없었던 홍살문을 보았다. 이것은 매우 드문 효자, 충신, 열녀에게 존경을 표시하려고 지은 것이다. 양반 계급의 과부가 변함없이 남편을 그리워하여 시부모를 효성스럽게 섬기고 깊은 은둔 생활을 하면서 경건한 행동으로 시간을 보낼 때, 이웃 사람들이 그 덕망을 관찰사에게 추천하고, 관찰사는 이를 왕에게 상소하면 홍살문을 세우게 된다. 왕에게 그의 삶을 바친 충성스러운 가문에게도 홍살문은 하사된다.

나이든 부친이 계신 아들의 경우에 약간은 다르지만 여전히 존경을 받는다. 그의 효성스러운 덕행을 보면, 그는 매일 아침 부친의 거처에 가서, 아버님의 건강은 어떠하신지, 잠은 편안히 주무셨는지, 아침진지는 무엇으로 드실 건지, 간식은 즐기시려는지 등을 여쭙는다. 만약 아버님이 저녁 식사에 드시고 싶은 것이 있거나 아버님이 시장에 가셔서 조선에서 가장 좋은 생선인 북어를 사고 싶어 하신다면, 그리고 만약 아버지가 돌아가시겠다면 그가 걷는데 부축해 드릴지를 여쭙는다.

독자들은 그 효성스런 아들의 문안이 얼마나 물질적인 것인지를 알았을 것이다. 여러 해 동안 부모에게 그와 같은 헌신이 계속되면 그 소식이 왕의 귀에까지 들어가 그가 그토록 받고 싶어 하던 홍살문을 받을지도 모른다. 지난날에는 이러한 일들이 그들의 종주국인 중국의 황제에게까지 보고되었다.

다른 마을에서와 마찬가지로 송도에서도 새끼줄을 그냥 매달거나 고추와 숯을 끼어 대문에 가로질러 금줄이 쳐져 있는 것을 보았다. 아무것도 없는 새끼줄은 여자가 태어났음을 의미하고 고추를 끼워 넣는 것은 남자가 태어났음을 의미한다. 딸이 태어나면 특별하게 환영받지도 못하고 잔치를 차리지도 않지만 어떤 지방에서는 재앙으로 여긴다. 첫딸이 태어나면 아버지의 친구들은 "다음에는 아들을 낳을 것"이라는 내용을 담은 위로의 편지를 보내는 경향이 있다.

제 26 장 격전지 평양의 모습

화창한 날씨가 고대 수도인 평양으로 떠나는 나의 발길을 축복해 주었다. 첫날의 여행은 작은 시골과 좁은 계곡, 그리고 아름다운 언덕으로 계속되었다. 그곳에는 영국의 야생화인 헤더처럼 아름다운 꽃들이 자주색으로 활짝 피어 있었고, 소나무의 푸른색 음영은 낙엽이 타는 듯한 붉은 색을 강조하는 듯했다. 마을의 규모는 작고, 인적이 드물었으며, 계곡에 한정적으로 경작되고 있었다. 꿩이 너무 많아 마부는 그들을 길가에 오지 못하도록 해야 했으며, 물오리는 냇물마다 가득했다.

그날의 가장 좋은 경치 가운데 하나는 오홍석주[1] 위에 있는 언덕 윗부분이었다. 그곳에는 두 번째 방어문이 있었으며, 양쪽 옆에는 거리를 두고 산마루를 따라 황폐한 성벽이 있었다. 석조 건물과 문루는 매우 훌륭했으며 그 아래 경치는 풍부한 가을 색으로 자연의 계곡이 장관을 이루고 있었다. 길이 모두 정돈되어 있었던 것으로 미루어 어느 고관이 지나가기로 되었던 것이 확실했다.

부드러운 흙 삽으로 강둑에서 강가로 흙을 나르고 있었으며, 다음 비로 말미암아 생길 수 있는 수렁의 깊은 구멍과 바퀴 자국을 메우고 있었다.

---

1) 오흥석주(Ohung-Suk Ju) : 개성의 오정석주(午正石柱, 午正門)를 뜻하는 것으로 보임.

4~7명 정도의 남자들이 각자 일을 하고 있었다. 많은 수의 남자들이 동원되었는데 그 이유는 관리들이 여행할 때면 그 지방의 모든 집들은 남자 한 명이나 길을 정돈할 수 있는 대리인을 제공해야 하기 때문이었다. 도로나 교량의 정돈 문제는 완전히 그 지방 주민들의 일이었다.

그 다음날은 날씨가 바뀌었다. 나의 방은 더운 온돌이 아니어서 새벽에는 수은주가 영하 12°F(-11°C)를 가리켰다. 우리가 출발했을 때 강한 서북풍이 불고 있었는데 정오에는 더욱 심해졌다. 그와 같은 정도의 바람이 제물포에도 불어 영국의 배 에드거호가 47명의 선원과 함께 침몰되었다. 네 명의 일행이 함께 몸을 맞대고 도와주지 않았다면, 나의 말과 나는 그 끔찍한 다리 위로 날아갔을지도 모른다. 얼마 뒤에 강 위에 있는 절벽에 오르니 돌풍이 강하게 불어와 동물들은 맞바람을 피해 달아났으며, 그 가운데 하나는 거의 잃어버릴 뻔했다.

정오까지는 말을 타고 가기가 불가능하여 우리는 걸어가면서 폭풍과 싸웠다. 임 씨가 나의 말에서 떨어진 나를 올려 주려고 했으나 내가 다시 떨어지자 여러 남자들이 크게 웃어댔다. 이 씨와 내가 이야기를 나누려고 했으나 소란스러운 소리와 정신없이 낄낄거리는 소리에 말이 끊어졌다. 나는 마치 기운이 다 빠지는 듯했으나 나마저 "죽겠다"고 낙담하면 일행이 모두 사기를 잃게 되므로 점심 휴식 뒤에는 용기를 내어 사진을 찍으면서 계속 걸어갔다.

그러나 26°F(-3.3°C)의 차가운 날씨와 심한 바람에 심장이 조여드는 것 같았고, 정신을 잃을 지경이었다. 나는 페르시아의 자그로스고원에서 지독한 회오리바람을 만났던 이래, 이토록 지독한 한파를 겪은 적이 없었기에 정신을 차릴 수 없었다. 우리의 목적지를 얼마 앞두고 이 씨와 임 씨 그리고 마부는 더 이상 버틸 수 없어 나에게 휴식을 부탁했다. 우리가 숙박하려고 멈추었던 돌마루라는 마을에 이르니 사람과 짐승이 기거하는 숙박 시설은 최악의 상태였다.

이 큰 마을은 불결하고 구질구질하여 내가 더러운 이 나라에서 보았던 곳 가운데 가장 가난한 곳이었다. 말들은 서로 부딪히며 싸움하는 악다구니는 차라리 마부의 고함과 욕설보다는 덜 지독했다. 마부는 그들을 떼어놓으려고 꿀 같은 잠에서 깨어나 계속 소리를 질렀다. 나의 방은 8×6피트의 크기였는데 사람들의 소지품으로 가득 찼으며, 바퀴벌레와 다른 벌레들이 같이 살고 있는 곳이었다. 조선의 농부가 살고 있는 곳의 더럽고 불편함은 상상을 초월했다.

시골의 지루한 여행은 계속 이어졌다. 실 같이 긴 계곡은 나무도 없이 이어지더니 칼로 벤 듯한 암반을 지나 지난 여름에 물에 잠긴 모래사장을 거쳐 시냇물이 끝났다. 그곳은 잡초와 갈대로 덮여 있었으며, 들국화는 여기저기서 때 아닌 연한 자줏빛 꽃봉오리를 보여주고 있었다. 이런 모든 마른 풀과 언덕의 잡초들은 땔감으로 쓰러져 있었으며 덤불까지도 긁어 갔다.

소년들은 그들의 몸에 맞는 지게를 지고 땔감을 긁어 갔다. 그 지역은 주민들이 아주 적었으며 다만 몇몇의 누추한 오두막이 흩어져 있을 뿐 농사를 거의 짓지 않았다. 다만 어느 한 곳의 아름다운 층계식 계곡에서 밀과 보리가 움트고 있을 뿐이었다. 영국의 테리어 종보다 더 크지 않은 돼지들을 제외하고는 짐승들은 보이지 않았다.

이번의 행로에서 가장 음침하고 누추한 동네 가운데 하나인 서흥이란 곳은 거의 5,000명 정도의 주민이 살고 있었다. 이 마을은 길가에 있었으며 맑고 얕은 개울의 오물이 쌓여 있는 둑을 따라 있었는데 어느 관리가 다스리고 있었다. 그 관리는 마치 유파스[2] 나무처럼 해독을 뿜고 있었기 때문에 관청이 있는 마을은 다른 곳보다 더욱 쓸쓸해 보였다.

한때는 크고 보기 좋았을 것 같은 서흥의 관아는 거의 폐허가 되었고, 향

2) 유파스(upas) : 우리 나라에는 자생하지 않는 상록수로서 강한 독성을 가지고 있음.

교도 마찬가지였다. 모든 향교가 다 그렇듯이 수령은 정기적으로 이곳을 방문하여 "가장 위대한 스승"의 위패에 절을 올리고 고기를 제물로 바쳤다. 조선의 관리는 백성의 피를 빨아먹는 흡혈귀이다.

우리는 황해와 경기도 사이의 경계에 있는 대절이란 곳을 지나 황해도로 들어갔다. 쾌락과 사교를 위해 대부분의 관리들은 서울에 살고 있으면서 그의 부하를 책임자로 그곳에 남겨 놓았다. 재임 기간은 아주 짧기 때문에 그들은 진보를 위한 백성들의 능력을 배양하기보다는 그들을 갈취하는 데에 더욱 관심이 있었다.

40여 명의 일본 군인들이 금방 쓰러질 듯한 관청에서 바람이 통하는 피난처를 발견했다. 내가 길을 걸어가고 있을 때 그들 가운데 하나가 나의 어깨를 치면서 어느 나라 사람이며, 어디에서 왔으며, 어디로 가고 있는지를 물었다. 내가 생각하기에 그들은 별로 공손하지 않았다. 내가 숙소에 도착하자 그들 가운데 12명 정도가 점점 내 방문의 주변을 둘러서 있었으므로 나는 문을 닫을 수 없이 그들과 함께 서 있었다.

한 말쑥한 상사가 내게 인사를 갖추더니 이 씨 방으로 가서 내가 어디에서 왔고, 어디로 갈 것인지를 물었다. 대답을 들은 그는 "좋습니다." 하며 내게 경례를 붙인 뒤, 부하를 데리고 물러갔다. 이것은 여러 번 있었던 가택수색 가운데 하나였다. 그들은 항상 매우 공손하게 한다고 하지만 그들이 무슨 권리로 그러는지, 그리고 이 나라의 주인이 도대체 누구인지 의아하게 만들었다.

다른 곳에서도 마찬가지로 백성들은 일본인들을 몹시 미워했으나 조선 사람들은 일본 군인이 매우 얌전하고 그들이 가져간 것에 대해서는 값을 지불한다는 점을 인정하지 않을 수 없었다. 만약 그 군인들이 유럽식 제복을 입지 않았다면 나는 그들이 나의 문 주위에 몰려 있었던 것을 무례하다고 생각하지 않았을지도 모른다.

단조로운 시골길의 하루의 여행으로 우리는 봉산에 도착했다. 그곳에서 우리는 내가 묵었던 가운데 가장 더러운 오두막에 숙박했다. 내 방이 편안하게 따뜻해지자 서까래를 새까맣게 덮고 있던 무수한 파리들이 국과 카레와 촛불 움푹한 곳에 빠지고, 몇 백 마리가 나의 얼굴을 기어올랐다. 그 다음에는 구석에서 크고 작은 바퀴벌레가 기어 나오고 많은 벼룩과 곤충들이 나타나 견딜 수 없게 만들었다. 여럿이 쓰는 방에서 나오는 신음 소리로 미루어 보건대 밤새 아무도 잠을 자지 않았을 것이다. 다음날 아침 이 씨에게 밤새 안부를 물었더니, 그는 한마디로 "끔찍했다"고 대답했다. 이와 같은 불편함은 다소간의 차이는 있지만 조선의 여인숙과 떨어질 수 없는 것이다.

다음날 큰 마을에서 우리는 7일장을 만났다. 나는 어느 지방에 들리면 그곳의 교역에 관해서 묻는 것이 버릇이었는데 여러 가지를 물어 본 결과 나는 평범한 의미에서의 교역이 조선의 중부와 북부 지역에서는 존재하지 않는다고 단언할 수 있다. 다시 말해서 이곳과 저곳 사이의 일상품의 교환도 없고 거주하는 상인의 수출과 수입이 없으며 지역적인 수요 이상을 공급하는 산업도 없었다.

이와 같은 상황은 조선의 남부, 특히 전라도 지방에서도 볼 수 있었다. 내가 여행했던 지역을 보면 평양을 제외하고는 "교역"이란 존재하지 않았다. 이와 같은 상태에 대한 이유는 낙후된 화폐 제도에서 찾아볼 수 있었다. 엽전은 너무 부피가 커 조랑말 하나로 겨우 10파운드 정도의 돈을 옮길 수 있었다. 서부 중국에서와 같이 거래 업무를 손쉽게 해주는 은행 업무가 없다.

일반적인 상호 불신, 가죽을 다루는 일에 대한 편견, 계급의 편견, 소득의 일반적인 불안정성, 터무니없는 무지, 그리고 실제적인 독점권을 갖고 있는 수많은 상인 단체의 존재가 산업을 낙후시키는 원인이었다. 그러나 일본의 영향을 받아 최고급 은으로 만든 엔화가 천천히 구석까지 파고들고 있었다. 비록 조선의 새로운 주화를 본 적은 없지만 지난번의 여행에서처럼 많은 엽전을 메고 다니거나 그나마도 없어서 고통을 겪는 일을 덜게 되었다.

내가 알게 된 바에 따르면 교역은 일본인 상인들의 손으로 이루어지고 있었다. 그들은 작은 도시와 마을을 찾아다니며 쌀·곡물·콩 등을 사서 일본으로 보내려고 각 항구에서 선적하고 있었다. 보부상이나 행상인들의 조직적인 단체도 조선에서 호기심 나는 모습 가운데 하나로서 가장 중요한 많은 상인 단체의 하나였다. 시골 마을에는 상점을 볼 수 없었으며 혹시 작은 도시에 있다 하더라도 그것은 매우 적었다.

사실상 아무도 물건을 준비하고 있지 않았기 때문에 장날을 제외하고는 어떤 것도 살 수 없었다. 평소에는 우울하고 침체해 보이던 조선의 마을은 장날이면 활기를 띠고 사람들로 북적거렸다. 이른 아침부터 공식적으로 지정된 장소로 가는 길목은 팔거나 물물교환을 위한 물건을 가지고 가는 농부들로 가득 찼다. 물건은 주로 닭, 돼지, 짚신, 밀짚모자, 주걱 등이었다. 주요 도로는 상인과 보부상들로 가득 차 있었는데, 대부분 건장하고 튼튼하고 잘 차려입은 사람들이었으며, 저마다 무거운 상자를 짊어지거나 짐꾼과 소를 이용하여 물건을 나르고 있었다. 마을의 중심으로 향하는 규칙적인 순회에 오른 보부상들은 근면하고 존경을 받을 만하다.

어떤 사람들은 노점을 세워 비단, 무명, 머리띠, 예식용 신발, 호박, 단추, 비단실 타래, 작은 거울, 담배쌈지, 남자들의 상투를 위한 귀갑 모양의 빗, 허리띠, 거울이 달린 상자 등을 팔았다. 조선 사람들에게 필요한 일상품이나 사치품들의 대부분 낮은 좌판이 땅에 돗자리를 깔고 팔기 위해 늘어 놓여 있었다. 상인들은 자신들이 차지하고 있는 자리의 건물 소유자에게 자릿값으로 약간의 현금으로 지불했다.

좌판 위에는 사람의 팔뚝만큼 굵은 엿이 있었고 어떤 것은 참깨가 묻혀 있었는데 잘 팔렸다. 옷감, 일제와 영국제 셔츠감, 빅토리아 산의 한냉사, 삼베, 터키산의 붉은 옷감, 조선의 얇은 비단도 있었고, 염료는 주로 아닐린 염료가 대량으로 팔렸으며, 사프란, 쪽빛 염료, 중국산의 엷은 푸른빛 염료도 있었다. 또 서울에서는 금지된 장죽, 젊은 남자들의 큰 인기를 얻고 있는 일제 담배, 일제 가죽가방과 성냥, 나무빗, 번쩍거리는 머리핀 등도 있었다.

장날은 온갖 아이디어의 전시장이었다. 은화를 넣기 위한 지갑도 있었다. 전라도에서 생산된 질 좋은 종이가 노상의 품위를 더 해주었다. 이 시장에서 온갖 종이를 살 수 있었는데 아름다운 반투명의 유지에서부터 보기에 튼튼해 보이고 중상류의 가정에서 장판으로 쓰는 종이, 튼튼한 벽지, 얇고 질긴 화선지, 가느다란 직물을 포장하기 위한 어설픈 종이, 큰 상자를 덮는 데 사용하는 거친 섬유질 종이, 그리고 어떤 곳에나 사용할 수 있는 중간 정도의 질도 있었는데, 그러한 것은 대부분 닥나무로 만든 것이었다.

짚으로 된 돗자리, 짚신, 부시와 부싯돌, 빳빳하게 풀을 먹인 검정 예복, 모자, 조선 제의 거칠고 옹색한 무명 옷감, 수요가 많은 재갈, 빗자루, 나막신 그리고 짚이나 갈대 또는 대나무로 만든 모자 등이 끝없이 다양하게 바닥의 좌판에 펼쳐 있다. 거친 철제 상품들, 가정용 요리 그릇, 말굽, 마구리쇠, 못, 문고리, 목수의 장비 등, 거칠게 제조된 물품들도 진열되어 있다. 근채, 과일, 서양 방풍 나무의 열매처럼 맛없고 큰 딱딱한 배, 땅콩, 밤, 떫음을 제거하기 위해, 물에 담갔던 감, 생강들도 있고, 닭, 매로 잡은 꿩, 새장 안에 갇혀 있는 아름다운 새들이 여섯 마리당 1엔(4펜스) 정도에 팔리고 있었고, 잘게 썬 쇠고기 덩이도 있었다.

장날에 특히 눈에 띄는 것은 소박한 토기류였는데 거칠고 깨지기 쉬운 그릇, 찰흙에 연녹색의 거친 유약을 발라 구운 것과 조그만 단지, 넓은 그릇, 철제의 특성을 닮아 검고 무지갯빛이 나는 거친 그릇이 있었다. 이러한 도기는 가난한 사람들이 많이 사용하는데 요리 기구, 물 단지, 쓰레기 그릇, 곡물을 담는 그릇도 있었고, 남자가 한 명 들어갈 수 있을 만큼 크고, 두 개의 무게가 소의 한 짐 만한 5피트 높이의 김장독도 있었다.

이즈음에는 이러한 단지가 꽤 많이 필요하다. 왜냐하면 농부들은 2~4파운드가 나가는 흰 무를 수확하고 아낙들은 일부 바랜 잎사귀가 있는 무의 머리를 씻어 소금에 절여 단지에 차곡차곡 쌓아 놓는데, 이것은 조선 농부들이 먹는 겨울의 일상 음식물로 대표적인 것이다. 삿갓, 기름먹인 종이, 모자 덮개, 고춧가루, 쌀, 완두, 콩, 두부 그리고 그 밖의 다른 생활 용품이 있었으며, 거래는 매우 드물었으나, 사람들은 그들과 몇 시간 같이 서 있는 얌전한 소처럼 조용했다.

오후 늦게 보부상들은 그들의 물건을 챙겨, 다음 장이 서는 곳을 향하여 길을 떠났다. 사람들이 많은 술을 마시고 파장이 되었다. 내가 이렇게 소상하게 기록하는 것은 도붓장수가 조선 교역의 전형을 보여주고 있으며, 시장에 나온 물품들은 모두 조선의 생활필수품과 사치품들이기 때문이다.

독자들은 내가 조선 사람들과 자유롭게 섞여 얻은 관습을 살펴본 것을 제외한다면 서양에서 평양으로 가는 여행은 단조로웠다는 것에 동의할 것이다. 그러나 이 씨의 명석함과 기지, 그리고 유머 감각과 변하지 않는 좋은 성격은 우리의 여행을 즐겁게 해주었다.

여행 중에 흥미를 끈 몇 가지 가운데 하나는 "언덕에 있는 도시"였는데, 그 가운데 세 군데가 특히 눈길을 끌었다. 특히 평산 관아의 건너편 언덕에는 주위에 총을 쏘는 구멍이 있는 벽이 2마일가량으로 둘러싸 있었고, 언덕 꼭대기에는 몇 개의 오두막과 약간의 창고에 엉클어진 덤불이 에워싸고 있었다.

성벽이 없는 도시는 침략과 반란의 시기에 피난처로 사용된 곳으로서 쌀과 콩이 저장된 창고로 사용된 요새였던 것처럼 보였으나, 3세기 동안 사용하지 않았기 때문에 지금은 거의 황폐해 있다. 새남 위의 높은 언덕에는 마지막으로 중국식 문루가 나타났는데 멋진 대문과 넓이가 인상적이었다.

평양에 도착하기 이틀 앞서 우리는 도중에 가장 높은 협곡을 지났다. 그곳에서 우리는 분홍색 딸기와 으아리와 함께 물푸레나무, 보리수과의 교목과 관목, 낙엽송, 서나무, 떡갈나무, 라임나무와 같은 넝쿨풀과 낙엽송과 관목으로 이루어진 계곡을 지나 남천으로 내려갔다. 그곳에는 대동강과 합류하는 넓고 얕은 시내가 흐르고 있었다. 시냇물이 흐르고 있는 둑에는 128야드 너비의 무너져가는 다리가 있고, 그 오른편에는 바다에서 36리 떨어진 곳에 황주라는 마을이 아름답게 자리 잡고 있었다.

황주는 모자를 쓴 듯이 전나무로 덮인 두 언덕 사이의 분지에 자리 잡고 있었으며 남촌 위의 벼랑까지 언덕이 이어져 있었다. 도시를 에워싸고 있는 방어벽에는 여러 개의 훌륭한 탑과 대문이 갖춰 있었으며, 주변으로 절벽의 가장자리를 따라 9리에 걸쳐 있는데 언덕의 아래위로 이어진 모습이 장관을 이루고 있어 참으로 매력적인 광경이었다.

조선의 하늘은 매우 파랬다. 구불구불한 남천은 하늘과 맞닿는 넓고 기름진 평야 사이로 여기저기 흘끗흘끗 보였으며, 얕은 물에서 튀는 반짝임은 회색 바위와 성벽과 대비되어 사파이어 빛을 보여주었다. 성벽 위와 멋있는 수문에는 수많은 일본 군인이 있었다. 그들은 많은 조선 사람들이 물통을 묶어 두 다발의 갈대로 만든 뗏목을 타고 삼지창으로 흰 고기를 잡고 있는 것을 바라보고 있었다. 다리에서는 황폐해진 성벽과 탑을 볼 수 없었다.

황주는 최근의 청일전쟁으로 피해를 입어 고통 받는 도시로서는 내가 처음 본 곳이었기에 잊을 수가 없다. 그곳에서 일본군은 중국군과 마주쳤지만 전투는 없었음에도 무슨 일이 있었는지 3만여 명의 인구가 5,000~6,000명으로 줄어들었으며 도시의 풍요로움을 파괴했다. 나는 수문을 지나 폐허로 변한 황주로 들어섰다. 그곳은 모든 것이 파괴되었으며, 일부는 불에 검게 그슬리고 집들이 모두 부서진 채 지붕과 서까래가 무너져 가는 집을 버티고 있었다.

이 넓은 곳에 다만 황량한 집만이 거리에 남아 있었으며, 더욱 슬픈 것은 일본군이 야영을 위해 문과 창문을 모두 불태우고 지붕 없는 흙더미 담만이 거리에 홀로 서 있었다. 또 다른 곳에는 창문이 날아가고 찢겨진 벽지만이 펄럭이고 있었으며, 아마 그때 사람이 살고 있는 듯한 집이 황폐하게 파괴된 폐허 사이에 홀로 서 있었다. 이러한 파괴의 일부는 중국군에 의해서 자행되었고, 일부는 일본군에 따라 자행되었으나 대부분은 2만 명 이상의 거주민의 무자비한 피난길에 희생되었다.

황주의 북쪽은 기름지고 돌이 없는 빨간 충적토의 넓은 평야로서 대동강을 향해 거의 40마일이나 펼쳐 있었다. 그 주위에는 일부가 불타고 인구가 줄어든 폐허의 마을들이 많았으며, 좋은 토양이 덮인 지역은 주민들의 피난으로 말미암아 경작되지 않고 있었다. 가축이란 전혀 보이지 않았으며, 부지런한 소들은 만주로 향하는 피난길에 짐을 싣고 모두 사라졌다. 파괴된 마을, 경작되지 않은 평야, 불에 타 나무가 없는 산비탈을 지나는 그날의 여정은 우울했다.

길 위에서는 나그네나 어떤 움직이는 것도 만나지 못했다. 날이 저물자 마부가 호랑이와 도적 떼를 두려워하기에 우리는 검은 다리의 허름한 오두막에서 그날 밤을 머물기로 했다. 외국인을 받는 것을 꺼림칙하게 생각하는 사람들 때문에 내가 방을 얻는 데에는 시간이 지체되고 어려움을 겪으면서 그들이 외국인에게 많은 고통을 받았음을 충분히 느낄 수 있었다.

여행의 마지막 날에는 나무가 베어지긴 했으나 유쾌한 시골 마을을 지나갔다. 수많은 마을, 서낭당, 길가의 식당, 늘어난 교통량 등으로 보아 우리는 큰 도시에 가까이 가고 있음을 알 수 있었다. 드디어 250여 년 동안의 평양 관리들의 미덕을 기록한 비석이 서 있는 긴 도로가 나타났다. 비석에는 아름답게 장식된 지붕이 얹혀 있었다.

평양의 첫 인상은 나를 기쁘게 해주었다. 평양은 위치도 훌륭했고, 가꾼 솜씨도 뛰어났으며, 멀리서 보아도 "인상적"이라는 칭찬을 받을 만했다. 훌륭한 오후였다. 대동강을 따라 풍부한 평야를 두르고 있는 낮은 산맥들은 푸르고, 보랏빛이었으며, 그 위에는 물결 따라 갈색의 돛단배가 한가롭게 떠돌고 있었다. 그 위에는 커다란 회색의 도시가 구름 한 점 없는 푸른 하늘 아래로 떠올랐다.

평양은 강 위로 갑자기 솟은 대지 위에 건설되어 있었으며, 그 위에는 훌륭한 성벽이 계속 높게 불규칙적으로 이어지다가 대동강 위를 덮는 소나무 언덕 위에서 갑자기 끝났다. 성벽 위로 누각이 이중 지붕으로 된 대동문, 관찰사가 있는 관청의 묵직한 모양의 지붕, 언덕 위의 암자와 절, 군신을 모신 사당 등, 멀리서도 눈에 띄는 곳들은 조선의 도시가 보여주는 평범한 모습과는 전혀 다른 것을 말해 준다.

복잡한 나룻배에서 말을 타고 대동강의 맑고 반짝이는 수면을 지나 우리는 온종일 물장수로 혼잡한 검은 수문의 진창에 서 있었다. 도시에는 우물이 없었는데 그 이유는 성벽이 배 모양의 지역을 둘러싸고 있어서 우물을 판다는 것은 배를 가라앉히게 만들기 때문인 것으로 알려져 있었다. 물은 거의 미국제의 등유양철통으로 수송되었다.

나는 한 거간꾼의 집에 머물렀는데, 그곳은 길가에서 조금 떨어진 곳으로 나와 임 씨는 아주 좋고 깨끗한 방을 구했다. 마른 도토리나무 색과 비슷한 두꺼운 기름종이로 도배된 방과 마루에서 묵는다는 것은 참으로 좋은 일이었다. 그러나 따뜻한 온돌이 없어 나는 오로지 화로에 온기를 의존할 수밖에 없었다. 나는 아주 재미있는 소년을 안내자로 삼아 도시의 성벽으로 나갔다.

약간의 시골 경작지를 지나 곧 무너져 가는 듯한 곳에 있는 조선 사람의 집에 이르니, 그 소년은 이곳이 미국인 선교사가 살고 있는 곳이라고 설명했다. 그러나 나는 조선의 가정만 볼 수 있었고, 창문과 종이를 바른 창유리 안으로는 외국인의 흔적을 볼 수 없었다. 그는 조금도 굽히지 않고 나를 그 외국인 방이라는 곳에 밀어 넣고서는 나에게 의자를 주고 자신도 앉아 나에게 담배를 권했다.

나는 내가 보고 싶어 하던 장소에 도착한 것이다. 그곳은 서북철도의 객차와 길이나 넓이가 같은 정도의 매우 소박한 조선 사람의 방이었다. 세 개의 야전 침대, 세 개의 의자, 테이블로 사용하는 상자 하나, 그리고 꽤 많은 책과 필기구가 있었으며, 진흙 벽에는 남자 옷이 여러 벌 걸려 있었다. 나는 한 시간 이상을 기다렸는데, 그 장난꾸러기 소년은 떠나자고 하는 나를 입심 좋으면서도 완강하게 저지시키는 것이었다.

나는 이러한 환경에서 몇 년 동안이나 교육받은 사람을 붙잡아 둔 노력이 참으로 대단하구나 하는 생각을 하고 있을 즈음에 집주인들이 소란스럽게 들어왔으며, 우리는 그들과 함께 아주 즐거운 저녁을 보냈다. 그들에 대해서는 다음에 더 얘기하고자 한다. 수문 옆에 있는 도시의 밀집 지역의 내 숙소로 돌아오면서 별빛 아래 괴기스럽게 보이는 폐허를 지나는데 섬뜩한 기운이 돌았다. 밤사이 간간이 나는 무당의 북소리와 소름끼치는 듯한 푸닥거리를 들었다.

조선의 겨울 날씨가 훌륭하다고 여기는 것이 당연할지 모르지만, 그 다음 날의 평양은 참으로 좋았다. 아침에 세 명의 조선 사람이 나를 찾아왔다. 그들은 매우 예절바른 사람들이었지만 이 씨와 나는 이 도시에 도착할 때 당분간 의견을 달리하여 헤어졌기 때문에 통역이 신통치 않았다. 우리들은 인사를 나누고, 웃고, 서로 이해하는 말은 없으면서 지겹게 반복하여 웃고, 다시 인사하곤 했다.

나는 모펫(S. A. Moffett) 목사의 안내로 도시와 전쟁터를 구경할 시간을 가질 수 있던 것이 기뻤다. 그토록 비길 바 없이 좋은 날에 모든 것은 최상으로 보였지만 또한 최악의 상황을 보여주었다. 왜냐하면 8만 명의 주민으로 번영하던 도시가 1만 5,000명으로 줄었으며, 가옥의 4/5가 파괴되었으며, 대로와 골목 등이 폐허로 숨 막히고, 한옥이 들어찼던 언덕과 골짜기는 이제 휑하게 무서운 잔재로 뒤덮여 있었다.

무너진 벽, 마루와 굴뚝의 조각, 정신없이 널려 있는 지붕과 벽들의 무한정한 무더기만이 보였다. 더욱 끔찍한 것은 창문과 문이 전부 달아난 채 지붕과 벽이 서 있는 모습이 마치 눈이 빠져나간 인간의 얼굴의 무서움을 보여주는 것 같았다. 사방에 그런 모습이 보였으며, 몇 마일에 이르는 폐허의 대부분이 까맣게 타 형체가 없었으며, 이를 비웃는 듯한 태양 아래 무섭고도 절망적인 모습뿐이었다.

평양은 군대의 습격을 받지 않았다. 실제로 시가전도 없었다. 도망간 중국군이나 점령한 일본군은 조선 사람을 친구처럼 태도를 보였다. 이런 모든 파괴와 폐허는 적들에 따라 자행된 것이 아니라, 나라를 독립시키고 개혁하고자 싸우기를 공언한 사람들에 따라 자행된 것이었다. 난쟁이[왜인]들이 조선 사람들을 죽이지 않았다는 것이 점차로 알려지게 되자 많은 사람들이 집으로 돌아왔다. 몇몇 피난민들은 폐허 더미로 천천히 다가가 그들 모두가 알고 있는 집이 있었던 지점을 찾으려고 했다.

여기저기에 그들의 벽과 지붕이 있던 곳을 찾은 한 가족은 문과 창문으로 한 개의 방을 만들어 대여섯 채의 폐허 가운데서 살았다. 일본군들이 들어와 주민의 대부분이 달아났다는 것을 알게 된 군인들은 기둥과 목조건물, 그리고 가끔은 지붕을 뜯어내 땔감으로 썼으며, 마루에 불을 지르고 내버려 둠으로써 집들은 불에 타 쓰러졌다. 그들은 전쟁 뒤 3주일 동안 피난민들이 남기고 간 재산을 약탈했다. 상관으로부터 허락을 받은 일이었기 때문에 모펫 목사도 700달러 상당의 물품을 약탈당했으며 집사를 시켜 합의서를 전달했지만 소용없는 일이었다. 이러한 상황에서 조선에서 가장 번영한 도시의 재산이 파괴되었다. "번성한 도시"에서의 전쟁 결과가 그러했다면 "메마른 도시"의 결과는 어떠했겠는가!

그 뒤의 점령 기간에 일본군은 처신을 잘 했고, 이웃과 상점에서 가져온 물건들에 대해 정확하게 그 값을 지불했다. 주민들은 그들을 매우 미워하면서도 분위기가 조용하고 그들이 명령을 잘 지킨다는 점을 인정했으나 그들이 후퇴하자 그들에게 무장되고 훈련을 받은 훈련대로부터 고통 받을 것을 매우 걱정했다. 주민들이 걱정한 대로 훈련대는 사람들을 때리고 강탈하고 무관이 아닌 문관들을 얕보기 시작했다.

내가 두 번째로 방문한 큰 도로는 부산한 모습을 보여주고 있었다. 건물이 파괴되고 새로 지어졌다. 일본 상인들은 모두 적당한 장사 터를 얻어, 좁고, 어둡고, 낮은 조선 상점을 크고, 밝고, 활력 있고, 우아한 일본식 건물로 바꾸고, 일제 상품으로 가득 채웠다. 더욱이 다양한 모양과 가격의 등유 램프가 뻔뻔스럽게 데프리스 앤드 힝크스사의 특허품의 모조 제품으로 진열되어 있었다.

평양은 400야드 넓이의 깨끗하고 맑은 대동강의 북쪽과 오른쪽의 둑에 아주 아름다운 위치를 차지하고 있었다. 물결치는 듯한 편편한 고원도 있었고, 25마일가량 평행으로 된 성벽은 당당한 수문에서 강둑을 지나 굴곡을 이루며 400피트가 넘는 높이의 가파른 언덕으로 올라갔다가 누각이 막아선 날카로운 절벽 꼭대기에서 서쪽 방향으로 돌아 고원의 서쪽 등성이를 따라 내려왔다. 이곳이 청일전쟁 당시에 실제로 전투가 있던 기름진 고원이었다.

잘 보수된 이 성벽은 총을 쏘는 구멍과 누문과 여러 개의 문으로 관통된 20피트 높이의 흉벽이었다. 지금도 넓은 이 도시는 한때 더 컸었다. 서쪽에 있는 오래된 성벽은 최근의 것보다 훨씬 넓은 지역을 감싸고 있었다. 성벽 안의 기복을 이룬 초원을 넘어 북쪽의 소나무로 덮인 정상 쪽으로 가면 경치는 더욱 아름다웠으며, 겨울에도 훌륭한 절경이었다.

동쪽으로 기름진 평야를 넘어 산들을 지나 대동강이 흐르고 있고, 서북 방향으로 그 지류가 흐르고 있는데 이곳이 1593년에 조선과 중국의 군대가 힘을 합쳐 일본으로부터 평양의 탈환을 위해 싸웠던 곳이었다. 바다가 보이는 쪽으로는 맑게 빛나는 강물이 기름지고 인구가 조밀한 시골을 돌아 감고 있었고, 관찰사의 아문, 절, 그리고 암자들이 좋은 경치를 이루고 있었다.

이 도시와 중국의 변경 지역 사이에는 조선에서 가장 크고 기름진 평야가 있으며, 동쪽으로는 대동강의 두 지류가 이루는 골짜기가 검은 그림자를 드리우고 있는데, 그곳은 명주와 목화, 철광석이 풍부했다. 이 지역의 10마일 반경 안으로 적어도 다섯 개의 탄광[3]이 있었는데 이곳에서 생산되는 물품

3) 평양에서 10~30리 떨어진 곳에 5개의 탄광이 있었는데, 그 가운데 15리 떨어진 양탄이란 곳에서 가장 좋은 질의 석탄을 생산하고 있었다. 36리 떨어진 개천이란 마을에는 강둑 가까이에 풍부한 탄광석이 매장되어 있어 이곳이 번영할 수 있는 요인이 되었다. 광산 소유자들은 석탄을 캐는 적당한 장비가 없어 주로 도끼에 의존하며, 생산량은 매우 적었다.

들이 도시 성벽 아래로 흐르는 강물을 따라 36마일 떨어진 바다로 쉽게 수송되었다. 여름이면 대동강 물에 목재를 띄어 보냈다.

몇 세기 동안 평양을 수도(서울)와 다른 세계로 연결시켜 주고 있고, 이제까지 내가 지나온 북경로는 이 도시가 번영했던 또 다른 요소였다. 나는 봉천 사령관이었던 좌보귀 장군의 가족과 부인을 위해 사진을 찍었다. 그는 중국군대에서 가장 잘 훈련되고 최신식으로 무장된 기병 여단의 대장이었다. 그 장면은 내가 성안의 언덕을 방문했던 곳에서 그가 최후의 날과 죽음을 맞이했던 것과 관련된 것이다.

평양의 강벽을 따라 2마일 정도 구불구불 내려가면 갑자기 누각이 나타나고 그 밑으로 깎아지른 듯이 지면이 내려갔다가 칼 모양의 산마루 모양으로 다시 지면이 올라오는 곳이 있다. 이곳은 중국군이 요새로 사용하던 가장 높은 세 곳 가운데 하나이다. 이 누각으로부터 성벽이 언덕을 따라 가다가 갑자기 매우 경치 좋고, 좁은 칠성문으로 내려오기 시작하는데 그곳을 지나면 서북쪽으로 보통문이 나온다.

성벽 곁의 구석진 곳의 가장 높은 부분에 좌 장군은 소나무로 10피트 높이의 진흙 요새와 야영장을 만들었다. 나무 수풀 아래 땅에는 부하들이 음식을 요리하던 돌 아궁이의 흔적이 남아 있었고, 그들의 마지막 취사 때 나온 연기로 검게 그을려 있었다.

1894년 9월 15일 오후에 봉천을 떠나면서 5,000여 명의 군대가 소집되었으나 탈영과 사망으로 많이 줄어든 좌 장군과 그의 군대는 운명적인 진군을 했다. 칠성문을 지나 가파르고 구불구불한 내리막길로 평야를 향해 내려오

석탄을 채취하는 데 많은 비용이 소요되며, 두 개의 탄광은 현재의 기구로는 더 이상 작업을 계속할 수 없다. 수송의 문제도 심각했으며, 평양에서 더 이상의 수요가 없으므로 훌륭한 질과 풍부한 양의 광물은 자본과 기술을 기다릴 수밖에 없다. 산지에서 출하될 때는 5%의 세금이 부과되었고, 1895년의 총 수출량은 652톤이었으며, 톤당 4달러 20센트(9파운드)로 출하되었다.

다가 성문의 300야드 안에서 그는 죽음을 맞이한 듯하다. 조선 사람들이 들려준 바에 따르면 부하 몇몇이 그의 시신을 거두었으나, 시신을 옮기는 도중 일본군의 공격을 받아 시신이 없어졌다고 한다.

일본군은 그 자리에 둥글게 난간이 쳐진 말끔한 비석을 세웠다. 비문의 내용은 "봉천사령관좌보귀장군지묘"(奉天司令官 左寶貴將軍之墓)라고 되어 있고, 뒷면에는 "평양에서 일본군과 싸우다 전사함"이라고 새겨 있었다. 그것은 그의 적이 세운 우아한 찬사였다. 좌보귀 장군의 죽음에 사기가 꺾인 중국군은 일본군대의 공격으로부터 피하기 위해 도처에 피난지를 찾았다. 일부는 성벽 안의 요새로 후퇴했고, 아마도 삶에 눈이 멀고, 부상당한 많은 군인들은 소나무 숲이 울창한 길을 따라 갔을 것이다. 그곳은 해자마저 말라 있었다. 3주일 뒤에 모펫 목사가 평양으로 돌아왔을 때 그곳은 시체와 말들로 덮여 있었다고 한다.

그 다음날 밤, 환한 달빛을 받으며, 일본군은 공격을 개시하여 산마루의 세 정상을 탈환했다. 그곳은 요충지여서 성벽 내에서 중국군의 요새와 야영장을 향해 포탄을 퍼부을 수 있는 곳이었다. 성벽 모퉁이의 아름다운 누각은 많이 부서졌고, 기둥과 우아하게 조각된 목조물에는 포탄의 파편이 수없이 박혀 있었다. 마지막 요새를 잃은 청국 군대의 도주는 너무도 허둥대어 언덕 아래로 내려가면서 수많은 사람이 쓰러졌는데 얼굴은 땅에 박혀 있었고, 손은 땅을 후벼 파고 있었다.

모든 것을 잃은 그 당시에 1만 2,000명을 헤아리는 불운한 군대가 왜 무조건 항복을 하지 않았는지 나는 이해할 수가 없다. 밤사이에 총기와 전쟁무기를 버리고 도주한 좌 장군 여단의 생존자와 보병 그리고 부상당하지 않은 사람들은 보통문으로 나가는 황폐하고 조용한 도시를 지나 얕은 시내를 건너갔다. 낮은 언덕으로 둘러진 편편한 고원이 나타나고 북경로와 교차된 곳에 동쪽 끝으로 중국군 요새와 흉벽이 있었다. 좌 장군의 기병대는 고원을 지나 낮은 언덕에 피난지를 찾으려고 했으며, 많은 수의 보병은 북경로로 접어들고 있었다.

그날 밤의 끔찍함은 아무도 정확히 알지 못할 것이다. 평양 전투는 요새를 탈환함에 따라 이기기도 하고 지기도 했다. 남은 것은 학살뿐이었다. 훈련되고 장비를 갖춘 중국군의 정예 부대는 해뜨기 전에 모두 패배했으며 도망간 사람들은 군대의 모습으로 다시 나타나지 않았다. 2,000~4,000명에 이르는 병사가 몇 천 마리의 말과 소와 함께 죽은 것으로 추정되었고, 몇 백 명의 기병대의 시체는 말과 뒤섞여 작은 언덕을 이루고 있었다. 왜냐하면 일본군이 언덕을 둘러 가며 불을 질렀기 때문이다.

3주일 뒤 그곳에 가 보았던 모펫 목사의 표현에 따르면 "말로 표현할 수 없는 공포"였다고 한다. 아직도 죽음의 고통으로 굳어 있는 말과 사람의 시체 더미가 있는데, 많은 사람들이 그곳에서 자신들을 구해 내려고 헛되이 노력하던 죽음의 고통이 보였다. 북경로를 따라 몇 백 명이 넘는 시체가 즐비하고 사람과 짐승들의 시체가 하수도를 메우고 있었으며 들판에도 시체가 있었다. 총과 소총 · 우산 · 옷 · 모자 · 검 · 혁대 · 칼집 · 탄약통 · 옷소매 등 모든 것이 절망적인 도주의 땅에 버려져 있었다.

수많은 부상병들이 폐허가 된 가옥으로 들어가 죽어 있었는데 고통으로부터 벗어나려고 자살한 흔적이 보였다. 뜨거운 태양 아래 검게 썩은 인간의 시체 더미가 도처에 있었으며 살아남은 개들이 살육이 횡행한 곳을 지키고 있었다. 해가 바뀌어 곡식이 추수되었지만 전쟁터를 돌아보고 있는 나의 눈에도 인간의 두개골과 갈비뼈와 골반이 붙어 있는 등뼈, 팔, 손, 모자, 벨트 그리고 칼집 등을 볼 수가 있었다.

성벽 안에 우뚝 솟은 산 위에 일본군은 그들의 168명의 사망자를 기념하는 비석을 멋지게 세웠다. 그들은 군신을 모신 사당[관왕묘]을 병원으로 바꾸어 부상자를 훌륭하게 치료했으며, 물론 비록 많은 수가 전쟁터에서 부상으로 죽어 갔지만, 다른 건물에서는 중국군 부상자를 잘 돌보아 주었다. 전쟁을 게을리 한 데 대한 무시무시한 저주가 뒤따랐다. 발진티푸스가 발생하

기자묘

여 일본군대 안에 맹위를 떨쳐 제물포에 있는 군인 묘지만큼이나 긴 무덤의 행렬이 생겨났다.

성벽 밖에 아름답게 파헤쳐진 밭에는 드문드문 소나무가 서 있는데 가지마다 총알이 박혀 있었고 가지의 많은 곳이 총알로 찢겨져 있었다. 조선 문명의 창시자인 기자묘도 끔찍한 싸움의 중앙이었던지 목조물에는 총알로 구멍이 나 있고 탄피로 상했으며, 마루 위에는 커다랗고 검은 얼룩이 있었는데 싸움이 끝났을 때 일본인 부상자가 누워 있던 곳에는 핏자국이 커다랗게 남아 있었다. 몇몇 지역, 특히 나루터 옆의 진흙 요새에서는 중국군이 10시간 동안 매우 처절하게 저항했기 때문에 일본군대는 크게 흔들렸으나 오시마 요시마사[4] 장군의 용감한 돌격으로 겨우 수복했다. 아마도 평양 전

---

4) 오시마 요시마사(大島義昌 : 1851~1926) : 야마구치 번주의 아들. 16세의 나이로 메이지유신에 참여하고, 오사카육군청년학교를 졸업한 뒤 육군 소위로 임관됨. 그 뒤 센다이

투는 청일전쟁의 운명을 결정지었을 것이다.

이 씨가 이 도시의 역사를 보여주는 18권의 오래된 책을 발견했다. 대부분의 조선 문제가 1~2세기가 지나면 모호하게 없어졌으나, 평양의 역사는 먼 과거로 과감하게 되돌아가 기원전 기자 시대의 사건을 대담하게 취급했다. 기자의 훌륭하고 명성 있는 기자묘는 아직도 숲속에서 많은 경배를 받고 있기 때문에 길 아래에는 하마비가 서 있었다. 기자는 B.C. 1122년에 중국으로부터 이주하여 7세기 동안 이어진 왕조를 건립하고 수도를 평양으로 정한 것으로 알려지고 있다. 많은 탄알이 박힌 그의 명성 있는 묘소는 훌륭하게 수리되었으며, 최근에 호화롭게 장식했다.

이것이 지금의 조선의 정서이다. 그가 도입하여 스스로 도랑과 길로써 보여준 토지측량법의 기준이 평양 근처에 있다고 한다. 언덕 발치에 있는 군신의 사당은 아마도 조선에서 가장 아름다운 곳일 것이다. 남문 밖에 있는 군신 사당처럼, 그러나 규모는 더 큰 이 사당은 프레스코화법으로 안마당에 있는 계단 벽을 칠했으며 큰 석상이 제단을 둘러싸고 있었고 제기, 족자, 옷들은 비싸고 장엄했다. 이곳에서 멀지 않은 곳에 크고 부유한 불교 사원이 있다.

진대 참모장과 육군사관학교 차장을 거쳐 소장으로 승진했으며 청일전쟁 무렵에는 혼성여단을 이끌고 성환 · 아산 · 평양 전투에서 전공을 세움. 러일전쟁 당시에는 3사단장으로 무공을 세우고 진중에서 대장으로 승진. 1920년에 퇴역함.

제 27 장 관서 지방의 여행

북으로 가는 여행은 몇 개의 양초와 임 씨의 담요 두 장과 요리된 꿩 두 마리를 조랑말에 나누어 가는 것뿐, 다른 준비는 없었으며 짐을 실은 두 마리 나귀에 대한 삯을 뺀 대부분의 돈을 모펫(S. A. Moffett) 목사에게 맡겨 두었다. 왜냐하면 노상에 강도가 나온다는 소문이 들렸기 때문이었다. 이 씨는 그의 좋은 옷과 여행 장비를 남겨 두고 왔다.

조선의 아침이 화창하지 않은 때가 있었을까 만은 화창한 아침에 좌보귀 장군이 마지막 공격을 했던 문을 지나 우리는 앞으로 이어진 내리막길을 따라 안주로 향하는 길을 한동안 지나갔다. 언덕을 끼며 돌아가는 그 길은 중국의 기병대가 참호로 둘러싸인 곳에서 절망적인 공격을 한 곳이었다. 그 부근에는 참호로 파인 야영지 두 곳이 폐허로 남아 있는데 적군의 무자비한 발포로 몇 백 명이 죽어 아직도 뼈가 뒹굴고 있었다. 죽음의 신이 그 무서운 수확을 했던 곳에 지금은 많은 곡식들이 수확되고 있었으며 부드러운 햇볕이 몇 마일의 그루터기에 비치고 있었다.

이윽고 우리는 전쟁에 파괴되지 않은 길목에 들어서자 무시무시한 폐허나 불에 탄 오두막집의 잔재를 더 이상 볼 수 없었다. 그 보기 좋은 지역의 소나무로 덮인 언덕 아래에는 기름지고 암벽 층이 없는 충적토로 된 계곡이 둘러싸고 있었으며 목화 · 담배 · 아주까리 · 보리 · 콩과 특히 붉고 흰 수수

러시아 주민들의 가옥

가 풍부하게 생산되었다.

계곡으로 내려가는 곳마다 길이 통해 있었으며 초가지붕을 얹은 집들로 된 마을이 보였다. 그곳은 멀리서도 꽤 보기 좋게 과실나무로 둘러싸여 있었다. 한편으로는 소나무 · 떡갈나무 · 느티나무 숲이 묘지임을 나타내고 있었다. 묘지는 살아남기 어려운 좋은 재목의 보호자였다. 길을 따라 있는 오두막집들은 활발하고도 분주한 모습이었다.

기장이 마을 도로를 따라 낟가리로 쌓여 있어 짐을 실은 우마차가 겨우 지나갈 수 있었다. 도리깨로 탈곡된 곡식들이 마을 길가에 널려 있어 사람들이 그 위로 다녔다. 붉고 큰 수수는 중국에서의 대나무만큼이나 조선 사람들에게 유용한 것이다. 그 줄기는 연료로 쓰이고 돗자리와 굵게 엮어 울타리나 집을 짓는 재료가 되며 평안도에서는 8피트 높이의 담장을 쌓는 데 수수 더미가 사용된다. 담을 쌓을 때는 수숫대를 가로로 엮고 그 틈에 진흙을 바른다.

얼마간 단조롭고 말쑥한 이틀간의 여행을 한 뒤에 다다른 수양리 건너 마을의 경치는 참으로 아름다웠다. 몇 개의 큰 마을은 더욱 매력적이었으며, 비탈 위의 짙푸른 소나무 숲 아래 다른 품종의 낙엽송과 과실나무가 가득했다. 이곳에는 훨씬 깨끗하고 모든 것을 갖추어 찌들지 않은 모습을 보여주는 큰 마을이 많이 있었다. 우뚝한 송곳니 모양의 산맥이 동서로 들쭉날쭉 이어지며 아름다운 경치를 보여주었다. 거의 모든 계곡에는 맑고 거친 급류가 흐르고 있었고 언덕 위로는 갑자기 내리막길에 많은 굴곡의 석회암 절벽이 나타나고 건너편에는 평평하고 기름진 땅이 보였다.

다른 곳이 다 그렇듯이 그곳에 사는 모든 사람들은 그들의 관심사에만 몰두하고 있었다. 현금으로 세금을 내는 새로운 제도의 실시는 그들의 찬성을 얻어 토지에 부과되었다. 서울에서 발생한 사건에는 관심도 없었다. 최근의 민비 시해와 왕의 감금 사건은 그들의 관심 밖이었다. 그런 것들은 그들의 삶에 아무런 영향이 없기 때문이었다.

매우 낭만적인 분위기의 816피트 높이의 미륵령을 지나 우리는 자갈밭의 가난한 시골 마을로 들어섰다. 그곳은 급류가 지나간 다음에도 곧 말라 버리는 곳이다. 잘못된 방향, 잘못된 판단, 길의 복잡함, 그리고 길이 보이지 않아 우리는 길을 잃고 가파른 언덕을 올라가는 등 고생을 하면서 거의 하루를 소비했다.

해질 무렵에 개방이라는 마을에 도착했지만 우리는 한동안 여인숙에 들어가는 것을 거절당했다. 여인숙의 주인은 네 명이나 되는 마부와 군인 한 명의 여행객을 받아들일 수 없다는 것이었다. 그는 겁에 질려 있었다. 그는 돈을 지불하지 말고 아침에 떠나라고 말했다. 그가 돈을 요구하면 우리가 그를 때릴 줄 알았던 모양이다. 그러나 마부가 성격이 아주 좋게 보여 그는 마침내 동의하고 나는 아주 좋은 방에 들었다.

벽과 천장이 크림색으로 깨끗했다. 소심한 여인숙 주인은 나이가 많았다. 그가 들려준 바에 따르면 현감이 나이든 부모를 모시고 살 경우에 그는 그 고을에 살고 있는 60~100세 사이의 모든 노인을 초청하여 잔치를 베푸는 것이 관습이라고 한다. 그럴 때면 노인들은 그들의 장수를 증명하고자 가장 나이 많은 손자를 데려오는 것이 흔히 있는 일이었다. 모든 손님이 적절히 동반자를 데리고 와야 하므로 그 숫자는 200여 명 정도가 된다고 한다.

가창과 그 밖의 다른 곳에서는 돼지우리가 집보다 더욱 견고했으며 호랑이로부터 그들의 가족을 보호하거나 늑대로부터 이웃을 보호하려고 단단한 지붕으로 된 통나무집들을 나란히 짓고 살았다. 모든 시골의 농가들이 몇 마리씩 키우고 있는 돼지들은 가장 큰놈이 고작 26파운드밖에 나가지 않는 까만 종자였다.

시안장의 장날에서부터 시작한 이틀 동안의 여행에서 우리는 자산과 은산 지역을 지나갔다. 자산을 넘어가면 대동강으로 건너가는 317야드 넓이의 좋은 시내가 흐르는데 뱃사공의 말로 그 깊이가 47피트라고 했다. 사람이 거주하고 모든 지역의 토지는 비옥했다. 평안도 지역에는 양반이 없다. 금은 평안도 모든 지역에서 간단한 과정으로 산출되었는데 특히 금산에서 쉽게 산출되었다. 조그맣게 자리 잡은 월포나 그 밖의 지역에서는 거친 종이가 많이 생산되었다. 평양으로 보내낼 종이와 담배가 운반 중이었다.

조선에서는 종이가 어느 곳에서보다도 다목적으로 사용되는데 그 강인성과 내구성은 더욱 유명하다. 거친 종류는 오래된 폐지로 재생되며 좋은 것은 닥나무로 만든다. 조선에서 제조되어 중국으로 수출되는 종이는 중국에서도 같은 목적으로 사용되고 있다. 여섯 장의 한 묶음이 6인치 정도로 두꺼운 유지는 양탄자나 돗자리 대신에 장판지로 쓴다. 그것은 빨아서 쓸 수도 있고 마른 것으로 닦으면 광택을 낸다.

궁중에서는 종이 두 겹을 조심스럽게 사용하는데 그렇게 하면 그것은 벽지로도 사용된다. 좀 더 얇은 것은 모든 조선 사람들이 소매에 넣고 다니는 원추 모양의 접는 모자 덮개나 우의, 외투, 또는 포장지로 쓴다. 함께 두들겨 여러 겹의 두께로 만든 매우 두꺼운 종이는 트렁크를 만드는 데 사용되며 무거운 물건을 들기에 충분할 만큼 튼튼하다.

갓등, 담배쌈지, 부채도 종이로 만들며 왕실로부터 오두막집에 이르기까지 조선의 격자무늬의 창문은 마치 유리를 끼우듯이 반투명하며 얇고 희고 질긴 창호지를 바른다. 그러나 그들은 깨끗이 닦은 내 사진기의 유리판을 더 상찬했다. 무척 유쾌해진 집주인은 한 사람을 유리 틈으로 불러 우리를 훔쳐보게 했다. 그러면서도 이웃 사람에게는 보여주지 않았다.

가창에서 덕천으로 가는 그 날의 여행은 웅장한 산의 매우 아름다운 경치로 이어졌다. 낮기는 하지만 힘든 길을 지난 우리는 대동강의 한 큰 지류에 도착했는데 이름이 없어서 내가 “고맙소”(ko-map-so)라고 이름을 붙였다. 그 지류에는 물이 흐르고 있으며 푸른 지류는 환상적으로 버티고 서 있는 석회암 동굴의 높은 절벽 사이와 바위 돌출부가 있는 언덕 사이로 흐르다가 끝으로 갈수록 마치 황폐한 요새처럼 보였다.

길을 다시 잃고 시간을 소비하면서 거친 고개 위를 힘들게 지나고서야 우리는 대동강을 볼 수 있는 곳에 이르렀다. 강이 산을 돌아 지나면서 물은 거품을 일으키며 길게 급류를 이루었고 바위와 깊은 수면으로 천천히 흐르는 들쭉날쭉한 반투명의 푸른 물은 갑작스런 회전을 계속하면서 넓고 깊어졌다. 산의 장벽에서 벗어난 물은 굉장한 파괴력을 보여주었다. 2주일이 지나면 겨울이 되어 이 물은 얼어 버릴 것이다. 기분 좋은 산들바람이 불면서 웅장한 절벽과 검푸른 산맥을 따라 푸른 하늘 아래로 구름이 흘러가는 광경은 영원히 지니고 싶은 꿈같은 경치였다.

그 길목을 통과하자 대동강으로 말미암아 30리나 길이 막혔다. 어떤 곳은 말이 지나갈 수 있는 좁은 길도 없었다. 조랑말은 강물의 가장자리에 있는 거친 표석 위로 기어가고 무릎 높이의 닳고 가파른 돌계단을 올라갔다. 그 옆에는 위험천만한 길이 강으로 내려가는 바위 돌출부 위로 떠 받혀져 있었다. 그 길은 내가 지나간 길 가운데 최악의 경우였다. 단 한 명의 여행객도 만나지 못한 것이 결코 이상한 것이 아니었다. 이곳은 1년에 아홉 명 정도의 여행객만이 지나갔다고 한다.

우리는 한 시간에 겨우 몇 마일을 지나 후옥구리라는 비참한 곳에 도착하기까지 5시간의 힘겨운 고생을 했다. 그곳에는 돌무더기와 큰 바위 가운데 오두막집들이 무너질 듯이 있었는데 그 큰 바위는 오두막집을 지탱시켜 주는 역할을 하고 있었다. 가난에 찌들고 불결한 환경에서 주민들은 붉은 수수만을 먹고 살았다.

벌레 때문에 밤을 새운 불쌍한 이 씨는 그의 말에서 뻣뻣하게 내리면서 “졸리고, 피곤하고, 춥고 배고프다”고 비참하게 말했다. 먹을 것도 없고 말먹이도 없었다. 우리가 절망적인 밤을 견디고, 며칠 동안의 여행을 견딘 것도 그 먹이를 얻기 위한 것이었지만 이곳에서는 그 어느 것도 얻을 수가 없었다.

높은 산들로 길은 계속해서 보이지 않았다. 길은 덕천의 1마일쯤 대동강을 따라 이어졌다. 우리는 닳은 계단과 날카로운 바위 사이의 위험한 길로 조랑말을 몰았다. 나는 조선이 그토록 깊은 인상을 남겨 주리라고는 미처 생각하지 못했다. 가끔씩 어떤 지나갈 수 없는 돌출부 앞에서 길이 끊어졌기 때문에 매우 시간이 지체되어 얼마 가지 않아 날이 저물었다. 그러나 그곳에는 사람이 살고 있지 않아 우리는 어쩔 수 없이 앞으로 계속 나아갔다.

우리가 계속 나가는 것이 좋다고 생각하자 강도와 야수에 대한 공포에 사로잡힌 마부는 고함을 지르면서 말들을 몰았다. 우리가 덕천 나루에 도착했을 때는 초승달이 떠 있었으며 어둠에 싸인 산과 흰옷 입은 사람들과 소가 가득 찬 나룻배는 은빛 물과 대비를 이루면서 아름다운 야경을 만들었다. 나는 방을 얻으려고 조랑말과 임 씨를 보냈다. 평양에서처럼 편안함을 기대했지만 덕천에 있었던 사람들을 만나보지는 못했다. 왜냐하면 이곳만 해도 벌써 일종의 도회지로 알려졌기 때문이었다.

그곳은 매우 황폐한 아문이 있는 고을로서 시장이 있었고 면적도 넓은 주요 도시였다. 징검다리를 건너 좁고 험한 진창길을 지나 계속 앞으로 나아

대동강

가니 넓은 곳에 여인숙들이 있었다. 달빛 아래 많은 남자들이 모여 있는데 그 가운데는 말에 짐을 실은 채 우리의 마부가 화를 내면서 서 있었고 임 씨는 마치 미친 사람처럼 이리저리 뛰어다니고 있었다. 왜냐하면 내가 외국인이라는 이유로 모든 숙박 시설이 문을 닫고 투숙을 거절했기 때문이었다. 그들은 정말이든 거짓이든 외국인이 들어와서 덕천을 더럽힌 적이 없으며 따라서 평화롭게 살고 있는 이곳이 외국인들과 관련되기를 원치 않는다고 말했다.

그런데 그들이 말하는 외국인이라 함은 일본인을 의미하는 것이었다. 어떤 사소한 일이라도 남에게 억제 당한다는 것은 아주 불쾌한 일이다. 나는 12시간이나 말을 타고 왔으며 시간은 오후 8시인데 땅은 눈이 쌓이고 얼어붙어 있었다! 어느 여인숙의 뒷문이 조금 열려 있기에 그쪽으로 달려갔으나 우리를 보자 얼른 닫아 버렸다. 우리는 다시 길가로 쫓겨났으며 시간이 갈수록 주위의 사람들은 늘어만 갔다.

우리는 결국 한 여인숙의 문을 강제로 열고 조랑말들을 집어넣었다. 그때

두 개의 문짝의 찢어진 문틈으로 빛에 반사된 임 씨의 얼굴이 검은 귀신처럼 보였다. 우리는 두 시간 동안이나 얼어붙은 진창에 조각처럼 서 있었다. 많은 사람들은 우리를 가운데 두고 뻥 둘러서서 멍청하게 바라보고 있었으나 적의는 보이지 않았다. 마침내 임 씨가 문을 열고 나타나더니 내 의자를 흔들었다. 이윽고 우리는 높고 어두운 헛간으로 들어갔다.

주민들은 우리 뒤로 굴러 들어와 헛간을 채웠다. 집주인이 문을 닫았음에도 불구하고 그들은 밀치듯이 들어왔다. 여관 주인은 그 사람들에게 외국인을 보지 말고 자기를 보라고 간청했으나 그는 운이 없었다. 왜냐하면 그의 애원은 전혀 칭찬의 소리가 아닌 조선 사람의 욕이 쏟아져 나오게 했기 때문이었다. 관청에서 나온 관리는 내가 소동을 일으킬 만한 일을 했는지 조사했다. 그러나 나는 그런 일이 없었음에도 불구하고 군중을 해산시키려는 일도 하지 않고 그 자리에 앉아 혼자 오랫동안 뭔가를 나름대로 궁리하면서 바라보고 있었다.

나는 문을 마주보고 앉아 있었고 이 씨는 저쪽에서 담배만 피우고 있었다. 그러는 사이에 임 씨는 악다구니를 한 끝에 겨우 방 하나를 얻었으나 주민들의 등쌀로 문이 부서졌다. 나는 두 시간이나 더 그 춥고 비참한 곳에 앉아 있었다. 앞쪽의 두 개의 문과 뒤쪽의 세 개의 문간에는 덕천의 대부분의 남자들이 꽉 차 있었다. 그들은 조금도 움직이지 않았으며 불만스러운 표정을 짓고 있는 사람들도 없었다. 몇 사람은 문지방에 앉아 있고 꼬마들은 어른들의 어깨에 올라앉아 안팎에서 떠들어대고 있었다. 만약에 유럽의 남자가 나와 함께 있었다면 상황은 심각했을 것이다.

영사관에 근무하는 캠벨[1] 씨가 갑산에서 겪었던 일이 되풀이되었을 것이다. 어떤 영국 사람도 8시부터 자정까지 그러한 상황에 견딜 수 없었을 것이

---

1) 캠벨(C. W. Campbell) : 영국의 외교관으로 1887년 5월에 조선 주차 영국 영사관의 영사보로 내한하여 서울 영사 보좌관(1887~1891)을 지냄.

다. 그는 누군가를 분명히 때려 눕혔을 것이며 싸움이 일어났을 것이다. 그날 밤 주민들의 행동은 비록 정도가 지나쳤고 그들의 버릇없는 호기심은 나를 피곤하게 했지만 화나게 하지는 않았다. 다행히도 조선의 신사들은 어려서부터 화를 내지 않으며 아랫사람을 건드리는 것은 나쁜 일이라고 배워 왔다. 그러므로 그들은 하인을 건드리거나 사소한 지시를 어기지 않았다.

자정이 되자 아마도 우리의 무저항에 지치고 잠에 못 이겼는지 여관 주인은 내가 조상의 위패와 제물이 차려 있는 방이라도 괜찮다면 뒤뜰에 있는 방을 쓰라고 허락해 주었다. 이제 사람들은 뒤뜰을 가득 채우더니 방으로 들어오려고 했다. 그때는 임 씨의 인내심도 두 번째로 무너져 이쪽저쪽으로 사람들을 때려 눕혔다. 이렇게 난투극을 벌이고 화로가 엎어지는 바람에 사람들은 흩어졌다.

그러나 날이 밝자 상황은 여전해 임 씨가 문을 열 때마다 주민들은 방으로 들어오려고 했다. "제물이 차려진 방"의 모양을 보니 좁은 헛간이었다. 방은 아주 더럽고 쓰레기로 어지럽혀 있었으며 걸레 조각과 오래된 신발이 들보와 서까래 사이에 끼어 있었다. 나의 야영 침대가 방을 반으로 나누었다. 그 안쪽에는 먼지투성이의 탁자가 있고 그 뒤의 검은 자리 위에는 먼지투성이의 검은 궤가 있었다.

그 뒤편에는 긴 종이끈들로 덮여진 네 겹의 휘장이 있고 그 궤 위에는 죽은 자를 칭송하는 시집이 있었다. 그 앞에는 지붕에서 마루까지 내려오는 더러운 옥양목으로 된 두 쪽의 커튼이 방을 가르고 있었다. 가난한 사람들은 부모의 3년 상 기간에 매일 2~3회의 식사를 차려 놓는 대신에 한 달에 두 번만 차려 놓는다. 사당의 작은 나무 위패에는 내가 전에 언급했듯이 죽은 이의 제3의 영혼이 머물고 있다고 사람들은 믿고 있었다.

나는 덕천에서 이틀을 보냈다. 정확히 말하면 묵었다기보다는 대동강의 물이 그곳까지 불어 위험한 급류 때문에 항해가 불가능했던 것이다. 이 아름다운 시냇물이 큰 "상업 도로"가 될 가능성에 대한 기대는 완전히 사라졌다. 작은 배들은 140리 아래에 있는 무진대까지 아무 데나 올라갈 수 있으며 여름 두 달 동안에는 물이 불어 어렵사리 덕천까지 올라갈 수 있다.

이 시기에 뗏목들은 영원의 숲에서 내려와 30~40리 하류로 내려갈 수 있다. 그러나 심한 급류와 얕은 물, 그리고 계속 방향을 바꾸는 모래 둑 때문에 강은 평양까지 항해할 수 없었다. 평양의 모든 상업적인 이론은 터무니없는 것이었다. 덕천 위로 30리에 걸친 강의 경치는 하류보다 훨씬 장엄했다. 800~1,000피트로 솟아오른 석회암벽의 수직 절벽 위로 산맥이 우뚝 솟아 있고 정상에는 11월말인데도 갓 내린 눈으로 덮여 있었다. 나는 평양에서 출발할 때 덕천에 가면 배를 빌릴 수 있으리라고 믿었으나 무진대 위로는 몇몇의 거룻배 이외에는 배가 없었다.

덕천과 그 인근 지역은 슬프리만치 가난하다. 전쟁은 생활필수품의 가격을 올려놓았고 물물교환을 하거나 살 수 있는 물건은 꼭 같은 것밖에 없었다고 그들은 말했다. 남쪽에서 이루어지고 있는 개혁이 아직 그 지방까지 미치지 못하고 있으며 관리에 의한 착취가 아직도 성행하고 있었다. 조선 사람의 중요한 식량인 쌀이 안주에서 들어오는데 주로 관리들인 부자들만이 소모한다. 가난한 사람들은 수수로 연명하고 있다. 감자와 밀이 자랐지만 토양은 척박하고 돌투성이이다.

원산에서는 건어물과 해초의 작은 거래가 이루어지고 있다. 매우 낮은 질의 얇은 비단과 천이 직조되고 있는데 그 기술은 중국인에 의해 도입되었다. 피륙 옷감은 평양보다 몇 냥 더 비싸다. 장날에 물건을 거래하는 사람들은 거의가 일본인들이었다. 이곳은 내가 본 가운데 시장 가운데 가장 저조한 곳이었다. 행상들은 가져온 것을 거의 그대로 싣고 떠났다. 시골에는 거의 나무가 없었다. 활엽수는 보이지 않았으며 몇몇 작은 관목과 말의 편자처럼 생긴 언덕 위의 무덤 때문에 소나무도 뒤틀리고 키가 작았다. 인습에 얽매인 관청과 향교 그리고 언덕 위의 절만이 주목할 만한 건물이었다.

내가 덕천에 머물고 있는 동안, 지방 수령이 돌아오자 주민들이 그에 대해 관심을 보였다. 심부름꾼들이 나루터 둑 위에 줄지어 있고 나팔을 불며, 흰옷 위에 검은 옷을 덧입은 40여 명의 남자들과 노래하는 소녀들이 그의 가마를 마중하여 관청까지 따라 갔다. 주민들은 냉담하게 방관하고만 있었다. 그보다 더 누추한 수행원이 있다는 것은 상상할 수 없었다.

어떤 수령들은 가난한 이 나라에서 월급을 주는 그런 부하를 천여 명이나 거느리고 있었다. 한 도에서만 44명의 수령이 있고 그들은 각기 평균 400여 명의 부하를 거느리고 있다. 그들의 의무는 치안 유지와 징세였다. 그들의 양식만 따져 보아도 한 달에 2달러로 1년이면 39만 2,400달러였다.[2)]

생활비를 받지 못하는 1만 7,600여 명의 군대는 농부에게서 그들의 몫을 착취한다. 농부들은 조선에서 최종적인 먹이일 뿐 권리나 특혜를 갖지 못하고 있다. 착취하는 방법의 예로 남부 지방의 한 마을을 보면, 관찰사는 모든 가구에 100냥을 징발하여 전신주를 세운다. 그러면 수령은 그것을 200냥으로 늘리고 다시 아전은 250냥으로 늘려 백성들은 실제로 250냥을 납부한다. 그래서 아전은 50냥을 갖고 지방관은 100냥을, 관찰사는 100냥을 착복한다. 이런 식으로 부과액은 부풀려진다. 이러한 수탈을 폐지하고 수령의 봉급을 삭감하는 칙령이 최근에 선포되었다. 덕천의 관청 건물은 폐허화되고 있으며, 일반 주민들의 집의 불결함과 더러움은 더 지나칠 수 없다.

---

2) 이 통계는 조선 주차 영국 공사관의 전 부영사인 칼스(W. K. Carles) 씨가 제공해 준 것이다.

제 28 장 안길령을 넘어

대동강을 따라 내려가는 것이 전혀 불가능하다는 것을 알게 되고 얼음 때문에 평양 아래 강 하구에 접근하기에는 시간이 제한되기 때문에 유감스럽게도 남쪽으로 돌아 다른 길을 다라 서울로 돌아갔다. 그 길은 대동강의 오른편 둑 여기저기와 맞닿아 있어 매우 즐거웠다. 나는 길을 떠나기 전에 가난에 찌들어 무감각하고 더럽고 멍한 표정으로 입을 벌린 사람들에 둘러싸인 채 더럽고 불결하고 쓰레기 잡동사니가 쌓인 여인숙의 뜰에 앉아 있었다.

나는 조선이 희망 없고 무기력하고 한심스럽고 애처로운 존재이며 어떤 큰 힘에 따라 튕겨 다니는 배드민턴의 공 같은 사람들의 나라라고 생각했다. 나는 동부 시베리아로 이주하여 정열적으로 노력하며 열심히 살아가는 조선의 농민들을 본 적이 있다. 그들이 러시아의 지배 아래 들어가 낮은 세금과 생업의 보장을 받지 않는 한 1,200~1,400만의 조선 사람들에게는 희망이 없다.

내가 말한 길은 참으로 험난했다. 그 길은 작은 들판을 지나 동서로 뻗어 있었고 요새의 잔재가 있는 두 언덕 사이의 지붕 덮인 문을 지나 참으로 아름다운 풍경을 보여 주었다. 30리 정도를 더 내려가니 웅대한 모습이 나타났다. 먼저 기름진 산으로 둘러싸인 분지가 나타났는데 그 가장자리에는 큰 마을들이 점점이 있었으며 돌과 흙이 섞인 좁은 계곡이 나타났다. 인적은 드물었으며 길은 우뚝한 모습의 거친 산맥으로 가로막혀 있었다. 산맥들은

혼춘의 러시아 장교들

높은 산봉우리와 산마루를 보여주면서 새로 내린 눈이 덮여 빛나고 있었다.

도로의 상태가 양호한 들을 지나면서 나는 이 씨에게 우리가 즐겁고 편안한 여행을 하고 있음을 얘기하며 우리의 좋은 운세가 계속되기를 바랐다. 그때 갑작스런 충돌 소리와 동요가 일어나 나는 조랑말에 거의 걷어 채일 뻔했으며 순식간에 우리는 재난에 빠지게 되었다. 말은 짐을 실은 채로 뒤집혀 들판 한가운데서 허공에 발을 허우적거리고 있었으며 한동안 속수무책이던 마부는 무릎 위를 걷어차여 절뚝거리며 울고 있는데 그의 얼굴에는 피와 땀이 흘러내리고 있었다.

다른 말은 임 씨를 떨어뜨리고 짐을 걷어찼다. 말에서 떨어진 임 씨는 아픈 표정을 지으며 길가에 앉아 있었다. 이 모두가 한순간의 일이었다. 이 씨는 병사의 발목이 삐었다고 알려 주었다. 그가 걸어서 내게 다가오는 모습을 보면서 안도의 한숨을 쉬었다. 나의 사진기를 제외하고서는 부서지기 쉬운 것은 모두 부서졌다. 나는 사진기가 깨져 있을 것만 같아 이틀 동안이나 그것을 쳐다보지도 않았다.

짐과 조랑말을 사람들에게 맡겨 두고 우리는 부목을 대지도 못한 채 오두막까지 걸어왔다. 짐에서 떨어진 나뭇단을 집어 사람들이 가진 단 하나의 도구인 도끼로 가늘게 부목을 만들고 양말로 6야드의 붕대를 만들어 임 씨의 부러진 오른팔에 묶었다. 손목은 부러져 있었다. 나는 사람들이 남기고 간 두 개의 수건 가운데 하나로 멜빵을 만들었다. 나는 이러한 일이 일어나게 한 말 두 마리와 세 명의 수다스러운 마부를 꾸짖기에 충분할 만큼 조선 사람을 잘 알고 있다는 점을 기뻐하지 않을 수 없었다. 조랑말들은 자기네들끼리 놓아두면 싸웠으며 짐과 마부는 간 곳이 없었다.

하루는 이 씨가 조랑말과 싸우다가 손가락을 다쳤다. 만약 말이 내 등자 쇠를 걷어차지 않았더라면 아마도 나는 발목이 부러졌을지도 모른다. 왜냐하면 발목 대신에 등자 쇠가 부러졌기 때문이다. 우리가 정오에 휴식을 취할 때 마을 사람들은 임 씨의 팔에 침을 놓고 나쁜 피를 빼라고 권고했다. 이는 아주 위험한 외과 수술이어서 가끔은 손발을 쓸 수 없게 만들까 그는 걱정했지만 결국 설득에 굴복했다.

이 사고로 시간이 지체되어 우리가 안길령을 지나려고 출발했을 때는 이미 날이 저물었다. 안길령은 3,346피트 높이의 고개인데 갑작스러운 안개와 심한 폭풍 때문에 조선에서도 "가장 위험하다"고 알려진 30리 길이었다. 악명 높은 길의 아래에는 심한 격류가 흐르고 거친 바위 계곡을 가로질러 있었으며 주변에는 몇몇 비참한 오두막집만이 있었는데 몇 마일에 걸친 관목과 수수밭에 가려 알아볼 수도 없을 정도였다.

이 지역에 살고 있는 대부분의 농민들은 겨우 목숨을 부지할 정도로 가난했다. 그러나 그 더럽고 누추한 습관은 그들의 결핍 상태를 실제보다 더 심각한 인상을 느끼게 해주고 있다고 나는 믿는다. 나는 왜 조선 사람들이 수수로 때우는 매일 두 끼의 식사마저 구할 수 없고 여름에는 단정하고 겨울에는 따뜻하게 살지 못하며 낙엽과 작은 가지, 잡초인 연료로 그들의 초라한 방을 70°F(21°C)의 온도로 따뜻하게 유지하기에 충분히 공급되지 못하는지 몹시 의아스러웠다.

서쪽의 계곡은 높은 절벽으로 완전히 막혀 있었다. 좁은 길과 잘 다듬어진 길은 수없이 꾸불꾸불한 분수령의 매우 가파른 꼭대기를 올라 100피트가량 계속됐으며 75개의 모퉁이를 돌아 서쪽으로 내려갔다. 티베트를 제외하고서는 그렇게 확실하게 이겨내기 어려운 장애물을 나는 겪어보지 못했다. 그러나 정말로 어려운 길은 아직 나타나지 않았다. 그 고개를 넘는 데는 70분이 걸렸다.

비가 아주 많이 내렸지만 동북쪽의 산정은 거의 흐리지 않았다. 정상에는 100피트 넓이의 평지가 있었고 지난날 산신을 위해 잘 지은 사당이 있었다. 모든 여행객들은 그곳에서 그들을 다치게 하는 악령으로부터 자신을 구조해 주고 안전하게 하산할 수 있도록 해 달라고 기원했다. 성지에는 많은 종이끈이 걸려 있었고 특별한 기도를 위해 많은 돈을 지불한 사람들의 이름이 기록되어 있었다. 몇 개의 화환과 시든 종이 꽃다발도 있었다. 고개 위의 오두막에 사는 여인은 떡을 제공하고 기도를 원하는 여행객들로부터 받은 돈으로 잘 살고 있었다. 대리인이 거의 제사로 지냈으며 한번 만든 떡으로 수없이 여러 번 상을 차렸다.

사당의 옆에는 방 한 개가 달린 오두막과 폭풍우가 몰아치면 피난처로 사용하기 위한 수숫대로 만든 휑한 헛간이 몇 개 더 있었다. 안길령은 1년 가운데 3개월 동안 눈으로 막히며 그렇지 않을 때는 그 높이에도 불구하고 많은 사람들이 넘어 다녔다. 질 좋은 감자가 3,000피트 높이의 산중에서 재배되고 있었으며 덕천 주위에서는 병충해가 없어 훌륭한 식량이 되고 있었다.

비 때문에 너무 이르게 어둠이 오자 우리는 사당지기 여인에게 밤을 지낼 수 있도록 방을 달라고 부탁했으나 그는 방이 하나 밖에 없기 때문에 남자와 1명의 외국 여인을 받아들일 수 없다고 대답했다. 그렇다고 이 어둠 속에 고개를 내려갈 수도 없는 일이어서 우리는 1시간 반가량의 실랑이 끝에 겨우 방을 빌릴 수 있었다. 익살을 잃지 않은 임 씨가 나를 위해 대들보에 무거운 돗자리를 걸어 줌으로써 나의 사생활을 보호해 주었다. 실제로 방은 평상시보다 나쁘지 않았으며 수은주가 영하로 떨어졌어도 바닥은 83°F(28.3°C)를 유지하고 있었다. 여자 주인은 호랑이를 두려워하여 내가 문을 조금도 열지 못하게 했다.

비가 걷히고 마침 마지막 황혼 빛이 저편 산에 걸렸다. 어둠은 고개 위에 내리고 황혼 빛은 산 정상의 눈 위에서 죽어 가듯이 회색으로 차례차례 바뀌면서 뿌연 푸른색의 하늘이 불타는 듯했다. 안길령은 정상까지 온통 낙엽송으로 덮여 있었으며 어디에나 있는 소나무는 드물었다. 백두산 방향의 북쪽으로는 경치가 바뀌어 뾰족한 산들과 나무가 없는 바위 절벽, 그리고 그 위로 눈이 덮여 있는 우뚝한 산들은 내가 이 나라 산들과 언덕을 본 가운데 가장 웅장한 모습을 하고 있었다.

임 씨는 간호를 받아야 할 정도여서 매우 걱정되었으나 그 오두막에서 보이는 경치의 아름다움을 못 본 척할 수 없었다. 이 씨는 초를 들고 의자에 앉아 있었고 얼굴을 찌푸린 병사는 내 무릎 위의 필기 도구에 그 부은 팔을 대고 웅크리고 앉았다. 더 움직일 여유가 없었다. 나는 그곳에서도 부목을 대기 위한 좋은 나무 조각을 얻을 수가 없었다. 나무가 너무 짧아 임 씨의 소매에서 빼낸 솜으로 겨우 안을 더 채울 수밖에 없었다. 그 뒤에도 나는 경험 부족으로 붕대를 너무 꽉 조이거나 느슨하게 하여 그 불쌍한 사람의 오른팔을 못 쓰게 만들지 않을까 걱정했다.

임 씨는 밤새 고통에 시달렸으나 매우 용기 있게 견디며 소동을 벌이지 않았으며 오히려 자신의 사고로 내가 조금이라도 걱정하지 않게 마음을 썼다. 정말로 그는 전보다 훨씬 더 조심스러웠다. 그는 이 씨에게 말했다.

"외국 여자가 너무 안 되어 보인다. 그는 내가 자기 몸인 것처럼 내 팔을 돌보니 나는 최선을 다할 것이다."

실제로 그는 그렇게 했다. 나는 오랫동안 카레를 섞은 꿩 요리가 먹고 싶었으나 그 기대가 사라졌을 때 조금은 우울했다고 고백하지 않을 수 없다. "외국 음식"을 지니지 않은 여행객들이 10시간의 추위를 겪은 뒤에 맛있고, 따뜻하고, 자극적인 음식을 먹을 수만 있다면 그것은 별미가 될 것이다. 놀랍게도 사고가 나기 전에는 점심으로 찬밥을 먹었을지라도 나는 저녁 식사에 카레 없이는 먹을 수가 없었다. 그 뒤에도 나는 따뜻한 것이라고는 전혀 먹지 못했다.

안길령의 내리막길은 참으로 웅장했다. 길은 깨끗한 시냇물이 흐르는 넓은 계곡으로 이어졌다. 한쪽으로는 마치 산들이 시냇물 가에 그 좋은 돌들을 쏟아 놓은 것 같아 보였으며 다른 한편은 기름진 충적토가 쌓여 있었다. 시냇물을 따라 사금 채취가 많이 이루어지고 있었다. 사금은 대동강의 축복이었다. 채취장의 위쪽에 돌을 깔끔하게 쌓아 둠으로써 사금 채취 작업은 어느 때보다 더 세심하고 조직적으로 보였다. 사금 채취자의 평균 벌이는 하루에 80센트였다.

이 계곡은 작은 폐허의 마을에서 끝나고 있었다. 그곳에는 멋있는 산과 강을 따라 보기 좋은 절벽이 서 있었으며 그 위에는 소나무의 어둡고 푸른 그늘이 낙엽 지는 붉은 단풍으로 말미암아 더욱 푸르러 보였다. 이름 모를 나무의 진홍색 선은 붉은 빛을 더 밝게 했으며 수많은 덩굴 풀들이 바위 위로 드리워져 있었다.

마을의 숫자와 길가의 집들로 미루어 보건대 땅이 비옥함을 알 수 있었으며 삼삼오오 걸어가는 사람들은 무언가 생명력 있고 활기차게 보였다. 그러나 추수가 끝나고 도로가 활기차 있을 무렵인데도 종이와 담배 같은 농산물을 제외하고는 운반되는 물품이 없다는 것이 주목할 만한 일이었다. 평양으로부터 벽지로 물건을 운반하는 말과 짐꾼들의 행렬을 볼 수 없었으며 장날을 찾아가는 보부상들 이외에는 교역의 흔적이 보이지 않았다.

길을 따라 마을 가까운 곳에 V자 형태로 꼭대기에 큰 장대가 뻗쳐 있었다. 그것은 콜레라와 그 밖의 역병으로부터 주민을 보호하기 위해 세워 놓은 것이었다. 교차로에는 쥐덫처럼 여러 개의 구멍이 있는 작은 통나무가 있었는데 구멍들 가운데 하나가 나무 마개로 틀어 막혀 길 위에 놓여 있었다.

쉽게 지나갈 수 있음에도 불구하고 마부는 그 위로 조심스레 지나가면서 말들이 그것을 건드리지 않도록 조심스럽게 지나갔다. 무당이나 마법사는 기술적으로 통의 마개 구멍 안으로 어느 집안의 병을 일으키는 귀신을 유인한다는 것이다. 행인들이 별 생각 없이 그 통나무 위를 지나가는 일이란 흔히 있을 수 있는 일이다. 그렇게 하루가 지나면 그것을 묻는다.

그날 오후의 여행은 최고의 아름다운 마을을 지나갔다. 기름진 토양이 있는 작은 계곡이 있고 그 분지를 둘러 갈색의 집들이 조용하게 엎드려 있다. 소나무가 솟아 있는 언덕은 높지 않았으나 모양이 아름다웠다. 황혼녘이 되어 진홍색의 아름다움에 햇빛이 물들고 있었다. 무진대에 이르니 대동강은 호수처럼 널찍이 펼쳐졌다. 그곳은 금빛으로 물들어 있었다. 우리가 밤을 지내기 위해 머문 곳의 아름다움은 참으로 장관이었다.

훌륭한 기후와 적당한 강우와 비옥한 토지 그리고 내란과 강도로부터 벗어날 수만 있다면 조선 사람들은 행복하고 잘 사는 사람들일 것이다. "만약" 착취하는 아전과 강제 징수 그리고 관리들의 악덕한 음모를 철저히 금지시키고 토지세를 공평하게 부과하고 법이 불법의 도구가 아니라 보호를 위한 것이 된다면 조선의 농부들이 일본의 농부만큼 행복하고 부지런하지 않을 이유가 없다고 나는 생각한다. 다만 거기에는 "만약"이라는 단서가 붙는다. 어떤 곳에서 번 것이든 간에 "자신이 번 것을 안전하게 지킬 수만 있다면" 지치고 무감각한 민족을 바꿀 수 있을 것이라고 나는 믿는다.

지금 시행되고 있는 개혁은 일본에 의한 것이며 조선은 그러한 개혁으로부터 자유롭지 못하며 계획의 조화로운 일을 만들거나 역할을 담당하는 데 너무 경험이 없다고 나는 믿고 있다. 그밖에도 그러한 계획을 수행해야 하는 남자들은 거의 예외 없이 전통과 인습으로 타락했다. 개혁은 변덕스럽고 단편적이었다. 일본인들은 조선의 관습과 작은 일에도 간섭함으로써 조선 사람들을 짜증나게 했다. 내가 도처에서 느낀 바에 따르면 일본은 자기들의 목적을 위해 조선을 종속국으로 삼으려 한다는 인상을 주고 있다.

여행자들은 조선 사람들이 게으르다는 인상을 많이 받았으나 러시아와 만주에서 이주한 조선 사람들의 활력과 인내를 보고, 그들이 집을 치장하거나 그들의 번영한 모습을 보고 난 뒤에 나는 조선 사람의 게으름을 기질의 문제로 여기는 것이 잘못되었다는 생각을 갖게 되었다. 조선에 있는 모든 남자들은 가난이 최고의 보신책이며 가족과 자신을 위한 음식과 옷을 필요 이상으로 소유한다는 것은 탐욕적이고 타락한 관리에게 노출된다는 것을 잘 알고 있었다.

관리의 강제 징수가 아주 참을 수 없고 그의 생필품을 제공하는 수단마저 잠식될 때면 농부는 권리 구제의 유일한 방법으로 무력에 호소한다. 반항의 방법으로는 그를 쫓아내거나 가끔은 포악하고 참을 수 없는 관리들은 죽이기도 했으며, 최근에는 나쁜 평판을 많이 얻은 수령의 아전들을 장작더미에 올려놓고 태워 죽이는 일이 있었다. 비록 분노가 절정에 이르면 두려운 폭력의 행위가 벌어지는 경우가 있기는 하지만 그들의 폭발은 항상 정당한 것이었고 효과적인 항변이었다.

가렴주구의 형태 가운데 강제 노역, 합법적인 세금의 양을 두세 배로 늘리거나, 강제로 대부금의 상환을 요구하거나 소송의 경우 가혹한 뇌물을 요구하는 등의 방법이 있다. 가령 어느 사람이 조금만 돈을 모았다고 알려지면 관리들은 그것은 빌려 줄 것을 요구한다. 만약 그 요구를 받아들여 돈을 빌려주면 빌려준 사람은 원금이나 이자는 받을 수 없는 경우가 허다하다.

만약 거절하면 체포되어 구금되며 당사자는 그의 친척이 그 돈을 낼 때까지 구타한다. 이러한 정도로 가렴주구가 심하기 때문에 겨울이면 추위가 심한 북쪽 지방의 농부들은 수확한 뒤에 현금이 생기면 땅에 구멍을 파고 돈을 집어넣어 그 위에 물을 붓고 얼린 다음 그 위에 흙을 뿌린다. 그렇게 해야 관리들과 도적들로부터 벗어나 아주 안전하게 그 돈을 지킬 수 있다.

제 29 장 여성의 사회적 지위

무진대는 아름다운 마을이며 아늑한 곳이다. 그곳까지는 4계절 언제나 작은 배를 타고 올라 갈 수 있으나 거래는 거의 없다. 대동강은 이곳에 이르러 넓게 퍼지는데 절벽이 곧 떨어질 것만 같다. 그곳에 나루터가 있기에 우리는 나룻배에 조랑말을 태우고 큰소리로 사공을 불렀다. 잠시 뒤에 사공이 둑 위로 나타났다. 그러나 "아무리 많은 돈을 준대도" 우리를 태워 줄 수 없다고 거절했다. 그는 외국인과는 아무것도 할 일이 없다면서 "일본인들과 손잡지 않을 것"이라고 말했다. 그래서 우리는 스스로 배를 저어 건넜다. 마부는 너무 화가 나서 강물로 돛대를 던져 버렸다.

매우 아름다운 마을을 지나 두 번째 대동강을 건너오면서 우리는 비참하고 황폐한 관아가 있는 순천에 당도했다. 관아의 건물들은 지난날 찬란했던 시절을 보여 주었다. 뜰은 넓었으며 이중 지붕으로 된 통로와 관아의 중앙 홀뿐만 아니라 정교하게 배열된 대들보와 고루와 서까래의 단청이 벗겨져 나가고 정교하게 세공된 실내 장식은 헐고 파괴되었지만 여전히 위용을 보여 주고 있었다. 순천의 관아에는 아전, 서기, 낡은 넝마의 군복을 입은 군인들, 그리고 깨끗하고 하얀 의복을 입고 빈둥거리거나 계급에 어울리는 당당한 걸음걸이로 다니는 양반 계급의 젊은 청년들로 붐비고 있었다.

그와는 달리 안뜰의 쇠퇴하고 버려진 방에는 장죽으로 담배를 피우거나 투전을 하는 하급 관리들로 가득했다. 이렇게 많은 사람들이 서류를 들고 여기저기를 다니며 이것저것을 지휘하느라 바쁜 모습이었고 거대한 문이 열리고 닫힐 때마다 들리는 고적대의 소음 소리로 미루어 보건대 저 황폐한 문안에서 이 제국의 일들이 제대로 이뤄질까 하는 생각이 들 수도 있다.

군인, 서기, 관아의 아전, 그리고 소리 지르고 고함치고 나의 격자문 종이를 찢어 내는 주민과 함께 양반들은 두 시간 동안이나 끔찍하게 우리를 괴롭혔다. 조선의 백성들은 양반들의 부추김을 받을 때는 견딜 수 없는 존재가 된다. 중국에서처럼 양반 계급은 온갖 무례함을 저지른다. 결국 나는 여자들의 침실로 숨어들어 갔지만 거기에서도 나는 또 한 번 탐욕스런 호기심의 희생물이 되었다.

조선의 낮은 신분의 여성들은 버릇이 없고 예의가 없으며 같은 계급에 속하는 일본 여성의 우아함이나 중국 시골 여성의 과묵하고 친절함이 전혀 없다. 밤새도록 들려오는 다듬이질 소리는 오직 남자들의 옷만을 다루는지 여자들의 옷은 매우 더럽다. 모든 시냇가에는 편평한 돌 위에 쭈그리고 앉아 더러운 옷을 물속에 담갔다가 쥐어 짠 다음 편평한 돌 위에 올려놓고 방망이로 내려치며 세탁하는 여자들이 모여 있다.

빨래의 과정은 우선 나뭇재로 만든 잿물에 빨래를 담근다. 이렇게 빤 다음 화려한 태양 아래 말려 쌀밥으로 약간 풀을 먹인다. 그 다음에 한참 동안 다듬이질을 하면 흰색 면은 희미한 흰색 공단처럼 보인다. 이 과정을 거치면 현성용 축일에서 "이 세상의 어느 누구도 이보다 더 희게 할 수 없다"는 마르코의 말[1])을 상기시켜 줄만큼 옷감은 희게 된다. 흰색 옷, 특히 겨울에 입는 솜바지 저고리는 여자들에게 끊임없는 노동을 강요한다.

빨래한 도포는 매번 솔기를 풀어 다시 꿰매야 한다. 긴 솔기는 풀로 붙이

---

1) 『신양성서 마르코복음』 9 : 3.

는 경우도 있지만 대부분은 바느질로 꿰맨다. 이밖에도 농촌 여성들은 가족들의 옷을 만들고, 모든 요리를 만들고, 무거운 공이와 절구로 쌀을 찧으며, 무거운 보따리를 머리에 이고 시장에 가며, 물을 긷고, 먼 거리에 있는 밭에 나가 일을 하며, 일찍 일어나고 늦게 쉬며, 실을 뽑아 베를 짜며, 한결같이 아이들을 많이 낳아 세 살이 될 때까지 젖을 떼지 않는다.

농촌 여성들에게는 즐거움이 없다고 말할 수 있다. 그들은 고된 일을 며느리에게 전가할 때까지 꾸준히 일만 하는 존재에 지나지 않는다. 그들은 서른 살에 이미 쉰 살로 보이며 마흔 살에 이가 거의 빠진다. 개인적인 몸치장마저도 인생의 초반에 사라져 버린다. 삶의 일상적인 생활을 벗어나면 그는 땅과 공기를 사람들에게 예측하게 하는 귀신을 생각하는 일에서 벗어나는 일이 없다.

조선에서는 여성의 지위를 한마디로 평가하기란 정말로 어렵다. 상류 계급의 여자는 무조건 숨어살아야 한다는 것이 불변의 규칙이다. 여자는 그들의 뜰과 방에 숨어 있다. 어떤 남자의 방도 그 여자 쪽으로 창문을 내서는 안 되며 어떤 방문객도 그들에게 눈길을 주어서는 안 된다. 그들의 안부를 묻는 것은 예의에 크게 벗어나는 짓이며, 마치 그 집에 여자가 없는 듯이 처신하는 것이 손님의 도리이다. 여자는 교육을 받아서는 안 되며 어떤 계급에서는 여성은 매우 낮은 등급으로 취급된다.

남자를 우대하는 것이 자연의 순리이다. 남자는 음양이라는 이원적 철학을 가지고 있기 때문에 어느 계급에서나 여자는 열등한 존재이다. 『동몽선습』, 『사기』, 『소학』 등의 책은 학교에서 사내아이들에게 이러한 의식을 가르치며, 사내들은 그의 친구들과 어울리기 시작한 때부터 매일 같이 남존여비의 사상을 배운다.

지금의 왕조는 500년 전 사회적으로 매우 타락되었을 때, 가족을 보호하고자 여성을 은둔시키는 제도를 도입했다. 어느 조선 사람이 존스(Hebert Jones) 씨에게 말했던 것처럼 아마도 남자들이 아내를 불신해서가 아니라 남자들이 서로를 불신하기 때문에 여성을 은둔시키는 제도가 지속되어 왔을 것이다. 아무리 좋게 생각하려 해도 도시와 상류 사회의 부도덕성은 상상을 뛰어 넘는다. 가장 미천한 계급을 제외한 모든 젊은 여자들과 나이 먹은 여자들은 법의 힘보다 더 강력한 관습에 따라 집 안채에 격리되어 있다.

상류 계급이나 중류 계급의 여자들이 밖에 나갈 일이 있으면 밤에 나가며 남의 집을 방문할 때는 엄격하게 밀폐된 가마를 타고 외출한다. 비천한 계급의 여자들은 어떤 일이 있을 때만 밖에 나간다. 이미 고인이 된 민비가 나의 여행에 관하여 넌지시 나에게 들려준 바에 따르면 당신께서는 조선이나 서울에 대해 아무것도 아는 바가 없으며 다만 왕이 거둥하는 길만을 안다고 한다.

딸들은 아버지에 따라 처형되며 아내는 남편에 의해서 살해된다. 달레(C. Dallet)의 말에 따르면 여자는 우발적이든 계획적이든 낯선 남자가 손을 만지면 자살을 했다. 따라서 그런 일이 생기면 몸종은 재빨리 마님을 구출하기 위해, 마님이 불길에 빠지는 순간 그 혼란 통에 어떤 남자가 손을 잡은 것은 구출해 줄 가치도 없는 자신의 몸에 손이 닿은 것이지 마님을 건드린 것이 아니라고 변명한다. 어느 누구도 여자의 방으로 들어가지 않는 것이 법이다.

남편이 아내의 방에 숨어 있다고 하더라도 그가 반란죄를 저지르지 않는 한, 그를 잡아갈 수 없다. 지붕을 수선하려는 남자는 여자들이 보이지 않도록 이웃 사람들에게 미리 알려야만 한다. 일곱 살이 넘은 소년·소녀들은 함께 같이 놀지 않으며 소녀들은 결혼할 때까지 아버지와 남자 형제를 제외한 다른 어떤 남자들도 보면 안 된다. 결혼한 뒤에 여자는 다만 친정과 시댁 친척 남자들만 만나 볼 수 있다. 여자 아이들은 매우 가난해 숨어 있어야 한다. 조선의 여행지 어떤 곳에서도 나는 여자들이 그의 어머니의 방에서 무심하게 시간을 보내는 모습을 제외하고서는 여섯 살 이상의 소녀를 본 적이 없다. 여성의 재주가 사회에 기여할 수 있다는 사실은 이 나라에 알려져 있지 않다.

그러나 여성들이 이러한 사회 구조 아래서 초조해 하거나 괴로워하거나 혹은 유럽 여자들이 즐기는 자유를 갈망한다고 말하려는 것은 아니다. 여성의 은둔은 몇 백 년에 걸친 관습이다. 그들이 자유를 그리워한다는 것은 모험이며 그들은 유용한 가재 도구이기 때문에 엄격히 보호받는 것으로 생각하고 있다고 나는 믿고 있다. 이런 문제와 관련해서 우리의 관습을 어떻게 생각하느냐고 다그쳐 물었더니 한 지식인 여성은 "당신네 남편들은 당신들을 돌보지 않는 군요"라고 대답했다.

축첩은 공인된 관례이지만 존경받지는 않는다. 남편의 아내와 어머니가 첩을 선택하는 경우도 흔히 있다. 첩은 남편의 위치의 정당한 부속물이어서 우리가 마차나 집사를 고르는 것처럼 아내들은 아무렇지도 않게 생각한다. 그러나 첩의 자식들은 심각한 사회적 오점으로 낙인찍히며 최근까지도 바람직한 위치에 오르지 못했다. 법적으로 조선 사람은 엄격한 일부일처주의자이다. 홀아비가 다시 결혼해서 자식을 갖는다 해도 첫째 아내의 자식들이 특별한 권리를 보유한다.

소녀들을 위한 토착적인 학교는 없다. 비록 상류 계급의 여성들이 한글을 배운다고 해도 글을 읽을 수 있는 사람은 1천명 가운데 2명 정도로 추산되고 있다. 이러한 철학은 대체로 중국에서 수입된 것이다. 귀신을 중시하는 미신, 남자들만의 교육, 문맹, 낮은 법적 권리, 그리고 냉혹한 관습은 세계의 미개한 나라에서처럼 문명화된 조선의 여성들의 지위를 더욱 낮게 만들고 있는 것으로 보인다. 그러나 조선의 여성들은 음모가로 태어나서, 특히 자녀들의 결혼 문제에서 어머니와 시어머니로서의 엄격한 권세를 행사하고 있다는 것은 의심할 나위도 없다.

여자들의 권리는 거의 없으며 그들의 삶은 법보다도 관습에 더 의존한다. 지금 여자들은 재혼의 권리를 가지고 있으며 16살이 될 때까지 미혼으로 남아 있을 권리를 가지고 있다. 아내는 한 지붕 밑에서 첩과 함께 사는 것을 거절할 수 있다. 여자는 남편에게 이혼을 요구할 수 없다. 원앙으로 상징되는 배우자의 정절은 결혼의 상징적 형상으로서 오로지 여자만의 미덕일 뿐이다.

남편은 일곱 가지 이유로 아내를 쫓을 수 있는데, 불치의 병, 도둑질, 불임, 부정, 질투, 시부모와의 불화, 그리고 수다스러움이 바로 그것이다.[칠거지악] 여자는 이런 이유들 가운데 한 가지라도 있으면 친정집으로 쫓겨날 것이다. 그러나 버림받는 일이 이혼보다 더 흔히 일어난다. 법보다 더 강력한 관습에 따라 여자는 아이들의 보육과 같이 확실하게 인정된 권리를 가지며 손해를 보는 경우에 구제책을 갖는다. 가정의 행복은 아내가 구할 수 있는 것이 아니다.

조선 사람은 집(house)은 있으나 가정(home)은 없다. 남편은 아내와 떨어져서 기거한다. 부부 사이의 우정과 같은 관계나 애정의 표현 같은 것은 없다. 남자의 즐거움은 여자 친구나 기생을 통해서 얻어진다. "우리는 아내와 결혼하지만 첩과 사랑을 나눈다."라고 이야기한 조선 양반의 표현으로 그들의 결혼 관계를 간략하게 요약할 수 있다.

제 30 장 무당과 기생

현감의 관할 구역인 자산에서 우리는 북쪽으로 여행하다가 갈라지는 곳을 다시 만났다. 훌륭한 농업 지대인데도 불구하고 그곳은 조용하고 낙후되어 있었다. 나는 지난번에 이곳에 와 본 적이 있기 때문에 호기심은 덜했고 군중도 몰려들지 않았다. 주민들은 무도하게 그들을 강탈하고, 댓가도 없이 자신이 원하는 것을 탈취하고 여자들을 겁탈한 중국 군인들에게서 받는 고통을 호소했다.

조선 사람들은 중국인에 대한 공포로 말미암아 우리가 전에 대동강을 가로질러 건너 간 적이 있던 우진강의 인접한 마을을 버리고 피난을 갔다. 그곳은 중요한 위치이기 때문에 53명의 중국인들이 점령하고 있었다. 두 명의 일본 정찰병이 강 다른 쪽에서 나타나 사격하자 중국 분견대는 혼비백산하여 달아났다. 자산은 다른 곳과 마찬가지로 주민들은 단 한 명의 일본인도 살려 보내지 않으리라고 말할 정도로 일본인들을 증오했다. 그러나 다른 모든 지역에서와 마찬가지로 그들은 일본 군인들의 규율이 훌륭했고 그들이 식량을 보급했다는 사실을 마음 내키지 않게 증언했다.

일본 분견대는 그 길을 따라 있는 요충지로부터 철수하고 있었다. 우리는 잘 정비된 분견대를 몇 번 만났다. 항상 붉은 담요를 가득 실은 황소를 앞세우고 지나갔다. 그들은 진한 줄이 쳐진 무거운 회색 외투를 입고, 두꺼운 펠트 장갑을 끼고 있었다. 그들은 마치 사열이라도 하는 것처럼 행진하고 있었으며 장교들은 놀랄 정도로 단정했다. 그들이 저녁을 먹으려고 쉬면서도 모든 것이 준비되어 있어 총을 벗어 세워 두고 먹는 것 이외에 아무것도 할 일이 없었다.

농촌 여성들은 여느 때처럼 일을 하고 있었다. 덕천 지방의 여자들은 밑바닥 없이 흐느적거리며 정원용 보초막처럼 생긴 커다란 모자로 그들 자신을 가린다. 이 유별난 모자의 길이는 7피트, 넓이는 5피트, 길이는 3피트로서 머리부터 발끝까지 몸을 감싼다.

밤새도록 폭우가 쏟아져 다음날은 맑은 날씨였는데도 길은 깊은 진구렁이었다. 따라서 평양에서 다만 2시간 반 동안 걷다가 우리는 안진 미륵의 길가에 있는 여인숙에서 머물러야 했다. 그곳에서 나는 대나무 돗자리로 차단된 곡창에서 잠을 잤다. 수많은 사람들이 전투에 진 뒤의 불평과 원한을 늘어놓았다.

다음날은 매우 화창했다. 조선의 여행에 장애가 많았음에도 불구하고 이번 여행은 임 씨에게 일어난 사건을 제외하면 너무나 멋지고 추억이 풍성하였기 때문에 그 초라하고 작은 여관을 떠나 여행을 끝마칠 때까지 극진히 행동해 주었던 마부와 헤어지는 것이 유감스러웠다. 다음날 아침 전쟁터와 전쟁이 만든 황무지를 한 번 더 지나 비교적 안정된 평양의 낡고 추운 여관에 이르러 6일을 머물렀다. 강물이 열려 있는 동안 운항이 부정확한 작은 기선인 해룡호는 명목상 평양과 제물포 사이를 왕복하지만 사실은 포산에서 출발한다.

포산은 대동강을 따라 약 60리 정도 하류에 자리 잡고 있는데 너무 얕고 배를 대기에는 모래톱으로 가득 차 있기 때문에 모든 물품들을 거룻배로도 옮겨 실을 수가 없다. 포산과 평양 사이에는 통신 수단이 없기 때문에 강을 따라 올라오는 화물선으로부터 소식을 듣지 못하는 한, 배가 언제 올는지 아는 사람은 아무도 없다.

배는 다만 몇 시간만 정박한다. 따라서 나의 평양 방문은 배를 놓칠는지도 모른다는 두려움에 사로잡혀 있었고 귀중한 시간에 많은 것을 보아야 하는 나의 입장으로서는 더욱 그러했다. 우체국도 없고 일본군대의 우체국과 전신국은 민간을 위해 편지들을 전해 주기를 거절했다. 매 시간마다 들려오는 소문이 편지들을 대신했다.

평양에서 내가 특별히 관심을 가지고 조사한 주제는 미국 선교사의 사업이었다. 서울에서는 선교사를 접촉하는 데 어려움이 있다. 왜냐하면 서울은 유서 깊은 도시로서 평양보다 종교적 관습이 더 짙기 때문이다. 그러나 선교사들과 더 오래 그리고 더 친밀하게 지낸 뒤에야 내가 일찍이 서울에 있는 거대한 선교 단체에서 얻은 나의 견해를 확인할 수 있었다는 것을 이 기회를 통해 언급해 두고 싶다.

자신의 활동에 대한 선교사들의 정열과 헌신, 그것을 수행하게 만들어 주는 희망과 참을성, 여러 교파 사이에서 이루어지고 있는 조화, 조선 사람에 대한 정중하고도 동정적인 감정 등도 확인할 수가 있다. 가치 있는 월간지인 『코리언 리포지터리』에서 입증된 것처럼 조선의 역사·민속·관습들에 대해 선교사의 많은 관심은 놀랄 만한 것이며, 조선을 여행하는 사람들은 이 책을 보아야 하며, 그 밖의 다른 곳에서 정보를 얻으려다 가는 헛수고만을 하게 될 것이다.

평양에서의 기독교 선교는 실패했다. 평양은 매우 부유하고 매우 부도덕한 도시였다. 그곳은 여러 차례 선교사들을 몰아냈고 많은 적개심을 가지고 기독교를 거부했다. 이 도시에는 강한 적개심이 팽배했으며, 기생과 매춘부와 마술사로 혼잡했으며, 축재와 비행으로 악명이 높았다. 감리교는 잠시 몰락했으며 6년 동안에 장로교는 겨우 28명만 개종시켰을 뿐이다. 전쟁이 시작되자 평양은 파괴되었으며 주민들이 피난을 떠남으로써 상업은 붕괴되었다. 6~7만 명에 이르던 평양의 인구는 1만 5,000명으로 감소됐으며 몇몇 기독교인들은 그곳을 떠났다.

전쟁이 일어나자 매우 큰 변화가 생겼다. 28명이 세례를 받았으며 중인계급 사이에서 대단히 악명 높았던 방탕자들이 순수하고 올바른 삶을 이끌고 있었다. 교육을 받은 뒤에 140명의 세례 지원자가 학습을 받았다. 내가 평양을 떠나 있는 동안에 증축한 임시 교회는 사람들이 너무 많이 와 할 수 없이 밖에서 예배를 보아야 했다. 헌금은 자유로웠다.[1)]

교외에 버려진 집을 이용하며 15개 마을에서 2명씩 올라온 30명이 21일 동안 함께 머물면서 예수를 믿고 기독교의 활동과 교리에 대한 교육을 받았다. 그들은 교사와 더불어 매일 6시간 동안 교리를 공부했고 더 많은 시간을 스스로 공부했다. 매일 저녁 기도와 찬송 그리고 자유로운 토론을 위한 모임도 가졌다. 나는 그 모임에 세 번 참석했다. 모펫(S. A. Moffett) 씨가 나의 말을 통역했다. 나는 색다르고 흥미 있는 많은 일들을 경험했으며 다른 어떤 곳보다 더 초대 교회 관해서 많이 배웠다.

시골에서 온 30명의 남자 이외에 도시로부터 온 기독교인과 세례 지원자들이 방과 마당을 가득 채웠다. 두 명의 선교사가 그들 앞에 두개의 나무 등잔대 위에 안전하게 등잔을 올려놓고 방 끝의 바닥에 앉았다. 그들은 귀에 익은 가락으로 찬송가를 부르고 어떤 사람은 이마를 땅에 대고 기도했다. 어떤 사람은 복음이 어떻게 그들의 마을에 이르렀는가에 대한 설명을 했다. 그들의 말에 따르면 주로 평양에서 온 사람들의 심방으로 흩어졌던 사람들이 다시 모이게 되었다고 한다.

말이 유창할 뿐만 아니라 매우 설득력 있게 보이는 두 명의 남자가 신앙

1) 최근에 창간한 『서울기독신문』은 인도의 기근에 대한 기사를 독자들에게 제공했는데, 그 결과 기독교도들은 지난날에 들어보지도 못한 나라를 위해 스스로 84달러를 헌금했으며 그들 가운데 어떤 사람은 헌금을 마련하려고 은반지를 팔았다. 서울의 조선인 장로교회는 성금으로 60달러를 마련했으며 그 가운데 20달러는 순수한 토착 교회에 따라 마련된 것이다. 나는 조선의 토착 교회가 그들의 형편에 견주어 우리보다 앞서가고 있다는 사실에 깊은 감명을 받았다.

을 간증함으로써 모든 사람의 주의를 끌었다. 그들은 사탄에 빠졌던 두 사람에 관해 얘기했다. 그들은 함께 기도해서 몇 달 만에 그 귀신을 쫓아냈다고 말했다. 그들은 "더럽혀진 영혼"을 내몰고자 예수의 이름으로 간증했으며 귀신이 그들을 떠날 때 온 몸을 떨었다. 쫓겨난 귀신은 다시는 되돌아오지 않았으며 이 장면을 목격한 많은 사람들이 모두 기독교인이 되었다고 그들은 말했다.

어느 날 오후, 많은 훌륭한 사람들이 기독교의 교훈을 듣고자 멀리서 왔다. 저녁이 되자 그들은 하나씩 일어나 평양의 피난민이 어떻게 자기 마을로 돌아 올 수 있었던가를 간증했다. 그들은 귀신을 숭배하는 사악하고 어리석은 자들이며 범죄자였지만 죄를 심판하는 하느님이 계시며 하느님은 우리의 아버지처럼 우리를 사랑하고 계신다고 이야기했다. 죄인들은 무엇을 생각해야 할지 알지 못했지만 어떤 곳에서든 스무 번 이상 "지극히 높으신 분"을 찬양하고자 매일 모임을 가졌으며 많은 여자들은 우상 숭배를 버렸으며 그들에게 참 하느님을 어떻게 숭배해야 할 것인가를 가르쳐 줄 사람을 바라고 있다고 이야기했다.

한 젊은이는 거의 80세 된 그의 부친이 어떻게 해서 길가에서 모펫 씨를 만났는가를 이야기했다. 모펫 씨로부터 "어떤 좋은 것들"을 들은 아버지는 "훌륭하고도 위대한 소식"을 들었다고 말하면서 "책"을 가져왔다고 말했다. 그의 아버지는 크리스천이 되어 훌륭한 삶을 살았다. 그는 복음을 듣기 위해 이웃을 불러 모았다. 그는 그의 아들이 찾아와 가르침을 받고 그 자리를 이어받을 때까지 쉬지 않고 복음을 전파했다. 점쟁이로 유복하게 살던 한 노인은 이제까지 그의 모든 삶을 신에게 봉사했지만 이제는 귀신이 사악한 영혼이라는 것을 알고 참 하느님께 종사하고 있다고 말하면서 모펫 씨에게 그의 모든 무구들을 반납했다.

그날 오후에 15명에서 40명이 서명하여 그리스도의 가르침을 요구하는 네 통의 신청서가 선교사들에게 전달되었다. 매일 저녁 모임마다 경건한 사람들로 방의 안팎이 가득 찼다. 그들의 몇몇은 소돔의 연기[2]처럼 번성한 이 도시에서 사악한 연기를 회피했다. 그들은 이제 밖에 있는 어떤 힘에 따라 바뀌어 모범적인 삶을 이끌어 가고 있었다. 그들은 어둠 속에도 있었고 마룻바닥 위에 있고, 촛불 주위에도 있었고, 안뜰에도 모여 있었다.

그들의 얼굴은 가난의 찌들음으로부터 해방된 채 상기되어 있었으며 임씨는 이 장면을 바라보며 당황했다. 땅에 머리를 대고 아이처럼 기도하는 노인도 있었다. 많은 선생님을 보내 달라고 진지하게 요구하는 편지가 뉴욕으로 발송되었으며 "바람과 바다가 그 편지를 호의적으로 보내 줄 것이다." 그것을 읽는 외국인들은 "그들이 알지도 못하는 사람들이 귀신을 믿고 어둠 속에서 죽어 가는 곳에서 보내 온 간곡한 요구를 보려고 눈을 뜰 것이다."[3]

조선 사람의 특성인 둔하고 무감각한 표정과는 지극히 대조적으로 밝은 표정을 가진 그들의 얼굴을 바라보면서 이것은 죄에 대한 사도의 교리이며, 심판의 날이 다가오고 있으며, 하느님께서는 당신께서 이룩하신 결과를 사랑하신다는 것을 알 수 있었다. 선교사들 말에 따르면 우상 숭배를 포기한 많은 사람들이 하느님을 경외하며, 하느님을 얻으리라는 희망에 의한 첫 번째 예시에서 하느님에 끌리게 되었다고 하는데, 이는 참으로 주목할 만하다.

이와 같은 결과에 대한 일관된 증언을 들으면서, "사람들이 복음을 열망하는 나라가 되어야 하고", "복음을 위해 간구하는 손을 뻗히고", "하느님을 갈망하고", "생명의 물을 요구할 때 그들은 논리적으로 아무런 의미가 없는 말을 사용하고 있다"고 나는 확신하게 되었다. 여기저기에 정의를 갈망하는 사람들이 있다는 것을 나는 의심하지 않지만 극동에서의 열망이란 돈을 위한 것이라고 나는 믿는다. 동양에서는 "불안"이라는 단어가 가난과 동의어

---

2) 『구약성서 창세기』 19장 28절 : "아브라함이 아침 일찍이 일어나 지난날에 야훼와 함께 섰던 자리에 가서 소돔과 고모라와 그 분지 일대를 굽어보니 그 땅에는 연기만이 마치 아궁이에서 뿜어 나오는 것처럼 피어오르고 있었다."

3) (원저자 주) *The American Presbyterian Board of Foreign Mission.*

이며 정신적인 본능은 아직 나타나고 있지 않았다.

어느 일요일에 나는 스크랜튼(W. B. Scranton) 씨와 함께 평양에서 여자들을 위해 처음 열리는 정식 예배에 참석했다. 많은 사람들이 참석해 있었는데 모두가 우상 숭배자들인 그들은 한 "외국 여자"의 모습을 주목하고 있었다. 하느님과 예배자, 그리고 도덕적인 선악에 대해 가장 초보적인 생각도 가지고 있지 않은 사람들과 함께 정식 예배를 본다는 것은 불가능한 일이었다.

그들의 주의를 끈다는 것은 불가능했다. 그들은 종교적인 생각을 가지고 있지 않았다. 대변인처럼 행동하는 한 나이든 노인이 "그들은 아마 하느님은 큰 귀신이며 그분이 잃어버린 재산을 되돌려 주는 데 도움이 될 것이라고 생각한다."고 말했다. 그 예배는 초기의 선교 활동을 여실히 보여주었다.

오후에 예배를 보고 돌아오면서 우리는 지식인으로 보이는 우상 숭배자의 무리를 만났다. 우리는 귀신에 대한 대중적인 믿음과 관련된 가장 중요한 예식의 하나를 본 것이다. 그것은 중병의 원인이 된다고 생각하는 사악한 영혼을 몰아내는 푸닥거리였다. 두 번째의 평양 방문에서 나는 때때로 중단되는 반주처럼 시끄러운 심벌즈의 충돌과 함께 마술사가 끝없이 두드리는 북소리로부터 벗어날 수가 없었다. 그러한 소리는 우리를 굿판으로 이끌었다.

문이 열려 있는 헛간에 한 남자가 중병으로 누워 있었다. 앞에는 돗자리를 깔았고 낮은 병풍을 둘러치고 있었으며 그 안쪽에는 떡과 밥, 삶은 닭, 콩나물, 그리고 여러 가지 맛있는 음식으로 상이 차려 있었다. 병풍밖에는 세 명의 늙은 여자가 쭈그리고 앉아 있는데 세 번째 여자는 큰 징을 치고 있었다. 그들을 향해 무당이 서 있는데 그들을 장밋빛 비단옷과 담황색의 얇고 길고 품이 큰 옷을 입었으며 그 소매가 바닥까지 끌리고 있었다.

그들은 일본의 신도의 고헤이와 비슷한 종잇조각으로 머리를 장식했고 그 위에는 붉은 색 헝겊 조각과 담황색 얇은 천의 진기한 모자를 우아하게 쓰고 있었다. 그는 부채를 들고 있었지만 춤을 출 때만 사용했다. 그는 밝은 줄무늬로 색칠한 막대기를 왼쪽 어깨 위로 휘둘렀다. 그는 동시에 노래를 곁들여 느린 리듬의 율동의 춤을 추었다. 가끔씩 장구 치는 사람 가운데 한 사람이 다름 모든 사람들로부터 접시에 돈을 모으더니 "다시는 이 집에 근심이 없게 하라. 우리는 다시는 제물로 너를 달래지 않을 것이다."라고 기원하면서 허기진 영혼을 위해 돈을 사방으로 뿌렸다.

무당의 도움을 구하는 사람들의 믿음에 따르면 무당은 강력한 귀신에 씌어 있으므로 그의 주문은 굿을 통하여 병의 원인이 되는 것을 쫓아내려고 귀신을 설득하는 것이다. 그러나 그 역신이 너무 완강하여 그 보다 더 완강한 귀신을 불러오려면 더 많은 보수와 제물을 요구할 것이다. 굿은 환자가 다시 회복하기 시작했을 때인 다음날 아침 4시까지 14시간 동안 계속되었다. 주로 여자와 아이들로 이루어진 관중들은 울타리 주위에 서 있었다.

나는 평양에서 정식 여인숙에 머문 것이 아니라 중개인의 집에 머물렀다. 명목상으로 나에게 뜰이 달려 있었지만 사생활을 보호해 주는 곳은 아니었다. 임 씨는 대체로 과격하지 않게 "계속 전진하자고" 사람들에게 요구했지만 그에게는 두 번의 예외가 있었다.

첫째로는 한 미친 여자의 경우였다. 그는 외양도 멀쩡하게 생겼는데 내가 두 번째로 평양을 방문했을 때, 나를 따라 다녔다. 그는 내가 자신의 할머니였으며 어느 곳이든지 나와 함께 가야만 한다고 말했다. 대부분의 미친 사람들이 그렇듯이 그는 중요하고 신비스러운 의사 소통의 수단을 가지고 있었지만 나로서는 그것을 이해할 수가 없었다. 그는 지난번 평양 감사의 내연의 처였는데 일본군이 도시를 함락하기 전에 탈출하지 못하고 있다가 중국인들이 일본의 총칼에 죽는 광경을 보고 그 공포로 미치게 되었다. 그는 긴 뜨개바늘을 가지고 다니면서 도망가는 사람들을 슬픈 몸짓으로 찌름으로써 중국의 병사들이 죽어 가는 모습을 재연했다.

두 번째의 예외는 기생들이었다. 임 씨는 그들의 존재를 인정하는 것 같았으며 나도 그렇게 하고 있다고 생각하고 있음이 분명했다. 평양은 기생으로 유명한데 그들을 여러 면에서 일본의 게이샤와 유사하다. 그러나 정확하게 말하자면 그들은 대부분 관아에 소속되어 있으며 국고의 지원을 받고 있다.

내가 서울에서 두 번째 체류하고 있을 때에는 약 70명의 기생이 왕궁에 소속되어 있었다. 그들은 왕실의 음악가와 똑같이 정부의 통제를 받았다. 가난한 사람이 많은 아들을 가졌을 때 그들을 부양할 수 없어 때때로 내시로 정부에 바치는 것과 마찬가지로 딸을 기생에게 줄 수도 있다. 기생은 매우 어린 나이에 조선의 여염 여자들에게는 부족한 재능을 배운다. 그 교육은 기생들의 매력을 높여 주는 것으로서 악기, 노래, 춤, 독서, 낭송, 서예, 수놓기 등이다.

기생들의 운명은 양반의 즐거움을 위해 존재하는 것이기 때문에 위와 같은 예능이 매우 필수적이다. 남자들은 기생에 탐닉하면서 아내의 삶이 공허하고 계발되지 않는 것에 대해서는 전혀 괘념하지 않는다. 기생들은 진흙투성이의 평양 거리인데도 나를 만나러 올 때는 항상 우아한 옷을 입고 있다. 그들은 전혀 숨어살지 않으며 그들이 대하는 태도는 남녀에게 구별 없이 우아하다. 대부분의 동양 사회가 그렇듯이 그들의 춤은 우아하며, 그들의 춤을 감상한 외국인들의 설명에 따르면, 그들의 처신은 전혀 부도덕하지 않다.

서울 주차 미국 공사관 서기관 알렌(H. N. Allen) 박사는 1886년 『코리언 리포지터리』의 한 글에서 궁정 연회에서 특별히 외국인들이 관심을 갖는 "연꽃 춤"을 소개한 적이 있다. 그 글에서 그는 다음과 같이 기록하고 있다.

> "꽃망울이 막 터질 것 같은 큰 연꽃을 담은 통을 가져왔다. 그러고 나서 두 마리 모조 황새가 들어왔는데 매우 잘 변장하고 있다. 그들은 날개를 퍼덕거리며 부리로 쪼고 아름다운 꽃봉오리 주위를 돌며 춤을 추었다. 그들은 꽃의 아름다움을 감상하고 나더니 꽃을 쪼는 듯했다. 그들의 율동은 끝까지 아름다웠으며 부드러운 음악에 맞춰 꽃으로 더욱 더 가까이 왔다. 마침내

새들의 놀람과 젊은 구경꾼들의 환호 속에 한 시간이 지나자 새들이 꽃을 쪼았다. 꽃잎이 떨어지더니 작은 기생은 밖으로 발을 내디뎠다."

칼춤과 용춤도 또한 대단히 인기가 있다. 대축제 때의 연기는 색칠한 아치 앞에 우아한 팔 동작으로 연속되는 "공 던지기"가 없이는 결코 끝나지 않는다. 그 다음에 기생들은 왕의 앞으로 열을 지어 나아가면 그 성공적인 공연으로 선물을 받게 된다.

대부분의 아름답고 매력적인 기생이 평양 출신이라고는 하지만 그들은 전국 도처에서 볼 수 있다. 왕으로부터 가장 낮은 관리들까지 사치를 좋아하는 사람들은 기생의 존재야말로 환락에 없어서는 안 되는 존재로 알고 있다. 그들은 외부가 서울 근교에서 주최하는 놀이에 출현하여 춤추며 노래한다.

기생들은 관찰사나 각종 부서에 소속되어 있지만 잔치를 더욱 신명나게 만들고 싶은 양반들에게 불려 갈 수도 있다. 그들은 교육을 받고 숨어 살지 않기 때문에 그들의 위치는 높아 보이지만 일본의 게이샤가 종종 지체 높은 사람이나 정치인의 아내가 되는 것과는 달리 조선에서는 기생을 그런 위치에 올려놓기를 바라는 사람은 없을 것이다.

조선의 사회 생활을 잘 알 수 있는 특별한 기회를 가졌던 알렌 박사의 말에 따르면 기생은 남편의 관심을 받지 못하는 아내들의 많은 가슴앓이의 원인이 된다고 한다. 조선에서는 기생으로 말미암은 가족사의 아픈 얘기와 젊은이들이 완강한 관습 때문에 자신이 사랑하면서도 기생과 결혼하지 못한 사랑 얘기들이 많다.

제비의 왕이 자신에 대한 사랑을 보상했다는 『흥부전』이라는 설화가 있는데 그 얘기에 따르면 상처 입은 제비를 학대했기 때문에 "조선의 열 가지 재앙"이 한 남자에게 밀어닥치는데 기생이 무당과 함께 "그 땅의 저주"로 묘사되어 있다. 이 글을 쓰는 데 도움을 준 알렌 박사의 글에 따르면, 기생들은 외로운 아내들의 걱정이 될 뿐만 아니라 그들의 아버지가 젊었을 때 스스로 그랬던 것처럼 방탕한 생활에서 탕진하는 아들을 보며 한탄하는 아버지의 걱정거리가 되고 있다.

내가 거처했던 집의 주인이 중개업을 하는 상인들로 붐비고 있었기 때문에 기생 놀이는 늘 있는 일이었다. 이 씨는 매일 저녁 식사에 초대를 받았으며 마지막 저녁에는 그를 초대했던 모든 사람들을 대접했다. 1인당 식사비는 성 제임스가[4]에 있는 음식점의 식사 대금과 같다. 소음은 이들 모임에서 필수적이며 남자들은 목청껏 소리를 지른다.

평양에서는 남자들 사이에 방문과 초대가 흔히 벌어진다. 어떤 공직자는 늘 집을 열어 놓고 손님들을 즐겁게 하고자 고용인에게 하루 60달러씩 준다. 생활이 살 만한 사람들은 이 집 저 집을 다니며 시간을 보낸다. 그들은 결코 정치 얘기를 하지 않는다. 그것은 너무 위험하기 때문이다. 그들은 다만 궁정이나 도시에서 벌어진 가장 최근 사건에 대해 잡담을 옮길 뿐이다.

사랑방은 모든 방문객에게 개방되어 있다. 남자들은 만나서 앞서 말한 것보다는 규모가 작지만 "문학비평"이라고 할 수 있는 것들을 토론하며 교육의 중대한 결과가 되는 시를 짓는 능력을 비교하며 주로 한자로 쓴 유명한 작품을 토의한다. 보통 사람들은 거리나 집 앞에서나 주막에서 서로 만난다. 그들은 끊임없는 질문을 서로 주고받고 서로의 사업, 돈거래 그리고 가장 최근의 소식에 관해서 얘기를 나누는데 우리가 보기에 그 화제는 참으로 무례한 내용들이다.

남자들이 하는 일이란 그들이 들은 소문을 재생산하는 것이다. 그가 들은 것은 거짓과 과장으로 윤색된다. 조선은 소문이 많은 나라이다. 조선 사람들은 알고 들은 것을 가슴에 묻어 두는 법이 없다. 달레 신부(Père Dallet)의 기록에 따르면 조선 남자는 솔직하지도 않으며 말을 아끼는 법을 알지

---

4) 성 제임스가(St. James Street) : 런던에 있는 번화가.

못한다. 남자들은 자기들끼리 모여 살고 있기 때문에 집안의 생활을 알지 못한다. 내당의 마님들은 여자 손님들을 받으며 딸들은 거기에 참석한다. 남자아이들은 어린 나이에 남자의 방으로 옮겨가 자존망대한 남자들이 여자를 경멸하는 대화를 듣고 배운다.

우리는 여섯 명과 겨우 짐을 실을 수 있는 아주 작은 배를 타고 부산을 향해 평양을 떠났다. 두 사공 가운데 한 명이 문자 그대로 "열이 나서 쓰러졌다." 나머지 한 명과 함께 강한 썰물을 타고 우리는 6시간 만에 20마일을 헤쳐 간 뒤에 닻을 내리고 있는 해룡호를 발견하게 되어 매우 기뻤다. 우리는 배에 관해서는 정확한 정보를 얻을 수 없었기 때문에 배를 보기까지는 결코 믿지 않았다.

대동강은 역사적 관심거리를 가지고 있다. 이 물길을 따라 기자는 5,000명의 군사와 함께 평양에 이르러 조선의 문화를 발견했다. 기자 조선은 그 마지막 왕인 기준의 시대에 이르러 북쪽에서 내려온 위만의 군대에게 쫓겨났다. 평양은 무역을 하기에 천연적으로 적합한 곳으로서 칼스(W. R. Carles) 영사가 깊은 인상을 받았듯이 나 역시 깊은 인상을 받았다.

작은 배로 평양까지 항해할 수 있는 대동강은 콩과 목화의 천연적인 항로이다. 그러한 물품들은 선적되어 뉴창으로 운송되며 개천의 강둑에 매장되어 있는 풍부한 철광석과 다만 20마일밖에 안 떨어져 있는 금산의 금과 바로 이웃의 풍부한 석탄이 대동강을 따라 수송된다. 지금은 등짐장수들이 제물포로 나르는 짐승의 가죽과 매우 훌륭한 실크 산업이 대동강으로 수송되고 있었다.

강 밑으로 내려가면 평양의 본래의 토성이 보인다. 이 성은 3천 년 전에 기자가 축성한 것으로서 북쪽으로 꺾어지기 직전까지 4마일 정도로 이어지다가 이 성을 쌓은 기자묘가 있는 언덕의 발치에서 끝났다. 이 토성은 지금의 성벽과 같은 방향으로 3마일 더 뻗어 있다. 대동강이 흐르는 평원은 비옥하고 훌륭하게 경작되고 있으며 잔잔한 썰물 위에 반짝이는 개펄은 참으로 매혹적이다. 작은 지류들은 작은 배들이 인근 마을에 이르도록 해주는데 그들의 대부분은 그림 같은 산맥에서 발원하여 평야로 흘러내려 가다가 서쪽에서 대동강과 만난다.

해룡호에 대해 이러니저러니 말들이 많았다. "해룡호는 가장 안전한 배이기 때문에 내가 해룡호를 탈 수만 있으면 괜찮을 것"이라는 얘기며, 특등실이 열 개가 있다는 말을 들었지만 안개가 짙고 눅눅하고 딱딱한 그 배에 타서 옹색하게 오랜 시간을 보내고서야 나는 내가 가당치도 않은 아늑함과 호화로움을 꿈꿨다는 것을 깨달았다.

해룡호에는 일본의 화물이 가득했고 일본군이 출입구에 모여 있었으며 일본군 장교가 화물을 감독하고 있었다. 우리는 짐짝처럼 승선하여 한 시간 동안 비를 맞으며 누워 있었다. 아무도 우리에게 시선을 보내지 않았다. 이 씨는 배 위에 기어 올라갔다가 반시간이 지나 초저녁이 되어서야 나타나더니 배에는 선실이 없어 해변으로 나가야겠다고 말했다. 그러나 해변에는 잠잘 곳이 없었고 또 이번이 마지막 배였다.

내가 배로 기어 올라가자 임 씨는 허둥대며 짐을 실었다. 비가 내리고 바람이 부는데 우리는 3등 선실의 승객들과 마찬가지로 선실에 쑤셔 박혔다. 조선의 모든 곳에서 늘 그렇듯이 일본군인과 병참 장교들이 왕이었다. 정부 관료인 이 씨는 "한 달에 백 번씩은 일본인들로부터 청탁을 받는 위치에 있는 사람"인데 이런 모욕을 당해야 한다는 것에 흥분했다. 제물포를 거쳐 나가사키로 가는 이 배는 일본 병참부에 임대된 것인데 이 배에서 우리는 고의는 아니겠지만 무임 승차자의 취급을 받았다.

정말로 내가 묵을 방이 없었다. 내가 피난처를 배정 받을 수 있는지의 여부는 전적으로 일본인의 손에 달렸다. 나는 병참부의 장교들과 같은 방을 썼다. 식사도 그들의 손에 달렸다. 임 씨가 몇 번 들락거리더니 얼마 뒤에야 미리 준비해 두었던 카레의 먹다 남은 것을 가져왔다. 조선의 사무장이 있었지만 꼬락서니도 보이지 않았으며 어린 꼬마가 그 업무를 대신하고 있었다. 그런데 그 꼬마를 틈만 나면 공책을 들고 찾아와서 영어 공부의 도움을 받았다. 사무장을 대신하고 있는 그 꼬마는 생기 넘치게 "일본인들이 밉다. 그들이 우리의 배를 빼앗아 갔다"고 소리쳤다.

다행히도 바다는 조용했고 날씨도 쾌청했다. 까다로운 바다인 황해도의 연안 바다조차도 조용했다. 해안으로부터 갯벌이 쭉 뻗어 나온 개항장인 진남포에 한나절을 머문 것도 나쁘지 않았다. 포산을 떠난 지 3일째가 되는 날의 쌀쌀한 저녁에 우리는 훌륭한 일몰을 바라보며 낯익은 제물포에 닿았다. 작은 아시아 풍의 수송선의 항해는 기대했던 것보다 더 훌륭했다.

여행 일정 계획표

서울 → 고양 40리 → 파주 40리 → 오목(O-mok) 40리 → 오죽교(Ohur-chok Kio) 30리 → 송도 10리 → 오흥숙주(O-hung-suk Ju) 30리 → 군고개(Kun-ko Kai) 30리 → 돌마루(Tol Maru) 35리 → 안성(An-sung) 파발 25리 → 서흥(瑞興) 30리 → 흥서완(Hung-shou Wan) 30리 → 풍산(豊山) 40리 → 황주(黃州) 40리 → 거문(Kur-moun)다리 30리 → 치돌(Chi-dol) 파발 40리 → 평양 30리 → 모리(Mori)고개 30리 → 양양장 30리 → 자산(慈山) 30리 → 수양리(Shou-yang Yi) 40리 → 학여울(Ha-kai Oil) 35리 → 가창(Ka Chang) 35리 → 흑구리(Hu-ok Kuri) 40리 → 덕천(德川) 30리 → 서총(Shur-chong) 30리 → 안길령(An-kil Yung) 20리 → 실위(Shil-yi) 40리 → 무진대(無盡臺) 25리 → 순천(順川) 35리 → 자산(慈山) 30리 → 신양천(Siang-yang Chön) 40리 → 안진(An-chin)미륵 30리 → 평양 20리

총 여행 거리 1,060리

제 31 장 단발령과 아관파천

1895년이 막을 내리고 1896년이 우울하게 시작되었다. 각 방면에서 작은 폭동이 일어나고 여러 관리들이 죽임을 당했으며 반란군은 서울로 진군하겠다고 위협했다. 일본의 영향력은 쇠퇴해 갔으며 일본군들도 점차 그들의 지위를 상실해 갔다. 많은 일본의 고문관이나 감독관들의 계약이 파기되었거나 갱신되지 않았다.

일본의 세력이 우세했던 기간에 제정된 개정들은 자연스럽게 폐기되었으며 분명한 후퇴의 움직임이 나타났다. 전국적으로 통치력이 붕괴되고 있었다. 우리가 어이없다고 생각하는 동안에 이 나라에서 발생한 동요와 그보다 좀 더 심각한 몇몇의 폭동은 그 나름대로의 이유가 있었다. 우리의 입장에서 보면 우스꽝스러울 수도 있지만 풍속에 경도하는 보수주의가 전국적으로 팽배하고 있었다.

폭동의 원인은 1895년 12월 30일자의 왕령으로 발표된 단발령에 대한 공격이었다. 단발령은 전국을 들끓게 만들었다. 실질적으로 그들의 왕을 감금했던 그 혐오스러운 권력에 대해서도 침묵했던 조선 사람들은 그들의 머리를 자르는 데 대해서는 더 이상 참을 수 없다는 것을 알았다. 조선 사람들에게 상투란 중국인에 대한 변발보다도 더 중요한 것이었다. 중국에 대한 변발의 의미는 복종의 상징이며 정부에 대한 충성의 상징 그 자체였다. 머리의 길이가 땋을 수 있을 정도가 되면 중국의 소년들은 변발을 한다.

조선 사람들에게 상투의 의미란 곧 국가이며, 누구는 500년이라고도 하고 누구는 2,000년이라고 하는 그들의 역사이며, 성스러운 전통이며, 사회적으로나 법적으로 성인이 됨을 의미한다. 그가 비록 어린아이라 할지라도 상투를 틀면 그의 성 뒤에 호칭을 부치고 조상의 위패 앞에 이름을 걸 수 있다는 두 가지 의미를 가지고 있다.

결혼은 상투와 밀접한 관계를 맺고 있으며, 결혼에 관한 제9장에서 언급한 것처럼, 제사에 참석할 수 있다. 아무리 나이를 먹어도 상투가 없으면 이름 없는 아이로 취급받는다. 이와 같은 하대를 피하고자 상투를 틀고 망건과 도포를 구하려고 돈을 모으는 사람들도 있다. 가족을 벌어 먹일 자신이 없을지라도 이 의식은 통과해야 할 의례이다. 상투는 십중팔구 결혼을 의미하며 상투가 없는 사람은 반푼이라는 소리를 듣는다.

"상투를 올리는 의식"은 이 나라의 특성 가운데 가장 중요한 것이어서 잠시 거론해 볼 필요가 있다. 아버지나 가족이 생각하기에 아들이 상투를 틀 나이가 되었다고 판단되면 가정의 형편이 허락하는 대로 도포와 갓과 망건을 마련하는데 이때는 대체로 혼기와 맞아떨어진다. 부모들은 점쟁이를 찾아가 길일과 시간을 선택한다. 이때 점쟁이에게 주는 복채는 매우 비싸며 가난할 경우에는 이 중요한 일을 결정하고자 판수를 부른다.

이 경사스러운 날이 되면 가족이 모이는데 이는 집안일이므로 친구는 초대되지 않는다. 다복하고 재산과 자식이 많은 사람만이 이 행사의 주관자가 될 수 있다. 만약 아버지가 다복한 사람이라면 아버지가 의식을 집전하지만 그렇지 못하다면 그보다 다복한 오랜 친구가 집전한다. 성인의 특권을 누리고자 하는 후보자는 방 한 가운데 앉아 매우 조심스럽게 그가 지향하는 방향을 향해 앉는다. 그렇지 않으면 그는 그날부터 불행하게 될 것이다.

행사의 주관자는 격식에 맞추어 소년의 묵직한 머리를 풀고 그의 머리 가운데에 직경 3인치의 원을 그려 머리를 잘라 내고 전체 머리를 이 지점에서 위로 향하게 한 뒤 가지런히 만들어 끈으로 2번 반을 꼭꼭 꼬아서 4인치 길이가 되도록 하여 마치 머리로부터 위로 향한 뿔처럼 서게 하는 과정을 신중하게 진행해 간다. 말총으로 만든 망건은 테두리가 없는 모자로서 눈썹까지 내려오는데 얼마나 단단히 조이는지 이마에는 영원히 자국이 생기고 두통을 일으키는 경우도 있다. 그 위에 끈이 달린 갓을 쓰고 긴 도포를 입으면 소년은 이제 어른이 되어 일어난다.[1]

이 새로운 남자는 어른의 서열에 따라 가족들에게 각각 절을 올린다. 할아버지, 할머니부터 시작해서 무릎을 꿇고 손이 바닥으로 향하도록 짚고 이마를 잠시 그들을 향한 채로 있는다. 그 다음에 그는 조선의 위패 앞에 음식과 과일을 가득 담은 제기 양쪽으로 촛불을 밝히고 큰절을 올림으로써 그가 성인이 되었음을 알린다. 그런 다음에 그는 집안의 어른들을 찾아뵙는데 이때 그는 처음으로 어른 대접을 받는다. 그 날 밤에 아버지는 큰 잔치를 열어 집안의 성인 남자들을 초대한다.

갓은 엷은 크리놀린[2]으로 되어 있어 상투가 뚜렷이 보인다. 갓의 무게는 1.5온스 정도이다. 갓은 조선 사람들의 끝없는 걱정거리이다. 갓은 비에 젖으면 망가지기 때문에 그들은 도포의 소매 안에 비올 때 갓을 씌울 수 있는 방수 모자를 넣지 않고서는 감히 밖에 나갈 생각도 하지 않는다.

갓은 또한 쉽게 부서지기 때문에 쓰지 않을 때는 나무 상자에 넣어 보관해야 한다. 그 나무 상자는 훌륭하게 장식되어 있고 여인들의 판지 상자처럼 다루기가 까다롭다. 갓을 잘 보관한다는 것은 존경의 표시이다. 조정 대신들은 왕을 알현할 때도 갓을 쓰며, 막역한 친구를 만날 때만 갓을 벗는다. 망건은 머리칼이 흐트러지지 않도록 하는 역할을 한다. 망건은 종종 비취나 호박 또는 터키석으로 장식되며 젊은 멋쟁이들은 비싼 귀갑의 빗을 꽂기도

1) (원저자 주) 이러한 변모가 무엇을 가져오는지는 9장에서 간단히 언급한 바 있다.
2) 크리놀린(crinoline) : 빳빳한 천 또는 옷감을 세우려고 대는 안감.

한다. 내가 알기로는 남자들의 장식으로서는 상투보다 더 중요한 것은 없으며 그토록 존경받는 것이 없으며, 그토록 집착하는 것도 없다.

조선 사람들에게는 진정한 의미로서의 애국심은 없지만 강한 민족적 본능이 있다. 그러한 민족성에 강하게 작용하고 있고, 그토록 선망의 대상이 되고 그토록 유서 깊은 "제도"로서의 상투를 없앤다는 칙령이 1895년 12월 30일자로 발표되자 마치 온 나라가 벼락을 맞은 것 같았다. 사실상 단발은 주로 미국에서 공부한 사람들에 의해 이전부터 요구된 바 있고, 일본인들도 이를 지지하고 있었으며, 내각에서도 거론된 바 있지만 그러한 변화에 대하여 온 나라가 반대하고 있기 때문에 정부로서는 시행하기가 두려웠을 뿐이다.

칙령이 발표되기 직전에도 훈련대의 장교 3명이 칼을 빼 들고 의정부로 들어가 우선 정부에서 활동하는 사람들로부터 단발하도록 법령을 제정할 것을 요청한 바 있었다. 그러나 목숨이 두려운 대신들은 모두 승복했고 단 한 사람만이 왕비의 국상이 끝날 때까지 연기하자고 주장했을 뿐이다. 그러나 그 뒤 얼마가 지나지 않아 사실상 구금 상태에 있던 왕은 단발령에 서명하도록 강요받았으며, 왕과 세자와 대원군 그리고 각료들이 머리를 잘랐고,[3] 군대와 경찰이 뒤따라 잘랐다.

그 다음날 『관보』는 왕이 머리를 잘랐다는 발표와 함께 왕이 승인한 단발령을 발표하면서 모든 관료와 장교 및 백성들도 머리를 자름으로써 왕의 예를 따르고 이제까지 왕에게 요구했던 진보의 정신에 자신들도 동참하여 이 나라로 하여금 세계의 다른 나라와 동등한 위치에 올려놓도록 요구했다. 당시 내부가 발표한 고시는 다음과 같다.

내부 고시 (1)

이번의 단발은 위생에 이롭고 일하기에 편하도록 우리 성상 폐하께옵서

---

3) 이때 대원군은 머리를 자르지 않았음.

정치 개혁과 민국 부강을 도모[圖猷]하사 솔선 궁행하사 표준을 보이심이라. 무릇 우리 대조선 국민인은 이러하신 성의를 앙체하되 의관 제도는 아래와 같이 고시함.

(1) 국복(국상 기간에 입는 복장)이 몸에 재하니 의관은 국복 기한 전에 전과 같이 백색을 씀.
(2) 망건은 폐지함.
(3) 의복 제도는 외국 제도를 채용하여도 무방함.

내부 고시 (2)

이번 15일에 대군주 폐하께서 반포[頒降]하신 조칙 안에 "짐이 단발하여 신민에게 솔선하노니 백성들은 짐의 뜻을 극체하여 만국과 병립하는 대업을 이루게 하라" 하시니 이번의 경장하는 모임을 맞아 크게 분발하신 조칙을 봉독하니 무릇 우리 대조선국의 신민 되는 자는 누구라도 감읍치 아니하며 진작 않으리오. 일심 동덕하여 경장하시는 성의를 봉체하기를 절망함.[4)]

백성들이 단발령을 받아들이지 못한 이유로는 그 사회에서 좋은 평가를 받지 못하는 하층 계급인 중들이나 머리를 깎는 것이라는 인식과 함께, 일본이 조선 사람을 자기들과 같은 모습으로 만들려고 충동질하고 있기 때문이라고 백성들은 믿고 있었다는 점이다. 일본의 의도는 조선 사람들의 민족의식을 깨뜨리는 것이라는 믿음이 너무나 강렬했기 때문에 각처에서 단발령에 반대하는 폭동이 일어나고, 일본인에 대한 적개심이 노골적으로 표출되어 심지어는 그들을 살해하는 일도 빈번했다.

시골에서도 소동이 일어났다. 고위 벼슬아치들도 커다란 어려움에 빠졌

4) 이상의 두 문건은 원문을 현대어로 고쳐 옮긴 것임.

다. 머리를 잘랐다가는 격분한 백성들에 따라 벼슬자리로부터 쫓겨날 것이오, 심지어 목숨을 잃을 수도 있을 것이며, 그렇다고 머리를 자르지 않다가는 조정에서 쫓겨나기 때문이었다. 어느 지방에서는 머리를 자른 관리가 부임하여 최악의 사태를 각오하고 있는 백성들을 만났다. 백성들은 신관 사또에게 "우리는 이제까지 조선 사람의 통치를 받았지 중머리를 한 관리로부터 통치를 받은 적이 없다"고 알려 주었다. 신관 사또는 깊이 생각한 끝에 서울로 돌아갔다.

전국적으로 상투를 둘러싼 어려움이 일어났다. 시골 사람, 상인, 전도사, 그 밖의 다른 사람들이 사업차 서울에 올라 왔다가 상투가 잘리자 감히 목숨을 잃을 각오를 하지 않는 한 고향으로 돌아갈 수가 없었다. 땔감과 농산품이 반입되지 않게 되자 생활 필수품의 값이 심각할 정도로 올랐다. 새해에 대궐의 문을 들어오는 것을 자랑하던 남자들은 자발적으로 상투를 잘렸다.

사대문과 대궐, 그리고 관리의 집에서 상투 자르는 소리가 끝없이 들려왔다. 외국 사절은 새해 첫날에 궁전에 출입할 수가 없었다. 왜냐하면 그들의 가마꾼들이 머리를 잘리고 싶지 않기 때문이었다. 상투가 떨어지자 사회적 질서가 온통 흔들렸다. 어떤 아버지는 두 아들이 머리를 자르자 비탄과 모욕을 견디지 못하고 자살했다. 머리가 잘린 사람들은 시골 사람들로부터 폭력을 받을 것이 두려워 감히 서울을 떠나지 못했다.

서울에서 50마일 떨어진 춘천에서는 관찰사가 단발령을 집행하려 하자 군중들이 일어나 그를 죽이고 춘천과 인근 마을을 접수했다. 가위를 가진 경찰이 단발령을 집행하려고 사대문을 지키고 있었다. 서울에 올라왔다가 머리가 잘린 농부는 고향으로 돌아가지 못했다. 1896년 1월 중순에 물가는 심각하게 올랐으며 서울에서 소요가 예상되었다. 그 무렵에 "시골의 풍속을 손상하지 않는다."는 또 다른 법령이 발표되었다.

사태는 더욱 악화되었다. 1896년 2월 11일, "조선의 왕이 궁전을 탈출하여 러시아 공사관에 머물고 있다"는 놀라운 전문이 발송되었다. [아관파천]

그날 아침 왕과 세자는 희미한 새벽에 궁녀가 사용하는 가마를 타고 경복궁을 떠나 보초병의 의심을 받지 않고 문을 통과하여 러시아 공사관에 도착했다. 그 뒤 1년 동안 머물게 된 러시아 공사관에 도착한 왕은 얼굴이 창백한 채 몹시 떨고 있었다. 탈출을 준비했던 궁녀들은 그들이 받은 지시를 잘 지켰다. 몇 주 동안 가마를 타고 아침저녁으로 대궐문을 출입함으로써 그들은 주위의 이목을 피하게 되었다. 왕은 밤에 많은 일을 하고 새벽에 잠들기 때문에 그를 감금하고 있는 야경꾼과 같은 각료들도 왕이 잠들어 있을 것이라고 생각했다. 그의 소재가 확인되었을 무렵에는 이미 새로운 내각의 조각이 시작되었고 고관들은 러시아 공사관으로 소환되었다.

신변이 안전하게 된 국왕은 오랫동안 상실되었던 왕권을 다시 찾았다. 그 때로부터 왕권은 조금도 위축되지 않았다. 왕이 러시아 공사관으로 파천한 지 몇 시간 만에 결코 훼손될 수 없는 동양의 풍속에 관한 두개의 포고문이 서대문에 걸렸는데 그 전문은 다음과 같다.

칙령

아, 슬프도다! 짐의 부덕함과 무능으로 말미암아 악이 횡행하고 현명함이 사라졌다. 최근 10년 동안 어느 하루도 영일이 없었다. 어떤 것은 짐이 식구처럼 생각했건 무리에 의해 일어났고, 어떤 것은 짐에 의해 생겨났다. 우리의 500년 왕조는 흔히 위험에 빠졌으며 우리 몇 100만 백성들은 점차로 곤궁하게 되었다. 이런 것들은 짐으로 하여금 치욕으로 얼굴을 붉게 하고 땀을 흘리게 만들었다. 이러한 어려움은 짐의 편파적인 처사와 자신의 의지로 빚어진 것이며 결과적으로 사악한 근성을 불러일으키고 그 실수는 재앙을 불러왔다.

다행하게도 충성스럽고 믿음직한 백성들이 이러한 악을 제거하고자 정의로운 노력을 경주함으로써 쓰라린 경험은 국가를 일으킬 수 있으며, 폭풍이 지나간 뒤에 고요함이 찾아온다는 희망을 주었다. 이는 긴 압제를 겪은 뒤에야 인간은 자유를 누리게 된다는 원리에 부합되며 하늘은 패배 뒤에 성공을 가져다준다는 희망을 우리에게 주었다.

우리는 관대하려고 노력하겠지만 1894년 7월과 1895년 10월의 사건에 관계된 반역의 우두머리에게는 그 어떤 용서도 하지 않을 것이다. 그들에게 극형을 내려 천인공노할 죄상을 씻을 것이다. 그러나 그 밖의 관리나 군인이나 백성이나 노동자들은 그들의 죄의 크고 작음에 관계없이 모두 용서하며 자유를 누리게 하리라. 그대들의 마음을 바꾸고, 안심하라. 그리고 지난날과 똑같이 공사의 생업으로 돌아갈지어다.

단발령에 대해 짐이 무엇을 말할 수 있겠는가? 그것이 그렇게 시급한 문제인가? 반역자들은 힘과 강압으로 단발령을 일으켰다. 이러한 조치는 짐의 뜻이 결단코 아님을 모두가 잘 알 것이며, 전국의 유생들이 정의로운 분노로 봉기하고 지금처럼 거짓된 소문이 풍미하여 끝내는 이를 무력으로 진압하기 위해 정규 군대를 파견함으로써 인명을 살상하게 하였으니 이는 짐의 뜻이 아니로다.

반역자들은 그들의 온갖 독성을 내뿜었다. 손가락과 머리카락으로써도 그들의 죄를 모두 헤아릴 수 없을 것이다. 군인들은 짐의 자식들이며 소요를 일으킨 사람들도 짐의 자식들이다. 열 손가락을 깨물어 아프지 않은 손가락이 없다. 오랜 싸움은 통신과 교통을 방해했고 피를 흘려 시체가 쌓이도록 했다.

아! 슬프다.

이런 싸움이 계속된다면 백성들은 모두 죽을 것이며 그 결과는 짐을 눈물짓게 하고 가슴을 저리게 할 것이다. 짐은 바라노니 명령을 받은 즉시 모든 군대는 서울로 돌아오고 모든 폭도들은 각기의 생업으로 돌아가라. 단발령에 관해 말하건대 누구도 의관에 관하여 강요를 받지 않을 것이니, 그대들이 그대들의 뜻대로 하라. 정부는 지금 백성을 괴롭히는 악을 시정할 것이다. 이는 짐이 명예를 걸고 하는 말이니 모든 백성들은 양지하라.

왕명에 따라

내부대신 겸 총리대신 박정양(朴定陽)

건양(建陽) 1년 2월 11일

병사에게 보내는 칙령

짐의 불운으로 말미암아 반역자들은 해마다 문제를 일으켰다. 지금 짐은 또 다른 음모의 증거를 가지고 있기에 짐은 러시아 공사관으로 왔다. 다른 나라의 공사 관원들을 모두 여기에 소집했다. 병사여! 와서 우리를 보호하라. 그대들은 짐의 자식이다. 과거의 충돌은 반역자들에 따라 일어난 일이며 그대들은 모두 용서받을 것이며 어떤 책임도 묻지 않는다. 그대들의 임무를 수행하고 안심하라. 그대들이 반역자 조희연, 우범선, 이두황, 이범래, 이진호, 권형진 등을 만나면 즉시 머리를 잘라 가지고 오라. 그대들은 러시아 공사관에 있는 짐을 경호하라.

건양 원년 2월 11일

국왕

이 칙령에 뒤이어 같은 날 몇 천 명의 사람들이 단발령 철회를 알리는 칙령을 읽고 있는 동안 거리에서는 대신들이 체포되어 처형되었다. 몇몇 대신들과 함께 자리를 지키던 총리대신과 농상공부 대신이 타살되었다.[5] 격분한 폭도들은 총리대신이 단발령의 작성자라고 생각한 나머지 창으로써 잔인하게 시체를 모독하고 사체를 토막 내는 야만성을 보였다. 다른 대신들은

5) 김홍집과 어윤중을 의미함. 그러나 이들은 대궐에서 타살된 것이 아니다. 김홍집은 국왕을 알현하러 러시아 공사관으로 향하다가 덕수궁 앞에서 타살되었으며 어윤중은 고향인 보은으로 향하다가 용인에서 타살되었으며, 당시 어윤중의 직함은 농상공부대신이 아니라 탁지부대신이었음.

일본군대에 손에 구조되었으며 그 밖의 역신들은 달아났다. 새로운 내각이 출범하자 재감자는 죄가 있든 없든 모두 석방되었으며 일본인을 보호하라고 국왕이 엄중하게 명령을 했지만 이미 격노한 군중들에 따라 한 명이 희생되었다. 밤이 오기 전에 이전의 6개월 동안의 많은 일들이 원상태로 돌아갔다. 그리고 상투는 승리를 거두었다.[6)]

왕비와 폭도들의 야만적인 압제로부터 자유로워진 국왕이 어떻게 그의 자유를 행사했는가의 문제는 여기에서는 더 이상 설명할 필요가 없다. 러시아 공사관으로 탈출한 이후 국왕이 러시아 공사의 손에 들어간 하나의 도구에 지나지 않았다고 생각할 수도 있지만 여기에서 한 걸음 더 나아가, 1년이 지나가기 전에 웨베르 공사가 왕에게 선악을 구분하여 직언해 주기를 기대했다. 어떤 이유로 그가 왕으로 하여금 편견을 갖지 않도록 할 수 있었는지는 오늘까지도 수수께끼로 남아 있다.

80명의 러시아 해병대가 그 건물에 주둔하고 있었으며 창 밑의 작은 테라스에 포문이 조금 보이는 것으로 보아 그곳이 왕의 거처임을 가르쳐 주었다. 그에게는 많은 측근자들이 있었다. 몇 개월 동안 내각은 무도장에서 회의를 가졌으며, 테라스와 왕의 침소의 주변에는 항상 대소 신료와 내시 그리고 궁녀가 시립하고 있었다. 왕의 탈출을 도왔던 엄상궁[7)]과 박상궁은 잠시도 그의 곁을 떠나지 않았다.

왕의 신변을 보호하고 잔치를 벌이기 위해 즉시 왕궁의 건축을 시공했다. (그는 1897년 봄에 그곳으로 이주했다.) 영국과 미국 공사관에 인접한 유럽인 조계에 죽은 민비의 사당을 짓고 손가락 하나 정도의 왕비의 유해를 거

---

6) (원저자 주) 내가 마지막으로 왕을 보았을 때 이 국가적인 장식은 이전의 모습을 되찾은 것처럼 보였다.

7) 엄상궁(嚴尙宮 : 1854~1911) : 순헌황귀비 엄비를 의미함. 엄진삼의 딸로 민비가 시해된 뒤 고종을 모시다가 아들 은을 낳고 귀비가 되었다. 양정, 진명, 명신(숙명) 등 학교를 세우는 데 기여했다.

두어 지관이 길일로 정한 날에 왕비의 사당으로 옮겼다. 이 행사에 80명의 러시아 군이 왕의 천막 가까이에 배치되었으며 그리 멀지 않은 곳에 외국 사절들이 모여 있었다. 일본 공사는 눈에 띄지 않았다. 다섯 명의 왕의 조상의 두루마리 초상은 금으로 세공한 긴 직사각형 가마에 실려 오랜 왕궁 풍습대로 관료들을 앞세우고 왕의 텐트 앞을 지나가자 왕이 허리를 굽혀 예를 올렸다. 러시아 경호원들은 받들어총을 했다. 이것은 예식의 서막이었다.

그 다음에 삼베옷을 입은 700여 명이 살해된 왕비의 조각난 유해를 실은 거대한 영구차를 끌고 경복궁을 나서자 조정 신하들이 앞뒤를 따랐고 조선 군대가 영구차를 호위했다. 왕과 세자는 새로 지은 경운궁 문에서 행렬을 맞이했다. 사당 밖의 긴 제단의 끝에 운구된 상여는 사람의 손이 닿으면 안 되기 때문에 천으로 옮겨 사당 안에 모셔 하얀 비단의 닫집 밑에 안치했다.

1년 이상 슬픔에 잠긴 남편과 아들은 풍습대로 의식을 올리며 제물을 받치게 된다. 거리의 많은 관중은 질서 있게 조용했다. 의식은 그림과 같은 모습으로 보나 예법으로 볼 때 매우 장관이었다. 구종들이 관리들을 부축하며 말에 태우고 조랑말을 따라 가며 그 대신들이 말에서 떨어지지 않도록 붙잡고 있는 모습은 이미 사라진 것으로 여겨졌던 의식의 재현이었다.

1896년 7월에 세관장인 브라운(J. McLeavy Brown, LL.D) 박사는 왕의 명령으로 탁지부의 모든 지출에 관한 절대적 권한을 부여받아 재정상의 복잡한 부패를 감시했으며, 권력 남용을 개혁했노라고 단호하게 선언함으로써 매우 유익한 결과를 가져 왔다. 9월에는 14명으로 구성된 군국기무처가 일본의 후원으로 다시 내각으로 바뀌었다. 이러한 변화는 어느 정도 역사의 퇴행이었다. 일본이 주도권을 잡고 있던 시대에 일본인들이 시도했던 내정 개혁안이 폐기되었다.

동학을 대신하여 의병이 봉기함으로써 나라는 다시 불안해졌다. 궁내부와 왕의 측근들은 또다시 가장 추악한 방법으로 매관매직을 시작했다. 누구도 견제하지 않는 이 악습은 가장 악랄한 관습이었다. 방대한 벼슬자리를 움켜쥐고 있는 왕은 공금을 사사롭게 유용했으며, 자신의 신변이 안전하고 이제는 일본의 간섭도 없게 되자 자기 왕조의 지난날의 폐습으로 복귀했다.

왕의 권위에 대한 견제 기구가 있었음에도 불구하고 그는 절대 군주로 군림했다. 이제 그의 말이 곧 법이었으며, 그의 뜻은 절대적이었다. 자의와 타의에 의해 조선에서의 일본의 모습은 사라졌다. 일본이 조선에서 몰락하고 그 대신 러시아가 등장했지만 그러한 변화로 말미암아 조선이 어떻게 유리하게 되었는지는 분명하지 않았다.

제 32 장 정부 조직의 개편[1)]

지난날 조선의 정부 체계는 현왕조의 출범에서부터 1894년 후반기에 이르기까지 다만 몇 차례의 교체와 부수적 조치만 있었을 뿐이지 중국 명나라 정부 체계를 모방하여 만든 것이었다. 왕은 이론에서뿐만 아니라 실제에서도 절대적이었다. 그러나 통치 과정에서 그를 돕고자 흔히 내각으로 번역되는 소위 영의정과 판서 아래에서 다소 작은 기능을 가진 참판 및 참의로 구성되는 의정부가 있었다. 중국에서와 마찬가지로 조정을 통해 의논되는 정부는 이조 · 호조 · 예조 · 병조 · 형조 · 공조로 나뉘고 외국과 수교를 한 이후에는 외부의 업무가 추가되었다.

지금의 통치 기간에는 강력하고 야망에 찬 왕비의 사촌 민영준[2)]의 내부가 모든 행정력을 장악하기 시작했다. 그러면서 나라 전역에 걸쳐 주요 직

---

1) (원저자 주) 교육, 무역, 재정에 대해 재조직된 조선 정부에 관한 章과 귀신 숭배는 앞 장의 이해를 돕기 위해 구성되었다. 구조직과 재조직된 정부에 관해 관심을 가지고 있는 독자는 1897년 3월 상해 중국 해관 통계국에서 발행된 전 제물포 주차 영국 부영사 대리인 윌킨슨(W. H. Wilkinson) 각하가 쓴 『조선 정부』에서 흥미 있는 사실들을 발견할 것이다. 나는 그 책에 도움 받은 바가 매우 크다.

2) 민영준(閔泳駿 : 1852~1935) : 민영휘의 초명. 1877년에 문과에 급제한 뒤 평안관찰사(1887), 강화유수(1889), 이조판서(1891)를 지냄. 민 씨 세력의 영수로서 한때 귀양 · 망명한 적도 있으나 재기하여 중추원 의장이 되었고 한일합방 당시 자작을 받음. 휘문학교의 설립자. 필자가 이글에서 그를 영의정으로 표현한 것은 오해이다.

책을 차지하고 있는 왕비와 그의 친척들은 아무런 제재를 받는 일없이 백성들을 괴롭혔다. 서울에 소재한 관청 가운데 가장 주요한 부서는 관리의 과실 여부를 심사할 1심 기관인 한성재판소와 서울에 관련된 문제의 책임을 지고 있는 한성 판윤이다.

조선은 여덟 개의 도로 나누어 있고, 각 도 관찰사의 통제 아래에 있는 문관과 무관의 도움을 받는다. 관할 지역의 크기에 따라 등급이 다른 관찰사가 임명되는데 그 아래 급으로 다섯 개의 요새만은 관찰사의 지휘를 받지 않는다. 주요 조세인 토지세는 몇 가지 종류에 따라 징수되며 지방 정부는 지방세에 대해 매우 강한 통제력을 가지고 있었다. 정부에는 육군과 해군의 참모와 회의 기구와 장교, 그리고 여러 가지의 부서가 있고, 각 부처에는 많은 군대를 거느리고 있다.

지방에는 관료주의가 만연하고 있다. 수없이 많은 집권 남용이 자행될 뿐만 아니라 모든 중앙 정부 체계는 직권 남용의 핵심부로서 밑도 끝도 없는 부패의 바다여서, 모든 산업에서 활력을 빼앗아 가는 착취 기관일 뿐이다. 관직과 재판의 판결은 마치 상품처럼 사고팔 수 있으며 정부는 빠른 속도로 쇠퇴해 있기 때문에 오직 뇌물만이 살아남을 수 있는 원리가 되고 있다.

일본인들이 추진한 소위 일련의 새로운 개혁(갑오경장)은 1894년 6월 23일 일본군대가 경복궁을 강제 점령하면서부터 시작되었다. 물론 항상 성공한 것은 아니지만, 그 뒤에 공포된 제도적 변화는 서울에 주재한 일본 공사 오토리 게이스케에 따라 시작되었으며, 잠시 머물렀던 일본인 고문에 따라 세부 항목까지 구상되었다. 당초에 일본은 정부 안의 여러 가지 권력 남용을 개선하고 현재 실행되고 있는 개혁에 관한 노선을 마련해 주리라는 기대를 받고 있었다.

일본인들이 조선의 정치 제도를 일본의 정치체제와 유사하게 만들려고 했던 견해는 당연하며 비난받을 만한 것이 아니라는 점은 분명하다. 바람직하게 정부를 개편하고자 오토리 게이스케 공사는 국회(군국기무처)를 만들어 거기에서 국가의 크고 작은 모든 문제를 토론하기 위한 부(Department)를 만들도록 국왕에게 권고했다. 영의정이 회의체의 수장이 되고 구성원은 20명으로 제한되었다. 이와 관련하여 주목할 만한 것은 국외자로부터 서면으로 제안을 받았다는 점이다.

1894년 6월 30일에 그 첫 회의가 소집되고 그해 10월 29일에 마지막 회의가 있었다. 이 회의체는 구성원의 급료와 왕의 지나친 간섭 때문에 정족수를 확보하는 것조차 불가능했다. 이 기구에서 적극적 역할을 한 사람 가운데 한 사람인 형조 참판이 마지막 회의가 개최된 2일 뒤에 보수파의 하수인에 따라 살해되어 이 기구의 활동은 실질적으로 끝났으며, 1894년 12월 17일 왕명에 따라서 해체되고 새로 조직된 중추원이 그 역할을 대신했다. 그러나 그러한 결의안들은 왕의 동의를 얻어서야 법률이 되었으며 그러한 법령 가운데 취소되거나 폐기되지 않은 것은 아직도 구속력을 가지고 있다.

이러한 결정들은 매우 오랜 유서를 가지고 있는 제도인 『관보』에 발표된다. 다른 대부분의 제도가 다 그렇듯이 『관보』는 중국의 제도들을 모방한 것이다. 『관보』는 대체로 왕과 공식 기구 사이의 대화 통로를 형성하고 있는 전달 기구인 승정원이 작성했다. 개인적 메모나 비망록에 의해서 왕에게 의견을 전달할 수 있는 고위 관리들은 왕을 알현하고 의견을 전달할 수 있는 특권을 가지고 있었다.

일상적으로 왕명은 이 사람들을 통해서 하달되었다. 이 부서가 매일 여러 가지의 상소나 차자를 수집하면 왕이 이에 대해 비답을 내리고 관리의 임명록을 자성한다. 이들의 부본이 작성되면 『관보』에 게재되어 전국의 관료들에게 인쇄물로 송달된다. 이 문서가 『관보』에 게재되면 왕의 칙령은 곧 법률이 되었다.

1894년 7월 오토리는 선명한 활자로 『관보』를 발행하는 유용한 혁신을 이루었고, 다음해 1월에는 중국의 상형 문자인 한자와 조선의 한글을 혼용함으로써 일반인이 쉽게 이해하게 만들었다. 군국기무처의 결정 사항이 그 속에 실려 있다는 것 이외에 그 당시 특별한 변화는 없었다. 그 뒤 『관보』는 일본 정부의 관보에 더욱 더 깊이 동화되었다. 그렇게 함으로써 『관보』는 잃는 것보다는 얻는 것이 더 많았다.

승정원의 권력 축소가 점차적으로 보이기 시작했다. 그 명칭도 접수국이라는 뜻인 승선원으로 바뀌었고 내각과 한성재판소의 구성원들은 왕을 직접 가까이 할 수 있었다. 1895년 4월 일본의 지침에 따라 "제1호 개국 504년 4월 1일 목요일"[3]이라고 씀으로써 조선으로서는 중대한 변화를 가져왔다.

두 달 뒤 관보에는 더 많은 변화가 공포되었다. 그 당시에 제시된 계획이 강화됨으로써 뒤이어 일어나는 많은 변화의 길을 열었다. 중국이나 조선에 거주하는 외국인을 제외하면 『관보』의 중요성을 이해시키기는 어렵다. 내가 이렇게 소상하게 『관보』의 중요성을 설명하는 이유는 몇 세기 동안 관보에 발표된 왕명이 곧 서구에서의 의회를 통과한 법의 강제력을 가지고 있기 때문이다.

다음 페이지의 간단한 요약은 1894년 이후 직함과 봉급을 받으며 일한 일본인 고문의 손으로 거의 대부분이 준비된 것으로서 조선 정부의 재조직을 위한 계획과 그 계획이 왕에 따라 윤허된 것에 대한 개요들이다.

첫 번째 변화는 왕과 왕족의 신분이 중국의 황족의 신분으로 부상함으로써 왕이 황제가 되고 비가 황후가 되고 세자가 황태자가 되었다는 점이다. 그 뒤 1895년 1월 왕비와 왕족은 국정에 더 이상 간여할 수 없다고 왕은 서약했다. 황제 폐하는 각료의 충고에 따라 통치하고 자신이 동의한 모든 법령에 서명했다. 적어도 명목적으로 왕궁에 설치된 내각은 수상이 주재하는 내각과 국가협의회의 두 가지 측면을 가졌다.

---

3) (원저자 주) Wood-day는 현재 조선에서 사용되는 Sun-day, Moon-day, Fire-day, Water-day, Wood-day, Metal-day, Earth-day 가운데 하나로서 Thursday라는 뜻으로 일본 사람이 채택한 단어이다.

내각(의정부)

내각 또는 장관의 구성원은 총리대신, 내부대신, 외부대신, 탁지부대신, 군부대신, 학부대신, 법부대신, 농상공무부대신 등이다. 외교 고문은 7개 부처에 각각 부속하도록 되어 있다. 내각의 대신들은 다음과 같은 권한을 갖는다.

(1) 법률과 법령의 작성
(2) 매년 세입 및 세출의 대차대조표의 작성
(3) 국내외의 공채의 발행
(4) 국제 조약과 중요한 협약의 체결
(5) 대신 상호간의 법무 관할에 관한 분쟁의 조정
(6) 왕이 대신에게 보내는 것과 같은 개인적 각서의 이행
(7) 예산에 포함되지 않은 물지의 공급
(8) 재판관과 군인 이외의 고급 관리의 임용과 승진
(9) 오래된 관습의 보류 · 폐지 또는 변경
(10) 기구의 폐지 또는 제정과 어느 특정한 대신에게 소속되지 않은 관습의 복원과 폐지
(11) 새로운 세금의 과세나 변경
(12) 공유지와 산림과 건축물과 선박의 관리나 통제 등

왕이 서명 · 날인한 뒤의 모든 법령들은 총리대신[수상]의 연서를 필요로 한다. 내각의 기능으로서 서구의 국무성의 역할에 관한 부분은 여기에서 논의할 필요가 없다.

미약해진 군국기무처의 의회 업무를 강화하고자 1894년 말에 중추원을 설립했다. 중추원은 내각(의정부)이 자문을 구할 경우에 (1) 법률과 법령을 작성하고 (2) 때때로 내각에 따라 참고할 수 있는 문제들을 심의하여 통과

할 수 있다. 중추원에는 총재(총리대신이 겸임), 부총재, 50명 이내의 의원, 2~3명의 서기로 구성된다. 의원은 총리대신이 추천하여 왕이 임명하는데 국가에 좋은 일을 해 왔거나 정책, 법률, 경제 등에 전문적 지식이 있는 고위 관리여야 한다.

총재는 대신이나 차관(협판)을 제외한 어느 누구와도 공사 간의 문제에 대해 의견을 교환할 수 없다. 회의는 총재가 주재하며 정족수는 의원의 2/3가 참석해야 한다. 표결은 공개적으로 이루어지고 결정은 다수결에 따르며 그렇게 결정된 사항에 반대하는 의원은 그의 의견을 기록으로 남겨 줄 것을 요구할 수 있는 권리가 있었다.

1896년 가을에 다소 중대한 변화가 일어났다. 9월 24일의 칙령은 약 3년 전 "국법을 파괴하고 왕의 자문 기관의 명칭을 바꾼 무도한 반란자들의 행동"을 격렬한 어조로 비난했다. 이 칙령은 또한 군국기무처로 바뀌었던 내각의 명칭을 의정부로 환원하고 새로운 법규가 나와야 한다고 선언함으로써 3년 전에 국왕의 결정이 곧 공익이라는 구시대의 원리로 되돌아가게 되었다.

일련의 법령 가운데 첫 번째 법령에 따라 내각이 새롭게 조직되었고 법령의 서문뿐만 아니라 적어도 어느 단락의 일부분은 1895년 1월 왕의 선서[4] 에서 발표된 바와는 달리 절대 왕정으로의 복귀를 분명히 했다. 회의에서 토론된 어떤 의안은 찬성자의 숫자에 관계없이 절대 권한을 가진 왕의 비준을 받아야 한다.

왕의 견해와 일치되지 않는 의안은 내각에 환부되어 다시 논의해야 한다고 명시하고 있다. 왕이 승인한 결정들은 『관보』에 발표되는 순간 곧 법이 되었다. 일본인들이 국왕의 절대주의를 견제하려던 제도들은 사라지고 이

4) 본서 제21장 참조.

제는 왕권이 모든 것을 지배할 수 있고 또 지배하고 있다.

내각과 같은 성격을 갖는 지난날의 의정부가 총리대신이 주재하는 내각과 국무성의 권한을 함께 행사하게 되었다. 의정부의 구성원은 총리대신과 직무상으로 부수상에 해당하는 내부대신과, 외부대신, 탁지부대신, 법부대신, 군부대신, 학부대신, 농상부대신, 공부대신의 8명의 대신이 있고 그 밑에 국장이 있다. 의정부는 총리대신 주재하의 국무회의이므로 그 참모로는 좌찬성, 우찬성, 5명의 도헌 그리고 5명의 참의가 있다.

현재 구성된 의정부는 다음과 같은 권한을 갖는다.

(1) 법률과 법규의 실행 · 변경 · 해석에 관한 결정
(2) 강화 교섭과 조약의 체결
(3) 국내 질서의 유지, 전신 · 철도 · 광산업과 그 밖의 사업 그리고 그로부터 발생하는 보상의 문제
(4) 세입 · 세출의 평가와 특별 지출
(5) 세금 · 관세 · 물품세
(6) 왕의 특별 명령에 따라 회의를 소집하는 문제
(7) 왕에 따라 승인된 법률과 법규의 공포 등

만약 왕이 원한다면 왕이 각의에 몸소 참석할 수도 있고 그를 대신하여 태자를 참석시킬 수도 있다. 정족수는 2/3이며 법안은 다수결로 처리하며 마지막으로 총리대신은 논의된 바의 개략이 작성되면 이를 왕에게 제청하는데, 이때 왕은 다수결에 따라 결정된 바를 다룰 의무가 없다. 국무성의 기능으로서 의정부는 공문서 보관소인 기록국, 관보국, 회계국의 3부서를 가지고 있는데 이들은 무엇을 창안해 내는 업무보다는 기록하는 곳이다.

지방과 한성부의 재건을 위한 계획은 많은 중대한 변화와 축소를 가져 왔다. 13개 도는 현재 339개 군으로 나뉘었고 서울은 자체의 통치 기구를 운

영하고 있다. 지방 당국에 배속된 광범한 척신들은 축소되었고 지방 통치자의 참모는 최소한 명목적으로는 6방, 2명의 치안담당관, 30명의 포졸, 10명의 아전, 4명의 문지기, 15명의 파발꾼, 8명의 일꾼, 그리고 8명의 급사로 구성되어 있다.

지방 정부의 수장이 관할하는 법령은 사법, 군역, 세금, 업무의 임기, 봉급 많은 모든 관리의 예의범절, 그리고 그 밖의 사소한 문제들을 결정할 수 있다.[5] 일본인에 의한 개혁이 가장 철저했던 곳은 바로 이러한 부서였다. 매우 많은 직책이 폐지되었으며 업무를 담당하는 관리의 공공시설에 속했던 모든 정부 재산은 새로운 정권의 관리들에게 넘기도록 지시했다. 지방 정부에는 부서가 신설되고, 그 부서의 책임 아래 군현의 모든 지출은 처리하도록 했다.

토목 공사와 토지 측량을 취급하는 공무국, 매년 인구 조사와 토지 등기를 취급하는 등기국, 위생국, 서류상으로 놀랄 만큼 야심에 찬 회계국이 있다. 이 계획이 정직하게만 실시된다면 조선의 악습인 많은 폐해의 근원을 제거할 수 있을 것이다. 재조직된 전체 지방 체계는 내부의 지시를 받는다.

새로운 계획의 중요한 부분은 각부 대신의 직무와 사법권에 관한 정의이다. 관리의 직무와 원칙을 전반적으로 취급하는 내각의 훈령은 다음과 같다.

---

5) (원저자 주) 관리의 교제(交際) : 법령 45호는 관리들의 교제와 서신 왕래에 관한 오랜 관행을 바로잡고 있다. 관찰사로 임명된 관리가 지켜야 할 예법은 어떤 측면에서는 단순하다고 할 수 있지만 대체적으로 제약되어 있다. 구례에 따르면 흰 종이에 이름을 적어 접은 신관 사또의 첩지가 관찰사에게 전달될 때까지 그는 부임지의 밖에서 기다리고 있어야 한다. 그 무렵에 관찰사는 그의 개인 비서들에게 신관 사또를 맞이할 준비를 하라고 명령한다. 일반적으로 통인이 사령을 부르면 하인들은 목소리를 길게 뽑아 대답한다. 관찰사가 자리에 앉으면 신관 사또는 문지방 너머에 무릎을 꿇고 앉아 땅바닥에 머리를 조아린다. 이러한 경의에 대해 관찰사는 머리 위로 팔을 들어 올리는 것으로 답례한다. 신관 사또에게 이름과 나이를 묻고 몇 가지 정형화된 충고를 한 다음 물러난다. 관찰사는 장래를 생각해서 신관 사또에게 답례를 하고 서로 공경스러운 가운데 대화를 나누는데, 이때 신관 사또는 자신을 하관이라 부르고 관찰사는 직함으로 부른다.

제1호 공공 업무의 처리를 위한 일반 규칙

제2호 관리의 준수 사항

제3호 국상을 당한 이후의 업무의 재개

제4호 견책과 징계

제5호 관보를 구매할 의무

제6호 지켜야 할 기념일

새로운 체제하의 공공 업무의 운영은 실제로 일본인들이 하던 것과 동일했다. 관리의 준수 사항은 아래와 같다.

(1) 어떤 관리도 자신의 권한을 벗어나서는 안 된다.

(2) 하급자가 직무를 수행하는 경우에 그 하급자는 어떤 경우라도 업무상 방해를 받지 않아야 한다.

(3) 자신의 입장에서 보아 불합리하고 부적절한 어떤 일을 하도록 명을 받은 하급자는 그의 상급자에게 충고해야 한다. 만약 상급자가 그의 의견을 가지고 있다면 하급자는 그것을 확인해야 한다.

(4) 관리는 정직 · 솔직해야 하며 그의 상급자를 사사롭게 비난하거나 방해하는 외부의 행위를 묵인해서는 안 된다.

(5) 관리는 외부인의 청탁을 듣지 말아야 하고 공무를 그에게 얘기해서도 안 된다.

(6) 관리는 상호간에 솔직해야 하고 파벌을 형성해서는 안 된다.

(7) 관리는 타인에 대한 잘못된 소문을 퍼뜨리거나 쉽게 그것을 믿어서도 안 된다.

(8) 관리는 허락 없이 업무 시간에 자리를 뜨거나 다른 사람의 집을 빈번히 방문해서는 안 된다.

몇 개월 전에 통과된 결의안 88호는 좀 더 분명하다.

“따라서 관리는 법정에서 증인 심문을 받을 때라도, 특별히 허락되지 않는 한 공적인 비밀을 누설해서는 안 되며 외부인에게 발송 문서를 보여 주어서도 안 된다. 관리는 영리 단체의 책임자나 실무진이 될 수 없다. 관리는 개인으로부터 보상을 받을 수 없으며, 하급자로부터 선물을 받지 못하며 허락 없이 보상을 위해 여분의 업무를 맡지 못하며 정부 소유의 말을 사사롭게 사용하지 못한다. 관리는 왕의 특별한 재가가 있어야만 외국의 군주나 정부로부터 명예나 선물을 받을 수 있다.”

법령은 입궐복, 관복, 평상복도 개혁 이전에 착용했던 제복의 사용을 부활시키고 관리나 일반인들이 더 이상 검은 옷을 입을 것을 강요하지 않는다고 발표했다.

각 부는 대신이 주재하며 그는 지방 공무원과 경찰에 대한 훈령, 백성들에 대한 공시로써 부령을 내릴 수 있다. 경찰과 지방 관리에 대한 그의 관할권은 부 참모의 고위 관리로의 승진과 좌천을 왕에게 추천하기에 앞서 그의 동료에 상의해야 한다는 점에서 그의 동료의 관할권과 동등하다.

대신 아래 때로는 그를 대신할 자격을 갖춘 차관(협판)이 있는데 그가 대신의 권한을 대신하는 경우에 그는 대신과 동등한 권한을 갖는다. 차관은 대개 비밀 사항, 승진, 대신과 부의 직인의 관리, 회신의 접수와 발송, 전례에 관한 자문, 통계의 산출, 문서의 편집과 보관을 취급하는 비서진의 우두머리이다. 국 이외에 많은 과가 있다. 편리상 국과 과는 다시 각기 계로 나누어지며 각기 특별한 직무를 가진다.

정부의 부서는 아래와 같다.

(1) 내부 : 내부대신은 지방 당국과 경찰뿐만 아니라 지방 정부, 경찰, 감옥, 토목 공사, 위생, 향교와 사찰, 측량, 인구 조사 및 공공 자선 사업과 관련된 문제를 담당한다.

(2) 외부 : 외부대신은 대외 업무의 통제, 대외무역의 이익 보호, 외교와 영사 업무를 감독한다.

(3) 탁지부 : 정부의 재정을 통제할 탁지부대신은 회계 · 세입 · 지출 · 과세 · 국채 · 통화 · 은행 등과 관련된 모든 문제를 담당하며 지방행정의 재정을 감독한다.(법령 54호 1조) 탁지부대신 밑에 주세국, 소비국, 관세국[6]의 3개국이 있다. 과세, 봉급 · 관리비의 지출 체계와 관련된 법령은 대단히 많고 세밀하다. 왕이 사용할 수 있는 비용은 연간 50만 달러이다.

(4) 군부 : 무관 출신인 군무 대신은 최근 6,000여 명의 직업 군인의 행정에 대한 책임을 지고 있으며, 군부 내의 인력과 물자의 통제를 담당하며 군대 배치 및 모든 요새와 건물에 대한 감독을 실시한다. 새로운 군대의 서열은 매우 정교하다.

(5) 학부 : 이 중요한 부서에는 대신 · 협판 · 국장 · 과장 이외에게 학교의 검열관으로 일하는 3명의 특별 서기가 있다. 특히 1명의 관리는 교과서를 편찬 · 선택하는 일을 한다. 총무국 이외에 초등학교, 사범학교, 중등학교, 외국어 학교, 기술 · 산업학교 그리고 외국 유학을 관할하는 학무국이 있고, 교과서의 선정 · 번역 · 편집과 관련된 편수국이 있는데 서적의 구입 · 보관 · 진열 · 인쇄를 담당한다. 학부 아래에 지난 정권의 한 제도인 성균관 사무국이 있다. 이 대학의 설립 목적은 중국에서와 같이 공자, 맹자, 현인들의 위패를 차려 놓고 제향을 드리며 고전의 연구를 장려한다. 그들이 공부하는 주제는 『사서삼경』의 주석, 한문, 송 · 원 · 명의 역사 개요 등이다. 개혁의 요구 사항을 충

6) (원저자 주) 조선의 재정은 지금 실제적으로 중국 해관의 영국 책임자 브라운(J. McLeavy Brown) 박사의 관리를 받고 있다. 그는 조선의 해관 책임자이자 탁지부의 재정 고문이다. 국고로부터 지출되는 모든 비용은 아무리 적은 액수일지라도 그의 부서를 받도록 법령으로 정해져 있다.

족시키기 위해 이 대학은 재편되었으며 인내심이 있고 이지적이고 업무에 통달한 훌륭한 성품의 20대~40대 사이의 학생들은 조선과 외국의 연대기, 조선과 외국의 지리 그리고 산술 과정을 부수적으로 배운다.

(6) 법부 : 법무 대신은 사법적인 문제, 사면과 복권, 공적인 기소의 지침, 특별 법원 · 고등 법원 · 지방 법원을 감독한다. 이 부는 백성의 호소를 청취하기 위해 고등 법원의 재판을 관장한다.

(7) 농상공부 : 농상공부 대신은 농업 · 상업 · 공업 · 우편 · 전신 · 선박 · 해상 업무와 관련된 모든 문제를 담당한다. 이 부에서 총무국 이외에 농업국 · 통신국 · 통상국 · 산업국 · 회계국이 있다. 농업국에는 농업과 · 산림과 · 자연 생산물과가 있으며, 통신국에는 통신과 · 우편과 · 전신과 · 해양과가 있으며, 통상국에는 상업과 · 무역과 · 도량형과 · 제조과 · 공무과가 있으며 광산국은 광산과 · 지질과가 있고 회계국은 그 부의 지출과 재고를 취급한다.

지방 제도

이러한 국가의 주요 부서의 재조직 이외에 곧이어 조직된 지방 제도를 위한 계획은 다음과 같다. 지방 정부의 개편은 중앙 정부의 일반적인 타락과 함께 동반하여 나타난 부패를 방지하고자 함이다. 현재 지방은 군(郡)으로 나누어 있고 각 군은 면(面)으로 나뉘어 있고 면은 다시 리(里)로 나뉘어 있다. 오래된 직책과 명칭은 없어졌으며 각 촌락은 현재 다음과 같은 관리들로 이루어져 있다.

(1) 군수 : 그는 30세 이상이어야 하고 주민들에 따라 매년 선출된다. 업무는 명예직이다.

(2) 서기 : 수령과 같은 조건에서 업무를 처리한다. 그는 장부를 보관하고 공고를 부친다.

(3) 원로 : 주민의 추천을 받는데 경우에 따라 수령을 대신한다.

(4) 통인 : 수령과 동시에 선출되어 하인이나 급사의 일상 업무를 수행하는데 처신이 바르면 1년 동안 재직할 수 있다.

군의 관리에 해당하는 면의 관리로는 면장, 서기, 사령이 있는데 특별한 이유가 없는 한 전직하지 않으며, 다른 관리와 마찬가지로 면의 주민에 따라 선출된다.

촌락 회의는 수령과 각 가정에서 나온 1인으로 구성되는데 교육, 호구나 토지 등재, 위생, 도로와 교량, 공동체의 곡물 교환, 농업 개량, 공유림과 제방, 납세, 기근이나 기타 재앙의 구제, 부역의 조정, 계의 규칙과 관련된 문제를 결정할 수 있는 권한을 가지고 있다.

의장으로 활동하는 수령은 가부 동수인 경우에 결정권뿐만 아니라 거부권을 가지고 있다. 수령이 거부권을 행사한 결정은 면장에게 문의해야 하며 면장이 거부권을 행사한 결정은 군수에게 문의해야 한다. 군수의 거부권에 대하여 두 번 이상 통과하면 관찰사에게 문의할 수도 있다. 그러나 모든 결정은 군수와 관찰사를 통하여 내부로 1년에 두 번씩 보고해야 한다. 그리고 군의 회는 적어도 한 해에 두 번 개최해야 한다.

1895년 10월 13일에 법률에 따라 조세는 토지세, 군역세, 광산세, 관세, 소비세로 분류된다. 소비세는 인삼세를 제외한 잡세를 포함하고 있는데 예를 들면 토지임대세, 돗자리를 만드는 데 사용하는 왕골세, 땔감과 담배에 대한 시장부과금, 가마에 대한 세, 식용 해초에 대한 세, 숫돌에 대한 세, 도강세, 그리고 어업 · 염업 · 선박에 관한 세 등이 그것이다.

이 밖의 모든 과세는 불법적인 것이라고 선포되었다. 개혁된 체제 아래에서 짜인 첫 번째 예산은 1896년 1월에 발표되었는데 모든 자원으로부터 징수된 세입의 예상치는 480만 9,410달러였다.

궁내부는 명목상 최소한으로 재편되었으며 왕족 · 왕실 · 종묘 · 왕릉의 관리를 위한 정교한 계획들이 고안되었다. 내명부를 포함한 왕족의 서열도 확정되었다. 비빈들은 8가지의 품계로 나뉘고,[7] 왕자는 4품계[8]로 나뉘었다. 왕실에 소속된 관리의 수는 줄었지만 아직도 많은 편이다.

여러 법령을 통하여 관리의 분류 체계는 일본의 그것과 동일함을 보여주고 있다. 공적·사적이든 간에 지방의 모든 위계는 재편의 대상이 되고 있으며 문서상의 직위는 다소 바뀌어졌다.

중요한 칙령 가운데 명목상으로 법률이 된 것은 다음과 같다.

(1) 중국과의 종속 관계의 취소
(2) 귀족과 평민의 구분의 폐지
(3) 노예 제도의 폐지
(4) 조혼의 폐지
(5) 과부의 재혼 허락
(6) 뇌물 수수의 강력한 금지
(7) 영장 없이는 체포되지 않을 권리
(8) 파발 · 약장수 · 백정에 대한 차별 금지
(9) 지방 의회의 설립
(10) 새로운 화폐의 발행
(11) 경찰 조직의 강화
(12) 재판 없이 처벌을 받지 않을 권리
(13) 지방 정부의 불합리한 과세의 금지
(14) 관리에 의한 착취의 금지
(15) 연좌제 폐지

---

7) 비빈의 품계는, 빈, 귀인, 소의, 숙의, 소용, 숙용, 소원, 숙원의 8가지이다.
8) 왕자는 흔히 대군, 왕자, 군으로 나뉘나 정확하게 말하면 종친부는 대군 · 왕자 · 군 · 도정 · 정 · 부정 · 수 · 부수 · 영 · 부령 · 감의 11등급으로 나뉜다.

(16) 고문의 완화

(17) 사치금지령

(18) 학교 종두 실시령

(19) 단발령 포고

(20) 태양력 채택

(21) 훈련대의 폐지

(22) 죄형법정주의

(23) 도살장 개업 면허제

(24) 법률개정위원의 임명

(25) 전보 규정

(26) 우편 규정

(27) 철도국의 설치

이상의 법령들은 1894년 7월 이후 선포된 몇 백 개 가운데 발췌한 것이다.

마지막 3년 6개월 동안에 수행된 주목할 만한 개혁들 가운데 몇 개는 효과를 거두지 못했다. 구시대의 권력 남용으로 되돌아가려는 경향과 함께 분명히 반동적인 경향도 나타났다. 진지하게 연구된 것들이 무너져 갔는데, 이는 부분적으로는 조선인의 상냥한 성격에, 그리고 일부는 공직에 있는 사람이나 개혁 조치를 통해 정권을 잡기를 바라는 사람들의 반대 때문이었다.

지금 칭찬할 만한 어떤 것들은 오직 서류상으로만 존재하지만 전반적으로 볼 때 단편적인 면이 있음에도 불구하고 재편된 정부 조직은 낡은 체제 위에서 크게 향상된 것이다. 계몽된 사상과 명예의 개념을 교육받고 있는 젊은이들은 선조의 부정을 반복하지 않을 것이라고 기대하는 것은 크게 불합리하지 않을 수도 있다.

제 33 장 교육과 대외 무역

지금까지의 조선의 교육은 애국자나 사상가나 정직한 사람을 산출하는 데 실패했다. 교육은 그렇게 수행되어 왔다. 흔히 서당에서 학생들은 방바닥에 앉아 앞에 한문책을 펴놓고 몸을 좌우와 앞뒤로 흔들며 아침부터 저녁까지 중국의 고전에서 선정된 과목을 가장 크고 가장 시끄러운 소리로 읽고 암송한다. 조선의 교육은 한자를 쓰고 중국 현인들의 교훈과 신화적 역사를 감수성이 예민한 그들의 기억 속에 심어 준다. 박학다식하고 거만한 선생님은 손에 회초리를 쥐고 있고 그 앞에는 책이 놓여 있으며 때로는 큰소리로 꾸짖기도 한다.

10년이나 혹은 그 이상의 학생들을 가르치는 이러한 교육적 수련을 마치면 1894년까지 서울에서 열렸던 과거를 보게 된다. 교육적 수련은 조선 사람들의 야망 찬 목표인 공직을 얻으려는 단계로 여겼다. 이러한 교육은 사고력을 발전시키거나 그가 살고 있는 세계를 이해하도록 하지는 못했다. 어려운 언어를 습득하려는 노력과 그것을 통하여 그에게 주는 지식은 그 자체가 바람직한 정신적 훈련이었으며 공자와 맹자의 윤리적 가르침으로서는 비록 미흡했지만 가치 있고 진실한 것을 많이 내포하고 있었다. 그러나 그것이 그 이상으로 유익하다고 말할 수는 없다.

편협, 관례, 자부심, 거드름, 노동을 경멸하는 잘못된 위선, 이기적 개인주의, 너그러운 공공 정신과 사회적 신뢰의 파괴, 2,000년의 관습과 전통에 대한 정신적 · 육체적 노예 근성, 편협한 지식, 얕은 도덕심, 그리고 조선 교육 체제의 산물로 나타난 여성을 비하하는 풍조는 조선의 교육제도가 낳은 산물인 것으로 보인다.

과거 제도의 폐지, 정부 관리 임용 방법의 변화, 서구적인 효소의 작용, 언문의 탁월성을 인정하려는 견해의 증진, 새로운 사상의 점진적 흡수와 함께 순전히 한문 교육을 위한 요구가 사라졌으며 그것을 새로운 교육적 방법과 힘에 따라 모든 교육의 분야에 관심을 가지도록 자극할 필요가 있음을 알게 되었다. 그의 영향력은 서울에서부터 펴져 나가야 한다.

1897년 10월 현재 정부의 국어학교, 영어학교, 외국어학교, 기독교 계통의 학교가 있다. 국어학교나 기독교 계통의 학교 이외에 앞에서 언급한 바와 같이 교복을 입은 100명의 학생이 있는 왕실영어학교가 있다. 이곳에서는 영국 해군 상사가 정기적으로 강의하고 있으며 축구에도 열성적이다.

태도, 예절, 영어 실력 등에서 급속한 발전을 보인 젊은이들은 그들의 선생에게 커다란 신뢰를 보여주고 있다. 그 뒤에 현재의 주요한 언어들인 일본어학교, 프랑스어학교, 러시아어학교가 들어 왔다. 러시아학교에 근무하는 비루코프[1]는 러시아 포병 장교였다. 러시아학교와 프랑스학교에서 학생들은 매일 러시아인 교사로부터 훈련을 받고 있다.

의심할 나위도 없이 조선에서 가장 강력하게 교육적 · 도덕적 · 지적 영향력을 행사해 왔고 지금도 행사하고 있는 학교는 배재학당이다. 배재라 함은 유용한 사람을 길러 내는 산실이라는 뜻으로 1887년에 왕이 하사한 이름이다. 배재학당은 미국감리교감독파교회에서 11년에 걸쳐 봉사한 아펜젤러(H. G. Appenzeller) 교장의 노력의 결과였다.

---

1) 비루코프(N. Birukoff) : 그는 러시아 군사 교관으로서 1896년 4월 17일에 아어학교를 개설함.

배재학당은 중국의 고전을 가르치는 국한문반이 있고 셰필드의 세계사 강좌와 단기 신학 강좌, 그리고 영어 강좌가 있다. 이곳에서는 읽기, 문법, 작문, 철자법, 역사, 지리, 수학, 그리고 화학과 자연 철학의 내용을 가르치고 있다. 미국에서 교육을 받은 서재필 박사는 유럽의 정치사와 교회사, 지구의 지리적 구분을 배재학당에서 주 1회 강의하여 커다란 호응을 불러 일으켰다. 학생들 사이에서는 애국심이 일어나고 있을 뿐만 아니라 명예의 전통을 지닌 영국 공립학교의 정신도 전수되었다.

배재학당이 엄청난 영향을 미치고 있다는 점은 의심할 나위도 없으며 진보적인 교육 이외에도 벌써 조선의 구원을 증명하는 상당한 지적 견해와 깊은 도덕심의 척도를 제시하고 있었다. 이곳에서는 조선어로 성경을 강독하며 예배 참석은 필수적이다. 학생들은 군사 훈련을 받으며 1897년 초의 군사 훈련 기간에는 산뜻한 유럽 군복을 착용했다. 이 학교에는 공과도 있는데 3개 국어를 인쇄하고 제본할 수 있는 설비를 갖추고 있다.[2)]

1895년 초, 배재학당에서 이루어지는 비종교적 교육의 중요성을 인식한 정부는 그곳에 200명 정도의 학생을 입학시켜 장학금을 지불하고 교사에게 봉급을 지불하기로 결의했다. 소년 · 소녀들에게 산업 훈련을 시키는 또 다른 학교가 있는데 이곳에서도 선교사들은 성공을 거두었다. 미국 장로회는 여러 곳에 유용한 학교를 세우고, 소녀들의 훈련에 많은 관심을 기울였다.

프랑스의 파리외방전교회는 서울에 모두 262명의 어린이를 수용하는 2개의 초등학교와 고아원을 세웠다. 이곳의 주요한 목적은 훌륭한 고아들을 천주교 신자로 훈련시키는 것이었다. 남자 초등학교에서 학생들은 한문과 한글의 쓰기를 배우고 제한된 범위에서 중국의 고전을 공부한다. 종교 교육은 한글을 통해서 이루어진다. 이러한 학교들은 조선의 어린 신자들을 위한 초

2) 감리교계 출판사인 삼문출판사(Trilingual Press)를 뜻함.

등 교육을 마련하고자 세워진 학교이다.

고아원의 소년들은 한글을 배우고 서울이나 지방에서는 천주교회가 13세의 소년들을 받아들여 농업이나 상업을 가르치며 그 뒤에는 자신의 노력으로 상업을 하거나 천주교의 봉사자가 된다. 나이 든 소녀들은 언문, 바느질, 그리고 가정 일을 배운 다음 15세가 되면 천주교 신자와 결혼하게 된다. 서울 근교의 용산에는 성직자 지망생을 교육시키는 신학교가 있다. 이외에 주로 진보적인 일본 기독교인으로 구성된 "일본 해외 교육 사업회"가 1896년에 학교를 설립했다. 학습의 과정은 중국의 고전으로서 일본어를 학습시키며 과학과 신학을 강의한다. 이 학교는 기독교를 전도하고자 하는 사람에 의해 설립되었다.

1897년 현재 서울 기독교계 학교와 외국 학교에 주로 젊은 900여 명의 학생들이 공부하고 있으며 왕실 영어 학교에는 100여 명의 학생이 공부하고 있다. 이 학생들 대부분은 기독교, 도덕, 기초 과학, 일반 역사, 애국주의의 원리 등을 배운다. 대부분의 초등학교에서는 민족을 말살시키는 교육을 시킨다. 왜냐하면 학생들은 새로운 이념이나, 사상 또는 생활관을 필연적으로 받아들이기 때문이다. 이러한 사상들은 생활 환경이 바뀐다고 해서 떨쳐 버릴 수 있는 것이 아니며 그들의 견해나 생활 감정의 구조를 변화시킬 뿐이다.

학생들이 성인 세대가 되면 조선을 위해 좀 더 좋은 일을 하리라고 기대할 수 있다. 조선 사람들의 개혁적인 교육 사상은 일본의 메이지유신 시대에 기원을 두고 있는 것으로서 초등 교육 제도와 효과적인 사범학교, 그리고 중등학교를 받아들이고 있다. 실제로 1897년 5월에는 학부 산하에 성균관과 왕립 영어 학교 그리고 사범학교가 부활되었다.

이러한 학교들은 헐버트(Homer B. Hulbert) 목사의 매우 효과적인 노력의 결실로 이루어졌다. 나는 이 책을 쓰면서 그에게서 시와 음악에 관한 지식을 얻었다. 한글 교과서와 한글을 가르치는 교사들도 양성되었다. 언제인가는 공급이 수요를 충족시킬 것이며 몇 년 안에 대도시에 중등학교나 고등

학교를 설립할 수 있을 것이며 시골에서도 모국어로 쓴 똑같은 교과서를 사용하는 초등학교가 설립된 것으로 기대하고 있다.

교과 과정에 한문이 포함되어 있지만, 한문을 통해 모국어나 조선어, 일반 역사, 지리, 산수를 가르치지는 않는다. 학부아문의 다소 즉흥적이고 비과학적인 방법에도 불구하고 사범학교와 몇 개의 초등학교를 설립하는 데 성공했으며 이곳에서는 1,000명 이상의 학생들이 다른 선진 국가의 정부 체계의 간략한 개요와 함께 산수, 지리, 조선 역사를 배우고 있다.

77명의 학생들이 정부의 장학금을 받아 일본에서 공부하고 있으며 일본어 습득에도 훌륭한 진전을 보이고 있지만 수학적 적성과 논리력의 부족함을 보여 주었다고 한다. 조선에서의 교육 전망은 희망적인 요소가 전혀 없지는 않았다.

조선의 해외 무역은 다만 연간 150만 파운드 이하로 평가되지만 모두가 솜바지 저고리를 입은 1,200백만 명의 인구를 가진 이 국가의 잠재적 상업성을 무시할 수 없다. 현재의 해외 무역은 다만 13년의 연륜에 불과하다. 그러나 조선은 원시적이고 퇴행적이요 순수한 농업 국가이며 많은 조선의 계곡이 사실상 산맥에 따라 고립되어 있고, 도로는 거의 다닐 수가 없고, 관습의 횡포가 강하며, 농부들은 쌀과 콩만이 해외 무역에서 무한한 이윤을 낼 수 있다고 알고 있다.

뜨개질이나 좋은 상품을 수입함으로써 면직물의 값을 내릴 수 있으며 외국의 제품을 도입함으로써 농민의 생활이 증가될 수 있으며, 이러한 모든 사실들이 다만 은둔 왕국의 한적한 계곡으로 서서히 들어가고 있다는 것을 고려할 때, 무역의 실제 량은 놀랄 만큼 상승할 수 있는 있고 가능성은 주목할 만하다.

외국 상품의 순수입은 1886년에 247만 4,189달러에서 1896년에 653만 1,324달러로 증가했다.[부록 3 참조] 달러로 환산해서 1895년의 무역고는 1895년을 제외한 그 이전의 어느 해보다도 증가했다. 1895년에 무역고가 높아진 것은 청일전쟁으로 말미암아 조선에 진주한 일본군들이 많은 노동자들을 고용함으로써 인위적으로 증가했기 때문이었다.

주로 콩, 생선(건어물), 소가죽, 인삼, 종이, 쌀, 해조류로 구성되는 조선의 수출품 가운데 어떤 것은 중국이나 일본 이외의 곳에서 시장을 발견하기 어려울 것으로 보이지만 오직 쌀에 관한 한 조선은 일본의 공급지여서 1890년 쌀의 수출은 27만 1,000파운드에 이르렀다.

수입은 유럽 제국, 인도, 미국에 의존하고 있다. 지나치게 낙관하는 것은 아니지만 도로·철도·전기가 개선되고 관리와 양반의 수탈로부터 노동의 댓가를 보호할 수 있다면 조선 사람들은 더 이상 거짓 가난한 체 함으로써 자신의 재산을 보호하는 일이 없을 것이며, 또 그들이 큰 소비자일 뿐만 아니라 생산자로 성장할 때 그의 동포들이 러시아에서 행복하게 살며 일하고 있는 것과 같이 안락하며 외국의 사치품으로 치장하고 살 수 있을 것이라고 나는 기대한다. 내가 합리적으로 기대할 수 있는 상황 아래서, 조선의 대외무역의 가치가 향후 25년 안에 1천만 파운드에 이른다 해도 나는 놀라지 않을 것이다. 그렇게 되면 영국이 지니는 몫이 얼마나 될까를 생각해 보는 것도 중요하다.

조선의 시장에서 우리의 큰 경쟁자는 일본이다. 우리는 20시간 안에 조선 연안에서 경쟁자와 거래하고 운수업을 독점한 그들과 긴밀하게 거래해야 할 뿐 아니라, 가장 영리하고, 적응력 있고, 인내성 있게 훗날을 위해 추진력을 가지고 나가는 그들과 거래해야 한다. 영국 철물과 잡화는 일본의 값싼 노동력으로 생산된 제품에 따라 밀려 나갈 수밖에 없으며 일본은 가위, 칼, 성냥, 바늘, 괭이, 풀 깎는 칼, 비누, 향수, 석유 등, 철제 요리 기구, 못 같은 점증하는 수요를 계속적으로 공급할 것이지만 면직물에서의 무역 손실은 심각한 문제가 될 것이므로 우리로서는 이 부분에서 승부를 걸어 볼만하다.

수입 상품의 가치는 예외적인 한 해였던 1895년의 87만 5,816파운드에 견주어 1895년 70만 8,461파운드였다. 이러한 감소의 대부분은 영국에서 제조된 상품에서 야기되었다. 면화 수입에서 13만 4,304파운드가 하락한 것은 거의 영국산 면화에 그 원인이 있다. 이와 같은 불리한 상황에도 불구하고 일본으로부터의 수입은 계속 유지될 뿐만 아니라 약간의 증가를 보였다.

영국과 미국으로부터의 감소된 수입으로 일본의 옷감은 대등 이상의 실질적 증가를 보여 주었다. 일본 면직물은 대량 생산이 계속되어 조선의 시장에서 영국과 인도의 면직물을 점차적으로 압박하고 있다. 일본산은 영국산보다 가격이 상당히 낮으며 인도산과 같은 가격으로 팔린다. 일본의 개선된 품질은 매우 유리한 입장에서 경쟁이 가능토록 했다.

개항장뿐만 아니라 내륙에 두 번의 여행을 통한 조사 결과, 일본의 성공은 그들이 조선에 근접해 있다는 사실과 무관하다는 것을 나는 알았다. 1896년에 일본은 중국 기업 및 에너지와 경쟁해야만 했다. 당시 중국은 전쟁이 끝나고 영국의 지원을 받고 있는 터여서 상해로부터 수입된 맨체스터 상품을 쏟아 붙고 있었다. 우리의 경쟁국인 일본의 성공은 조선에서뿐만 아니라 페르시아와 중앙아시아에 효력을 보여 왔던 것과 같은 원인 때문이라고 나는 생각한다.

우리는 고객의 취향을 잘 모르고 있을 뿐만 아니라 영사 및 외교관의 정보 수집이 소홀하고 제조 방법에서 영국식을 틀에 박힌 듯이 고집하고 있으며, 색상과 양식에서 수입국의 요구를 무시했고, 수입국의 수송 방법에 가장 알맞은 상자의 크기를 무시한 것이 실패의 원인이었다.

나는 흔히 품질이 떨어지는 면직물을 공급하는 제조업자를 비난하고 싶지는 않다. 왜냐하면 그런 실수를 시정하라고 지시하는 것을 보지 못했고 그런 문제에 대해 어떤 불평도 들어보지 못했기 때문이다. 그러나 그들이 고객의 요구를 무시하고 있다는 사실은 의심할 나위도 없다. 어디에나 조선 시장의 이점을 상실하고 있는 것 같다.

지리적으로 근접한다는 이점을 가지고 있는 일본이 성공한 비결은 조선의 모든 읍·면을 방문했던 노련한 중간 업자가 수집한 정보의 정확성과 조선 시장의 취향과 요구 사항들을 살펴본 제조업자의 사려 깊음에 그 원인이 있다. 취급하기에 편리한 상자로 해안가에 도착한 그들의 상품은 작은 조선의 조랑말에 싣고자 다시 포장할 필요가 없었으며, 가격, 폭, 길이, 감촉도 조선의 소비자들의 칭찬을 들었다.

무명의 폭이 18인치일 때, 많은 부분을 낭비하지 않고 조선의 옷을 만들 수 있다는 것을 그들은 알고 있었기 때문에 그 칫수로 직조하여 조선에 수출했다. 수입 중개인의 보고에 맞추어 오사카와 다른 도시의 제조업자들은 노련하고 빠르게 남한에서 손으로 짠 무명과 같은 질감과 폭과 길이를 거의 같은 정도로 일치시켰다.

조선 사람들이 세탁할 때 방망이로 두드리는 경우에도 견디어 내는 조선 투명 옷감을 본떠 생산하여 조선에서 베를 짜는 사람들도 처음에는 그것이 조선 제품인줄 알도록 속임으로써 조선 여자들에게 커다란 인기를 얻었다. 만약 조선이 장차 영국의 시장이 된다면 상업적 상식의 선에서 일본인들이 하는 방식으로 장사를 함으로써 손실을 극복할 수 있을 것이다.

요컨대 조선은 일본이나 러시아의 도움을 받아 점차로 진보할 것이며 해외 무역은 구매력과 개선된 수송 수단을 지속적으로 증가할 것이며, 영국에 할당되는 몫은 영국의 제조업자들이 조선 사람들의 취향이나 편리함에 그들의 상품을 얼마나 적응할 수 있는지의 여부에 달려 있다고 나는 감히 지적하고자 한다.

자신의 욕구를 만족시키는 외국 물품을 좋아하는 조선 사람들의 태도를 보여주는 한 사례로서 1896년 조선에서 무역과 재정 업무를 관장하는 영국 총영사가 영국 해외 사무소에 보낸 보고서를 언급해 볼 수 있다. 1897년 7월 국회에 제출된 보고서에 따르면 성냥 수입이 1만 1,386파운드[3]에 이르

3) (원저자 주) 이 수치는 믿을 수 없다. 아마도 파운드를 달러로 잘못 인쇄한 것으로 생각된다.

렀고 미국과 러시아산 석유는 3만 6,000파운드를 넘어섰다고 한다.

1896년에 금의 수출이 증가되어 139만 412달러에 이르렀으며 원산에서만 1백만 달러어치의 금이 수출되었다. 이렇게 금을 수출하고서도 수입 초과가 약5만 파운드였다는 점으로 미루어 볼 때 실제로 이 나라를 빠져나간 금의 절반만이 신고되었다고 추정할 수 있다. 아마도 조선은 지금까지 수입했던 것보다 더 많은 외국 물품을 수입할 수 있는 것으로 보인다. 조선의 세관 당국의 배려로 작성된 본서의 해외 무역의 통계[부록 2 참조]는 가장 최근의 것이다.

1896년에 영국 총영사는 주요 수출입 품목의 선적과 수익에 관한 보고서를 1897년 6월 국회에 제출했다. [부록 3 참조] 선박 운항 수익에 관해서 살펴보면 실제로 영국 선적의 상선이 조선의 해안에 나타나지 않았을 뿐만 아니라 다른 나라에 용선된 영국 상선도 없었다는 점을 주목해야 한다. 일본이 즐겨했던 운송 무역의 독점은 그들의 경쟁 국가인 러시아가 보조금을 주어 항로를 개척함으로써 그 기반이 무너지고 있다.

1896년에 3개 항구를 대외 무역에 개방하고 그 수익을 독점적으로 차지함에 따라 개항되지 않은 항구와 중국과 러시아의 국경에서도 교역이 이루어지고 있다. 조선의 대외 무역에 관해서 간단히 결론을 내리자면 값싼 노동력에 기초하고 있는 일본의 경쟁력은 해마다 감소될 것 같다는 점을 나는 지적하고 싶다. 왜냐하면 일본의 제조 조건이 점차로 영국의 그것에 가까워지고 있기 때문이다. 이를테면 일본에서 생필품의 값이 급속히 오르고 있고, 노동자들은 최저 임금 이상을 요구하고 있으며, 이러한 방향으로 힘을 규합하는 것이 유리하다는 경향을 보여주고 있다.

재정 문제에 대해서는 언급할 것이 거의 없다. 세입의 주요 항목들을 보면, 비옥한 토지 1결당 6달러를, 임야 1결당 5달러의 토지세를, 그리고 60센트의 집세를 부과하는데 서울에서만은 가옥세가 면제된다. 이밖에 인삼세와 금세 등이 있는데 이것만으로도 400만 달러가 징수되어 합법적인 지출을 하기에 충분하다. 토지세는 매우 가볍다.

실제로 거둔 조세의 약 1/3만이 국고에 들어가는데 이것은 부분적으로는 그것을 다루는 관료의 부정 때문이며 부분적으로는 지방의 수입과 지출이 지역 관리가 맡고 있기 때문이다. 만약 정부가 국민을 교육시키는 주요 문제에 진지하다면 초과 비용은 술과 담배와 같은 사치품의 과세로 충당될 수 있다. 이들의 소비량은 엄청나서 서울에만 475개의 술 가게와 1,100개의 담뱃가게 있다. 그러나 세입의 새로운 근원을 포착하지 않더라도 엄격한 관리와 정규 거래로 중앙 정부의 수입을 대폭 증대시킬 수 있다.

이제까지 드러난 엄청난 관리의 부정과 1896년까지 탁지부에 만연했던 무질서에도 불구하고 조선의 재정 전망은 희망적이다. 1895년 말에 국왕은 브라운(McLeavy Brown) 박사에게 탁지부의 고문이라고 하는 고맙지 않은 직책을 맡아 줄 것을 권고하면서 몇 달 뒤면 모든 국고의 지출에는 그의 서명이 들어가야 한다는 칙령을 발표함으로써 그의 지위를 공고하게 해주겠노라고 약속했다.

조선 사람의 상상력과 재능은 공공 자금을 마련하려고 고안한 책략과 계획을 짜내는 데 탁월하다. 조선 관료의 부정 행위는 마치 히드라[4]의 머리와 같아서 아무리 잘라 내도 끝이 없다. 그 외국인 고문이 하나의 불법 행동을 불가능하게 하면 다른 불법 행위가 나타난다거나 이미 만들어진 분별 있는 경비 절약에 따라 기득권을 빼앗긴 무용한 무위도식의 군대뿐만 아니라 부정하게 번 돈 때문에 근심하는 수많은 사람들이 온갖 동양식 재능을 짜내어 재정의 개편을 반대했다는 것은 결코 놀라운 일이 아니다.

그러나 한 유럽인의 신용과 능력이 보여 주고 있는 바와 같이 경주는 매일 계속되었고 조선의 재정은 점차 양호한 근거를 마련하고 있다. 주의 깊

4) 히드라(Hydra) : 그리스 신화에 나오는 뱀으로서 머리가 아홉 개였는데 그 가운데 하나를 자르면 그 자리에 두 개가 다시 생겼다고 한다. 헤라클레스에게 죽임을 당함.

은 관리, 지출의 분별 있는 절약, 탁지부의 무질서를 정연한 회계 체계로 바꾸는 작업, 토지세를 거두는 방법의 변화로 말미암아 탁지부에 적용되던 허술한 법령들이 제약을 받았다.

그 결과로 1896년 한 해 동안에 사실상의 재정적 균형이 확립되고 유지되었다. 그것은 기대 이상의 소득이었다. 1897년 4월에 일본의 차관 3백만 달러 가운데 1백만 달러를 상환했으며 남은 미지불액은 1899년까지는 상환하리라는 전망이 섬으로써 조선은 부채가 없고 지출 전반에 걸쳐 수입이 초과하는 자랑스러운 위치의 나라가 될 것이다.

1896년의 성공적인 재정 결과는 예외적인 지출이 있었음에도 불구하고 이루어진 것이기 때문에 더욱 돋보였다. 새로운 두 기병 연대가 증설되었고 구 병기창의 쓸모없고 값비싼 도구를 모든 필요한 것들로 정비하였으며, 러시아 기술자[5]의 감독 아래 경운궁이 건축되었고 고인이 된 왕비의 장례식과 관계되는 값비싼 행사의 비용이 지출되었으며 서부 서울의 넓은 지역을 다시 재개발했다.

적지 않은 정부의 관리뿐만 아니라 군인과 경찰은 매달 정규적으로 보수를 받았으며 불필요한 한직들은 천천히 사라졌다. 조선의 은화와 동전 그리고 백통전은 매우 편리하고 보기에도 잘 유통되고 있으며, 점차로 엽전을 밀어내고 있다. 새로운 통화 제도는 적어도 교역을 저해했던 조건들을 제거함으로써 거래 질서를 확립하고 있다. 증가하고 있는 금융 시설도 같은 방향으로 진행되고 있다.

5) 사바틴(A. S. Sabatine)을 의미함.

제 34 장 무속 신앙(1)

성직자나 신전이 없는 조선의 도시, 신단이 없는 가정, 일본의 미코시[1]와 같은 우상들이 없는 마을의 축제, 신성한 기도가 없는 결혼식과 장례식, 실제적이거나 추상적인 숭배가 행해지는 종교 행사나 종교 경전이 없는 나라, 그리고 종교가 민심에 영향을 미치는 것을 보여주지 못하는 모습—이런 점들이 조선의 특성을 이루고 있다.

천박한 미신들이 섞인 불교는 외딴 곳에서 주로 숭배되고 있으며 위대한 스승을 기억하도록 하는 공자의 명판 앞에서 강압적으로 경의를 나타내는 서민의 숭배 의식(나는 그것을 종교라 부르지 않는다)은 조선 사람의 상상에 따라 창조된 무형의 두려움에서 구술된 많은 의식들로 구성되어 주로 자연의 신비로운 힘들을 표현하고 있다.

유교는 행동 지침을 위한 전통을 가지면서 액막이와 기도문에 사용되는 기복과 같은 것으로서 중국에서 불교와 함께 도입되었다. 조선 사람의 상상력은 자신의 독특한 환상의 세계를 이식시켰다. 이러한 환상 위에 외국에서 기원한 문물들이 이식되었는데 이는 북아시아의 샤머니즘과 결코 다른 것이 아니라고 말할 수도 있다.

---

1) 미코시(神輿) : 일본인들이 집안에 신위를 모신 작은 가마를 뜻함.

이런 숭배의 외적 증거들은 주로 고갯길 꼭대기에 세워진 서낭당, 신비한 존재를 투박하게 그리고 그 밑에 한자로 이름을 쓴 그림들이 걸려 있는 여기저기의 조잡한 사당, 작은 쌀 봉지, 낡은 짚신, 더러운 누더기 옷 조각, 그리고 드물기는 하지만 빛바랜 검은 타래 머리를 걸어 놓은 것이 그러한 예이다.

대부분의 마을 입구에는 길이 표시와는 무관한 기둥이 솟아 있는데 그 꼭대기 절반은 인간이고 절반은 귀신인 머리와 얼굴을 대충 조각하여 새끼줄을 걸쳐놓았으며, 사이사이에는 술이 걸려 있어 일본 신도를 상기시켜 주는 장승이 길에 서 있다. 크거나 굽은 나무에는 누더기, 쌀 봉지, 헌짚신이 매달려 있고 돌무더기 아래에서 여행객들은 절을 하거나 침을 뱉는 일이 보통이다.

궁궐과 성문의 마룻대에는 악마를 몰아내고자 두꺼운 구리나 도자기 모양의 조상들이 줄지어 서 있으며 구멍이 막혀 있는 듯한 쥐덫 같은 구멍을 낸 통나무가 길거리에 있는데 여행객들이 주의 깊게 그 위로 발길을 옮기는 것을 볼 수 있다. 도시에서는 다듬이 소리와 함께 심벌의 쟁그랑거리는 소리와 북소리가 깊은 밤의 고요함을 깨뜨린다. 전국을 여행하노라면 무당이나 여주술사가 질병이 있는 집 앞에 모인 군중들의 한 가운데서 여러 가지 음악을 연주하며 춤을 추는 행위를 볼 수 있다.

앞의 여러 장에서 이러한 것들을 언급했으나 주제가 너무 중요하고 그것이 악신에 대한 신념을 지닌 조선 사람의 생활에 미치는 영향이 아주 강하고 해롭기 때문에 나는 지금까지 확인된 귀신 숭배의 내용을 독자들에게 좀 더 소개하는 것이 옳다고 생각한다. 나로서는 이러한 논제를 외국인에게 말하는 것이 마음 내키지 않는다. 왜냐하면 이러한 문제는 이를 연구하는 사람들이 의도적으로 나의 주장을 오해할지 모르기 때문이다. 그러나 이에 대한 연구는 매우 가치 있는 결과를 가져 올 것이다.[2)]

---

2) (원저자 주) 나는 조선 사람의 귀신 숭배에 대해 제물포의 존스(G. H. Jones) 목사의 주의 깊고 애쓴 기록과 제물포의 랜디스(Eli B. Landis) 박사가 쓴 "조선에서의 액막이"(The

이러한 미신은 그 자체로서는 하찮은 것일지라도 모든 종교의 밑바닥에 깔려 있는 심층 심리로 보여 줄 뿐만 아니라 우리 자신들 보다 더 높고 강력한 자신들의 바깥 모습을 보여주고 있다. 실제로 많은 지식인들은 조선에서의 유일한 숭배는 조상 숭배라고 주장하고 있다. 누더기, 옷, 사당, 무덤 그리고 귀신 숭배의 다른 작은 장식품들은 아녀자나 막노동자들이 믿는 것이라고 그들은 비웃는다.

적어도 서울 상류 계층의 남성들이 미신을 믿는 일은 거의 없으며, 그러한 관습을 굳이 중지하려는 것은 지각없는 일이라는 정도 이상의 의미를 부여하는 사람은 거의 없다. 그러나 왕궁으로부터 오두막집에 이르기까지 모든 여성과 대다수의 남성들은 15세기 동안 불교에 영향을 미치거나 그에 따라 수정되면서 조선에 존재하는 미신의 형태를 취하고 있다고 말할 수 있다.

무속이란 용어가, 조선 사람들이 그렇듯이, 과학적인 정확성을 띄지 않는 것이라면, 우리는 이 논의에서 무속이란 용어를 귀신이라는 뜻으로 쓰는 것이 더 편의로울 것이다. 왜냐하면 귀신이라는 용어가 착한 영혼뿐만 아니라 나쁜 영혼을 의미할 경우에는 귀신이라는 용어를 쓸 수 없다는 것이 일반적인 인식이기 때문이다.

내가 알고 있는 한 무속은 아시아에서만 존재하며 특히 아무르족,[3] 사모예데,[4] 오스티아크족[5] 등의 북부 종족과 중국의 남서 지역의 구릉에서 살고 있는 종족에게서 번창하고 있다. 무당이란 말은 남성이든 여성이든 간에 모든 사람들에게 적용된다. 그의 직업은 귀신을 직접 다루는 것이며 그들의

Exorcism of Spirits in Korea)라는 논문에 대해서 빚진 것을 표시하고 싶다. 이러한 두 조선 학자의 고찰이 없었더라면 나의 연구 결과와 관찰은 거의 발표할 가치가 없었을 것이다.

3) 아무르족(Amur) : 만주와 러시아의 국경을 이루며 오호츠크해로 흘러 들어가는 흑룡강 일대의 주민.

4) 사모예데족(Samoyedes) : 중앙 시베리아에 사는 몽고족.

5) 오스티아크족(Ostyak) : 시베리아의 중부에서 발원하여 북빙양으로 흘러 들어가는 예니세이강 일대에 사는 부족.

착한 의지를 확실하게 하고, 다양하고도 매혹적인 의식과 부적, 그리고 주문에 의해 악의에 찬 귀신의 영향력을 피하는 힘을 가지고 있으며, 액막이에 의해 질병을 치료하고, 미래의 사건들을 예언하며, 꿈을 해석한다.

조선의 무속이나 귀신 숭배는 불교로부터 영향을 받아 온화하다는 점에서 북부 아시아의 그것과 다르다. 무속의 대상은 반드시 악마가 아니라 보복과 변덕을 탐닉하는 인간의 적이다. 무당은 하나의 의식도 아니고 공공조직과 연계된 것이 아니라 하더라도 그들이 사람과 귀신을 접촉시켜 백성들의 편에 서서 귀신을 달랜다는 점에서 본다면 그들은 실질적으로 성직자로 인식되고 있다.

무당은 조선의 역사를 관통하고 있는 특징의 하나이며, 초기 단계의 귀신 숭배는 사람을 재물로 바치는 형태로 나타났으리라고 추정된다. 조선의 고대사에서는 한반도에 있던 사회 조직의 한 부분으로서의 황실의 가계임을 보여주고 있으며, 그들은 부락장[추장]이었을 뿐만 아니라, 유일하다고는 할 수 없지만 "종교적" 지도자였던 것으로 보인다.

무당들 가운데 한 계급은 조선의 노동조합이라고 할 수 있는 길드에 소속되어 있으며 정부는 다른 계급에게도 등록을 강요해 오고 있다.[6] 무당은 현재 두 계급이 있는데 판수와 무당이 곧 그들이다. 눈먼 남자 점쟁이를 판수라고 하는데 그의 부모는 눈먼 아들을 둔 행복한 사람들이다. 왜냐하면 판수는 돈벌이가 좋아 그들의 노후를 확실하게 도와줄 수 있기 때문이다. 지난날 판수는 이 나라에서 매우 존경받는 지위였으나 지금 그들의 사회적 지위는 궁중에서 명맥을 유지하고 있을 뿐 더욱 하락하고 있으며, 특히 죽은 민비와 함께 사회악을 저지른 뒤에는 더욱 몰락했다.

---

6) (원저자 주) 조선에서는 오늘의 진실이 내일에는 진실이 아닐지 모른다. 어느 달에는 경찰이 무당이나 여자 마법사를 수색했고, 다른 어느 달은 무당의 모임이 번창하고 있는 것이 마치 시계추가 왔다 갔다 하는 것과 같다.

서울에서의 판수 조합의 주요 책임자들은 정부로부터 참판과 승지라는 칭호를 받아 엄청난 권세를 누렸다.[7] 그들의 직업적인 이해 관계를 보호하고자 판수들은 지역 조합에 가입해야 하며 여러 분야에서 자신들의 자금으로 친목회를 만들었다. 서울의 판수 조합은 정부에 따라 설립되고 유지되었으며 이 조합의 두 중요 책임자들은 예전과 마찬가지로 지금도 관리의 신분을 누리고 있다.

무당 조합의 회원이 되려면 구전으로 내려오는 무당의 전통, 지혜, 관습, 그리고 거추장스러운 단체의 지식에 숙련함을 보는 시험에 합격해야 한다. 이들은 4,000년 동안 믿어 온 것이다. 무당은 불교의 가장 비밀스런 신비함뿐만 아니라 유교의 단편성으로부터 미신의 잡다한 것까지 많은 것을 받아들이고 있다.

새로이 무당이 되려는 사람은 "귀신의 실재, 본질, 힘, 인간과의 관계, 매혹적인 의식을 통한 액막이의 효과 그리고 점의 결과의 어떤 특성과 진실"을 배워야 한다. 그는 "그의 고객들을 빈틈없이 다루고자 조선 사회의 모든 계급들의 관습, 습관, 그리고 취약점들을 깊이 명상해야 한다. 유교를 조금은 알아 그의 말에서 배운 티를 내야 하며 액막이, 주문, 매력적인 주술, 기도문 그리고 축귀와 부적의 제조 방법"들을 잘 훈련받아야 한다.

남자 마술사나 지관의 역할은 한결같이 집터와 묘지의 선정과 택일과 관련되어 있으며 불각의 재난, 질병, 출생, 결혼, 그리고 토지를 매입할 경우에 부름을 받는다. 무당의 주요 기능은 주술과 매혹적인 의식으로 악마에 영향을 미치고, 제물・액막이・신탁(神託)에 의해 그들을 달래는 것이다. 그 방법은 춤이나 손짓, 실제일 수도 있고 거짓일 수도 있는 무아경 그리고 북이

---

7) (원저자 주) 참판은 서울에 있는 의정부 부서에 어떤 지위의 공식적 명칭으로서 외국의 국무장관에 해당한다. 승지도 역시 같은 의미를 지니고 있다.
(역자 주) 이 점에 대해서 원저자는 다소 오해하고 있다. 참판은 육조의 종이품 벼슬일 뿐 서구의 국무장관과는 직위가 다르며, 판수의 조합장이 참판의 직위에 오르지도 않았다.

중요한 부분을 이룬다.

무당의 보수는 높다. 아무리 적게 잡아도 조선에서의 푸닥거리의 소요 비용은 매년 250만 달러가 소요된다고 한다. 이익을 얻거나 재산을 피하기 위한 조정자로서의 무당을 고용하는 것이 필요하다. 백성들을 짓누르는 것은 무당에게 지불해야 하는 보수이지 제물의 비용이 아니다.

무당을 필요로 하는 이유로는 대체로 다음과 같은 것들이 있다. 조선 사람들이 생각하기에는 허공과 바다는 악마로 가득 차 있다. 그들은 모든 그늘진 나무, 그늘진 협곡, 맑은 샘터 그리고 산꼭대기를 자주 드나든다. 초록 언덕의 경사, 평화로운 농촌 마을, 풀이 무성한 작은 골짜기, 수목으로 덮인 고지, 호수와 개울, 도로와 강, 그리고 동서남북 어디에서나 그들은 인간의 운명에 해코지를 한다. 그들은 모든 지붕, 천장, 부엌, 고래, 그리고 대들보에도 있으며 굴뚝, 헛간, 거실, 부엌을 채우고 있다. 그들은 모든 선반과 항아리 위에도 있다.

여행자가 집을 떠날 때면 귀신은 몇 천 번이나 그의 옆과 뒤와 앞에서 춤을 추고, 머리를 흔들고, 땅과 허공과 물로부터 튀어나와 소리를 지른다. 그들은 "수 억" 종류가 되며, 그들이 어느 곳에나 있다는 것은 "하나님의 무소부재하심이" 세속적으로 희화된 것[8]이라고 그들은 말한다. 이와 같은 다신론은 조선 사람들이 끊임없이 과민한 염려 속에 살고 있으며, 불명료한 두려움에 둘러싸여 있기 때문인 것으로 보인다.

조선 사람들은 "여기에도 귀신이 있다는 두려움의 세월 속에 살고 있다." 고 말하는 것이 정확한 표현일 것이다. 조선의 모든 가정은 여기 저기, 그리고 모든 곳에서 귀신의 지배를 받는다. 그들은 조선 사람의 모든 생활에서 귀신과 접촉하며 살고 있고, 그들의 행복은 귀신을 끊임없이 달램으로써 이루어진다. 귀신에 대한 공경을 소홀히 하면 그들은 무자비하게 보복당하기

8) (원저자 주) Rev. G. H. Jones.

때문에 조선 사람들은 태어나서 죽을 때까지 귀신의 굴레를 쓰고 산다.

조선의 무속을 귀신 숭배라는 말로 표현하는 것은 다소 오해를 불러일으킬 수 있다. 조선 사람들이 생각하기에 이 세상에 득실거리는 귀신은 두 종류로 나누어지는데, 영어의 귀신(daemon)의 개념에 해답을 주는 것이 그 첫째이다. 이들은 항상 인간에게 악의를 지닌 적으로서 인간의 눈에 보이지 않고 스스로 존재하는 귀신이다. 그들은 항상 숨어서 인간에게 해코지를 한다. 그들은 가난과 불행한 상태에서 죽은 사람의 영혼으로서 헐벗고 굶주리고 떨고 있는 방랑의 영혼이다. 이 영혼의 욕구를 충족시키는 데 나태했던 사람들은 이들로부터 수많은 재난을 당한다. 귀신의 80%는 악의적이다.

두 번째 종류는 성격상 조금은 친절하고 또 스스로 살아가는 영혼이다. 이들은 부유하고 선량한 사람의 영혼이다. 그러나 이들은 쉽게 공격적이며 매우 변덕스럽게 행동한다. 그러나 그들의 비위를 맞추고 재물을 바치면 이들은 그 사람의 소망이 이루어질 수 있도록 도와줄 수도 있으며, 악귀의 가혹한 힘으로부터 도주할 수 있도록 도와줄 수도 있다. 각 개인의 안락과 성공은 이들로부터 호의를 얻어내고 지키는 능력에 달려 있다.

조선 사람들은 그들의 모든 재앙을 귀신의 영향으로 돌린다. 어떤 거래나 공직에서의 재앙, 금전상의 손해, 권력이나 지위의 상실과 같은 불운은, 그것이 갑작스러운 것이든 만성적인 것이든, 귀신의 악의에 의한 것이다. 판수는 마술로써 그들을 몰아 낼 수 있는 힘을 지니고 있으며 그의 주술로써 그러한 재앙을 종식시킬 수 있다.

귀신은 판수에 대해 강력한 힘을 가지고 있지만 판수는 그 힘을 꺾어 이길 수 있다는 것이다. 축귀하는 방법의 사례로서 불결한 악귀의 행위라고 여겨지는 질병의 액막이굿을 치를 수도 있다. 판수가 병자의 집에 도착하여 거침없이 악귀의 축출을 행하는데 그 과정은 다음의 4단계로 나누어진다.

(1) 거북통(tortoise diving box)에서 몇 개의 괘를 뽑음으로써 판수는 그

악귀의 성격과 특성을 발견하고 나서 길일을 택하여 다음 단계를 준비한다.

(2) 악귀를 몰아내는 방법은 다음과 같다. 판수는 1.5피트 정도의 참나무나 소나무 지팡이를 준비하고 한 명의 구경꾼이 다듬잇돌 위에 똑 바로 서서 이것을 붙잡도록 요청한다. 막대기가 흔들리고 다듬잇돌 위에서 춤을 출 때까지 주문을 반복한다. 이러한 행위는 귀신이 지팡이로 들어간 결과라고 믿는다. 이 단계에서 판수는 귀신의 이름과 성격, 그리고 해코지의 원인에 대한 점의 정확성을 시험하게 된다. 판수는 그 문제를 노련하게 처리하기 때문에 지팡이의 움직임으로 간단히 그 물음을 긍정하게 되며 반면에 아무런 움직임이 없으면 그것은 그렇지 않다는 뜻이 된다. 이 단계에서 악귀에게 조용히 사라질 수 있는 기회를 준다. 그 뒤에도 만약 악귀가 고집을 부리면 판수는 그를 쫓아내기 위한 절차를 밟는다.

(3) 셋째 단계에서 판수는 자신에게 친숙한 어떤 귀신의 도움을 받게 된다. 복숭아나무의 동쪽 가지로 특수하게 만든 신장대는 귀신을 쫓는 데 굉장한 효험을 가지고 있는데, 조수가 이것을 책상 위에 수직으로 잡고 있다. 판수는 더욱 열심히 주술을 암송하는데, 이 마술의 힘으로 지팡이를 움직이지 못하도록 꼭 잡고 있음에도 불구하고 신장대는 격렬하게 요동치게 된다. 장군과 판수와의 대화가 시작된다. 장군은 판수의 적을 찾아내려고 불려 나온 영혼이다. 그는 사악한 귀신을 붙잡아 올 것을 약속한다. 잠시 의식과 제물을 바치고 난 뒤에 그는 귀신을 잡아 올 것을 부탁 받는다. 신장대를 잡은 사람은 초자연적인 힘에 따라 격렬히 이끌려 귀신이 있는 집밖으로 나갔다가 다시 집으로 끌려 들어온다.

(4) 큰 주둥이가 있는 병을 마루 위에 놓는다. 예언과 대화를 통해 알게 된 부정한 귀신의 이름이 새겨진 종잇조각이 그 병과 나란히 놓여진다. 신장대에 붙은 그 종이가 병 속으로 들어가면 곧 병의 마개를 닫아 언덕이나 골목길에 묻는다.[9]

비용을 부담할 여유가 있는 경우에 이런 독특한 형태의 비이성적인 굿은 며칠 동안 계속된다. 길 수도 있고 짧을 수도 있는 이 푸닥거리는 매일같이 조선 전역에서 반복되고 있다. 이 굿은 밤새도록 계속되는 주술적 진혼의 형태로 이어진다. 이것은 여태껏 진행된 굿에 따라 매우 혼란한 상태에 있는 가신들 사이의 질서를 회복하고, 집을 깨끗이 하고, 강력한 귀신들로부터 집과 그 가족을 보호하려는 것이다. 판수가 사용하는 굿의 제기들은 굿의 여러 단계에서 쓰는 제물들과 북, 바라, 종, 점을 치는 상자, 그리고 지팡이 등이다.

무당들은 그들의 수많은 주문과 신앙 형식들이 불교로부터 차용되었다고 주장한다. 그와 달리 불교도들은 불교가 도입되기 오래전 귀신 숭배가 조선에서 성행했다고 주장한다. 이러한 숭배의 흔적은 씨뿌리기 이전이나 수확을 한 뒤, 가뭄이나 그 외의 다른 일반적인 재해가 닥쳐왔을 때 언덕 위의 서낭당에 돼지나 때로는 양을 공물로 바치는 조선의 전통에서 나타나고 있다.

이러한 제물은 그 지역의 수령에 의해 어명으로 바쳐지며, 기독교 의식에서의 하느님에게 비치는 제물과 형식에서 동일하다고 하더라도 그 본질은 전혀 다르다. 보통 사람들이 무당이 읊조리는 온갖 주문을 사용하면 위험하다고 하지만 위급 상태를 고려해서 준비된 주문이 있는데 이는 절대로 안전하다. 이는 28수를 한번 암송하고 다시 거꾸로 암송하는 56수이다.[10)]

예언은 판수의 두 번째 기능이다. 판수는 점을 통해서 미래를 예측한다. 이것은 그 자신만이 아는 것으로서 어떤 소품들을 사용하게 된다. 판수는 어떤 모험의 결과를 예측하거나 지금의 액운의 원인을 찾아낸다. 이를 위해

---

9) (원저자 주) 이러한 의식의 자세한 설명은 존스 목사(Rev. G. H. Jones)가 나에게 친절하게 빌려준 문헌에 있다.

10) (원저자 주) 28개의 성좌 혹은 별 모양의 집은 중국과 조선의 미신과 밀접한 관계를 맺고 있는 중국 고전서 가운데 하나인 『서경』에 언급되어 있다.
(역자 주) 28수(宿)라 함은 동(東)에 각항저방심미기(角亢氐房心尾箕), 북(北)에는 두우여허위실벽(斗牛女虛危室壁), 서(西)에 규루위묘필자삼(奎婁胃昴畢觜參), 남(南)에 정귀유성장익진(井鬼柳星張翼軫)이다.

서는 그가 태어난 연·월·일·시의 사주라는 것을 알아본다. 이와 같은 점성은 예언의 최고 기능이다. 사주에 인생의 비밀이 감추어져 있으며 모든 인생을 좌우한다.

이 사주에 살이 끼었다면 판수는 복숭아 활로써 그 불행을 바로 잡는다. 의식이 진행되는 동안 그는 갈대로 만든 활을 금지되지 않은 구역으로 쏜다. 예언의 중요한 임무 가운데 하나는 결혼식 때 신랑과 신부를 위해 택일해 주는 것이다. 왜냐하면 불행한 날에 결혼하면 새로운 가정에 파멸을 일으킬 수 있는 귀신을 불러들일 것이기 때문이다.

예언에서 가장 중요한 것은 개구리 상자와 주사위 상자인데, 이들은 예언을 위해 만들어진 것이다. 개구리 상자는 거북이처럼 만들었으며 움직이는 입술이 달려 있고 그 안에 세 개의 동전이 들어 있다. 그 위에 판수는 매우 오래된 기원문을 읊는다. "너희 모든 사람들은 상징을 드러내는 것을 허락할 것이다." 그런 다음 동전을 세 번 던져 그 앞뒤의 조합을 이루어 예언한다.

예언의 두 번째 도구는 양쪽 끝이 막혀 있다. 대나무와 놋쇠 판이다. 그 한쪽에 있는 조그만 구멍으로 여덟 개의 산 가운데 하나가 나올 수 있다. 이와 똑 같은 것을 중국의 많은 사원에서 볼 수 있다. 각 조각들에는 하나에서 여덟 개의 눈이 있는데 이를 효패라 부른다. 중국인들이 2천년 동안이나 신뢰하고 있는 이 산통은 각 효마다 특별한 상징을 담고 있다. 이 효는 각기 두 개씩 짝을 이루며, 여덟 개는 각기의 상징을 가지고 있다. 이 두 짝을 조합시켜 자신의 예언을 발전시킬 수 있다.

판수가 만들어서 파는 부적을 사람들은 크게 신뢰한다. 아마도 조선에는 부적과 같은 것을 지니지 않은 어른이나 어린이들이 거의 없을 것이다. 부적은 일반적으로 벌레의 형태이거나 한자의 형태를 취하고 있다. 부적은 특별히 준비된 노란 종이에 붉은 인주를 찍었는데 질병과 다른 재난에 효과가 있다고 그들은 믿는다. 부적은 벼락 맞은 대추나무로 만드는데, 조선 사람들은 여기에 주술적인 힘이 있다고 믿는다.

제 35 장 무속 신앙(2)

주술사 가운데 두 번째로 큰 무리는 무당이다. 무당에 포함된 박수무가 남자였다 할지라도 무당은 여자들이 하는 일이라는 생각이 넓게 퍼져 무당은 임무를 수행할 때 여자 복장을 입었다. 따라서 조선 사람들은 무당이라면 여자인 줄로 알고 있다. 무당은 보편적으로 퍼져 있다. 그들의 푸닥거리는 끊임없어 어느 곳에서나 볼 수 있다.

무당은 별로 대수롭지 않은 의식에 대단한 의미를 부여함으로써 무당에 입문하게 되는데 첫째는 그에게 주술을 지도하는 선생 무당으로부터 약간의 가르침을 받는 것이며 그 다음으로는 "초자연적인 부름"을 받는 것이다. 그 부름은 대단한 일이어서 그에게 강신되었다는 확실한 증거가 된다. 그 귀신은 무당을 사로잡게 되며 사실상 그 여자의 주신이 되어 그 인격이 완벽하게 무당에게 접신하게 된다. 수호신은 거의 변함없이 조선 귀신의 족보에 있는 것 가운데 하나이다.

존스 씨의 말에 따르면 어떤 여자는 곰자리의 별로부터 온 칠성님이 자기에게 접신되었다고 주장한다는 것이다. 칠성님은 수많은 귀신들을 데리고 오며 무당은 그들로부터 만신이라는 영예로운 칭호를 얻는다. 이 여자는 신혼 생활의 3년 동안 몸이 아프고 여러 차례 환시를 보고 환청을 들으면서도 "신의 부름"을 거부했다. 그러나 마침내 그가 신에게 항복하자 몸의 병이 즉시 치유되고 귀신의 은혜를 받게 된다.

강신이 된 때로부터 그 여자는 모든 관습, 인연, 외롭게 된 부모들, 남편, 자식들과의 관계를 끊고 오직 "부름"에만 복종한다. 그때부터 그의 위치는 특별한 것이 된다. 왜냐하면 그때부터 그는 그 집단의 필요불가결한 존재로 여겨질 뿐만 아니라 사회적으로 버림받기 때문이다. 무당의 기묘한 관계에서 판수는 수호신을 내쫓을 수도 있고 묻어 버릴 수 있는 신비로운 공식이나 의식을 수행할 수 있는 힘을 갖게 되는 대장신이 된다. 반면 무당은 귀신을 달래고 그에게 간청한다. 무당이 없는 곳에서 산다는 것은 불가능하다.

무당의 기능은 판수보다 더 다양하다. 귀신을 달래는 굿은 축귀 의식과 같은 것으로 일정한 기간 없이 거행되는 경우가 있고 주기적으로 하는 경우가 있다. 주기적인 굿은 부락 단위로 이뤄지며, 사사로운 굿에는 일정한 시기가 없다. 부락제는 3년마다 큰 부락 또는 작은 부락이 공동으로 거행하는데 3~4일이 걸린다.

굿의 대상은 부락의 수호신인데 제물을 받치고, 기원하고, 경배하고 감사하는 순서로 이어진다. 마을 사람들은 의식을 책임질 두 사람을 뽑고 그들은 주변에 있는 사람들에게 경비를 추렴한다. 마을 사람들은 택일하고, 무당을 부른 다음 귀신에게 바칠 제물과 장식품을 준비한다. 굿의 날은 예언이나 주술에 익숙한 선리나 판수가 결정하며 선택된 무당은 자주 목욕을 해야 하고 7일 동안 육식을 피하는 것이 필수적이다.

마을의 수호신을 위한 굿은 여러 면에서 일본 신도의 마츠리[1]와 흡사하다. 부락제의 날에 수호신의 사당 가까이에 현란한 색깔의 새 꼬리들로 장식된 움막을 세우고 무당의 음악과 춤, 그리고 열성적이고 기묘한 몸짓과 함께 제물을 귀신에게 바친다. 수호신이 무당에게 현신하면 무당은 "경사

---

1) 마츠리(祭り) : 일본 사람들이 신도에서 거행하는 축제.

났다"고 귀신의 목소리를 대신 외친다. 주민들은 무당에게 생쌀을 담은 그릇을 가져와 앞으로 닥쳐올 3년 동안의 미래를 계시해 달라고 기원한다.

이 의식에서 공통되게 거행되는 "시험"은 주발 안에 매우 얇은 백지를 말아 태우는 것이다. 무당은 가장 자리에 불을 붙이고 이것이 타는 동안 주문을 외운다. 불꽃이 주발의 테두리에 도달했을 때, 미래에 대한 점괘가 좋지 않다면 종이는 사발 안으로 들어가며, 운세가 좋을 경우에 종이는 위로 올라가서 날아간다.

사사로운 푸닥거리인 철무리 굿은 그 집안의 수호신에 대한 일종의 감사기도인데 이를 위해서는 지속적으로 치성을 드릴 필요가 있다. 이 경우에 가정의 재산을 모두 써 버리기 때문에 일 년 내내 살림이 쪼들리게 된다. 이런 식의 안택굿은 2~3년에 한 번씩 할 수 있다. 이럴 경우에는 돼지를 잡아 제물로 바치고 무당을 청하며 물신을 바꾸거나 깨끗이 한다. 약식으로 하지 않는 한, 이러한 안택굿은 7일 동안 계속되지만 가난한 사람들은 간소하게 하는 경우도 있다.

안택굿의 의식은 귀신을 불러 청원을 드리고 제물을 바치고 목욕 재개하는 단계로 이루어져 있다. 이러한 단계가 진행되는 동안에 그 가정의 수호신은 그 무당에게 현신하여 그를 통해서 미래를 계시해 준다. 어떤 경우에는 돌아가신 부모님이나 조상이 무당에게 현신하는데, 이럴 경우의 모습은 "측은하고도 익살스럽기도" 하다. 서울에서는 이러한 굿이 교외의 만신집에서 거행되며 사가에서 이런 굿을 하는 경우는 없다.

무당의 초빙을 필요로 하는 가장 보편적 경우 가운데 하나는 정화 의식이다. 출생이나 사망 또는 부정한 귀신을 불러오는 행위를 저지름으로써 집안에 부정을 타게 할 수도 있다. 부정한 귀신이 집에 들어오면 친근한 수호신은 집밖으로 나간다. 이때 그 집의 동족에 있는 소나무로 만든 지팡이는 떠나간 수호신을 불러들이는 데 사용된다. 무당이 어떤 특별한 주문을 중얼거림으로써 수호신을 부르는 일이 시작된다. 수호신이 다시 나타나면 무당은

남대문

축원과 제물로써 그가 좌정하기를 기원하며, 그때가 되면 부정한 귀신은 달아나게 된다. 북을 치고 정한수를 자주 뿌리는 것은 이러한 의식의 일부분이다.

신탁을 들려주는 것은 무당의 또 다른 중요한 기능이다. 조선 사람들에게 자리 잡고 있는 여성 비하의 풍조에도 불구하고 무당의 신들림에 대한 믿음이 너무 강하기 때문에 그들은 성별을 초월하여 신분이 상승된다. 조선 사람들은 재산이나 지위의 상실과 질병이나 가난에 대한 알 수 없는 원인들뿐만 아니라 개인의 출세에 대한 계획, 사업의 결과에 대한 정보를 얻고자 판수에 못지않게 무당들에게 전적으로 의존한다.

친숙한 수호신에 호소하는 무당은 어떤 경우에는 직접적인 해답을 듣기도 하고, 어떤 경우에는 성스러운 종을 치거나 쌀 점에 따라 대답을 얻는다. 쌀 점은 밥상 위에 쌀을 던져 쌀의 배열 상태를 보고 예언하는 방법이다. "성스러운 종"은 개암나무의 끝에 종을 매달아 흔드는 방법이다. 무당은 이를 마구 흔들어 거기에서 나는 소리를 통하여 수호신의 계시를 듣는다.

무당에게 어린이를 파는 홍정은 무당의 아버지의 역할이다. 이런 일은 빈번하다. 조선 사람들의 아버지는 아들의 부귀나 장수를 기원한다. 딸은 거의 염두에 두지 않는다. 그가 믿는 신에게 자식을 파는 것은 그러한 목적을 이루는 최선의 방법이었다. 소위 매매가 결정되면 아버지는 언제, 어디에서 자식을 넘겨 줄 것인가를 마법사와 상의한다. 그를 위해 선택된 장소는 항상 집 가까이에 있는 호박돌이다. 무당의 의식을 통해서 아이를 신에게 바친다. 그때부터 첫 달 보름날과 셋째 달 셋째 날에 의식과 제물을 호박돌에게 바친다.

이러한 매매가 이루어진 뒤에 신의 이름은 아들의 이름의 일부분이 된다. 무당 스스로가 이러한 매매를 주도하는 경우도 적지 않다. 그는 신의 대리인으로서 주술을 통해 그렇게 하는 것이 괜찮은지를 알게 되면 그 아이를 받아들인다. 무당은 귀신을 대신하여 밥그릇과 숟가락 하나를 집은 다음 어린이의 매매에 대한 사실을 기록한 한 벌의 솜옷을 그가 숭배하는 방에 넣어 둔다.

나는 남대문밖에 있는 유명한 무당 집을 방문한 적이 있었다. 그는 이런 것들을 많이 가지고 있었다. 이러한 문서들은 일반적으로 색깔 있는 귀신의 그림 밑에 있는 탁자 위에 놓여 있었지만 대부분의 경우에는 깃발로 사용되었다. 주기적으로 거행되는 굿판에서는 이러한 어린이들을 위해서 제물을 바친다. 어린이들은 그들 부모와 함께 살더라도 무당을 신으로 생각하며 무당의 자식으로 취급된다.

무당의 의식은 특히 가정의 수호신이나 마마(천연두)와 관련되어 있다. 가정의 수호신은 선량하며 일반적으로 건강과 행복을 가져다준다, 적당한 의식으로 가정의 신을 초대하면 그는 지붕 밑에 기꺼이 그의 거처를 지을 것이다. 그는 항상 병을 막아 줄 수는 없으며 전염병이나 그 밖의 경우에 그는 성결 의식을 치러 그가 돌아오기를 요청할 때까지는 나타나지 않는다.

그를 다시 불러들이는 푸닥거리는 볼만하다. 이러한 큰 푸닥거리의 경우에 무당은 그의 만신집에서 참나무의 막대 주위에 큰 종이를 묶어 곧바로 세우고 귀신을 찾으러 밖으로 나간다. 무당은 집 근처에서 병균이 돌아오기를 기다렸다는 듯이 가까운 거리에서 또는 아주 먼 거리에서 귀신을 찾을 수도 있다. 그 어느 쪽이든 간에 귀신은 신장대를 흔들음으로써 자신이 나타났음을 알려주는데, 그 흔들림이 어찌나 격렬한지 몇 사람이 잡아도 요동을 멈출 수가 없다.

이런 방법으로 무당이 함께 집으로 돌아오면 열렬한 환영을 받는다. 종이를 접어 붙여 만든 신장대에는 약간의 지폐가 걸려 있다 이것을 술에 적셔 대들보에 매달아 놓은 다음 떨어지지 않도록 다시 밥풀로 붙인다. 그곳은 그 귀신이 살아갈 특별한 장소가 된다. 이 푸닥거리는 그 가정에 엄청난 경제적 부담을 준다.

질병은 귀신의 소행이라는 공통된 믿음 때문에 병이 집안으로 들어 올 때마다 무당이나 판수의 봉사를 필요하게 만든다. 천연두는 조선의 어린이들에게 보편적인 재앙인데 이 역신은 쫓겨나거나 갇히거나 묻히는 대신에 극진한 공경을 받는다. "마마"라 불리는 이 병의 이름은 그 귀신의 이름이다. 남중국에서 전파된 이 병이 조선에서 전염된 것은 1천년이나 된다고 한다. 이 병이 출현하면 무당을 불러 푸닥거리와 함께 역신의 도래를 축하한다고 한다. 그 밖에 어떤 치료도 하지 않는다.

자식들이 병을 앓고 있지 않는 이웃들이 있다면 정성이 부족한 것에 불쾌한 역신이 자기의 자식들에게 들어오지 않도록 하고자 자식이 아픈 집과 마찬가지로 아무 일도 하지 않는다. 부모들은 고통 받는 자식들에게 치성을 드리며 영광을 바치는 용어로 계속 중얼거린다. 위험은 무당이 다시 소환되고 작별 의식을 거행한 지 12일 뒤에야 끝나는 것으로 되어 있다. 그때쯤이면 작은 목마와 그 역신의 여행에 필요한 음식과 돈이 들어 있는 조그마한 가방을 장만한다. 강렬하고 경애하는 작별 인사를 하고 나면 역신은 그들의 치성을 받아들이고 그가 원래 있던 곳으로 돌아간다.

여러 세기 동안에 만신집은 적지 않게 변화했다. 옛날에는 거북의 등을 뜨거운 인두로 지진 뒤에 생긴 흉터나 나뭇잎이 떨어지는 모습에서 무당은 영험을 얻었다. 오늘날의 무당의 임무는 주로 중재적인 것이며 부분적으로는 세습적이어서 딸이나 며느리가 그의 직업을 전수 받는다. 귀신의 "부름"을 받는다는 것은 심각한 재앙으로 여겨진다. 일반적으로 이러한 여자들은 하층 계급의 출신이다. 그들은 주로 불교 신자들이며 오늘날 조선에서 존재하고 있는 야만적이고 저질적인 의식을 따른다.

그들은 집안에 있는 조그마한 부처의 화상과 함께 귀신의 그림을 걸어 놓는다. 남녀 무당을 모두 친다면 무당들은 지식인과 야심 있는 왕비에서부터 가장 비천한 농부의 가족에 이르기까지 모든 백성들에게 엄청난 영향력을 미치고 있다. 왕비는 세자의 장래를 위해 끝없이 무당에게 빌고 있다. 무당들은 어려움과 고통에 빠져 있는 사람들과 친숙한 관계를 맺고 있으며 무당이 아무리 어려운 요구를 하더라도 늘 들어준다. 그들에게 푸닥거리가 없는 날은 거의 없다.

무당을 종으로 부리고 있는 조선의 귀신들은 백성에게 커다란 멍에가 되고 있다. 그 귀신은 신비한 존재가 아니며 인간의 형상으로 존재한다. 그들은 숫적으로 무척 많다. 그들은 모든 일이나 장소에 만연한다. 그들은 조직 없는 유랑민이며 궁핍한 무리이고 종류나 분류도 없으며, 미신에서 창출된 천박한 불교이며 중국의 신비주의의 유산이다. 그들의 계보를 정리해 보려는 어떤 토착적인 시도도 없었으며, 다만 드물게 선택된 것으로 존스(G. H. Jones) 씨와 랜디스(Eli B. Landis) 박사의 노력으로 그러한 작업이 시도된 적이 있었다.

그들이 뽑은 귀신의 명단에서 몇 가지를 구분할 수 있다. 오방장군은 5명인데 동쪽, 남쪽, 서쪽, 북쪽, 중앙 하늘을 관장하는 중요한 역할을 한다. 만신집에는 그들을 위한 제단이 설치되어 있고 거기에는 경배를 받는 신의 이름이 줄줄이 적혀 있다. 그들은 최고의 존경을 받으며 특히 판수의 의식에서 두드러지게 나타나고 있다. 남한강 지류에 인접해 있는 많은 마을 입구에는 마을의 수호자로서 쌀과 과일을 제공받는 오방신이 있다. 그들은 흔히 인간의 무시무시한 형상을 꼭대기에 새겨 넣은 새끼줄로 장식되어 있다.

신장은 8만 명에 이르는 귀신의 장군이라고 한다. 그들은 하늘과 땅에 가득하며 예언과 귀신을 쫓는 신비스러운 주문으로 신장을 부르는 능력을 가진 판수와 특별한 관계를 맺고 있다. 사당에 거주하는 이 호전적인 독불장군은 조선의 중부 지방에서 흔히 볼 수 있으며 짙은 색깔로 그린 중세의 거대한 전사처럼 서서 "나 ○○ 장군, 이곳에 머물다"라는 글귀가 써 있다.

도깨비는 가장 두렵고 혐오스러운 존재일 뿐만 아니라 가장 잘 알려진 악마의 집단이다. 그러나 그들은 특징이 없는 것처럼 보이며 조심스럽고도 인내심 있게 검토해야 도깨비불(Will o' the Wisp 또는 Jack o' Lantern) 정도의 신화로 격화된 모습을 알아보는 데 성공할 수 있지만 조선의 도깨비는 물신을 수반하는 순수 악령 정도로 지위가 높아지고 있다.

도깨비들은 갑작스럽고 폭력적인 죽음을 당한 사람의 영혼으로서 인간 본래의 모습을 가지고 있다고 한다. 도깨비들은 형장이나 전쟁터 또는 많은 사람이 죽은 장소에 나타난다. 그들은 떼를 지어 몰려다니며 빈집뿐만 아니라 마을 사람이 있는 곳에서도 나타나 사람들을 떨게 만든다. 도깨비는 서울의 경복궁 접견실에 나타나 이곳을 못 쓰게 만들며, 그에 대해서는 끔찍스러운 얘기들이 나돌고 있으며, 그 장엄한 건물에 밤이면 그들이 나타난다고 조선 사람들은 믿고 있다.

사람들은 도깨비들 때문에 그 집을 떠나 새로운 집을 짓는다. 그들의 물신은 아마도 오래되고 더러워진 작은 밀짚 오두막에 안치된 마부의 모자나 벼슬아치의 갓과 같을 것이다. 도깨비들은 아주 악마와 같은 취급을 받는다. 그들은 솥뚜껑을 솥 안에 집어넣기도 하며, 밤새 대문과 창문 위로 뛰어다니며 그것이 깨어질 때까지 짓궂은 장난을 하지만 그들이 저지르는 일은 아무 흔적이 없게 된다.

광범한 악마 가운데 가장 죄를 많이 저지르는 부정한 귀신은 조선 사람들에게는 마치 벌레처럼 기회가 있을 때마다 나타나 배회하면서 사람을 괴롭힌다. 판수와 무당은 그들의 마법으로 그들과 끝없이 싸운다. 판수는 주술로써 그들을 몰아내거나 병 속에 집어넣어 당에 묻지만 무당은 그들을 달래어 영광스럽게 떠나보낸다.

악마의 거대한 집단은 산의 귀신인 산신령이다. 나는 한강 지류의 양쪽에 있는 언덕배기 마을에서 산제당을 본 적이 있다. 계곡물이 튀어 오르고 특히 거대한 나무의 그림자 밑에서 바위로 둘러싸여 있는 담쟁이 넝쿨 위에 적당하고 안전한 편편한 바위에 산제당이 있었는데 이런 경우는 운이 좋다. 조선에서 가장 가치 있는 수출품으로서 인삼을 지키는 귀신인 산신령은 가장 존경을 받는다. 관리의 복장을 입고 호랑이를 타고 격렬한 눈빛으로 응시하는 이 산신령은 사슴 사냥꾼의 수호신이다. 그를 둘러싸고 있는 것은 그의 처첩들이 살고 있는 규방에 이르는 제단인데 여기에는 여자의 모습이 그려져 있다. 이들은 일본에서도 자주 눈에 띄는 여자 산신이다.

조선의 중부 지방과 북부 지방에서 출몰하는 호랑이는 산신령의 부하라고 조선 사람들은 믿고 있다. 따라서 호랑이의 습격을 받으면 이는 산신령의 노여움 때문이라고 믿고 사람들은 즉시 근처의 산제당에 제물을 받친다. 조선 사람들은 산신령이나 그의 대리자인 호랑이를 꿈속에서 보면 매우 좋은 징조라고 생각한다.

은자들은 특히 이러한 산신령을 찾아 헤맨다. 그들은 산신령의 영험을 얻기 위해 홀로 산골짜기로 들어가 공물을 바치고 단식하며 목욕한다. 산신령은 매우 강력한 존재로 알려져 있어 높은 산에서 사는 사람들이나 농부들은 매우 두려움을 느낀다. 그들은 산에 올라 나무를 자를 때 고수레를 하지 않으면 수호신의 노여움을 사서 심각한 낙상이나 자상 등의 벌을 받을 것이라고 생각한다. 산신령은 변덕스럽고 엄격하여 정성이 조금만 부족해도 가정이나 농작물과 가축에 저주를 내린다.

용신은 물에 사는 신이다. 그들을 위한 사당은 없지만 무당은 물에 빠져 죽은 사람들의 영혼을 달래고 용신에게 제물을 바치고자 강이나 바다에서 다소 값비싼 의식을 치른다.

가장 흔하고 여행자의 주의를 많이 끄는 귀신은 그 의미가 가장 애매한 서낭당이다. 서낭당은 조선에서 가장 큰 제단인데 거대한 나무의 그늘 아래 허술하게 쌓아 놓은 돌무더기이다. 여기에는 떨어진 신발, 낡은 의복, 조그마한 쌀자루, 헝겊, 종잇조각을 제물로 바치고 있는데 거대한 규모의 쇠락한 돌무더기[2]만큼 제단다운 모습을 보여주지 않는다.[3] 서낭당은 흔히 유일신을 섬기는 곳이라 할지라도 다양한 수호신들이 늘 함께 있다는 점에서 독특하다.

조선의 여행자들은 서낭당에 살고 있으리라고 여겨지는 여행 신에게 특별히 기원하면서 그들의 물건 조각들을 나뭇가지에 걸어 놓는다. 항해사들도 서낭당을 그의 수호신의 사당으로 여기고 약간의 낡은 새끼줄을 묶어 놓는다. 더 나아가서 어떤 특정의 새나 짐승이 농작물에 피해를 주는 곤충을 잡아먹으면 사람들은 종종 그 새나 동물을 위해 제단이나 돌무더기의 사당을 세우는데 그 제단에는 그들의 조악한 그림이 걸려 있다.

토지신과 천신의 두 신은 지방의 수호신으로서 산 위에 살고 있다. 장례식 때 상주들은 이들에게 제사를 드린다. 시신을 매장하기 직전에 조상의 제사에 바치는 것과 비슷한 제물을 이들에게 바친다. 두 무당이 이 행사를 주재하는데 그들 가운데 하나는 이 경우에 필요한 의식을 특정한 음조로 읊는다. 천신은 지방 사원으로서 조그만 하고 낡은 마을 밖의 구조물에 살고 있다.

서울에서는 진흙이나 회반죽으로 지은 사원이 있는데 천신의 그림을 그

---

2) 돌무더기(cairn) : 서구인들이 피라미드처럼 쌓아 올린 돌무더기.

3) (원저자 주) 존스(G. H. Jones) 씨는 이러한 특수한 돌무더기들은 본디 전쟁 비축 물자로서의 돌멩이를 쌓아둔 곳에 귀신이 내려온 곳이라는 이론을 제시하며 그것이 제단으로 변질된 것은 자연스러운 것이라는 의견을 제시했다.

려 놓고 수많은 의식을 거행한다. 시골에서는 항상 나무 아래에 한 짝의 짚신이 놓여 있다. 그 나무를 숭배하려고 인근의 모든 주민들은 추렴을 해야 한다. 어느 지방에서나 그는 대장 수호신으로 여겨진다. 앞에서 설명한 바와 같이 무당이 3년에 한 번씩 주재하는 공식적인 부락제는 그를 즐겁게 해 주기 위한 것이다.

가신은 수호신의 마지막 부분이다. 집을 맡고 있는 대들보의 신인 성주님은 다른 가신들과 관련하여 일종의 제왕적 위치를 갖는다. 그의 물신은 종이와 쌀 봉지이다. 그 봉지에는 무당이 대들보를 얹은 날로부터 오늘까지의 햇수만큼 숟가락으로 쌀을 담아 넣었다. 그 집의 주인이 선비이거나 양반이거나 부자로서 그 마을의 촌장일 경우에는 다음과 같은 방법으로 진행된다.

점을 쳐서 길일을 택하고 그의 집을 지을 터를 마련하면 건물의 골격을 세운 다음 판수가 마련한 제물들을 대들보에 달아맨다. 이때 주인은 엎드려 기원을 올린다. 집이 완성되면 다시 길일을 택하여 무당을 불러 풍성하게 안택굿을 한다. 무당은 의식과 제물을 준비한다. 이 경우에만 쓰이는 특수 지팡이로 무당은 자신이 섬기는 신을 부른다. 집으로 돌아온 무당은 물신 속에 성주를 정성스럽게 모시고 해마다 새로운 종이로 그 성주의 문신을 다시 포장해 주는 것이 옳은 방법이다. 성주가 제물을 영적으로 먹을 시간을 갖도록 한 뒤에 그 제물을 손님 앞에 내놓고 큰 잔치를 벌인다.

땅의 우두머리인 "터주"는 그 다음으로 중요한 수호신이다. 나는 그에 관한 조사를 해보았지만 매우 헛된 일이었다. 집안이 아닌 집터 어떤 곳에서 터주에게 제물을 바치는 것을 제외하고는 알려진 것이 거의 없었다. 음식인 제물을 매달 초하루, 이틀, 사흘, 그리고 보름에 만든다. 터주에 바친 다음에 가족들이 그 음식을 먹으며 그 뒤의 제물은 낡은 끈의 조각이나 약간의 옷으로 바친다. 그의 주물들은 안이 빈 짚 다발을 세 개의 막대기 위에 올려 놓는 것이다. 어떤 경우에는 안에 약간의 쌀을 담은 꽃병으로 대신한다.

부엌의 신인 "업주"는 영원히 집에 붙어 있는 세 가지 귀신 가운데 마지막 번이다. 그의 물신은 찬장 위에 있는 벽에 한 쌍의 종이나 천을 못으로 박아 놓은 것이다. 집이 아닌 가족에 붙어 있는 수호신으로서 첫 번째는 큰곰자리 신인 조왕신으로 가장 통속적인 신이다. 그의 제단은 벽밖에 있으며 그에게 바치는 물신은 천과 종이로 가득 찬 호리병박이다. 조왕은 때때로 무당과 친밀한 신이다. 두 번째 신인 터는 가족의 행운과 운명을 좌우한다. 모든 가정은 그가 안전하기를 열망한다. 그의 물신은 3피트 높이의 짚으로 엮은 움막인데 그 안에는 돌과 종이로 덮어 약간의 쌀을 담은 화병이 있다.

가정의 수호신 가운데 제일 위대한 것은 옛날부터 전해 오는 제석으로서 출생의 신인 삼신[산신] 할아버지이다. 그의 물신은 부식되거나 우연히 파괴되지 않는다면 아버지에게서 아들에게로 이어진다. 그는 많은 물신들을 가지고 있다. 3년마다 열리는 안택굿에서 그에게 제사를 올릴 때면 무당은 공식적인 의상을 입는다. 그는 임신과 출생의 신이며 가세를 번창하게 해주는 세 가지의 역할을 하는 신이다. 기독교의 삼위일체의 신앙에 관한 설교를 들은 조선의 여성들은 삼신을 통하여 그 시비를 이해할 수 있었던 것으로 알려지고 있다.

삼신 할아버지는 모든 어린이를 네 살까지 돌본다고 한다. 그는 임신부가 장례식에 가거나 죽은 동물을 보는 등의 부정을 타면 재앙을 내린다. 최근에 아이가 출산되면 남들이 그 집안에 들어오지 못하도록 집밖에 금줄을 친다. 산모와 아이는 출생 뒤 21일 동안 격리되며 양반의 경우에는 100일 동안 격리된다. 이 기간 동안 산모와 아이는 바깥에 나와 햇볕을 볼 수 없다.

부신인 파물은 일본의 다이고쿠[4]나 영국의 탐욕의 신[5]과 같다. 그는 곡창 지대의 신으로서 사람들은 그에게 감사할 뿐만 아니라 기원을 바친다.

---

4) 다이고쿠(大黑天) : 이 말은 본디 일본어가 아니라 불교의 용어로서, 삼보를 사랑하고 음식을 넉넉하게 해 주는 신임.
5) 신(Mammon) : 부신을 의미하며, 물욕이나 재화를 의미하는 경우도 있음. 『마태복음』 6 : 24.

그의 물신은 두 개의 색칠된 쌀자루로 된 단지이다. 지금은 기독교인이 된 제물포의 어떤 사람은 매우 유명한 물신을 지니고 있었다. 그것은 본래 콩을 넣어 두는 단지였다. 그러나 어느 날 그 안에 있던 콩이 맑은 물로 변하고 가족의 운명이 신비스럽게 발전하게 되자 그 소리가 들리는 그날부터 그 단지는 숭배의 대상이 되었다. 어느 날 그 단지가 깨어지고 물이 없어지자 그의 운도 쇠퇴했다.

걸립은 가정의 밖에 행운을 책임지는 수호신이며 가신의 사자이다. 그의 물신은 대문 위에 모셔 있으며 여행 가운데 입은 누더기 옷이나 노자돈과 여행할 때 신을 수 있는 헌 짚신 등으로 이루어져 있다.

랜디스 박사는 조선의 수호신들을 다음과 같이 분류했다.

서열상 높은 신

(1) 천신(天神)

(2) 지신(地神)

(3) 산과 언덕의 신

(4) 용신(龍神)

(5) 마을의 수호신

(6) 불교에서 온 신

집안에 있는 신

(7) 대들보의 신 : 이 신이 집안에서 가장 높다.

(8) 재물과 가구의 신

(9) 이(李) 왕실의 신

(10) 부엌의 신

(11) 이 왕실을 보좌하는 신

(12) 조상을 돌보는 신

(13) 이 왕실을 보호하고 시중드는 신

(14) 마술사를 돕는 신

(15) (8)번처럼 물건이나 소지품을 보호하는 신 : (8)번보다 지위가 낮음.

(16) 역신(疫神 : 천연두의 신)

(17) 동물의 형태를 띠는 신

(18) 명도(明圖) : 어려서 죽은 넋이 젊은 여자들에 내려와 그들을 주술사로 변화시키는 신

(19) 북두칠성을 이루는 일곱 별들의 신

(20) 집터의 신

그 밖의 신

(21) 남자를 용감하게 하는 신

(22) 나무에 기거하는 신 : 마디투성이의 관목이나 보기 흉한 나무는 이러한 신들의 거처가 되고 있다. 이들은 사람들을 비명횡사시키거나 요절하게 만든다. 환갑이 되기 전에 죽은 사람들은 이들의 해코지를 받은 것이다. 이들은 모두 사악한 귀신이라는 것은 더 말할 필요가 없다.

(23) 호랑이로 하여금 사람을 잡아먹게 하는 신

(24) 사람을 길에서 죽게 만드는 신

(25) 집 주위를 떠돌면서 온갖 재앙을 일으키는 신

(26) 사람을 객사(客死)시키는 신

(27) 다른 사람을 대신하여 죽게 하는 신

(28) 교살(絞殺)로 사람을 죽게 하는 신

(29) 물에 빠져 죽게 만드는 신

(30) 출산하다 죽게 하는 신

(31) 자살하게 만드는 신

(32) 불에 타 죽게 만드는 신

(33) 맞아 죽게 만드는 신

(34) 떨어져 죽게 만드는 신

(35) 흑사병으로 죽게 만드는 신

(36) 호열자로 죽게 만드는 신

푸닥거리의 효과에 대한 믿음은 대단하다. 몸이 아프면 가난한 사람들은 무당의 비용을 갚느라고 절반을 굶거나 아니면 옷을 저당 잡힌다. 무당의 힘은 몇 천 년이라고 말할 수 없지만 몇 백 년 동안 이 나라를 지배해 왔다. 이러한 무속은 중국에서 4천 년 전까지 거슬러 올라간다. 중국에는 무함[6] 이라는 공식적인 규정이 있었다. 이 왕조의 창시자인 이성계는 서울 성안에서 무당이 사는 것을 금지시킴으로써 무당의 만신집과 제단은 성 밖에서 볼 수 있었다.

여자는 태어나면서 무당이 되는 것은 아니다. 그가 몇 살이 되면 무당의 딸들은 그와 함께 어디론가 가서 기술을 배우는 것이 관례로 되어 있다. 따라서 이 직업은 세습적인 경향을 갖게 된다. 지금도 부분적으로는 이러한 방식으로 무당이 되지만 부분적으로는 신기가 있는 소녀들이 무당이 되며 부분적으로는 생계 수단을 위해 무당이 된다.

그러나 그밖에는 여자, 부인, 하녀, 과부에게 신이 내려 본인의 의사와는 관계없이 무당이 되는데 이럴 경우에 빈부나 귀천과는 아무런 관련이 없다. 신이 내리는 첫 단계에서 그 소녀는 조금 혹은 몹시 아프며 그 병은 4주 혹은 3년까지 지속될 수도 있다. 그 기간에 그는 꿈, 무지개, 꽃핀 복숭아나무 혹은 갑자기 동물로 형상화되어 갑옷을 입은 남자의 꿈을 꿀 것이다.

이러한 꿈의 영향을 받은 그는 비정상적인 사람처럼 되었다가 환각에서

---

6) 무함(巫咸) : 중국 상왕 태무 시대의 대신 이름인데 점복을 창시했다고 하며 뒤에 사람들이 그에게 신탁을 구했음.

깨어났을 때, 신기한 많은 것들을 보게 되고 머지않아 신탁처럼 말을 한다. 그런 다음 그는 가족들에게 하늘이나 땅이나 또는 어떤 빛에서 내려온 사자가 말하기를 그가 무당이 되는 것을 허락하지 않는다면 그들이나 그들의 집안 동물이 죽을 것이라고 했다고 말한다. 가족이 그가 무당이 되는 것을 허락하지 않고 가두어 둔다면 그의 인생은 금방 운명적으로 끝난다. 명문가의 딸에게 신이 들렸다면 가족들은 그를 쫓아낼 것이다. 왜냐하면 이러한 강신은 그 가문에 불명예가 되기 때문이다.

그러나 모든 것이 항상 순조롭게 진행된다. 그가 자신의 방식대로 하는 것을 허락 받으면 그가 할 수 있는 첫 번째 일은 빈방으로 가서 수호신의 공물로서의 꽃들을 방안에 가득 채우는 것이다. 그런 뒤에 그는 죽은 무당의 직업적인 도구와 옷들을 얻어야 한다. 딸에게 확실히 강신이 되면 어미 무당은 자신의 옷을 없애도 괜찮지만 북과 다른 악기들은 남겨 두어야 한다.

죽은 무당의 소유물들은 그것을 필요로 하는 새로운 무당에게 전수된 뒤에, 새로운 무당은 기부자의 집에 신이 들어 있기 때문에 죽은 무당의 가족이 편리 살 수 있도록 푸닥거리로써 나쁜 기운을 제거해 준다. 새로운 무당은 죽은 무당의 이름을 서판에 쓴 뒤에 그것을 조그마한 방에 모셔 놓는데 이는 3년 동안이나 죽은 무당의 축복을 기원하는 뜻이다.

이 의식을 거친 뒤에 완전한 무당이 된 그는 매우 중요하고도 돈벌이가 되는 직업을 시작한다. 그의 도구는 많은 의상들로 구성되는데 그들 가운데 어떤 것은 매우 비싸다. 무구로는 길이가 4피트이며 모래시계처럼 생긴 장구, 구리 바라, 무당이 춤출 때 함께 너울거리는 비단 끈과 종이 깃발, 구리 줄에 달려 있는 지팡이, 부채, 우산, 지팡이, 남자와 동물의 상, 놋쇠와 구리의 종, 망원경 형태를 띤 한 쌍의 바구니 등이 있다.

이 바구니는 갈퀴처럼 생겼는데 주로 콜레라를 치료할 경우에 사용된다. 콜레라는 인간의 몸 안에서 활동하고 있는 쥐로부터 발생된 것이기 때문에 이를 긁어내려면 갈퀴가 필요하다. 이러한 바구니가 특별히 만들어 내는 소리는 고양이가 할퀴는 소리와 같다. 이러한 소리는 쥐로 하여금 겁을 먹고 도망가게 만든다.

무당이 되면 처음에 그는 3일에서 한 달까지 생활을 절제해야 한다. 그 기간에 그는 고기나 생선을 먹지 말아야 하고 때로는 금식해야 한다. 재를 물에 담가 무당이 이를 집 주위에 뿌림으로써 잡귀를 몰아낸다. 그런 다음에 깨끗한 물로 똑같이 의식을 거행한다.

서울 사람들이 무당에게 착취되는 엄청난 금액은 앞의 장에서 이미 설명했다. 조선에서 질병은 항상 귀신과 관계가 있기 때문에 판수나 무당을 불러 푸닥거리를 할 필요가 있다. 유럽의 의약과 수술은 전국을 휩쓸고 있는 야만적이고 저질적인 미신에 대한 가장 확실한 공격 수단이다.

"의료 전도 사업"과 관련을 갖고 행해지는 영향력은 여러 가지 점에서 문명화된 사람과 아직도 미신에 속박되어 있는 사람들을 점차로 해방시키고 있다. 무당이 푸닥거리를 하면서 얼마나 자기 기만적인지를 설명한다는 것은 불가능하다. 가장 강력하고도 악의적인 "이(李) 왕실 수호신"을 받드는 푸닥거리에서 무당은 어찌나 격심하게 자기 황홀에 빠지는지 입에서 게거품을 품으며 어떤 경우에는 그 광란의 황홀 속에서 죽기까지 한다.

이 왕실의 수호신을 위한 푸닥거리는 3년에 한 번씩 각 도에 있는 무당에 의해 치러지는데 그 주문은 이렇다.

"왕실의 왕과 왕비는 영원히 평강하소서. 3년에 한 번씩 우리들은 음악과 춤으로써 기원하오니 이 집을 평화스럽게 하소서."

사악한 기운이 집으로 들어오면 그는 소나 돼지를 죽이고서야 그 노여움을 푼다. 그러므로 사악한 기운이 집이나 이웃에 들어간 것을 무당이 알면 곧 돼지를 잡아 제물로 바친다. 무당은 두 개의 칼을 들고 자기 황홀에 몰입하면서 칼춤을 춘다. 그런 다음에 상자를 만들어 관리의 모자와 의복뿐만 아니라 궁궐 여자들의 옷을 상자 안에 넣는다.

무당은 상자를 가족의 옷장 위에 놓고 거기에 제물을 바친다. 이 귀신은 반란을 일으켰다가 죽은 어느 세자의 원귀[7]로 알려져 있다. 이 수호신이 존재하는 유일한 목적은 그가 접촉할 수 있는 모든 사람들에 상처를 입히는 것이다.

때때로 무당과 결혼하는 남자도 있다. 그러나 그는 언제나 "기둥서방"이다. 예외적으로 무당이 양반 출신이라면 그는 그의 집에서 악기를 쫓아내는 일만을 해야 한다. 그가 죽으면 모든 도구와 함께 산에 묻힌다. 어떤 무당은 자기 집을 벗어나 푸닥거리를 하지 않는다. 이들은 무당 가운데서도 상류층으로 취급된다. 그들 가운데 많은 사람들은 높은 명성을 지닌 채, 서울의 외곽 지대에 산다.

그들의 봉사를 바라는 사람들은 필요한 돈과 제물을 보낸다. 그러면 무당은 그의 집에서 악귀를 쫓아낸다. 주문을 외는 동안 짚이나 줄, 또는 일본 신도의 고헤이[8]와 비슷한 많은 종이를 사용하는 것은 일본의 신도와 조선의 무속의 확실한 유사성과 함께 공통된 기원을 암시해 준다.

그러나 조선의 수호신에 대한 우리의 지식은 너무 초보적이기 때문에 이들의 유사성에 대한 어떤 관찰도 거의 무익한 것이지만 내가 용기를 내어 감히 독자들에게 이 장을 제시하는 것은 불투명하지만 매우 홍미 있는 주제에 대하여 다소의 지적 기여를 해보고 싶기 때문이었다.

조선 사람들은 무속 신앙에 대해 단일한 용어가 없다는 점을 지적하지 않을 수 없다. 달래야 할 귀신에 대한 믿음을 표시하는 유일한 단어는 "귀신을 위하는 곳"이라는 것뿐이다. 그들은 불교를 불도라 하고, 유교를 유도라 하고, 선교를 선도라고 부른다. 그러나 여기에서 접미사를 쓰는 도(道)라는 단어가 무속 신앙에서는 사용되지 않는다.

---

7) 사도세자를 의미함.

8) 고헤이(御幣) : 일본의 신도에 세워진 신장대, 또는 거기에 걸어놓는 지폐를 의미함.

제 36 장 1896년의 서울[1)]

[1896년] 10월의 보름달을 바라보며 나는 제물포를 떠났다. 울퉁불퉁한 성벽으로 둘러싸인 서울의 거친 언덕에 이르니 그림 같은 이중 지붕의 돈의문이 나타났다. 조선의 도성으로 들어가는 이 서쪽 입구는 독특하고도 매력적인 느낌을 주었다. 문을 열기 위해 문지기와 협의했다. 나의 신실한 안내자인 임 씨와 수문장 사이에 긴 협상을 거친 끝에 10명의 장정들이 힘을 합쳐 묵직한 쇠못이 박힌 문을 열고 나는 서울로 들어갔다.

당시 한성 판윤은 이채연[2)]이었다. 그는 매우 정력적이고 개명된 시장이었으며 그의 호의로 서울 서부 지역의 특징이 되고 있던 냄새나는 오물 더미가 제거되었다. 거리와 골목에는 사람은커녕 개나 고양이도 얼씬거리지 않았으며 어떤 창에서도 불빛이 보이지 않았다. 그러나 외국인 거류지인 정동(貞洞)에 도착한 나는 러시아 공사관의 방향으로 난 모든 길목에 몇몇 조선의 수비병들이 몸을 꾸부리고 앉아 질서 없이 지키고 있는 것을 볼 수 있었다. 그들은 장총에 기대서 우리가 들어오는 것을 투덜거렸다.

---

1) (원저자 주) 나는 1895년 크리스마스에 중국을 향하여 조선을 떠났다. 중국의 북서부 지방을 여행하느라고 6개월을 보내고 다시 일본의 난태산에서 3개월을 보낸 뒤 1896년 10월에 조선에 돌아와 1897년 초겨울까지 서울에서 머물렀다.

2) 이채연(李采淵 : 1861～?) : 칠곡 출신. 1894년에 문과에 합격하여 한성 판윤이 됨.

대궐의 원경

내가 묵을 숙소의 마당은 왕이 새로이 옮겨온 궁과 담장도 없는 쪽으로 열려 있었다. 많은 내시의 시중을 받는 왕과 세자는 시중을 받으면서 러시아 공사관 안에 마련된 피난처에서 그들의 방식대로 사당에서 통상적인 의식을 거행하고 있었다. 그 사당에는 시해된 민비의 시신 조각들이 봉안되어 있었다. 조정에서는 민비의 능을 만들고자 지관이 명당을 찾아 주기를 기다리고 있었다. 왜냐하면 서울 문밖 몇 마일 지난 곳에 수많은 비용을 들여 묏자리를 잡았으나 지관에 의해서 흉지로 판정되었기 때문이었다.

내가 서울에 도착한 지 며칠이 지나 국왕은 일본의 어느 왕자를 접견하기 위해 경운궁으로 돌아갔다. 그 뒤 국왕은 내가 알현할 수 있는 기회를 정중하게 마련해 주었다. 나는 지난번처럼 영국 공사관의 통역관을 대동하고 입궐했다. 대궐의 입구에는 일본군복을 입은 수비대 여러 명이 쭈그리고 앉아 문을 지키고 있었다.

지난번 단발령 당시에 잘린 그들의 머리는 다시 자라 귀 뒤로 뭉쳐 있어서 준 야만적인 모습을 보여주고 있었다. 두 번째 문에 이르니 어떤 가마의 출입도 허락되지 않아 나는 가마에서 내려 매우 간소한 알현실로 걸어 들어

갔다. 그곳은 이번에 처음 사용되는 것으로서 20×12피트의 넓이였는데 하얀 나무문에 격자창이 달려 있었다. 문에는 흰 창호지를 발랐고 바닥에는 희고 아름다운 돗자리가 깔려 있었다.

왕과 세자는 깊은 슬픔에 빠져 있었다. 그들은 소매가 달리지 않은 매우 우아한 담황색 상복과 담황색 페티코트 모자를 쓰고 있었다. 그들은 내시, 궁녀, 국왕이 총애하는 박상궁과 엄상궁 그리고 대궐의 관리들에 둘러싸인 채 알현실 저쪽 끝인 높은 쪽에 함께 서 있었다. 그들은 모두 상복을 입고 있었으며 매우 순진무구하다는 인상을 주었다. 상궁들의 풍만하고 하얀 치마의 허리는 1야드는 되어 그들에게는 너무 길어 보였으며 가능한 한 높게 치켜 입고 있었다.

왕과 세자는 나에게 인사를 하고 미소를 지었다. 나는 두 분께 각기 삼배를 올렸으며, 통역관은 왕실의 법도에 따라 부복하고 땅바닥을 내려다보면서 위엄 있는 목소리로 통역했다. 나는 2년 동안 국왕을 뵙지 못했다. 그 동안은 국왕에게 조심과 격동의 세월이었지만 왕은 지치거나 더 늙어 보이지 않았다. 내가 국왕의 평안과 환궁을 축하하자 그는 참으로 쾌활한 분위기로 정중하게 답례했다. 잠시 이어진 대화에 세자가 참여했다. 그는 그 동안 몸이 성장했음은 물론 지적으로도 성숙했음을 보여 주었다.

그 뒤 나는 경운궁의 신축 건물들이 밀집해 있는 중앙의 국왕 처소에서 비공식적으로 두 번 더 국왕을 알현했다. 이 처소는 조선의 최고의 도목수가 지은 독채 건물로서 처마는 깊고, 기와를 입혔으며 들보는 정교하게 조각하여 채색했고, 그 끝은 왕실의 상징인 다섯 잎의 오얏 꽃이 새겨 있었다. 이 집은 구들을 깐 커다란 방으로 구성되어 있는데 이 방은 미닫이문으로써 큰 방 하나에 작은 방 두개로 나뉠 수 있었다.

벽에는 고급 창호지를 발랐고 문은 똑같은 방법으로 양쪽 벽면을 차지하고 있었다. 양쪽 끝에 위치한 두개의 작은 방은 왕과 세자의 침소로서 방바닥을 덮고 있는 흰 장판 위에 가구라고는 흰 화선지의 열 폭 병풍뿐이었다.

창문과 칸막이에 쓰인 붙박이는 매우 우수한 조선의 놋쇠 제품이었다. 간소함이 이보다 더 지나칠 수는 없었다. 반대편에는 죽은 여왕의 제단이 있는데 장식이 아름다운 회랑으로 왕의 처소와 연결되어 있었다. 이러한 건물들이 있는 내부 궁궐의 구내는 매우 적었으며, 왕의 처소의 뒤에는 돌계단이 솟아 있다.

왕의 호위병들은 많지만 그는 이들에게만 의존하는 것을 두려워하고 있음이 분명하다. 왕의 처소로부터 두개의 통로가 있는 것으로 보아 그렇게 생각할 수 있다. 이들 가운데 하나는 러시아 군사 교관의 숙소로 통하고 있었는데 이들은 국광의 요청에 따라 1890년 가을에 서울에 도착한 일종의 군사 조직이었다. 다른 하나의 문은 러시아 훈련 교관이 묵고 있는 조그마한 막사와 연결되어 있다. 앞의 문을 통하여 그는 영국 공사관으로 1분 안에 도착할 수가 있다. 지난번의 참극을 경험한 뒤로 도피는 그의 첫 번째 고려 사항이 되었음에 틀림없다.

이 새 건물의 조그마한 건물들은 이미 토끼장처럼 복작거린다. 이 건물이 완성되면 아마도 1,000명은 수용할 것이다. 수많은 측근자들과 하인, 심부름꾼, 요리사들, 공식 수행원들인 상궁, 나인, 서기, 글 읽는 사람들, 환관과 경호원이 거기에 포함될 것이다. 건물들은 주의 깊게 경호되고 있으며, 심지어는 나를 수행한 군인조차도 그 문으로 지나갈 수 가 없었다.

국왕은 빅토리아 여왕(Queen Victoria : 재위 1837~1901)을 위해서 내가 그의 사진을 찍도록 허락했다. 이를 위하여 방을 정리할 때 통역자가 "폐하께서 듭시오"라고 외쳤다. 왕과 세자는 내가 그 뒤로 물러나고 인사를 하기도 전에 여러 대신들과 궁내부의 관리들을 데리고 들어 왔으며 베란다 밖에는 신식 군대가 서 있었다. 국왕은 내가 곤룡포를 입고 있는 초상화를 찍을 것인지를 물었다. 우아한 진홍색의 비단과 황금색으로 가슴과 어깨를 수놓았으며 그의 자태는 위엄이 있었다. 그는 세자를 가장 좋게 배열시키려고 다소 노력했으나 결과는 실패했다.

사진 촬영이 끝나자 국왕은 흥미롭게 카메라의 여러 부분을 관찰하면서 즐거운 웃음을 띠는 것 같았다. 몇 주 후 환송식에서 왕은 조선에 단독으로 공사를 파견하는 문제로 화제를 돌렸다. 통역관은 소곤대는 말로 말했다.

"폐하께서는 이 문제를 많이 걱정하고 계십니다."

설령 공사의 경질이 고려된다 하더라도 청국과 조선에 겸직 공사로 주차하고 있는 맥도날드 경[3]이 북경에 머물고 있는 한, 공사의 단독 부임을 불가능하다는 사실을 국왕은 인식하지 못하고 있는 것처럼 보였다.

왕은 러시아 공사관의 손님으로 1년 이상 있었다. 이것이 그의 신하들에게는 가장 못마땅한 일이었다. 국왕이 외국의 보호 아래 있는 것은 국가적인 수치라고 신하들이 생각하는 것은 당연했다. 러시아 공사관으로부터 국왕을 대궐로 다시 모셔 오려는 계획에 대한 소문이 파다하게 퍼져 있었으며 러시아 장교가 그의 가마를 수행하지 않으면 왕비의 처소에 가는 것도 두려워하는 날들이 있었다.

러시아 공사였던 웨베르(K. I. Weber)는 조선에서 12년 동안 근무했다. 그는 능력 있고 충실한 러시아의 신하였다. 그는 왕과 모든 외국 사절로부터 신망을 받았으며 성스러운 도피[4] 기간에 조선 사람들이 따뜻하고 정의로운 친구였다. 그의 조언은 국왕으로 하여금 악명 높은 인물을 동요하지 못하게 했고, 아무나 체포하는 일이 없도록 했고, 열심히 일하는 관리를 이유 없이 파직하는 일이 없도록 했다. 유럽의 왕실에 비용만 드는 사절을 파견하거나 어리석게 군대와 경찰을 증원함으로써 불필요한 낭비가 없도록

---

3) 맥도날드 경(Sir Claude M. MacDonald : 1852~1915) : 영국의 군인이며 외교관. 이집트 정벌(1882)과 수단 정벌(1884~1885)에 공을 세웠으며, 그 뒤 중국에 파견되어 의화단사건(1900) 당시에는 북경공사관의 보호에 공을 세움. 그 뒤 일본 주차 공사 · 대사(1900~1912)로 재직하면서 영일 관계의 증진에 노력함.

4) "성스러운 도피"(Hegira) : 서기 622년 7월 15~16일에 마호메트가 메카로부터 메디나로 도피한 것을 상징적으로 아관파천에 견주어 표현한 것임.

했다. 그리고 왕은 매사를 소극적으로 처리함으로써 조선 사람으로 하여금 "자업자득"으로 괴로워하게 했다.

웨베르는 아마도 자기 조국의 지시에 따라 조선에게 스스로를 단단히 묶을 수 있는 밧줄을 던져 주려고 했지만, 이러한 절차는 그 뒤 러시아에게 합법적인 개입을 위한 구실을 줄 수도 있었다. 설령 그러한 지시가 없었더라도 그토록 탁월하고 유능한 외교관이 그토록 적대적인 지위에 있으면서 왜 자신의 가치 있는 충고로써 국왕을 보좌하는 일을 게을리 했는지 참으로 알 수 없는 수수께끼이다.

만약 그가 그렇게 했더라면 그는 모든 동료로부터 정중한 동의를 받았을 것이다. 일이 그렇다 하더라도 이처럼 왕이 러시아 공사관에서 자유를 즐기는 동안 조선에는 이익되는 일이 없었다. 이러한 현상은 최근 일본이 우위를 차지하고 있던 동안 추구되었던 것과 역설적인 대조를 이루고 있다. 일본의 정책은 대체로 진보와 정의로움의 경향을 보여주고 있었기 때문이다.

구시대의 악습이 매일 벌어지고 대신과 다른 총신들은 뻔뻔스럽게 관직을 팔았으며 왕의 총신 가운데 한 사람에게 특별히 비난이 쏟아지면 그의 추방을 위한 공식적인 요구는 그를 학부의 차관(협판)으로 바꾸는 것으로 해결되었다. 반항적인 관료와 1895년 8월 8일의 불법적인 내각[5]으로부터 자유로워지고 때때로 비양심적인 왕비의 간섭으로부터 자유로워지고 일본의 지배로부터 자유로워짐으로써 자신의 신변이 안전하다는 사실을 발견한 왕은 그의 왕조의 가장 최악의 전통으로 되돌아갔다. 신하들의 어떤 견제에도 불구하고 그의 칙령은 곧 법이 되었으며 그의 의지는 절대적이었다.

이제 권력은 국왕을 둘러싸고 왕의 위엄과 탐욕을 등에 업은 사람들의 몫이 되었으며, 아관파천에서 공을 세운 박(朴)상궁과 엄(嚴)상궁의 뜻대로

5) 제3차 김홍집 내각을 의미함.

고종

행사되었다. 왕의 총신들과 아첨꾼들은 그들의 친척들에게 벼슬을 주면서도 국왕의 우유부단함을 이용하는 데 아무런 어려움이 없었다. 국왕은 광범위한 관직 임명권과 엄청난 재정권을 가지고 있음에도 불구하고 왕국에서 가장 가난한 사람이었다. 왜냐하면 조선에서 관직을 가진 사람들이 흔히 그렇듯이 국왕은 끝없이 "주시옵소서. 주시옵소서." 소리만 외쳐 대는 기생충 같은 무리와 식객들로 둘러싸여 있었기 때문이었다.

남자들은 아무런 이유 없이 감옥에 들어가고, 하층민 가운데 어떤 사람은 총리대신이 되고, 살인자 김옥균을 죽인 자객[6]은 홍문관 교리가 되고, 독직 사건으로 유죄 판결을 받은 사람은 법부대신이 되었다.[7] 부정한 매관매직이 빈번해지고, 예산을 장악한 사람이 대장원경이 되고,[8] 며칠만 권력을 잡아도 당상관에 오를 뿐만 아니라 무일푼이었던 친척과 친구에게 일확천금을 안겨 주고, 사소한 비판만 하여도 관직을 잃는 것이 관례가 되어 행정은 커다란 혼란에 빠졌다.

좋은 뜻에서 시작되었지만 항상 비척거리는 군주는 어떻게 나라를 다스릴지를 모르고 있다. 왕의 호의를 믿고 우호적인 활동을 한다는 것은 늘 무의미한 것이 되어 탐욕스러운 기생충들의 먹이가 되었다. 외국 모험가들의 도구는 지속성을 깨뜨림으로써 훌륭한 통치 기구를 마비시키고 음모자들의 이해 관계에 빠진 무분별한 사치에 동의함으로써 경제와 재정의 개혁을 어렵게 하거나 단절되게 만들었다. 왕은 러시아 공사관의 지붕 밑에서 자유를 얻은 이래 단행했던 바와 같은 통치권의 변화를 단행하지 못했다.

나는 왕의 이러한 약점을 기록하는 것이 유감스럽다. 개인적으로 나는 왕이 모든 외국인에 그렇듯이 예의 바르고 친절하다는 것을 알고 있다. 그는

6) 홍종우(洪鍾宇 : ?)를 의미함.
7) 안경수(安駉壽 : ?~1900)를 의미하는 것으로 보임.
8) 이용익(李容翊 : 1854~1907)을 의미함.

상냥한 성격의 소유자이며 어느 정도의 애국심도 가지고 있다고 나는 믿는다. 그러나 그는 조선의 현재와 미래의 상황에 대해 가장 중요한 요소를 이루고 있기 때문에 그의 성격이나 조선을 불행으로 이끄는 그의 통치술에 대한 언급이 없이 그냥 지나치는 것은 정직하지 못하고 잘못된 것이다.

굳이 그의 정상을 참작한다면 그는 특별히 가르침을 받은 5세기에 걸친 왕실 전통의 산물이다. 공공사업과 국가의 이익은 다만 국왕이 벼슬을 주고 측근에게 봉급을 지불하는 것이며 정치란 대신들을 서로 싸우게 하여 힘을 빼는 것이라고 배웠을 뿐이다.

서울의 거리에서 볼 수 있는 신기한 모습으로는 푸티아타 대령[9]과 그의 부하들인 3명의 장교와 교관들의 멋진 풍채와 긴 회색의 제복이다. 당초 훈련 교관은 미국인 다이(William M. Dye) 장군이었는데 그들이 조선 생활에 실패하고, 그 다음으로 온 일본 교관들이 반항적이고 탐욕스럽자 일본의 체제가 물러나면서 그들도 물러나게 되자 그 자리에 러시아 교관들이 초빙된 것이었다. 러시아의 군사고문단은 특별히 용맹스럽고 철저하게 훈련을 수행하고 있다. 그들은 얼굴이 평퍼짐하며, 인상은 꼭 농부 같아 어느 모로 보나 장교처럼 보이지 않는다. 그들의 모자 창은 앞으로 늘어져 있지만 제복은 실용적이며 긴 장화는 군중들의 눈길을 늘 끌고 있다.

서울에서 볼 수 있는 또 다른 신기한 모습은 37명의 명문가 자제들로 구성된 간부와 7명의 장교들이다. 그들은 경복궁 가까이 있는 조선 군대의 연병장과 러시아 공사관 뒤에 있는 그들의 막사 사이를 하루에 두 번씩 오가

9) 고종이 아관파천 이후 중앙군을 러시아식으로 개편하면서 광무 원년(1897) 3월 시위대를 다시 설치하였는데 총원은 1천 70인이었다. 처음 훈련을 담당한 러시아인 군사교관은 푸티아타 대령이었으며 3명의 장교를 포함한 10명으로 러시아제 베르단 소총으로 무장시키고 훈련을 시작했다. 처음 출발은 황궁 수비를 위한 보안대로 출발한 것이었다. 그러나 아관파천이 종료된 뒤 러시아와의 관계가 소원해지면서 이들 교관들은 철수하고 일본인으로 교체되었다.

며 북을 치고 깃발을 휘날린다. 이 젊은이들은 러시아 교관으로부터 2년의 훈련을 받은 사람들로서 매우 엄격한 생도들이다. 그들은 사치스럽게 하인을 둘 수도 없으며 그들의 총과 장비를 번쩍거릴 정도로 닦아야 하는 것이 훈련에 포함되었고, 하루에도 몇 시간씩 힘든 사역을 한다는 것이 놀랍다.

서울에 있는 이 군대는 4,300명인데, 그 가운데 800명은 왕의 호위병이며, 1,200명은 지방에 배치되어 있다. 그들은 일본 제복을 입고 있으며 러시아가 제공한 300정의 베르단[10] 소총으로 무장하고 있다. 조선을 방위하려면 2,000명의 상비군으로 충분하며, 필요성이 증대되지 않는 한 6,000명을 유지할 경우에는 엄청난 낭비일 뿐만 아니라 재정에 심각한 압박을 줄 것이다. 러시아 교관으로부터 훈련을 받은 그들은 러시아의 명령에 복종하는 데 익숙해 있고 일본에 대한 적개심에 충만해 있기 때문에, 야심만만하고 가만히 있지 못하는 일본제국과 전쟁이 일어날 경우에 이들은 러시아를 위한 훌륭한 주력 부대가 될 수도 있을 것이다.

그들의 기묘한 복장과 길고 빨간 깃털을 장식한 구식 관리가 그것을 입는 일은 드물었다. 현재 조선은 경찰이 다스리고 있다. 그것도 정도가 너무 지나칠 정도이다. 왜냐하면 300명 정도의 경찰만 있으면 충분할 터인데 1,200명의 경찰을 두고 있기 때문이다. 근무 중이거나 비번인 군인들이 일본군의 복장을 입고 귀 아래에는 머리카락을 날리고 옆구리에는 니켈 도금을 한 칼을 차고 절반은 일본 복장을 입은 채 축 처진 사람들을 어느 곳에서나 볼 수 있는데 이는 그들의 유용성이 없고 낭비적인 것임을 암시하고 있다.

일본인들에 따라 만들어진 현명치 못한 제도로서 지금은 변경시킬 수 없는 경찰과 군인들은 봉급을 너무 많이 받고 있다. 군인은 한 달에 5.5달러를 받고도 "무엇이든 할 수 있는데" 경찰은 급식비로만 8~10달러를 받는다. 조

---

10) 미국의 무기 기술자인 베르단(Hiram Berdan)이 만든 소총. 베르단은 1868년에 베르단 1호를, 1870년에 베르단 2호를 제작했는데 이 총이 미국 남북전쟁의 주요 무기였다.

신식 군대와 러시아 군사 교관

선의 군대는 세계에서 가장 높은 봉급을 받고 있다. 헐렁한 바지, 높고 쓸모없고 테가 넓은 모자, 넓은 소매, 길고 펄럭이는 흰 도포를 입고 있는 보통의 조선 사람들은 보통 온순하고 악의가 없는 사람이다. 그러나 유럽식 의복과 무기를 휴대한 군인들은 시민적인 동정과 애국심이 없으며 반항적이고, 불복종적이고, 흉폭하고, 권력과 이권에 욕심 많은 사람으로 바뀌었다.

1897년 초에 전국에 흩어져 있는 군인들은 그들의 흉폭함과 약탈 근성으로 말미암아 국민들에게는 공포의 대상이었다. 만약 러시아 장교가 난폭하고 과다한 봉급을 받음으로써 국가에 부담이 되고 있는 군대를 규율하면서 그들의 전임자들보다 더 성공적이지 못했더라면 아마도 그들은 국력의 약화와 빈번한 무질서의 근원이 되었을 것이다.

서울은 여러 면에서, 특히 남대문과 서대문 방향으로는 너무 변하여 옛 모습을 알아볼 수가 없었다. 최소한 55피트의 노폭의 도로 양쪽에는 돌로 된 깊숙한 통로와 돌의 후판으로 다리를 놓음으로써 콜레라의 근원이 되었

서울의 남산골

던 지저분한 골목을 바꾸어 놓았다. 좁은 길이 넓혀지고, 진흙의 개울이 포장되었으며 도로는 이제 더 이상 쓰레기를 자유롭게 버릴 수 있는 장소가 아니다.

넓고 평평한 길을 따라 자전거가 "질주하고" 있고 "고속의 사륜차"가 곧 나타날 것이다. 좋은 부지에 프랑스호텔을 세우려는 준비가 진행되고 있으며, 유리를 정면으로 한 상점들이 많이 생겨났다. 거리에 쓰레기를 버리지 못하게 하는 금지법이 발효되고 있으며 쓰레기 문제는 지금 공식적인 청소부에 따라 처리되고 있다. 지저분했던 서울은 이제 극동에서 가장 깨끗한 도시로 바뀌어 가는 중이다.

이 비상한 변화는 4개월 만에 이뤄졌다. 능력 있고 지각 있는 시장(판윤)인 이채연의 도움을 받은 해관총세무사인 브라운(McLeavy Brown) 씨의 덕분이라고 한다. 이채연은 워싱턴의 시정을 돌아본 일이 있는 사람으로서 서울의 시정이 이렇게 좋아진 것은 자신의 공이 아니라고 극구 겸손히 말했다. 지난날의 서울의 모습이란 울퉁불퉁한 골목과 겨울 내내 쌓인 온갖 쓰레기, 발목까지 빠지는 진흙탕, 그리고 냄새 투성이었으며 이런 것들은 서울의 그림 같은 모습들을 손상시켰는데 지금 이런 것들은 신속하게 개선되고 있다. 이러한 작업은 주로 거리를 복원하는 것이다.

1896년 가을까지도 어둡고 좁기만 하던 길이 차츰 넓어지고 있고 변두리의 나머지 통로들도 개선되고 있다. 이제까지 실시되어 왔고 또 지금 실시되고 있는 사업은 집을 허물고 이를 배상하며 옛날의 도로를 복구하고 앞뒷집 사이에 일정한 거리를 두는 일이다. 복구된 대로를 따라 초가지붕이 기와지붕으로 대부분 바뀌었으며 가옥과 상점의 앞모양을 말끔하게 단장했으며, 아궁이에서 길거리로 바로 연기를 뿜어내던 굴뚝은 이제 반짝이는 미국 등유 철판으로 만들어진 굴뚝으로 바뀌었다.

몇 마일의 넓은 길이 산책길이 되어 매우 유용하게 이용되고 있다. 사업은 전보다 매우 활기차며, 상점들은 더 많은 물건들을 진열하여 번창하는 분위기를 보여주고 있다. 이러한 사업은 홍콩과 상해의 은행에 따라 이루어진 것이다. 이들은 지금 제물포에 분점을 개설했지만 곧 서울에도 생길 것이다. 그러나 넓은 길을 만드는 데만 진보가 이루어지고 있는 것은 아니다. 좁은 길을 넓히고 굽은 길을 만들고 자갈을 깔았으며 돌로 된 도랑이 길가를 따라서 설치되었는데 이러한 작업은 때때로 주민들에 의해서 자발적으로 건설되었다.

이러한 작업과 더불어 서울의 특징이라 할 수 있는 자극적이고 독특한 냄새가 사라졌다. 위생 규정이 발효되었으며, 현관 앞에 쌓인 눈은 의무적으로 그 집에서 치울 정도로 문명 수준이 높아졌다. 서울 거리는 너무도 바뀌어 1894년에 이 책을 쓰기 위해 사진을 찍어 두었던 대표적인 빈민촌의 모습이 쓸모없게 되었다. 그러나 서울은 조선 방식에 따라 건설되고 있는 것이지 유럽식으로 건설되는 것은 아니라는 사실을 주목해야 한다.

외국인 거주 지역 한 복판에 국왕이 밀집한 빌딩과 함께 경운궁(덕수궁)을 세우지 않았더라면 외국 공관, 사절단, 영사관들이 집중되어 있는 지역인 정동은 더 이상 조선의 땅이라고 할 수 없었을 것이다. 대부분의 토박이들은 집을 팔고 떠났다. 외국인 상점들과 함께 넓은 길이 건설되었다. 프랑스는 러시아공사관만큼 높은 공사관을 지었으며 명동성당만큼 큰 붉은 벽돌의 교회를 지은 미국의 감리교회는 사방의 어느 곳에서나 보인다.

기복이 심한 좁은 북경로는 그림처럼 아름답다. 예전 같으면 짐을 실은 우마차가 영접을 받는 모습을 볼 수 있었으나 지금은 그 위엄을 잃었다. 북경로의 돌출한 바위와 구멍, 그리고 호박돌들은 사라졌으며, 돌투성이의 상처 난 길은 넓어지고 길가는 부드럽게 다듬었다. 러시아공사관의 후원 아래에 노견과 좋은 배수구를 갖춘 길이 넓고 낮아졌으며 그 위로 운송 수단이 지나다니고 있다.

그밖에도 여러 가지 변화들이 눈에 뜨인다. 조선의 정치에서 오랫동안 주요한 인물 가운데 하나였던 대원군은 자신의 궁궐에 사실상 갇혀 있는 죄인이 되었다. 동궁과 서궁은 그 광대한 설비 및 놀이터와 함께 황폐하게 되어 이미 쇠락해 가고 있다. 일본군들은 경복궁 근처에 너무 오랫동안 점거하고 있던 막사를 철거하였고 공사관 경비원의 수를 적당한 수로 줄여 일본인 거주 지역에 숙영하고 있다. 정동에서 나온 사절단들은 서울의 여러 곳에서 주택을 매입했다. 학교에서는 군사적인 광기와 함께 독특한 열기가 일어나고 있는데 이는 선비들뿐만 아니라 서울의 전체 소년들에게 영향을 끼치고 있었다.

1896년 말경에 학부대신 신기선[11]이 편집하고 학부의 두 고문이 서문을 쓴 『유학경위』[12]라는 책이 정부의 보조로 출판되었다는 것은 주목할 만한 일이다. 그 속에는 다음과 같은 내용들이 수록되어 있다.

---

11) 신기선(申箕善 : 1851～1909) : 1877년에 정시 문과에 급제한 뒤 교리, 내무아문 사무, 참의군국 사무를 거쳐 갑신정변 당시에 잠시 몰락했다가 갑오경장 당시에 김홍집 내각에 공부대신으로 재기하여 내부 · 법부 · 학부대신을 지냄.

12) 『유학경위』(儒學經緯) : 1896년에 신기선이 쓴 이 책은 이 책은 유교의 성리사상을 근본으로 하여 이기와 인도를 경(經)으로 삼고 천지와 우주를 위(緯)로 삼아, 천인관계와 학문 · 윤리 등에 대해 경전과 선현들의 말을 인용하여 체계적으로 정리한 것이다.

52쪽 : "유럽은 문명의 중심인 중화와 너무 멀리 떨어져 러시아인, 터키인, 영국인 프랑스인, 독일인, 벨기에 인들은 새와 짐승과 같으며 그들의 언어는 마치 새가 지저귀는 것 같다." "최근의 세대들의 견해에 따르면 서양인이 기독교라고 부르는 것은 저속하고, 비천하고 잘못되어 부도덕한 야만인 관습의 실례이기 때문에 숙고할 가치도 없다고 한다. …… 그들은 하늘을 숭배하면서도 부모를 봉양하지 않고 여러 가지 방법으로 하늘을 멸시하고 사회 관계를 뒤집어엎으려 한다. 이것은 참으로 야만인의 부도덕함의 한 형태이며, 특히 종교가 문란한 이 시기에 외국 관습을 고찰한다는 것도 가치 없는 일이다." "서구인은 중국을 제외한 세계 도처에 그들의 사상을 뿌리고 있다. 그들 대부분이 이 종교를 믿는다. 그러나 우리가 진정 놀라야 할 것은 중국의 학자와 백성들이 그 종교에 물들고 있다는 것이다."

42쪽 : 최근 예수교라고 불리는 것이 야만적 교훈인 그리스도의 가르침으로 세계를 오염시키고 있다. 그것은 천국과 지옥의 이야기로 대중을 속이고 전통적 제사를 거부하고 하늘과 땅의 신에게 절하는 의식을 금지하고 있다. 이들은 정신병적인 지성의 무례한(무뢰한?)이니 논의할 가치도 없다.

50쪽 : 중화의 천자는 얼마나 웅대하고 화려한가! 청국은 세계에서 가장 크고 가장 부유한 나라이다. 세계 최고의 위인은 모두 중국 사람이다.

이러한 장황한 한 관리의 글에 대하여 외국의 사절들은 항의를 고려했다.

북경로 근처에 있는 우아한 영은문은 몇 대에 걸쳐 조선의 국왕이 중국의 종주권을 선포하기 위해 오는 칙사를 맞이하는 곳이었으나 이제는 없어졌다. 내가 조선에 머무르던 1895년 1월에 조선의 독립을 축하하기 위해 그곳에 원형의 문을 정초했는데 그곳에는 흰 도포를 입은 사람들이 몰려 있다. 영은문이 헐려진 자리의 가까이에 있는 폐궁을 건물로 사용하고 있는 독립협회는 국가의 독립을 축하하고 보전하고자 창립되었다. 비록 가입비가 비싸지만 이미 회원이 2,000명에 이르렀다.

독립문의 기초를 놓을 때에는 많은 애국적 연설이 있었다. 독립협회는 외국 공사관과 모든 외국인 거주자들을 초대하여 이 건물에서 만찬을 열고 비상한 개혁을 소개했다. 시중을 드는 사람도 없이, 협회 회원, 정부 관리, 그리고 많은 지방 수령이 예의바르게 손님의 시중을 들었다. 서울에서 벌어진 가장 중요한 사건 가운데 하나는 서재필 박사가 1896년 4월에 『독립신문』을 창간한 것이다. 이 신문은 영어와 조선어 판으로 3주에 한 번씩 나오는 두 쪽 신문이다.

『독립신문』은 1897년 초에는 네 쪽으로 증면되고 영어판과 국어판으로 나뉘어 발행되었다. 그 자신의 나라의 시국에 대해 무지한 조선 사람과 서울의 떠도는 소문에 그가 희생을 당했다고 생각하는 고지식한 사람들은 이런 시도에 중요한 의의를 부여하였으며 국민을 계몽하는 데 최대의 효과를 발휘했으며, 사법부와 행정부의 비행에 대해 여론을 불러 일으켰다. 독립협회는 권력 남용을 백일하에 들춰내어 대중에게 알림으로써 중요한 기능을 수행하고 있으며, 합리적인 교육과 이상적인 개혁을 요구함으로써 범법자들에게 경각심을 주고 있다. 서재필 박사는 미국에서 교육을 받은 신사로서 자신의 조국이 부강하게 되기를 진심으로 바랐다.

언문으로 된 신문 뭉치를 겨드랑이에 끼고 거리를 활보하는 소년들의 광경과 가게에서 신문을 보는 사람들의 모습은 1897년에 나타난 진귀한 장면이다. 『독립신문』 이외에 서울에는 언문으로 된 격주간지인 『조선기독교회보』와 『기독교뉴스』가 있고, 독립협회는 『조선』이라는 월간 잡지를 발행했다. 이 잡지는 정치, 과학, 외국 소식을 다루는 잡지로 2,000부를 발행했다. 또한 서울에는 『경성신문』이라는 한·일혼용체의 신문이 격일제로 발행되었다. 부산과 제물포에도 일본어 신문이 발행되고 있다. 이모든 것과 함께 『코리언 리포지터리』[13]는 지난 3년 동안 급성장했다.

---

13) 「코리언 리포지터리」(*Korean Repository*)는 알렌(H. N. Allen) 박사가 1892년부터 발행한 책명이다. Vol. I (1892)~Vol. V (1898).

중국에서와 같이 조선에서도 약자가 강자에 대한 보호의 수단으로 만든 조합이란 조직이 유용한 효과를 발휘하였다. 이러한 계는 조선의 가장 뚜렷한 특징으로 나타나는 협조의 원칙을 기초로 보험사, 상호 이익 단체, 돈을 빌려주는 조합, 부조금, 결혼, 장례 조직, 대상인 조직 등으로 발전하였다. 이들은 무수한 조합을 이루는데, 3~4개의 단체에 조선 사람들이 특별히 복잡하게 얽혀 있다는 점이 나에게는 인상적이었다.

조선 사람의 상업은 우리보다도 더 완벽하게 조직되어 있으며 이 나라의 모든 상인들은 거의 조합에 가입되어 강력한 결속을 이루면서 어려울 때면 서로 돕는 일반적인 특징을 가지고 있었다. 이러한 단체 행동의 습관과 성공적으로 공동의 일을 수행하는 데 필요한 정직이라는 방법의 "틀"을 제시해 줌으로써 많은 주식회사가 세워졌으며 이들 가운데 가장 주요한 것이 피혁 공장이었다.

조선의 가죽은 이제까지 일본으로 보내어 가공되었는데 그 이유는 피혁 제조업에 대한 신분과 미신의 편견 때문이었다. 일본의 강사를 초빙하여 제조 방법을 배운 뒤에 세운 이런 회사는 어리석은 편견을 없앴을 뿐만 아니라 적어도 서울에서 매우 수지맞은 공장으로 번창하였으며 다른 기업도 이런 방법을 따랐다.

동양 여러 나라에서 볼 수 있는 바와 같이 조선의 사법부는 일반적으로 악명이 높았다. 법전을 만들고 법관이 평등하게 법을 시해해야 한다고 말할 수 있다. 여러 분야에서 선발된 개정 위원이 임명되었으나 조선 사람 위원들은 감소하는 경향이 있으며 법률 개정도 없이 다만 대외 업무만 다루고 있어 백성들의 부담만 되고 있다.

입법 분야에서 유능한 법률가이자 법률고문인 그레이트하우스 씨는 악명 높은 거래를 방지할 수 있었으나 일반적으로 서울의 법정은 정직하지 못하며 뇌물을 받고 있다. 형조판서와 형조참판의 감독을 받으면서 외국인 고문이 재판관과 함께 소송을 조언하는 서울 최고법원의 두 법정은 가장 희망적이었다. 그럼에도 불구하고 최근에 가장 불명예스러운 인물이 이 부서에 임명되었다. 불법적인 판결, 막대한 뇌물, 그리고 잔혹성으로 말미암아 서울의 법원은 폐지될 것 같다. 여기에서 나는 그에 대해 더 언급하고 싶지 않다.

1897년에 서울에 도입된 가장 놀랄 만한 변화 가운데 하나는 감옥의 개선이다. 이것은 전에 상해 경찰이며 경무사의 고문관 직위에 있는 스트리플링(A. B. Stripling) 씨의 힘이 크다. 그는 원래 일본에 의해서 제안되었던 감옥을 인도주의적·계몽적 방법으로 개혁하였다. 고문이 대도시 감옥에서 사라졌다. 그러나 1897년 1월말까지도 다른 곳에서는 정치범이 고문을 받고 있다는 암울한 소문이 떠돌았다.

주로 소아시아, 중국, 페르시아와 지난날 서울에서 감옥을 목격한 나의 경험은 현재의 제도와는 매우 대조적이라는 인상을 받았다. 큰 건물 가운데는 간수장의 사무실이 있고 감방이라고 부를 수 없을 정도로 방들은 크고 환했으며, 통풍이 잘되며 아래로는 자리를 깐 널찍한 바닥과 충분한 공간이 있었다.

사실 내가 그곳을 방문했을 때 날씨가 추웠던 것도 사실이지만 일부는 나의 동정심을 유발하려는 듯이 몹시 떨고 있었다. 그때 기온은 18°F (-7.8°C)였으니까 정상 기온은 아니었다. 그곳에는 일본식 난로가 있는 큰 방이 있었으며, 그들의 식사는 하루 두 번 특별한 국과 큰 그릇의 밥을 제공하는데 작업이 있는 날에는 세끼를 먹었다. 이 식사는 하루 12.5센트의 비용이 들었다.

보통 방마다 12~18명의 죄수가 있었으며 널찍한 방에서 50명이 재판을 기다리고 있었다. 그들 가운데 사형 선고를 받은 사람은 긴 나무로 된 칼을 쓰고 있었으나 족쇄를 보지는 못했다. 그들에게는 조금 편안하도록 이불, 담요, 베개를 차입받는 것이 허용되었다. 일반적으로 그들은 바깥세상의 막노동자보다 깨끗했다. 바닥에도 구멍 뚫린 나무 빗장이 서로 맞물려 늘어뜨려져 있는데 저녁이면 여기에 죄수의 다리를 묶었다. 병자들은 흔히 빛이

조선의 구식 군대(왼쪽)와 신식 군대(오른쪽)

잘 들지 않는 방의 더운 마루에 누워 있었다. 그러나 만약 그들에게 돈이 있었더라면 자리를 바꿀 수도 있었을 것이다.

죄수 225명은 모두 남자로서 죄수를 분류하는 방법은 여전하다. 살인자와 좀도둑이 같은 방을 쓰고 있으며 중대한 공소 사실로 기소된 군대의 대장이 기결수와 같이 있었다. 이 기결수들은 그 높은 군인을 위해 여러 가지 내통하는 역할을 할 수도 있을 것이다. 매우 잘생긴 그 고위 관료는 국왕으로부터 최초로 종신형을 받았는데 그는 뇌물을 받았다는 죄목으로 기소되어 수형 중이었다.

일반 백성들이 보기에는 그가 칼을 쓴 죄인들과 같은 감방을 쓰는 것이 불만스러웠다. 어떤 판결은 범죄자에게 부당하게 보이는 경우도 있었다. 예를 들면 연약한 노인이 땔감을 얻으려고 소나무를 베어 왔다는 이유로 3년 형을 선고하고 같은 처지의 눈먼 노인은 남들이 화를 북돋는 바람에 그들의 무덤을 파괴했다고 10년 동안 구속시켰다.

감옥이 여러 가지 방법으로 개선되었으나 많은 것이 그대로 존속되고 있는데 특히 죄수를 분류하는 면에서 그렇다. 그러나 여전히 서울의 감옥은 중국이나 그 밖의 개혁되지 않은 동양 여러 나라의 그것과는 매우 대조적이다. 고문은 적어도 명목상 금지되었으며 잘린 머리와 머리 없는 몸통을 잔인하게 효수하거나, 찢거나 때려서 죽이는 일이 일본의 침략 기간 동안에 막을 내리게 되었다.

서울의 감옥에서 오후를 보내면서 나는 내가 2년 전에 보았던 여러 사람의 효수와 사람이 많은 중심가의 땅에 시체를 버리거나 머리 잘린 시체를 피 흘린 채로 동대문 밖 길거리에 내버리는 일은 거의 찾아보기 힘들었다.

서울의 변화된 모습에 대해 다른 장에서 언급되어 있다. 주한 미국 공사인 알렌 박사의 말에 따르면 지난 1896년 4개월은 그가 조선에 머무른 지난 12년보다도 많은 변화를 가져왔고, 내가 방문한 최근 3개월은 매주 마다 양상이 바뀌었다고 한다.

내가 이 장에서 결론지으려는 것은 진보를 시사하는 많은 찬란함에도 불구하고 1897년 1월, 조선 관리의 말을 빌면 서울에는 몇 천 명의 무당과 점쟁이가 있는데 그들 평균 월수입은 보통 15달러에 이르고 있다는 사실이다. 이 도시에서 푸닥거리로 1년에 지출되는 돈만 하더라도 18만 달러에 이른다고 한다. 그 이외에도 판수나 지관에게도 막대한 돈이 지불되고 있으며, 부호나 고위 관료를 매장할 경우에 지관이 요구하는 금액은 엄청나게 많다.

제 37 장 조선에 대한 마지막 이야기

인내심 있는 독자들은 이제 조선 정부의 내정 개혁, 교육, 무역, 국가 재정에 관한 것뿐만 아니라 지난 3년 동안의 조선의 역사에 대해 배웠을 것이다. 우리는 또한 간접적으로 조선의 내륙 지방을 여행했고, 조선 사람들의 산업, 무역과 같은 행상, 가정 생활과 관습, 그들이 사로잡혀 있는 미신들에 대해 살펴보면서 농민들과 함께 지냈으며, 또한 그들을 괴롭히는 관리들과 양반들의 수탈에 대해 약간의 지식을 얻었을 것이다.

우리는 조선 사람들의 느긋함, 게으름, 종속성, 빈곤 등을 목격했으며, 그들은 러시아의 통치하에 절약하면서 번영하고 있다. 조선은 홀로 지탱할 수 없지만 현재 인구의 2배까지도 부양할 수 있는 자국에 대한 전망과 두 세력이 탐내고 있는 조선 영토의 가치에 대해 어느 정도 스스로 판단할 수 있다. 지금까지 조선에 대한 안내 역할을 하면서 이제 나는 이 책을 통해 훑어 본 일부 주제들에 대해 몇 마디 말로 결론을 내려야 할 것 같다.

조선은 필연적으로 가난한 국가는 아니다. 조선의 자원은 고갈된 것이 아니라 미개발 상태이다. 성공적 경작을 위한 조선의 능력은 거의 개발되지 않았다. 기후는 온화하고, 강수량은 풍부하며, 토양은 비옥하다. 언덕과 골짜기는 석탄, 철, 구리, 아연, 금을 매장하고 있다. 1,740마일에 이르는 해안선을 따라 펼쳐진 어장은 국부의 원천일 것이다. 조선에는 근면하고 호의적인 민족이 거주하고 있으며, 거지는 존재하지 않는다.

그와는 달리 조선 사람들의 힘은 휴지 상태이다. 상위 계층은 사회적 의무의 부조리에 마비되어 있으며 아무런 일도 하지 않으며 일생을 보낸다. 중간 계층에게는 출세의 길이 열려 있지 않다. 중간 계층의 에너지를 전환시킬 수 있는 전문 직업은 존재하지 않는다. 하위 계층의 사람들은 매우 충분한 이유들로 말미암아 "늑대가 대문 안으로 들어오는 것을 막을 수 있을 정도" 이상으로는 열심히 일하지 않는다. 조선은 모든 면에서 미흡하고 열악하고 뒤떨어지는 수준이었다.

서울에서조차도 가장 큰 시장의 규모가 상점 정도이다. 계층적 특권, 국가와 양반들의 수탈, 불의, 불안정한 수입, 개혁되지 않은 다른 모든 동양 국가들이 기초하고 있는 최악의 전통을 수행해 온 정부, 책략에만 몰두하고 있는 공식적 약탈자들, 대궐과 대단찮은 후궁에 칩거하며 쇠약해진 군주, 국가 내의 가장 부패한 사람들 간의 밀접한 연합, 이해 관계가 얽힌 외국의 상호 질시, 널리 만연되어 두려움을 주는 미신이 이 나라를 무기력하고도 비참한 상태로 만들었다는 것이 내가 조선에서 겪은 첫인상이었다.

그럼에도 불구하고 조선의 바다에, 토양에, 그리고 강건한 민족성 내에 온갖 자원이 존재하고 있다. 조선이 당면한 가장 큰 문제는 몇 천 명의 건장한 남성들이 자신들보다 나은 형편에 있는 친구나 친척에 의존해 살아가는 관습이다. 이러한 관계에는 어떠한 수치심도 없고 이를 비난하는 여론도 없다. 양에 상관없이 일정한 소득이 있는 사람은 자신의 수많은 가솔과 부인의 친척, 자신의 친구들, 그리고 친척의 친구들을 부양해야만 한다. 이는 관직과 엄청난 수입이 생기는 지위에로 진출하려는 과열된 성향을 부분적으로 설명해 준다.

수많은 식솔이 딸린 사람이 이를 회피할 수 있는 한 가지 방법이 공직 생활인데, 그 지위가 높든 낮든 관리들은 모든 비용을 국고에서 지출할 수 있다. 이는 국가를 통치하는 사람들이 친척과 친구들에게 공금의 수혜를 주고

자 끊임없이 공직을 창출하는 현상의 이유가 무엇인가를 설명해 준다. 무엇보다도, 이는 조선에 음모와 작은 혁명 같은 것이 계속되는 이유를 제시해 준다. 원칙은 무용지물이며, 어떤 신념을 지지하는 모험을 감행하는 사람도 없다.

지금 이 순간에도 몇 백 명의 건장한 지식인들이 하루 세 끼의 식사를 하고, 악행을 구상하고, 영광된 자립의 감정을 알지 못한 채 심지어는 담배에 이르기까지 서울의 고위 공직자에게 의존하여 살아가고 있다. 이를 제거하고자 하거나 그들이 더 머무르는 것이 불가능해질 때면 다시 공직이 창출되고 이들이 그 자리를 차지한다.

따라서 공직은 이 쓰레기 같은 사람들을 위한 "자유로운 쿠데타"인 셈이다. 몇 년 동안 조선을 망신시켜 온 정치적 당파 싸움은 결코 원칙에 대한 다툼이 아니었고 자신들의 식솔에게 공직과 돈을 제공할 수 있는 지위를 획득하려는 싸움이었다. 고위 관리들이 함께 일하는 것을 막는 것도 부분적으로 자신의 동료들 보다 더 많은 영향력을 왕에게 행사하고 싶은 대신들의 욕구 때문이다.

한국어 사전의 저자가 말하기를, 한국어로 일(work)이라는 단어는 "손실", "죄악", "불운"의 유사어라고 한다. 게으른 삶을 지내는 사람은 상류층 사람들 사이에 위치하고 있는 자신의 권한을 입증하는 것이다. 관리들이 그의 수하를 통해 제기하는 가장 강력한 불만은 그들이 생계를 유지할 수가 없다는 것이다. 그러한 사람들이 관직에 임명되면 할 수 있는 일이란 최대한 "쥐어짜내는" 이외에는 할 일이 거의 없거나 전혀 없다.

나는 땅을 경작하는 이들이 최종적인 수탈의 대상이라는 것을 거의 지겹게 반복했다. 농사꾼들은 다른 어떤 계층보다 열심히 일하고, 토지의 생산성과 다소 원시적이지만 토양과 기후에 매우 잘 적응된 그들만의 기술들을 쉽게 배가시킬 수 있다. 그러나 자신들의 수확에 대한 소유권이 확실치 않기 때문에 그들은 다만 가족을 부양할 수 있을 정도로 생산하는 데 만족하고, 더 좋은 집을 짓거나 훌륭한 옷을 입는 것을 두려워한다.

지방관과 양반들의 대출 강요와 수탈로 말미암아 경작지가 해마다 감소하는 농부들이 부지기수로 있는데, 그들은 현재 겨우 하루 세 끼 식사가 가능한 정도이다. 수탈당하는 것이 확실한 운명을 가진 계층이 최악의 무관심과 타성과 무기력의 늪으로 가라앉아야만 했다는 점은 슬픈 일이다. 여러 가지 개혁에도 불구하고 조선에는 착취하는 사람들과 착취당하는 사람들, 이렇게 두 계층만이 존재한다. 전자는 허가 받은 흡혈귀라 할 수 있는 양반 계층으로 구성된 관리들이고, 후자는 전체 인구의 4/5를 차지하고 있는 하층민들이다.

하층민들의 존재 이유는 흡혈귀들에게 피를 공급하는 것이다. 가망 없는 그러한 요소들을 제거하고 교육에 의해, 생산 계층 보호에 의해, 부패한 관리들의 처벌에 의해, 그리고 실질적으로 마무리된 일에 대해서만 댓가를 지불하는 식으로 정부의 모든 공직의 업무 기준을 확립함으로써 새로운 국가가 건립되어야 한다.

탁지부가 설립되었던 것에서 보여주듯이 개혁이 확고하고 유능한 외국의 감독하에 수행된다면 전혀 가망 없는 것도 아니다. 조선 정부는 더 이상 혼돈과 부패의 상황 아래에 있을 수 없었고 부패의 파장은 모든 지방에까지 만연되어 있었다. 브라운 씨가 그의 잘 알려진 성격과 뛰어난 재정 능력으로 재정 보좌관 지위를 수락했을 때 많은 것을 기대했고, 실질적으로 무슨 일이 일어날지를 아무도 예측할 수 없었다.

그의 노력에도 불구하고, 재정 개혁은 왕의 총신들의 탐욕과 재정적 청렴을 위한 가장 공정한 계획을 전복시키려고 돈에 집착하도록 군주를 부추기는 부패한 관리들의 헤아릴 수 없는 비리와 술책과 모든 부서의 책략, 협잡, 부패로 말미암아 방해받았다. 또한 신뢰할 만한 속관의 부재, 악명 높은 전통적 관습, 그리고 관직에 있는 사람들과 관직을 원하는 사람들이 능동적으로나 수동적으로나 개혁을 저해하는 개인적 이익에만 빠져 있다는 사실 때문에 1897년이 저물어가면서 조선의 재정은 정체되어 있다.

몇 달 이내에 서울에 있는 탁지부라는 아우게이아스의 외양간[1]이 청산되었다. 계정은 최대한 정밀하게 단일 체계로 유지되었다. 보수를 지급하기 전에 "받을만한 가치"를 산출했다. 모든 부서에 의존하여 공공 비용으로 살아가며 빈둥거리는 군대가 해산되었다. 지방에서 충당되어야 할 세입이 부분적으로 산정되었다. 불필요하게 선발된 관리들은 자신이 봉급을 받을 수 없다는 것을 알았다. 모든 봉급은 월말에 지급되었으며, 체불되는 일도 없었다. 정밀한 경제를 보장하는 주의 깊은 감시하에 공공 부문은 엄청나게 향상되었다. 각 부서의 재정은 엄격한 실사를 받았다. 하찮은 일도 무가치하게 여기지 않았다.

조선의 우방국과 적대국 모두 가정한 것처럼, 1896년이 되어서도 조선은 파산하지 않았으며 1897년 4월에 회계 연도를 마감했을 때 탁지부는 1백50만 달러를 보유했으며 300만 달러의 일본 차관 가운데 1백만 달러를 갚았다. 만약 비슷한 재량과 능력을 가진 외국인 고문이 국가의 모든 부서에 관여한다면 제때에 유사한 결과를 얻었을 것이다. 한 가지 확실한 점은 일본의 세력이 우월했던 시기에 전쟁은 조선을 격동하게 만들었고, 옛 것을 존중하던 다양한 관습과 제도들을 완전히 불신하게 만들었다는 점이 1897년에 어느 정도 진행되었는데 조선을 그와 같은 옛날로 되돌릴 수는 없었다.

서울은 가장 실용적인 이유에서 조선 그 자체이다. 서구적 영향의 작용, 새로운 충동과 서양의 교육으로 소개된 사고 유형, 외국인과의 필연적인 접촉, 자유로운 출판의 영향력은 서울을 통해 서서히 나라 전체에 파급되고 있다. 중국 종주권의 그늘 아래에서 조선의 양반들은 귀족적 삶의 분위기였던 강압과 독재의 무한한 기회를 누려 왔다.

---

1) 아우게이아스의 외양간(Augean Stables) : 그리스 신화에 나오는 엘리스의 국왕 아우게이아스의 외양간으로서 소 3,000마리를 키우면서도 30년 동안에 한 번도 청소를 하지 않음.

일본은 이 주제에 대한 새로운 이론을 소개했으며, 실제로 대중들에게 존중받을 권리가 있고, 출판도 마찬가지라는 사실을 이해시켰다. 조선의 농민들은 일본과 서양 교육의 중간 정도를 통해 자신들이 최종적인 수탈 대상이라는 것이 필연적인 운명이 아니라는 점과 시민권, 법 앞에서의 평등권, 재산을 보호할 수 있는 권한을 부여받았다는 점을 조금씩 깨닫고 있다.

조선에 이로움을 제공한 지난 3년 동안, 더 중요한 변화는 다음과 같이 요약될 수 있다. 중국과의 종속 관계가 끝나고, 일본이 승리함으로써 중국의 군사력은 결코 무너지지 않는다는 조선의 믿음은 깨어졌으며, 정치적으로 부패한 두 체제의 동맹은 단절되었다. 양반과 서민의 구분은 노비 제도와 함께 최소한 문서상으로는 폐지되었다. 야만적인 처벌과 고문도 폐지되었고, 편리한 화폐가 현찰을 대신했으며, 향상된 교육 제도가 실시되었고, 훈련된 군대와 경찰이 창설되었다. 공직 채용에서 한문 시험이 적합하지 않게 되었고, 작은 규모의 사법 개혁이 승인되었다.

제물포에서 서울까지의 철도 공사가 빠르게 진행되었고, 상인조합의 압력이 줄어들었으며, 우편 업무가 효율적으로 이뤄지고 이에 대한 지배적인 확신이 각 지방에 파급되었다. 국가 재정은 견고한 기반 위에 놓였고, 물납세였던 토지세를 토지 가치에 대한 따른 현금세로 전환함으로써 관리들이 수탈할 수 있는 기회가 거의 사라졌다. 현명한 대규모 경비 삭감이 중앙과 지방의 대부분 부서에서 단행되었다. 그럼에도 불구하고, 1897년 8월 12일의 『관보』에는 다음과 같은 칙령이 실려 있다.

I

오늘의 나라 형편을 보면 아침저녁으로 위급한 근심이 있다. 그러나 임금과 신하 모두가 도무지 생각을 돌리지 않고 태연하게 일이 없는 것처럼 하고 있다. 이렇게 해서야 나라가 어떻게 나라 구실을 하겠는가. 짐이 실로 자신을 반성하기에 겨를이 없는데 비록 의정부를 놓고 말하더라도 내가 믿고서 책임을 주고 성과를 내도록 하고 있는데 과연 어떠한가.

서로 도와주고 협조하는 것은 전혀 기대할 수 없고 다만 일하지 않고 호화롭게 지내려는 기풍만이 있으니 만백성이 지치고 병든 것을 어떻게 구원하며 덧쌓인 일을 어떻게 정리할 수 있겠는가. 의정부에서는 생각해보아야 할 것이다. 나라가 있고서야 개인의 집이 있는 법이다. 나라가 보존되지 못하고서야 개인의 집이 어떻게 보존될 수 있겠는가.

아, 짐이 원래 덕이 없지만 어째서 그대의 할아버지와 아버지가 우리 왕실에 충성을 다하고 우리 선대 임금을 섬긴 것처럼 그대들이 짐 한사람을 섬겨야 하겠다고 생각하지 않는가. 이에 마음속에 있는 말을 가지고 신하들에게 거듭 당부를 한다. 오늘부터 짐이 정신을 차리고 되게 반성하여 모든 힘을 나라일이 잘 되는데 돌리고 정사를 애써 다스릴 것이다.

그러므로 의정부의 여러 신하들도 마땅히 힘을 합치고 마음을 같이 하여 나라 일에만 몸을 바칠 것이며 오직 좋은 것만을 따르고 사사로운 생각은 버려야 한다. 무거운 수레를 떠미는 의리를 생각하고 가벼운 그릇은 편안하게 놓아야 하는 원칙을 명심하여 이 간고한 형편을 널리 수습하고 우리 나라를 보존하여야 할 것이다.

II

짐이 백성들에 대한 한 가지 생각으로 하여 아침과 저녁에 늘 근심하고 있다. 계단 앞 만 리가 내 눈 앞에 있는 것 같아 한 번 비 오고 한 번 해 나는 것은 모두 짐의 관심 속에 있다. 변란을 겪은 이후 살아 있는 사람은 살 곳이 없으며 죽은 사람은 돌보아주는 은전을 받지 못하고 있으니 생각할수록 안타깝고 답답하다. 비단과 옥이 있은들 어떻게 마음이 편하겠는가. 관찰사와 고을 원들이 과연 이 뜻을 체득하여 백성들을 어루만져주고 풀어주는가. 비록 토지와 호구에 대한 정사를 놓고 말하더라도 백성들은 원래 바치지 않을 수 없는데 요즈음 듣자니 묵은 밭과 결딴이 난 호구에 대해서 억지로 세금을 받아내는 것이 많다고 하며 또한 명색이 없는 조세를 받아내는 것도 있어 분주하게 사방에 낸다고 한다.

나라의 계책이 아무리 군색하다고 하더라도 어떻게 이것을 가지고 우리 백성들에게 거듭 고통을 주겠는가. 각 도의 관찰사들에게 지시하여 각 고을의 토지와 호구에 대한 문서를 직접 장악하고 철저히 조사해서 보고함으로써 실 은혜가 아래에 미치도록 해야 할 것이다. 그러되 조사하는데 혹 농간을 허용하거나 보고한 것이 사실과 맞지 않는 것은 지시를 위반한 법조문에 의하여 죄를 따질 것이며 명색이 없는 잡세에 대해서는 전날에 내린 지시대로 일체 금지시킬 것이다.[2)]

비록 오늘날 조선은 불리한 시대 상황의 결과이지만, 그래도 백성들을 나의 주요 연구의 대상으로 삼은 지 1년이 지난 지금, 1897년의 눈에 띄는 퇴보에도 불구하고 나는 이들의 미래에 대해 결코 비관적이지 않다. 그렇지만 두 가지가 반드시 필요하다. 첫째로 조선 내부로부터의 개혁이 불가능할 때, 외부로부터라도 개혁되어야 한다. 둘째로 군주의 권력은 엄중하고도 영원한 헌법의 아래에 놓여야 한다.

지금까지 나는 조선 내부의 일, 지금의 상황, 이 백성들의 사회적 · 상업적 진보의 전망에 대해서만 썼다. 이제 조선의 미래에 대한 정치적 가능성과 조선과 다른 열강들과의 관계에 대한 소견으로 글을 마무리 짓는다.

중국과 러시아에 인접해 있고, 일본과 좁은 바다를 사이에 두고 있는 조선의 지리적 위치는 정치 관계에서 많은 작용을 해 왔다. 자연스럽게 중국

---

2) (원저자 주) 조선 군주의 훌륭한 의도와 함께 그것들을 효과 없게 만드는 나약함이 위의 애처로운 두 문서에서 전형적으로 증명된다.
(역자 주) 이 칙령은 영문과 관계없이 원문을 번역한 것임. 대한제국 『관보』 건양 2년(1897) 8월 13일자 및 『고종실록』 건양 2년(1897) 8월 11일자 참조.

의 세력이 영토 밖의 관계에까지 영향을 미쳤고, 몇 세기 동안 지속되어 철학, 관습, 그리고 언어와 종교의 영역에 이르기까지 광범위하게 영향을 미쳤다. 그러나 이제 중국의 통제는 막을 내렸으며, 조선의 상황에 대해 중국을 중요한 요인으로 여기기는 힘들 것이다.

조선에 대한 권리가 균등하다는 것을 능숙하게 주장해 온 일본은, 최근의 전쟁[청일전쟁]에서 적대 국가를 물리친 결과로 몇몇 외교적 승리와 금융·상업에서 우위를 차지하는 눈부신 성공에 힘입어 결국에는 정치적 우위도 굳건히 했다. 그리고 조선을 불행에 빠뜨린 두 제국 사이의 긴 다툼은 끝났다. 일본 정부가 고수해 온 명목상의 개전 이유는, 일본의 지척에서 매년 실정과 파멸의 심연으로 가라앉고 있는 한 국가의 내부 행정 개혁을 위한 절대적인 필요성 때문이었다.

일본이 이러한 유별난 일을 떠맡은 궁극 목적을 추측하는 것은 필요하지 않으며, 일본이 엄청난 힘을 바탕으로 이 일을 시작했다는 점을 말하는 것으로 충분하다. 그리고 일본의 제안은 새로운 제도를 소개했고, 특권과 특전의 핵심부를 강타했으며, 사회 질서의 변혁을 단행했고, 군주의 지위를 "봉급 받는 자동 인형" 정도로 낮추는 한편, 자국의 요구를 명확히 하는 뛰어난 능력으로 단순하고 당연한 행정 개혁이 이루어지도록 했다.

나는 일본이 자신의 노력에 충분히 정직했다고 생각한다. 그들의 경험이 부족했고, 때로는 거칠고 분별없었으며, 불필요하게 적대 감정을 자극했지만, 일본은 조선을 병합하려는 의도가 아니라 조선의 보호자, 혹은 조선 주권의 보증인 역할을 하려는 의도였다. 명확한 실수들에도 불구하고, 1년 넘게 일본은 공정하게 일을 진척시켰고, 유용하고 중요한 개혁을 완료했으며, 다른 일들을 시작했다.

현재 진행 중인 것들에 일본의 명예가 걸려 있다는 점을 일본은 스스로 반복해서 이야기한다. 그때 미우라 고로 자작이 야만스런 공격을 단행했고, 이는 서방 국가의 눈앞에서 일본과 일본 외교의 평판을 악화시켰다. 뒤이어 일본은 자국의 주둔군과 수많은 보좌관·감사관·교관들을 철수시켰으며, 외관상으로 불간섭주의를 독재로 대체했다. 이 현명하고 야심찬 제국이 조선에서의 불운한 상황을 파국으로 인식하여 절망적으로 퇴각했다고 볼 수는 없기 때문에, 나는 "외관상으로"라고 쓴다.

일본 군대의 조선 주둔과, 뒤이은 중국과의 전쟁 선언은 세계를 경악시켰다. 13장에서 개괄적으로 지적했듯이, 이는 갑작스런 충동의 결과도 아니었고, 일본 스스로의 몰락과 대외 전쟁 사이에서 고민해야 했던 각료들의 동요 때문도 아니었다. 후자의 관점은 극동의 역사와 정치에 대한 가장 피상적 연구에서 드러날 수 있었다. 몇 세기 동안 일본은 스스로 조선에 대해 상업의 우월성에 따른 귀속 권한을 가지고 있다고 여겼다.

조선의 영해로부터 일본 어민들이 수산물을 수확했고, 부산에는 300년 동안 다소 번영했던 거류지가 있었다. 일본이 처음에는 도쿠가와막부가 추구한 쇄국 정책에 따라서, 그리고 그 다음으로는 일본 스스로 자기 나라를 대내적으로 강화하려는 필요성에 따라서 상당한 기간 동안 능동적인 활동을 할 수 없었음에도 불구하고 조선에서의 중국의 종주권에 대한 일본의 반감은 결코 사그라지지 않았다.

조선에 대해 이득이 되지 않았던 중국의 종주권을 빼앗고, 상업의 우위를 공고히 하고, 자유로운 출입국과 특권을 확인하고, 외국의 지시를 인정하지 않는 보호권을 확립하고, 조선을 일본식으로 개혁하고, 일본의 자유롭고 문명화된 개화를 고래의 동양적 보수주의를 대체하고자 40년 동안 서서히 지속되어 온 목표가 이전에 몇 세기 동안 존재했던 계획들을 부분적으로 대체하고 있다.

1896년과 1897년 동안의 일본의 활동과 무관심을 정확히 판단하려면, 일본의 외교가 비밀스럽고 조용한 것이었을 뿐만 아니라, 한결같은 것이었다는 점과 지금까지는 다른 어떤 거대한 정치적 격변에도 흔들리지 않았다는 점, 다른 국가들보다 기회주의가 적었다는 점, 일본 사람들도 다른 인종들만큼 목적에 대한 끈기와 지속성을 가지고 있다는 점을 명심해야만 한다.

또한 일본의 조선 정책은 여전히 뛰어난 정치인들이 수립하고 있는데, 일본 국민들은 일본이 국제 무대에 등장한 그 날부터 그들을 당연한 지도자로 인식했고, 그들은 재난을 일으키지 않으면서 신속한 개화의 길을 가로막는 다양한 분규를 극복하면서 국가를 다스림으로써 세계의 감탄을 자아냈다.

미우라 고로 자작의 후원 아래에 이루어진 조선 왕후의 암살과 그에 따른 세계의 공포는, 조선에서의 일본의 우위를 위협하는 폭풍이 지나갈 때까지 일본이 남들의 시야에서 몸을 숨기는 정책을 추구하도록 만들었다. 이러한 일시적인 후퇴는 원숙한 기술로 조정되었다. 과격한 혼란도 없었다. 조용히 철수해야 했던 주둔군은 소리 없이 가 버렸고, 일본 공사관과 일본의 전신, 기타 자산을 보호하는 데 충분한 수비대만이 남았다. 조선의 관직에 있던 많은 수의 일본 사람들은 그들의 계약이 만료됨에 따라 당연히 관직을 버리고 조용히 조선을 떠났다.

경험 많고 능력이 출중하며 행실이 훌륭한 공사들은 오토리 게이스케 씨와 미우라 고로 자작이 점령한 이후에도 계속 남아 있었다. 조선에 대한 어떠한 내정 간섭도 거의 없었고, 약자를 괴롭히고 허세 부리던 일본 식민 통치자들은 그 품행이 지극히 나아져서, 그들 가운데 가장 못마땅한 사람들은 고국의 명령에 따라 귀환 조치되었다. 외교적으로 일본은 조선 정부와 기타 열강의 사절들과의 마찰을 조심스럽게 피했다. 그러나 일본이 자기 나라의 요구를 포기했다거나, 조선의 국익을 위해 일본의 보호가 필수적이라는 결정에서 벗어났다고 추론하는 것은 중대한 실수이다.

일본이 조선에서 잃은 것을 러시아가 얻었다고 한다. 공포와 불안으로 휩싸인 왕이 러시아 공사관의 보호 아래로 자신을 내던지고 1년 넘게 러시아 깃발 아래 기거했다는 점, 러시아 군사 고문단이 조선 군대를 재조직하고 훈련하고자 도착했다는 점, 러시아가 3천 자루의 베르단 소총을 조선에 원조했다는 점, 러시아 재정관이 서울에서 조선의 재원과 국가 전망을 조사하면서 1896년 가을을 보냈다는 점, 그리고 재앙과도 같은 배신을 경험한 국왕이 그 개인의 안위에 대해 러시아 군대보다는 측근들을 신뢰한다는 점 등은 모두 사실이다.

그러나 일본의 우위가 "통제"를 의미하는 것과 같은 뜻으로서의 "러시아의 우위"라는 것은 결코 존재하지 않았다. 러시아 공사는 의심할 여지없는 영향력 있는 지위를 이용하면서도 어떤 사정 때문에 전례 없이 절제해야 했고, 다만 조선 국왕이 엄청난 실정을 할 경우에 영향력을 행사했다. 그러나 러시아와 일본이 10개월 전에 마무리 지었던 협정의 발표[3)]가 일본에 이득이 되는 상황을 야기하고, 러시아가 서서히 기반을 잃게 되자, 조선에 대한 일본의 영향력은 조용하고도 자연스럽게 증대했다.

러시아의 정책은 너무나 온건하여 일본과는 전쟁의 여지가 없으며, 조선에서 독재 정권을 수립하고자 시도할 경우에만 불가피하게 전쟁이 일어날 것이다. 지금까지 러시아는 엄격한 기회주의 정책을 추구했으며, 자기 나라에 강요된 것이 아닌 이상 어떤 단계를 밟지도 않았다. 심지어 조선이라는 과일이 금방 입으로 굴러들어올 정도가 될지라도 러시아가 과연 그 과일 나무를 흔들어댈지는 매우 의심스럽다.

모든 면에서 러시아는 조선에서의 우위를 차지할 수 있는 기회를 놓쳤다. 러시아는 그것을 원했던 것 같지 않다. 우리가 추측할 수 있는 것은, 그것이 러시아의 다른 목표와 매우 모순되었던 것 같다는 점이다. 그와 달리 일본의 영향력은 조용하고도, 서서히 증가하고 있다. 확실히 시모노세키조약에 가담한 세 국가의 주된 목표는 일본이 아시아 대륙 본토에 발을 내딛는 것을 막는 것이었다.

기다리기 경주를 하고 이전 실수들로 이득을 보면서, 공식적인 보호국의

---

3) (원저자 주) 부록 5 참조.

입장을 취하지 않고, 상업이나 이민을 목적으로 일본이 아시아 대륙 본토를 일부 획득하는 것은 완전히 불가능한 일은 아닌 것 같다. 예측은 위험한 일이지만[4] 만약 러시아 군대가 조선에 대해 어떤 호전적인 계획들을 드러낸다면 일본이 이를 쉽게 저지할 만한 충분한 힘을 가지고 있다는 점은 확실하다. 그러나 조선은 혼자 힘으로 지탱될 수 없으며, 그러한 어려운 상황이 해결되지 않는다면 조선은 일본이나 러시아의 보호하에 들어가야 할 것이다.

러시아가 실질적인 우위를 차지한다면 평범한 결과가 뒤따를 것이다. 선취득권과 기타의 다른 관세들은 모든 거대한 잠재력과 함께 조선에서의 영국 무역을 끝나게 만들 것이다. 영국의 정치적 영향력의 소멸은 주로 불간섭주의 정책에 따라 영향을 받아 왔는데, 이는 조선 사람들의 마음속에 무관심과 연약함이라는 인상을 주었으며, 자연히 의심스럽고 모호한 외교 관계의 원인이 되었다.

만약 영국이 미개발된 자원과 가치 있는 항구들에 대해서 부수적인 이득을 생각하고 있지 않았고, 그 결과로 적대 국가가 이를 점령하는 것이 극동에서의 영국의 이익에 심각한 위험이 되었다면, 이는 영국의 지난 몇 년 동안의 정책은 무관심을 증명하는 확실한 방법이었다.

우리가 조선에서의 정치적 이익을 포기했는지는 모르지만, 이 나라에서의 영국 무역의 미래는 중요한 문제로 남아 있다. 영국이 소유한 것과 같은 영향력은 비공식적·간접적 방법을 통해 축적되었으며, 이는 전 북경주재 영국 영사였으며 지금은 해관 총세무사인 브라운 씨의 재능, 힘, 그리고 외교적 기지 덕택이다. 그가 중앙에서 통제하고 있는 한, 그리고 헌트[5] 씨, 오

---

4) (원저자 주) 이 책이 출판되기 이전에, 표면상으로 조선의 독립을 확고한 기반 위해 놓으려는 목적을 가진 어떠한 일이 벌어지더라도, 이는 "예상되지 않은 일"이므로 놀라운 일이 아니다.

5) 헌트(J. H. Hunt) : 1885년 10월에 조선 해관의 부세무사로 부임하여 1888년 7월에는 부산 세관의 감독관 대리가 됨.

이센[6] 씨, 오스본[7] 씨 같이 정의롭고 능력 있는 사람들이 책임자로 있는 한, 영국은 조선에 대해 상업적으로 중요한 위치에 남아 있을 것이다.

10%의 비율로 계속 증가하고 있는 관세 수입은 조선 재정의 중심이다. 행정에서의 능력과 성실성이 감독자들에게 영국의 입장에서 필요한 영향력을 주고 있고, 이는 심지어 부패한 조선 관료들에게도 감동을 주고 있다. 이런 업무가 계속 우리 손안에 남아 있어야 한다는 점이 가장 중요하다. 일본이 득세하던 시기에 현재의 질서를 전복하려는 강한 욕구가 있었지만, 이는 해관 총세무사의 기지와 완고함으로 좌절되었다.

그 다음의 위기는 러시아의 대두였는데, 이는 영국의 특권과 이익에 심각한 위협이 되었다. 일부 러시아 신문이 이 문제를 들먹이고 있는데, 1897년 9월 9일자의 『노보이 브레미아』에는 외국 무역을 위해 목포와 진남포를 개항하는 것에 대해 다음과 같이 쓰고 있다.

> "이러한 불법 행위는 주로 조선 정부의 탁지부와 세관의 고위직에 있는 영국 관리들의 술책 때문이다. 만약 러시아가 이러한 정책을 계속 묵인한다면 … 영국은 조선을 자신들의 제일 큰 시장으로 삼을 것이다. 러시아 정부는 더 늦기 전에 현재 보다 더 많이 조사 감독해야 하고, 조선 정부 내의 영국 관리들의 수를 줄이는 방법을 강구해야 하며, 일본에 대해 조선에 있는 주둔군의 철수를 강력히 요구해야 한다."

이것이 대체로 1897년 말엽의 조선 정치의 상황이다. 조선과 중국과의 오

---

6) 오이센(James F. Oiesen : 1857~1928) : 1889년 조선에서 세관 일을 맡았다. 한국어에 능숙했을 뿐만 아니라 고종황제로부터 훈장까지 받은 사람인데, 그는 한국 미술품 수집에 관심이 많았다. 그가 1923년 덴마크 국립박물관에 기증한 기산풍속화첩(약 100여 장)은 한말에 서울에서 가져간 것이다.

7) 오스본(W. C. Osborne) : 영국인으로 1892년 11월에 인천 해관의 세무사로 부임하여 부산 세관 감독관(1901년 7월)을 지냄.

래고도 폐쇄적인 연계는 단절되었다. 어떻게 쓸지 모르는 독립성이라는 선물을 조선은 일본으로부터 받았다. 영국은 추정할 수 있는 몇 가지 이유로 자신의 업무에서의 능동적 참여를 포기했다. 다른 유럽 열강들은 이곳에서 지켜야 할 이해 관계가 없다. 조선의 영토 보전과 독립은 가장 끓기 있고 야심찬 제국의 손에 달려 있다. 극동에서의 그러한 제국들의 이익은 마찰을 일으키고 있다.

러시아와 일본이 조선의 운명을 놓고 대립하고 있는 상황에서, 이제 조선을 떠나는 것이 무척 안타깝다. 처음 조선에 대하여 내가 느꼈던 혐오감은 애정에 가까운 관심으로 바뀌었다. 또한 이전의 어떤 여행에서보다도 친밀한 친구들을 사귀었고, 그들과 헤어지는 것이 무척 아쉽다. 나는 눈이 오는 날 조선의 가장 아름다운 겨울 아침의 푸른 대기 속에서 서울을 마지막으로 보았다. 그 다음 날, 조그마한 증기선인 하이에닉크호를 타고 강한 북풍을 가르며 상해를 향해 떠났다. 배가 증기를 내뿜으며 서서히 나아갈 때 나부끼는 조선 깃발이 내게 기묘한 흥미와 의문을 주었다.

부 록

《부록 1》 기독교 통계(1896)

<table>
<tr><th>선교사회명</th><th>미국 북장로 선교회</th><th>미국 남장로 선교회</th><th>호주 장로 선교회</th><th>캐나다 YMCA 선교회</th><th>미국 북감리교 선교회</th><th>미국 남감리교 선교회</th><th>Ella Thing 기념침례 교회</th><th>복음 전도회</th><th>파리 외방 전교회</th></tr>
<tr><td>한국 선교사업 개시 연도</td><td>1884</td><td>1892</td><td>1891</td><td>1</td><td>1885</td><td>1896</td><td>1895</td><td>1890</td><td>1784</td></tr>
<tr><td>남성 기혼 선교사의 수</td><td>11</td><td>4</td><td>1</td><td></td><td>8</td><td>1</td><td>1</td><td></td><td></td></tr>
<tr><td>남성 미혼 선교사의 수</td><td>2</td><td>2</td><td></td><td></td><td>7</td><td></td><td>1</td><td>9</td><td>26</td></tr>
<tr><td>여성 미혼 선교사의 수</td><td>5</td><td>2</td><td>3</td><td></td><td>7</td><td></td><td>1</td><td>7</td><td>9</td></tr>
<tr><td>선교사가 상주하는 지역의 수</td><td>4</td><td>3</td><td>1</td><td>1</td><td>4</td><td></td><td>1</td><td>3</td><td>19</td></tr>
<tr><td>선교사가 상주하지 않는 공소의 수</td><td>25</td><td></td><td></td><td></td><td>4</td><td></td><td></td><td></td><td>466</td></tr>
<tr><td>조직화된 교회의 수</td><td colspan="4">13</td><td>7</td><td></td><td></td><td></td><td>18</td></tr>
<tr><td>완전 독립경영 교회의 수</td><td colspan="4">8</td><td></td><td></td><td></td><td></td><td></td></tr>
<tr><td>부분 독립경영 교회의 수</td><td colspan="4">5</td><td>7</td><td></td><td></td><td></td><td></td></tr>
<tr><td>세례받은 신도의 수('95)</td><td colspan="4">210</td><td>57</td><td></td><td></td><td></td><td>1,250</td></tr>
<tr><td>교리 문답 신도의 수('95)</td><td colspan="4">635</td><td>588</td><td></td><td>3</td><td></td><td></td></tr>
<tr><td>탈퇴 신도의 수('95)</td><td colspan="4">3</td><td></td><td></td><td></td><td></td><td></td></tr>
<tr><td>사망 신도의 수('95)</td><td colspan="4">2</td><td>2</td><td></td><td></td><td></td><td>515</td></tr>
<tr><td>현재 신도의 수</td><td colspan="4">510</td><td>266</td><td></td><td>1</td><td></td><td>28,802</td></tr>
<tr><td>주일 학교의 수</td><td colspan="4">10</td><td>7</td><td></td><td></td><td></td><td></td></tr>
<tr><td>주일 학교 아동의 수</td><td colspan="4">783</td><td>512</td><td></td><td></td><td></td><td></td></tr>
<tr><td>주간 학교의 수</td><td>7</td><td></td><td></td><td></td><td>4</td><td></td><td></td><td></td><td>21</td></tr>
<tr><td>주간 학교 아동의 수</td><td>139</td><td></td><td></td><td></td><td>121</td><td></td><td></td><td></td><td>204</td></tr>
<tr><td>소년 기숙 학교의 수</td><td>1</td><td></td><td></td><td></td><td>1</td><td></td><td></td><td></td><td rowspan="2">2</td></tr>
<tr><td>소녀 기숙 학교의 수</td><td>1</td><td></td><td>1</td><td></td><td>1</td><td></td><td></td><td></td></tr>
<tr><td>소년 기숙 학교 아동의 수</td><td>50</td><td></td><td></td><td></td><td>110</td><td></td><td></td><td></td><td rowspan="2">271</td></tr>
<tr><td>소녀 기숙 학교 아동의 수</td><td>35</td><td></td><td>9</td><td></td><td>50</td><td></td><td></td><td></td></tr>
<tr><td>신학교의 수</td><td></td><td></td><td></td><td></td><td></td><td></td><td></td><td></td><td>1</td></tr>
<tr><td>신학생의 수</td><td></td><td></td><td></td><td></td><td></td><td></td><td></td><td></td><td>24</td></tr>
<tr><td>한국인 목사의 수</td><td></td><td></td><td></td><td></td><td></td><td></td><td></td><td></td><td>3</td></tr>
<tr><td>안수받지 않은 전도자와 조력자의 수</td><td>13</td><td>2</td><td>1</td><td></td><td>10</td><td></td><td></td><td></td><td>16</td></tr>
<tr><td>여성 성경반 신도의 수</td><td>4</td><td>1</td><td>1</td><td></td><td>5</td><td></td><td></td><td></td><td></td></tr>
<tr><td>병원의 수</td><td>3</td><td></td><td></td><td></td><td>2</td><td></td><td></td><td>3</td><td></td></tr>
<tr><td>입원 환자의 수('95)</td><td>339</td><td></td><td></td><td></td><td>116</td><td></td><td></td><td>795</td><td></td></tr>
<tr><td>약국의 수</td><td>7</td><td>1</td><td></td><td></td><td>4</td><td></td><td></td><td>3</td><td></td></tr>
<tr><td>환자의 수('95)</td><td>20,295</td><td>2,000</td><td></td><td></td><td>7,778</td><td></td><td></td><td>29,786</td><td></td></tr>
<tr><td>한국인 기부금('95)</td><td>$796.44*</td><td></td><td></td><td></td><td>$647.37</td><td></td><td>$60</td><td></td><td></td></tr>
</table>

*한국인 전도사들, 학교, 그리고 교회 건물의 확장 및 축조를 위한 많은 부분의 노동력과 기부금은 제외

《부록 2》 직접 무역 통계(1886~96)

* 외국 선박 또는 외국 선적 형태의 수송선으로 개항장을 통하여 수입되어 외국세관원에 의해 인정된 외국 물품 및 개항장에서 외국으로 수출되었거나 재수출된 토산품의 순가치

(단위 : $)

연 도	외국 상품 수입액 (예컨대 외국으로의 외국상품 재수출은 제외)	본국 상품의 외국 수출 및 재수출액1)	합 계
1886	$2,474,185	$504,225	$2,978,410
1887	2,815,441	804,996	3,620,437
1888	3,046,443	867,058	3,913,501
1889	3,377,815	1,233,841	4,611,656
1890	4,727,839	3,550,478	8,278,317
1891	5,256,468	3,366,344	8,622,812
1892	4,598,485	2,443,739	7,042,224
1893	3,880,155	1,698,116	5,578,271
1894	5,831,563	2,311,215	8,142,778
1895	8,088,213	2,481,808	10,570,021
1896	6,531,324	4,728,700	11,260,024

* 1886~1889년 사이에 무역고가 이토록 많아진 사유를 설명하지 않으면 무역고가 이토록 높지 않았을 것이다. 초기에는 개항장에서 한국인과 중국인과 일본인 사이에 거룻배로 거래된 무역량이 많았고위의 표에서 보이는 바와 같이 거룻배가 수송선으로 바뀜으로써 무역이 정상화되고 덜 지체되었다는 점이 그 이유가 될 것이다.

3개 개항장에서 징수된 세금 및 관세 비교표(1884~96)

연 도	수입 관세	수출 관세	선 박 세	합 계
1884	$79,373.71	$19,234.74	$3,478.19	$102,086.64
1885	119,364.41	19,602.22	2,996.90	141,963.53
1886	132,757.12	24,812.11	2,708.75	160,277.98
1887	203,271.68	40,384.52	3,045.12	246,701.32
1888	219,759.81	43,330.62	4,124.55	267,214.98
1889	213,457.49	61,835.23	4,707.04	279,999.76
1890	327,460.11	178,552.14	8,587.90	514,600.15
1891	372,022.07	198,096.36	8,940.26	549,058.69
1892	308,954.13	123,212.24	6,247.05	438,413.42
1893	262,679.28	85,720.22	5,717.16	354,116.66
1894	357,828.34	115,779.33	7,398.64	481,006.31
1895	601,588.06	124,261.22	15,448.20	741,297.48
1896	448,137.16	226,342.45	17,304.75	691,784.36

한국이 수입한 일본 및 기타 국가의 면직물 비교표(1896)

품 목	분류 단위	일본		기타 국가		합계	
		수량	가격	수량	가격	수량	가격
회색 무지 셔츠	개	6,715	$23,660	428,911	$1,567,967	435,626	$1,591,627
흰색 셔츠	〃	31	121	5,445	21,768	5,476	21,889
티셔츠	〃	1,211	2,719	1,660	4,177	2,871	6,896
綾織의 튼튼한 무명	〃	163	634	11,583	47,998	11,746	48,632
선홍색 무명	〃	1,652	3,663	7,519	17,349	9,171	21,012
시트	〃	30,184	115,914	14,793	58,455	44,977	174,369
두꺼운 면 내의	〃	762	2,870	1,432	3,927	2,194	6,797
면 담요	벌	1,625	3,883			1,625	3,883
면직물과 무명실	피컬*	12,821	368,064	1,795	71,386	14,616	439,450
면직상품(비분류)[1]	가격		521,528 644,671		1,793,027 379,319[2]		2,314,555 1,023,990
전체	가격		1,166,199		2,172,346		3,338,545

*piculs=60.48kg.

1) 주로 회색 또는 흰색, 체크무니가 있는 또는 무지의 폭이 좁은 옷감.

2) 중국산 면직물 $2,549 포함.

《부록 3》 한국의 수출 주요 품목 통계표(1986~95)

(단위 : ¥)

품 목	제물포		부 산		원 산	
	1896	1895	1896	1895	1896	1895
콩류	£48,485	£45,679	£65,731	£22,337	£24,132	£32,049
어류(건조 비료)			4,296	639	4,394	312
쇠가죽	8,789	14,036	11,077	37,225	4,424	6,152
인삼	29,739	575				
종이류	2,326	1,785	1,806	2,236	24	9
쌀	92,444	62,390	178,852	17,646	549	
해조류	55	40	6,705	3,809		
기타	12,713	8,992	13,633	9,361	2,101	3,590
합계	£194,551	£133,479	£282,100	£93,258	£35,624	£42,112

한국의 전체 수출액	1896		1895	
	달러화	파운드화	달러화	파운드화
	$4,728,700	£512,275	$2,481,808	£268,862

한국의 개항장에 입항한 모든 선박의 입항 신고 통계표(1896)

국적	제 물 포				부 산				원 산				한 국	
	범선		기선		범선		기선		범선		기선		합계	
	선박수	톤수	선박수	톤수	선박수	톤수	선박수	톤수	선박수	톤수	선박수	톤수	선박수	톤수
미국	2	158											2	158
영국			3	3,381			5	5,635			5	5,635	13	14,651
중국	56	557											56	557
독일			1	808			5	4,732			4	3,612	10	9,152
일본	307	10,278	154	118,145	537	17,035	292	210,645	41	3,227	58	65,654	1,389	424,984
노르웨이			2	1,082									2	1,082
러시아			2	2,202			13	10,381			10	10,234	25	22,817
한국	111	3,572	51	10,375	9	500	16	5,900	8	572	28	4,840	223	25,759
합계	476	14,565	213	135,993	546	17,535	331	237,293	49	3,799	105	89,975	1,720	499,160
1895년 합계	531	14,449	242	108,021	497	14,300	272	180,784	61	5,029	93	83,547	1,696	406,130

개항장을 통해 수입된(재수출품 포함) 주요 품목 통계표(1896~95)

품목			제물포		부산		원산	
			1896	1895	1896	1895	1896	1895
면직물	셔츠		£103,196	£172,549	£51,920	£54,911	£21,982	£55,190
	명주와 무명		6,956	11,554	10,670	8,183	1,072	2,066
시트	일본산		12,508	7,199			40	1,330
	영국산과 미국산		6,736	8,594			23	4,500
일본산 피륙			14,015	20,129	24,944	19,432	30,867	38,608
직물	일본산		27,271	26,098	11,018	3,886	1,590	3,483
	영국산과 인도산		5,634	4,876	222		1,871	4,364
기타 면직물			14,394	29,065	6,363	4,836	8,732	15,125
소계			£190,710	£280,064	£105,137	£91,238	£66,177	£124,600
모직물			3,266	4,933	578	884	182	333
금속류			7,172	8,620	15,253	10,342	7,690	6,217
기타 제품	염료		4,818	10,794	2,363	3,084	777	1,667
	모시		22,358	13,641	3,546	1,402	2,241	3,154
	성냥		4,798	3,575	4,571	3,348	2,018	1,680
	등불용 석유	미국산	20,035	9,819	9.560	7,479	6,463	3,990
		러시아산	9,312	457	4,513	478	69	1
	양곡		5,717	3,859	2,358	2,024	381	
	술		3,018	9,639	2,972	2,818	1,203	1,176
	비단 피륙		28,943	65,057	8,167	5,606	4,058	12,848
	기타 품목		89,417	111,902	50,828	38,859	26,241	30,884
소계			£188,416	£228,743	£88,878	£65,098	£43,451	£55,400
합계			£382,203	£522,360	£209,846	£167,562	£117,500	£186,616
몇몇 품목의 수입 대비 재수출의 과소분			1,088	596				126
순합계			£381,115	£521,764	£209,846	£167,562	£117,500	£186,490

한국의 전체 수입액	1896		1895	
	달러화	파운드화	달러화	파운드화
	$6,539,630[1)]	£708,461	$8,084,465	£875,816

1) 1달러 = 2s.2d.

《부록 4》 한국의 3개 개항장에 거주하는 외국인 수

(1897년 1월 현재)

	제물포 거주	부산 거주	원산 거주
일 본 인	3,904	5,508	1,299
중 국 인	404	34	39
영 국 인	15	10	2
독 일 인	12	2	3
미 국 인	7	7	8
프랑스인	7	1	2
노르웨이인	3		1
그리이스인	3		
이탈리아인	1	1	
포르투갈인	1		
덴마크인		1	1
러시아인			2
합 계	4,357	5,564	1,357
한국인 추정치	6,756	33,000*	15,000

* 부산시와 동래에 거주하는 한국인 추정치

《부록 5》 러일 강화조약과 조선 외부대신의 대응

1) 코무라-웨베르각서(1896년 5월 14일, 서울)

서울에서 주차하는 러 · 일 양국 대표자는 각기의 정부로부터 같은 내용의 훈령을 받고 협의한 후 다음과 같이 협정한다.

(1) 조선국 국왕 폐하가 환궁하는 문제는 전적으로 폐하의 임의에 따를 것이지만, 러 · 일 양국 대표는 폐하가 환궁하더라도 그의 안전이 염려 없다고 생각될 때 환궁을 우호적으로 충고할 것이며, 이럴 경우 일본국 대표는 일본인 소시(壯士)의 단속을 위해 엄중한 조처를 취할 것을 보증한다.

(2) 현재 조선의 각료들은 국왕 폐하의 자유로운 의사에 따라 임명된 사람들로서 과거 3년 동안 각료나 기타 고관직을 역임한 자유주의적이면서도 온화한 사람들이었다. 러 · 일 양국 대표는 폐하께서 이와 같은 인물들을 각료로 임명하는 동시에 그의 신민들에게 어진 태도를 보여주도록 항상 권고한다.

(3) 조선국의 현재 상태로 보아 경부간의 일본 전신선을 보호하기 위해 곳곳에 일본 위병을 배치할 필요가 있으나, 현재의 3개 중대로 구성된 위병을 조속한 시일 안에 철수시키고 그 대신 헌병을 대구에 50명, 가흥(可興)에 50명, 그리고 경부간의 10개 지소에 각각 10명을 배치할 것에 대해 러시아 대표와 일본 대표는 합의한다. 이들의 배치는 다소 변경할 수 있으나 헌병의 총수는 결코 200명을 초과할 수 없다. 단 이들 헌병도 장차 조선 정부가 안녕과 질서를 회복한 곳으로부터 점차적으로 철수한다.

(4) 경성이나 그 밖의 개항장에 있는 일본 거주지를 조선인의 습격으로부터 보호하기 위해 경성에 2개 중대, 부산에 1개 중대 그리고 원산에 1개 중대의 일본군을 주둔시킬 수 있으나 각 중대의 병력은 200명을 초과할 수 없다. 각 중대는 일본인 거주지 근처에 주둔해야 하며, 습격의 우려가 없어지면 점차로 이를 철수한다. 러시아 공사관과 영사관을 보호하기 위해 러시아 정부도 또한 위의 각지에

일본 병력을 초과하지 않는 범위 내에서 위병을 주둔시킬 수 있다. 이 병력들은 조선의 국내가 완전히 평온을 회복하는 즉시로 철수한다.

1896년 5월 14일
명치 29년 5월 14일
경성에서
일본국 대표 고무라 주타로(小村壽太郎)
러시아 대표 웨베르(K. I. Waeber)

2) 로바노프-야마카다의정서(1896년 5월 28일~6월 9일 모스크바)

I. 공개 조관

러시아 외무대신 로바노프 로스토프스키(Lobanow Rostovsky) 공작과 일본국 황제 폐하의 특명전권대사 육군 대장 야마가타(山縣) 후작은 조선국의 형세에 관해 의견을 나눈 결과 다음 각 조항에 합의하였다.

제1조 러 · 일 양국 정부는 조선국의 재정 곤란을 구제하기 위해 조선국 정부로 하여금 모든 불필요한 경비를 절약하는 동시에 그 세입 · 세출의 균형을 이룩하도록 할 것을 권고한다. 만약 개혁이 불가피하여 외채를 모집할 필요가 있을 경우, 러 · 일 양국 정부는 상호 의논하여 조선국을 지원한다.

제2조 러 · 일 양국 정부는 조선국의 재정적 · 경제적 상황이 허락하는 한 외국의 힘을 빌리지 않고 스스로 국내의 질서를 유지하기에 충분한 군대와 경찰을 창설 · 유지하는 문제를 조선국에 일임한다.

제3조 조선국과의 통신을 용이하게 하기 위해 일본국 정부는 현재 점유하고 있는 전신선의 관리를 계속하며 러시아는 경성으로부터 그 국경에 이르는 전신선을 가설하는 권한을 갖는다. 조선국은 이를 매입할 수 있는 형편이 되면 이들 전신선을 매입할 수 있다.

제4조 위의 합의 사항 중에서 더 정확 · 상세한 정의가 필요하거나 또는 상의가 필요한 사항이 발생할 경우에는 양국 대표가 이를 우의적으로 타협할 수 있는 권

한을 갖는다.

1896년 6월 9일 모스크바에서
로바노프(Lobanow)
야마가타 아리토모(山縣有朋)

II. 비밀 조관[1)]

제1조 국내적 · 국외적 원인을 막론하고 조선국의 안녕과 질서가 문란하게 되거나 또는 장차 그러한 두려움이 발생하여 러 · 일 양국 정부가 각기 양국 신민의 안전을 보호하고 나아가 전신선의 보호 임무를 띤 군대 이외에 각기 합의를 얻어 군대를 다시 파견하여 국내 관헌을 원조할 필요가 있다고 인정될 경우, 양국 정부는 군대 상호간의 충돌을 예방하기 위해 양국 정부가 전연 점령하고 있지 않은 공지를 설정하도록 각 군대의 용병 지역을 확정한다.

제2조 본 의정서의 공개 조항 제2조에 따라 조선국 자체의 군대를 조직하게 될 때까지 러일 양국은 동일한 수의 군대를 주둔시키는 문제에 관한 고무라-웨베르 각서는 그 효력을 가지며, 조선국 군주의 호신상의 문제에 관해 이를 맡을 조선의 군대를 창설한다는 조항에 관해서도 그 때의 상태가 지금까지 계속되고 있다.

1896년 5월 28일~6월 9일
모스크바에서 이를 작성한다.
로바노프(Lobanow)
야마가타 아리토모(山縣有朋)

1) 원서에는 본 비밀 조관은 수록되어 있지 않으나 여기에서는 참고로 이를 싣는다. 구한말 조약휘찬(中)(서웅 : 국회도서관, 1965), p. 181 참조.

III. 조선 외부대신 이완용이 일본 외무대신 가토 다카아키에게 보낸 편지[2)]

지난 5월 14일에 전 일본 변리공사 고무라 주타로(小村壽太郎) 각하와 러시아 공사 웨베르(K. I. Waeber) 사이에 각서가 조인되었으며, 같은 해 6월 4일에는 일본 대표 야마가타 아리토모(山縣有朋) 원수(元帥) 각하와 러시아 외상 로바노프(Lobanow) 사이에 의정서가 체결되었는바, 위 두 문서가 일본 의회에서 공포되었다는 내용을 알려주는 귀하의 이 달 2일자 공한을 잘 접수했습니다. 귀하께서 본인에게 아려준 바에 의하면, 지난 달 26일에 위의 두 문서가 조선의 독립에 관심을 보인 정도가 아니라 조선의 독립을 공고히 하겠다는 취지를 담은 귀국 정부의 전보를 받았는데, 조선의 독립이야말로 일본 정부와 러시아 정부가 생각하고 있는 목표라는 점과 이와 같은 관심에 대하여 조선 정부가 감사하게 생각할 것을 귀하는 진심으로 갈망하고 있는 것으로 되어 있습니다. 일본제국 정부 외부대신으로부터 접수한 전보 지시에 따라서 귀하는 위의 두 문서의 복사본을 동봉해 보내 주었습니다. 본인은 귀하께서 공문과 정보를 보내 주신 데 대하여 깊은 감사를 드립니다. 그러나 저희 조선 정부는 위의 두 문서의 조인에 참여하지 않았으므로 위의 두 문서에 의해서 주권 국가로서의 우리의 자유가 제한 받는 것은 아니라는 우리는 주목하고자 합니다…….

건양(建陽) 2년 3월 9일

대한제국 외무대신 이완용(李完用)

일본국 외부대신 가토 다카아키(加藤高明) 각하

---

2) (원저자 주) 이 편지는 로바노프-야마가타의정서와 관련하여 조선의 외부대신 이완용이 일본의 외무대신 가토다카아키에게 보낸 편지를 번역한 것임.

역주자 참고문헌

『구한말조약휘찬』(상 · 중 · 하)(서울 : 국회도서관 입법조사국, 1964~65)

김도학, 『金剛山遊覽記』(서울 : 경희대학교 출판부, 1999)

『기독교대백과사전』(서울 : 기독교문사, 1983)

김원모(편), 『근대한국외교사연표』(서울 : 단국대학교 출판부, 1984)

金源模, 『근대 한미관계사 : 한미전쟁론』(서울 : 철학과 현실사, 1992)

『東國歲時記』(서울 : 을유문화사, 1971)

朴大憲, 『서양인이 본 조선』(서울 : 壺山房, 1996)

『司馬榜目』

『성경』

『세계대지도』(서울 : 서문당, 1985)

『세계인명대사전』(서울 : 문공사, 1973)

『新增東國輿地勝覽』

양재연(外), 『한국풍속지』(서울 : 을유문화사, 1971)

유홍렬, 『한국천주교회사』(서울 : 가톨릭출판사, 1962)

이선근, 『한국사 : 최근세편 · 현대편』(서울 : 을유문화사, 1961)

이홍직, 『국사대사전』(서울 : 지문각, 1965)

『한국민족문화대백과사전』(성남 : 한국학중앙연구원, 1992)

『한국인명대사전』(서울 : 신구문화사, 1967)

『한국학대백과사전』(서울 : 을유문화사, 1972)

『大人名辭典』(東京, 平凡社, 1955)

東亞同文會(編), 『對支回顧錄』(東京 : 原書房, 1968)

『世界大百科事典』(東京：小學館, 1957)
『世界大百科事典』(東京：平凡社, 1957)
黑龍會(編), 『東亞先覺志士記傳』(東京：原書房, 1966)

American English Dictionary on Historical Principles(Chicago：University of Chicago Press, 1968)
Atlas of the Encyclopaedia Britannica(Chicago：The University of Chicago Press, 1963) Barr, Pat, *A Curious Life for a Lady：the Story of Isabella Bird, A Remarkable Victorian Traveller*(Garden City：Doubleday & Co., 1970)
Barhart, Clarence L. (ed.), *The New Century Cyclopedia of Names*(New York：Appleton–Century–Crofts, Inc, 1954)
British National Bibliography, CD–rom(London, 1998)
Encyclopedia Britannica(Chicago：The University of Chicago, 1963)
Google
Kirk, John F.(ed.), *A Supplement to Allibone's Critical Dictionary of English Literature and British and American Authors*(Philadelphia：J. B. Lippincott Co., 1891)
McGraw–Hill *International Atlas*(New York：McGraw–Hill, 1963)
Nation, Vol. XIVI.
Naver
New Standard Dictionary of the English Language(New York：Funk and Wagnalls Co., 1914)
Oppert, E., *A Forbidden Land：Voyage to the Corea*(New York：Putnam's Sons Co., 1880)
Stoddart, Anna M., *The Life of Isabella Bird, Mrs. Bishop*(London：John Murray Co., 1908)

Webster's Biographical Dictionary(Springfield : G. and C. Merriam Co, 1951)

Who was Who among English and European Authers(1931–1949), Vol. 1(Detroit : Gale Research Co. Book Tower, 1978)

Who Was Who : 1929–1940(London : Adam and Charles Black, 1960)

Who Was Who : 1929–1940, Vol. III(London : Adam & Charle Black, 1960)

WIKIPEDIA

신복룡(역주), 『조선견문기』(서울 : 집문당, 1998); H. N. Allen, *Things Korean*(New York : Fleming H. Revel Co, 1908)

신복룡(역주), 『대한제국멸망사』(서울 : 집문당, 1998); H. B. Hulbert, *The Passing of Korea*(London : William Heinemann Co., 1906)

신복룡(역주), 『은자의 나라 한국』(서울 : 집문당, 1999); W. E. Griffis, *Corea : The Hermit Nation*(New York : Charles Scribner's Sons, 1894)

安應烈 · 崔奭祐(역), 『한국천주교회사)(왜관 : 분도출판사, 1979~1980); Charles Dallet, *Histoire de L'Eglise de Corée*(Paris : Victor Palme, 1874)

李光麟, "비숍 여사의 여행기", 『진단학보』 71–72 합본(1991)

臧勵龢, 『中國人名辭典』(臺北 : 商務印書局, 1985)

孫平化, 『日本人物辭典』(北京 : 商務印書館, 1988)

찾아보기

ㄱ

ㄴ

ㄷ

ㄹ

ㅁ

ㅇ

역주자 **신복룡(申福龍)**

충북 괴산 출생/ 건국대학교 정치외교학과 · 동 대학원 수료(정치학박사)/ 고등고시위원 역임/ 건국대학교 정치외교학과 교수 역임/ 미국 Georgetown 대학교 객원 교수 역임/ 건국대학교 중앙도서관장 · 대학원장 역임/ 한국정치외교사학회 회장 역임/ 건국대학교 정치외교학과 석좌교수 역임

저서 및 역서

저서

『한말 개화사상연구』(평민사, 1987)/『전봉준평전』(지식산업사, 1996)/『한국분단사 연구 : 1943-1953』(한울, 2001, 한국정치학회 저술상 수상)/『한국사 새로보기』(풀빛, 2001)/『이방인이 본 조선 다시 읽기』(풀빛, 2002)/『한국정치사』(박영사, 2003)/『대동단실기』(선인, 2004)/『동학사상과 갑오농민혁명』(선인, 2006)/『서재 채워드릴까요?』(철학과 현실사, 2006)/ *The Politics of Separation of the Korean Peninsula 1943-1953*(Edison, NJ : Jimoondang International & Seoul : Jimoondang, 2008)/『한국정치사상사』(지식산업사, 2011, 한국정치학회 인재상(仁齋賞) 수상)/『해방정국의 풍경』(지식산업사, 2016) 외 다수

역서

『민족자결주의』(A. Cobban, *National Self-Determination*, 1968 : 共)/『외교론』(H. Nicolson, *Diplomacy*, 1979)/『군주론』(N. Machiavelli, *The Prince*, 1980)/『칼 마르크스』(I. Berlin, *Karl Marx*, 1982)/『공산주의 간부 제도 연구』(Cho Jaekwan, *A Comparative Analysis of the Communist Cadre System*, 1985)/『모택동자전』(E. Snow, *Red Star over China : Genesis of A Communist*, 1985)/『데니의 생애와 활동』(R. Swartout, *O. N. Denny and the International Rivalries in Korea*, 1988 : 共)/『묵시록의 4기사』(E. Penchef, *Four Horsemen : Pollution, Poverty, Famine, Violence*, 1988)/『한국분단보고서』(1992 : 共)/『현대정치사상』(L. P. Baradat, *Political Ideologies*, 1995 : 共)/『정치권력론』(C. E. Merriam, *Political Power*, 2006)/『入唐求法巡禮行記』(2007)/『林董秘密回顧錄』(2007 : 共)/『한말외국인기록』 전 23권/『삼국지』(2021 : 역주, 전 5권) 외 다수